Platon, Sohn des Ariston, geboren um 427 v. Chr. in Athen, ist ebendort 349 v. Chr. gestorben.

Das umfangreiche und vielschichtige Werk Platons fordert noch heute jeden zur Auseinandersetzung heraus, dem es um philosophische Bildung zu tun ist. Schon seit der Antike genießt Platon den Ruf eines klassischen philosophischen Autors. Seine Schriften haben daher nicht nur in der von ihm gegründeten Akademie zu differenzierten Reaktionen geführt, sondern auch darüber hinaus eine sehr komplexe Wirkungsgeschichte ausgelöst; noch in der Neuzeit hat man sich auf immer wieder neue Weisen mit Platon befaßt. Angesichts einer solch bedeutenden Tradition ist zu wünschen, daß sich auch künftig viele Köpfe an Platon zu schulen versuchen. Die vorliegende insel taschenbuch-Ausgabe in zehn Bänden unterstützt diesen Wunsch, indem sie das gesamte Corpus der Platonischen Schriften im griechischen Originaltext und in einer deutschen Übersetzung einem breiten Publikum zugänglich macht.

insel taschenbuch 1402

Platon

Euthyphron · Gorgias

PLATON

SÄMTLICHE WERKE

in zehn Bänden
Griechisch und deutsch
Nach der Übersetzung
Friedrich Schleiermachers,
ergänzt durch Übersetzungen
von Franz Susemihl
und anderen
Herausgegeben von
Karlheinz Hülser

PLATON

EUTHYPHRON
ALKIBIADES · GORGIAS
MENEXENOS

Griechisch und deutsch
Sämtliche Werke II

Insel Verlag

insel taschenbuch 1402
Erste Auflage 1991

Hinweise zu dieser Ausgabe zu Beginn des ersten Bandes
Vertrieb durch den Suhrkamp Taschenbuch Verlag
Umschlag nach Entwürfen von Willy Fleckhaus
Satz: Pagina GmbH, Tübingen
Druck: Nomos Verlagsgesellschaft, Baden-Baden
Printed in Germany

1 2 3 4 5 6 – 96 95 94 93 92 91

INHALT

Εὐθύφρων
Euthyphron

GLIEDERUNG

1. Einleitung (2a1)
1.1. Die Anklage des Meletos gegen Sokrates (2a1)
1.2. Euthyphrons Klage gegen seinen Vater (3e7)
1.3. Euthyphrons Wissen um göttliche Dinge und Sokrates' Wunsch, über das Fromme belehrt zu werden (4e3)
2. Was ist Frömmigkeit? (5d6)
2.1. Erste Definition: Fromm ist, den Übeltäter zu verfolgen. Ihre Unzulänglichkeit (5c6)
2.2. Die zweite Definition der Frömmigkeit (6e11)
2.2.1. Erste Fassung: Fromm ist, was den Göttern lieb ist (6e11)
2.2.2. Verbesserung der zweiten Definition: Fromm ist, was allen Göttern lieb ist (8b7)
2.2.3. Widerlegung der zweiten Definition (9e4)
2.3. Die dritte Definition der Frömmigkeit (11d3)
2.3.1. Erste Fassung: Alles Fromme ist gerecht (11d3)
2.3.2. Genauer: Frömmigkeit ist der Teil der Gerechtigkeit, der die Behandlung der Götter betrifft (12d5)
2.3.3. Noch genauer: „Behandlung" heißt hier Dienst. Was ist das Werk dieses Dienstes? – und wie diese Frage ohne Antwort bleibt (13d5)
2.4. Die vierte Definition: Frömmigkeit ist die Wissenschaft von Gebet und Opfer. Herleitung der Aporie (14b8)
3. Schluß: Erneute Frage nach dem Wesen der Frömmigkeit und Aufgeben des Euthyphron (15c11)

Εὐθύφρων

ΕΥΘΥΦΡΩΝ ΣΩΚΡΑΤΗΣ

ΕΥΘΥΦΡΩΝ. Τί νεώτερον, ὦ Σώκρατες, γέγονεν, ὅτι σὺ τὰς ἐν Λυκείῳ καταλιπὼν διατριβὰς ἐνθάδε νῦν διατρίβεις περὶ τὴν τοῦ βασιλέως στοάν ; οὐ γάρ που καὶ σοί γε δίκη τις οὖσα τυγχάνει πρὸς τὸν βασιλέα ὥσπερ ἐμοί. 2

ΣΩΚΡΑΚΗΣ. Οὔτοι δὴ Ἀθηναῖοί γε, ὦ Εὐθύφρον, δίκην αὐτὴν καλοῦσιν, ἀλλὰ γραφήν.

ΕΥΘ. Τί φῄς ; γραφήν σέ τις, ὡς ἔοικε, γέγραπται ; οὐ b
γὰρ ἐκεῖνό γε καταγνώσομαι ὡς σὺ ἕτερον.

ΣΩ. Οὐ γὰρ οὖν.

ΕΥΘ. Ἀλλὰ σὲ ἄλλος ;

ΣΩ. Πάνυ γε.

ΕΥΘ. Τίς οὗτος ;

ΣΩ. Οὐδ' αὐτὸς πάνυ τι γιγνώσκω, ὦ Εὐθύφρον, τὸν ἄνδρα· νέος γάρ τίς μοι φαίνεται καὶ ἀγνώς: ὀνομάζουσι μέντοι αὐτόν, ὡς ἐγῷμαι, Μέλητον· ἔστι δὲ τῶν δήμων Πιτθεύς, εἴ τινα νῷ ἔχεις Πιτθέα Μέλητον, οἷον τετανότριχα καὶ οὐ πάνυ εὐγένειον, ἐπίγρυπον δέ.

ΕΥΘ. Οὐκ ἐννοῶ, ὦ Σώκρατες· ἀλλὰ δὴ τίνα γραφήν σε
γέγραπται ; c

ΣΩ. Ἥντινα ; οὐκ ἀγεννῆ, ἔμοιγε δοκεῖ· τὸ γὰρ νέον ὄντα τοσοῦτον πρᾶγμα ἐγνωκέναι οὐ φαῦλόν ἐστιν. Ἐκεῖνος γάρ, ὥς φησιν, οἶδε τίνα τρόπον οἱ νέοι διαφθείρονται καὶ τίνες οἱ διαφθείροντες αὐτούς· καὶ κινδυνεύει σοφός τις εἶναι, καὶ τὴν ἐμὴν ἀμαθίαν κατιδὼν ὡς διαφθείροντος τοὺς ἡλικιώτας αὐτοῦ ἔρχεται κατηγορήσων μου ὡς πρὸς μητέρα πρὸς τὴν πόλιν. Καὶ φαίνεταί μοι τῶν πολιτικῶν

Euthyphron

EUTHYPHRON SOKRATES

1. Einleitung

1.1. Die Anklage des Meletos gegen Sokrates

EUTHYPHRON: Was hat sich doch Neues ereignet, o 2a
Sokrates, daß du dem Aufenthalt im Lykeion entsagend dich itzt hier aufhältst bei der Halle des Basileus? Denn du hast doch wohl nicht auch einen Rechtsstreit bei dem Basileus, wie ich?

SOKRATES: Wenigstens, o Euthyphron, nennen dies die Athener nicht einen Rechtsstreit, sondern eine Staatsklage.

EUTHYPHRON: Was sagst du? eine solche hat Jemand ge- b
gen dich eingeleitet? Denn du gegen einen Andern, das kann ich von dir nicht denken.

SOKRATES: So ist es auch nicht.

EUTHYPHRON: Sondern ein Anderer gegen dich.

SOKRATES: Freilich.

EUTHYPHRON: Wer doch?

SOKRATES: Ich kenne den Mann selbst nicht recht, Euthyphron; jung scheint er mir wohl noch zu sein, und ziemlich unbekannt. Man nennt ihn, glaube ich, Melitos, und von Zunft ist er ein Pitthier, wenn du dich etwa auf einen Pitthier Melitos besinnst mit glattem Haar, noch schwachem Bart und Habichtsnase.

EUTHYPHRON: Ich besinne mich nicht; aber was für eine
Klage hat er denn gegen dich eingegeben? c

SOKRATES: Was für eine? die ihm nicht wenig Ehre bringt, dünkt mich. Denn so jung noch sein und schon eine so wichtige Sache verstehn, ist nichts geringes. Nämlich er weiß, wie er behauptet, auf welche Weise die Jugend verderbt wird, und wer sie verderbt. Er mag also wohl ein Weiser sein, und weil er meine Unweisheit inne geworden, als durch welche ich seine Altersgenossen verderbe: so geht er, wie zur Mutter, zum Staat, um mich zu verklagen. Und er

μόνος ἄρχεσθαι ὀρθῶς· ὀρθῶς γάρ ἐστι τῶν νέων πρῶτον d
ἐπιμεληθῆναι ὅπως ἔσονται ὅ τι ἄριστοι, ὥσπερ γεωργὸν
ἀγαθὸν τῶν νέων φυτῶν εἰκὸς πρῶτον ἐπιμεληθῆναι, μετὰ
δὲ τοῦτο καὶ τῶν ἄλλων· καὶ δὴ καὶ Μέλητος ἴσως πρῶτον
μὲν ἡμᾶς ἐκκαθαίρει, τοὺς τῶν νέων τὰς βλάστας διαφθεί- 3
ροντας, ὥς φησιν· ἔπειτα μετὰ τοῦτο δῆλον ὅτι τῶν
πρεσβυτέρων ἐπιμεληθεὶς πλείστων καὶ μεγίστων ἀγαθῶν
αἴτιος τῇ πόλει γενήσεται, ὥς γε τὸ εἰκὸς συμβῆναι ἐκ
τοιαύτης ἀρχῆς ἀρξαμένῳ.

ΕΥΘ. Βουλοίμην ἄν, ὦ Σώκρατες, ἀλλ' ὀρρωδῶ μὴ
τοὐναντίον γένηται· ἀτεχνῶς γάρ μοι δοκεῖ ἀφ' Ἑστίας
ἄρχεσθαι κακουργεῖν τὴν πόλιν ἐπιχειρῶν ἀδικεῖν σέ. Καί
μοι λέγε τί καὶ ποιοῦντά σέ φησι διαφθείρειν τοὺς νέους;

ΣΩ. Ἄτοπα, ὦ θαυμάσιε, ὥς οὕτω γ' ἀκοῦσαι· φησὶ γάρ b
με ποιητὴν εἶναι θεῶν, καὶ ὡς καινοὺς ποιοῦντα θεούς,
τοὺς δ' ἀρχαίους οὐ νομίζοντα, ἐγράψατο τούτων αὐτῶν
ἕνεκα, ὥς φησιν.

ΕΥΘ. Μανθάνω, ὦ Σώκρατες· ὅτι δὴ σὺ τὸ δαιμόνιον
φῂς σαυτῷ ἑκάστοτε γίγνεσθαι. Ὡς οὖν καινοτομοῦντός σου
περὶ τὰ θεῖα γέγραπται ταύτην τὴν γραφήν, καὶ ὡς δια-
βαλῶν δὴ ἔρχεται εἰς τὸ δικαστήριον εἰδὼς ὅτι εὐδιάβολα
τὰ τοιαῦτα πρὸς τοὺς πολλούς. Καὶ ἐμοῦ γάρ τοι, ὅταν τι
λέγω ἐν τῇ ἐκκλησίᾳ περὶ τῶν θείων προλέγων αὐτοῖς τὰ
μέλλοντα, καταγελῶσιν ὡς μαινομένου· καίτοι οὐδὲν ὅ τι c
οὐκ ἀληθὲς εἴρηκα ὧν προεῖπον, ἀλλ' ὅμως φθονοῦσιν ἡμῖν
πᾶσι τοῖς τοιούτοις· ἀλλ' οὐδὲν αὐτῶν χρὴ φροντίζειν, ἀλλ'
ὁμόσε ἰέναι.

ΣΩ. Ὦ φίλε Εὐθύφρον, ἀλλὰ τὸ μὲν καταγελασθῆναι
ἴσως οὐδὲν πρᾶγμα. Ἀθηναίοις γάρ τοι, ὡς ἐμοὶ δοκεῖ, οὐ
σφόδρα μέλει, ἄν τινα δεινὸν οἴωνται εἶναι, μὴ μέντοι
διδασκαλικὸν τῆς αὑτοῦ σοφίας· ὃν δ' ἂν καὶ ἄλλους οἴωνται
ποιεῖν τοιούτους, θυμοῦνται, εἴτ' οὖν φθόνῳ, ὡς σὺ λέγεις, d
εἴτε δι' ἄλλο τι.

allein unter allen Öffentlichen Männern scheint mir die Sache
recht anzufangen: Denn ganz recht ist es, zuerst für die Ju- d
gend zu sorgen, daß sie aufs beste gedeihe; wie auch ein
guter Landmann immer zuerst für die jungen Pflanzen sorgt,
und hernach für die übrigen. So wahrscheinlich will auch
Melitos zuerst uns vertilgen, die wir den frischen Trieb der 3a
Jugend verderben, wie er sagt; hernach aber wird er natür-
lich auch für die Älteren sorgend dem Staat ein Urheber sehr
vieler und großer Vorteile werden, wie man ja erwarten muß
von dem, der mit einem solchen Anfang anfängt.

EUTHYPHRON: Das wünschte ich wohl, o Sokrates! Al-
lein es graut mir, daß es nur nicht das Gegenteil sei. Denn
mich dünkt er recht vom heiligsten Grund aus den Staat
mißhandeln zu wollen, da er sich bemüht, dich zu verletzen.
Aber sage mir doch, wodurch behauptet er denn daß du die
Jugend verderbest?

SOKRATES: Unsinnig genug, mein Guter, wenn man es b
so hört. Er sagt nämlich, ich erdichtete Götter, und als einen
Erdichter neuer Götter, der an die alten nicht glaubt, ver-
klagt er mich eben deshalb wie er sagt.

EUTHYPHRON: Ich verstehe, Sokrates. Weil du immer
sagst, das Dämonische sei dir widerfahren; so stellt er diese
Klage gegen dich an, als gegen einen Neuerer in göttlichen
Dingen, und kommt um dich zu verleumden vor Gericht,
weil er weiß, daß dergleichen Verleumdungen sehr leicht
Eingang finden bei den Meisten. Denn auch mit mir, wenn
ich in der Gemeinde etwas rede von göttlichen Dingen, und
ihnen vorhersage was geschehen wird, treiben sie Spott wie c
mit einem Wahnsinnigen, und doch ist nichts was nicht
eingetroffen wäre von Allem was ich vorhersagte. Aber doch
sind wir Alle ihnen verhaßt. Aber man muß sich nur nichts
um sie kümmern, sondern gerade zu gehn.

SOKRATES: Lieber Euthyphron, bespöttelt zu werden,
das ist nun eben keine große Sache. Und weiter, wie mich
dünkt, kümmern sich die Athener nicht sonderlich um einen,
wenn sie ihn auch für noch so gewaltig halten, der nur nicht
lehrlustig ist mit seiner Weisheit. Von wem sie aber glauben,
er wolle auch Andere zu solchen machen, dem zürnen sie, sei d
es nun aus Haß, wie du meinst, oder aus was sonst.

ΕΥΘ. Τούτου οὖν πέρι ὅπως ποτὲ πρὸς ἐμὲ ἔχουσιν, οὐ πάνυ ἐπιθυμῶ πειραθῆναι.

ΣΩ. Ἴσως γὰρ σὺ μὲν δοκεῖς σπάνιον σεαυτὸν παρέχειν καὶ διδάσκειν οὐκ ἐθέλειν τὴν σεαυτοῦ σοφίαν· ἐγὼ δὲ φοβοῦμαι μὴ ὑπὸ φιλανθρωπίας δοκῶ αὐτοῖς ὅ τί περ ἔχω ἐκκεχυμένως παντὶ ἀνδρὶ λέγειν, οὐ μόνον ἄνευ μισθοῦ, ἀλλὰ καὶ προστιθεὶς ἂν ἡδέως εἴ τίς μου ἐθέλοι ἀκούειν. Εἰ μὲν οὖν, ὃ νυνδὴ ἔλεγον, μέλλοιέν μου καταγελᾶν, ὥσπερ
σὺ φῂς σαυτοῦ, οὐδὲν ἂν εἴη ἀηδὲς παίζοντας καὶ γελῶντας e
ἐν τῷ δικαστηρίῳ διαγαγεῖν· εἰ δὲ σπουδάσονται, τοῦτ᾽ ἤδη ὅπῃ ἀποβήσεται ἄδηλον, πλὴν ὑμῖν τοῖς μάντεσιν.

ΕΥΘ. Ἀλλ᾽ ἴσως οὐδὲν ἔσται, ὦ Σώκρατες, πρᾶγμα, ἀλλὰ σύ τε κατὰ νοῦν ἀγωνιῇ τὴν δίκην, οἶμαι δὲ καὶ ἐμὲ τὴν ἐμήν.

ΣΩ. Ἔστιν δὲ δή σοί, ὦ Εὐθύφρον, τίς ἡ δίκη; φεύγεις αὐτὴν ἢ διώκεις;

ΕΥΘ. Διώκω.

ΣΩ. Τίνα;

ΕΥΘ. Ὃν διώκων αὖ δοκῶ μαίνεσθαι. 4

ΣΩ. Τί δαί; πετόμενόν τινα διώκεις;

ΕΥΘ. Πολλοῦ γε δεῖ πέτεσθαι ὅς γε τυγχάνει ὢν εὖ μάλα πρεσβύτης.

ΣΩ. Τίς οὗτος;

ΕΥΘ. Ὁ ἐμὸς πατήρ.

ΣΩ. Ὁ σός, ὦ βέλτιστε;

ΕΥΘ. Πάνυ μὲν οὖν.

ΣΩ. Ἔστιν δὲ τί τὸ ἔγκλημα καὶ τίνος ἡ δίκη;

ΕΥΘ. Φόνου, ὦ Σώκρατες.

ΣΩ. Ἡράκλεις· ἦ π υ, ὦ Εὐθύφρον, ἀγνοεῖται ὑπὸ τῶν πολλῶν ὅπῃ ποτὲ ὀρθῶς ἔχει· οὐ γὰρ οἶμαί γε τοῦ ἐπιτυ-

EUTHYPHRON: Was dies betrifft, begehre ich gar nicht zu versuchen, wie sie über mich denken.

SOKRATES: Weil du eben das Ansehn hast, dich selten zu machen, und Niemanden deine Weisheit lehren zu wollen; ich aber befürchte, daß ich bei ihnen in dem Ruf stehe meiner Menschenliebe wegen, was ich nur weiß verschwenderisch Jedermann zu sagen nicht nur unentgeltlich, sondern auch noch gern etwas dazugebend wenn mich nur Jemand hören will. Wie ich also eben sagte, wenn sie mit mir nur Scherz treiben wollten, wie du behauptest, daß sie es dir machen: so e
wäre das gar nicht übel, scherzend und lachend vor Gericht zu stehen. Wenn sie aber Ernst machen wollen, so kann wohl Niemand leicht wissen, wie die Sache ablaufen wird, außer Ihr, Wahrsager.

EUTHYPHRON: Wahrscheinlich wird es wohl nichts sein, Sokrates; sondern du wirst deine Sache nach Wunsch ausfechten, und so denke ich auch ich die meinige.

1.2. Euthyphrons Klage gegen seinen Vater

SOKRATES: Und was für eine Sache hast denn du, Euthyphron? verfolgst du oder wirst du verfolgt?

EUTHYPHRON: Ich verfolge.

SOKRATES: Und wen?

EUTHYPHRON: Einen solchen, daß man mich für rasend 4a
halten wird ihn zu verfolgen.

SOKRATES: Wie so? kann er etwa fliegen?

EUTHYPHRON: Am Fliegen fehlt ihm wohl viel, da er schon ganz wohlbetagt ist.

SOKRATES: Und wer ist es denn?

EUTHYPHRON: Mein eigner Vater.

SOKRATES: Dein eigner Vater, o Bester?

EUTHYPHRON: Ganz sicher.

SOKRATES: Und welches ist denn die Beschuldigung? worauf geht die Klage?

EUTHYPHRON: Auf Totschlag, Sokrates.

SOKRATES: Herakles! Aber die meisten Menschen, Euthyphron, wissen wohl gar nicht, wie dies recht ist? Denn ich glaube wohl nicht daß der erste beste dies richtig tun kann; b

χόντος ὀρθῶς αὐτὸ πρᾶξαι, ἀλλὰ πόρρω που ἤδη σοφίας b ἐλαύνοντος.

ΕΥΘ. Πόρρω μέντοι νὴ Δία, ὦ Σώκρατες.

ΣΩ. Ἔστιν δὲ δὴ τῶν οἰκείων τις ὁ τεθνεὼς ὑπὸ τοῦ σοῦ πατρός; ἢ δῆλα δή; οὐ γὰρ ἄν πού γε ὑπὲρ ἀλλοτρίου ἐπεξῄσθα φόνου αὐτῷ.

ΕΥΘ. Γελοῖον, ὦ Σώκρατες, ὅτι οἴει τι διαφέρειν εἴτε ἀλλότριος εἴτε οἰκεῖος ὁ τεθνεώς, ἀλλ' οὐ τοῦτο μόνον δεῖν φυλάττειν εἴτε ἐν δίκῃ ἔκτεινεν ὁ κτείνας εἴτε μή, καὶ εἰ μὲν ἐν δίκῃ, ἐᾶν, εἰ δὲ μή, ἐπεξιέναι, ἐάν περ ὁ κτείνας συνέστιός σοι καὶ ὁμοτράπεζος ᾖ· ἴσον γὰρ τὸ μίασμα c γίγνεται ἐὰν συνῇς τῷ τοιούτῳ συνειδὼς καὶ μὴ ἀφοσιοῖς σεαυτόν τε καὶ ἐκεῖνον τῇ δίκῃ ἐπεξιών. Ἐπεὶ ὅ γε ἀποθανὼν πελάτης τις ἦν ἐμός, καὶ ὡς ἐγεωργοῦμεν ἐν τῇ Νάξῳ, ἐθήτευεν ἐκεῖ παρ' ἡμῖν. Παροινήσας οὖν καὶ ὀργισθεὶς τῶν οἰκετῶν τινι τῶν ἡμετέρων ἀποσφάττει αὐτόν. Ὁ οὖν πατὴρ συνδήσας τοὺς πόδας καὶ τὰς χεῖρας αὐτοῦ, καταβαλὼν εἰς τάφρον τινά, πέμπει δεῦρο ἄνδρα πευσόμενον τοῦ ἐξηγητοῦ ὅ τι χρὴ ποιεῖν. Ἐν δὲ τούτῳ τῷ χρόνῳ τοῦ d δεδεμένου ὠλιγώρει τε καὶ ἠμέλει ὡς ἀνδροφόνου καὶ οὐδὲν ὂν πρᾶγμα εἰ καὶ ἀποθάνοι· ὅπερ οὖν καὶ ἔπαθεν. Ὑπὸ γὰρ λιμοῦ καὶ ῥίγους καὶ τῶν δεσμῶν ἀποθνῄσκει πρὶν τὸν ἄγγελον παρὰ τοῦ ἐξηγητοῦ ἀφικέσθαι. Ταῦτα δὴ οὖν καὶ ἀγανακτεῖ ὅ τε πατὴρ καὶ οἱ ἄλλοι οἰκεῖοι ὅτι ἐγὼ ὑπὲρ τοῦ ἀνδροφόνου τῷ πατρὶ φόνου ἐπεξέρχομαι, οὔτε ἀποκτείναντι, ὥς φασιν ἐκεῖνοι, οὔτ', εἰ ὅ τι μάλιστα ἀπέκτεινεν, ἀνδροφόνου γε ὄντος τοῦ ἀποθανόντος, οὐ δεῖν φροντίζειν ὑπὲρ τοῦ τοιούτου· ἀνόσιον γὰρ εἶναι τὸ ὑὸν πατρὶ φόνου ἐπεξιέναι· κακῶς εἰδότες, ὦ Σώκρατες, τὸ θεῖον ὡς ἔχει e τοῦ ὁσίου τε πέρι καὶ τοῦ ἀνοσίου.

sondern nur wer schon weit in der Weisheit vorgeschritten ist.

EUTHYPHRON: Weit genug, allerdings beim Zeus, Sokrates.

SOKRATES: Es ist also wohl deiner nächsten Angehörigen einer, der durch deinen Vater ums Leben gekommen ist? Oder versteht sich das von selbst: denn eines Fremden wegen würdest du ihn wahrlich nicht als Totschläger verklagen!

EUTHYPHRON: Lächerlich ist es, o Sokrates, daß du
meinst, dies mache einen Unterschied, ob der Getötete ein
Fremder ist oder ein Angehöriger, und man müsse nicht das
allein beachten, ob der Tötende ihn mit Recht getötet hat
oder nicht, und wenn mit Recht, ihn gehen lassen, wenn aber
nicht, ihn verfolgen, und wenn auch der Totschläger dein
Herd- und Tischgenosse ist. Denn gleich groß ist ja die Be- c
fleckung, wissentlich mit einem solchen zu leben, ohne daß
man sich und ihn durch die Angabe vor Gerichte reiniget.
Übrigens war der Tote ein Dienstmann von mir, und als wir
des Landbaues wegen auf Naxos waren, tagelöhnerte er dort
bei uns. In der Trunkenheit nun erzürnt er sich mit einem
unserer Knechte und schlägt ihn tot. Der Vater also läßt ihn
an Händen und Füßen gebunden in eine Grube werfen, und
schickt einen hieher zum Ausleger sich Rats erholen was zu
tun wäre. Binnen dieser Zeit aber vernachlässigte er den Ge- d
bundenen als einen Totschläger, und als ob es nichts wäre,
wenn er auch stürbe. Welches ihm dann auch begegnete:
denn Frost, Hunger und Fesseln töteten ihn ehe noch der
Bote von dem Ausleger zurückkehrte. Dieses nun verdrießt
eben den Vater und die übrigen Verwandten, daß ich eines
Totschlägers wegen den Vater des Totschlages anklage, da er
ihn doch, wie sie sagen, nicht einmal umgebracht hat, und
selbst wenn er ihn umgebracht hätte, man doch eines solchen
wegen sich nicht viel kümmern dürfe, der ja selbst ein Tot-
schläger war. Denn es sei doch ruchlos, daß der Sohn den
Vater des Totschlages anklage. Aber schlecht, o Sokrates, e
wissen sie wie das göttliche sich verhält, was frommes und
ruchloses betrifft.

ΣΩ. Σὺ δὲ δὴ πρὸς Διός, ὦ Εὐθύφρον, οὑτωσὶ ἀκριβῶς οἴει ἐπίστασθαι περὶ τῶν θείων ὅπῃ ἔχει καὶ τῶν ὁσίων τε καὶ ἀνοσίων ὥστε, τούτων οὕτω πραχθέντων ὡς σὺ λέγεις, οὐ φοβῇ δικαζόμενος τῷ πατρὶ ὅπως μὴ αὖ σὺ ἀνόσιον πρᾶγμα τυγχάνῃς πράττων ;

ΕΥΘ. Οὐδὲν γάρ ἄν μου ὄφελος εἴη, ὦ Σώκρατες, οὐδέ τῳ ἂν διαφέροι Εὐθύφρων τῶν πολλῶν ἀνθρώπων, εἰ μὴ τὰ τοιαῦτα πάντα ἀκριβῶς εἰδείην.

ΣΩ. Ἆρ᾽ οὖν μοι, ὦ θαυμάσιε Εὐθύφρον, κράτιστόν ἐστι μαθητῇ σῷ γενέσθαι καὶ πρὸ τῆς γραφῆς τῆς πρὸς Μέλητον αὐτὰ ταῦτα προκαλεῖσθαι αὐτόν, λέγοντα ὅτι ἔγωγε καὶ ἐν τῷ ἔμπροσθεν χρόνῳ τὰ θεῖα περὶ πολλοῦ ἐποιούμην εἰδέναι, καὶ νῦν, ἐπειδή με ἐκεῖνος αὐτοσχεδιάζοντά φησι καὶ καινοτομοῦντα περὶ τῶν θείων ἐξαμαρτάνειν, μαθητὴς δὴ γέγονα σός· « Καὶ εἰ μέν, ὦ Μέλητε, φαίην ἄν, Εὐθύφρονα ὁμολογεῖς σοφὸν εἶναι τὰ τοιαῦτα, καὶ ὀρθῶς b
νομίζειν ἐμὲ ἡγοῦ καὶ μὴ δικάζου· εἰ δὲ μή, ἐκείνῳ τῷ διδασκάλῳ λάχε δίκην πρότερον ἢ ἐμοί, ὡς τοὺς πρεσβυτέρους διαφθείροντι, ἐμέ τε καὶ τὸν αὑτοῦ πατέρα, ἐμὲ μὲν διδάσκοντι, ἐκεῖνον δὲ νουθετοῦντί τε καὶ κολάζοντι· » καὶ ἂν μή μοι πείθηται μηδὲ ἀφίῃ τῆς δίκης ἢ ἀντ᾽ ἐμοῦ γράφηται σέ, αὐτὰ ταῦτα λέγειν ἐν τῷ δικαστηρίῳ ἃ προυκαλούμην αὐτόν ;

ΕΥΘ. Ναί μὰ Δία, ὦ Σώκρατες, εἰ ἄρα με ἐπιχειρήσειε γράφεσθαι, εὕροιμ᾽ ἄν, ὡς οἶμαι, ὅπῃ σαθρός ἐστιν, καὶ c
πολὺ ἂν ἡμῖν πρότερον περὶ ἐκείνου λόγος γένοιτο ἐν τῷ δικαστηρίῳ ἢ περὶ ἐμοῦ.

ΣΩ. Καὶ ἐγώ τοι, ὦ φίλε ἑταῖρε, ταῦτα γιγνώσκων μαθητὴς ἐπιθυμῶ γενέσθαι σός, εἰδὼς ὅτι καὶ ἄλλος πού τις καὶ ὁ Μέλητος οὗτος σὲ μὲν οὐδὲ δοκεῖ ὁρᾶν, ἐμὲ δὲ οὕτως

1.3. Euthyphrons Wissen um göttliche Dinge und Sokrates' Wunsch, über das Fromme belehrt zu werden

SOKRATES: Du aber, um des Zeus willen, o Euthyphron,
glaubst so genau dich auf die göttlichen Dinge zu verstehen,
wie es sich damit verhält, und auf das fromme und ruchlose,
daß du bei diesem Hergang der Sache, wie du ihn berichtet
hast, gar nicht besorgst, ob du nicht etwa selbst wiederum,
indem du den Vater zu Recht belangst, etwas ruchloses be-
gehest?

EUTHYPHRON: Gar nichts wäre ich ja nutz, o Sokrates,
und um nichts wäre Euthyphron besser als die Andern, wenn 5a
ich dergleichen nicht alles genau verstände.

SOKRATES: So wird es demnach für mich, du bewunde-
rungswürdiger Euthyphron, wohl das Beste sein, daß ich
dein Schüler werde, und dem Melitos, noch ehe ich mich auf
seine Klage einlasse, eben hierauf Vergleich anbiete, und ihm
sage: Auch vorher schon hätte ich es mir sehr angelegen sein
lassen das göttliche zu verstehen, nun aber er behauptete,
daß ich auf meine eigne Weise grüble, und Neuerungen in
göttlichen Dingen aufbringend mich schwer versündige,
wäre ich eben dein Schüler geworden. Und wenn du nun, o
Melitos, würde ich sagen, zugibst, daß Euthyphron weise ist b
in diesen Dingen und richtig darüber denkt: so glaube es von
mir auch, und verklage mich nicht. Wo aber nicht so melde
ihm, meinem Lehrer, die Klage eher an als mir, weil er die
alten Leute verderbt, mich und seinen Vater, mich durch
Lehre, jenen aber durch Verweis und Strafe. Wenn er mir
nun nicht glaubt, noch auch mich von der Klage losläßt, und
statt meiner dich angibt: so werde ich vor Gericht eben das
sagen, was ich ihm vorher beim Versuch des Vergleiches
allein gesagt.

EUTHYPHRON: Ja beim Zeus, Sokrates, wenn er es doch
wagen wollte mich anzugeben! ich würde wohl finden, glau- c
be ich, wo er anbrüchig ist, und es sollte weit eher noch vor
Gericht von ihm die Rede sein als von mir.

SOKRATES: Eben weil ich dies auch weiß, lieber Freund,
wünsche ich dein Schüler zu werden. Denn ich weiß ja, wie
auch sonst Mancher und so auch dieser Melitos dich nicht

ὀξέως καὶ ῥᾳδίως κατεῖδεν ὥστε ἀσεβείας ἐγράψατο. Νῦν
οὖν πρὸς Διὸς λέγε μοι ὃ νυνδὴ σαφῶς εἰδέναι διισχυρίζου,
ποῖόν τι τὸ εὐσεβὲς φῂς εἶναι καὶ τὸ ἀσεβὲς καὶ περὶ φόνου
καὶ περὶ τῶν ἄλλων ; ἢ οὐ ταὐτόν ἐστιν ἐν πάσῃ πράξει τὸ d
ὅσιον αὐτὸ αὑτῷ καὶ τὸ ἀνόσιον αὖ τοῦ μὲν ὁσίου παντὸς
ἐναντίον, αὐτὸ δὲ αὑτῷ ὅμοιον καὶ ἔχον μίαν τινὰ ἰδέαν
κατὰ τὴν ἀνοσιότητα πᾶν ὅ τί περ ἂν μέλλῃ ἀνόσιον εἶναι ;

ΕΥΘ. Πάντως δήπου, ὦ Σώκρατες.

ΣΩ. Λέγε δή, τί φῂς εἶναι τὸ ὅσιον καὶ τὸ ἀνόσιον ;

ΕΥΘ. Λέγω τοίνυν ὅτι τὸ μὲν ὅσιόν ἐστιν ὅπερ ἐγὼ νῦν
ποιῶ, τῷ ἀδικοῦντι ἢ περὶ φόνους ἢ περὶ ἱερῶν κλοπὰς ἤ τι
ἄλλο τῶν τοιούτων ἐξαμαρτάνοντι ἐπεξιέναι, ἐάν τε πατὴρ
ὢν τυγχάνῃ ἐάν τε μήτηρ ἐάν τε ἄλλος ὁστισοῦν, τὸ δὲ μὴ e
ἐπεξιέναι ἀνόσιον· ἐπεί, ὦ Σώκρατες, θέασαι ὡς μέγα σοι
ἐρῶ τεκμήριον τοῦ νόμου ὅτι οὕτως ἔχει — ὃ καὶ ἄλλοις
ἤδη εἶπον, ὅτι ταῦτα ὀρθῶς ἂν εἴη οὕτω γιγνόμενα, μὴ
ἐπιτρέπειν τῷ ἀσεβοῦντι, μηδ᾽ ἂν ὁστισοῦν τυγχάνῃ ὤν·
αὐτοὶ γὰρ οἱ ἄνθρωποι τυγχάνουσι νομίζοντες τὸν Δία
τῶν θεῶν ἄριστον καὶ δικαιότατον καὶ τοῦτον ὁμολογοῦσι
τὸν αὑτοῦ πατέρα δῆσαι ὅτι τοὺς ὑεῖς κατέπινεν οὐκ ἐν 6
δίκῃ, κἀκεῖνόν γε αὖ τὸν αὑτοῦ πατέρα ἐκτεμεῖν δι᾽ ἕτερα
τοιαῦτα· ἐμοὶ δὲ χαλεπαίνουσιν ὅτι τῷ πατρὶ ἐπεξέρχομαι
ἀδικοῦντι, καὶ οὕτως αὐτοὶ αὑτοῖς τὰ ἐναντία λέγουσι περί
τε τῶν θεῶν καὶ περὶ ἐμοῦ.

ΣΩ. Ἆρά γε, ὦ Εὐθύφρον, τοῦτ᾽ ἔστιν οὗ ἕνεκα τὴν
γραφὴν φεύγω, ὅτι, τὰ τοιαῦτα ἐπειδάν τις περὶ τῶν θεῶν

einmal zu sehen scheint, mich aber hat er so scharf und leicht überschaut, daß er mich schon der Gottlosigkeit anklagt. So sage mir nun um Zeus willen, was du itzt eben so genau zu wissen behauptest, worin doch deiner Behauptung nach das Gottesfürchtige und das Gottlose bestehe, sowohl in Beziehung auf Totschlag als auf alles übrige. Oder ist nicht das d
fromme in jeder Handlung sich selbst gleich, und das ruchlose wiederum allem frommen entgegengesetzt und sich selbst ähnlich, so daß alles was ruchlos sein soll, soviel nämlich seine Ruchlosigkeit betrifft, Eine gewisse Gestalt hat?

EUTHYPHRON: Auf alle Weise freilich, Sokrates.

2. Was ist Frömmigkeit?

2.1. Erste Definition: Fromm ist, den Übeltäter zu verfolgen. Ihre Unzulänglichkeit

SOKRATES: So sage also, was du behauptest daß das fromme sei, und was das ruchlose.

EUTHYPHRON: Ich sage eben, daß das fromm ist, was ich itzt tue, den Übeltäter nämlich, er habe nun durch Totschlag, oder durch der Heiligtümer Beraubung, oder durch irgend etwas dergleichen gesündiget, zu verfolgen, sei er auch Vater e
oder Mutter, oder wer sonst immer; ihn nicht zu verfolgen aber ist ruchlos. Denn, o Sokrates, betrachte nur, welchen starken Beweis ich dir anführen werde für diese Vorschrift, daß sie richtig ist; wie ich auch Andern schon gesagt, daß dies ganz richtig wäre, dem Gottlosen nichts durchgehn zu lassen, und wäre er auch was du nur willst. Nämlich die Menschen halten ja selbst den Zeus für den trefflichsten und gerechtesten aller Götter, und von diesem gestehen sie doch, daß er seinen eignen Vater gefesselt, weil der seine Söhne 6a
verschluckt ohne rechtlichen Grund; und dieser wiederum habe seinen Vater verschnitten ähnlicher Dinge wegen. Mir aber wollen sie böse sein, daß ich meinen Vater, der auch Unrecht getan, vor Gericht belange; und so widersprechen sie sich selbst in dem, was sie sagen in Bezug auf die Götter und auf mich.

SOKRATES: Ist etwa eben dies die Ursache, o Euthyphron, weshalb ich mit der Klage verfolgt werde, weil ich näm-

λέγῃ, δυσχερῶς πως ἀποδέχομαι; δι' ἃ δή, ὡς ἔοικε, φήσει τίς με ἐξαμαρτάνειν. Νῦν οὖν εἰ καὶ σοὶ ταῦτα συνδοκεῖ τῷ εὖ εἰδότι περὶ τῶν τοιούτων, ἀνάγκη δή, ὡς ἔοικε, καὶ ἡμῖν b συγχωρεῖν. Τί γὰρ καὶ φήσομεν, οἵ γε αὐτοὶ ὁμολογοῦμεν περὶ αὐτῶν μηδὲν εἰδέναι; ἀλλά μοι εἰπὲ πρὸς Φιλίου, σὺ ὡς ἀληθῶς ἡγῇ ταῦτα οὕτως γεγονέναι;

ΕΥΘ. Καὶ ἔτι γε τούτων θαυμασιώτερα, ὦ Σώκρατες, ἃ οἱ πολλοὶ οὐκ ἴσασιν.

ΣΩ. Καὶ πόλεμον ἄρα ἡγῇ σὺ εἶναι τῷ ὄντι ἐν τοῖς θεοῖς πρὸς ἀλλήλους καὶ ἔχθρας γε δεινὰς καὶ μάχας καὶ ἄλλα τοιαῦτα πολλά, οἷα λέγεταί τε ὑπὸ τῶν ποιητῶν καὶ ὑπὸ τῶν ἀγαθῶν γραφέων τά τε ἄλλα ἱερὰ ἡμῖν καταπε- c ποίκιλται, καὶ δὴ καὶ τοῖς μεγάλοις Παναθηναίοις ὁ πέπλος μεστὸς τῶν τοιούτων ποικιλμάτων ἀνάγεται εἰς τὴν ἀκρόπολιν; ταῦτα ἀληθῆ φῶμεν εἶναι, ὦ Εὐθύφρον;

ΕΥΘ. Μὴ μόνον γε, ὦ Σώκρατες· ἀλλ' ὅπερ ἄρτι εἶπον, καὶ ἄλλα σοι ἐγὼ πολλά, ἐάνπερ βούλῃ, περὶ τῶν θείων διηγήσομαι ἃ σὺ ἀκούων εὖ οἶδ' ὅτι ἐκπλαγήσῃ.

ΣΩ. Οὐκ ἂν θαυμάζοιμι· ἀλλὰ ταῦτα μέν μοι εἰσαῦθις ἐπὶ σχολῆς διηγήσῃ· νυνὶ δὲ ὅπερ ἄρτι σε ἠρόμην πειρῶ σαφέστερον εἰπεῖν. Οὐ γάρ με, ὦ ἑταῖρε, τὸ πρότερον ἱκανῶς d ἐδίδαξας ἐρωτήσαντα τὸ ὅσιον ὅ τί ποτ' εἴη, ἀλλά μοι εἶπες ὅτι τοῦτο τυγχάνει ὅσιον ὂν ὃ σὺ νῦν ποιεῖς, φόνου ἐπεξιὼν τῷ πατρί.

ΕΥΘ. Καὶ ἀληθῆ γε ἔλεγον, ὦ Σώκρατες.

ΣΩ. Ἴσως· ἀλλὰ γάρ, ὦ Εὐθύφρον, καὶ ἄλλα πολλὰ φῂς εἶναι ὅσια.

ΕΥΘ. Καὶ γὰρ ἔστιν.

ΣΩ. Μέμνησαι οὖν ὅτι οὐ τοῦτό σοι διεκελευόμην ἕν τι ἢ δύο με διδάξαι τῶν πολλῶν ὁσίων, ἀλλ' ἐκεῖνο αὐτὸ τὸ

lich, wenn Jemand dergleichen von den Göttern sagt, es übel
aufnehme? und meint man, wie es scheint, daß ich eben hie-
rin fehle? Nun also, wenn auch du dieser Meinung bist, der
in solchen Dingen so wohl unterrichtete: so müssen wie es b
scheint auch wir es zugeben. Denn was wollten wir auch
sagen, die wir selbst eingestehen nichts von der Sache zu
wissen? Aber sage mir beim Gott der Freundschaft, glaubst
du wirklich, daß dieses so gewesen ist?

EUTHYPHRON: Und noch wunderbareres als dieses, o Sokrates, wovon nur die Wenigsten etwas wissen.

SOKRATES: Auch Krieg glaubst du also wirklich, daß die
Götter haben gegen einander, und gewaltige Feindschaften
und Schlachten, und viel dergleichen wie es von den Dich-
tern erzählt wird, und wie es teils an andern heiligen Orten c
von guten Malern abgebildet ist, teils auch der Teppich voll
ist von solchen Abbildungen, der an den großen Panathe-
näen in die Akropolis hinaufgetragen wird? Dies alles wollen
wir für wahr erklären, Euthyphron?

EUTHYPHRON: Und zwar nicht dieses allein, o Sokrates; sondern wie ich eben sagte noch vieles Andere kann ich dir, wenn du willst, von göttlichen Dingen erzählen, welches vernehmend du, wie ich wohl weiß, erstaunen wirst.

SOKRATES: Das soll mich nicht wundern. Allein dies
magst du mir ein andermal bei Gelegenheit erzählen. Jetzt
aber versuche das, wonach ich dich so eben fragte, mir ge-
nauer zu erklären. Denn Freund, du hast mich vorher nicht d
hinlänglich belehrt auf meine Frage, was wohl das fromme
wäre; sondern du sagtest mir nur, dieses wäre fromm, was du
jetzt tust, indem du den Vater des Totschlages wegen be-
langst.

EUTHYPHRON: Und daran habe ich wahr gesprochen, o Sokrates.

SOKRATES: Wahrscheinlich. Aber du gibst doch zu, Euthyphron, daß es noch viel anderes frommes gibt?

EUTHYPHRON: Das gibt es auch.

SOKRATES: Du erinnerst dich doch, daß ich dir nicht dieses aufgab, mich einerlei oder zweierlei von dem vielen frommen zu lehren, sondern jenen Begriff selbst, durch welchen

εἶδος ᾧ πάντα τὰ ὅσια ὅσιά ἐστιν ; ἔφησθα γάρ που μιᾷ
ἰδέᾳ τά τε ἀνόσια ἀνόσια εἶναι καὶ τὰ ὅσια ὅσια· ἢ οὐ μνημο- e
νεύεις ;

ΕΥΘ. Ἔγωγε.

ΣΩ. Ταύτην τοίνυν με αὐτὴν δίδαξον τὴν ἰδέαν τίς ποτέ ἐστιν, ἵνα εἰς ἐκείνην ἀποβλέπων καὶ χρώμενος αὐτῇ παραδείγματι, ὃ μὲν ἂν τοιοῦτον ᾖ ὧν ἂν ἢ σὺ ἢ ἄλλος τις πράττῃ φῶ ὅσιον εἶναι, ὃ δ' ἂν μὴ τοιοῦτον, μὴ φῶ.

ΕΥΘ. Ἀλλ' εἰ οὕτω βούλει, ὦ Σώκρατες, καὶ οὕτω σοι φράσω.

ΣΩ. Ἀλλὰ μὴν βούλομαί γε.

ΕΥΘ. Ἔστι τοίνυν τὸ μὲν τοῖς θεοῖς προσφιλὲς ὅσιον,
τὸ δὲ μὴ προσφιλὲς ἀνόσιον. 7

ΣΩ. Παγκάλως, ὦ Εὐθύφρον, καὶ ὡς ἐγὼ ἐζήτουν ἀποκρίνασθαί σε, οὕτω νῦν ἀπεκρίνω· εἰ μέντοι ἀληθῶς, τοῦτο οὔπω οἶδα, ἀλλὰ σὺ δῆλον ὅτι ἐπεκδιδάξεις ὡς ἔστιν ἀληθῆ ἃ λέγεις.

ΕΥΘ. Πάνυ μὲν οὖν.

ΣΩ. Φέρε δή, ἐπισκεψώμεθα τί λέγομεν· τὸ μὲν θεοφιλές τε καὶ ὁ θεοφιλὴς ἄνθρωπος ὅσιος, τὸ δὲ θεομισὲς καί ὁ θεομισὴς ἀνόσιος· οὐ ταὐτὸν δ' ἐστὶν, ἀλλὰ τὸ ἐναντιώτατον τὸ ὅσιον τῷ ἀνοσίῳ· οὐχ οὕτως ;

ΕΥΘ. Οὕτω μὲν οὖν.

ΣΩ. Καὶ εὖ γε φαίνεται εἰρῆσθαι ;

ΕΥΘ. Δοκῶ, ὦ Σώκρατες· εἴρηται γάρ. b

ΣΩ. Οὐκοῦν καὶ ὅτι στασιάζουσιν οἱ θεοί, ὦ Εὐθύφρον, καὶ διαφέρονται ἀλλήλοις καὶ ἔχθρα ἐστὶν ἐν αὐτοῖς πρὸς ἀλλήλους, καὶ τοῦτο εἴρηται ;

ΕΥΘ. Εἴρηται γάρ.

ΣΩ. Ἔχθραν δὲ καὶ ὀργάς, ὦ ἄριστε, ἡ περὶ τίνων διαφορὰ ποιεῖ ; ὧδε δὲ σκοπῶμεν· ἆρ' ἂν εἰ διαφεροίμεθα

alles fromme fromm ist. Denn du gabst ja zu, einer gewissen Gestalt wegen die es habe, sei alles ruchlose ruchlos und das e fromme fromm. Oder besinnst du dich darauf nicht?

EUTHYPHRON: Sehr wohl.

SOKRATES: Diese Gestalt selbst also lehre mich, welche sie ist, damit ich auf sie sehend, und mich ihrer als Urbildes bedienend, was nun ein solches ist in deinem oder sonst Jemandes Handlungen für fromm erkläre, was aber nicht ein solches, davon ausschließe.

EUTHYPHRON: Wenn du es so willst, Sokrates, kann ich es dir auch so erklären.

SOKRATES: Gar sehr will ich das.

2.2. Die zweite Definition der Frömmigkeit

2.2.1. Erste Fassung: Fromm ist, was den Göttern lieb ist

EUTHYPHRON: Was also den Göttern lieb ist, ist fromm; was nicht lieb, ruchlos. 7a

SOKRATES: Sehr schön, o Euthyphron, und so wie ich wünschte, daß du antworten möchtest, hast du itzt geantwortet. Ob indes auch richtig, das weiß ich noch nicht. Allein du wirst mir gewiß auch das noch dazu zeigen, wie es richtig ist, was du sagst.

EUTHYPHRON: Ganz gewiß.

SOKRATES: So komm denn, laß uns betrachten, was wir sagen. Was den Göttern lieb ist, und der den Göttern liebe Mensch ist fromm, und das den Göttern verhaßte und der ihnen verhaßte ist ruchlos. Und nicht etwa einerlei, sondern ganz entgegengesetzt ist das fromme dem ruchlosen. Nicht so?

EUTHYPHRON: Allerdings so.

SOKRATES: Und gut ist das wohl offenbar gesagt.

EUTHYPHRON: Ich denke: denn es ist so erklärt worden. b

SOKRATES: Ferner auch, daß die Götter entzweit sind und uneins unter einander, o Euthyphron, und daß es Feindschaft unter ihnen gibt gegen einander, auch das wurde gesagt.

EUTHYPHRON: Das wurde freilich gesagt.

SOKRATES: Aus der Uneinigkeit über was für Dinge aber

ἐγώ τε καὶ σὺ περὶ ἀριθμοῦ ὁπότερα πλείω, ἡ περὶ τούτων διαφορὰ ἐχθροὺς ἂν ἡμᾶς ποιοῖ καὶ ὀργίζεσθαι ἀλλήλοις, ἢ ἐπὶ λογισμὸν ἐλθόντες περί γε τῶν τοιούτων ταχὺ ἂν ἀπαλλαγεῖμεν; c

ΕΥΘ. Πάνυ γε.

ΣΩ. Οὐκοῦν καὶ περὶ τοῦ μείζονος καὶ ἐλάττονος εἰ διαφεροίμεθα, ἐπὶ τὸ μετρεῖν ἐλθόντες ταχὺ παυσαίμεθ' ἂν τῆς διαφορᾶς;

ΕΥΘ. Ἔστι ταῦτα.

ΣΩ. Καὶ ἐπί γε τὸ ἱστάναι ἐλθόντες, ὡς ἐγᾦμαι, περὶ τοῦ βαρυτέρου τε καὶ κουφοτέρου διακριθεῖμεν ἄν;

ΕΥΘ. Πῶς γὰρ οὔ;

ΣΩ. Περὶ τίνος δὲ δὴ διενεχθέντες καὶ ἐπὶ τίνα κρίσιν οὐ δυνάμενοι ἀφικέσθαι ἐχθροί γε ἂν ἀλλήλοις εἶημεν καὶ ὀργιζοίμεθα; ἴσως οὐ πρόχειρόν σοί ἐστιν, ἀλλ' ἐμοῦ λέγοντος σκόπει εἰ τάδε ἐστὶ τό τε δίκαιον καὶ τὸ ἄδικον d καὶ καλὸν καὶ αἰσχρὸν καὶ ἀγαθὸν καὶ κακόν· ἆρα οὐ ταῦτά ἐστιν περὶ ὧν διενεχθέντες καὶ οὐ δυνάμενοι ἐπὶ ἱκανὴν κρίσιν αὐτῶν ἐλθεῖν ἐχθροὶ ἀλλήλοις γιγνόμεθα, ὅταν γιγνώμεθα, καὶ ἐγὼ καὶ σὺ καὶ οἱ ἄλλοι ἄνθρωποι πάντες;

ΕΥΘ. Ἀλλ' ἔστιν αὕτη ἡ διαφορά, ὦ Σώκρατες, καὶ περὶ τούτων.

ΣΩ. Τί δέ; οἱ θεοί, ὦ Εὐθύφρον, οὐκ εἴπερ τι διαφέρονται, δι' αὐτὰ ταῦτα διαφέροιντ' ἄν;

ΕΥΘ. Πολλὴ ἀνάγκη.

ΣΩ. Καὶ τῶν θεῶν ἄρα, ὦ γενναῖε Εὐθύφρον, ἄλλοι ἄλλα e δίκαια ἡγοῦνται κατὰ τὸν σὸν λόγον καὶ καλὰ καὶ αἰσχρὰ καὶ ἀγαθὰ καὶ κακά· οὐ γὰρ ἄν που ἐστασίαζον ἀλλήλοις, εἰ μὴ περὶ τούτων διεφέροντο· ἦ γάρ;

ΕΥΘ. Ὀρθῶς λέγεις.

ΣΩ. Οὐκοῦν ἅπερ καλὰ ἡγοῦνται ἕκαστοι καὶ ἀγαθὰ καὶ δίκαια, ταῦτα καὶ φιλοῦσιν, τὰ δὲ ἐναντία τούτων μισοῦσιν;

entsteht wohl Feindschaft und Erzürnung? o Bester? Laß uns das so überlegen. Wenn wir uneinig wären, ich und du über Zahlen, welche von beiden mehr betrüge, würde die Uneinigkeit hierüber uns wohl zu Feinden machen, und erzürnt gegen einander? oder würden wir zur Rechnung schreitend sehr bald über dergleichen Dinge uns einigen? c

EUTHYPHRON: Ganz gewiß.

SOKRATES: Nicht auch wenn wir über Größeres und Kleineres uneinig wären, würden wir zur Messung schreitend sehr bald dem Streit ein Ende machen?

EUTHYPHRON: Das ist richtig.

SOKRATES: Und zur Abwägung schreitend würden wir, glaube ich, über leichteres und schwereres entscheiden?

EUTHYPHRON: Wie sollten wir nicht?

SOKRATES: Worüber also müßten wir uns wohl streiten, und zu was für einer Entscheidung nicht kommen können um uns zu erzürnen und einander feind zu werden? Vielleicht fällt es dir eben nicht bei: allein laß mich es aussprechen, und überlege, ob es wohl dieses ist, das Gerechte und Ungerech- d
te, das Edle und Schlechte, das Gute und Böse. Sind nicht dies etwa die Gegenstände, worüber streitend und nicht zur völligen Entscheidung gelangend wir einander feind werden, so oft wir es werden, du und ich sowohl als auch alle übrigen Menschen?

EUTHYPHRON: Freilich ist es gerade dieser Streit, Sokrates, und über diese Dinge.

SOKRATES: Und wie die Götter, o Euthyphron? Werden sie nicht, wenn sie sich je streiten, sich über eben diese Dinge streiten?

EUTHYPHRON: Ganz notwendig.

SOKRATES: Also auch von den Göttern, du teurer Eu- e
thyphron, halten Andere Anderes für gerecht nach deiner Rede, und für edel und schlecht, und für gut und böse? Denn sie würden ja nicht in Zwietracht mit einander sein, wenn sie nicht im Streit wären über diese Gegenstände. Nicht wahr?

EUTHYPHRON: Ganz richtig.

SOKRATES: Und nicht wahr, was Jeder von ihnen für edel hält und für gut und gerecht, das liebt er auch? und das Gegenteil davon haßt er?

ΕΥΘ. Πάνυ γε.

ΣΩ. Ταὐτὰ δέ γε, ὥς σὺ φῄς, οἱ μὲν δίκαια ἡγοῦνται, οἱ δὲ ἄδικα· περὶ ἃ καὶ ἀμφισβητοῦντες στασιάζουσί τε καὶ 8
πολεμοῦσιν ἀλλήλοις· ἆρα οὐχ οὕτω;

ΕΥΘ. Οὕτω.

ΣΩ. Ταὔτ' ἄρα, ὡς ἔοικεν, μισεῖται ὑπὸ τῶν θεῶν καὶ φιλεῖται καὶ θεομισῆ τε καὶ θεοφιλῆ ταὔτ' ἂν εἴη.

ΕΥΘ. Ἔοικεν.

ΣΩ. Καὶ ὅσια ἄρα καὶ ἀνόσια τὰ αὐτὰ ἂν εἴη, ὦ Εὐθύφρον, τούτῳ τῷ λόγῳ.

ΕΥΘ. Κινδυνεύει.

ΣΩ. Οὐκ ἄρα ὃ ἠρόμην ἀπεκρίνω, ὦ θαυμάσιε· οὐ γὰρ τοῦτό γε ἠρώτων ὃ τυγχάνει ταὐτὸν ὂν ὅσιόν τε καὶ ἀνόσιον·
ὃ δ' ἂν θεοφιλὲς ᾖ καὶ θεομισές ἐστιν, ὡς ἔοικεν· ὥστε, ὦ b
Εὐθύφρον, ὃ σὺ νῦν ποιεῖς τὸν πατέρα κολάζων, οὐδὲν θαυμαστὸν εἰ τοῦτο δρῶν τῷ μὲν Διὶ προσφιλὲς ποιεῖς, τῷ δὲ Κρόνῳ καὶ τῷ Οὐρανῷ ἐχθρόν, καὶ τῷ μὲν Ἡφαίστῳ φίλον, τῇ δὲ Ἥρᾳ ἐχθρόν· καὶ εἴ τις ἄλλος τῶν θεῶν ἕτερος ἑτέρῳ διαφέρεται περὶ αὐτοῦ, καὶ ἐκείνοις κατὰ τὰ αὐτά.

ΕΥΘ. Ἀλλ' οἶμαι, ὦ Σώκρατες, περί γε τούτου τῶν θεῶν οὐδένα ἕτερον ἑτέρῳ διαφέρεσθαι, ὡς οὐ δεῖ δίκην διδόναι ἐκεῖνον ὃς ἂν ἀδίκως τινὰ ἀποκτείνῃ.

ΣΩ. Τί δαί; ἀνθρώπων, ὦ Εὐθύφρον, ἤδη τινὸς ἤκουσας ἀμφισβητοῦντος ὡς τὸν ἀδίκως ἀποκτείναντα ἢ ἄλλο c
ἀδίκως ποιοῦντα ὁτιοῦν οὐ δεῖ δίκην διδόναι;

ΕΥΘ. Οὐδὲν μὲν οὖν παύονται ταῦτα ἀμφισβητοῦντες

EUTHYPHRON: Allerdings.

SOKRATES: Dasselbige aber, wie du sagst, halten die Ei-
nen für gerecht, die Andern für ungerecht, welcher Uneinig- 8a
keit halber sie sich eben in Zwietracht und Krieg unter ein-
ander befinden. Ist es nicht so?

EUTHYPHRON: Gerade so.

SOKRATES: Dasselbige also, wie es scheint, wird von den Göttern gehaßt und auch geliebt, und dasselbige also wäre gottgehässig und gottgefällig?

EUTHYPHRON: Das scheint so.

SOKRATES: Also wäre ein und dasselbe auch fromm und ruchlos nach dieser Rede?

EUTHYPHRON: So ist es beinahe.

SOKRATES: Also hast du doch nicht, was ich fragte, be-
antwortet, du Wunderlicher. Denn ich fragte nicht nach
dem, was dasselbe bleibend fromm und auch ruchlos sein
kann; was aber gottgefällig ist, das ist auch gottverhaßt, wie
es scheint. So daß nicht zu verwundern ist, o Euthyphron, b
wenn das was du jetzt tust, indem du deinen Vater zur Strafe
ziehst, dem Zeus etwa ganz wohlgefällig ist, dem Kronos
aber und dem Uranos verhaßt, oder dem Hephaistos zwar
ganz lieb, der Here aber verhaßt, und eben so auch mit an-
dern Göttern, wenn etwa noch sonst einer mit einem andern
hierüber uneins ist.

2.2.2. Verbesserung der zweiten Definition: Fromm ist, was allen Göttern lieb ist

EUTHYPHRON: Allein ich glaube, o Sokrates, daß hierüber kein Gott mit dem andern uneins ist, daß nämlich der nicht Strafe leiden müsse, der einen Andern ungerechter Weise getötet hat.

SOKRATES: Wie doch, Euthyphron? Hast du etwa von
Menschen jemals einen gehört, welcher das bezweifelt hätte, c
ob wer ungerechter Weise einen Andern getötet, oder irgend
sonst etwas ungerechter Weise getan, auch wohl Strafe leiden
müsse?

EUTHYPHRON: Sie hören ja gar nicht auf über derglei-
chen zu streiten sowohl sonst als auch besonders vor Ge-

καὶ ἄλλοθι καὶ ἐν τοῖς δικαστηρίοις· ἀδικοῦντες γὰρ πάμπολλα, πάντα ποιοῦσι καὶ λέγουσι φεύγοντες τὴν δίκην.

ΣΩ. Ἦ καὶ ὁμολογοῦσιν, ὦ Εὐθύφρον, ἀδικεῖν, καὶ ὁμολογοῦντες ὅμως οὐ δεῖν φασι σφᾶς διδόναι δίκην;

ΕΥΘ. Οὐδαμῶς τοῦτό γε.

ΣΩ. Οὐκ ἄρα πᾶν γε ποιοῦσι καὶ λέγουσι· τοῦτο γὰρ οἶμαι οὐ τολμῶσι λέγειν οὐδ' ἀμφισβητεῖν ὡς οὐχί, εἴπερ ἀδικοῦσί γε, δοτέον δίκην· ἀλλ' οἶμαι οὔ φασιν ἀδικεῖν· ἢ γάρ; d

ΕΥΘ. Ἀληθῆ λέγεις.

ΣΩ. Οὐκ ἄρα ἐκεῖνό γε ἀμφισβητοῦσιν ὡς οὐ τὸν ἀδικοῦντα δεῖ διδόναι δίκην· ἀλλ' ἐκεῖνο ἴσως ἀμφισβητοῦσιν, τὸ τίς ἐστιν ὁ ἀδικῶν καὶ τί δρῶν καὶ πότε.

ΕΥΘ. Ἀληθῆ λέγεις.

ΣΩ. Οὐκοῦν αὐτά γε ταῦτα καὶ οἱ θεοὶ πεπόνθασιν, εἴπερ στασιάζουσι περὶ τῶν δικαίων καὶ ἀδίκων, ὡς ὁ σὸς λόγος, καὶ οἱ μέν φασιν ἀλλήλους ἀδικεῖν, οἱ δὲ οὔ φασιν; ἐπεὶ ἐκεῖνό γε δήπου, ὦ θαυμάσιε, οὐδεὶς οὔτε θεῶν οὔτε ἀνθρώπων τολμᾷ λέγειν ὡς οὐ τῷ γε ἀδικοῦντι δοτέον δίκην. e

ΕΥΘ. Ναί, τοῦτο μὲν ἀληθὲς λέγεις, ὦ Σώκρατες, τό γε κεφάλαιον.

ΣΩ. Ἀλλ' ἕκαστόν γε οἶμαι, ὦ Εὐθύφρον, τῶν πραχθέντων ἀμφισβητοῦσιν οἱ ἀμφισβητοῦντες καὶ ἄνθρωποι καὶ θεοί, εἴπερ ἀμφισβητοῦσιν θεοί· πράξεώς τινος πέρι διαφερόμενοι οἱ μὲν δικαίως φασὶν αὐτὴν πεπρᾶχθαι, οἱ δὲ ἀδίκως· ἆρ' οὐχ οὕτω;

ΕΥΘ. Πάνυ γε.

ΣΩ. Ἴθι νῦν, ὦ φίλε Εὐθύφρον, δίδαξον καὶ ἐμὲ ἵνα 9 σοφώτερος γένωμαι· τί σοι τεκμήριόν ἐστιν ὡς πάντες θεοὶ ἡγοῦνται ἐκεῖνον ἀδίκως τεθνάναι, ὃς ἂν θητεύων ἀνδρο-

richt. Denn nachdem sie noch so viel Unrecht getan, tun und reden sie alles ersinnliche, um nur loszukommen von der Klage.

SOKRATES: Gestehen sie denn auch ein, daß sie Unrecht getan, und behaupten, nachdem sie dies eingestanden noch, daß sie doch keine Strafe erleiden dürften?

EUTHYPHRON: Das freilich keinesweges.

SOKRATES: Also doch nicht Alles tun und sagen sie. Denn dies, denke ich, unterstehen sie sich nicht zu sagen
oder zu bestreiten, daß nicht wenn sie ja Unrecht getan, sie d
müßten Strafe leiden; sondern sie behaupten nur, glaube ich, sie hätten nicht Unrecht getan. Nicht wahr?

EUTHYPHRON: Darin hast du Recht.

SOKRATES: Nicht also jenes bestreiten sie, daß der Unrechthandelnde nicht müsse bestraft werden: sondern nur darüber streiten sie mit einander, wer es denn ist der Unrecht tut, und wodurch, und wann?

EUTHYPHRON: Das ist richtig.

SOKRATES: Muß nun nicht dasselbe auch den Göttern begegnen, wenn sie doch in Zwietracht unter einander sind wegen des Gerechten und Ungerechten, wie ja deine Rede besagt, und einige behaupten, sie hätten einander Unrecht getan, andere es leugnen? Denn dieses, du Wunderbarer, wagt doch wohl Niemand, weder Gott noch Mensch zu sa-
gen, daß auch wer wirklich Unrecht getan doch nicht Strafe e
leiden müsse.

EUTHYPHRON: Ja hierin, o Sokrates, redest du wohl wahr im Ganzen.

SOKRATES: Sondern über jegliches einzelne was getan worden ist streiten die, welche streiten, Menschen wie Götter, wenn anders Götter mit einander streiten, weil sie über eine Handlung ungleicher Meinung sind, indem einige sagen, es sei recht gewesen so zu handeln, andere es sei Unrecht gewesen. Ist es etwa nicht so?

EUTHYPHRON: Allerdings.

SOKRATES: So komm denn, lieber Euthyphron, und leh- 9a
re auch mich, damit ich weiser werde, was für einen Beweis hast du denn darüber, daß alle Götter glauben, der sei un-

φόνος γενόμενος, συνδεθεὶς ὑπὸ τοῦ δεσπότου τοῦ ἀποθανόντος, φθάσῃ τελευτήσας διὰ τὰ δεσμὰ πρὶν τὸν συνδήσαντα παρὰ τῶν ἐξηγητῶν περὶ αὐτοῦ πυθέσθαι τί χρὴ ποιεῖν, καὶ ὑπὲρ τοῦ τοιούτου δὴ ὀρθῶς ἔχει ἐπεξιέναι καὶ ἐπισκήπτεσθαι φόνου τὸν ὑὸν τῷ πατρί; ἴθι, περὶ τούτων πειρῶ τί μοι σαφὲς ἐνδείξασθαι ὡς παντὸς μᾶλλον πάντες b
θεοὶ ἡγοῦνται ὀρθῶς ἔχειν ταύτην τὴν πρᾶξιν· κἄν μοι ἱκανῶς ἐνδείξῃ, ἐγκωμιάζων σε ἐπὶ σοφίᾳ οὐδέποτε παύσομαι.

ΕΥΘ. Ἀλλ' ἴσως οὐκ ὀλίγον ἔργον ἐστίν, ὦ Σώκρατες· ἐπεὶ πάνυ γε σαφῶς ἔχοιμι ἄν ἐπιδεῖξαί σοι.

ΣΩ. Μανθάνω, ὅτι σοι δοκῶ τῶν δικαστῶν δυσμαθέστερος εἶναι· ἐπεὶ ἐκείνοις γε ἐνδείξῃ δῆλον ὅτι ὡς ἄδικά τέ ἐστιν καὶ οἱ θεοὶ ἅπαντες τὰ τοιαῦτα μισοῦσιν.

ΕΥΘ. Πάνυ γε σαφῶς, ὦ Σώκρατες, ἐάνπερ ἀκούωσί γέ μου λέγοντος.

ΣΩ. Ἀλλ' ἀκούσονται, ἐάνπερ εὖ δοκῇς λέγειν. Τόδε δέ c
σου ἐνενόησα ἅμα λέγοντος καὶ πρὸς ἐμαυτὸν σκοπῶ· « Εἰ ὅτι μάλιστά με Εὐθύφρων διδάξειεν ὡς οἱ θεοὶ ἅπαντες τὸν τοιοῦτον θάνατον ἡγοῦνται ἄδικον εἶναι, τί μᾶλλον ἐγὼ μεμάθηκα παρ' Εὐθύφρονος τί ποτ' ἐστὶ τὸ ὅσιόν τε καὶ τὸ ἀνόσιον; θεομισὲς μὲν γὰρ τοῦτο τὸ ἔργον, ὡς ἔοικεν, εἴη ἄν· ἀλλὰ γὰρ οὐ τούτῳ ἐφάνη ἄρτι ὡρισμένα τὸ ὅσιον καὶ μή· τὸ γὰρ θεομισὲς ὂν καὶ θεοφιλὲς ἐφάνη· » ὥστε τούτου ἀφίημί σε, ὦ Εὐθύφρον· εἰ βούλει, πάντες αὐτὸ ἡγείσθων θεοὶ ἄδικον καὶ πάντες μισούντων. Ἀλλ' ἆρα τοῦτο d
ὃ νῦν ἐπανορθούμεθα ἐν τῷ λόγῳ, ὡς ὃ μὲν ἂν πάντες οἱ θεοὶ μισῶσιν ἀνόσιόν ἐστιν, ὃ δ' ἂν φιλῶσιν ὅσιον, ὃ δ' ἂν οἱ μὲν φιλῶσιν, οἱ δὲ μισῶσιν, οὐδέτερα ἢ ἀμφότερα, ἆρ' οὕτω βούλει ἡμῖν ὡρίσθαι νῦν περὶ τοῦ ὁσίου καὶ τοῦ ἀνοσίου;

gerechter Weise getötet, der als Tagelöhner selbst einen tot geschlagen, und dann von dem Herrn des Erschlagenen gebunden, an diesen Banden noch eher gestorben, als der, welcher ihn gebunden, Erkundigung von den Auslegern eingezogen, was seinetwegen zu tun wäre, und es sei ganz recht, wenn eines solchen wegen der Sohn den Vater des Totschlages beschuldigte und belangte? Komm und versuche mir recht deutlich zu erweisen, daß vor allen Dingen diese b
Handlung alle Götter für recht halten; und wenn du es mir zur Genüge erweisest, werde ich nie aufhören dich deiner Weisheit wegen zu preisen.

EUTHYPHRON: Das ist nun wohl auch keine geringe Sache, o Sokrates aber gewiß könnte ich es dir ganz deutlich zeigen.

SOKRATES: Ich verstehe, du hältst mich für ungelehriger als die Richter: denn denen willst du doch gewiß deutlich machen, daß das ungerecht ist, und daß alle Götter es hassen.

EUTHYPHRON: Ganz deutlich, Sokrates, wenn sie nur hören werden auf meine Rede.

SOKRATES: Sie werden schon zuhören, wenn sie nur fin- c
den, daß du gut redest. Aber dies ist mir eingefallen während du sprachst, und ich überlege es bei mir. Wenn mich nun auch Euthyphron noch so gründlich belehrt, daß sämtliche Götter einen solchen Tod für ungerecht halten: was habe ich nun dadurch mehr vom Euthyphron gelernt, was das fromme ist und das ruchlose? Denn gottgehässig wäre nun wohl diese Tat, wie es scheint. Aber nur eben hatte sich gezeigt, daß hiedurch das fromme und ruchlose nicht bestimmt ist, weil nämlich von dem Gottgehässigen sich gezeigt hatte, daß es auch gottgefällig ist. So daß ich dich hievon gern loslasse, Euthyphron, und wenn du willst sollen alle Götter dies für d
ungerecht halten, und Alle sollen es hassen. Wollen wir aber nun etwa dieses berichtigen in unserer Erklärung, daß was alle Götter hassen ruchlos sein soll, und was Alle lieben fromm, was aber Einige lieben und Andere hassen, das soll auch keins von beiden sein oder beides? Willst du, daß uns nun so die Erklärung gestellt sein soll über das fromme und ruchlose?

ΕΥΘ. Τί γὰρ κωλύει, ὦ Σώκρατες ;

ΣΩ. Οὐδὲν ἐμέ γε, ὦ Εὐθύφρον, ἀλλὰ σὺ δὴ τὸ σὸν σκόπει, εἰ, τοῦτο ὑποθέμενος, οὕτω ῥᾷστά με διδάξεις ὃ ὑπέσχου.

ΕΥΘ. Ἀλλ' ἔγωγε φαίην ἂν τοῦτο εἶναι τὸ ὅσιον ὃ ἂν e πάντες οἱ θεοὶ φιλῶσιν, καὶ τὸ ἐναντίον ὃ ἂν πάντες θεοὶ μισῶσιν ἀνόσιον.

ΣΩ. Οὐκοῦν ἐπισκοπῶμεν αὖ τοῦτο, ὦ Εὐθύφρον, εἰ καλῶς λέγεται ἢ ἐῶμεν, καὶ οὕτω ἡμῶν τε αὐτῶν ἀποδεχώμεθα καὶ τῶν ἄλλων, ἐὰν μόνον φῇ τίς τι ἔχειν οὕτω συγχωροῦντες ἔχειν ; ἢ σκεπτέον τί λέγει ὁ λέγων ;

ΕΥΘ. Σκεπτέον· οἶμαι μέντοι ἔγωγε τοῦτο νυνὶ καλῶς λέγεσθαι.

ΣΩ. Τάχ', ὠγαθέ, βέλτιον εἰσόμεθα. Ἐννόησον γὰρ τὸ 10
τοιόνδε· ἆρα τὸ ὅσιον ὅτι ὅσιόν ἐστιν φιλεῖται ὑπὸ τῶν θεῶν ἢ ὅτι φιλεῖται ὅσιόν ἐστιν ;

ΕΥΘ. Οὐκ οἶδ' ὅ τι λέγεις, ὦ Σώκρατες.

ΣΩ. Ἀλλ' ἐγὼ πειράσομαι σαφέστερον φράσαι. Λέγομέν τι φερόμενον καὶ φέρον καὶ ἀγόμενον καὶ ἄγον καὶ ὁρώμενον καὶ ὁρῶν ; καὶ πάντα τὰ τοιαῦτα μανθάνεις ὅτι ἕτερα ἀλλήλων ἐστὶ καὶ ᾗ ἕτερα.

ΕΥΘ. Ἔγωγέ μοι δοκῶ μανθάνειν.

ΣΩ. Οὐκοῦν καὶ φιλούμενόν τί ἐστιν καὶ τούτου ἕτερον τὸ φιλοῦν ;

ΕΥΘ. Πῶς γὰρ οὔ ;

ΣΩ. Λέγε δή μοι, πότερον τὸ φερόμενον διότι φέρεται b
φερόμενόν ἐστιν ἢ δι' ἄλλο τι ;

ΕΥΘ. Οὔκ, ἀλλὰ διὰ τοῦτο.

ΣΩ. Καὶ τὸ ἀγόμενον δὴ διότι ἄγεται καὶ τὸ ὁρώμενον διότι ὁρᾶται ;

EUTHYPHRON: Was hindert uns, Sokrates?

SOKRATES: Mich wohl nichts, Euthyphron; aber du überlege dir deinerseits, ob du dies zum Grunde legend mich am leichtesten das lehren kannst, was du versprochen hast.

EUTHYPHRON: Ich möchte allerdings behaupten, das sei e
das fromme, was alle Götter lieben, und gegenteils was alle
Götter hassen sei ruchlos.

2.2.3. Widerlegung der zweiten Definition

SOKRATES: Wollen wir nun nicht wieder dieses in Betrachtung ziehen ob es gut gesagt ist, Euthyphron? oder es lassen, und so leicht mit uns selbst und andern zufrieden sein, daß wenn nur Jemand behauptet, etwas verhalte sich so, wir es gleich einräumen und annehmen? oder muß man erst erwägen, was der wohl sagt, der etwas sagt?

EUTHYPHRON: Erwägen muß man es; ich jedoch glaube, dieses ist nun richtig gesagt.

SOKRATES: Bald, mein Guter, werden wir es besser wis- 10a
sen. Bedenke dir nämlich nur dieses, ob wohl das fromme,
weil es fromm ist, von den Göttern geliebt wird, oder ob es,
weil es geliebt wird, fromm ist?

EUTHYPHRON: Ich verstehe nicht was du meinst, Sokrates.

SOKRATES: So will ich versuchen es dir deutlicher zu erklären. Wir nennen doch etwas bewegt und bewegend, getrieben und treibend, gesehen und sehend, und Alles dergleichen siehst du doch ein, daß es verschieden ist und auch wie es verschieden ist.

EUTHYPHRON: Dies glaube ich einzusehen.

SOKRATES: Gibt es nicht eben so auch ein Geliebtes, und von diesem verschieden das Liebende?

EUTHYPHRON: Wie sollte es nicht?

SOKRATES: So sage mir denn, ob das bewegte deswegen, b
weil es bewegt wird, ein Bewegtes ist, oder wegen etwas
anderen?

EUTHYPHRON: Nein, sondern deswegen.

SOKRATES: Auch das getriebene also, weil es getrieben wird? und das gesehene, weil es gesehen wird?

ΕΥΘ. Πάνυ γε.

ΣΩ. Οὐκ ἄρα διότι δρώμενόν γέ ἐστιν, διὰ τοῦτο δρᾶται, ἀλλὰ τὸ ἐναντίον διότι δρᾶται, διὰ τοῦτο δρώμενον· οὐδὲ διότι ἀγόμενόν ἐστιν, διὰ τοῦτο ἄγεται, ἀλλὰ διότι ἄγεται, διὰ τοῦτο ἀγόμενον· οὐδὲ διότι φερόμενον, φέρεται, ἀλλὰ διότι φέρεται, φερόμενον. Ἆρα κατάδηλον, ὦ Εὐθύφρον, ὃ βούλομαι λέγειν; βούλομαι δὲ τόδε, ὅτι, εἴ τι γίγνεται ἤ τι c πάσχει, οὐχ ὅτι γιγνόμενόν ἐστι γίγνεται, ἀλλ' ὅτι γίγνεται γιγνόμενόν ἐστιν· οὐδ' ὅτι πάσχον ἐστὶ πάσχει, ἀλλ' ὅτι πάσχει πάσχον ἐστίν· ἢ οὐ συγχωρεῖς οὕτω;

ΕΥΘ. Ἔγωγε.

ΣΩ. Οὐκοῦν καὶ τὸ φιλούμενον ἢ γιγνόμενόν τί ἐστιν ἢ πάσχον τι ὑπό του;

ΕΥΘ. Πάνυ γε.

ΣΩ. Καὶ τοῦτο ἄρα οὕτως ἔχει ὥσπερ τὰ πρότερα· οὐχ ὅτι φιλούμενόν ἐστιν φιλεῖται ὑπὸ ὧν φιλεῖται, ἀλλ' ὅτι φιλεῖται φιλούμενον;

ΕΥΘ. Ἀνάγκη.

ΣΩ. Τί δὴ οὖν λέγομεν περὶ τοῦ ὁσίου, ὦ Εὐθύφρον; d ἄλλο τι φιλεῖται ὑπὸ θεῶν πάντων, ὡς ὁ σὸς λόγος;

ΕΥΘ. Ναί.

ΣΩ. Ἆρα διὰ τοῦτο ὅτι ὅσιόν ἐστιν ἢ δι' ἄλλο τι;

ΕΥΘ. Οὔκ, ἀλλὰ διὰ τοῦτο.

ΣΩ. Διότι ἄρα ὅσιόν ἐστι φιλεῖται, ἀλλ' οὐχ ὅτι φιλεῖται, διὰ τοῦτο ὅσιόν ἐστιν;

ΕΥΘ. Ἔοικεν.

ΣΩ. Ἀλλὰ μὲν δὴ διότι γε φιλεῖται ὑπὸ θεῶν φιλούμενόν ἐστι καὶ θεοφιλές;

ΕΥΘ. Πῶς γὰρ οὔ;

ΣΩ. Οὐκ ἄρα τὸ θεοφιλὲς ὅσιόν ἐστιν, ὦ Εὐθύφρον,

EUTHYPHRON: Allerdings.

SOKRATES: Nicht also weil es ein Gesehenes ist, deshalb wird es gesehen; sondern im Gegenteil, weil es gesehen wird, deshalb ist es ein Gesehenes. Und nicht weil etwas ein Getriebenes ist, deshalb wird es getrieben; sondern weil es getrieben wird, deshalb ist es ein Getriebenes. Noch auch weil es ein Bewegtes ist, deshalb wird es bewegt; sondern weil es bewegt wird ist es ein Bewegtes. Ist dir nun deutlich, Euthyphron, was ich sagen will? Ich will nämlich dieses sagen, c
wenn etwas irgendwie wird, oder irgend etwas leidet: so wird es nicht, weil es ein Werdendes ist, sondern weil es wird ist es ein Werdendes; noch weil es ein Leidendes ist leidet es; sondern weil es leidet, ist es ein Leidendes. Oder gibst du das nicht zu?

EUTHYPHRON: Ich gewiß.

SOKRATES: Ist nun nicht auch das geliebte ein etwas Werdendes, oder ein etwas von einem andern Leidendes?

EUTHYPHRON: Freilich.

SOKRATES: Auch dieses also verhält sich so wie das bisherige; nicht weil es ein Geliebtes ist, wird es geliebt von denen die es lieben, sondern weil es geliebt wird ist es ein Geliebtes.

EUTHYPHRON: Notwendig.

SOKRATES: Was sagen wir also von dem frommen, Eu- d
thyphron? Nicht daß es von allen Göttern geliebt wird, wie die Erklärung lautet?

EUTHYPHRON: Ja.

SOKRATES: Ob wohl deshalb, weil es fromm ist, oder anders weshalb?

EUTHYPHRON: Nein, sondern deshalb.

SOKRATES: Also weil es fromm ist, deshalb wird es geliebt, und nicht weil es geliebt wird, deshalb ist es fromm.

EUTHYPHRON: So scheint es.

SOKRATES: Das Gottgefällige hingegen ist doch deswegen weil es von den Göttern geliebt wird das Geliebte und Gottgefällige.

EUTHYPHRON: Wie anders?

SOKRATES: Also ist das Gottgefällige nicht das fromme,

οὐδὲ τὸ ὅσιον θεοφιλές, ὡς σὺ λέγεις, ἀλλ' ἕτερον τοῦτο τούτου.

ΕΥΘ. Πῶς δή, ὦ Σώκρατες; e

ΣΩ. Ὅτι ὁμολογοῦμεν τὸ μὲν ὅσιον διὰ τοῦτο φιλεῖσθαι ὅτι ὅσιόν ἐστιν, ἀλλ' οὐ διότι φιλεῖται ὅσιον εἶναι· ἦ γάρ;

ΕΥΘ. Ναί.

ΣΩ. Τὸ δέ γε θεοφιλὲς ὅτι φιλεῖται ὑπὸ θεῶν, αὐτῷ τούτῳ τῷ φιλεῖσθαι θεοφιλὲς εἶναι, ἀλλ' οὐχ ὅτι θεοφιλές, διὰ τοῦτο φιλεῖσθαι.

ΕΥΘ. Ἀληθῆ λέγεις.

ΣΩ. Ἀλλ' εἴ γε ταὐτὸν ἦν, ὦ φίλε Εὐθύφρον, τὸ θεοφιλὲς καὶ τὸ ὅσιον, εἰ μὲν διὰ τὸ ὅσιον εἶναι ἐφιλεῖτο τὸ ὅσιον,
καὶ διὰ τὸ θεοφιλὲς εἶναι ἐφιλεῖτο ἂν τὸ θεοφιλές· εἰ δὲ διὰ 11
τὸ φιλεῖσθαι ὑπὸ θεῶν τὸ θεοφιλὲς θεοφιλὲς ἦν, καὶ τὸ ὅσιον ἂν διὰ τὸ φιλεῖσθαι ὅσιον ἦν· νῦν δὲ ὁρᾷς ὅτι ἐναντίως ἔχετον ὡς παντάπασιν ἑτέρω ὄντε ἀλλήλων. Τὸ μὲν γάρ, ὅτι φιλεῖται, ἐστιν οἷον φιλεῖσθαι· τὸ δ' ὅτι ἐστὶν οἷον φιλεῖσθαι, διὰ τοῦτο φιλεῖται. Καὶ κινδυνεύεις, ὦ Εὐθύφρον, ἐρωτώμενος τὸ ὅσιον ὅ τί ποτ' ἔστιν, τὴν μὲν οὐσίαν μοι αὐτοῦ οὐ βούλεσθαι δηλῶσαι, πάθος δέ τι περὶ αὐτοῦ λέγειν ὅ τι πέπονθε τοῦτο τὸ ὅσιον, φιλεῖσθαι ὑπὸ πάντων θεῶν· ὅ τι
δὲ ὄν οὔπω εἶπες. Εἰ οὖν σοι φίλον, μή με ἀποκρύψῃ, ἀλλὰ b
πάλιν εἰπὲ ἐξ ἀρχῆς τί ποτε ὂν τὸ ὅσιον εἴτε φιλεῖται ὑπὸ θεῶν εἴτε ὁτιδὴ πάσχει· οὐ γὰρ περὶ τούτου διοισόμεθα· ἀλλ' εἰπὲ προθύμως τί ἐστιν τό τε ὅσιον καὶ τὸ ἀνόσιον;

ΕΥΘ. Ἀλλ', ὦ Σώκρατες, οὐκ ἔχω ἔγωγε ὅπως σοι εἴπω ὃ νοῶ· περιέρχεται γάρ πως ἡμῖν ἀεὶ ὃ ἂν προθώμεθα καὶ οὐκ ἐθέλει μένειν ὅπου ἂν ἱδρυσώμεθα αὐτό.

o Euthyphron, noch auch das fromme das Gottgefällige, wie du sagst, sondern verschieden ist dieses von jenem.

EUTHYPHRON: Wie doch das, Sokrates? e

SOKRATES: Weil wir doch zugeben, das fromme werde deshalb geliebt, weil es fromm ist, nicht aber, weil es geliebt wird, sei es fromm. Nicht wahr?

EUTHYPHRON: Ja.

SOKRATES: Das Gottgefällige aber sei, weil es von den Göttern geliebt wird, eben dieses Geliebtwerdens wegen gottgefällig, nicht aber weil es gottgefällig ist, werde es geliebt.

EUTHYPHRON: Das ist richtig.

SOKRATES: Wenn als nun, lieber Euthyphron, das Gottgefällige und das fromme dasselbe wäre: so müßte ja, wenn das fromme um des Frommseins willen geliebt wird, auch das Gottgefällige wegen des Gottgefälligseins geliebt wer- 11a
den; wenn aber das Gottgefällige wegen des von den Göttern Geliebtwerdens gottgefällig ist, alsdann auch das fromme wegen des Geliebtwerdens fromm sein. Nun aber siehst du, daß beides sich entgegengesetzt verhält, und also auch gänzlich von einander verschieden sein muß. Denn das eine ist, weil es geliebt wird ein solches zum geliebt werden, das andere aber weil es etwas ist zum geliebt werden, wird eben deshalb geliebt. Und es scheint beinahe, o Euthyphron, als wolltest du, gefragt was das fromme ist, das Wesen desselben nicht aufzeigen, sondern nur eine Eigenschaft angeben, die ihm zukommt, daß nämlich dem frommen das eignet, von allen Göttern geliebt zu werden, als was aber ihm dies eignet, das hast du noch nicht gesagt. Ist es dir also genehm, so b
verbirg es mir nicht, sondern erkläre noch einmal von vorn, was denn an sich seiend das fromme hernach von allen Göttern geliebt wird, oder was ihm sonst zukommt; denn hierüber wollen wir uns nicht streiten. Aber sage nur offen heraus, was denn das fromme ist und das ruchlose.

EUTHYPHRON: Aber ich weiß nicht, wie ich dir sagen soll, was ich denke. Denn wovon wir auch ausgehn, das geht uns ja immer herum, und will nicht bleiben, wohin wir es gestellt haben.

ΣΩ. Τοῦ ἡμετέρου προγόνου, ὦ Εὐθύφρον, ἔοικεν εἶναι
Δαιδάλου τὰ ὑπὸ σοῦ λεγόμενα· καὶ εἰ μὲν αὐτὰ ἐγὼ ἔλεγον c
καὶ ἐτιθέμην, ἴσως ἄν με ἐπέσκωπτες ὡς ἄρα καὶ ἐμοὶ κατὰ
τὴν ἐκείνου συγγένειαν τὰ ἐν τοῖς λόγοις ἔργα ἀποδιδράσκει
καὶ οὐκ ἐθέλει μένειν ὅπου ἄν τις αὐτὰ θῇ· νῦν δέ, σοὶ γὰρ
αἱ ὑποθέσεις εἰσίν, ἄλλου δή τινος δεῖ σκώμματος· οὐ γὰρ
ἐθέλουσι σοὶ μένειν, ὡς καὶ αὐτῷ σοι δοκεῖ.

ΕΥΘ. Ἐμοὶ δὲ δοκεῖ σχεδόν τι τοῦ αὐτοῦ σκώμματος, ὦ
Σώκρατες, δεῖσθαι τὰ λεγόμενα· τὸ γὰρ περιιέναι τούτοις
τοῦτο καὶ μὴ μένειν ἐν τῷ αὐτῷ οὐκ ἐγώ εἰμι ὁ ἐντιθείς,
ἀλλὰ σύ μοι δοκεῖς ὁ Δαίδαλος· ἐπεὶ ἐμοῦ γε ἕνεκα ἔμενεν d
ἂν ταῦτα οὕτως.

ΣΩ. Κινδυνεύω ἄρα, ὦ ἑταῖρε, ἐκείνου τοῦ ἀνδρὸς δεινό-
τερος γεγονέναι τὴν τέχνην τοσούτῳ ὅσῳ ὁ μὲν τὰ αὑτοῦ
μόνα ἐποίει οὐ μένοντα, ἐγὼ δὲ πρὸς τοῖς ἐμαυτοῦ, ὡς
ἔοικε, καὶ τὰ ἀλλότρια. Καὶ δῆτα τοῦτό μοι τῆς τέχνης ἐστὶ
κομψότατον ὅτι ἄκων εἰμὶ σοφός· ἐβουλόμην γὰρ ἄν μοι
τοὺς λόγους μένειν καὶ ἀκινήτως ἱδρῦσθαι μᾶλλον ἢ πρὸς
τῇ Δαιδάλου σοφίᾳ τὰ Ταντάλου χρήματα γενέσθαι. Καὶ e
τούτων μὲν ἅδην· ἐπειδὴ δέ μοι δοκεῖς σὺ τρυφᾶν, αὐτός
σοι συμπροθυμήσομαι δεῖξαι ὅπως ἄν με διδάξῃς περὶ τοῦ
ὁσίου· καὶ μὴ προαποκάμῃς· ἰδὲ γὰρ εἰ οὐκ ἀναγκαῖόν σοι
δοκεῖ δίκαιον εἶναι πᾶν τὸ ὅσιον.

ΕΥΘ. Ἔμοιγε.

ΣΩ. Ἆρ' οὖν καὶ πᾶν τὸ δίκαιον ὅσιον, ἢ τὸ μὲν ὅσιον
πᾶν δίκαιον, τὸ δὲ δίκαιον οὐ πᾶν ὅσιον, ἀλλὰ τὸ μὲν αὐτοῦ 12
ὅσιον, τὸ δέ τι καὶ ἄλλο;

ΕΥΘ. Οὐχ ἕπομαι, ὦ Σώκρατες, τοῖς λεγομένοις.

ΣΩ. Καὶ μὴν νεώτερός γέ μου εἶ οὐκ ἐλάττονι ἢ ὅσῳ

SOKRATES: Das wäre ja meines Ahnherrn des Daidalos
Kunst, o Euthyphron, was du da beschreibst. Wenn also ich c
dies gesagt und gesetzt hätte: so würdest du mich wohl verspotten, daß auch mir wegen der Verwandtschaft mit ihm meine Wortgebilde davon gingen, und nicht stehen bleiben wollten, wohin sie einer auch stellt. Nun aber, denn die Grundlagen sind ja dein, brauchen wir einen andern Scherz. Denn dir wollen sie nicht bleiben, wie es dich ja selbst dünkt.

EUTHYPHRON: Mir aber, o Sokrates, scheinen unsere Reden gerade dieses Scherzes zu bedürfen. Denn dies Herumgehen und nicht an Ort und Stelle bleiben habe ich nicht in
sie hineingelegt, sondern du, denke ich, der Daidalos. Denn d
meinetwegen wären sie immer so geblieben.

2.3. Die dritte Definition der Frömmigkeit

2.3.1. Erste Fassung: Alles Fromme ist gerecht

SOKRATES: So scheine ich ja beinahe jenen Mann um soviel zu übertreffen in der Kunst, als er nur sein eigenes konnte in Bewegung bringen, ich aber außer dem meinigen, wie es scheint, auch fremdes. Und das eben ist die rechte Feinheit in meiner Kunst, daß ich wider Willen kunstreich bin. Denn ich wollte ja weit lieber, daß die Reden mir blieben und unbeweglich ständen, als daß ich zu der Weisheit des Dai-
dalos hernach auch den Reichtum des Tantalos bekäme. e
Doch dem sei genug.

Weil du mir aber weichlich zu sein scheinst: so will ich mich mit dir bemühen zu zeigen, wie du mich belehren könntest über das fromme; und werde mir nur nicht vorher müde. Sieh also zu, ob du nicht für notwendig hältst, daß alles fromme auch gerecht sei?

EUTHYPHRON: Allerdings.

SOKRATES: Etwa auch alles gerechte fromm? oder alles
fromme zwar gerecht, das gerechte aber nicht alles fromm, 12a
sondern einiges davon zwar fromm, anderes aber auch anders?

EUTHYPHRON: Ich folge nicht, Sokrates, dem was du sagst.

SOKRATES: Du bist ja doch um nicht viel wenigeres jün-

σοφώτερος· ἀλλ', ὃ λέγω, τρυφᾷς ὑπὸ πλούτου τῆς σοφίας. Ἀλλ', ὦ μακάριε, σύντεινε σαυτόν· καὶ γὰρ οὐδὲ χαλεπὸν κατανοῆσαι ὃ λέγω· λέγω γὰρ δὴ τὸ ἐναντίον ἢ ὁ ποιητὴς ἐποίησεν ὁ ποιήσας

Ζῆνα δὲ τόν θ' ἔρξαντα καὶ ὃς τάδε πάντ' ἐφύτευσεν
οὐκ ἐθέλεις εἰπεῖν· ἵνα γὰρ δέος, ἔνθα καὶ αἰδώς. b

Ἐγὼ οὖν τούτῳ διαφέρομαι τῷ ποιητῇ· — εἴπω σοι ὅπῃ ;

ΕΥΘ. Πάνυ γε.

ΣΩ. Οὐ δοκεῖ μοι εἶναι « ἵνα δέος, ἔνθα καὶ αἰδώς »· πολλοὶ γάρ μοι δοκοῦσι καὶ νόσους καὶ πενίας καὶ ἄλλα πολλὰ τοιαῦτα δεδιότες δεδιέναι μέν, αἰδεῖσθαι δὲ μηδὲν ταῦτα ἃ δεδίασιν· οὐ καὶ σοὶ δοκεῖ ;

ΕΥΘ. Πάνυ γε.

ΣΩ. Ἀλλ' ἵνα γε αἰδώς, ἔνθα καὶ δέος εἶναι· ἐπεὶ ἔστιν ὅστις αἰδούμενός τι πρᾶγμα καὶ αἰσχυνόμενος οὐ πεφόβηταί τε καὶ δέδοικεν ἅμα δόξαν πονηρίας ; c

ΕΥΘ. Δέδοικε μὲν οὖν.

ΣΩ. Οὐκ ἄρ' ὀρθῶς ἔχει λέγειν « ἵνα γὰρ δέος, ἔνθα καὶ αἰδώς », ἀλλ' ἵνα μὲν αἰδώς, ἔνθα καὶ δέος, οὐ μέντοι ἵνα γε δέος, πανταχοῦ αἰδώς· ἐπὶ πλέον γὰρ οἶμαι δέος αἰδοῦς· μόριον γὰρ αἰδὼς δέους ὥσπερ ἀριθμοῦ περιττόν, ὥστε οὐχ ἵνα περ ἀριθμός, ἔνθα καὶ περιττόν, ἵνα δὲ περιττόν, ἔνθα καὶ ἀριθμός· ἕπῃ γάρ που νῦν γε ;

ΕΥΘ. Πάνυ γε.

ΣΩ. Τὸ τοιοῦτον τοίνυν καὶ ἐκεῖ λέγων ἠρώτων, ἆρα ἵνα δίκαιον, ἔνθα καὶ ὅσιον ; ἢ ἵνα μὲν ὅσιον, ἔνθα καὶ δίκαιον, d
ἵνα δὲ δίκαιον, οὐ πανταχοῦ ὅσιον· μόριον γὰρ τοῦ δικαίου τὸ ὅσιον· οὕτω φῶμεν ἢ ἄλλως σοι δοκεῖ ;

ΕΥΘ. Οὔκ, ἀλλ' οὕτω· φαίνῃ γάρ μοι ὀρθῶς λέγειν.

ger, als du auch weiser bist denn ich. Aber, wie ich sage, du
bist weichlich aus Überfluß von Weisheit. Allein, du Glück-
licher, nimm dich ein wenig zusammen: denn es ist ja gar
nicht schwer zu verstehen, was ich meine. Ich meine nämlich
das Gegenteil von dem, was jener Dichter gedichtet hat, wel-
cher sagt: Aber den Zeus, ders wirkte, der dies hat alles
geordnet weigerst zu nennen du dich, denn wo Furcht, da b
immer ist Scham auch. Ich nun weiche ab von diesem Dich-
ter; soll ich dir sagen wie?

EUTHYPHRON: Sage es freilich.

SOKRATES: Mich dünkt nicht, wo Furcht ist immer die Scham auch. Denn Viele, denke ich, welche Krankheit, Armut und dergleichen vielerlei fürchten, fürchten dies zwar, aber schämen sich keinesweges dessen, was sie fürchten. Denkst du nicht auch?

EUTHYPHRON: Allerdings.

SOKRATES: Wohl aber dünkt mich wo Scham da immer
auch Furcht zu sein. Oder gibt es wohl jemand, der eine
Sache scheuend und sich schämend nicht auch Furcht und
Angst hätte vor dem Ruf der Schlechtigkeit? c

EUTHYPHRON: Gewiß fürchtet er ihn.

SOKRATES: Also ist es nicht richtig zu sagen: Wo nur Furcht ist immer die Scham auch; wohl aber, wo Scham ist immer die Furcht auch. Nämlich größer ist, glaube ich, die Furcht als die Scham: denn die Scham ist ein Teil der Furcht, so wie das ungerade ein Teil der Zahl ist. Wie denn auch nicht überall, wo nur Zahl immer auch ungerades ist, wo aber ungerades ist, da ist immer auch Zahl. Nun folgst du mir doch wohl?

EUTHYPHRON: Vollkommen.

SOKRATES: In demselben Sinne nun fragte ich auch dort,
ob etwa wo gerechtes immer auch frommes ist, oder zwar d
wo frommes immer auch gerechtes, wo aber gerechtes nicht
überall frommes, weil nämlich das fromme ein Teil des ge-
rechten ist. Wollen wir dies behaupten oder willst du anders?

EUTHYPHRON: Nein, sondern so, denn es leuchtet mir ein, daß dies richtig ist.

ΣΩ. Ὅρα δὴ τὸ μετὰ τοῦτο· εἰ γὰρ μέρος τὸ ὅσιον τοῦ δικαίου, δεῖ δὴ ἡμᾶς, ὡς ἔοικεν, ἐξευρεῖν τὸ ποῖον μέρος ἂν εἴη τοῦ δικαίου τὸ ὅσιον. Εἰ μὲν οὖν σύ με ἠρώτας τι τῶν νυνδή, οἷον ποῖον μέρος ἐστὶν ἀριθμοῦ τὸ ἄρτιον καὶ τίς ὢν τυγχάνει οὗτος ὁ ἀριθμός, εἶπον ἂν ὅτι ὃς ἂν μὴ σκαληνὸς ᾖ, ἀλλ' ἰσοσκελής· ἢ οὐ δοκεῖ σοι;

ΕΥΘ. Ἔμοιγε.

ΣΩ. Πειρῶ δὴ καὶ σὺ ἐμὲ οὕτω διδάξαι τὸ ποῖον μέρος e
τοῦ δικαίου ὅσιόν ἐστιν, ἵνα καὶ Μελήτῳ λέγωμεν μηκέθ' ἡμᾶς ἀδικεῖν μηδὲ ἀσεβείας γράφεσθαι ὡς ἱκανῶς ἤδη παρὰ σοῦ μεμαθηκότας τά τε εὐσεβῆ καὶ ὅσια καὶ τὰ μή.

ΕΥΘ. Τοῦτο τοίνυν ἔμοιγε δοκεῖ, ὦ Σώκρατες, τὸ μέρος τοῦ δικαίου εἶναι εὐσεβές τε καὶ ὅσιον, τὸ περὶ τὴν τῶν θεῶν θεραπείαν· τὸ δὲ περὶ τὴν τῶν ἀνθρώπων τὸ λοιπὸν εἶναι τοῦ δικαίου μέρος.

ΣΩ. Καὶ καλῶς γέ μοι, ὦ Εὐθύφρον, φαίνῃ λέγειν, ἀλλὰ
σμικροῦ τινος ἔτι ἐνδεής εἰμι· τὴν γὰρ θεραπείαν οὔπω 13
συνίημι ἥντινα ὀνομάζεις· οὐ γάρ που λέγεις γε οἷαί περ καὶ αἱ περὶ τὰ ἄλλα θεραπεῖαί εἰσιν, τοιαύτην καὶ περὶ θεούς· λέγομεν γάρ που· οἷόν φαμεν· ἵππους οὐ πᾶς ἐπίσταται θεραπεύειν, ἀλλὰ ὁ ἱππικός· ἦ γάρ;

ΕΥΠ. Πάνυ γε.

ΣΩ. Ἡ γάρ που ἱππικὴ ἵππων θεραπεία.

ΕΥΘ. Ναί.

ΣΩ. Οὐδέ γε κύνας πᾶς ἐπίσταται θεραπεύειν, ἀλλὰ ὁ κυνηγετικός.

ΕΥΘ. Οὕτω.

ΣΩ. Ἡ γάρ που κυνηγετικὴ κυνῶν θεραπεία.

2.3.2. Genauer: Frömmigkeit ist der Teil der Gerechtigkeit, der die Behandlung der Götter betrifft

SOKRATES: Sieh also auch das folgende. Denn wenn das fromme ein Teil des gerechten ist, so liegt uns ob, wie es scheint, auszufinden, welcher Teil des gerechten das fromme denn ist. Wenn du mich nun über etwas von dem vorigen fragtest, wie was für ein Teil der Zahl wohl das gerade wäre, und welche Zahl dies eigentlich ist, so würde ich sagen es ist die, welche nicht schief ist, sondern gleichschenkelig. Oder meinst du nicht?

EUTHYPHRON: Ich gewiß.

SOKRATES: Versuche also auch du eben so mir zu zeigen, e
was für ein Teil des gerechten das fromme ist, damit ich doch dem Melitos sagen kann, er solle mir nicht länger Unrecht tun und mich der Gottlosigkeit verklagen, indem ich von dir schon vollkommen gelernt hätte, was gottesfürchtig und fromm ist, und was nicht.

EUTHYPHRON: Mich dünkt also, o Sokrates, derjenige Teil des gerechten das gottesfürchtige und fromme zu sein, der sich auf die Behandlung der Götter bezieht; der aber auf die der Menschen ist der übrige Teil des gerechten.

SOKRATES: Und sehr schön, o Euthyphron, scheinst du
mir dies erklärt zu haben. Nur noch ein Weniges fehlt mir, 13a
die Behandlung nämlich verstehe ich noch nicht recht, was für eine du meinst: denn gewiß meinst du nicht, wie man von einer Behandlung anderer Dinge redet, eine solche auch der Götter. Denn wir reden so auch sonst. So zum Beispiel sagen wir, nicht Jedermann wisse Pferde zu behandeln, sondern nur der Reuter. Nicht wahr?

EUTHYPHRON: Allerdings.

SOKRATES: Nämlich die Reitkunst ist die Behandlung der Pferde.

EUTHYPHRON: Ja.

SOKRATES: Auch Hunde weiß nicht jeder zu behandeln, sondern der Jäger.

EUTHYPHRON: So ist es.

SOKRATES: Zur Jägerei nämlich gehört auch die Behandlung der Hunde.

ΕΥΘ. Ναί. b

ΣΩ. Ἡ δὲ βοηλατικὴ βοῶν.

ΕΥΘ. Πάνυ γε.

ΣΩ. Ἡ δὲ δὴ ὁσιότης τε καὶ εὐσέβεια θεῶν, ὦ Εὐθύφρον; οὕτω λέγεις;

ΕΥΘ. Ἔγωγε.

ΣΩ. Οὐκοῦν θεραπεία γε πᾶσα ταὐτὸν διαπράττεται; οἷον τοιόνδε· ἐπ' ἀγαθῷ τινί ἐστι καὶ ὠφελείᾳ τοῦ θεραπευομένου, ὥσπερ ὁρᾷς δὴ ὅτι οἱ ἵπποι ὑπὸ τῆς ἱππικῆς θεραπευόμενοι ὠφελοῦνται καὶ βελτίους γίγνονται· ἢ οὐ δοκοῦσί σοι;

ΕΥΘ. Ἔμοιγε.

ΣΩ. Καὶ οἱ κύνες γέ που ὑπὸ τῆς κυνηγετικῆς καὶ οἱ βόες ὑπὸ τῆς βοηλατικῆς καὶ τἆλλα πάντα ὡσαύτως· ἢ ἐπὶ c
βλάβῃ οἴει τοῦ θεραπευομένου τὴν θεραπείαν εἶναι;

ΕΥΘ. Μὰ Δί' οὐκ ἔγωγε.

ΣΩ. Ἀλλ' ἐπ' ὠφελείᾳ;

ΕΥΘ. Πῶς δ' οὔ;

ΣΩ. Ἦ οὖν καὶ ἡ ὁσιότης θεραπεία οὖσα θεῶν ὠφέλειά τέ ἐστι θεῶν καὶ βελτίους τοὺς θεοὺς ποιεῖ; καὶ σὺ τοῦτο συγχωρήσαις ἄν ὡς, ἐπειδάν τι ὅσιον ποιῇς, βελτίω τινὰ τῶν θεῶν ἀπεργάζῃ;

ΕΥΘ. Μὰ Δί' οὐκ ἔγωγε.

ΣΩ. Οὐδὲ γὰρ ἐγώ, ὦ Εὐθύφρον, οἶμαί σε τοῦτο λέγειν· πολλοῦ καὶ δέω· ἀλλὰ τούτου δὴ ἕνεκα καὶ ἀνηρόμην τίνα ποτὲ λέγοις τὴν θεραπείαν τῶν θεῶν, οὐχ ἡγούμενός σε d
τοιαύτην λέγειν.

ΕΥΘ. Καὶ ὀρθῶς γε, ὦ Σώκρατες· οὐ γὰρ τοιαύτην λέγω.

ΣΩ. Εἶεν· ἀλλὰ τίς δὴ θεῶν θεραπεία εἴη ἂν ἡ ὁσιότης;

ΕΥΘ. Ἥνπερ, ὦ Σώκρατες, οἱ δοῦλοι τοὺς δεσπότας θεραπεύουσιν.

EUTHYPHRON: Ja. b

SOKRATES: Und die Viehzucht ist die der Ochsen.

EUTHYPHRON: Allerdings.

SOKRATES: Und die Frömmigkeit und Gottesfurcht, o Euthyphron, die der Götter. Meinst du so?

EUTHYPHRON: So meine ich es.

SOKRATES: Bezweckt aber nicht alle Behandlung ein und dasselbige, sie gereicht nämlich irgendwie zum Besten und zum Vorteil dessen, was man behandelt, wie du wohl siehst, daß die Pferde, von der Reitkunst behandelt und bedient, vorteilen und besser werden. Oder denkst du nicht?

EUTHYPHRON: Ich wohl.

SOKRATES: Eben so die Hunde von der Jägerei, die Ochsen von der Rindviehzucht und alles andere gleichermaßen. c
Oder meinst du, die Behandlung gereiche zum Schaden des Behandelten?

EUTHYPHRON: Ich nicht, beim Zeus.

SOKRATES: Sondern zum Nutzen?

EUTHYPHRON: Wie anders?

SOKRATES: Ist also auch die Frömmigkeit, da sie die Behandlung der Götter ist, ein Vorteil für die Götter, und macht die Götter besser? Und würdest du das gelten lassen, daß wenn du etwas frommes verrichtest, du dadurch einen der Götter besser machst?

EUTHYPHRON: Beim Zeus, ich nicht!

SOKRATES: Auch ich, o Euthyphron, glaube nicht, daß du dies meinst; weit gefehlt! Sondern eben deshalb fragte ich vorher, was für eine Behandlung der Götter du wohl mein- d
test, weil ich nicht glaubte, daß du eine solche meintest.

EUTHYPHRON: Und das ganz richtig, o Sokrates, denn ich meine auch nicht eine solche.

2.3.3. Noch genauer: „Behandlung" heißt hier Dienst. Was ist das Werk dieses Dienstes? – und wie diese Frage ohne Antwort bleibt

SOKRATES: Gut. Aber was doch für eine Behandlung der Götter wäre denn die Frömmigkeit?

EUTHYPHRON: Von der Art, o Sokrates, wie man auch sagen kann, daß die Knechte ihre Herren behandeln und bedienen.

ΣΩ. Μανθάνω· ὑπηρετική τις ἄν, ὡς ἔοικεν, εἴη θεοῖς.

ΕΥΘ. Πάνυ μὲν οὖν.

ΣΩ. Ἔχεις οὖν εἰπεῖν, ἡ ἰατροῖς ὑπηρετικὴ εἰς τίνος ἔργου ἀπεργασίαν τυγχάνει οὖσα ὑπηρετική; οὐκ εἰς ὑγιείας οἴει;

ΕΥΘ. Ἔγωγε.

ΣΩ. Τί δέ; ἡ ναυπηγοῖς ὑπηρετικὴ εἰς τίνος ἔργου ἀπερ- e
γασίαν ὑπηρετική ἐστιν;

ΕΥΘ. Δῆλον ὅτι, ὦ Σώκρατες, εἰς πλοίου.

ΣΩ. Καὶ ἡ οἰκοδόμοις γέ που εἰς οἰκίας;

ΕΥΘ. Ναί.

ΣΩ. Εἰπὲ δή, ὦ ἄριστε· ἡ δὲ θεοῖς ὑπηρετικὴ εἰς τίνος ἔργου ἀπεργασίαν ὑπηρετικὴ ἂν εἴη; δῆλον γὰρ ὅτι σὺ οἶσθα, ἐπειδήπερ τά γε θεῖα κάλλιστα φῄς εἰδέναι ἀνθρώπων.

ΕΥΘ. Καὶ ἀληθῆ γε λέγω, ὦ Σώκρατες.

ΣΩ. Εἰπὲ δὴ πρὸς Διός, τί ποτέ ἐστιν ἐκεῖνο τὸ πάγκαλον ἔργον ὃ οἱ θεοὶ ἀπεργάζονται ἡμῖν ὑπηρέταις χρώμενοι;

ΕΥΘ. Πολλὰ καὶ καλά, ὦ Σώκρατες.

ΣΩ. Καὶ γὰρ οἱ στρατηγοί, ὦ φίλε· ἀλλ' ὅμως τὸ κεφά- 14
λαιον αὐτῶν ῥᾳδίως ἂν εἴποις ὅτι νίκην ἐν τῷ πολέμῳ ἀπεργάζονται· ἢ οὔ;

ΕΥΘ. Πῶς δ' οὔ;

ΣΩ. Πολλὰ δέ γ' οἶμαι καὶ καλὰ καὶ οἱ γεωργοί· ἀλλ' ὅμως τὸ κεφάλαιον αὐτῶν ἐστὶν τῆς ἀπεργασίας ἡ ἐκ τῆς γῆς τροφή.

ΕΥΘ. Πάνυ γε.

ΣΩ. Τί δὲ δή; τῶν πολλῶν καὶ καλῶν ἃ οἱ θεοὶ ἀπεργάζονται, τί τὸ κεφάλαιόν ἐστι τῆς ἐργασίας;

ΕΥΘ. Καὶ ὀλίγον σοι πρότερον εἶπον, ὦ Σώκρατες, ὅτι

SOKRATES: Ich verstehe; ein Dienst, wie es scheint, soll sie den Göttern sein?

EUTHYPHRON: Allerdings.

SOKRATES: Kannst du mir nun wohl sagen, die Dienstleistung an Ärzte, zu welches Werkes Hervorbringung ist sie wohl behülflich? Zur Hervorbringung der Gesundheit glaubst du doch?

EUTHYPHRON: Gewiß.

SOKRATES: Und die Dienstleistung an Schiffbauer, zu e
welches Werkes Hervorbringung ist sie behülflich?

EUTHYPHRON: Offenbar, o Sokrates, zu der des Schiffes.

SOKRATES: Und die an Baumeister zu der des Hauses?

EUTHYPHRON: Ja.

SOKRATES: So sage denn, o Bester, die Dienstleistung an Götter, zu welches Werkes Hervorbringung mag die behülflich sein? Denn gewiß weißt du es doch, da du behauptest, unter allen Menschen am besten dich auf göttliche Dinge zu verstehen.

EUTHYPHRON: Woran ich auch ganz recht habe, o Sokrates.

SOKRATES: So sage denn beim Zeus, welches ist doch jenes vortreffliche Werk, das die Götter hervorbringen, und uns dabei als Diener gebrauchen?

EUTHYPHRON: Sehr viele und schöne gibt es dergleichen, o Sokrates.

SOKRATES: Auch so die Heerführer, Freund. Dennoch 14a
aber kannst du mir sehr leicht das Wesentliche davon sagen, daß sie nämlich im Kriege den Sieg hervorbringen. Oder nicht?

EUTHYPHRON: Allerdings.

SOKRATES: Eben so auch Vieles und Schönes die Landbauer. Dennoch aber ist das Wesentliche davon die Hervorbringung der Nahrung aus der Erde.

EUTHYPHRON: So ist es.

SOKRATES: Was also von dem vielen Schönen, so die Götter hervorbringen? was ist das Wesentliche ihrer Hervorbringung?

EUTHYPHRON: Auch vorher schon, o Sokrates, sagte ich

πλείονος ἔργου ἐστὶν ἀκριβῶς πάντα ταῦτα ὡς ἔχει μαθεῖν· b τόδε μέντοι σοι ἁπλῶς λέγω ὅτι ἐὰν μὲν κεχαρισμένα τις ἐπίστηται τοῖς θεοῖς λέγειν τε καὶ πράττειν εὐχόμενός τε καὶ θύων, ταῦτ᾽ ἔστι τὰ ὅσια καὶ σῴζει τὰ τοιαῦτα τούς τε ἰδίους οἴκους καὶ τὰ κοινὰ τῶν πόλεων· τὰ δ᾽ ἐναντία τῶν κεχαρισμένων ἀσεβῆ, ἃ δὴ καὶ ἀνατρέπει ἅπαντα καὶ ἀπόλλυσιν.

ΣΩ. Ἦ πολύ μοι διὰ βραχυτέρων, ὦ Εὐθύφρον, εἰ ἐβούλου, εἶπες ἂν τὸ κεφάλαιον ὧν ἠρώτων· ἀλλὰ γὰρ οὐ πρόθυμός με εἶ διδάξαι· δῆλος εἶ. Καὶ γὰρ νῦν ἐπειδὴ ἐπ᾽ αὐτῷ c ἦσθα, ἀπετράπου· ὃ εἰ ἀπεκρίνω, ἱκανῶς ἂν ἤδη παρὰ σοῦ τὴν ὁσιότητα ἐμεμαθήκη. Νῦν δέ — ἀνάγκη γὰρ τὸν ἐρῶντα τῷ ἐρωμένῳ ἀκολουθεῖν, ὅπῃ ἂν ἐκεῖνος ὑπάγῃ — τί δὴ αὖ λέγεις τὸ ὅσιον εἶναι καὶ τὴν ὁσιότητα; οὐχὶ ἐπιστήμην τινὰ τοῦ θύειν τε καὶ εὔχεσθαι;

ΕΥΘ. Ἔγωγε.

ΣΩ. Οὐκοῦν τὸ θύειν δωρεῖσθαί ἐστι τοῖς θεοῖς, τὸ δ᾽ εὔχεσθαι αἰτεῖν τοὺς θεούς;

ΕΥΘ. Καὶ μάλα, ὦ Σώκρατες.

ΣΩ. Ἐπιστήμη ἄρα αἰτήσεως καὶ δόσεως θεοῖς ὁσιότης d ἂν εἴη ἐκ τούτου τοῦ λόγου.

ΕΥΘ. Πάνυ καλῶς, ὦ Σώκρατες, συνῆκας ὃ εἶπον.

ΣΩ. Ἐπιθυμητὴς γάρ εἰμι, ὦ φίλε, τῆς σῆς σοφίας καὶ προσέχω τὸν νοῦν αὐτῇ ὥστε οὐ χαμαὶ πεσεῖται ὅ τι ἂν εἴπῃς· ἀλλά μοι λέξον τίς αὕτη ἡ ὑπηρεσία ἐστὶ τοῖς θεοῖς; αἰτεῖν τε φῂς αὐτοὺς καὶ διδόναι ἐκείνοις;

ΕΥΘ. Ἔγωγε.

ΣΩ. Ἆρ᾽ οὖν οὐ τό γε ὀρθῶς αἰτεῖν ἂν εἴη ὧν δεόμεθα παρ᾽ ἐκείνων, ταῦτα αὐτοὺς αἰτεῖν;

dir, es wäre ein zu großes Geschäft, dies alles, wie es sich b
verhält zu lernen. Soviel sage ich dir indes kurz und gut, daß wenn Jemand versteht, betend und opfernd den Göttern angenehm zu reden und zu tun, das ist fromm, und das errettet die Häuser der Einzelnen, und das gemeine Wohl der Staaten. Das Gegenteil aber des ihnen angenehmen ist das ruchlose, wodurch auch alles umgestürzt und zerstört wird.

2.4. Die vierte Definition: Frömmigkeit ist die Wissenschaft von Gebet und Opfer. Herleitung der Aporie

SOKRATES: Gewiß weit kürzer, o Euthyphron, konntest du mir, wenn du nur wolltest den Inhalt dessen sagen, wonach ich dich fragte. Daß du aber nicht Lust hast, es mich zu lehren, das ist nun offenbar. Denn auch jetzt, da du eben c
daran warest bist du umgewendet, da ich, wenn du dies beantwortet hättest, jetzt vielleicht schon von dir gelernt hätte was Frömmigkeit ist. Jetzt aber, denn der Fragende muß doch dem Befragten folgen, wohin ihn dieser führt, was sagst du wiederum was das Fromme sei und die Frömmigkeit? Nicht eine Wissenschaft des Betens und Opferns?

EUTHYPHRON: Das sage ich.

SOKRATES: Heißt nun nicht opfern den Göttern etwas schenken, und beten die Götter um etwas bitten?

EUTHYPHRON: Allerdings, Sokrates.

SOKRATES: Die Wissenschaft also von Geschenk und d
Bitte an die Götter wäre die Frömmigkeit nach dieser Erklärung.

EUTHYPHRON: Sehr schön, o Sokrates, hast du verstanden, was ich meinte.

SOKRATES: Ich trage eben große Lust, o Freund, zu deiner Weisheit, und richte alle Gedanken darauf, so daß nichts zur Erde fallen soll, was du sagen wirst. Aber sage mir, was für eine Dienstleistung an die Götter ist dies nun? Man bittet sie, sagst du, und gibt ihnen?

EUTHYPHRON: Das sage ich.

SOKRATES: Würde nun nicht das rechte Bitten das sein, wenn wir sie um dasjenige bäten, was wir von ihnen bedürfen?

ΕΥΘ. Ἀλλὰ τί;

ΣΩ. Καὶ αὖ τὸ διδόναι ὀρθῶς, ὧν ἐκεῖνοι τυγχάνουσιν e
δεόμενοι παρ' ἡμῶν, ταῦτα ἐκείνοις αὖ ἀντιδωρεῖσθαι; οὐ γάρ που τεχνικόν γ' ἂν εἴη δωροφορεῖν διδόντα τῳ ταῦτα ὧν οὐδὲν δεῖται.

ΕΥΘ. Ἀληθῆ λέγεις, ὦ Σώκρατες.

ΣΩ. Ἐμπορικὴ ἄρα τις ἂν εἴη, ὦ Εὐθύφρον, τέχνη ἡ ὁσιότης θεοῖς καὶ ἀνθρώποις παρ' ἀλλήλων.

ΕΥΘ. Ἐμπορική, εἰ οὕτως ἥδιόν σοι ὀνομάζειν.

ΣΩ. Ἀλλ' οὐδὲν ἥδιον ἔμοιγε εἰ μὴ τυγχάνει ἀληθὲς ὄν. Φράσον δέ μοι τίς ἡ ὠφέλεια τοῖς θεοῖς τυγχάνει οὖσα ἀπὸ τῶν δώρων ὧν παρ' ἡμῶν λαμβάνουσιν; ἃ μὲν γὰρ διδόασι παντὶ δῆλον· οὐδὲν γὰρ ἡμῖν ἐστιν ἀγαθὸν ὅ τι ἂν μὴ ἐκεῖνοι δῶσιν· ἃ δὲ παρ' ἡμῶν λαμβάνουσιν, τί ὠφελοῦνται; ἢ τοσοῦτον αὐτῶν πλεονεκτοῦμεν κατὰ τὴν ἐμπορίαν, ὥστε πάντα τἀγαθὰ παρ' αὐτῶν λαμβάνομεν, ἐκεῖνοι δὲ παρ' ἡμῶν οὐδέν;

ΕΥΘ. Ἀλλ' οἴει, ὦ Σώκρατες, τοὺς θεοὺς ὠφελεῖσθαι ἀπὸ τούτων ἃ παρ' ἡμῶν λαμβάνουσιν;

ΣΩ. Ἀλλὰ τί δήποτ' ἂν εἴη ταῦτα, ὦ Εὐθύφρον, τὰ παρ' ἡμῶν δῶρα τοῖς θεοῖς;

ΕΥΘ. Τί δ' οἴει ἄλλο ἢ τιμή τε καὶ γέρα καὶ ὅπερ ἐγὼ ἄρτι ἔλεγον, χάρις;

ΣΩ. Κεχαρισμένον ἄρα ἐστίν, ὦ Εὐθύφρον, τὸ ὅσιον, ἀλλ' b
οὐχὶ ὠφέλιμον οὐδὲ φίλον τοῖς θεοῖς;

ΕΥΘ. Οἶμαι ἔγωγε πάντων γε μάλιστα φίλον.

ΣΩ. Τοῦτο ἄρ' ἐστὶν αὖ, ὡς ἔοικε, τὸ ὅσιον, τὸ τοῖς θεοῖς φίλον.

ΕΥΘ. Μάλιστά γε.

ΣΩ. Θαυμάσῃ οὖν ταῦτα λέγων ἐάν σοι οἱ λόγοι φαίνωνται μὴ μένοντες, ἀλλὰ βαδίζοντες, καὶ ἐμὲ αἰτιάσῃ τὸν Δαίδαλον βαδίζοντας αὐτοὺς ποιεῖν, αὐτὸς ὢν πολύ γε τεχνικώτερος τοῦ Δαιδάλου καὶ κύκλῳ περιιόντα ποιῶν; ἢ

EUTHYPHRON: Welches sonst?

SOKRATES: Und das rechte Geben wiederum, ihnen das, e
was sie von uns bedürfen, zum Gegengeschenk zu machen?
Denn das wäre doch kein kunstmäßiges Schenken, jemanden
etwas zu geben, dessen er gar nicht bedarf.

EUTHYPHRON: Ganz richtig, Sokrates.

SOKRATES: So wäre also, o Euthyphron, die Frömmigkeit eine Kunst des Handels zwischen Menschen und Göttern?

EUTHYPHRON: Auch das sei sie, wenn es dir lieber ist, sie so zu nennen.

SOKRATES: Mir ist es wahrlich um nichts lieber, wenn es
nicht richtig ist. Erkläre mir also, welchen Nutzen die Götter
wohl haben von den Geschenken, die sie von uns empfan-
gen. Denn was sie geben weiß Jeder; indem wir ja gar nichts 15a
Gutes haben, was sie nicht gegeben hätten. Was sie aber von
uns empfangen, welchen Nutzen bringt ihnen das? Oder ge-
winnen wir soviel bei diesem Handel, daß wir alles Gute von
ihnen empfangen, sie aber von uns nichts?

EUTHYPHRON: Aber meinst du denn, Sokrates, daß die Götter Vorteil haben von dem was sie von uns empfangen.

SOKRATES: Aber was wären denn sonst, o Euthyphron, unsere Geschenke an die Götter?

EUTHYPHRON: Wofür anders hältst du sie als für Ehrenbezeugungen und Ehrengaben, und was ich eben sagte Angenehmes?

SOKRATES: Angenehm also, o Euthyphron, ist die Fröm- b
migkeit den Göttern, aber nicht nützlich oder lieb?

EUTHYPHRON: Lieb glaube ich nun meines Teils ganz vorzüglich.

SOKRATES: So ist also wiederum, wie es scheint, das Fromme das den Göttern liebe?

EUTHYPHRON: Ganz vorzüglich.

SOKRATES: Und dies erklärend wunderst du dich noch, wenn sich zeigt, deine Erklärungen wollen nicht bestehen, sondern wandeln? und willst mich noch beschuldigen, ich der Daidalos, mache sie wandeln, da du doch selbst, weit künstlicher noch als Daidalos, sie gar im Kreise herumgehn

οὐκ αἰσθάνῃ ὅτι ὁ λόγος ἡμῖν περιελθὼν πάλιν εἰς ταὐτὸν
ἥκει; μέμνησαι γάρ που ὅτι ἐν τῷ ἔμπροσθεν τό τε ὅσιον c
καὶ τὸ θεοφιλὲς οὐ ταὐτὸν ἡμῖν ἐφάνη, ἀλλ᾽ ἕτερα ἀλλήλων·
ἢ οὐ μέμνησαι;

ΕΥΘ. Ἔγωγε.

ΣΩ. Νῦν οὖν οὐκ ἐννοεῖς ὅτι τὸ τοῖς θεοῖς φίλον φῂς
ὅσιον εἶναι; τοῦτο δ᾽ ἄλλο τι ἢ θεοφιλὲς γίγνεται; ἢ οὔ;

ΕΥΘ. Πάνυ γε.

ΣΩ. Οὐκοῦν ἢ ἄρτι οὐ καλῶς ὡμολογοῦμεν ἢ εἰ τότε
καλῶς, νῦν οὐκ ὀρθῶς τιθέμεθα.

ΕΥΘ. Ἔοικεν.

ΣΩ. Ἐξ ἀρχῆς ἄρα ἡμῖν πάλιν σκεπτέον τί ἐστι τὸ
ὅσιον· ὡς ἐγώ, πρὶν ἂν μάθω, ἑκὼν εἶναι οὐκ ἀποδειλιάσω.
Ἀλλὰ μή με ἀτιμάσῃς, ἀλλὰ παντὶ τρόπῳ προσέχων τὸν νοῦν d
ὅ τι μάλιστα νῦν εἰπὲ τὴν ἀλήθειαν· οἶσθα γάρ, εἴπερ τις
ἄλλος ἀνθρώπων, καὶ οὐκ ἀφετέος εἶ, ὥσπερ ὁ Πρωτεύς,
πρὶν ἂν εἴπῃς. Εἰ γὰρ μὴ ᾔδησθα σαφῶς τό τε ὅσιον καὶ τὸ
ἀνόσιον, οὐκ ἔστιν ὅπως ἄν ποτε ἐπεχείρησας ὑπὲρ ἀνδρὸς
θητὸς ἄνδρα πρεσβύτην πατέρα διωκάθειν φόνου, ἀλλὰ καὶ
τοὺς θεοὺς ἂν ἔδεισας παρακινδυνεύειν μὴ οὐκ ὀρθῶς αὐτὸ
ποιήσοις καὶ τοὺς ἀνθρώπους ᾐσχύνθης· νῦν δὲ εὖ οἶδα ὅτι
σαφῶς οἴει εἰδέναι τό τε ὅσιον καὶ μή· εἰπὲ οὖν, ὦ βέλτιστε e
Εὐθύφρον, καὶ μὴ ἀποκρύψῃ ὅ τι αὐτὸ ἡγῇ.

ΕΥΘ. Εἰσαῦθις τοίνυν, ὦ Σώκρατες· νῦν γὰρ σπεύδω ποι
καί μοι ὥρα ἀπιέναι.

ΣΩ. Οἷα ποιεῖς, ὦ ἑταῖρε· ἀπ᾽ ἐλπίδος με καταβαλὼν

machst? Oder merkst du nicht, daß die Rede rund herum gegangen sich nun wieder am alten Orte befindet? Denn du c
erinnerst dich doch, daß sich uns im vorigen das Fromme und das Gottgefällige nicht als einerlei gezeigt hatte, sondern als verschieden von einander? Oder entsinnst du dich dessen nicht einmal?

EUTHYPHRON: O ja.

SOKRATES: Nun aber merkst du nicht, daß du behauptest, was den Göttern lieb ist, sei fromm? wird denn dies etwa nicht das Gottgefällige? oder doch?

EUTHYPHRON: Ganz dasselbe.

SOKRATES: Also haben wir entweder vorher etwas fälschlich zugegeben; oder wenn damals gut, so behaupten wir jetzt nicht richtig.

EUTHYPHRON: So scheint es.

3. Schluß: Erneute Frage nach dem Wesen der Frömmigkeit und Aufgeben des Euthyphron

SOKRATES: Von Anfang an also müssen wir noch einmal erwägen, was denn das fromme ist. Denn ich werde, ehe ich es erfahre, nicht gutwillig abziehn. Aber behandle mich nicht d
so geringschätzig, sondern nimm deinen Verstand recht zusammen, und sage mir endlich das richtige. Denn wissen mußt du es, wenn irgend ein Mensch, und man muß dich, wie den Proteus, nicht loslassen bis du es sagst. Denn kenntest du nicht ganz bestimmt das fromme und das ruchlose: so hättest du auf keine Weise unternommen um eines Tagelöhners willen einen betagten Vater des Totschlages zu verklagen; sondern sowohl vor den Göttern hättest du dich gefürchtet so etwas zu wagen, falls es doch vielleicht nicht recht getan wäre, als auch die Menschen hättest du gescheut. Daher weiß ich gewiß, daß du ganz genau zu kennen meinst, e
was fromm ist und was nicht. Sage daher, bester Euthyphron, und verbirg nicht was du davon hältst.

EUTHYPHRON: Ein anderes Mal denn, o Sokrates; denn itzt eile ich wohin, und es ist Zeit daß ich gehe.

SOKRATES: Was tust du doch, Freund! Du gehst und wirfst mich von der großen Hoffnung herab, die ich hatte,

μεγάλης ἀπέρχῃ ἣν εἶχον, ὡς παρὰ σοῦ μαθὼν τά τε ὅσια
καὶ μὴ καὶ τῆς πρὸς Μέλητον γραφῆς ἀπαλλάξομαι, ἐνδει-
ξάμενος ἐκείνῳ ὅτι σοφὸς ἤδη παρ' Εὐθύφρονος τὰ θεῖα 16
γέγονα καὶ ὅτι οὐκέτι ὑπ' ἀγνοίας αὐτοσχεδιάζω οὐδὲ και-
νοτομῶ περὶ αὐτά, καὶ δὴ καὶ τὸν ἄλλον βίον ὅτι ἄμεινον
βιωσοίμην.

teils der Anklage des Melitos, von dir über das fromme und ruchlose belehrt, glücklich zu entkommen, wenn ich ihm beweisen könnte, daß ich nun schon vom Euthyphron weise 16a
gemacht wäre in göttlichen Dingen, und nicht mehr aus Unwissenheit auf meine eigene Weise grübelte oder Neuerungen suchte, teils aber auch mein übriges Leben würdiger zu verleben.

Ἀλκιβιάδης
Alkibiades

GLIEDERUNG

1. Einleitung (103a1)
1.1. Sokrates' Liebe zu Alkibiades (103a1)
1.2. Für seine Pläne ist Alkibiades auf Sokrates' Hilfe angewiesen (104e4)
2. Aufdeckung des Nichtwissens von Alkibiades (106c4)
2.1. Sein Nichtwissen im Bereich der Politik (106c4)
2.1.1. Was weiß Alkibiades besser? (106c4)
2.1.2. Was Alkibiades besser zu wissen meint, kann allenfalls das Gerechte und Ungerechte sein (107e9)
2.1.3. Was gerecht und ungerecht ist, meint Alkibiades von den Leuten gelernt zu haben und zu wissen (109b10)
2.1.4. Für Recht und Unrecht sind die Leute keine guten Lehrer (110e2)
2.1.5. Was gerecht und ungerecht ist, weiß Alkibiades nicht (112d8)
2.2. Die Identität des Gerechten und Nützlichen (113d1)
2.2.1. Alkibiades' These, daß das Gerechte häufig nicht nützlich sei (113d1)
2.2.2. Sokrates' Gegenbeweis, daß das Gerechte, Schöne, Gute und Nützliche dasselbe sind (114d8)
2.2.3. Alkibiades ist verwirrt: aufgrund unerkannter Unwissenheit über das Gerechte, Gute, Nützliche (116e2)
2.2.4. Alkibiades' Torheit für Athens Politiker typisch. Und Perikles – wen hat er gerechter gemacht? (118b4)
3. Folgerungen für Alkibiades' weitere Entwicklung (119a8)
3.1. Woran ist die Erziehung zum guten Staatsmann zu orientieren? (119a8)
3.1.1. Nicht an innenpolitischen Konkurrenten, sondern an den Anführern der Gegner Athens (119a8)
3.1.2. Worin die persischen und spartanischen Könige überlegen sind. Geboten ist Selbsterkenntnis (120e6)
3.2. Was sich zu vervollkommnen des näheren heißen könnte (124b7)
3.3. Selbsterkenntnis (127d9)

3.3.1. Sorgfalt für sich selbst betrifft das, was einem eigen, nicht was einem zugehörig ist, und setzt Selbsterkenntnis voraus (127d9)
3.3.2. Der erste Schritt zur Erkenntnis des Selbst: Einsicht in das Wesen des Menschen, Kennenlernen der Seele (129b1)
3.3.3. Ein Zwischenergebnis: Sokrates der wahre Liebhaber des Alkibiades (131c4)
3.3.4. Selbsterkenntnis erfordert, das Göttliche in uns zu entdecken (132b6)
3.3.5. Ohne Selbsterkenntnis ist richtiges Handeln unmöglich (133c17)
3.4. Um Staatsmann zu werden, muß Alkibiades sich zuerst vervollkommnen und Tugend erwerben (134b7)
4. Schluß: Alkibiades' Liebe zu Sokrates' (135d7)

Ἀλκιβιάδης

ΣΩΚΡΑΤΗΣ ΑΛΚΙΒΙΑΔΗΣ

ΣΩΚΡΑΤΗΣ. Ὦ παῖ Κλεινίου, οἶμαί σε θαυμάζειν ὅτι 103
πρῶτος ἐραστής σου γενόμενος, τῶν ἄλλων πεπαυμένων, μό-
νος οὐκ ἀπαλλάττομαι, καὶ ὅτι οἱ μὲν ἄλλοι δι' ὄχλου ἐγένοντό
σοι διαλεγόμενοι, ἐγὼ δὲ τοσούτων ἐτῶν οὐδὲ προσεῖπον.
Τούτου δὲ τὸ αἴτιον γέγονεν οὐκ ἀνθρώπειον, ἀλλά τι δαιμό-
νιον ἐναντίωμα, οὗ σὺ τὴν δύναμιν καὶ ὕστερον πεύσῃ· νῦν
δ' ἐπειδὴ οὐκέτι ἐναντιοῦται, οὕτω προσελήλυθα· εὔελπις δ' b
εἰμὶ καὶ τὸ λοιπὸν μὴ ἐναντιώσεσθαι αὐτό. Σχεδὸν οὖν κατα-
νενόηκα ἐν τούτῳ τῷ χρόνῳ σκοπούμενος ὡς πρὸς τοὺς
ἐραστὰς ἔσχες· πολλῶν γὰρ γενομένων καὶ μεγαλοφρόνων οὐ-
δεὶς ὃς οὐχ ὑπερβληθεὶς τῷ φρονήματι ὑπὸ σοῦ πέφευγεν.
Τὸν δὲ λόγον ᾧ ὑπερπεφρόνηκας ἐθέλω διελθεῖν· οὐδενὸς 104
φῂς ἀνθρώπων ἐνδεὴς εἶναι εἰς οὐδέν· τὰ γὰρ ὑπάρχοντά σοι
μεγάλα εἶναι ὥστε μηδενὸς δεῖσθαι, ἀπὸ τοῦ σώματος ἀρξά-
μενα, τελευτῶντα εἰς τὴν ψυχήν· οἴει γὰρ δὴ εἶναι πρῶτον
μὲν κάλλιστός τε καὶ μέγιστος· καὶ τοῦτο μὲν δὴ παντὶ δῆλον
ἰδεῖν ὅτι οὐ ψεύδῃ· ἔπειτα νεανικωτάτου γένους ἐν τῇ σεαυ-
τοῦ πόλει, οὔσῃ μεγίστῃ τῶν Ἑλληνίδων, καὶ ἐνταῦθα πρὸς
πατρός τέ σοι φίλους καὶ συγγενεῖς πλείστους εἶναι καὶ b
ἀρίστους, οἳ εἴ τι δέοι ὑπηρετοῖεν ἄν σοι, τούτων δὲ τοὺς
πρὸς μητρὸς οὐδὲν χείρους οὐδ' ἐλάττους· συμπάντων δὲ
ὧν εἶπον μείζω οἴει σοι δύναμιν ὑπάρχειν Περικλέα τὸν
Ξανθίππου, ὃν ὁ πατὴρ ἐπίτροπον κατέλιπε σοί τε καὶ τῷ
ἀδελφῷ· ὃς οὐ μόνον ἐν τῇδε τῇ πόλει δύναται πράττειν ὅ

Alkibiades

SOKRATES ALKIBIADES

1. Einleitung

1.1. Sokrates' Liebe zu Alkibiades

SOKRATES: O Sohn des Kleinias, ich glaube du wunderst 103a
dich, daß ich, der ich dein erster Liebhaber gewesen, nun die
übrigen aufgehört haben, mich allein nicht abwendig machen
lasse, und daß die übrigen haufenweise sich mit dir unterhiel-
ten, ich aber seit so vielen Jahren dich auch nicht einmal
angeredet habe. Hievon nun ist die Ursache nicht ein
menschliches, sondern ein dämonisches Hindernis gewesen,
von dessen Kraft du auch in der Folge noch hören wirst.
Jetzt aber, da es mich nicht mehr hindert, habe ich mich dir b
genaht, und bin der guten Hoffnung, daß es mir auch künf-
tig nicht mehr entgegen sein wird. In dieser Zeit nun habe
ich ziemlich Acht gegeben und gemerkt, wie du dich gegen
deine Liebhaber verhieltest. Nämlich ohnerachtet ihrer so
viele gewesen und gar hochsinnige, war doch keiner, der
nicht wäre überragt von deiner Großartigkeit zur Flucht ge-
bracht worden. Die Gründe aber, vermöge deren du so über 104a
sie hinweggesehen, will ich dir darlegen. Du meinst keines
Menschen bedürftig zu sein zu nichts, weil das was du hast
so reichlich ist, daß du nichts brauchst vom Leibe anfangend
bis zur Seele. Denn du meinst zuerst sehr schön zu sein und
sehr wohlgewachsen, und das kann Jeder deutlich sehen, daß
du dich hierin nicht irrest; dann auch von dem glänzendsten
Geschlecht in deiner Vaterstadt, welche wiederum die größte
ist unter den hellenischen; und hier rühmst du dich von Va- b
terseite die trefflichsten Freunde und Verwandten zu haben,
welche dir dienen würden, wenn es irgend nötig wäre, und
von Mutterseite nicht wenigere noch geringere. Mehr aber
als alles insgesamt was ich angeführt, glaubst du vermöge dir
Perikles der Sohn des Xantippos, welchen dein Vater dir und
deinem Bruder zum Vormunde gesetzt, der nicht nur in die-

τι ἂν βούληται, ἀλλ' ἐν πάσῃ τῇ Ἑλλάδι καὶ τῶν βαρβάρων ἐν πολλοῖς καὶ μεγάλοις γένεσιν. Προσθήσω δὲ καὶ ὅτι τῶν c πλουσίων· δοκεῖς δέ μοι ἐπὶ τούτῳ ἥκιστα μέγα φρονεῖν. Κατὰ πάντα δὴ ταῦτα σύ τε μεγαλαυχούμενος κεκράτηκας τῶν ἐραστῶν ἐκεῖνοί τε ὑποδεέστεροι ὄντες ἐκρατήθησαν, καί σε ταῦτ' οὐ λέληθεν· ὅθεν δὴ εὖ οἶδα ὅτι θαυμάζεις τί διανοούμενός ποτε οὐκ ἀπαλλάττομαι τοῦ ἔρωτος, καὶ ἥντιν' ἔχων ἐλπίδα ὑπομένω τῶν ἄλλων πεφευγότων.

ΑΛΚΙΒΙΑΔΗΣ. Καὶ ἴσως γε, ὦ Σώκρατες, οὐκ οἶσθ' ὅτι σμικρόν με ἔφθης· ἐγὼ γάρ τοι ἐν νῷ εἶχον πρότερός σοι προσ- d ελθὼν αὐτὰ ταῦτ' ἐρέσθαι, τί ποτε βούλει καὶ εἰς τίνα ἐλπίδα βλέπων ἐνοχλεῖς με, ἀεὶ ὅπου ἂν ὦ ἐπιμελέστατα παρών· τῷ ὄντι γὰρ θαυμάζω ὅ τί ποτ' ἐστὶ τὸ σὸν πρᾶγμα, καὶ ἥδιστ' ἂν πυθοίμην.

ΣΩ. Ἀκούσῃ μὲν ἄρα μου, ὡς τὸ εἰκός, προθύμως, εἴπερ, ὡς φῄς, ἐπιθυμεῖς εἰδέναι τί διανοοῦμαι, καὶ ὡς ἀκουσομένῳ καὶ περιμενοῦντι λέγω.

ΑΛ. Πάνυ μὲν οὖν· ἀλλὰ λέγε.

ΣΩ. Ὅρα δή· οὐ γάρ τοι εἴη ἂν θαυμαστὸν εἰ, ὥσπερ e μάγις ἠρξάμην, οὕτω καὶ μόγις παυσαίμην.

ΑΛ. Ὠγαθέ, λέγε· ἀκούσομαι γάρ.

ΣΩ. Λεκτέον ἂν εἴη. Χαλεπὸν μὲν οὖν πρὸς ἄνδρα οὐχ ἥττονα ἐραστῶν προσφέρεσθαι ἐραστῇ, ὅμως δὲ τολμητέον φράσαι τὴν ἐμὴν διάνοιαν· ἐγὼ γάρ, ὦ Ἀλκιβιάδη, εἰ μέν σε ἑώρων ἃ νυνδὴ διῆλθον ἀγαπῶντά τε καὶ οἰόμενον δεῖν ἐν τούτοις καταβιῶναι, πάλαι ἂν ἀπηλλάγμην τοῦ ἔρωτος, ὥς 105 γε δὴ ἐμαυτὸν πείθω· νῦν δ' ἕτερ' αὖ κατηγορήσω διανοήματα

ser Stadt auszurichten vermag was er nur will, sondern auch in ganz Hellas und bei vielen und großen Geschlechtern der Ausländer. Ich würde auch hinzusetzen, wie reich du bist: c
aber hierauf scheinst du mir am wenigsten groß zu tun. Mit dem allen nun dich brüstend hast du deine Liebhaber überwunden, und sie, weit unter dir darin, sind überwunden worden, und dir ist das nicht entgangen. Daher weiß ich auch gewiß daß du dich wunderst, was ich wohl denke, daß ich mich gar nicht abwendig machen lasse von der Liebe, und was für eine Hoffnung ich wohl haben muß, daß ich noch bleibe, da die Andern schon zurückgetreten sind.

ALKIBIADES: Und vielleicht weißt du nicht, Sokrates, daß du mir nur um ein weniges zuvorgekommen bist. Denn d
ich hatte eben im Sinne dir zuerst entgegenzugehn und dich auf dasselbige anzureden, was du doch eigentlich willst, und was für eine Hoffnung im Auge habend du mich quälst, und überall, wo ich nur bin, auf das sorgfältigste dich auch zeigest. Denn ich wundere mich in der Tat was doch deine Absicht ist, und möchte es gern erfahren.

SOKRATES: Also wirst du mir, wie es scheint, willig zuhören, wenn du doch, wie du sagst, Lust hast zu erfahren was ich denke, und ich also als zu einem der hören und aushalten will, reden kann.

ALKIBIADES: Gewiß gar sehr, also rede nur.

SOKRATES: Siehe wohl zu; denn es wäre kein Wunder, e
wenn ich wie ich schwer angefangen habe, nun auch schwer wieder aufhören könnte.

ALKIBIADES: O Guter, rede nur, ich will schon hören.

1.2. Für seine Pläne ist Alkibiades auf Sokrates' Hilfe angewiesen

SOKRATES: So sei es denn geredet. Schwer ist es freilich wohl für einen Liebhaber sich an einen Mann wenden, dem Liebhaber nichts anhaben können; dennoch aber muß ich es wagen, meine Meinung kund zu tun. Nämlich, o Alkibiades, wenn ich dich mit demjenigen, was wir eben durchgegangen sind, zufrieden gesehen hätte, und gesonnen dein Leben damit hinzubringen: so hätte ich schon längst von meiner Liebe 105a
abgelassen, wie ich von mir selbst glaube. Nun aber will ich

σὰ πρὸς αὐτὸν σέ, ᾧ καὶ γνώσῃ ὅτι προσέχων γέ σοι τὸν νοῦν διατετέλεκα. Δοκεῖς γάρ μοι, εἴ τίς σοι εἴποι θεῶν· «Ὦ Ἀλκιβιάδη, πότερον βούλει ζῆν ἔχων ἃ νῦν ἔχεις ἢ αὐτίκα τεθνάναι, εἰ μή σοι ἐξέσται μείζω κτήσασθαι;» δοκεῖς ἄν μοι ἑλέσθαι τεθνάναι· ἀλλὰ νῦν ἐπὶ τίνι δή ποτε ἐλπίδι ζῇς, ἐγὼ φράσω. Ἡγῇ, ἐὰν θᾶττον εἰς τὸν Ἀθηναίων δῆμον παρέλθῃς — τοῦτο δ' ἔσεσθαι μάλα ὀλίγων ἡμερῶν — παρελθὼν b οὖν ἐνδείξεσθαι Ἀθηναίοις ὅτι ἄξιος εἶ τιμᾶσθαι ὡς οὔτε Περικλῆς οὔτ' ἄλλος οὐδεὶς τῶν πώποτε γενομένων, καὶ τοῦτ' ἐνδειξάμενος μέγιστον δυνήσεσθαι ἐν τῇ πόλει· ἐὰν δ' ἐνθάδε μέγιστος ᾖς, καὶ ἐν τοῖς ἄλλοις Ἕλλησι, καὶ οὐ μόνον ἐν Ἕλλησιν, ἀλλὰ καὶ ἐν τοῖς βαρβάροις ὅσοι ἐν τῇ αὐτῇ ἡμῖν οἰκοῦσιν ἠπείρῳ. Καὶ εἰ αὖ σοι εἴποι ὁ αὐτὸς οὗτος θεὸς ὅτι αὐτοῦ σε δεῖ δυναστεύειν ἐν τῇ Εὐρώπῃ, διαβῆναι c δὲ εἰς τὴν Ἀσίαν οὐκ ἐξέσται σοι οὐδὲ ἐπιθέσθαι τοῖς ἐκεῖ πράγμασιν, οὐκ ἂν αὖ μοι δοκεῖς ἐθέλειν οὐδ' ἐπὶ τούτοις μόνοις ζῆν, εἰ μὴ ἐμπλήσεις τοῦ σοῦ ὀνόματος καὶ τῆς σῆς δυνάμεως πάντας, ὡς ἔπος εἰπεῖν, ἀνθρώπους· καὶ οἶμαί σε πλὴν Κύρου καὶ Ξέρξου ἡγεῖσθαι οὐδένα ἄξιον λόγου γεγονέναι. Ὅτι μὲν οὖν ἔχεις ταύτην τὴν ἐλπίδα, εὖ οἶδα καὶ οὐκ εἰκάζω. Ἴσως ἂν οὖν εἴποις, ἅτε εἰδὼς ὅτι ἀληθῆ λέγω· «Τί δὴ οὖν, ὦ Σώκρατες, τοῦτ' ἐστί σοι πρὸς λόγον ὃν ἔφησθα d ἐρεῖν, δι' ὃ ἐμοῦ οὐκ ἀπαλλάττῃ;» ἐγὼ δέ σοί γε ἐρῶ· «Ὦ φίλε παῖ Κλεινίου καὶ Δεινομάχης, τούτων γάρ σοι ἁπάντων τῶν διανοημάτων τέλος ἐπιτεθῆναι ἄνευ ἐμοῦ ἀδύνατον· τοσαύτην ἐγὼ δύναμιν οἶμαι ἔχειν εἰς τὰ σὰ πράγματα καὶ εἰς σέ· διὸ δὴ καὶ πάλαι οἴομαί με τὸν θεὸν οὐκ ἐᾶν διαλέγεσθαί σοι, ὃν ἐγὼ περιέμενον ὁπηνίκα ἐάσει. Ὥσπερ γὰρ σὺ ἐλπίδας ἔχεις ἐν τῇ πόλει ἐνδείξασθαι ὅτι αὐτῇ παντὸς ἄξιος εἶ,

dich noch ganz anderer Gedanken die du hegst vor dir selbst
bezüchtigen, woraus du auch erkennen wirst, daß ich immer
sehr wohl auf dich Acht gehabt habe. Ich denke nämlich von
dir, daß wenn dir einer der Götter sagte, o Alkibiades, willst
du wohl das behaltend, was du jetzt hast, leben, oder lieber
gleich tot sein, wenn es dir nicht erlaubt sein soll größeres zu
erwerben? ich denke du würdest wählen tot zu sein. Und
nun, auf welche Hoffnung lebst du? das will ich dir sagen.
Du glaubst, sobald du nur bei den Volksversammlungen der
Athener zugegen sein werdest, und das werde ja in gar we- b
nigen Tagen geschehen, werdest du den Athenern dort zei-
gen, daß du solcher Ehre wert seiest, wie weder Perikles
noch irgend ein Anderer von allen, die nur je gewesen, und
wenn du ihnen dies gezeigt, werdest du dann am meisten
vermögen in der Stadt; wärest du aber hier der größte, dann
wärest du es auch bei den andern, nicht nur Hellenen son-
dern auch den Barbaren, die mit uns in demselben Weltteil
wohnen. Und wenn nun derselbige Gott dir sagte, hier in
Europa solltest du zwar herrschen, aber nach Asien solle dir c
nicht erlaubt sein überzugehn und an die dortigen Angele-
genheiten deine Hand zu legen: so dünkt mich werdest du
auch auf diese Bedingungen allein nicht leben wollen, wenn
du nicht mit deinem Namen und deiner Macht kurz zu sagen
alle Menschen erfüllen darfst. Und ich meine, außer dem
Kyros und Xerxes hältst du wohl keinen sonderlich der Rede
wert. Daß du nun diese Hoffnung hegst weiß ich sehr wohl,
und vermute es nicht nur. Vielleicht nun wirst du sagen, weil
du weißt, daß ich wahr rede, Was hat doch aber dies, o
Sokrates, mit dem zu schaffen was du vorhattest zu erklären, d
weshalb nämlich du nicht von mir abläßt? Das will ich dir
sagen, lieber Sohn des Kleinias und der Deinomache. Näm-
lich allen diesen Gedanken ist es dir unmöglich die Krone
aufzusetzen ohne mich, so große Gewalt glaube ich zu haben
über deine Angelegenheiten und über dich. Deshalb glaube
ich auch, hat mir so lange der Gott nicht verstattet mit dir zu
reden, auf den ich wartete, wann er es doch zulassen würde.
Denn so wie du Hoffnungen hegest, vor der Stadt zu be-
weisen daß du ihr alles wert bist, und wenn du es bewiesen,

ἐνδειξάμενος δὲ οὐδὲν ὅ τι οὐ παραυτίκα δυνήσεσθαι, οὕτω e
κἀγὼ παρὰ σοὶ ἐλπίζω μέγιστον δυνήσεσθαι, ἐνδειξάμενος
ὅτι παντὸς ἄξιός εἰμί σοι, καὶ οὔτε ἐπίτροπος οὔτε συγγενὴς
οὔτ' ἄλλος οὐδεὶς ἱκανὸς παραδοῦναι τὴν δύναμιν ἧς ἐπιθυ-
μεῖς πλὴν ἐμοῦ, μετὰ τοῦ θεοῦ μέντοι.» Νεωτέρῳ μὲν οὖν
ὄντι σοι καὶ πρὶν τοσαύτης ἐλπίδος γέμειν, ὥς ἐμοὶ δοκεῖ,
οὐκ εἴα ὁ θεὸς διαλέγεσθαι, ἵνα μὴ μάτην διαλεγοίμην· νῦν
δ' ἐφῆκεν· νῦν γὰρ ἄν μου ἀκούσαις. 106

ΑΛ. Πολύ γέ μοι, ὦ Σώκρατες, νῦν ἀτοπώτερος αὖ φαίνῃ,
ἐπειδὴ ἤρξω λέγειν, ἢ ὅτε σιγῶν εἵπου· καίτοι σφόδρα γε
ἦσθ' ἰδεῖν καὶ τότε τοιοῦτος. Εἰ μὲν οὖν ἐγὼ ταῦτα διανοοῦ-
μαι ἢ μή, ὡς ἔοικε, διέγνωκας, καὶ ἐὰν μὴ φῶ, οὐδέν μοι
ἔσται πλέον πρὸς τὸ πείθειν σε. Εἶεν· εἰ δὲ δὴ ὅ τι μάλιστα
ταῦτα διανενόημαι, πῶς διὰ σοῦ μοι ἔσται καὶ ἄνευ σοῦ οὐκ
ἂν γένοιτο; ἔχεις λέγειν;

ΣΩ. Ἆρ' ἐρωτᾷς εἴ τιν' ἔχω εἰπεῖν λόγον μακρόν, οἵους b
δὴ ἀκούειν εἴθισαι; οὐ γάρ ἐστι τοιοῦτον τὸ ἐμόν· ἀλλ' ἐν-
δείξασθαι μέν σοι, ὡς ἐγᾦμαι, οἷός τ' ἂν εἴην ὅτι ταῦτα
οὕτως ἔχει, ἐὰν ἕν μόνον μοι ἐθέλῃς βραχὺ ὑπηρετῆσαι.

ΑΛ. Ἀλλ' εἴ γε δὴ μὴ χαλεπόν τι λέγεις τὸ ὑπηρέτημα,
ἐθέλω.

ΣΩ. Ἦ χαλεπὸν δοκεῖ τὸ ἀποκρίνεσθαι τὰ ἐρωτώμενα;

ΑΛ. Οὐ χαλεπόν.

ΣΩ. Ἀποκρίνου δή.

ΑΛ. Ἐρώτα.

ΣΩ. Οὐκοῦν ὡς διανοουμένου σου ταῦτα ἐρωτῶ ἅ φημί c
σε διανοεῖσθαι;

ΑΛ. Ἔστω, εἰ βούλει, οὕτως, ἵνα καὶ εἰδῶ ὅ τι ἐρεῖς.

dann nichts mehr sein würde, was du nicht gleich solltest e
ausrichten können: so hoffe auch ich bei dir alles auszurichten, wenn ich dir gezeigt habe, daß ich dir alles wert bin, und daß weder Vormund noch Verwandter noch sonst jemand im Stande ist dir die Macht zu verschaffen, nach der du strebst, außer ich, mit Gott freilich. So lange du nun jünger und ehe du so großer Hoffnung voll warest ließ mich wie mich dünkt, der Gott nicht mit dir reden, damit ich nicht
vergeblich redete. Nun aber hat er es verstattet, denn nun 106a
möchtest du mich wohl hören.

ALKIBIADES: Noch viel wunderlicher, o Sokrates, kommst du mir nun vor, nachdem du angefangen zu reden, als so lange du mir schweigend nachgingest. Wiewohl du auch damals schon gar sehr so aussahest. Ob ich nun dieses im Sinne habe oder nicht, darüber hast du, wie es scheint, schon entschieden, und wenn ich es auch leugnen wollte, würde mir das wohl nicht helfen dich zu überreden. Wohl denn! wenn ich nun dies aber noch so sehr im Sinne habe: wie soll mir das durch dich werden, so daß es ohne dich gar nicht geschehen könnte, weißt du mir das wohl zu sagen?

SOKRATES: Fragst du etwa, ob ich eine lange Rede dar- b
über vorzutragen weiß, wie du gewohnt bist zu hören? Das ist freilich nicht meine Sache. Aber zeigen kann ich dir allerdings, wie ich glaube, daß sich dies wirklich so verhält, wenn du mir nur ein weniges dabei willst zu Hülfe kommen.

ALKIBIADES: Wenn es nur keine schwere Hülfsleistung ist, die du meinst, so will ich wohl.

SOKRATES: Dünkt es dich schwer zu antworten, was gefragt wird?

ALKIBIADES: Nicht schwer.

SOKRATES: So antworte denn.

ALKIBIADES: Frage nur.

SOKRATES: Ich darf also doch fragen, als hättest du das c
im Sinne, was ich sage, daß du gedenkst?

ALKIBIADES: Das sei so, wenn du willst, damit ich nur erfahre, was du doch sagen wirst.

ΣΩ. Φέρε δή· διανοῇ γάρ, ὡς ἐγώ φημι, παριέναι συμβουλεύσων Ἀθηναίοις ἐντὸς οὐ πολλοῦ χρόνου. Εἰ οὖν μέλλοντός σου ἰέναι ἐπὶ τὸ βῆμα λαβόμενος ἐροίμην· « Ὦ Ἀλκιβιάδη, ἐπειδὴ περὶ τίνος Ἀθηναῖοι διανοοῦνται βουλεύεσθαι, ἀνίστασαι συμβουλεύσων ; ἆρ' ἐπειδὴ περὶ ὧν σὺ ἐπίστασαι βέλτιον ἢ οὗτοι ; » τί ἂν ἀποκρίναιο ;

ΑΛ. Εἴποιμ' ἂν δήπου, περὶ ὧν οἶδα βέλτιον ἢ οὗτοι. d

ΣΩ. Περὶ ὧν ἄρ' εἰδὼς τυγχάνεις, ἀγαθὸς σύμβουλος εἶ.

ΑΛ. Πῶς γὰρ οὔ ;

ΣΩ. Οὐκοῦν ταῦτα μόνον οἶσθα ἃ παρ' ἄλλων ἔμαθες ἢ αὐτὸς ἐξηῦρες ;

ΑΛ. Ποῖα γὰρ ἄλλα ;

ΣΩ. Ἔστιν οὖν ὅπως ἄν ποτε ἔμαθές τι ἢ ἐξηῦρες μήτε μανθάνειν ἐθέλων μήτ' αὐτὸς ζητεῖν ;

ΑΛ. Οὐκ ἔστιν.

ΣΩ. Τί δέ ; ἠθέλησας ἂν ζητῆσαι ἢ μαθεῖν ἃ ἐπίστασθαι ᾤου ;

ΑΛ. Οὐ δῆτα.

ΣΩ. Ἃ ἄρα νῦν τυγχάνεις ἐπιστάμενος, ἦν χρόνος ὅτε e
οὐχ ἡγοῦ εἰδέναι ;

ΑΛ. Ἀνάγκη.

ΣΩ. Ἀλλὰ μὴν ἅ γε μεμάθηκας σχεδόν τι καὶ ἐγὼ οἶδα· εἰ δέ τι ἐμὲ λέληθεν, εἰπέ. Ἔμαθες γὰρ δὴ σύ γε κατὰ μνήμην τὴν ἐμὴν γράμματα καὶ κιθαρίζειν καὶ παλαίειν· οὐ γὰρ δὴ αὐλεῖν γε ἤθελες μαθεῖν· ταῦτ' ἐστὶν ἃ σὺ ἐπίστασαι, εἰ μή πού τι μανθάνων ἐμὲ λέληθας· οἶμαι δέ γε, οὔτε νύκτωρ οὔτε μεθ' ἡμέραν ἐξιὼν ἔνδοθεν.

ΑΛ. Ἀλλ' οὐ πεφοίτηκα εἰς ἄλλων ἢ τούτων.

ΣΩ. Πότερον οὖν, ὅταν περὶ γραμμάτων Ἀθηναῖοι βου- 107

2. Aufdeckung des Nichtwissens von Alkibiades
2.1. Sein Nichtwissen im Bereich der Politik
2.1.1. Was weiß Alkibiades besser?

SOKRATES: Wohlan denn. Du gedenkst also, wie ich sage, binnen kurzer Zeit dich daran zu geben mit den Athenern zu ratschlagen. Wenn ich nun, indem du im Begriff wärest die Bühne zu besteigen, dich bei der Hand faßte und fragte, o Alkibiades, weil die Athener worüber doch gedenken jetzt Rat zu pflegen, bist du aufgestanden um auch Rat zu erteilen? Doch wohl weil über etwas, was du besser verstehst als diese? was würdest du antworten?

ALKIBIADES: Ich würde offenbar sagen, Allerdings über d
etwas, was ich besser weiß als diese.

SOKRATES: Also was du weißt, darin bist du auch ein guter Ratgeber?

ALKIBIADES: Wie sollte ich nicht!

SOKRATES: Und du weißt doch wohl nur das, was du entweder von Andern gelernt oder selbst erfunden hast?

ALKIBIADES: Was für anderes sollte ich wohl!

SOKRATES: Kannst du nun wohl irgendwenn etwas erlernt haben oder erfunden, ohne daß du es weder lernen noch selbst suchen wolltest?

ALKIBIADES: Das kann ich nicht.

SOKRATES: Wie nun? hast du wohl je suchen oder lernen gewollt, was du schon zu wissen glaubtest?

ALKIBIADES: Gewiß nicht.

SOKRATES: Also was du jetzt weißt, dafür gab es doch e
eine Zeit, wo du es nicht zu wissen glaubtest?

ALKIBIADES: Notwendig.

SOKRATES: Allein was du gelernt hast, das weiß ich doch ohngefähr, sollte mir aber etwas entgangen sein; so sage es mir. Du hast, soviel ich mich erinnere, die Sprache gelernt, und die Leier spielen und fechten, denn die Flöte wolltest du ja nicht lernen. Dies ist es, was du verstehst, wenn du nicht etwas gelernt hast mir unbemerkt; ich glaube aber nicht, daß du so jemals aus dem Hause gegangen bist weder bei Tage noch bei Nacht.

ALKIBIADES: Ich habe auch keine andere Schulen gemacht als diese.

λεύωνται πῶς ἂν ὀρθῶς γράφοιεν, τότε ἀναστήσῃ αὐτοῖς συμβουλεύσων;

ΑΛ. Μὰ Δί', οὐκ ἔγωγε.

ΣΩ. Ἀλλ' ὅταν περὶ κρουμάτων ἐν λύρᾳ;

ΑΛ. Οὐδαμῶς.

ΣΩ. Οὐδὲ μὴν οὐδὲ περὶ παλαισμάτων γε εἰώθασι βουλεύεσθαι ἐν τῇ ἐκκλησίᾳ.

ΑΛ. Οὐ μέντοι.

ΣΩ. Ὅταν οὖν περὶ τίνος βουλεύωνται; οὐ γάρ που ὅταν γε περὶ οἰκοδομίας.

ΑΛ. Οὐ δῆτα.

ΣΩ. Οἰκοδόμος γὰρ ταῦτά γε σοῦ βέλτιον συμβουλεύσει. b

ΑΛ. Ναί.

ΣΩ. Οὐδὲ μὴν ὅταν περὶ μαντικῆς βουλεύωνται;

ΑΛ. Οὔ.

ΣΩ. Μάντις γὰρ αὖ ταῦτα ἄμεινον ἢ σύ.

ΑΛ. Ναί.

ΣΩ. Ἐάν τέ γε σμικρὸς ἢ μέγας ᾖ, ἐάν τε καλὸς ἢ αἰσχρός, ἔτι τε γενναῖος ἢ ἀγεννής.

ΑΛ. Πῶς γὰρ οὔ;

ΣΩ. Εἰδότος γάρ, οἶμαι, περὶ ἑκάστου ἡ συμβουλὴ καὶ οὐ πλουτοῦντος.

ΑΛ. Πῶς γὰρ οὔ;

ΣΩ. Ἀλλ' ἐάν τε πένης ἐάν τε πλούσιος ᾖ ὁ παραινῶν, οὐδὲν διοίσει Ἀθηναίοις, ὅταν περὶ τῶν ἐν τῇ πόλει βουλεύωνται πῶς ἂν ὑγιαίνοιεν, ἀλλὰ ζητήσουσιν ἰατρὸν εἶναι c τὸν σύμβουλον.

ΑΛ. Εἰκότως γε.

ΣΩ. Ὅταν οὖν περὶ τίνος σκοπῶνται, τότε σὺ ἀνιστάμενος ὡς συμβουλεύσων ὀρθῶς ἀναστήσῃ;

ΑΛ. Ὅταν περὶ τῶν ἑαυτῶν πραγμάτων, ὦ Σώκρατες.

ΣΩ. Τῶν περὶ ναυπηγίας λέγεις, ὁποίας τινὰς χρὴ αὐτοὺς τὰς ναῦς ναυπηγεῖσθαι;

SOKRATES: Wirst du also wohl, wenn die Athener über Buchstaben ratschlagen, wie sie richtig schreiben sollen, alsdann aufstehn um deinen Rat auch zu erteilen? 107a

ALKIBIADES: Beim Zeus, ich nicht.

SOKRATES: Aber wenn über das Leierschlagen?

ALKIBIADES: Keinesweges.

SOKRATES: Aber über das Fechten pflegen sie ja wohl gar nicht zu ratschlagen in der Versammlung?

ALKIBIADES: Freilich nicht.

SOKRATES: Also wenn sie worüber doch ratschlagen? doch wohl nicht wenn über Gebäude?

ALKIBIADES: Auch nicht.

SOKRATES: Denn da wäre wohl ein Baumeister ein besserer Ratgeber als du. b

ALKIBIADES: Ja.

SOKRATES: Auch wohl nicht, wenn sie über das Wahrsagen ratschlagen?

ALKIBIADES: Nein.

SOKRATES: Denn da wäre wieder ein Wahrsager besser als du.

ALKIBIADES: Ja.

SOKRATES: Und zwar er mag klein sein oder groß, schön oder häßlich, vornehmer oder geringer Abkunft.

ALKIBIADES: Freilich wohl.

SOKRATES: Denn von dem Wissenden, denke ich, kommt guter Rat in jeder Sache, nicht von dem Reichen.

ALKIBIADES: Wie könnte es anders sein!

SOKRATES: Ob also der, welcher ihnen zuspricht, arm ist oder reich, das wird den Athenern nichts verschlagen, wenn sie wegen der Bewohner der Stadt ratschlagen, wie sich diese c wohl gesund erhalten können; sondern sie werden nur suchen, daß der Ratgeber ein Arzt sei.

ALKIBIADES: Ganz natürlich wohl.

SOKRATES: Wenn sie also was doch überlegen, wirst du mit Recht auftreten, wenn du auftrittst ihnen Rat zu erteilen?

ALKIBIADES: Wenn ihre eigenen Angelegenheiten, o Sokrates.

SOKRATES: Meinst du die des Schiffbaues, was für Schiffe sie sollen zimmern lassen?

ΑΛ. Οὐκ ἔγωγε, ὦ Σώκρατες.

ΣΩ. Ναυπηγεῖν γάρ, οἶμαι, οὐκ ἐπίστασαι· τοῦτ' αἴτιον ἢ ἄλλο τι;

ΑΛ. Οὔκ, ἀλλὰ τοῦτο. d

ΣΩ. Ἀλλὰ περὶ ποίων τῶν ἑαυτῶν λέγεις πραγμάτων ὅταν βουλεύωνται;

ΑΛ. Ὅταν περὶ πολέμου, ὦ Σώκρατες, ἢ περὶ εἰρήνης ἢ ἄλλου του τῶν τῆς πόλεως πραγμάτων.

ΣΩ. Ἆρα λέγεις, ὅταν βουλεύωνται πρὸς τίνας χρὴ εἰρήνην ποιεῖσθαι καὶ τίσιν πολεμεῖν καὶ τίνα τρόπον;

ΑΛ. Ναί.

ΣΩ. Χρὴ δ' οὐχ οἷς βέλτιον;

ΑΛ. Ναί.

ΣΩ. Καὶ τόθ' ὁπότε βέλτιον; e

ΑΛ. Πάνυ γε.

ΣΩ. Καὶ τοσοῦτον χρόνον ὅσον ἄμεινον;

ΑΛ. Ναί.

ΣΩ. Εἰ οὖν βουλεύοιντο Ἀθηναῖοι τίσιν χρὴ προσπαλαίειν καὶ τίσιν ἀκροχειρίζεσθαι καὶ τίνα τρόπον, σὺ ἄμεινον ἂν συμβουλεύοις ἢ ὁ παιδοτρίβης;

ΑΛ. Ὁ παιδοτρίβης δήπου.

ΣΩ. Ἔχεις οὖν εἰπεῖν πρὸς τί <ἂν> βλέπων ὁ παιδοτρίβης συμβουλεύσειεν οἷς δεῖ προσπαλαίειν καὶ οἷς μή, καὶ ὁπότε καὶ ὅντινα τρόπον; λέγω δὲ τὸ τοιόνδε· ἆρα τούτοις δεῖ προσπαλαίειν οἷς βέλτιον ἢ οὔ;

ΑΛ. Ναί.

ΣΩ. Ἆρα καὶ τοσαῦτα ὅσα ἄμεινον; 108

ΑΛ. Τοσαῦτα.

ΣΩ. Οὐκοῦν καὶ τότε ὅτε ἄμεινον;

ΑΛ. Πάνυ γε.

ΣΩ. Ἀλλὰ μὴν καὶ τὸν ᾄδοντα δεῖ κιθαρίζειν ποτὲ πρὸς τὴν ᾠδὴν καὶ βαίνειν;

ALKIBIADES: Nicht doch, Sokrates.

SOKRATES: Denn Schiffe zu bauen, denke ich, verstehst du nicht. Ist das die Ursache, oder sonst etwas?

ALKIBIADES: Nein, sondern dieses. d

SOKRATES: Also die Beratschlagung über welche von ihren Angelegenheiten meinst du denn?

ALKIBIADES: Wenn sie über Krieg und Frieden ratschlagen, o Sokrates, oder über sonst eine von den Angelegenheiten des Staats.

SOKRATES: Meinst du wenn sie ratschlagen, mit wem sie Frieden machen sollen und mit wem Krieg führen und auf welche Weise?

ALKIBIADES: Ja.

SOKRATES: Müssen sie nun nicht dies, mit wem es am besten ist?

ALKIBIADES: Ja.

SOKRATES: Und dann wann es am besten ist? e

ALKIBIADES: Freilich.

SOKRATES: Und so lange als es besser ist?

ALKIBIADES: Ja.

SOKRATES: Wenn nun die Athener sich beraten, mit wem man ringen muß, und mit wem lieber mit dem bloßen Vorderarm kämpfen und auf welche Weise: würdest dann du besser Rat geben oder der Meister in Leibesübungen?

ALKIBIADES: Der letztere offenbar.

2.1.2. Was Alkibiades besser zu wissen meint, kann allenfalls das Gerechte und Ungerechte sein

SOKRATES: Weißt du nun wohl zu sagen, worauf sehend er seinen Rat darüber erteilen würde, mit wem man ringen muß und mit wem nicht? und wann und auf welche Weise? – Ich meine es so. Man muß doch mit denen ringen, mit denen es besser ist? oder nicht?

ALKIBIADES: Ja.

SOKRATES: Und soviel Gänge als es besser ist? 108a

ALKIBIADES: So viele.

SOKRATES: Und auch dann, wann es besser ist?

ALKIBIADES: Freilich.

ΑΛ. Δεῖ γάρ.

ΣΩ. Οὐκοῦν τότε ὁπότε βέλτιον;

ΑΛ. Ναί.

ΣΩ. Καὶ τοσαῦθ' ὅσα βέλτιον;

ΑΛ. Φημί.

ΣΩ. Τί οὖν; ἐπειδὴ βέλτιον μὲν ὠνόμαζες ἐπ' ἀμφοτέ- b
ροις τῷ τε κιθαρίζειν πρὸς τὴν ᾠδὴν καὶ τῷ προσπαλαίειν, τί καλεῖς τὸ ἐν τῷ κιθαρίζειν βέλτιον, ὥσπερ ἐγὼ τὸ ἐν τῷ παλαίειν καλῶ γυμναστικόν· σὺ δ' ἐκεῖνο τί καλεῖς;

ΑΛ. Οὐκ ἐννοῶ.

ΣΩ. Ἀλλὰ πειρῶ ἐμὲ μιμεῖσθαι· ἐγὼ γάρ που ἀπεκρινάμην τὸ διὰ παντὸς ὀρθῶς ἔχον· ὀρθῶς δὲ δήπου ἔχει τὸ κατὰ τὴν τέχνην γιγνόμενον· ἢ οὔ;

ΑΛ. Ναί.

ΣΩ. Ἡ δὲ τέχνη οὐ γυμναστικὴ ἦν;

ΑΛ. Πῶς δ' οὔ;

ΣΩ. Ἐγὼ δ' εἶπον τὸ ἐν τῷ παλαίειν βέλτιον γυμνα- c
στικόν.

ΑΛ. Εἶπες γάρ.

ΣΩ. Οὐκοῦν καλῶς;

ΑΛ. Ἔμοιγε δοκεῖ.

ΣΩ. Ἴθι δὴ καὶ σύ· — πρέποι γὰρ ἂν που καὶ σοὶ τὸ καλῶς διαλέγεσθαι — εἰπὲ πρῶτον τίς ἡ τέχνη ἧς τὸ κιθαρίζεν καὶ τὸ ᾄδειν καὶ τὸ ἐμβαίνειν ὀρθῶς; συνάπασα τίς καλεῖται; οὔπω δύνασαι εἰπεῖν;

ΑΛ. Οὐ δῆτα.

ΣΩ. Ἀλλ' ὧδε πειρῶ· τίνες αἱ θεαὶ ὧν ἡ τέχνη;

ΑΛ. Τὰς Μούσας, ὦ Σώκρατες, λέγεις;

ΣΩ. Ἔγωγε· ὅρα δή· τίνα ἀπ' αὐτῶν ἐπωνυμίαν ἡ τέχνη d
ἔχει;

ΑΛ. Μουσικήν μοι δοκεῖς λέγειν.

SOKRATES: Und wer singt muß bisweilen die Leier schlagen zum Gesang und tanzen?

ALKIBIADES: Das muß er.

SOKRATES: Und nicht wahr dann wann es besser ist?

ALKIBIADES: Ja.

SOKRATES: Und so lange als es besser ist?

ALKIBIADES: Das behaupte ich.

SOKRATES: Wie nun? da du doch beide Male das Bessere b
genannt hast beim Leierschlagen zum Gesang und beim Ringen, wie nennst du das Bessere im richtigen Leierschlagen? so wie ich das Bessere im Ringen das gymnastische nenne, wie nennst du jenes?

ALKIBIADES: Ich verstehe nicht.

SOKRATES: Versuche nur mich nachzuahmen. Denn ich habe schon beantwortet das was sich überall richtig verhält. Denn richtig verhält sich doch das was nach der Kunst geschieht; oder nicht?

ALKIBIADES: Ja.

SOKRATES: War aber nicht jene Kunst die Gymnastik?

ALKIBIADES: Wie sollte sie nicht.

SOKRATES: Und ich nannte das Bessere im Ringen das c
gymnastische?

ALKIBIADES: Das tatest du.

SOKRATES: Und mit Recht?

ALKIBIADES: Das dünkt mich.

SOKRATES: So komm denn! denn dir steht es ja auch wohl an dich richtig auszudrücken, und sage mir zuerst, welches ist die Kunst, welcher das richtige Leierschlagen und singen und sich dazu bewegen obliegt, wie wird sie insgesamt genannt? Kannst du es noch nicht sagen?

ALKIBIADES: Nicht recht.

SOKRATES: Versuche es so. Welches sind die Göttinnen; denen diese Kunst zukommt?

ALKIBIADES: Die Musen meinst du, Sokrates?

SOKRATES: Freilich. Sieh nun, was für einen Beinamen d
hat von ihnen diese Kunst?

ALKIBIADES: Die Musik dünkst du mich zu meinen.

SOKRATES: Die meine ich auch. Was ist nun das, was

ΣΩ. Λέγω γάρ. Τί οὖν τὸ κατὰ ταύτην ὀρθῶς γιγνόμενόν
ἐστιν; ὥσπερ ἐκεῖ ἐγώ σοι τὸ κατὰ τὴν τέχνην ἔλεγον
ὀρθῶς, τὴν γυμναστικήν, καὶ σὺ δὴ οὖν οὕτως ἐνταῦθα τί
φῄς; πῶς γίγνεσθαι;

ΑΛ. Μουσικῶς μοι δοκεῖ.

ΣΩ. Εὖ λέγεις. Ἴθι δή, καὶ τὸ ἐν τῷ πολεμεῖν βέλτιον
καὶ τὸ ἐν τῷ εἰρήνην ἄγειν, τοῦτο τὸ βέλτιον τί ὀνομάζεις;
ὥσπερ ἐκεῖ ἐφ' ἑκάστῳ ἔλεγες τὸ ἄμεινον ὅτι μουσικώτερον e
καὶ ἐπὶ τῷ ἑτέρῳ ὅτι γυμναστικώτερον· πειρῶ δὴ καὶ
ἐνταῦθα λέγειν τὸ βέλτιον.

ΑΛ. Ἀλλ' οὐ πάνυ ἔχω.

ΣΩ. Ἀλλὰ μέντοι αἰσχρόν γε, εἰ μέν τίς σε λέγοντα καὶ
συμβουλεύοντα περὶ σιτίων ὅτι βέλτιον τόδε τοῦδε, καὶ νῦν
καὶ τοσοῦτον, ἔπειτα ἐρωτήσειεν· « Τί τὸ ἄμεινον λέγεις, ὦ
Ἀλκιβιάδη; » περὶ μὲν τούτων ἔχειν εἰπεῖν ὅτι τὸ ὑγιει-
νότερον, καίτοι οὐ προσποιῇ ἰατρὸς εἶναι, περὶ δὲ οὗ
προσποιῇ ἐπιστήμων εἶναι καὶ συμβουλεύσεις ἀνιστάμενος
ὡς εἰδώς, τούτου δ', ὡς ἔοικας, πέρι ἐρωτηθείς, ἐὰν μὴ 109
ἔχῃς εἰπεῖν, οὐκ αἰσχύνῃ; ἢ οὐκ αἰσχρὸν φαίνεται;

ΑΛ. Πάνυ γε.

ΣΠ. Σκόπει δὴ καὶ προθυμοῦ εἰπεῖν πρὸς τί τείνει τὸ ἐν
τῷ εἰρήνην τε ἄγειν ἄμεινον καὶ τὸ ἐν τῷ πολεμεῖν οἷς
δεῖ;

ΑΛ. Ἀλλὰ σκοπῶν οὐ δύναμαι ἐννοῆσαι.

ΣΩ. Οὐδ' οἶσθα, ἐπειδὰν πόλεμον ποιώμεθα, τί ἐγκα-
λοῦντες ἀλλήλοις πάθημα ἐρχόμεθα εἰς τὸ πολεμεῖν, καὶ ὅ
τι αὐτὸ ὀνομάζοντες ἐρχόμεθα; b

ΑΛ. Ἔγωγε, ὅτι ἐξαπατώμενοί τι ἢ βιαζόμενοι ἢ ἀποστε-
ρούμενοι.

ΣΩ. Ἔχε· πῶς ἕκαστα τούτων πάσχοντες; πειρῶ
εἰπεῖν τί διαφέρει τὸ ὧδε ἢ ὧδε.

ΑΚ. Ἦ τὸ ὧδε λέγεις, ὦ Σώκρατες, τὸ δικαίως ἢ τὸ
ἀδίκως;

nach dieser richtig erfolgt? so wie ich dir dort das nach der gymnastischen Kunst richtige benannte, wie sagst du nun auch hiebei daß es geschehe?

ALKIBIADES: Musikalisch, dünkt mich.

SOKRATES: Wohl gesprochen. Wohlan denn auch das bessere beim Krieg führen oder beim Friede halten, dieses bessere wie nennst du es? wie du dort von jedem sagtest, das e
bessere sei das musikalischere, und bei dem andern es sei das gymnastischere, so versuche auch hier das bessere zu benennen.

ALKIBIADES: Aber ich weiß wirklich nicht wie.

SOKRATES: Allein ist das nicht schmählich, wenn dich, indem du sprächest und Rat gäbest über Speisen, daß die eine besser ist als die andere und jetzt und in jeder Menge, jemand hernach fragte, wie nennst du dieses bessere, o Alkibiades? daß du hievon zwar zu sagen wüßtest, es ist das gesundere, wiewohl du dich nicht für einen Arzt ausgibst: wofür du dich aber ausgibst es zu verstehen, und auftrittst um Rat zu erteilen als ein Wissender, hiernach gefragt du wie 109a
es scheint nichts zu sagen weißt, willst du dich dessen nicht schämen, oder dünkt es dich nicht schmählich?

ALKIBIADES: Gar sehr freilich.

SOKRATES: So überlege denn und versuche zu sagen, worauf doch ziele dieses bessere in dem Frieden halten und in dem Kriegführen mit wem man soll.

ALKIBIADES: Aber ich überlege es und kann es doch nicht inne werden.

SOKRATES: Und weißt auch nicht wenn wir Krieg anfangen, was für Begegnisse wir einander beschuldigen, weshalb wir zum Kriegführen schreiten, und wie wir sie nennen? b

ALKIBIADES: Das weiß ich, wir waren hintergangen oder beraubt worden oder man hätte uns Gewalt angetan.

SOKRATES: Halt, und wie sagen wir sei uns das alles begegnet? versuche anzugeben, wie dabei das So oder So verschieden ist.

ALKIBIADES: Meinst du unter dem So, o Sokrates, das gerecht oder ungerecht?

SOKRATES: Eben dieses.

ΣΩ. Αὐτὸ τοῦτο.

ΑΛ. Ἀλλὰ μὴν τοῦτό γε διαφέρει ὅλον τε καὶ πᾶν.

ΣΩ. Τί οὖν; Ἀθηναίοις σὺ πρὸς ποτέρους συμβουλεύσεις πολεμεῖν, τοὺς ἀδικοῦντας ἢ τοὺς τὰ δίκαια πράττοντας;

ΑΛ. Δεινὸν τοῦτό γε ἐρωτᾷς· εἰ γὰρ καὶ διανοεῖταί τις c ὡς δεῖ πρὸς τοὺς τὰ δίκαια πράττοντας πολεμεῖν, οὐκ ἂν ὁμολογήσειέν γε.

ΣΩ. Οὐ γὰρ νόμιμον τοῦθ', ὡς ἔοικεν.

ΑΛ. Οὐ δῆτα· οὐδέ γε καλὸν δοκεῖ εἶναι.

ΣΩ. Πρὸς τοῦτ' ἄρα καὶ σὺ τὸ δίκαιον τοὺς λόγους ποιήσῃ;

ΑΛ. Ἀνάγκη.

ΣΩ. Ἄλλο τι οὖν, ὃ νυνδὴ ἐγὼ ἠρώτων βέλτιον πρὸς τὸ πολεμεῖν καὶ μή, καὶ οἷς δεῖ καὶ οἷς μή, καὶ ὁπότε καὶ μή, τὸ δικαιότερον τυγχάνει ὄν; ἢ οὔ;

ΑΛ. Φαίνεταί γε.

ΣΩ. Πῶς οὖν, ὦ φίλε Ἀλκιβιάδη; πότερον σαυτὸν d λέληθας ὅτι οὐκ ἐπίστασαι τοῦτο, ἢ ἐμὲ ἔλαθες μανθάνων καὶ φοιτῶν εἰς διδασκάλου ὅς σε ἐδίδασκεν διαγιγνώσκειν τὸ δικαιότερόν τε καὶ ἀδικώτερον; καὶ τίς ἐστιν οὗτος; φράσον καὶ ἐμοί, ἵνα αὐτῷ φοιτητὴν προξενήσῃς καὶ ἐμέ.

ΑΛ. Σκώπτεις, ὦ Σώκρατες.

ΣΩ. Οὐ μὰ τὸν Φίλιον τὸν ἐμόν τε καὶ σόν, ὃν ἐγὼ ἥκιστ' ἂν ἐπιορκήσαιμι· ἀλλ' εἴπερ ἔχεις, εἰπὲ τίς ἐστιν. e

ΑΛ. Τί δ', εἰ μὴ ἔχω; οὐκ ἂν οἴει με ἄλλως εἰδέναι περὶ τῶν δικαίων καὶ ἀδίκων;

ΣΩ. Ναί, εἴ γε εὕροις;

ΑΛ. Ἀλλ' οὐκ ἂν εὑρεῖν με ἡγῇ;

ALKIBIADES: Das ist ja freilich ein großer und gänzlicher Unterschied.

2.1.3. Was gerecht und ungerecht ist, meint Alkibiades von den Leuten gelernt zu haben und zu wissen

SOKRATES: Wie nun? gegen welche von beiden willst du die Athener raten Krieg zu führen, gegen die Unrechttuenden, oder die welche gerecht gehandelt haben?

ALKIBIADES: Das ist ja eine harte Frage. Denn wenn einer auch dächte, man sollte gegen die welche recht handeln Krieg führen, so würde er es doch nicht eingestehen. c

SOKRATES: Denn dies ist nicht gesetzlich, wie ja einleuchtet.

ALKIBIADES: Freilich nicht; und auch für schön wird es ja nicht gehalten.

SOKRATES: Also in Bezug hierauf, auf das gerechte, würdest auch du deine Reden stellen?

ALKIBIADES: Notwendig.

SOKRATES: Ist nun wohl, wonach ich eben fragte, das bessere im Kriegführen und nicht, und mit wem man soll mit wem dagegen nicht, und wann, wann aber nicht, etwas anderes als das gerechtere? oder nein?

ALKIBIADES: Offenbar ja eben dieses.

SOKRATES: Wie nun, o lieber Alkibiades? weißt du entweder selbst nicht, daß du dies nicht verstehst? oder weiß ich nicht, daß du es gelernt und einen Lehrer besucht hast, der dich gelehrt hat das gerechtere und ungerechtere zu unterscheiden? und wer ist doch der? zeige ihn mir doch auch an, damit ich mich ihm als Schüler von dir vorstellen lasse. d

ALKIBIADES: Du spottest, o Sokrates.

SOKRATES: Bei meinem und deinem Freundschaftsgotte, bei dem ich am wenigsten falsch schwören möchte, Nein. Sondern wenn du kannst, so sage wer es ist. e

ALKIBIADES: Und wie wenn ich nun nicht kann? glaubst du nicht, daß ich anders woher wissen kann, was gerecht ist und ungerecht?

SOKRATES: Ja wenn du es selbst gefunden hättest.

ALKIBIADES: Und das glaubst du könnte ich nicht haben?

ΣΩ. Καὶ μάλα γ', εἰ ζητήσαις.

ΑΛ. Εἶτα ζητῆσαι οὐκ ἂν οἴει με;

ΣΩ. Ἔγωγε, εἰ οἰηθείης γε μὴ εἰδέναι.

ΑΛ. Εἶτα οὐκ ἦν ὅτ' εἶχον οὕτω;

ΣΩ. Καλῶς λέγεις· ἔχεις οὖν εἰπεῖν τοῦτον τὸν χρόνον,
ὅτε οὐκ ᾤου εἰδέναι τὰ δίκαια καὶ τὰ ἄδικα; φέρε, πέρυσιν 110
ἐζήτεις τε καὶ οὐκ ᾤου εἰδέναι; ἢ ᾤου; καὶ τἀληθῆ ἀπο-
κρίνου, ἵνα μὴ μάτην οἱ διάλογοι γίγνωνται.

ΑΛ. Ἀλλ' ᾤμην εἰδέναι.

ΣΩ. Τρίτον δ' ἔτος καὶ τέταρτον καὶ πέμπτον οὐχ οὕτως;

ΑΛ. Ἔγωγε.

ΣΩ. Ἀλλὰ μὴν τό γε πρὸ τοῦ παῖς ἦσθα, ἦ γάρ;

ΑΛ. Ναί.

ΣΩ. Τότε μὲν τοίνυν εὖ οἶδα ὅτι ᾤου εἰδέναι.

ΑΛ. Πῶς εὖ οἶσθα;

ΣΩ. Πολλάκις σοῦ ἐν διδασκάλων ἤκουον παιδὸς ὄντος b
καὶ ἄλλοθι, καὶ ὁπότε ἀστραγαλίζοις ἢ ἄλλην τινὰ παιδιὰν
παίζοις, οὐχ ὡς ἀποροῦντος περὶ τῶν δικαίων καὶ ἀδίκων,
ἀλλὰ μάλα μέγα καὶ θαρραλέως λέγοντος περὶ ὅτου τύχοις
τῶν παίδων ὡς πονηρός τε καὶ ἄδικος εἴη καὶ ὡς ἀδικοῖ· ἢ
οὐκ ἀληθῆ λέγω;

ΑΛ. Ἀλλὰ τί ἔμελλον ποιεῖν, ὦ Σώκρατες, ὁπότε τίς με ἀδικοῖ;

ΣΩ. Σὺ δ' εἰ τύχοις ἀγνοῶν εἴτ' ἀδικοῖο εἴτε μὴ τότε, λέγεις τί σε χρὴ ποιεῖν;

ΑΛ. Μὰ Δί', ἀλλ' οὐκ ἠγνόουν ἔγωγε, ἀλλὰ σαφῶς ἐγί- c
γνωσκον ὅτι ἠδικούμην.

ΣΩ. Ὤιου ἄρα ἐπίστασθαι καὶ παῖς ὤν, ὡς ἔοικε, τὰ δίκαια καὶ τὰ ἄδικα.

SOKRATES: O sicher, wenn du es gesucht hättest.

ALKIBIADES: Und glaubst du, ich hätte es nicht gesucht?

SOKRATES: Das wohl, wenn du geglaubt hättest es nicht zu wissen.

ALKIBIADES: Also, gab es etwa keine Zeit, wo es so mit mir stand?

SOKRATES: Richtig gesprochen. Kannst du mir also diese
Zeit angeben, wo du nicht glaubtest das gerechte und un- 110a
gerechte zu erkennen? Sprich, hast du es vor dem Jahre gesucht und nicht geglaubt es zu wissen? oder glaubtest du es da schon? und antworte mir die Wahrheit, damit wir unsere Gespräche nicht vergeblich führen.

ALKIBIADES: Da glaubte ich es zu wissen.

SOKRATES: Und vor zwei und drei und vier Jahren nicht so?

ALKIBIADES: Allerdings.

SOKRATES: Und früher warst du doch noch ein Knabe. Nicht wahr?

ALKIBIADES: Ja.

SOKRATES: Damals nun weiß ich ganz gewiß, daß du es zu verstehen glaubtest.

ALKIBIADES: Woher weißt du das so gewiß?

SOKRATES: Weil ich dich oft in den Schulen gehört habe b
als ein Kind, auch sonst vornehmlich aber wenn du Knöchel spieltest oder irgend ein anderes Spiel, gar nicht als ob du ungewiß wärest über Recht und Unrecht, sondern ganz laut und zuversichtlich von welchem Knaben es nun eben war sagen, er wäre schlecht und ungerecht und er täte Unrecht. Oder ist das nicht wahr?

ALKIBIADES: Aber was sollte ich denn tun, o Sokrates, wenn mir nun einer Unrecht tat?

SOKRATES: Meinst du, wenn du ungewiß wärest ob dir Unrecht geschähe oder nicht, was du dann tun solltest?

ALKIBIADES: Beim Zeus! ich war ja gar nicht ungewiß; c
sondern ich erkannte ganz bestimmt, daß mir Unrecht geschah.

SOKRATES: Also schon als ein Kind glaubtest du zu verstehen, wie sich zeigt, was recht und unrecht ist?

ΑΛ. Ἔγωγε· καὶ ἠπιστάμην γε.

ΣΩ. Ἐν ποίῳ χρόνῳ ἐξευρών; οὐ γὰρ δήπου ἐν ᾧ γε ᾤου εἰδέναι.

ΑΛ. Οὐ δῆτα.

ΣΩ. Πότ' οὖν ἀγνοεῖν ἡγοῦ; σκόπει· οὐ γὰρ εὑρήσεις τοῦτον τὸν χρόνον.

ΑΛ. Μὰ τὸν Δί', ὦ Σώκρατες, οὔκουν ἔχω γ' εἰπεῖν.

ΣΩ. Εὑρὼν μὲν ἄρ' οὐκ οἶσθα αὐτά. d

ΑΛ. Οὐ πάνυ φαίνομαι.

ΣΩ. Ἀλλὰ μὴν ἄρτι γε οὐδὲ μαθὼν ἔφησθα εἰδέναι· εἰ δὲ μήθ' ηὗρες μήτ' ἔμαθες, πῶς οἶσθα καὶ πόθεν;

ΑΛ. Ἀλλ' ἴσως τοῦτό σοι οὐκ ὀρθῶς ἀπεκρινάμην, τὸ φάναι εἰδέναι αὐτὸς ἐξευρών.

ΣΩ. Τὸ δὲ πῶς εἶχεν;

ΑΛ. Ἔμαθον, οἶμαι, καὶ ἐγὼ ὥσπερ καὶ οἱ ἄλλοι.

ΣΩ. Πάλιν εἰς τὸν αὐτὸν ἥκομεν λόγον· παρὰ τοῦ; φράζε κἀμοί.

ΑΛ. Παρὰ τῶν πολλῶν. e

ΣΩ. Οὐκ εἰς σπουδαίους γε διδασκάλους καταφεύγεις εἰς τοὺς πολλοὺς ἀναφέρων.

ΑΛ. Τί δέ; οὐχ ἱκανοὶ διδάξαι οὗτοι;

ΣΩ. Οὔκουν τὰ πεττευτικά γε καὶ τὰ μή· καίτοι φαυλότερα αὐτὰ οἶμαι τῶν δικαίων εἶναι. Τί δέ; σὺ οὐχ οὕτως οἴει;

ΑΛ. Ναί.

ΣΩ. Εἶτα τὰ μὲν φαυλότερα οὐχ οἷοί τε διδάσκειν, τὰ δὲ σπουδαιότερα;

ΑΛ. Οἶμαι ἔγωγε· ἄλλα γοῦν πολλὰ οἷοί τ' εἰσὶν διδάσκειν σπουδαιότερα τοῦ πεττεύειν.

ΣΩ. Ποῖα ταῦτα;

ΑΛ. Οἷον καὶ τὸ ἑλληνίζειν παρὰ τούτων ἔγωγ' ἔμαθον, 111 καὶ οὐκ ἂν ἔχοιμι εἰπεῖν ἐμαυτοῦ διδάσκαλον, ἀλλ' εἰς τοὺς αὐτοὺς ἀναφέρω οὓς σὺ φῂς οὐ σπουδαίους εἶναι διδασκάλους.

ALKIBIADES: Freilich, und ich verstand es auch.

SOKRATES: Nachdem du es in welcher Zeit doch gefunden? Denn gewiß doch nicht als du es schon zu wissen glaubtest.

ALKIBIADES: Freilich nicht.

SOKRATES: Wann also glaubtest du es nicht zu wissen? Bedenke dich! du wirst aber diese Zeit nicht finden.

ALKIBIADES: Beim Zeus, Sokrates, ich weiß sie nicht anzugeben.

SOKRATES: Also durch Selbstfinden weißt du es nicht. d

ALKIBIADES: Offenbar wohl nicht.

SOKRATES: Aber eben gestandst du ja auch, es nicht durch Erlernung zu wissen. Wenn du es nun weder gefunden noch gelernt hast, wie weißt du es dann, und woher?

ALKIBIADES: Das habe ich vielleicht wohl nicht richtig geantwortet, daß ich sagte, ich wisse es durch eignes Finden; sondern es verhielt sich wohl so: ich habe es gelernt, denke ich, ich so gut als alle andere.

SOKRATES: Da kommen wir ja wieder auf dieselbe Rede. Von wem? sage es mir auch.

ALKIBIADES: Von den Leuten. e

2.1.4. Für Recht und Unrecht sind die Leute keine guten Lehrer

SOKRATES: Nicht zu sonderlichen Lehrern nimmst du deine Zuflucht, wenn du es auf die Leute bringst.

ALKIBIADES: Wie so? sollten sie nicht taugen das zu lehren?

SOKRATES: Wenigstens nicht was im Brettspiel kunstmäßig ist und was nicht; wiewohl ich das doch für geringer halte als das Gerechte. Und du, glaubst du nicht auch so?

ALKIBIADES: Ja.

SOKRATES: Also das geringfügigere sollten sie nicht lehren können, wohl aber das wichtigere?

ALKIBIADES: Das glaube ich doch. Wenigstens können sie ja vieles lehren, was wichtiger ist als Brettspielen.

SOKRATES: Was wäre doch das?

ALKIBIADES: Wie das Hellenischreden ich meines Teils ja 111a
von eben diesen gelernt habe, und keinen andern Lehrer zu

ΣΩ. Ἀλλ', ὦ γενναῖε, τούτου μὲν ἀγαθοὶ διδάσκαλοι οἱ πολλοὶ καὶ δικαίως ἐπαινοῖντ' ἂν εἰς διδασκαλίαν.

ΑΛ. Τί δή;

ΣΩ. Ὅτι ἔχουσι περὶ αὐτὰ ἃ χρὴ τοὺς ἀγαθοὺς διδασκάλους ἔχειν.

ΑΛ. Τί τοῦτο λέγεις;

ΣΩ. Οὐκ οἶσθ' ὅτι χρὴ τοὺς μέλλοντας διδάσκειν ὁτιοῦν αὐτοὺς πρῶτον εἰδέναι; ἢ οὔ;

ΑΛ. Πῶς γὰρ οὔ; b

ΚΩ. Οὐκοῦν τοὺς εἰδότας ὁμολογεῖν τε ἀλλήλοις καὶ μὴ διαφέρεσθαι;

ΑΛ. Ναί.

ΣΩ. Ἐν οἷς δ' ἂν διαφέρωνται, ταῦτα φήσεις εἰδέναι αὐτούς;

ΑΛ. Οὐ δῆτα.

ΣΩ. Τούτων οὖν διδάσκαλοι πῶς ἂν εἶεν;

ΑΛ. Οὐδαμῶς.

ΣΩ. Τί οὖν; δοκοῦσί σοι διαφέρεσθαι οἱ πολλοὶ ποῖόν ἐστι λίθος ἢ ξύλον: κἄν τινα ἐρωτᾷς, ἆρ' οὐ τὰ αὐτὰ ὁμολογοῦσιν καὶ ἐπὶ ταὐτὰ ὁρμῶσιν ὅταν βούλωνται λαβεῖν λίθον c
ἢ ξύλον; ὡσαύτως καὶ πάνθ' ὅσα τοιαῦτα· σχεδὸν γάρ τι μανθάνω τὸ ἑλληνίζειν ἐπίστασθαι ὅτι τοῦτο λέγεις· ἢ οὔ;

ΑΛ. Ναί.

ΣΩ. Οὐκοῦν εἰς μὲν ταῦθ', ὥσπερ εἴπομεν, ἀλλήλοις τε ὁμολογοῦσι καὶ αὐτοὶ ἑαυτοῖς ἰδίᾳ, καὶ δημοσίᾳ αἱ πόλεις πρὸς ἀλλήλας οὐκ ἀμφισβητοῦσιν αἱ μὲν ταῦθ', αἱ δ' ἄλλα φάσκουσαι;

ΑΛ. Οὐ γάρ.

ΣΩ. Εἰκότως ἂν ἄρα τούτων γε καὶ διδάσκαλοι εἶεν d
ἀγαθοί.

ΑΛ. Ναί.

ΣΩ. Οὐκοῦν εἰ μὲν βουλοίμεθα ποιῆσαί τινα περὶ αὐτῶν

nennen wüßte, sondern es auf die nämlichen bringe, von denen du sagst, daß sie nicht sonderliche Lehrer wären.

SOKRATES: Aber, mein Bester, hierin sind die Leute wohl gute Lehrer und man kann mit Recht ihre Lehre rühmen.

ALKIBIADES: Wie so?

SOKRATES: Weil sie hievon haben, was gute Lehrer haben müssen.

ALKIBIADES: Was meinst du damit?

SOKRATES: Weißt du nicht, daß die irgend etwas lehren sollen, es zuerst selbst wissen müssen? Oder nicht?

ALKIBIADES: Wie sollten sie nicht? b

SOKRATES: Und daß sie etwas wissen, darüber einig sind unter einander und nicht im Streit?

ALKIBIADES: Ja.

SOKRATES: Worüber sie aber uneinig sind, wirst du sagen, daß sie das wissen?

ALKIBIADES: Wohl nicht.

SOKRATES: Darin nun, wie sollten sie wohl Lehrer sein können?

ALKIBIADES: Gar auf keine Weise.

SOKRATES: Wie nun? scheinen dir die Leute darüber uneins zu sein, was Stein ist und was Holz? Und wenn du einen fragst, werden sie nicht alle in demselben zusammentreffen
und nach demselben greifen, wenn sie einen Stein oder ein c
Holz nehmen wollen? und so mit allen dergleichen Dingen? Denn ich merke, daß du dies ohngefähr meinst, wenn du sagst, sie verstehen hellenisch zu reden. Oder nicht?

ALKIBIADES: Allerdings.

SOKRATES: Und nicht wahr, hierüber, wie wir sagten, sind sie unter einander einig und jeder mit sich einzeln, und auch insgemein die Staaten haben keinen Streit mit einander, daß der eine dies annähme und der andere jenes?

ALKIBIADES: Freilich nicht.

SOKRATES: Natürlich also können sie darin auch gute d
Lehrer sein.

ALKIBIADES: Ja.

SOKRATES: Also wenn wir machen wollten, daß einer

εἰδέναι, ὀρθῶς ἂν αὐτὸν πέμποιμεν εἰς διδασκαλίαν τούτων τῶν πολλῶν ;

ΑΛ. Πάνυ γε.

ΣΩ. Τί δ' ; εἰ βουληθεῖμεν εἰδέναι μὴ μόνον ποῖοι ἄνθρωποί εἰσιν ἢ ποῖοι ἵπποι, ἀλλὰ καὶ τίνες αὐτῶν δρομικοί τε καὶ μή, ἆρ' ἔτι οἱ πολλοὶ τοῦτο ἱκανοὶ διδάξαι ;

ΑΛ. Οὐ δῆτα.

ΣΩ. Ἱκανὸν δέ σοι τεκμήριον ὅτι οὐκ ἐπίστανται οὐδὲ
κρήγυοι διδάσκαλοί εἰσιν τούτων, ἐπειδὴ οὐδὲν ὁμολογοῦσιν e
ἑαυτοῖς περὶ αὐτῶν ;

ΑΛ. Ἔμοιγε.

ΣΩ. Τί δ' ; εἰ βουληθεῖμεν εἰδέναι μὴ μόνον ποῖοι ἄνθρωποί εἰσιν, ἀλλ' ὁποῖοι ὑγιεινοὶ ἢ νοσώδεις, ἆρ' ἱκανοὶ ἂν ἡμῖν ἦσαν διδάσκαλοι οἱ πολλοί ;

ΑΛ. Οὐ δῆτα.

ΣΩ. Ἦν δ' ἄν σοι τεκμήριον ὅτι μοχθηροί εἰσι τούτων διδάσκαλοι, εἰ ἑώρας αὐτοὺς διαφερομένους ;

ΑΛ. Ἔμοιγε.

ΣΩ. Τί δὲ δὴ νῦν ; περὶ τῶν δικαίων καὶ ἀδίκων ἀνθρώπων
καὶ πραγμάτων οἱ πολλοὶ δοκοῦσί σοι ὁμολογεῖν αὐτοὶ 112
ἑαυτοῖς ἢ ἀλλήλοις ;

ΑΛ. Ἥκιστα νὴ Δί', ὦ Σώκρατες.

ΣΩ. Τί δέ ; μάλιστα περὶ αὐτῶν διαφέρεσθαι ;

ΑΛ. Πολύ γε.

ΣΩ. Οὔκουν οἴομαί γε πώποτέ σε ἰδεῖν οὐδ' ἀκοῦσαι σφόδρα οὕτω διαφερομένους ἀνθρώπους περὶ ὑγιεινῶν καὶ μή, ὥστε διὰ ταῦτα μάχεσθαι τε καὶ ἀποκτεινύναι ἀλλήλους.

ΑΛ. Οὐ δῆτα.

ΣΩ. Ἀλλὰ περὶ τῶν δικαίων καὶ ἀδίκων ἔγωγ' οἶδ' ὅτι, b
καὶ εἰ μὴ ἑώρακας, ἀκήκοας γοῦν ἄλλων τε πολλῶν καὶ
Ὁμήρου· καὶ Ὀδυσσείας γὰρ καὶ Ἰλιάδος ἀκήκοας.

dies wüßte, so täten wir recht ihn bei diesen in die Lehre zu schicken, bei den Leuten?

ALKIBIADES: Ganz gewiß.

SOKRATES: Wie aber wenn wir wollten, er sollte nicht nur wissen was Menschen sind und was Pferde, sondern auch welche unter ihnen rechte Läufer sind und welche nicht, sind noch die Leute tauglich dieses zu lehren?

ALKIBIADES: Wohl nicht.

SOKRATES: Und ist dir das Beweis genug, daß sie es nicht verstehn und keine tüchtigen Lehrer darin sind, daß sie gar e
nicht unter sich einig sind darüber?

ALKIBIADES: Mir genug.

SOKRATES: Und wenn wir wollten, einer solle nicht nur wissen was Menschen sind, sondern auch was gesunde und was kränkliche, wären uns auch dann die Leute tüchtige Lehrer?

ALKIBIADES: Wohl nicht.

SOKRATES: Und wäre es dir ein hinreichender Beweis, daß sie nur schlechte Lehrer wären, wenn du sie unter einander uneins sähest?

ALKIBIADES: Mir ja.

SOKRATES: Und wie denn? was gerechte Menschen und Handlungen sind, dünken dich darüber die Leute überein- 112a
zustimmen jeder mit sich selbst und alle untereinander?

ALKIBIADES: Nichts weniger als das, beim Zeus, o Sokrates!

SOKRATES: Sondern wie? über die Maßen uneinig zu sein hierüber?

ALKIBIADES: Gar sehr.

SOKRATES: Wenigstens glaube ich nicht, daß du jemals über das, was gesund oder nicht, Menschen so uneinig wirst gesehen oder gehört haben, daß sie deshalb mit einander kämpften oder sich umbrachten.

ALKIBIADES: Freilich nicht.

SOKRATES: Wohl aber wegen Recht und Unrecht weiß ich gewiß, daß wenn du es auch nicht selbst gesehn, du es b
wenigstens von vielen Andern gehört hast und auch vom Homeros. Denn die Odysseia und Ilias hast du doch gehört?

ΑΛ. Πάντως δήπου, ὦ Σώκρατες.

ΣΩ. Οὐκοῦν ταῦτα ποιήματά ἐστι περὶ διαφορᾶς δικαίων τε καὶ ἀδίκων;

ΑΛ. Ναί.

ΣΩ. Καὶ αἱ μάχαι γε καὶ οἱ θάνατοι διὰ ταύτην τὴν
διαφορὰν τοῖς τε Ἀχαιοῖς καὶ τοῖς ἄλλοις Τρωσὶν ἐγένοντο,
καὶ τοῖς μνηστῆρσι τοῖς τῆς Πηνελόπης καὶ τῷ Ὀδυσσεῖ. c

ΑΛ. Ἀληθῆ λέγεις.

ΣΩ. Οἶμαι δέ, καὶ τοῖς ἐν Τανάγρᾳ Ἀθηναίων τε καὶ Λακεδαιμονίων καὶ Βοιωτῶν ἀποθανοῦσι καὶ τοῖς ὕστερον ἐν Κορωνείᾳ, ἐν οἷς καὶ ὁ σὸς πατὴρ Κλεινίας ἐτελεύτησεν, οὐδὲ περὶ ἑνὸς ἄλλου ἡ διαφορὰ ἢ περὶ τοῦ δικαίου καὶ ἀδίκου τοὺς θανάτους καὶ τὰς μάχας πεποίηκεν· ἦ γάρ;

ΑΛ. Ἀληθῆ λέγεις.

ΣΩ. Τούτους οὖν φῶμεν ἐπίστασθαι περὶ ὧν οὕτως d
σφόδρα διαφέρονται ὥστε ἀμφισβητοῦντες ἀλλήλοις τὰ
ἔσχατα σφᾶς αὐτοὺς ἐργάζονται;

ΑΛ. Οὐ φαίνεταί γε.

ΣΩ. Οὐκοῦν εἰς τοὺς τοιούτους διδασκάλους ἀναφέρεις οὓς ὁμολογεῖς αὐτὸς μὴ εἰδέναι;

ΑΛ. Ἔοικα.

ΣΩ. Πῶς οὖν εἰκός σε εἰδέναι τὰ δίκαια καὶ τὰ ἄδικα, περὶ ὧν οὕτω πλανᾷ καὶ οὔτε μαθὼν φαίνῃ παρ' οὐδενὸς οὔτ' αὐτὸς ἐξευρών;

ΑΛ. Ἐκ μὲν ὧν σὺ λέγεις οὐκ εἰκός.

ΣΩ. Ὁρᾷς αὖ τοῦθ' ὡς οὐ καλῶς εἶπες, ὦ Ἀλκιβιάδη; e

ΑΛ. Τὸ ποῖον;

ΣΩ. Ὅτι ἐμὲ φῄς ταῦτα λέγειν.

ΑΛ. Τί δέ; οὐ σὺ λέγεις ὡς ἐγὼ οὐδὲν ἐπίσταμαι περὶ τῶν δικαίων καὶ ἀδίκων;

ΣΩ. Οὐ μέντοι.

ΑΛ. Ἀλλ' ἐγώ;

ALKIBIADES: Das versteht sich ja wohl, o Sokrates.

SOKRATES: Und nicht wahr, diese Gedichte handeln ganz und gar von einem Streit über Recht und Unrecht?

ALKIBIADES: Ja.

SOKRATES: Und Gefechte und Tod entstanden aus diesem Zwist den Achaiern und Troern, und den Freiern der Penelope und dem Odysseus. c

ALKIBIADES: Du hast Recht.

SOKRATES: Ich glaube auch den Athenern, Lakedaimoniern und Böotiern, die bei Tanagra blieben und hernach bei Koroneia, wo auch dein Vater Kleinias endete, hat kein anderer Streit Krieg und Tod gebracht als über Recht und Unrecht. Nicht wahr?

ALKIBIADES: Du hast Recht.

SOKRATES: Sollen wir nun sagen, daß diese dasjenige d wissen, worüber sie sich so heftig streiten, daß sie im Zwist darüber sich unter einander das äußerste antun?

ALKIBIADES: Das sieht wohl nicht so aus.

SOKRATES: Und auf solche Lehrer berufst du dich doch, von denen du selbst eingestehst, daß sie nicht wissen?

ALKIBIADES: Das scheine ich.

2.1.5. Was gerecht und ungerecht ist, weiß Alkibiades nicht

SOKRATES: Wie soll man nun glauben, daß du dich auf Recht und Unrecht verstehst, worüber du so schwankst, und es offenbar weder von jemanden gelernt, noch es selbst erfunden hast?

ALKIBIADES: Nachdem, was du sagst, sollte man es nicht glauben.

SOKRATES: Siehst du, wie du auch dies wieder gar nicht e richtig gesprochen hast, o Alkibiades?

ALKIBIADES: Was denn?

SOKRATES: Daß du behauptest, ich sage dies.

ALKIBIADES: Wie doch? Bist du es etwa nicht der behauptet, daß ich nichts verstehe von Recht und Unrecht?

SOKRATES: Gar nicht.

ALKIBIADES: Sondern ich etwa?

SOKRATES: Ja.

ΣΩ. Ναί.

ΑΛ. Πῶς δή;

ΣΩ. Ὧδε εἴσῃ· ἐάν σε ἔρωμαι τὸ ἓν καὶ τὰ δύο πότερα πλείω ἐστίν, φήσεις ὅτι τὰ δύο;

ΑΛ. Ἔγωγε.

ΣΩ. Πόσῳ;

ΑΛ. Ἑνί.

ΣΩ. Πότερος οὖν ἡμῶν ὁ λέγων ὅτι τὰ δύο τοῦ ἑνὸς ἑνὶ πλείω;

ΑΛ. Ἐγώ.

ΣΩ. Οὐκοῦν ἐγὼ μὲν ἠρώτων, σὺ δ' ἀπεκρίνου;

ΑΛ. Ναί.

ΣΩ. Περὶ δὴ τούτων μῶν ἐγὼ φαίνομαι λέγων ὁ ἐρωτῶν, 113
ἢ σὺ ὁ ἀποκρινόμενος;

ΑΛ. Ἐγώ.

ΣΩ. Τί δ' ἂν ἐγὼ μὲν ἔρωμαι ποῖα γράμματα Σωκράτους, σὺ δ' εἴπῃς, πότερος ὁ λέγων;

ΑΛ. Ἐγώ.

ΣΩ. Ἴθι δή, ἑνὶ λόγῳ εἰπέ· ὅταν ἐρώτησίς τε καὶ ἀπόκρισις γίγνηται, πότερος ὁ λέγων, ὁ ἐρωτῶν ἢ ὁ ἀποκρινόμενος;

ΑΛ. Ὁ ἀποκρινόμενος, ἔμοιγε δοκεῖ, ὦ Σώκρατες.

ΣΩ. Οὐκοῦν ἄρτι διὰ παντὸς τοῦ λόγου ἐγὼ μὲν ἦ ὁ b
ἐρωτῶν;

ΑΛ. Ναί.

ΣΩ. Σὺ δ' ὁ ἀποκρινόμενος;

ΑΛ. Πάνυ γε.

ΣΩ. Τί οὖν; τὰ λεχθέντα πότερος ἡμῶν εἴρηκεν;

ΑΛ. Φαίνομαι μέν, ὦ Σώκρατες, ἐκ τῶν ὡμολογημένων ἐγώ.

ΣΩ. Οὐκοῦν ἐλέχθη περὶ δικαίων καὶ ἀδίκων ὅτι Ἀλκιβιάδης ὁ καλὸς ὁ Κλεινίου οὐκ ἐπίσταιτο, οἴοιτο δέ, καὶ

ALKIBIADES: Woher aber?

SOKRATES: Das wirst du so sehen. Wenn ich dich frage, Eins und Zwei, welches von beiden ist mehr; so wirst du doch sagen Zwei?

ALKIBIADES: Gewiß.

SOKRATES: Um wieviel?

ALKIBIADES: Um Eins.

SOKRATES: Welcher von uns beiden ist nun der behauptende, daß Zwei um Eins mehr ist als Eins?

ALKIBIADES: Ich.

SOKRATES: Und nicht wahr ich fragte und du antwortetest?

ALKIBIADES: Ja.

SOKRATES: Hierüber also, scheine ich der fragende es zu 113a
sein, der etwas sagt, oder du der antwortende?

ALKIBIADES: Ich.

SOKRATES: Und wie wenn ich frage, was für Buchstaben hat Sokrates, und du sagst es, wer ist der behauptende?

ALKIBIADES: Ich.

SOKRATES: Wohlan so sage es auf einmal. Wo Frage und Antwort gewechselt wird, wer behauptet, der Fragende oder der Antwortende?

ALKIBIADES: Der Antwortende, dünkt mich, o Sokrates.

SOKRATES: Und eben war ich doch durchweg der Fra- b
gende?

ALKIBIADES: Ja.

SOKRATES: Und du der Antwortende?

ALKIBIADES: Freilich.

SOKRATES: Was also behauptet worden ist, wer hat es ausgesprochen?

ALKIBIADES: Offenbar wohl, o Sokrates, nachdem was wir eingestanden haben, ich.

SOKRATES: Und es ist behauptet worden, daß über Recht und Unrecht der schöne Alkibiades der Sohn des Kleinias nichts verstehe, glaube es aber, und wolle in die Versammlung gehn um den Athenern Rat zu geben über das, wovon er nichts weiß. War es nicht so?

ALKIBIADES: Offenbar. c

μέλλοι εἰς ἐκκλησίαν ἐλθὼν συμβουλεύσειν Ἀθηναίοις περὶ ὧν οὐδὲν οἶδεν ; οὐ ταῦτ' ἦν ;

ΑΛ. Φαίνεται. c

ΣΩ. Τὸ τοῦ Εὐριπίδου ἄρα συμβαίνει, ὦ Ἀλκιβιάδη· σοῦ τάδε κινδυνεύεις, ἀλλ' οὐκ ἐμοῦ ἀκηκοέναι, οὐδ' ἐγώ εἰμι ὁ ταῦτα λέγων, ἀλλὰ σύ, ἐμὲ δὲ αἰτιᾷ μάτην· καὶ μέντοι καὶ εὖ λέγεις· μανικὸν γὰρ ἐν νῷ ἔχεις ἐπιχείρημα ἐπιχειρεῖν, ὦ βέλτιστε, διδάσκειν ἃ οὐκ οἶσθα, ἀμελήσας μανθάνειν.

ΑΛ. Οἶμαι μέν, ὦ Σώκρατες, ὀλιγάκις Ἀθηναίους βουλεύεσθαι καὶ τοὺς ἄλλους Ἕλληνας πότερα δικαιότερα ἢ ἀδικώτερα· τὰ μὲν γὰρ τοιαῦτα ἡγοῦνται δῆλα εἶναι· ἐάσαντες οὖν περὶ αὐτῶν σκοποῦσιν ὁπότερα συνοίσει πράξασιν. Οὐ γὰρ ταὐτά, οἶμαι, ἐστὶν τά τε δίκαια καὶ τὰ συμφέροντα, ἀλλὰ πολλοῖς δὴ ἐλυσιτέλησεν ἀδικήσασι μεγάλα ἀδικήματα, καὶ ἑτέροις γε, οἶμαι, δίκαια ἐργασαμένοις οὐ συνήνεγκεν. d

ΣΩ. Τί οὖν ; εἰ ὅ τι μάλιστα ἕτερα μὲν τὰ δίκαια τυγχάνει ὄντα, ἕτερα δὲ τὰ συμφέροντα, οὔ τί που αὖ σὺ οἴει ταῦτ' εἰδέναι ἃ συμφέρει τοῖς ἀνθρώποις καὶ δι' ὅ τι ; e

ΑΛ. Τί γὰρ κωλύει, ὦ Σώκρατες ; εἰ μή μ' αὖ ἐρήσῃ παρ' ὅτου ἔμαθον ἢ ὅπως αὐτὸς ηὗρον.

ΣΩ. Οἷον τοῦτο ποιεῖς· εἴ τι μὴ ὀρθῶς λέγεις, τυγχάνει δὲ δυνατὸν ὂν ἀποδεῖξαι δι' οὗπερ καὶ τὸ πρότερον λόγου, οἴει δὴ καινὰ ἄττα δεῖν ἀκούειν ἀποδείξεις τε ἑτέρας, ὡς τῶν προτέρων οἷον σκευαρίων κατατετριμμένων, καὶ οὐκέτ' ἂν σὺ αὐτὰ ἀμπίσχοιο, εἰ μή τίς σοι τεκμήριον καθαρὸν καὶ ἄχραντον οἴσει ; ἐγὼ δὲ χαίρειν ἐάσας τὰς σὰς προδρομὰς 114 τοῦ λόγου οὐδὲν ἧττον ἐρήσομαι πόθεν μαθὼν αὖ τὰ συμφέροντ' ἐπίστασαι καὶ ὅστις ἐστὶν ὁ διδάσκαλος καὶ πάντ'

SOKRATES: Es kommt also das vom Euripides heraus, o Alkibiades, von dir magst du das wohl, nicht von mir gehört haben, und ich bin es nicht der dies behauptet, sondern du; mich aber beschuldigst du fälschlich.

ALKIBIADES: Und doch ist es ganz richtig.

SOKRATES: Nämlich ein törichtes Unternehmen hast du im Sinn, o Bester, lehren zu wollen was du nicht weißt, nachdem du verabsäumt es zu lernen.

2.2. Die Identität des Gerechten und Nützlichen

2.2.1. Alkibiades' These, daß das Gerechte häufig nicht nützlich sei

ALKIBIADES: Ich denke aber, o Sokrates, die Athener d mögen wohl gar selten darüber beratschlagen, und so auch die andern Hellenen, was gerechter sei oder ungerechter. Denn das, denken sie, sieht jedermann. Sie lassen es also und überlegen nur, welches von zweien ihnen vorteilhaft sein wird, wenn sie es tun. Denn das ist, glaube ich, nicht einerlei, das gerechte und das vorteilhafte; sondern Vielen hat es schon Nutzen gebracht, daß sie große Ungerechtigkeiten begangen haben, und Andern, glaube ich, die recht gehandelt, hat das nicht gevorteilt.

SOKRATES: Wie also? wenn das gerechte wirklich so sehr etwas anderes ist, und das vorteilhafte wieder etwas anderes: e meinst du nicht wiederum das zu verstehen, was den Menschen vorteilhaft ist und warum?

ALKIBIADES: Was hindert es, o Sokrates? wenn du mich nur nicht wieder fragen willst, von wem ich es gelernt oder wie ich es selbst gefunden habe.

SOKRATES: Was du nun anstellst! Wenn du etwas unrichtig behauptest, und es ist möglich dir dies auf dieselbe Art nachzuweisen wie schon in einem früheren Fall, glaubst du dennoch, daß du etwas neues hören mußt und andere Beweise, als ob die vorigen wie Kleider abgetragen wären, und du sie nicht mehr umnehmen wolltest, sondern es müßte dir einer einen ganz neuen noch unberührten Beweis bringen? 114a Ich will mich aber an deine Vorklage nicht kehren, sondern dich nichts desto weniger fragen, woher du nun wieder das vorteilhafte gelernt hast daß du es nun verstehst, und wer

ἐκεῖνα τὰ πρότερον ἐρωτῶ μιᾷ ἐρωτήσει... Ἀλλὰ γὰρ δῆλον ὡς εἰς ταὐτὸν ἥξεις καὶ οὐχ ἕξεις ἀποδεῖξαι οὔθ' ὡς ἐξευρὼν οἶσθα τὰ συμφέροντα οὔθ' ὡς μαθών. Ἐπειδὴ δὲ τρυφᾷς καὶ οὐκέτ' ἂν ἡδέως τοῦ αὐτοῦ γεύσαιο λόγου, τοῦτον μὲν ἐῶ χαίρειν εἴτ' οἶσθα εἴτε μὴ τὰ Ἀθηναίοις συμφέροντα· πότερον δὲ ταὐτά ἐστι δίκαιά τε καὶ συμφέροντ' ἢ ἕτερα, τί οὐκ ἀπέδειξας, εἰ μὲν βούλει, ἐρωτῶν με ὥσπερ ἐγὼ σέ, εἰ δέ, καὶ αὐτὸς ἐπὶ σεαυτοῦ λόγῳ διέξελθε. b

ΑΛ. Ἀλλ' οὐκ οἶδα εἰ οἷός τ' ἂν εἴην, ὦ Σώκρατες, πρὸς σὲ διελθεῖν.

ΣΩ. Ἀλλ', ὠγαθέ, ἐμὲ ἐκκλησίαν νόμισον καὶ δῆμον· καὶ ἐκεῖ τοί σε δεήσει ἕνα ἕκαστον πείθειν· ἦ γάρ;

ΑΛ. Ναί.

ΣΩ. Οὐκοῦν τοῦ αὐτοῦ ἕνα τε οἷόν τε εἶναι κατὰ μόνας c
πείθειν καὶ συμπόλλους περὶ ὧν ἂν εἰδῇ, ὥσπερ ὁ γραμματιστὴς ἕνα τέ που πείθει περὶ γραμμάτων καὶ πολλούς;

ΑΛ. Ναί.

ΣΩ. Ἆρ' οὖν οὐ καὶ περὶ ἀριθμοῦ ὁ αὐτὸς ἕνα τε καὶ πολλοὺς πείσει;

ΑΛ. Ναί.

ΣΩ. Οὗτος δ' ἔσται ὁ εἰδώς, ὁ ἀριθμητικός;

ΑΛ. Πάνυ γε.

ΣΩ. Οὐκοῦν σὺ ἅπερ καὶ πολλοὺς οἷός τε πείθειν εἶ, ταῦτα καὶ ἕνα;

ΑΛ. Εἰκός γε;

ΣΩ. Ἔστι δὲ ταῦτα δῆλον ὅτι ἃ οἶσθα.

ΑΛ. Ναί.

ΣΩ. Ἄλλο τι οὖν τοσοῦτον μόνον διαφέρει τοῦ ἐν τῷ δήμῳ ῥήτορος ὁ ἐν τῇ τοιᾷδε συνουσίᾳ, ὅτι ὁ μὲν ἀθρόους d
πείθει τὰ αὐτά, ὁ δὲ καθ' ἕνα;

ΑΛ. Κινδυνεύει.

dein Lehrer gewesen ist, und alles jenes vorige frage ich dich mit Einer Frage. Aber offenbar wirst du wieder auf dasselbige kommen, und wirst nicht aufzeigen können, weder daß du durch Selbstfinden das Vorteilhafte weißt noch durch Erlernung. Aber weil du vornehm tust und nicht gern dieselbe Rede noch einmal kosten möchtest: so lasse ich das gut sein, ob du weißt oder nicht, was den Athenern vorteilhaft b
ist; ob aber das gerechte und das vorteilhafte einerlei ist oder verschieden, warum zeigst du mir das nicht, entweder wenn du willst indem du mich fragst wie ich dich, oder wenn nicht, so führe es auch in eigner Rede durch.

ALKIBIADES: Ich weiß aber nicht, ob ich im Stande sein werde, o Sokrates, es vor dir durchzuführen.

SOKRATES: Stelle dir doch nur vor, du Guter, ich wäre die Versammlung und das Volk. Dort wirst du ja auch müssen jeden einzelnen überzeugen. Nicht wahr?

ALKIBIADES: Ja.

SOKRATES: Und es ist ja wohl die Sache desselbigen, Einen einzeln überzeugen zu können und Viele zugleich von c
dem was er weiß, wie der Sprachlehrer ja wohl Einen überzeugt in Sachen der Sprache und Viele?

ALKIBIADES: Ja wohl.

SOKRATES: Nicht auch von dem, was die Zahlen betrifft, wird derselbige Einen überzeugen können und auch Viele?

ALKIBIADES: Ja.

SOKRATES: Dieser ist aber der, der es versteht, der Rechenkünstler?

ALKIBIADES: Freilich.

SOKRATES: Also nicht auch du, wovon du Viele zu überzeugen im Stande bist, davon auch Einen?

ALKIBIADES: Wahrscheinlich wohl.

SOKRATES: Und das ist doch das was du weißt?

ALKIBIADES: Ja.

SOKRATES: Und ist nun nicht der Redner im Volke nur in so weit von dem in einem solchen Zusammensein ver- d
schieden, daß der eine Viele auf einmal von demselben überzeugt, der andere einzeln?

ALKIBIADES: So scheint es.

ΣΩ. Ἴθι νυν, ἐπειδὴ τοῦ αὐτοῦ φαίνεται πολλούς τε καὶ ἕνα πείθειν, ἐν ἐμοὶ ἐμμελέτησον καὶ ἐπιχείρησον ἐπιδεῖξαι ὡς τὸ δίκαιον ἐνίοτε οὐ συμφέρει.

ΑΛ. Ὑβριστὴς εἶ, ὦ Σώκρατες.

ΣΩ. Νῦν γοῦν ὑφ' ὕβρεως μέλλω σε πείθειν τἀναντία οἷς σὺ ἐμὲ οὐκ ἐθέλεις.

ΑΛ. Λέγε δή.

ΣΩ. Ἀποκρίνου μόνον τὰ ἐρωτώμενα.

ΑΛ. Μή, ἀλλὰ σὺ αὐτὸς λέγε. e

ΣΩ. Τί δ'; οὐχ ὅ τι μάλιστα βούλει πεισθῆναι;

ΑΛ. Πάντως δήπου.

ΣΩ. Οὐκοῦν εἰ λέγεις ὅτι ταῦθ' οὕτως ἔχει, μάλιστ' ἂν εἴης πεπεισμένος;

ΑΛ. Ἔμοιγε δοκεῖ.

ΣΩ. Ἀποκρίνου δή· καὶ ἐὰν μὴ αὐτὸς σὺ σαυτοῦ ἀκούσῃς ὅτι τὰ δίκαια συμφέροντ' ἐστίν, ἄλλῳ γε λέγοντι μὴ πιστεύσῃς.

ΑΛ. Οὔτοι, ἀλλ' ἀποκριτέον· καὶ γὰρ οὐδὲν οἶομαι βλαβήσεσθαι.

ΣΩ. Μαντικὸς γὰρ εἶ· καί μοι λέγε· τῶν δικαίων φῂς 115
ἔνια μὲν συμφέρειν, ἔνια δ' οὔ;

ΑΛ. Ναί.

ΣΩ. Τί δέ; τὰ μὲν καλὰ αὐτῶν εἶναι, τὰ δ' οὔ;

ΑΛ. Πῶς τοῦτο ἐρωτᾷς;

ΣΩ. Εἴ τις ἤδη σοι ἔδοξεν αἰσχρὰ μέν, δίκαια δὲ πράττειν;

ΑΛ. Οὐκ ἔμοιγε.

ΣΩ. Ἀλλὰ πάντα τὰ δίκαια καὶ καλά.

ΑΛ. Ναί.

ΣΩ. Τί δ' αὖ τὰ καλά; πότερον πάντα ἀγαθά, ἢ τὰ μέν, τὰ δ' οὔ;

ΑΛ. Οἶμαι ἔγωγε, ὦ Σώκρατες, ἔνια τῶν καλῶν κακὰ εἶναι.

SOKRATES: So komm also! wenn es doch für denselben gehört Einen zu überzeugen und Viele, so übe dich an mir, und versuche mir zu zeigen, daß das Gerechte bisweilen nicht nützlich ist!

ALKIBIADES: Du treibst Übermut, o Sokrates.

2.2.2. Sokrates' Gegenbeweis, daß das Gerechte, Schöne, Gute und Nützliche dasselbe sind

SOKRATES: So will ich denn itzt wenigstens aus Übermut dich von dem Gegenteil dessen überzeugen, wovon du mich willst.

ALKIBIADES: Sprich denn.

SOKRATES: Antworte nur was ich dich fragen werde.

ALKIBIADES: Nein! sondern sprich du allein. e

SOKRATES: Wie doch? willst du denn nicht so sehr als nur möglich überzeugt werden?

ALKIBIADES: Allerdings will ich das.

SOKRATES: Und nicht wahr, wenn du selbst behauptest, daß sich etwas so verhält, dann bist du aufs beste überzeugt?

ALKIBIADES: Das dünkt mich wenigstens.

SOKRATES: So antworte denn. Und wenn du es nicht von dir selbst hörst, daß das Gerechte zugleich vorteilhaft ist, so glaube es nicht wenn es ein Anderer sagt.

ALKIBIADES: Freilich nicht; und so will ich denn antworten; denn ich denke ja auch ich werde keinen Schaden davon haben.

SOKRATES: Du bist eben wahrsagerisch. Sage mir also, 115a
du behauptest einiges gerechte vorteile, anderes nicht?

ALKIBIADES: Ja.

SOKRATES: Und wie? auch daß einiges davon schön sei und anderes nicht?

ALKIBIADES: Wie meinst du das?

SOKRATES: Ob dich schon jemand gedünkt hat schändlich zu handeln, zugleich aber gerecht?

ALKIBIADES: Nein, das nicht.

SOKRATES: Sondern alles Gerechte ist auch schön?

ALKIBIADES: Ja.

SOKRATES: Wie nun das Schöne? ist es alles gut, oder einiges wohl, anderes aber nicht?

ΣΩ. Ἦ καὶ αἰσχρὰ ἀγαθά;

ΑΛ. Ναί. b

ΣΩ. Ἆρα λέγεις τὰ τοιάδε, οἷον πολλοὶ ἐν πολέμῳ βοηθήσαντες ἑταίρῳ ἢ οἰκείῳ τραύματα ἔλαβον καὶ ἀπέθανον, οἱ δ' οὐ βοηθήσαντες, δέον, ὑγιεῖς ἀπῆλθον;

ΑΛ. Πάνυ μὲν οὖν.

ΣΩ. Οὐκοῦν τὴν τοιαύτην βοήθειαν καλὴν μὲν λέγεις κατὰ τὴν ἐπιχείρησιν τοῦ σῶσαι οὓς ἔδει· τοῦτο δ' ἐστὶν ἀνδρεία· ἢ οὔ;

ΑΛ. Ναί.

ΣΩ. Κακὴν δέ γε κατὰ τοὺς θανάτους τε καὶ τὰ ἕλκη· ἢ γάρ;

ΑΛ. Ναί.

ΣΩ. Ἆρ' οὖν οὐκ ἄλλο μὲν ἡ ἀνδρεία, ἄλλο δὲ ὁ θάνατος; c

ΑΛ. Πάνυ γε.

ΣΩ. Οὐκ ἄρα κατὰ ταὐτόν γ' ἐστὶ καλὸν καὶ κακὸν τὸ τοῖς φίλοις βοηθεῖν;

ΑΛ. Οὐ φαίνεται.

ΣΩ. Ὅρα τοίνυν εἰ, ᾗ γε καλόν, καὶ ἀγαθόν, ὥσπερ καὶ ἐνταῦθα· κατὰ τὴν ἀνδρείαν γὰρ ὡμολόγεις καλὸν εἶναι τὴν βοήθειαν· τοῦτ' οὖν αὐτὸ σκόπει, τὴν ἀνδρείαν, ἀγαθὸν ἢ κακόν; ὧδε δὲ σκόπει· σὺ πότερ' ἂν δέξαιό σοι εἶναι, ἀγαθὰ ἢ κακά;

ΑΛ. Ἀγαθά.

ΣΩ. Οὐκοῦν τὰ μέγιστα μάλιστα. d

<ΑΛ. Ναί.>

ΣΩ. Καὶ ἥκιστα τῶν τοιούτων δέξαι' ἂν στέρεσθαι;

ΑΛ. Πῶς γὰρ οὔ;

ΣΩ. Πῶς οὖν λέγεις περὶ ἀνδρείας; ἐπὶ πόσῳ ἂν αὐτοῦ δέξαιο στέρεσθαι;

ΑΛ. Οὐδὲ ζῆν ἂν ἐγὼ δεξαίμην δειλὸς ὤν.

ALKIBIADES: Ich wenigstens meine, einiges schöne sei wohl übel.

SOKRATES: Etwa auch schändliches gut?

ALKIBIADES: Ja. b

SOKRATES: Meinst du etwa solches, wie daß schon Viele im Kriege, indem sie einem Freunde oder Angehörigen Hülfe leisteten, Wunden davon getragen haben oder gestorben sind, Andere aber, die nicht halfen, obschon sie es gesollt hätten, gesund sind davon gekommen?

ALKIBIADES: Allerdings eben das.

SOKRATES: Und nicht wahr, eine solche Hülfsleistung nennst du zwar schön in Beziehung auf das Bestreben diejenigen zu retten, welche man sollte, und das ist Tapferkeit; oder nicht?

ALKIBIADES: Ja.

SOKRATES: Übel aber nennst du sie in Beziehung auf den Tod und die Wunden. Nicht wahr?

ALKIBIADES: Ja.

SOKRATES: Ist nun nicht etwas anderes die Tapferkeit c
und wieder etwas anderes der Tod?

ALKIBIADES: Freilich.

SOKRATES: Nicht also in derselben Beziehung ist es schön und übel den Freunden helfen.

ALKIBIADES: Nein, wie sich zeigt.

SOKRATES: Sieh nun, ob es nicht eben in sofern als schön auch gut ist, wie ja auch hier. Denn in Bezug auf die Tapferkeit, gestehst du, sei die Hülfleistung schön. Nun betrachte eben dieses, die Tapferkeit ob sie gut ist oder übel. Überlege es aber so. Welches von beiden möchtest du wohl haben, gutes oder übles?

ALKIBIADES: Gutes.

SOKRATES: Und zwar das größte am liebsten, und am d
unliebsten möchtest du dir das nehmen lassen?

ALKIBIADES: Wie sollte ich nicht!

SOKRATES: Was meinst du nun von der Tapferkeit, für wieviel möchtest du sie dir wohl nehmen lassen?

ALKIBIADES: Auch nicht leben möchte ich, wenn ich sollte feige sein.

ΣΩ. Ἔσχατον ἄρα κακῶν εἶναί σοι δοκεῖ ἡ δειλία.

ΑΛ. Ἔμοιγε.

ΣΩ. Ἐξ ἴσου τῷ τεθνάναι, ὡς ἔοικε.

ΑΛ. Φημί.

ΣΩ. Οὐκοῦν θανάτῳ τε καὶ δειλίᾳ ἐναντιώτατον ζωὴ καὶ ἀνδρεία;

ΑΛ. Ναί.

ΣΩ. Καὶ τὰ μὲν μάλιστ᾽ ἂν εἶναι βούλοιό σοι, τὰ δὲ ἥκιστα; e

ΑΛ. Ναί.

ΣΩ. Ἆρ᾽ ὅτι τὰ μὲν ἄριστα ἡγῇ, τὰ δὲ κάκιστα;

ΑΛ. Πάνυ γε.

ΣΩ. Ἐν τοῖς ἀρίστοις ἄρα σὺ ἡγῇ ἀνδρείαν εἶναι κἀν τοῖς κακίστοις θάνατον.

ΑΛ. Ἔγωγε.

ΣΩ. Τὸ ἄρα βοηθεῖν ἐν πολέμῳ τοῖς φίλοις, ᾗ μὲν καλόν, κατ᾽ ἀγαθοῦ πρᾶξιν τὴν τῆς ἀνδρείας, καλὸν αὐτὸ προσεῖπας;

ΑΛ. Φαίνομαί γε.

ΣΩ. Κατὰ δὲ κακοῦ πρᾶξιν τὴν τοῦ θανάτου, κακόν;

ΑΛ. Ναί.

ΣΩ. Οὐκοῦν ὧδε δίκαιον προσαγορεύειν ἑκάστην τῶν πράξεων· εἴπερ ᾗ κακὸν ἀπεργάζεται, κακὴν καλεῖς, καὶ ᾗ ἀγαθόν, ἀγαθὴν κλητέον. **116**

ΑΛ. Ἔμοιγε δοκεῖ.

ΣΩ. Ἆρ᾽ οὖν καὶ ᾗ ἀγαθόν, καλόν· ᾗ δὲ κακόν, αἰσχρόν;

ΑΛ. Ναί.

ΣΩ. Τὴν ἄρ᾽ ἐν τῷ πολέμῳ τοῖς φίλοις βοήθειαν λέγων καλὴν μὲν εἶναι, κακὴν δέ, οὐδὲν διαφερόντως λέγεις ἢ εἰ προσεῖπες αὐτὴν ἀγαθὴν μέν, κακὴν δέ.

ΑΛ. Ἀληθῆ μοι δοκεῖς λέγειν, ὦ Σώκρατες.

ΣΩ. Οὐδὲν ἄρα τῶν καλῶν, καθ᾽ ὅσον καλόν, κακόν, οὐδὲ τῶν αἰσχρῶν, καθ᾽ ὅσον αἰσχρόν, ἀγαθόν.

ΑΛ. Οὐ φαίνεται. b

SOKRATES: Das äußerste Übel also dünkt dich die Feigheit?

ALKIBIADES: Ganz gewiß.

SOKRATES: Gleichgeltend dem Sterben, wie sich zeigt?

ALKIBIADES: Das behaupte ich.

SOKRATES: Und dem Tode und der Feigheit ist doch das entgegengesetzteste das Leben und die Tapferkeit?

ALKIBIADES: Ja.

SOKRATES: Und diese beiden wünschest du dir am lieb- e
sten, jene am wenigsten?

ALKIBIADES: Ja.

SOKRATES: Wohl weil du die einen für das beste hältst, die anderen für das übelste?

ALKIBIADES: Freilich wohl.

SOKRATES: Das Helfen also den Freunden im Kriege, sofern es schön ist, nämlich vermöge der Vollbringung des Guten, der Tapferkeit, hast du schön genannt.

ALKIBIADES: Das scheine ich wohl.

SOKRATES: Vermöge der Vollbringung des Üblen aber, des Todes, übel.

ALKIBIADES: Ja.

SOKRATES: Ist es nun nicht recht jegliche Handlung so zu bezeichnen, wenn du sie doch sofern sie übles bewirkt
übel nennst, mußt du sie auch sofern sie gutes bewirkt gut 116a
nennen.

ALKIBIADES: Das dünkt mich wohl.

SOKRATES: Nicht auch sofern gutes schön, sofern aber übles schlecht?

ALKIBIADES: Ja.

SOKRATES: Wenn du also sagest, die den Freunden im Kriege geleistete Hülfe sei schön aber übel, so sagst du nichts anderes als wenn du sie gut nenntest und auch übel.

ALKIBIADES: Du scheinst richtig zu reden, Sokrates.

SOKRATES: Nichts schönes also ist in sofern schön übel, noch schändliches in sofern schändlich gut.

ALKIBIADES: Nein wie sich zeigt. b

SOKRATES: Betrachte es auch noch so. Wer schön lebt, lebt der nicht auch wohl?

ΣΩ. Ἔτι τοίνυν καὶ ὧδε σκέψαι· ὅστις καλῶς πράττει, οὐχὶ καὶ εὖ πράττει;

ΑΛ. Ναί.

ΣΩ. Οἱ δ' εὖ πράττοντες οὐκ εὐδαίμονες;

ΑΛ. Πῶς γὰρ οὔ;

ΣΩ. Οὐκοῦν εὐδαίμονες δι' ἀγαθῶν κτῆσιν;

ΑΛ. Μάλιστα.

ΣΩ. Κτῶνται δὲ ταῦτα τῷ καὶ καλῶς πράττειν;

ΑΛ. Ναί.

ΣΩ. Τὸ εὖ ἄρα πράττειν ἀγαθόν;

ΑΛ. Πῶς δ' οὔ;

ΣΩ. Οὐκοῦν καλὸν ἡ εὐπραγία;

ΑΛ. Ναί.

ΣΩ. Ταὐτὸν ἄρα ἐφάνη ἡμῖν πάλιν αὖ καλόν τε καὶ c ἀγαθόν.

ΑΛ. Φαίνεται.

ΣΩ. Ὅ τι ἂν ἄρα εὕρωμεν καλόν, καὶ ἀγαθὸν εὑρήσομεν ἔκ γε τούτου τοῦ λόγου.

ΑΛ. Ἀνάγκη.

ΣΩ. Τί δέ; τὰ ἀγαθὰ συμφέρει ἢ οὔ;

ΑΛ. Συμφέρει.

ΣΩ. Μνημονεύεις οὖν περὶ τῶν δικαίων πῶς ὡμολογήσαμεν;

ΑΛ. Οἶμαι γε τοὺς τὰ δίκαια πράττοντας ἀναγκαῖον εἶναι καλὰ πράττειν.

ΣΩ. Οὐκοῦν καὶ τοὺς τὰ καλὰ ἀγαθά;

ΑΛ. Ναί.

ΣΩ. Τὰ δὲ ἀγαθὰ συμφέρειν; d

ΑΛ. Ναί.

ΣΩ. Τὰ δίκαια ἄρα, ὦ Ἀλκιβιάδη, συμφέροντά ἐστιν.

ΑΛ. Ἔοικεν.

ΣΩ. Τί οὖν; ταῦτα οὐ σὺ ὁ λέγων, ἐγὼ δὲ ὁ ἐρωτῶν;

ALKIBIADES: Ja.

SOKRATES: Die Wohllebenden aber, sind die nicht glückselig?

ALKIBIADES: Wie sollten sie nicht!

SOKRATES: Und nicht wahr, glückselig durch den Besitz des Guten?

ALKIBIADES: Vornehmlich.

SOKRATES: Dies besitzen sie aber vermöge des Wohl- und Schönlebens?

ALKIBIADES: Ja.

SOKRATES: Wohl zu leben ist also gut?

ALKIBIADES: Wie sollte es nicht!

SOKRATES: Ist nun aber nicht das Wohlleben etwas schönes?

ALKIBIADES: Ja.

SOKRATES: So zeigt sich uns also wiederum als dasselbe c
das Gute und das Schöne?

ALKIBIADES: So zeigt es sich.

SOKRATES: Was wir also schön gefunden haben, das werden wir auch gut finden nach dieser Rede.

ALKIBIADES: Notwendig.

SOKRATES: Und wie! vorteilt das Gute oder nicht?

ALKIBIADES: Es vorteilt.

SOKRATES: Erinnerst du dich auch, was wir über das Gerechte eingestanden haben?

ALKIBIADES: Ich glaube wenigstens, daß alle rechttuenden notwendig auch schönes tun.

SOKRATES: Und die schönes auch gutes?

ALKIBIADES: Ja.

SOKRATES: Das gute aber vorteile? d

ALKIBIADES: Ja.

SOKRATES: Das Gerechte also, o Alkibiades, ist vorteilhaft.

ALKIBIADES: Es scheint ja.

SOKRATES: Wie nun, bist du es der dies behauptet oder ich der fragende?

ALKIBIADES: Ich ja wohl wie es scheint.

SOKRATES: Wenn nun einer aufsteht um zu beratschla-

ΑΛ. Φαίνομαι, ὡς ἔοικα.

ΣΩ. Εἰ οὖν τις ἀνίσταται συμβουλεύσων εἴτε Ἀθηναίοις εἴτε Πεπαρηθίοις, οἰόμενος γιγνώσκειν τὰ δίκαια καὶ τὰ ἄδικα, φήσει δ' εἶναι τὰ δίκαια κακὰ ἐνίοτε, ἄλλο τι ἢ καταγελῴης ἂν αὐτοῦ, ἐπειδήπερ τυγχάνεις καὶ σὺ λέγων ὅτι ταὐτά ἐστι δίκαιά τε καὶ συμφέροντα ; e

ΑΛ. Ἀλλὰ μὰ τοὺς θεούς, ὦ Σώκρατες, οὐκ οἶδ' ἔγωγε οὐδ' ὅ τι λέγω, ἀλλ' ἀτεχνῶς ἔοικα ἀτόπως ἔχοντι· τοτὲ μὲν γάρ μοι ἕτερα δοκεῖ σοῦ ἐρωτῶντος, τοτὲ δ' ἄλλα.

ΣΩ. Εἶτα τοῦτο, ὦ φίλε, ἀγνοεῖς τὸ πάθημα τί ἐστιν ;

ΑΛ. Πάνυ γε.

ΣΩ. Οἴει ἂν οὖν, εἴ τις ἐρωτῴη σε δύο ὀφθαλμοὺς ἢ τρεῖς ἔχεις καὶ δύο χεῖρας ἢ τέτταρας ἢ ἄλλο τι τῶν τοιούτων, τοτὲ μὲν ἕτερα ἂν ἀποκρίνασθαι, τοτὲ δ' ἄλλα, ἢ ἀεὶ τὰ αὐτά ;

ΑΛ. Δέδοικα μὲν ἔγωγε ἤδη περὶ ἐμαυτοῦ, οἶμαι μέντοι 117
τὰ αὐτά.

ΣΩ. Οὐκοῦν ὅτι οἶσθα ; τοῦτ' αἴτιον ;

ΑΛ. Οἶμαι ἔγωγε.

ΣΩ. Περὶ ὧν ἄρα ἄκων τἀναντία ἀποκρίνῃ, δῆλον ὅτι περὶ τούτων οὐκ οἶσθα.

ΑΛ. Εἰκός γε.

ΣΩ. Οὐκοῦν καὶ περὶ τῶν δικαίων καὶ ἀδίκων καὶ καλῶν καὶ αἰσχρῶν καὶ κακῶν καὶ ἀγαθῶν καὶ συμφερόντων καὶ μὴ ἀποκρινόμενος φῂς πλανᾶσθαι ; εἶτα οὐ δῆλον ὅτι διὰ τὸ μὴ εἰδέναι περὶ αὐτῶν, διὰ ταῦτα πλανᾷ ;

ΑΛ. Ἔμοιγε. b

ΣΩ. Ἆρ' οὖν οὕτω καὶ ἔχει ; ἐπειδάν τίς τι μὴ εἰδῇ, ἀναγκαῖον περὶ τούτου πλανᾶσθαι τὴν ψυχήν ;

ΑΛ. Πῶς γὰρ οὔ ;

ΣΩ. Τί οὖν ; οἶσθα ὅντινα τρόπον ἀναβάσῃ εἰς τὸν οὐρανόν ;

gen, gleich viel ob mit den Athenern oder Peparethiern, in der Meinung zu verstehen was recht und unrecht ist, und will doch behaupten zu wissen, das Gerechte sei bisweilen übel: würdest du ihn nicht auslachen, da doch auch du behauptest das gerechte und das vorteilhafte sei dasselbe? e

2.2.3. Alkibiades ist verwirrt: aufgrund unerkannter Unwissenheit über das Gerechte, Gute, Nützliche

ALKIBIADES: Aber bei den Göttern, o Sokrates, ich weiß nicht was ich behaupte, sondern ordentlich ganz verdreht komme ich mir vor. Denn bald dünkt es mich so, wenn du mich fragst, bald wieder anders.

SOKRATES: Und das weißt du nicht, Lieber, was für ein Zustand dies ist?

ALKIBIADES: Gar nicht.

SOKRATES: Glaubst du denn, wenn dich jemand fragte, hast du zwei oder drei Augen, und zwei Hände oder vier, daß du dann auch bald dies antworten würdest bald wieder anderes? oder immer dasselbe?

ALKIBIADES: Mir ist zwar nun schon ganz bange um 117a
mich selbst, ich glaube aber doch dasselbe.

SOKRATES: Und daß du es weißt, ist die Ursache davon?

ALKIBIADES: Das denke ich wenigstens.

SOKRATES: Worauf du also wider deinen Willen entgegengesetztes antwortest, darin bist du doch offenbar nicht wissend?

ALKIBIADES: So sieht es wenigstens aus.

SOKRATES: Und nicht wahr, auch indem du über gerechtes und ungerechtes, über schönes und schändliches, über übles und gutes, über was vorteilt und nicht antwortest, gestehst du daß du schwankst? Ist es nun nicht offenbar, daß du, weil du nichts davon verstehst, deshalb schwankst?

ALKIBIADES: Mir wenigstens. b

SOKRATES: Verhält es sich etwa auch immer so, wenn jemand etwas nicht weiß, daß die Seele notwendig darüber schwankt?

ALKIBIADES: Wie sollte sie nicht!

SOKRATES: Wie nun? weißt du auf welche Weise du gen Himmel fahren kannst?

ΑΛ. Μὰ Δί' οὐκ ἔγωγε.

ΣΩ. Ἦ καὶ πλανᾶταί σου ἡ δόξα περὶ ταῦτα;

ΑΛ. Οὐ δῆτα.

ΣΩ. Τὸ δ' αἴτιον οἶσθα ἢ ἐγὼ φράσω;

ΑΛ. Φράσον.

ΣΩ. Ὅτι, ὦ φίλε, οὐκ οἴει αὐτὸ ἐπίστασθαι οὐκ ἐπιστάμενος.

ΑΛ. Πῶς αὖ τοῦτο λέγεις; c

ΣΩ. Ὅρα καὶ σὺ κοινῇ· ἃ μὴ ἐπίστασαι, γιγνώσκεις δὲ ὅτι οὐκ ἐπίστασαι, πλανᾷ περὶ τὰ τοιαῦτα; ὥσπερ περὶ ὄψου σκευασίας οἶσθα δήπου ὅτι οὐκ οἶσθα;

ΑΛ. Πάνυ γε.

ΣΩ. Πότερον οὖν αὐτὸς περὶ ταῦτα δοξάζεις, ὅπως χρὴ σκευάζειν καὶ πλανᾷ, ἢ τῷ ἐπισταμένῳ ἐπιτρέπεις;

ΑΛ. Οὕτως.

ΣΩ. Τί δ' εἰ ἐν νηὶ πλέοις, ἆρα δοξάζοις ἂν πότερον χρὴ τὸν οἴακα εἴσω ἄγειν ἢ ἔξω, καὶ ἅτε οὐκ εἰδὼς πλανῷο ἄν, d ἢ τῷ κυβερνήτῃ ἐπιτρέψας ἂν ἡσυχίαν ἄγοις;

ΑΛ. Τῷ κυβερνήτῃ.

ΣΩ. Οὐκ ἄρα περὶ ἃ μὴ οἶσθα πλανᾷ, ἄνπερ εἰδῇς ὅτι οὐκ οἶσθα;

ΑΛ. Οὐκ ἔοικα.

ΣΩ. Ἐννοεῖς οὖν ὅτι καὶ τὰ ἁμαρτήματα ἐν τῇ πράξει διὰ ταύτην τὴν ἄγνοιάν ἐστι, τὴν τοῦ μὴ εἰδότα οἴεσθαι εἰδέναι;

ΑΛ. Πῶς αὖ λέγεις τοῦτο;

ΣΩ. Τότε που ἐπιχειροῦμεν πράττειν, ὅταν οἰώμεθα εἰδέναι ὅ τι πράττομεν;

ΑΛ. Ναί.

ΣΩ. Ὅταν δέ γέ πού τινες μὴ οἴωνται εἰδέναι, ἄλλοις e παραδιδόασι;

ALKIBIADES: Beim Zeus, ich nicht.

SOKRATES: Schwankt etwa deine Meinung auch hierüber?

ALKIBIADES: Wohl nicht.

SOKRATES: Und die Ursache, weißt du sie, oder soll ich sie sagen?

ALKIBIADES: Sage sie.

SOKRATES: Weil du, Lieber, nicht glaubst es zu wissen, wie du es auch nicht weißt.

ALKIBIADES: Wie meinst du das wieder? c

SOKRATES: Betrachte es nur mit mir gemeinschaftlich. Was du nicht verstehst, aber auch erkennst, daß du es nicht verstehst, schwankst du etwa über dergleichen? wie von der Zubereitung der Gemüse weißt du doch wohl, daß du nichts weißt?

ALKIBIADES: Ganz gewiß.

SOKRATES: Machst du dir nun hierüber eine Meinung, wie man sie wohl zubereiten müsse, und schwankst dann, oder überläßt du es dem Sachverständigen?

ALKIBIADES: Das letzte tue ich.

SOKRATES: Und wenn du zu Schiffe führest, würdest du dir eine Meinung darüber machen, ob man das Steuerruder
wohl müsse nach sich halten oder von sich, und weil du es d
nicht recht wüßtest schwanken, oder würdest du das dem Steuermann überlassen und dich ganz ruhig halten?

ALKIBIADES: Dem Steuermann.

SOKRATES: Du schwankst also nicht über das was du nicht weißt, wenn du nur weißt, daß du es nicht weißt.

ALKIBIADES: Ich scheine nicht.

SOKRATES: Merkst du nun wohl, daß auch die Fehler im Handeln aus dieser Unwissenheit entstehen, daß wer nicht weiß doch meint zu wissen?

ALKIBIADES: Wie meinst du nur das wieder?

SOKRATES: Wir unternehmen doch nur dann etwas zu tun, wenn wir meinen das zu verstehen was wir tun?

ALKIBIADES: Ja.

SOKRATES: Wenn aber jemand nicht meint etwas zu ver- e
stehen: so überläßt er es Andern?

ΑΛ. Πῶς δ' οὔ;

ΣΩ. Οὐκοῦν οἱ τοιοῦτοι τῶν μὴ εἰδότων ἀναμάρτητοι ζῶσιν διὰ τὸ ἄλλοις περὶ αὐτῶν ἐπιτρέπειν;

ΑΛ. Ναί.

ΣΩ. Τίνες οὖν οἱ ἁμαρτάνοντες; οὐ γάρ που οἵ γε εἰδότες.

ΑΛ. Οὐ δῆτα.

ΣΩ. Ἐπειδὴ δ' οὔθ' οἱ εἰδότες οὔθ' οἱ τῶν μὴ εἰδότων εἰδότες ὅτι οὐκ ἴσασιν, ἦ ἄλλοι λείπονται ἢ οἱ μὴ εἰδότες, 118
οἰόμενοι δ' εἰδέναι;

ΑΛ. Οὔκ, ἀλλ' οὗτοι.

ΣΩ. Αὕτη ἄρα ἡ ἄγνοια τῶν κακῶν αἰτία καὶ ἡ ἐπονείδιστος ἀμαθία;

ΑΛ. Ναί.

ΣΩ. Οὐκοῦν ὅταν ᾖ περὶ τὰ μέγιστα, τότε κακουργοτάτη καὶ αἰσχίστη;

ΑΛ. Πολύ γε.

ΣΩ. Τί οὖν; ἔχεις μείζω εἰπεῖν δικαίων τε καὶ καλῶν καὶ ἀγαθῶν καὶ συμφερόντων;

ΑΛ. Οὐ δῆτα.

ΣΩ. Οὐκοῦν περὶ ταῦτα σὺ φῂς πλανᾶσθαι;

ΑΛ. Ναί.

ΣΩ. Εἰ δὲ πλανᾷ, ἆρ' οὐ δῆλον ἐκ τῶν ἔμπροσθεν ὅτι οὐ μόνον ἀγνοεῖς τὰ μέγιστα, ἀλλὰ καὶ οὐκ εἰδὼς οἴει αὐτὰ b
εἰδέναι;

ΑΛ. Κινδυνεύω.

ΣΩ. Βαβαῖ ἄρα, ὦ Ἀλκιβιάδη, οἷον πάθος πέπονθας· ὃ ἐγὼ ὀνομάζειν μὲν ὀκνῶ, ὅμως δέ, ἐπειδὴ μόνω ἐσμέν, ῥητέον· ἀμαθίᾳ γὰρ συνοικεῖς, ὦ βέλτιστε, τῇ ἐσχάτῃ, ὡς ὁ λόγος σου κατηγορεῖ καὶ σὺ σαυτοῦ· διὸ καὶ ᾄττεις ἄρα πρὸς τὰ πολιτικὰ πρὶν παιδευθῆναι. Πέπονθας δὲ τοῦτο οὐ σὺ μόνος, ἀλλὰ καὶ οἱ πολλοὶ τῶν πραττόντων τὰ τῆσδε τῆς

ALKIBIADES: Wie sollte er nicht?

SOKRATES: Und solche Nichtwissende leben doch wohl fehlerlos, weil sie ihre Angelegenheiten Andern überlassen?

ALKIBIADES: Ja.

SOKRATES: Wer sind nun die fehlenden? die Wissenden doch wohl nicht?

ALKIBIADES: Nicht füglich.

SOKRATES: Wenn nun aber weder die Wissenden, noch diejenigen unter den Nichtwissenden, welche wissen daß sie nicht wissen: bleiben wohl Andere übrig, als die Nichtwis- 118a
senden welche glauben zu wissen?

ALKIBIADES: Nein, sondern diese.

SOKRATES: Diese Unwissenheit nun ist Ursache alles Übels, die schmähliche Torheit.

ALKIBIADES: Ja.

SOKRATES: Und wenn sie die wichtigsten Dinge betrifft, dann ist sie am verderblichsten und schändlichsten?

ALKIBIADES: Bei weitem.

SOKRATES: Wie nun? weißt du etwas wichtigeres zu nennen als rechtes und schönes und gutes und vorteilhaftes?

ALKIBIADES: Wohl nicht.

SOKRATES: Und hierüber gestehst du, daß du schwankst?

ALKIBIADES: Ja.

SOKRATES: Wenn du aber schwankst, ist es nicht aus
dem vorigen klar, daß du nicht nur das wichtigste nicht b
weißt, sondern auch nicht wissend es doch zu wissen glaubst?

ALKIBIADES: Das mag wohl sein.

2.2.4. *Alkibiades' Torheit für Athens Politiker typisch. Und Perikles – wen hat er gerechter gemacht?*

SOKRATES: Weh also, o Alkibiades, was ist dir widerfahren, was ich zu nennen Bedenken trage, aber doch weil wir allein sind muß ich es heraussagen. Nämlich mit der Torheit hausest du und zwar mit der schimpflichsten wie die Rede dich beschuldiget und du dich selbst. Darum also läufst du so nach den Staatssachen, ehe du unterrichtet bist. Aber nicht du allein befindest dich in diesem Zustande, sondern

πόλεως, πλὴν ὀλίγων γε καὶ ἴσως τοῦ σοῦ ἐπιτρόπου Περικλέους. c

ΑΛ. Λέγεταί γέ τοι, ὦ Σώκρατες, οὐκ ἀπὸ ταὐτομάτου σοφὸς γεγονέναι, ἀλλὰ πολλοῖς καὶ σοφοῖς συγγεγονέναι, καὶ Πυθοκλείδῃ καὶ Ἀναξαγόρᾳ· καὶ νῦν ἔτι τηλικοῦτος ὢν Δάμωνι σύνεστιν αὐτοῦ τούτου ἕνεκα.

ΣΩ. Τί οὖν ; ἤδη τιν' εἶδες σοφὸν ὁτιοῦν ἀδυνατοῦντα ποιῆσαι ἄλλον σοφὸν ἅπερ αὐτός ; ὥσπερ ὅς σε ἐδίδαξεν γράμματα, αὐτός τ' ἦν σοφὸς καὶ σὲ ἐποίησε τῶν τε ἄλλων ὅντιν' ἐβούλετο· ἦ γάρ ;

ΑΛ. Ναί.

ΣΩ. Οὐκοῦν καὶ σὺ ὁ παρ' ἐκείνου μαθὼν ἄλλον οἷός τ' ἔσῃ ; d

ΑΛ. Ναί.

ΣΩ. Καὶ ὁ κιθαριστὴς δὲ καὶ ὁ παιδοτρίβης ὡσαύτως ;

ΑΛ. Πάνυ γε.

ΣΩ. Καλὸν γὰρ δήπου τεκμήριον τοῦτο τῶν ἐπισταμένων ὁτιοῦν ὅτι ἐπίστανται, ἐπειδὰν καὶ ἄλλον οἷοί τ' ὦσιν ἀποδεῖξαι ἐπιστάμενον.

ΑΛ. Ἔμοιγε δοκεῖ.

ΣΩ. Τί οὖν ; ἔχεις εἰπεῖν Περικλῆς τίνα ἐποίησεν σοφόν, ἀπὸ τῶν ὑέων ἀρξάμενος ;

ΑΛ. Τί δ' εἰ τὼ Περικλέους ὑεῖ ἠλιθίω ἐγενέσθην, ὦ Σώκρατες ; e

ΣΩ. Ἀλλὰ Κλεινίαν τὸν σὸν ἀδελφόν.

ΑΛ. Τί δ' ἂν αὖ Κλεινίαν λέγοις, μαινόμενον ἄνθρωπον ;

ΣΩ. Ἐπειδὴ τοίνυν Κλεινίας μὲν μαίνεται, τὼ δὲ Περικλέους ὑεῖ ἠλιθίω ἐγενέσθην, σοὶ τίνα αἰτίαν ἀναθῶμεν δι' ὅ τί σε οὕτως ἔχοντα περιορᾷ ;

ΑΛ. Ἐγώ, οἶμαι, αἴτιος οὐ προσέχων τὸν νοῦν.

die meisten von denen, welche die Angelegenheiten dieser Stadt besorgen, bis auf Wenige wohl und vielleicht deinen c
Vormund Perikles.

ALKIBIADES: Von diesem sagt man ja auch, daß er nicht von selbst so weise geworden ist, sondern durch den Umgang mit vielen weisen Männern, dem Pythokleides und Anaxagoras, und auch jetzt noch in solchem Alter geht er eben deshalb mit dem Damon um.

SOKRATES: Aber wie doch? hast du wohl schon einen irgend worin weisen gesehen, der nicht vermögend gewesen wäre, einen andern eben darin weise zu machen, worin er es ist? Wie wer dich die Sprache gelehrt hat, war selbst darin vollkommen, und hat dich auch dazu gemacht, und wen er sonst wollte. Nicht wahr?

ALKIBIADES: Ja.

SOKRATES: Und auch du, nachdem du es von jenem ge- d
lernt, wirst es einem andern können beibringen?

ALKIBIADES: Ja.

SOKRATES: Eben so der Musikmeister und der Fechtmeister.

ALKIBIADES: Freilich.

SOKRATES: Denn das ist ein schöner Beweis für die, welche irgend etwas verstehen, daß sie es verstehn, wenn sie auch einen andern können verständig darin machen.

ALKIBIADES: Das dünkt mich auch.

SOKRATES: Wie nun? weißt du einen zu nennen, den Perikles verständig in Staatssachen gemacht hätte von seinen Söhnen an?

ALKIBIADES: Wie aber, wenn Perikles beide Söhne ein- e
fältig wären, Sokrates!

SOKRATES: Aber den Kleinias, deinen Bruder?

ALKIBIADES: Wie kannst du nur wieder den Kleinias anführen, diesen tollen Menschen!

SOKRATES: Wenn nun Kleinias toll ist und Perikles Söhne einfältig waren: was für eine Ursache sollen wir anführen, weshalb er dich so übersieht, da du dich doch in diesem Zustande befindest?

ALKIBIADES: Ich bin wohl Schuld, denke ich, weil ich nicht aufgemerkt.

ΣΩ. Ἀλλὰ τῶν ἄλλων Ἀθηναίων ἢ τῶν ξένων δοῦλον ἢ ἐλεύθερον εἰπὲ ὅστις αἰτίαν ἔχει διὰ τὴν Περικλέους συνουσίαν σοφώτερος γεγονέναι, ὥσπερ ἐγὼ ἔχω σοι εἰπεῖν διὰ τὴν Ζήνωνος Πυθόδωρον τὸν Ἰσολόχου καὶ Καλλίαν τὸν Καλλιάδου, ὧν ἑκάτερος Ζήνωνι ἑκατὸν μνᾶς τελέσας σοφός τε καὶ ἐλλόγιμος γέγονεν. 119

ΑΛ. Ἀλλὰ μὰ Δί' οὐκ ἔχω.

ΣΩ. Εἶεν· τί οὖν διανοῇ περὶ σαυτοῦ; πότερον ἐᾶν ὡς νῦν ἔχεις ἢ ἐπιμέλειάν τινα ποιεῖσθαι;

ΑΛ. Κοινὴ βουλή, ὦ Σώκρατες· καίτοι ἐννοῶ σου εἰπόντος καὶ συγχωρῶ· δοκοῦσι γάρ μοι οἱ τὰ τῆς πόλεως πράττοντες ἐκτὸς ὀλίγων ἀπαίδευτοι εἶναι. b

ΣΩ. Εἶτα τί δὴ τοῦτο;

ΑΛ. Εἰ μέν που ἦσαν πεπαιδευμένοι, ἔδει ἂν τὸν ἐπιχειροῦντα αὐτοῖς ἀνταγωνίζεσθαι μαθόντα καὶ ἀσκήσαντα ἰέναι ὡς ἐπ' ἀθλητάς· νῦν δ' ἐπειδὴ καὶ οὗτοι ἰδιωτικῶς ἔχοντες ἐληλύθασιν ἐπὶ τὰ τῆς πόλεως, τί δεῖ ἀσκεῖν καὶ μανθάνοντα πράγματα ἔχειν; ἐγὼ γὰρ εὖ οἶδ' ὅτι τούτων τῇ γε φύσει πάνυ πολὺ περιέσομαι. c

ΣΩ. Βαβαῖ, οἷον, ὦ ἄριστε, τοῦτ' εἴρηκας· ὡς ἀνάξιον τῆς ἰδέας καὶ τῶν ἄλλων τῶν σοι ὑπαρχόντων.

ΑΛ. Τί μάλιστα καὶ πρὸς τί τοῦτο λέγεις, ὦ Σώκρατες;

ΣΩ. Ἀγανακτῶ ὑπέρ τε σοῦ καὶ τοῦ ἐμαυτοῦ ἔρωτος.

ΑΛ. Τί δή;

ΣΩ. Εἰ ἠξίωσας τὸν ἀγῶνά σοι εἶναι πρὸς τοὺς ἐνθάδε ἀνθρώπους.

SOKRATES: Aber nenne mir doch sonst einen Athener oder Fremden, Knecht oder Freien, der wirklich angeben kann, daß er durch den Umgang des Perikles weiser geworden ist, wie ich dir anführen kann, durch den des Zenon sind es Pythodoros der Sohn des Isolochos und Kallias der Sohn des Kalliades, die jeder dem Zenon hundert Minen bezahlt haben, und ganz weise und berühmt geworden sind. 119a

ALKIBIADES: Beim Zeus, das kann ich doch nicht.

3. Folgerungen für Alkibiades' weitere Entwicklung

3.1. Woran ist die Erziehung zum guten Staatsmann zu orientieren?

3.1.1. Nicht an innenpolitischen Konkurrenten, sondern an den Anführern der Gegner Athens

SOKRATES: Gut. Was gedenkst du nun aber mit dir selbst zu tun? es so zu lassen wie du jetzt bist, oder irgend ein Fürsorge zu treffen?

ALKIBIADES: Das wollen wir noch mit einander beraten, b
o Sokrates; wiewohl ich verstehe was du sagst und es zugebe. Denn mir scheinen die, welche die Angelegenheiten der Stadt besorgen, bis auf wenige gar ununterrichtet zu sein.

SOKRATES: Was also weiter?

ALKIBIADES: Wenn sie nun unterrichtet wären, dann müßte freilich wer es unternähme mit ihnen zu wetteifern erst lernen und sich üben, und dann gegen sie auftreten wie gegen gelernte Kämpfer. Nun sie aber auch ganz unkundig an die Staatssachen gegangen sind, was soll man sich erst c
Mühe geben mit lernen und üben? Denn das weiß ich ja doch daß ich diese schon durch meine Natur gar weit übertreffen werde.

SOKRATES: O weh, Bester, was hast du da gesagt! wie unwürdiges deiner Gestalt und deiner übrigen Eigenschaften.

ALKIBIADES: Wie so denn? und worauf zielst du damit, o Sokrates?

SOKRATES: Es tut mir leid für deine und meine eigene Liebe.

ALKIBIADES: Weshalb?

SOKRATES: Wenn du deinen Wetteifer nur nehmen willst gegen die Leute hier.

ΑΛ. Ἀλλὰ πρὸς τίνας μήν;

ΣΩ. Ἄξιον τοῦτό γε καὶ ἐρέσθαι ἄνδρα οἰόμενον μεγα- d
λόφρονα εἶναι;

ΑΛ. Πῶς λέγεις; οὐ πρὸς τούτους μοι ὁ ἀγών;

ΣΩ. Ἆρα κἂν εἰ τριήρη διενοοῦ κυβερνᾶν μέλλουσαν
ναυμαχεῖν, ἤρκει ἄν σοι τῶν συνναυτῶν βελτίστῳ εἶναι τὰ
κυβερνητικά, ἢ ταῦτα μὲν ᾤου ἂν δεῖν ὑπάρχειν, ἀπέβλεπες
δ' ἂν εἰς τοὺς ὡς ἀληθῶς ἀνταγωνιστάς, ἀλλ' οὐχ ὡς νῦν
εἰς τοὺς συναγωνιστάς; ὧν δήπου περιγενέσθαι σε δεῖ
τοσοῦτον ὥστε μὴ ἀξιοῦν ἀνταγωνίζεσθαι, ἀλλὰ κατα- e
φρονηθέντας συναγωνίζεσθαί σοι πρὸς τοὺς πολεμίους, εἰ
δὴ τῷ ὄντι γε καλόν τι ἔργον ἀποδείξασθαι διανοῇ καὶ ἄξιον
σαυτοῦ τε καὶ τῆς πόλεως.

ΑΛ. Ἀλλὰ μὲν δὴ διανοοῦμαί γε.

ΣΩ. Πάνυ σοι ἄρα ἄξιον ἀγαπᾶν εἰ τῶν στρατιωτῶν
βελτίων εἶ, ἀλλ' οὐ πρὸς τοὺς τῶν ἀντιπάλων ἡγεμόνας
ἀποβλέπειν, εἴ ποτε ἐκείνων βελτίων γένοιο, σκοποῦντα καὶ
ἀσκοῦντα πρὸς ἐκείνους;

ΑΛ. Λέγεις δὲ τίνας τούτους, ὦ Σώκρατες; 120

ΣΩ. Οὐκ οἶσθ' ἡμῶν τὴν πόλιν Λακεδαιμονίοις τε καὶ
τῷ μεγάλῳ βασιλεῖ πολεμοῦσαν ἑκάστοτε;

ΑΛ. Ἀληθῆ λέγεις.

ΣΩ. Οὐκοῦν εἴπερ ἐν νῷ ἔχεις ἡγεμὼν εἶναι τῆσδε τῆς
πόλεως, πρὸς τοὺς Λακεδαιμονίων βασιλέας καὶ τὸν Περ-
σῶν τὸν ἀγῶνα ἡγούμενός σοι εἶναι ὀρθῶς ἂν ἡγοῖο;

ΑΛ. Κινδυνεύεις ἀληθῆ λέγειν.

ΣΩ. Οὔκ, ὠγαθέ, ἀλλὰ πρὸς Μειδίαν σε δεῖ τὸν ὀρτυγο-
τρόφον ἀποβλέπειν καὶ ἄλλους τοιούτους οἳ τὰ τῆς πόλεως b
πράττειν ἐπιχειροῦσιν ἔτι τὴν ἀνδραποδώδη, φαῖεν ἂν αἱ
γυναῖκες, τρίχα ἔχοντες ἐν τῇ ψυχῇ ὑπ' ἀμουσίας καὶ
οὔπω ἀποβεβληκότες, ἔτι δὲ βαρβαρίζοντες ἐληλύθασι
κολακεύσοντες τὴν πόλιν, ἀλλ' οὐκ ἄρξοντες. Πρὸς τούτους

ALKIBIADES: Gegen welche denn sonst?

SOKRATES: Sollte das ein Mann der so großdenkend sein d
will auch nur fragen?

ALKIBIADES: Wie meinst du? nicht gegen diese hier hätte ich aufzutreten?

SOKRATES: Würde es dir denn etwa auch, wenn du ein
Kriegsschiff zu steuern gedächtest, welches ins Gefecht gehn
soll, dann genügen in der Steuerkunst der beste zu sein unter
denen die mit dir auf einem Schiff sind; oder würdest du
denken, dies müsse zwar auch sein, würdest aber weiter auf
deine wahren Gegner sehn, und nicht wie jetzt auf deine
Mitstreiter, über die du ja so weit hervorragen mußt, daß sie
gar nicht begehren gegen dich zu streiten, sondern, zu gering e
dazu geachtet, mit dir zu streiten gegen die Feinde, wenn du
in Wahrheit eine schöne Tat aufzustellen gedenkst und die
deiner würdig ist und der Stadt.

ALKIBIADES: Das denke ich ja allerdings.

SOKRATES: So ist es also deiner ganz unwürdig, dich damit zu begnügen, wenn du besser bist als die Krieger, und nicht auf die Anführer der Gegner zu sehen, immer strebend besser zu werden als sie und dich übend gegen sie.

ALKIBIADES: Welche meinst du denn damit, o Sokrates? 120a

SOKRATES: Weißt du denn nicht daß unsere Stadt immer mit den Lakedaimoniern und mit dem großen Könige Krieg führt?

ALKIBIADES: Das ist wahr.

SOKRATES: Wenn du also im Sinne hast der Führer dieser Stadt zu sein so wirst du wohl ganz recht haben, wenn du glaubst dein Wettstreit gehe eigentlich gegen die Könige der Lakedaimonier und der Perser.

ALKIBIADES: Das mag ganz wahr gesprochen sein.

SOKRATES: Nicht doch, du Guter! sondern auf Meidias
den Wachtelfutterer mußt du sehn, und auf Andere solche b
die die Angelegenheiten der Stadt zu führen unternehmen,
und noch das knechtische Haar, wie die Weiber sagen würden, auf der Seele haben, das sie aus Unbildung immer nicht abgeworfen haben, und die noch ungeschickt stammelnd herkommen um der Stadt zu schmeicheln nicht sie zu regie-

σε δεῖ οὕσπερ λέγω βλέποντα σαυτοῦ δὴ ἀμελεῖν καὶ μήτε μανθάνειν ὅσα μαθήσεως ἔχεται, μέλλοντα τοσοῦτον ἀγῶνα ἀγωνίζεσθαι, μήτ' ἀσκεῖν ὅσα δεῖται ἀσκήσεως καὶ πᾶσαν c παρασκευὴν παρεσκευασμένον οὕτως ἰέναι ἐπὶ τὰ τῆς πόλεως.

ΑΛ. Ἀλλ', ὦ Σώκρατες, δοκεῖς μέν μοι ἀληθῆ λέγειν, οἶμαι μέντοι τούς τε Λακεδαιμονίων στρατηγοὺς καὶ τὸν Περσῶν βασιλέα οὐδὲν διαφέρειν τῶν ἄλλων.

ΣΩ. Ἀλλ', ὦ ἄριστε, τὴν οἴησιν ταύτην σκόπει οἵαν ἔχεις.

ΑΛ. Τοῦ πέρι;

ΣΩ. Πρῶτον μὲν ποτέρως ἂν οἴει σαυτοῦ μᾶλλον ἐπιμεληθῆναι φοβούμενός τε καὶ οἰόμενος δεινοὺς αὐτοὺς d εἶναι, ἢ μή;

ΑΛ. Δῆλον ὅτι εἰ δεινοὺς οἰοίμην.

ΣΩ. Μῶν οὖν οἴει τι βλαβήσεσθαι ἐπιμεληθεὶς σαυτοῦ;

ΑΛ. Οὐδαμῶς, ἀλλὰ καὶ μεγάλα ὀνήσεσθαι.

ΣΩ. Οὐκοῦν ἓν μὲν τοῦτο τοσοῦτον κακὸν ἔχει ἡ οἴησις αὕτη.

ΑΛ. Ἀληθῆ λέγεις.

ΣΩ. Τὸ δεύτερον τοίνυν ὅτι καὶ ψευδής ἐστιν, ἐκ τῶν εἰκότων σκέψαι.

ΑΚ. Πῶς δή;

ΣΩ. Πότερον εἰκὸς ἀμείνους γίγνεσθαι φύσεις ἐν γενναίοις γένεσιν ἢ μή; e

ΑΛ. Δῆλον ὅτι ἐν τοῖς γενναίοις.

ΣΩ. Οὐκοῦν τοὺς εὖ φύντας, ἐὰν καὶ εὖ τραφῶσιν, οὕτω τελέους γίγνεσθαι πρὸς ἀρετήν;

ΑΛ. Ἀνάγκη.

ren. Auf diese von denen ich jetzt rede sehend magst du dann dich selbst vernachlässigen, und weder lernen was sich erlernen läßt, da du doch einen so großen Kampf bestehen willst, noch dich üben in dem was der Übung bedarf, um so auf alle c
Weise gerüstet zur Führung des Staates zu schreiten.

ALKIBIADES: Aber, o Sokrates, du scheinst mir zwar recht zu haben, nur denke ich doch die Heerführer der Lakedaimonier und der König der Perser werden um nichts besser sein als die andern.

SOKRATES: Aber, o Bester, betrachte nur diese Meinung recht, was du an ihr hast.

ALKIBIADES: In welcher Hinsicht?

SOKRATES: Zuerst in welchem Falle glaubst du wohl wirst du am meisten auf dich selbst Bedacht nehmen, wenn d
du besorgt bist und jene für furchtbar hältst, oder nicht?

ALKIBIADES: Offenbar wohl, wenn ich sie für furchtbar halte.

SOKRATES: Und denkst du Schaden davon zu haben, wenn du recht auf dich selbst Bedacht nimmst?

ALKIBIADES: Keinesweges, sondern gar großen Nutzen.

SOKRATES: Also dieses eine große Übel hat schon jene Meinung.

ALKIBIADES: Du hast Recht.

SOKRATES: Das zweite nun, daß sie auch falsch ist, nimm aus der Wahrscheinlichkeit ab.

ALKIBIADES: Wie das?

SOKRATES: Ist es wohl wahrscheinlich, daß aus edlen Geschlechtern bessere Naturen hervorgehen oder nicht? e

ALKIBIADES: Offenbar aus edlen.

SOKRATES: Und daß die gut erzeugten, wenn sie auch gut sind erzogen worden, dann vollkommen werden in der Tugend?

ALKIBIADES: Notwendig.

ΣΩ. Σκεψώμεθα δή, τοῖς ἐκείνων τὰ ἡμέτερα ἀντιτιθέντες, πρῶτον μὲν εἰ δοκοῦσι φαυλοτέρων γενῶν εἶναι οἱ Λακεδαιμονίων καὶ Περσῶν βασιλῆς· ἢ οὐκ ἴσμεν ὡς οἱ μὲν Ἡρακλέους, οἱ δὲ Ἀχαιμένους ἔκγονοι, τὸ δ' Ἡρακλέους τε γένος καὶ τὸ Ἀχαιμένους εἰς Περσέα τὸν Διὸς ἀναφέρεται;

ΑΛ. Καὶ γὰρ τὸ ἡμέτερον, ὦ Σώκρατες, εἰς Εὐρυσάκη, 121
τὸ δ' Εὐρυσάκους εἰς Δία.

ΣΩ. Καὶ γὰρ τὸ ἡμέτερον, ὦ γενναῖε Ἀλκιβιάδη, εἰς Δαίδαλον, ὁ δὲ Δαίδαλος εἰς Ἥφαιστον τὸν Διός· ἀλλὰ τὰ μὲν τούτων ἀπ' αὐτῶν ἀρξάμενα βασιλῆς εἰσιν ἐκ βασιλέων μέχρι Διός, οἱ μὲν Ἄργους τε καὶ Λακεδαίμονος, οἱ δὲ τῆς Περσίδος τὸ ἀεί, πολλάκις δὲ καὶ τῆς Ἀσίας, ὥσπερ καὶ νῦν· ἡμεῖς δὲ αὐτοί τε ἰδιῶται καὶ οἱ πατέρες. Εἰ δὲ καὶ
τοὺς προγόνους σε δέοι καὶ τὴν πατρίδα Εὐρυσάκους ἐπι- b
δεῖξαι Σαλαμῖνα ἢ τὴν Αἰακοῦ τοῦ ἔτι προτέρου Αἴγιναν Ἀρτοξέρξῃ τῷ Ξέρξου, πόσον ἂν οἴει γέλωτα ὀφλεῖν; ἀλλ' ὅρα μὴ τοῦ τε γένους ὄγκῳ ἐλαττώμεθα τῶν ἀνδρῶν καὶ τῇ ἄλλῃ τροφῇ· ἢ οὐκ ᾔσθησαι τοῖς τε Λακεδαιμονίων βασιλεῦσιν ὡς μεγάλα τὰ ὑπάρχοντα, ὧν αἱ γυναῖκες δημοσίᾳ φυλάττονται ὑπὸ τῶν ἐφόρων, ὅπως εἰς δύναμιν μὴ λάθῃ
ἐξ ἄλλου γενόμενος ὁ βασιλεὺς ἢ ἐξ Ἡρακλειδῶν; ὁ δὲ c
Περσῶν τοσοῦτον ὑπερβάλλει ὥστ' οὐδεὶς ὑποψίαν ἔχει ὡς ἐξ ἄλλου ἂν βασιλεὺς γένοιτο ἢ ἐξ αὐτοῦ· διὸ οὐ φρουρεῖται ἡ βασιλέως γυνὴ ἀλλ' ἢ ὑπὸ φόβου. Ἐπειδὰν δὲ γένηται ὁ παῖς ὁ πρεσβύτατος, οὗπερ ἡ ἀρχή, πρῶτον μὲν ἑορτάζουσι πάντες οἱ ἐν τῇ βασιλέως ὧν ἂν ἄρχῃ, εἶτα εἰς τὸν ἄλλον χρόνον ταύτῃ τῇ ἡμέρᾳ βασιλέως γενέθλια ἅπασα θύει καὶ
ἑορτάζει ἡ Ἀσία· ἡμῶν δὲ γενομένων, τὸ τοῦ κωμῳδοποιοῦ, d

3.1.2. Worin die persischen und spartanischen Könige überlegen sind. Geboten ist Selbsterkenntnis

SOKRATES: So laß uns denn ihnen das unsrige entgegenstellen und zusehen, zuerst ob wohl der Lakedaimonier und Perser Könige von schlechterem Geblüt sein mögen. Oder wissen wir nicht daß die einen vom Herakles und die andern vom Achämenes abstammen, und daß des Herakles und des Achämenes Geschlecht auf Perseus, den Sohn des Zeus, zurückgeführt wird?

ALKIBIADES: Aber das meinige, o Sokrates, auch auf den 121a
Eurysakes und dessen auf den Zeus.

SOKRATES: Und auch das meinige, o edler Alkibiades, auf den Daidalos, und Daidalos auf Hephaistos, den Sohn des Zeus. Allein jener Familien, wenn man von ihnen selbst anfängt, sind lauter Könige von Königen abstammend bis auf den Zeus, die einen von Argos und Lakedaimon, die andern aber von Persien immer oft aber von ganz Asien wie auch jetzt. Wir aber und unsere Väter sind nur Bürger. Und
wenn du nun deine Voreltern und des Eurysakes Vaterland b
Salamin oder Aigina das des noch früheren Aiakos dem Artaxerxes, dem Sohne des Xerxes, aufzeigtest, was für ein Gelächter meinst du wohl würdest du bereiten? Sondern sieh zu, ob wir nicht an Glanz der Abkunft hinter den Männern zurückbleiben und auch sonst an der Erziehung. Oder hast du nicht vernommen, wie herrlich die Könige der Lakedaimonier daran sind, deren Frauen von Staatswegen von den Ephoren beaufsichtigt werden, damit wo möglich nie etwa ein König aus einem anderen Geschlecht sich einschleiche als
dem der Herakliden? Der König der Perser aber ist so er- c
haben, daß niemanden auch nur der Verdacht einfällt, es könne der König von einem andern erzeugt werden als von ihm. Daher wird auch des Königs Gattin nicht bewacht als nur durch die Furcht. Ist aber der älteste Sohn geboren, auf den die Herrschaft kommt, so feiern zuerst alle in des Königs Reich über die er herrscht ein Fest, und von da an begeht hernach immer an diesem Tage ganz Asien feierlich und gottesdienstlich das Geburtsfest des Königs. Wenn aber unser
eins geboren ist, geht es wie es in der Komödie heißt, die d

οὐδ' οἱ γείτονες σφόδρα τι αἰσθάνονται, ὦ Ἀλκιβιάδη. Μετὰ
τοῦτο τρέφεται ὁ παῖς, οὐχ ὑπὸ γυναικὸς τροφοῦ ὀλίγου
ἀξίας, ἀλλ' ὑπ' εὐνούχων οἳ ἂν δοκῶσιν τῶν περὶ βασιλέα
ἄριστοι εἶναι· οἷς τά τε ἄλλα προστέτακται ἐπιμέλεσθαι
τοῦ γενομένου, καὶ ὅπως κάλλιστος ἔσται μηχανᾶσθαι,
ἀναπλάττοντας τὰ μέλη τοῦ παιδὸς καὶ κατορθοῦντας· καὶ
ταῦτα δρῶντες ἐν μεγάλῃ τιμῇ εἰσιν. Ἐπειδὰν δὲ ἑπτέτεις e
γένωνται οἱ παῖδες, ἐπὶ τοὺς ἵππους καὶ ἐπὶ τοὺς τούτων
διδασκάλους φοιτῶσιν καὶ ἐπὶ τὰς θήρας ἄρχονται ἰέναι·
δὶς ἑπτὰ δὲ γενόμενον ἐτῶν τὸν παῖδα παραλαμβάνουσιν
οὓς ἐκεῖνοι βασιλείους παιδαγωγοὺς ὀνομάζουσιν· εἰσὶ δὲ
ἐξειλεγμένοι Περσῶν οἱ ἄριστοι δόξαντες ἐν ἡλικίᾳ
τέτταρες, ὅ τε σοφώτατος καὶ ὁ δικαιότατος καὶ ὁ σωφρο-
νέστατος καὶ ὁ ἀνδρειότατος. Ὧν ὁ μὲν μαγείαν τε διδάσκει 122
τὴν Ζωροάστρου τοῦ Ὡρομάζου· ἔστιν δὲ τοῦτο θεῶν
θεραπεία· διδάσκει δὲ καὶ τὰ βασιλικά· ὁ δὲ δικαιότατος
ἀληθεύειν διὰ παντὸς τοῦ βίου· ὁ δὲ σωφρονέστατος μηδ'
ὑπὸ μιᾶς ἄρχεσθαι τῶν ἡδονῶν, ἵνα ἐλεύθερος εἶναι ἐθίζηται
καὶ ὄντως βασιλεύς, ἄρχων πρῶτον τῶν ἐν αὑτῷ, ἀλλὰ μὴ
δουλεύων· ὁ δὲ ἀνδρειότατος ἄφοβον καὶ ἀδεᾶ παρασκευάζει,
ὡς ὅταν δείσῃ δοῦλον ὄντα. Σοὶ δ', ὦ Ἀλκιβιάδη, Περικλῆς b
ἐπέστησε παιδαγωγὸν τῶν οἰκετῶν τὸν ἀχρειότατον ὑπὸ
γήρως, Ζώπυρον τὸν Θρᾷκα. Διῆλθον δὲ καὶ τὴν ἄλλην ἄν
σοι τῶν ἀνταγωνιστῶν τροφήν τε καὶ παιδείαν, εἰ μὴ πολὺ
ἔργον ἦν· καὶ ἅμα ταῦθ' ἱκανὰ δηλῶσαι καὶ τἆλλα ὅσα τού-
τοις ἀκόλουθα. Τῆς δὲ σῆς γενέσεως, ὦ Ἀλκιβιάδη, καὶ
τροφῆς καὶ παιδείας ἢ ἄλλου ὁτουοῦν Ἀθηναίων, ὡς ἔπος
εἰπεῖν, οὐδενὶ μέλει, εἰ μὴ εἴ τις ἐραστής σου τυγχάνει ὤν.
Εἰ δ' αὖ ἐθέλοις εἰς πλούτους ἀποβλέψαι καὶ τρυφὰς καὶ
ἐσθῆτας ἱματίων θ' ἕλξεις καὶ μύρων ἀλοιφὰς καὶ θεραπόν- c
των πλήθους ἀκολουθίας τήν τε ἄλλην ἁβρότητα τὴν
Περσῶν, αἰσχυνθείης ἂν ἐπὶ σεαυτῷ αἰσθανόμενος ὅσον

Nachbarn merken es nicht einmal recht, o Alkibiades. Dann wird der Knabe auferzogen nicht von einem Weibe, die immer nur eine schlechte Wärterin ist, sondern von Eunuchen, welche eben für die vortrefflichsten von denen um den König gehalten werden, welchen aufgegeben ist, nicht nur übrigens den Neugebornen zu pflegen, sondern auch darauf zu denken, daß er recht schön werde, indem sie die Glieder des Knaben bearbeiten und einrichten müssen. Und dieses Geschäftes wegen stehen sie in hohen Ehren. Sind dann die e
Knaben siebenjährig, so besuchen sie die Pferde und die Lehrer der Reitkunst, und fangen an auf die Jagd zu gehen. Und sind sie zweimal sieben Jahre, dann übernehmen den Knaben die, welche man die königlichen Erzieher nennt. Diese sind ausgewählt aus allen Persern die viere welche für die vortrefflichsten gehalten werden in der Blüte des Alters, der weiseste, der gerechteste, der besonnenste und der tapferste, 122a
wovon der eine ihn die geheime Weisheit des Zoroasters Sohn des Oromazes lehrt, welches die Verehrung der Götter ist; er lehrt ihn aber auch die königlichen Geschäfte. Der gerechteste aber lehrt ihn die Wahrheit sein ganzes Leben durch heilig halten; der besonnenste sich auch nicht von einer Lust beherrschen zu lassen, damit er sich gewöhne frei zu sein und wahrhaft ein König, indem er zuerst was in ihm selbst ist alles beherrscht und keinem dient; der tapferste aber bildet ihn furchtlos und der Angst unfähig, weil wenn er sich je fürchtete er ein Knecht wäre. Dir aber, o Alkibiades, hat b
Perikles zum Erzieher bestellt den vor Alter unbrauchbarsten unter seinen Hausleuten, den Thraker Zopyros. Ich könnte dir auch die übrige Erziehung und Unterweisung deiner Gegner durchgehn, wenn es nicht zu weitläufig und nicht dieses schon hinreichend wäre, um auch auf das übrige schließen zu lassen, was damit zusammenhängt. Um deine Erzeugung aber, o Alkibiades, und Auferziehung und Unterweisung oder auch jedes andern Atheners, um es auf einmal zu sagen kümmert sich Niemand, außer wenn etwa einer dein Liebhaber ist. Willst du aber auf Reichtum sehen und Pracht und Gewänder, auf zierliche Tracht von Kleidern und c
Duft von Salben und auf zahlreiches Gefolge von Diener-

αὐτῶν ἐλλείπεις· εἰ δ' αὖ ἐθελήσεις εἰς σωφροσύνην τε καὶ κοσμιότητα ἀποβλέψαι καὶ εὐχέρειαν καὶ εὐκολίαν καὶ μεγαλοφροσύνην καὶ εὐταξίαν καὶ ἀνδρείαν καὶ καρτερίαν καὶ φιλοπονίαν καὶ φιλονικίαν καὶ φιλοτιμίας τὰς Λακεδαιμονίων, παῖδ' ἂν ἡγήσαιο σαυτὸν πᾶσι τοῖς τοιούτοις. Εἰ δ' αὖ τι καὶ πλούτῳ προσέχεις καὶ κατὰ τοῦτο οἴει τι εἶναι, μηδὲ τοῦθ' ἡμῖν ἄρρητον ἔστω, ἐάν πως αἴσθῃ οὗ εἶ. Τοῦτο μὲν γὰρ εἰ ἐθέλεις τοὺς Λακεδαιμονίων πλούτους ἰδεῖν, γνώσῃ ὅτι πολὺ τἀνθάδε τῶν ἐκεῖ ἐλλείπει· γῆν μὲν γὰρ ὅσην ἔχουσιν τῆς θ' ἑαυτῶν καὶ Μεσσήνης, οὐδ' ἂν εἷς ἀμφισβητήσειε τῶν τῇδε πλήθει οὐδ' ἀρετῇ, οὐδ' αὖ ἀνδραπόδων κτήσει τῶν τε ἄλλων καὶ τῶν εἱλωτικῶν, οὐδὲ μὴν ἵππων γε, οὐδ' ὅσα ἄλλα βοσκήματα κατὰ Μεσσήνην νέμε- e
ται. Ἀλλὰ ταῦτα μὲν πάντα ἐῶ χαίρειν, χρυσίον δὲ καὶ ἀργύριον οὐκ ἔστιν ἐν πᾶσιν Ἕλλησιν ὅσον ἐν Λακεδαίμονι ἰδίᾳ· πολλὰς γὰρ ἤδη γενεὰς εἰσέρχεται μὲν αὐτόσε ἐξ ἁπάντων τῶν Ἑλλήνων, πολλάκις δὲ καὶ ἐκ τῶν βαρβάρων, ἐξέρχεται δὲ οὐδαμόσε, ἀλλ' ἀτεχνῶς κατὰ τὸν Αἰσώπου μῦθον ὃν ἡ ἀλώπηξ πρὸς τὸν λέοντα εἶπεν καὶ τοῦ εἰς 123
Λακεδαίμονα νομίσματος εἰσιόντος μὲν τὰ ἴχνη τὰ ἐκεῖσε τετραμμένα δῆλα, ἐξιόντος δὲ οὐδαμῇ ἄν τις ἴδοι· ὥστε εὖ χρὴ εἰδέναι ὅτι καὶ χρυσῷ καὶ ἀργύρῳ οἱ ἐκεῖ πλουσιώτατοί εἰσιν τῶν Ἑλλήνων καὶ αὐτῶν ἐκείνων ὁ βασιλεύς· ἔκ τε γὰρ τῶν τοιούτων μέγισται λήψεις καὶ πλεῖσταί εἰσι τοῖς βασιλεῦσιν, ἔτι δὲ καὶ ὁ βασιλικὸς φόρος οὐκ ὀλίγος γίγνεται ὃν τελοῦσιν οἱ Λακεδαιμόνιοι τοῖς βασιλεῦσιν. Καὶ τὰ b
μὲν Λακεδαιμονίων ὡς πρὸς Ἑλληνικοὺς μὲν πλούτους μεγάλα, ὡς δὲ πρὸς τοὺς Περσικοὺς καὶ τοῦ ἐκείνων βασιλέως οὐδέν· ἐπεί ποτ' ἐγὼ ἤκουσα ἀνδρὸς ἀξιοπίστου τῶν ἀναβεβηκότων παρὰ βασιλέα, ὃς ἔφη παρελθεῖν χώραν πάνυ πολλὴν καὶ ἀγαθὴν ἐγγὺς ἡμερησίαν ὁδόν, ἣν καλεῖν τοὺς ἐπιχωρίους Ζώνην τῆς βασιλέως γυναικός· εἶναι δέ καὶ

schaft und die übrigen Bequemlichkeiten der Perser: so müßtet du dich vor dir selbst schämen, wenn du bemerkst wie weit du darin zurückstehst. Willst du aber wieder auf die Besonnenheit und Sittsamkeit sehen, auf die Behülflichkeit und Genügsamkeit, die Großmut und Ordnung, die Tapferkeit und Beharrlichkeit und Arbeitsamkeit und Bestrebsamkeit und Ehrliebe der Lakedaimonier: so würdest du dir selbst als ein Kind vorkommen in dem allen. Hältst du aber d
wiederum etwas auf Reichtum, und glaubst dadurch etwas zu sein: so brauchen wir auch das nicht unerwähnt zu lassen, wenn du nur irgend weißt wie du stehst. Denn willst du den Reichtum der Lakedaimonier betrachten: so wirst du wohl einsehen, daß der hiesige gar sehr hinter jenem zurückbleibt. Denn welche große Landbesitzungen sie haben, bei sich und in dem Messenischen, damit könnte es ja wohl nicht einer hier aufnehmen weder an Größe noch Güte noch Menge der Sklaven anderer sowohl als helotischer noch an Pferden und anderem Vieh was im Messenischen weidet. Allein das lasse e
ich alles, aber auch Gold und Silber wird in ganz Hellas nicht so viel als in Lakedaimon von einzelnen besessen. Denn schon seit vielen Menschengeschlechtern zieht es von allen Seiten von den Hellenen und oft auch von den Barbaren hinein, kommt aber nirgends wieder heraus, sondern recht wie in der Äsopischen Fabel der Fuchs zu dem Löwen sagt, 123a
könnte man auch von dem nach Lakedaimon gehenden Gelde sagen, daß die dort hinwärts gehenden Spuren kenntlich genug sind, von herauskommenden aber nirgend niemand welche sieht. So daß man wohl einsehen muß, daß sie dort auch an Gold und Silber die reichsten sind unter den Hellenen, und unter ihnen wiederum ihr König. Denn die meisten und größten Einnahmen hievon hat der König, und der königliche Schoß ist auch nicht gering den die Lakedaimonier ihren Königen entrichten. Und so ist nun der Reichtum b
der Lakedaimonier mit anderm hellenischen verglichen zwar groß, mit persischem aber und dem des Perserköniges nichts. So habe ich einmal von einem glaubwürdigen Manne, einem von denen die zum Könige hinaufgereiset waren, gehört, daß er durch einen großen und schönen Strich Landes gereist

ἄλλην ἣν αὖ καλεῖσθαι καλύπτραν, καὶ ἄλλους πολλοὺς
τόπους καλοὺς κἀγαθοὺς εἰς τὸν κόσμον ἐξῃρημένους τὸν c
τῆς γυναικός, καὶ ὀνόματα ἔχειν ἑκάστους τῶν τόπων ἀπὸ
ἑκάστου τῶν κόσμων· ὥστ' οἶμαι ἐγώ, εἴ τις εἴποι τῇ βασι-
λέως μητρί, Ξέρξου δὲ γυναικί, Ἀμήστριδι, ὅτι· « Ἐν νῷ ἔχει
σοῦ τῷ ὑεῖ ἀντιτάττεσθαι ὁ Δεινομάχης ὑός, ᾗ ἔστι κόσμος
ἴσως ἄξιος μνῶν πεντήκοντα, εἰ πάνυ πολλοῦ, τῷ δ' ὑεῖ
αὐτῆς γῆς πλέθρα Ἐρχίασιν οὐδὲ τριακόσια », θαυμάσαι ἂν
ὅτῳ ποτὲ πιστεύων ἐν νῷ ἔχει οὗτος ὁ Ἀλκιβιάδης τῷ d
Ἀρτοξέρξῃ διαγωνίζεσθαι, καὶ οἶμαι ἂν αὐτὴν εἰπεῖν ὅτι
οὐκ ἔσθ' ὅτῳ ἄλλῳ πιστεύων οὗτος ὁ ἀνὴρ ἐπιχειρεῖ πλὴν
ἐπιμελείᾳ τε καὶ σοφίᾳ· ταῦτα γὰρ μόνα ἄξια λόγου ἐν
Ἕλλησιν. Ἐπεὶ εἴ γε πύθοιτο ὅτι ὁ Ἀλκιβιάδης οὗτος νῦν
ἐπιχειρεῖ πρῶτον μὲν ἔτη οὐδέπω γεγονὼς σφόδρα εἴκοσιν,
ἔπειτα παντάπασιν ἀπαίδευτος, πρὸς δὲ τούτοις τοῦ
ἐραστοῦ αὐτῷ λέγοντος ὅτι χρὴ πρῶτον μαθόντα καὶ ἐπι-
μεληθέντα αὑτοῦ καὶ ἀσκήσαντα οὕτως ἰέναι διαγωνιούμενον e
βασιλεῖ, οὐκ ἐθέλει, ἀλλά φησιν ἐξαρκεῖν καὶ ὡς ἔχει, οἶμαι
ἂν αὐτὴν θαυμάσαι τε καὶ ἐρέσθαι· « Τί οὖν ποτ' ἔστιν ὅτῳ
πιστεύει τὸ μειράκιον ; » Εἰ οὖν λέγοιμεν ὅτι κάλλει τε καὶ
μεγέθει καὶ γένει καὶ πλούτῳ καὶ φύσει τῆς ψυχῆς, ἡγήσαιτ'
ἂν ἡμᾶς, ὦ Ἀλκιβιάδη, μαίνεσθαι πρὸς τὰ παρὰ σφίσιν
ἀποβλέψασα πάντα τὰ τοιαῦτα. Οἶμαι δὲ κἂν Λαμπιδώ, τὴν
Λεωτυχίδου μὲν θυγατέρα, Ἀρχιδάμου δὲ γυναῖκα, Ἄγιδος 124
δὲ μητέρα, οἳ πάντες βασιλῆς γεγόνασιν, θαυμάσαι ἂν καὶ
ταύτην εἰς τὰ παρὰ σφίσιν ὑπάρχοντα ἀποβλέψασαν, εἰ σὺ
ἐν νῷ ἔχεις τῷ ὑεῖ αὐτῆς διαγωνίζεσθαι οὕτω κακῶς ἠγμέ-
νος. Καίτοι οὐκ αἰσχρὸν δοκεῖ εἶναι, εἰ αἱ τῶν πολεμίων
γυναῖκες βέλτιον περὶ ἡμῶν διανοοῦνται οἵους χρὴ ὄντας
σφίσιν ἐπιχειρεῖν ἢ ἡμεῖς περὶ ἡμῶν αὐτῶν ; Ἀλλ', ὦ μακάριε,
πειθόμενος ἐμοί τε καὶ τῷ ἐν Δελφοῖς γράμματι, Γνῶθι b
σαυτόν, ὅτι οὗτοί εἰσιν ἀντίπαλοι, ἀλλ' οὐχ οὓς σὺ

wäre beinah eine Tagereise lang, welchen die Einwohner den
Gürtel der Königin nennen, und einen anderen gäbe es wie-
der der ihre Haube heiße, und viele andere schöne und gute c
Gegenden wären ganz für den Schmuck der Frau gewidmet,
und hätten ihren Namen jede von einem besonderen Teile
des Schmuckes. So daß ich denke, wenn jemand der Mutter
des Königes, der Gemahlin des Xerxes Amestris erzählte,
deinem Sohne gedenkt der Sohn der Deinomache sich ent-
gegenzustellen, deren Schmuck vielleicht funfzig Minen wert
ist wenn es hoch kommt, und er selbst kaum dreihundert
Acker Landes in Erchia besitzt, würde sie sich wundern,
worauf sich doch dieser Alkibiades verließe, daß er im Schil- d
de führte gegen den Artaxerxes zu kämpfen. Und ich glaube
gewiß sie würde sagen, unmöglich verläßt sich der Mann auf
etwas anderes bei seinem Unternehmen als auf Geschick und
Weisheit, denn dies allein ist der Rede wert bei den Hellenen.
Denn wenn sie hörte, daß dieser Alkibiades zuerst kaum
zwanzig Jahre alt ist, und ganz und gar ununterrichtet, und
überdies wenn sein Liebhaber ihm sagt er müsse erst lernen
und sich üben und Geschick erwerben und so gehen um e
gegen den König zu kämpfen, dann nicht will, sondern
meint er wäre gut genug auch wie er ist: so glaube ich würde
sie sich wundern und fragen, Was ist es also doch nur, wor-
auf sich das Knäblein verläßt? Wenn wir ihr nun sagten, auf
Schönheit und Größe und Abkunft und Reichtum und Na-
turgaben: dann, o Alkibiades, würde sie glauben wir wären
toll, wenn sie dies alles vergliche mit dem wie sie es bei sich
findet. Ich glaube aber auch Lampito die Tochter des Leo- 124a
tychides die Gattin des Archidamos die Mutter des Agis, die
alle Könige gewesen sind, auch die würde sich wundern,
wenn sie auf das sieht, was sie bei sich haben, wie doch dir so
übel bestelltem einfallen könne gegen ihren Sohn zu streiten.
Und doch, dünkt dich das nicht schmählig, wenn die Weiber
der Feinde es richtiger einsehen, wie wir wohl sein müßten
um es mit ihnen aufzunehmen als wir selbst von uns selbst?
Also Bester gehorche nur mir und dem Spruche in Delphi b
und erkenne dich selbst, weil diese, und nicht die welche du
nennst, unsere Gegner sind, deren keinen wir wohl anders

οἴει· ὧν ἄλλῳ μὲν οὐδ' ἂν ἑνὶ περιγενοίμεθα, εἰ μή περ ἐπιμελείᾳ τε ἂν καὶ τέχνῃ· ὧν σὺ εἰ ἀπολειφθήσῃ, καὶ τοῦ ὀνομαστὸς γενέσθαι ἀπολειφθήσῃ ἐν Ἕλλησί τε καὶ βαρβάροις, οὗ μοι δοκεῖς ἐρᾶν ὡς οὐδεὶς ἄλλος ἄλλου.

ΑΛ. Τίνα οὖν χρὴ τὴν ἐπιμέλειαν, ὦ Σώκρατες, ποιεῖσθαι; ἔχεις ἐξηγήσασθαι; παντὸς γὰρ μᾶλλον ἔοικας ἀληθῆ εἰρηκότι.

ΣΩ. Ναί· ἀλλὰ γὰρ κοινὴ βουλὴ ᾧτινι τρόπῳ ἂν ὅ τι c βέλτιστοι γενοίμεθα· ἐγὼ γάρ τοι οὐ περὶ μὲν σοῦ λέγω ὡς χρὴ παιδευθῆναι, περὶ ἐμοῦ δὲ οὔ· οὐ γὰρ ἔσθ' ὅτῳ σου διαφέρω πλήν γ' ἑνί.

ΑΛ. Τίνι;

ΣΩ. Ὁ ἐπίτροπος ὁ ἐμὸς βελτίων ἐστὶ καὶ σοφώτερος ἢ Περικλῆς ὁ σός.

ΑΛ. Τίς οὗτος, ὦ Σώκρατες;

ΣΩ. Θεός, ὦ Ἀλκιβιάδη, ὅσπερ σοί με οὐκ εἴα πρὸ τῆσδε τῆς ἡμέρας διαλεχθῆναι· ᾧ καὶ πιστεύων λέγω ὅτι ἡ ἐπιφάνεια δι' οὐδενὸς ἄλλου σοι ἔσται ἢ δι' ἐμοῦ.

ΑΛ. Παίζεις, ὦ Σώκρατες. d

ΣΩ. Ἴσως· λέγω μέντοι ἀληθῆ ὅτι ἐπιμελείας δεόμεθα, μᾶλλον μὲν πάντες ἄνθρωποι, ἀτὰρ νώ γε καὶ μάλα σφόδρα.

ΑΛ. Ὅτι μὲν ἐγώ, οὐ ψεύδῃ.

ΣΩ. Οὐδὲ μὴν ὅτι γε ἐγώ.

ΑΛ. Τί οὖν δὴ ἂν ποιοῖμεν;

ΣΩ. Οὐκ ἀπορρητέον οὐδὲ μαλακιστέον, ὦ ἑταῖρε.

ΑΛ. Οὔτοι δὴ πρέπει γ', ὦ Σώκρατες.

ΣΩ. Οὐ γάρ, ἀλλὰ σκεπτέον κοινῇ. Καί μοι λέγε· φαμὲν γὰρ δὴ ὡς ἄριστοι βούλεσθαι γενέσθαι· ἦ γάρ; e

ΑΛ. Ναί.

ΣΩ. Τίνα ἀρετήν;

ΑΛ. Δῆλον ὅτι ἥνπερ οἱ ἄνδρες οἱ ἀγαθοί

ΣΩ. Οἱ τί ἀγαθοί;

überwinden könnten als durch Geschick und Kunst. Und wenn du diese nicht erwirbst, wirst du auch nicht erwerben, daß du berühmt wirst unter Hellenen und Ausländern, was du doch zu lieben scheinst wie nur einer etwas lieben kann.

3.2. Was sich zu vervollkommnen des näheren heißen könnte

ALKIBIADES: Wie aber soll ich mich geschickt machen, o Sokrates? kannst du mir das wohl erklären? denn gar sehr scheinst du mir die Wahrheit gesagt zu haben.

SOKRATES: Ja, aber nur durch gemeinsame Beratung, auf welche Weise wir wohl so trefflich werden könnten als mög- c lich. Denn ich sage das nicht etwa von dir daß du bedarfst dich bilden zu lassen und von mir nicht. Denn ich bin gar um nichts besser als du außer in einem Stück.

ALKIBIADES: Und in welchem?

SOKRATES: Mein Vormund ist besser und weiser als Perikles der deinige.

ALKIBIADES: Wer ist denn das, o Sokrates?

SOKRATES: Der Gott, o Alkibiades, welcher mir auch nicht zugelassen hat vor diesem Tage mit dir zu reden, und dem vertrauend ich auch behaupte, daß Ruhm dir durch keinen andern werden kann als durch mich.

ALKIBIADES: Du scherzest Sokrates. d

SOKRATES: Vielleicht. Aber darin rede ich doch wahr, daß wir Mühe anwenden müssen, freilich auch wohl alle Menschen, aber wir beide gar besonders.

ALKIBIADES: Daß ich es muß, das lügst du nicht.

SOKRATES: Auch nicht daß ich.

ALKIBIADES: Was sollen wir also tun?

SOKRATES: Wir müssen uns nicht abschrecken lassen noch weichlich werden, Freund!

ALKIBIADES: Das ziemt uns ja auch nicht, Sokrates.

SOKRATES: Freilich nicht. Aber zusehn müssen wir gemeinschaftlich. So sage mir denn, wir behaupten doch, wir wollen so trefflich werden als möglich. Nicht wahr? e

ALKIBIADES: Ja.

SOKRATES: In welcher Eigenschaft denn?

ALKIBIADES: Offenbar doch in der worin treffliche Männer es sind.

ΑΛ. Δῆλον ὅτι οἱ πράττειν τὰ πράγματα.

ΣΩ. Ποῖα; ἆρα τὰ ἱππικά;

ΑΛ. Οὐ δῆτα.

ΣΩ. Παρὰ τοὺς ἱππικοὺς γὰρ ἂν ᾖμεν;

ΑΛ. Ναί.

ΣΩ. Ἀλλὰ τὰ ναυτικὰ λέγεις;

ΑΛ. Οὔ.

ΣΩ. Παρὰ τοὺς ναυτικοὺς γὰρ ἂν ᾖμεν;

ΑΛ. Ναί.

ΣΩ. Ἀλλὰ ποῖα; ἃ τίνες πράττουσιν;

ΑΛ. Ἅπερ Ἀθηναίων οἱ καλοὶ κἀγαθοί.

ΣΩ. Καλοὺς δὲ κἀγαθοὺς λέγεις τοὺς φρονίμους ἢ τοὺς 125 ἄφρονας;

ΑΛ. Τοὺς φρονίμους.

ΣΩ. Οὐκοῦν ὃ ἕκαστος φρόνιμος, τοῦτ᾽ ἀγαθός;

ΑΛ. Ναί.

ΣΩ. Ὃ δὲ ἄφρων, πονηρός;

ΑΛ. Πῶς γὰρ οὔ;

ΣΩ. Ἆρ᾽ οὖν ὁ σκυτοτόμος φρόνιμος εἰς ὑποδημάτων ἐργασίαν;

ΑΛ. Πάνυ γε.

ΣΩ. Ἀγαθὸς ἄρ᾽ εἰς αὐτά;

ΑΛ. Ἀγαθός.

ΣΩ. Τί δ᾽; εἰς ἱματίων ἐργασίαν οὐκ ἄφρων ὁ σκυτοτόμος;

ΑΛ. Ναί.

ΣΩ. Κακὸς ἄρα εἰς τοῦτο; b

ΑΛ. Ναί.

ΣΩ. Ὁ αὐτὸς ἄρα τούτῳ γε τῷ λόγῳ κακός τε καὶ ἀγαθός.

ΑΛ. Φαίνεται.

ΣΩ. Ἦ οὖν λέγεις τοὺς ἀγαθοὺς ἄνδρας εἶναι καὶ κακούς;

SOKRATES: Die worin trefflich sind?

ALKIBIADES: Offenbar in Verrichtung der Geschäfte.

SOKRATES: Was für welcher? etwa der Pferdegeschäfte?

ALKIBIADES: Wohl nicht.

SOKRATES: Denn dann gingen wir zu den Bereutern?

ALKIBIADES: Ja.

SOKRATES: Aber die Schiffsgeschäfte meinst du?

ALKIBIADES: Nein.

SOKRATES: Denn dann gingen wir zu den Seeleuten.

ALKIBIADES: Ja.

SOKRATES: Also was für welche, und die wer verrichtet?

ALKIBIADES: Die die guten und stattlichen unter den Athenern verrichten.

SOKRATES: Gut und stattlich nennst du die Verständigen 125a
oder die Unverständigen?

ALKIBIADES: Die Verständigen.

SOKRATES: Und worin jeder verständig ist, darin ist er auch gut?

ALKIBIADES: Ja.

SOKRATES: Der Unverständige aber schlecht?

ALKIBIADES: Wie sollte er nicht.

SOKRATES: Nun ist doch der Lederarbeiter verständig in der Verfertigung der Schuhe?

ALKIBIADES: Freilich.

SOKRATES: Darin also ist er gut?

ALKIBIADES: Gut.

SOKRATES: Aber wie? in Verfertigung der Kleider, ist da nicht der Lederarbeiter unverständig?

ALKIBIADES: Ja.

SOKRATES: Schlecht also ist er darin? b

ALKIBIADES: Ja.

SOKRATES: Derselbe also ist nach dieser Rede schlecht und auch gut?

ALKIBIADES: So scheint es.

SOKRATES: Meinst du nun etwa, daß die guten Männer auch schlecht sind?

ALKIBIADES: Wohl nicht.

SOKRATES: Also was für gute meinst du denn?

ΑΛ. Οὐ δῆτα.

ΣΩ. Ἀλλὰ τίνας ποτὲ τοὺς ἀγαθοὺς λέγεις;

ΑΛ. Τοὺς δυναμένους ἔγωγε ἄρχειν ἐν τῇ πόλει.

ΣΩ. Οὐ δήπου ἵππων γε;

ΑΛ. Οὐ δῆτα.

ΣΩ. Ἀλλ' ἀνθρώπων;

ΑΛ. Ναί.

ΣΩ. Ἆρα καμνόντων;

ΑΛ. Οὔ.

ΣΩ. Ἀλλὰ πλεόντων;

ΑΛ. Οὔ φημι.

ΣΩ. Ἀλλὰ θεριζόντων;

ΑΛ. Οὔ.

ΣΩ. Ἀλλ' οὐδὲν ποιούντων ἤ τι ποιούντων; c

ΑΛ. Ποιούντων λέγω.

ΣΩ. Τί; πειρῶ καὶ ἐμοὶ δηλῶσαι.

ΑΛ. Οὐκοῦν τῶν καὶ συμβαλλόντων ἑαυτοῖς καὶ χρωμένων ἀλλήλοις, ὥσπερ ἡμεῖς ζῶμεν ἐν ταῖς πόλεσιν.

ΣΩ. Οὐκοῦν ἀνθρώπων λέγεις ἄρχειν ἀνθρώποις χρωμένων;

ΑΛ. Ναί.

ΣΩ. Ἆρα κελευστῶν χρωμένων ἐρέταις;

ΑΛ. Οὐ δῆτα.

ΣΩ. Κυβερνητικὴ γὰρ αὕτη γε ἀρετή;

ΑΛ. Ναί.

ΣΩ. Ἀλλ' ἀνθρώπων λέγεις ἄρχειν αὐλητῶν, ἀνθρώποις ἡγουμένων ᾠδῆς καὶ χρωμένων χορευταῖς; d

ΑΛ. Οὐ δῆτα.

ΣΩ. Χοροδιδασκαλικὴ γὰρ αὕτη γ' αὖ;

ΑΛ. Πάνυ γε.

ΣΩ. Ἀλλὰ τί ποτε λέγεις χρωμένων ἀνθρώπων ἀνθρώποις οἷόν τ' εἶναι ἄρχειν;

ALKIBIADES: Die vermögend sind in der Stadt zu herrschen, meine ich.

SOKRATES: Doch nicht über Pferde?

ALKIBIADES: Wohl nicht.

SOKRATES: Sondern über Menschen?

ALKIBIADES: Ja.

SOKRATES: Etwa über kranke?

ALKIBIADES: Nein.

SOKRATES: Aber über schiffende?

ALKIBIADES: Nein sage ich.

SOKRATES: Aber über erntende?

ALKIBIADES: Nein.

SOKRATES: Also über nichts tuende oder etwas tuende? c

ALKIBIADES: Über etwas tuende, sage ich.

SOKRATES: Was aber? versuche auch mir das deutlich zu machen.

ALKIBIADES: Doch wohl über die welche unter einander Verkehr treiben und sich einer des andern bedienen, so wie wir in den Städten leben.

SOKRATES: Also meinst du die über solche Menschen herrschen welche sich der Menschen bedienen?

ALKIBIADES: Ja.

SOKRATES: Etwa über Bootsführer die sich der Ruderer bedienen?

ALKIBIADES: Nicht doch.

SOKRATES: Denn diese Tugend gehört zur Steuermannskunst.

ALKIBIADES: Ja.

SOKRATES: Sondern du meinst, die über flötenspielende Menschen herrschen, welche den Leuten das Regiment führen beim Gesang und sich der Tänzer bedienen? d

ALKIBIADES: Nicht doch.

SOKRATES: Denn dies wäre wieder die Chorführerkunst.

ALKIBIADES: Allerdings.

SOKRATES: Also wozu sollen sich denn die Menschen die man soll regieren können der Menschen bedienen?

ALKIBIADES: Die mit einander in bürgerlicher Gemeinschaft stehen, meine ich, und Verkehr unter sich treiben, über diese in der Stadt zu regieren.

ΑΛ. Κοινωνούντων ἔγωγε λέγω πολιτείας καὶ συμβαλλόντων πρὸς ἀλλήλους, τούτων ἄρχειν τῶν ἐν τῇ πόλει.

ΣΩ. Τίς οὖν αὕτη ἡ τέχνη; ὥσπερ ἂν εἴ σε ἐροίμην πάλιν τὰ νυνδή, κοινωνούντων ναυτιλίας ἐπίστασθαι ἄρχειν τίς ποιεῖ τέχνη;

ΑΛ. Κυβερνητική.

ΣΩ. Κοινωνούντων δ' ᾠδῆς, ὡς νυνδὴ ἐλέγετο, τίς ἐπι- e
στήμη ποιεῖ ἄρχειν;

ΑΛ. Ἥνπερ σὺ ἄρτι ἔλεγες, ἡ χοροδιδασκαλία.

ΣΩ. Τί δέ; πολιτείας κοινωνούντων τίνα καλεῖς ἐπιστήμην;

ΑΛ. Εὐβουλίαν ἔγωγε, ὦ Σώκρατες.

ΣΩ. Τί δέ; μῶν ἀβουλία δοκεῖ εἶναι ἡ τῶν κυβερνητῶν;

ΑΛ. Οὐ δῆτα.

ΣΩ. Ἀλλ' εὐβουλία;

ΑΛ. Ἔμοιγε δοκεῖ, εἴς γε τὸ σῴζεσθαι πλέοντας. 126

ΣΩ. Καλῶς λέγεις. Τί δέ; ἣν σὺ λέγεις εὐβουλίαν, εἰς τί ἐστιν;

ΑΛ. Εἰς τὸ ἄμεινον τὴν πόλιν διοικεῖν καὶ σῴζεσθαι.

ΣΩ. Ἄμεινον δὲ διοικεῖται καὶ σῴζεται τίνος παραγιγνομένου ἢ ἀπογιγνομένου; ὥσπερ ἂν εἰ σύ με ἔροιο· « Ἄμεινον διοικεῖται σῶμα καὶ σῴζεται τίνος παραγιγνομένου ἢ ἀπογιγνομένου; » εἴποιμ' ἂν ὅτι ὑγιείας μὲν παραγιγνομένης, νόσου δ' ἀπογιγνομένης· οὐ καὶ σὺ οἴει οὕτως;

ΑΛ. Ναί. b

ΣΩ. Καὶ εἴ μ' αὖ ἔροιο· « Τίνος δὲ παραγιγνομένου ἄμεινον ὄμματα; » ὡσαύτως εἴποιμ' ἂν ὅτι ὄψεως μὲν παραγιγνομένης, τυφλότητος δὲ ἀπογιγνομένης. Καὶ ὦτα δὲ κωφότητος μὲν ἀπογιγνομένης, ἀκοῆς δὲ ἐγγιγνομένης βελτίω τε γίγνεται καὶ ἄμεινον θεραπεύεται.

ΑΛ. Ὀρθῶς.

SOKRATES: Welches ist nun diese Kunst? wie wenn ich dich noch einmal das vorige fragte, die mit einander in Schiffahrtsgemeinschaft stehn, welche Kunst macht daß man über diese zu regieren versteht?

ALKIBIADES: Die Steuermannskunst.

SOKRATES: Und die miteinander in musikalischer Ge- e
meinschaft stehen, welche Wissenschaft macht diese regieren?

ALKIBIADES: Die du eben nanntest, die Chorführerkunst.

SOKRATES: Und nun die mit einander in bürgerlicher Gemeinschaft stehen, welche Wissenschaft nennst du da?

ALKIBIADES: Die Klugheit denke ich, o Sokrates.

SOKRATES: Wie so? dünkt dich die Kunst des Steuermanns Unklugheit zu sein?

ALKIBIADES: Nicht wohl.

SOKRATES: Sondern doch auch Klugheit?

ALKIBIADES: Mich dünkt ja, nämlich in Errettung der 126a
Schiffenden.

SOKRATES: Richtig gesprochen! wie aber was du Klugheit nennst, worin zeigt sich die?

ALKIBIADES: In besserer Verwaltung und Erhaltung der Stadt.

SOKRATES: Besser aber wird sie verwaltet und erhalten wenn was doch da ist und was nicht da ist? Wie wenn du mich fragtest, Wenn was doch da ist und nicht da ist, wird der Leib besser erhalten und verwaltet, ich sagen würde, Wenn Gesundheit da ist und Krankheit nicht da ist. Meinst du nicht auch so?

ALKIBIADES: Ja. b

SOKRATES: Und wenn du mich wieder fragtest, Wenn was doch die Augen besser? ich eben so sagen würde, wenn Gesicht da ist und Blindheit nicht da ist. Und eben so die Ohren, wenn Taubheit nicht da ist und Gehör da ist, werden selbst besser und auch besser besorgt.

ALKIBIADES: Richtig.

SOKRATES: Wie nun die Stadt? wenn was doch da ist und nicht da ist, wird die besser, und auch besser besorgt und verwaltet?

ΣΩ. Τί δὲ δὴ πόλις; τίνος παραγιγνομένου καὶ ἀπογιγνομένου βελτίων τε γίγνεται καὶ ἄμεινον θεραπεύεται καὶ διοικεῖται;

ΑΛ. Ἐμοὶ μὲν δοκεῖ, ὦ Σώκρατες, ὅταν φιλία μὲν αὐτοῖς c γίγνηται πρὸς ἀλλήλους, τὸ μισεῖν δὲ καὶ στασιάζειν ἀπογίγνηται.

ΣΩ. Ἆρ' οὖν φιλίαν λέγεις ὁμόνοιαν ἢ διχόνοιαν;

ΑΛ. Ὁμόνοιαν.

ΣΩ. Διὰ τίν' οὖν τέχνην ὁμονοοῦσιν αἱ πόλεις περὶ ἀριθμούς;

ΑΛ. Διὰ τὴν ἀριθμητικήν.

ΣΩ. Τί δὲ οἱ ἰδιῶται; οὐ διὰ τὴν αὐτήν;

ΑΛ. Ναί.

ΣΩ. Οὐκοῦν καὶ αὐτὸς αὑτῷ ἕκαστος;

ΑΛ. Ναί.

ΣΩ. Διὰ τίνα δὲ τέχνην ἕκαστος αὐτὸς αὑτῷ ὁμονοεῖ περὶ σπιθαμῆς καὶ πήχεως, ὁπότερον μεῖζον; οὐ διὰ τὴν d μετρητικήν;

ΑΛ. Τί μήν;

ΣΩ. Οὐκοῦν καὶ οἱ ἰδιῶται ἀλλήλοις καὶ αἱ πόλεις;

ΑΛ. Ναί.

ΣΩ. Τί δὲ περὶ σταθμοῦ; οὐχ ὡσαύτως;

ΑΛ. Φημί.

ΣΩ. Ἣν δὲ δὴ σὺ λέγεις ὁμόνοιαν, τίς ἐστι καὶ περὶ τοῦ καὶ τίς αὐτὴν τέχνη παρασκευάζει; καὶ ἆρα ἥπερ πόλει, αὐτὴ καὶ ἰδιώτῃ, αὐτῷ τε πρὸς αὑτὸν καὶ πρὸς ἄλλον;

ΑΛ. Εἰκός γέ τοι.

ΣΩ. Τίς οὖν ἐστι; μὴ κάμῃς ἀποκρινόμενος, ἀλλὰ προθυμοῦ εἰπεῖν. e

ΑΛ. Ἐγὼ μὲν οἶμαι φιλίαν τε λέγειν καὶ ὁμόνοιαν, ἥνπερ πατήρ τε ὑὸν φιλῶν ὁμονοεῖ καὶ μήτηρ, καὶ ἀδελφὸς ἀδελφῷ καὶ γυνὴ ἀνδρί.

ΣΩ. Οἴει ἂν οὖν, ὦ Ἀλκιβιάδη, ἄνδρα γυναικὶ περὶ ταλα-

ALKIBIADES: Mich dünkt, o Sokrates, wenn die Leute c
Freundschaft unter einander halten und Haß und Parteisucht entfernt ist.

SOKRATES: Verstehst du unter Freundschaft Eintracht oder Zwietracht?

ALKIBIADES: Eintracht.

SOKRATES: Welche Kunst nun bringt Eintracht in die Städte in Ansehung der Zahlen?

ALKIBIADES: Die Rechenkunst.

SOKRATES: Und wie? unter die Einzelnen nicht dieselbe?

ALKIBIADES: Ja.

SOKRATES: Nicht auch in jeden einzelnen mit sich selbst?

ALKIBIADES: Ja.

SOKRATES: Durch welche Kunst nun ist jeder Einzelne
einig mit sich in Ansehung der Spanne und der Elle, welche d
von beiden größer ist? Nicht durch die Meßkunst?

ALKIBIADES: Durch welche sonst?

SOKRATES: Nicht auch Einzelne unter sich und ganze Städte?

ALKIBIADES: Ja.

SOKRATES: Und wie in Absicht des Gewichtes? nicht eben so?

ALKIBIADES: Ja.

SOKRATES: Was du aber Eintracht nennst, was ist das für eine, und worin? und welche Kunst bewirkt sie? und ist sie dieselbe für die Stadt und den Einzelnen in Bezug auf sich selbst und auf Andere?

ALKIBIADES: Wahrscheinlich doch.

SOKRATES: Was ist es also für eine? Laß dir es keine Qual
sein zu antworten, sondern sage es dreist heraus. e

ALKIBIADES: Ich meine ich werde sagen die Freundschaft und Eintracht, mit welcher Vater und Mutter den Sohn liebend eins mit ihm sind, und ein Bruder mit dem andern und das Weib mit dem Mann.

SOKRATES: Glaubst du also, o Alkibiades, daß der Mann mit der Frau in Absicht der Wollspinnerei könne einig sein, er der nichts davon versteht mit ihr die es versteht?

ALKIBIADES: Wohl nicht.

σιουργίας δύνασθαι ὁμονοεῖν, τὸν μὴ ἐπιστάμενον τῇ ἐπισταμένῃ.

ΑΛ. Οὐ δῆτα.

ΣΩ. Οὐδέ γε δεῖ οὐδέν· γυναικεῖον γὰρ τοῦτό γε μάθημα.

ΑΛ. Ναί.

ΣΩ. Τί δέ; γυνὴ ἀνδρὶ περὶ ὁπλιτικῆς δύναιτ' ἂν ὁμονοεῖν 127
μὴ μαθοῦσα;

ΑΛ. Οὐ δῆτα.

ΣΩ. Ἀνδρεῖον γὰρ τοῦτό γε ἴσως αὖ φαίης ἂν εἶναι.

ΑΛ. Ἔγωγε.

ΣΩ. Ἔστιν ἄρα τὰ μὲν γυναικεῖα, τὰ δὲ ἀνδρεῖα μαθήματα κατὰ τὸν σὸν λόγον.

ΑΛ. Πῶς δ' οὔ;

ΣΩ. Οὐκ ἄρα ἔν γε τούτοις ἐστὶν ὁμόνοια γυναιξὶ πρὸς ἄνδρας.

ΑΛ. Οὔ.

ΣΩ. Οὐδ' ἄρα φιλία, εἴπερ ἡ φιλία ὁμόνοια ἦν.

ΑΛ. Οὐ φαίνεται.

ΣΩ. Ἧι ἄρα αἱ γυναῖκες τὰ αὑτῶν πράττουσιν, οὐ φιλοῦνται ὑπὸ τῶν ἀνδρῶν.

ΑΛ. Οὐκ ἔοικεν. b

ΣΩ. Οὐδ' ἄρα οἱ ἄνδρες ὑπὸ τῶν γυναικῶν ᾗ τὰ αὑτῶν.

ΑΛ. Οὔ.

ΣΩ. Οὐδ' εὖ ἄρα ταύτῃ οἰκοῦνται αἱ πόλεις, ὅταν τὰ αὑτῶν ἕκαστοι πράττωσιν;

ΑΛ. Οἶμαι ἔγωγε, ὦ Σώκρατες.

ΣΩ. Πως λέγεις, φιλίας μὴ παρούσης, ἧς ἔφαμεν ἐγγιγνομένης εὖ οἰκεῖσθαι τὰς πόλεις, ἄλλως δ' οὔ;

ΑΛ. Ἀλλά μοι δοκεῖ καὶ κατὰ τοῦτ' αὐτοῖς φιλία ἐγγίγνεσθαι ὅτι τὰ αὑτῶν ἑκάτεροι πράττουσιν. c

ΣΩ. Οὐκ ἄρτι γε· νῦν δὲ πῶς αὖ λέγεις; ὁμονοίας μὴ ἐγγιγνομένης φιλία ἐγγίγνεται; ἢ οἷόν θ' ὁμόνοιαν γίγνεσθαι περὶ τούτων ὧν οἱ μὲν ἴσασιν, οἱ δ' οὔ;

SOKRATES: Aber es ist auch nicht nötig. Denn es ist ein weibliches Geschäft.

ALKIBIADES: Ja.

SOKRATES: Und wie? könnte wohl die Frau mit dem Manne in der Fechtkunst einig sein, da sie sie nicht gelernt hat? 127a

ALKIBIADES: Nicht füglich.

SOKRATES: Denn, würdest du vielleicht sagen, das ist nur ein männliches Geschäft.

ALKIBIADES: Das würde ich gewiß.

SOKRATES: Es gibt also einige nur weibliche und andere nur männliche Geschäfte nach deiner Rede.

ALKIBIADES: Wie sollte es nicht.

SOKRATES: Und über diese also findet sich keine Eintracht zwischen Männern und Frauen?

ALKIBIADES: Nein.

SOKRATES: Also auch keine Freundschaft, wenn doch Freundschaft Eintracht war.

ALKIBIADES: Nein, zeigt sich.

SOKRATES: Sofern also die Weiber das ihrige verrichten, werden sie von den Männern nicht geliebt.

ALKIBIADES: Es scheint nicht. b

SOKRATES: Noch auch die Männer von den Frauen, in wie fern wiederum sie das ihrige?

ALKIBIADES: Nein.

SOKRATES: Also werden auch die Städte nicht dadurch gut verwaltet, daß ein jeglicher das seinige tut.

ALKIBIADES: Das denke ich doch, o Sokrates.

SOKRATES: Wie meinst du? wenn doch keine Freundschaft da ist, welche eben da sein mußte, wie wir sagten, wenn Städte sollten gut verwaltet werden, sonst könnten sie es nicht?

ALKIBIADES: Aber ich dächte auch eben deshalb müßte doch Freundschaft statt finden, weil jeglicher das seinige tut. c

SOKRATES: Eben wenigstens dachtest du es nicht. Wie meinst du es aber jetzt wieder? Wenn Eintracht nicht da ist soll doch Freundschaft da sein? oder ist es möglich, daß Eintracht statt finde über dasjenige was die Einen verstehen und die Andern nicht?

ΑΛ. Ἀδύνατον.

ΣΩ. Δίκαια δὲ πράττουσιν ἢ ἄδικα, ὅταν τὰ αὑτῶν ἕκαστοι πράττωσιν;

ΑΛ. Δίκαια· πῶς γὰρ οὔ;

ΣΩ. Τὰ δίκαια οὖν πραττόντων ἐν τῇ πόλει τῶν πολιτῶν φιλία οὐκ ἐγγίγνεται πρὸς ἀλλήλους;

ΑΛ. Ἀνάγκη αὖ μοι δοκεῖ εἶναι, ὦ Σώκρατες.

ΣΩ. Τίνα οὖν ποτε λέγεις τὴν φιλίαν ἢ ὁμόνοιαν περὶ d
ἧς δεῖ ἡμᾶς σοφούς τε εἶναι καὶ εὐβούλους, ἵνα ἀγαθοὶ
ἄνδρες ὦμεν; οὐ γὰρ δύναμαι μαθεῖν οὔθ' ἥτις οὔτ' ἐν
οἷστισιν· τοτὲ μὲν γὰρ ἐν τοῖς αὐτοῖς φαίνεται ἐνοῦσα, τοτὲ
δ' οὔ, ὡς ἐκ τοῦ σοῦ λόγου.

ΑΛ. Ἀλλὰ μὰ τοὺς θεούς, ὦ Σώκρατες, οὐδ' αὐτὸς οἶδ' ὅ τι λέγω, κινδυνεύω δὲ καὶ πάλαι λεληθέναι ἐμαυτὸν αἴσχιστα ἔχων.

ΣΩ. Ἀλλὰ χρὴ θαρρεῖν. Εἰ μὲν γὰρ αὐτὸ ᾔσθου πεπονθὼς
πεντηκονταετής, χαλεπὸν ἂν ἦν σοι ἐπιμεληθῆναι σαυτοῦ· e
νῦν δ' ἣν ἔχεις ἡλικίαν, αὕτη ἐστὶν ἐν ᾗ δεῖ αὐτὸ αἰσθέσθαι.

ΑΛ. Τί οὖν τὸν αἰσθόμενον χρὴ ποιεῖν, ὦ Σώκρατες;

ΣΩ. Ἀποκρίνεσθαι τὰ ἐρωτώμενα, ὦ Ἀλκιβιάδη· καὶ ἐὰν τοῦτο ποιῇς, ἂν θεὸς ἐθέλῃ, εἴ τι δεῖ καὶ τῇ ἐμῇ μαντείᾳ πιστεύειν, σύ τε κἀγὼ βέλτιον σχήσομεν.

ΑΛ. Ἔσται ταῦτα ἕνεκά γε τοῦ ἐμὲ ἀποκρίνεσθαι.

ΣΩ. Φέρε δή, τί ἐστιν τὸ ἑαυτοῦ ἐπιμελεῖσθαι — μὴ
πολλάκις λάθωμεν οὐχ ἡμῶν αὐτῶν ἐπιμελούμενοι, οἰόμενοι 128
δέ — καὶ πότ' ἄρα αὐτὸ ποιεῖ ἄνθρωπος; Ἆρ' ὅταν τῶν
αὑτοῦ ἐπιμελῆται, τότε καὶ αὑτοῦ;

ΑΛ. Ἐμοὶ γοῦν δοκεῖ.

ΣΩ. Τί δέ; ποδῶν ἄνθρωπος πότε ἐπιμελεῖται; ἆρ' ὅταν ἐκείνων ἐπιμελῆται ἅ ἐστι τῶν ποδῶν;

ALKIBIADES: Unmöglich.

SOKRATES: Tun sie nun recht oder unrecht, wenn sie jeder das seinige tun?

ALKIBIADES: Recht; wie sollten sie nicht!

SOKRATES: Wenn also die Bürger in der Stadt Recht tun: so findet dann keine Freundschaft unter ihnen statt?

ALKIBIADES: Das dünkt mich nun wieder ganz notwendig zu sein.

SOKRATES: Was meinst du also für eine Freundschaft d
oder Eintracht in Beziehung auf welche wir weise sein sollen und klug um treffliche Männer zu sein? denn ich kann nicht verstehen weder worin sie besteht, noch bei wem sie sich findet. Denn unter denselbigen kommt bald heraus daß sie ist, bald wieder daß sie nicht ist nach deiner Rede.

ALKIBIADES: Bei den Göttern, o Sokrates, ich weiß auch selbst nicht was ich sage, und mir unbewußt muß es schon lange sehr schmählich um mich stehen.

3.3. Selbsterkenntnis

3.3.1. Sorgfalt für sich selbst betrifft das, was einem eigen, nicht was einem zugehörig ist, und setzt Selbsterkenntnis voraus

SOKRATES: Du mußt nur gutes Mutes sein. Denn hättest
du, daß es so mit dir steht, im funfzigsten Jahre gemerkt: so e
wäre es dir wohl schwer geworden noch Sorgfalt auf dich zu wenden; so aber ist dein Alter eben das rechte, worin man es inne werden muß.

ALKIBIADES: Was muß nun aber tun wer es inne geworden ist, o Sokrates.

SOKRATES: Beantworten was gefragt wird, o Alkibiades. Und wenn du das tust werden wir uns, so Gott will, wenn ich anders auch meiner Weissagung etwas glauben darf, besser befinden du und ich.

ALKIBIADES: Das soll uns nicht fehlen, so viel wenigstens auf mein Antworten ankommt.

SOKRATES: Wohlan denn, was heißt es doch auf sich selbst Sorgfalt wenden damit wir nicht etwa gar ohne es zu
wissen nichts weniger als für uns selbst sorgen und es doch 128a
glauben und wenn tut der Mensch dies wohl? Etwa wenn er für das seinige sorgt, dann auch für sich selbst?

ΑΛ. Οὐ μανθάνω.

ΣΩ. Καλεῖς δέ τι χειρός; οἷον δακτύλιον ἔστιν ὅτου ἂν ἄλλου τῶν τοῦ ἀνθρώπου φαίης ἢ δακτύλου;

ΑΛ. Οὐ δῆτα.

ΣΩ. Οὐκοῦν καὶ ποδὸς ὑπόδημα τὸν αὐτὸν τρόπον;

ΑΛ. Ναί.

< ΣΩ. Καὶ ἱμάτια καὶ στρώματα τοῦ ἄλλου σώματος ὁμοίως;

ΑΛ. Ναί. > b

ΣΩ. Ἆρ' οὖν ὅταν ὑποδημάτων ἐπιμελώμεθα, τότε ποδῶν ἐπιμελούμεθα;

ΑΛ. Οὐ πάνυ μανθάνω, ὦ Σώκρατες.

ΣΩ. Τί δέ, ὦ Ἀλκιβιάδη; ὀρθῶς ἐπιμελεῖσθαι καλεῖς τι ὁτουοῦν πράγματος;

ΑΛ. Ἔγωγε.

ΣΩ. Ἆρ' οὖν ὅταν τίς τι βέλτιον ποιῇ, τότε ὀρθὴν λέγεις ἐπιμέλειαν;

ΑΛ. Ναί.

ΣΩ. Τίς οὖν τέχνη ὑποδήματα βελτίω ποιεῖ;

ΑΛ. Σκυτική.

ΣΩ. Σκυτικῇ ἄρα ὑποδημάτων ἐπιμελούμεθα;

ΑΛ. Ναί. c

ΣΩ. Ἦ καὶ ποδὸς σκυτικῇ; ἢ ἐκείνῃ ᾗ πόδας βελτίους ποιοῦμεν;

ΑΛ. Ἐκείνῃ.

ΣΩ. Βελτίους δὲ πόδας οὐχ ᾗπερ καὶ τὸ ἄλλο σῶμα;

ΑΛ. Ἔμοιγε δοκεῖ.

ΣΩ. Αὕτη δ' οὐ γυμναστική;

ΑΛ. Μάλιστα.

ΣΩ. Γυμναστικῇ μὲν ἄρα ποδὸς ἐπιμελούμεθα, σκυτικῇ δὲ τῶν τοῦ ποδός;

ΑΛ. Πάνυ γε.

ALKIBIADES: Das dünkt mich wenigstens doch.

SOKRATES: Wie doch? wann besorgt der Mensch seine Füße? etwa wenn er das besorgt, was seinen Füßen gehört?

ALKIBIADES: Ich verstehe nicht.

SOKRATES: Nennst du nicht etwas der Hand gehörig? wie den Ring, möchtest du wohl sagen daß der irgend einem andern Teile des Menschen angehöre als dem Finger?

ALKIBIADES: Wohl nicht.

SOKRATES: Nicht auch dem Fuße der Schuh auf dieselbe Weise?

ALKIBIADES: Ja.

SOKRATES: Wenn wir nun für die Schuhe sorgen, sorgen b
wir dann für die Füße?

ALKIBIADES: Ich verstehe nicht ganz, o Sokrates.

SOKRATES: Wie doch, o Alkibiades! du nennst doch etwas eine Sache was es auch sei richtig besorgen?

ALKIBIADES: Ganz gewiß.

SOKRATES: Und wohl wenn einer etwas besser macht, das nennst du die richtige Besorgung?

ALKIBIADES: Ja.

SOKRATES: Welche Kunst nun macht die Schuhe besser?

ALKIBIADES: Die Schuhmacherkunst.

SOKRATES: Also durch die Schuhmacherkunst sorgen wir für die Schuhe?

ALKIBIADES: Ja. c

SOKRATES: Auch für den Fuß durch die Schuhmacherkunst? oder durch jene, durch welche wir die Füße besser machen?

ALKIBIADES: Durch jene.

SOKRATES: Machen wir aber nicht die Füße durch dieselbe besser, durch welche auch den übrigen Leib?

ALKIBIADES: Das dünkt mich wenigstens.

SOKRATES: Und ist nicht das die Gymnastik?

ALKIBIADES: Ganz vorzüglich.

SOKRATES: Durch die Gymnastik also besorgen wir den Fuß, durch die Schuhmacherkunst aber was dem Fuße gehört?

ALKIBIADES: Freilich wohl.

ΣΩ. Καὶ γυμναστικῇ μὲν χειρῶν, δακτυλιογλυφίᾳ δὲ τῶν τῆς χειρός;

ΑΛ. Ναί.

ΣΩ. Καὶ γυμναστικῇ μὲν σώματος, ὑφαντικῇ δὲ καὶ ταῖς ἄλλαις τῶν τοῦ σώματος; d

ΑΛ. Παντάπασι μὲν οὖν.

ΣΩ. Ἄλλῃ μὲν ἄρα τέχνῃ αὐτοῦ ἑκάστου ἐπιμελούμεθα, ἄλλῃ δὲ τῶν αὐτοῦ.

ΑΛ. Φαίνεται.

ΣΩ. Οὐκ ἄρα ὅταν τῶν σαυτοῦ ἐπιμελῇ, σαυτοῦ ἐπιμελῇ.

ΑΛ. Οὐδαμῶς.

ΣΩ. Οὐ γὰρ ἡ αὐτὴ τέχνη, ὡς ἔοικεν, ᾗ τις ἂν αὐτοῦ τε ἐπιμελοῖτο καὶ τῶν αὐτοῦ.

ΑΛ. Οὐ φαίνεται.

ΣΩ. Φέρε δή, ποίᾳ ποτ' ἂν ἡμῶν αὐτῶν ἐπιμεληθεῖμεν;

ΑΛ. Οὐκ ἔχω λέγειν.

ΣΩ. Ἀλλὰ τοσόνδε γε ὡμολόγηται, ὅτι οὐχ ᾗ ἂν τῶν e ἡμετέρων καὶ ὁτιοῦν βέλτιον ποιοῖμεν, ἀλλ' ᾗ ἡμᾶς αὐτούς;

ΑΛ. Ἀληθῆ λέγεις.

ΣΩ. Ἦ οὖν ἔγνωμεν ἄν ποτε τίς τέχνη ὑπόδημα βέλτιον ποιεῖ, μὴ εἰδότες ὑπόδημα;

ΑΛ. Ἀδύνατον.

ΣΩ. Οὐδέ γε τίς τέχνη δακτυλίους βελτίους ποιεῖ, ἀγνοοῦντες δακτύλιον.

ΑΛ. Ἀληθῆ.

ΣΩ. Τί δέ; τίς τέχνη βελτίω ποιεῖ αὐτόν, ἆρ' ἄν ποτε γνοῖμεν ἀγνοοῦντες τί ποτ' ἐσμὲν αὐτοί;

ΑΛ. Ἀδύνατον.

ΣΩ. Πότερον οὖν δὴ ῥᾴδιον τυγχάνει τὸ γνῶναι ἑαυτὸν καί τις ἦν φαῦλος ὁ τοῦτο ἀναθεὶς εἰς τὸν Πυθοῖ νεών, ἢ χαλεπόν τι καὶ οὐχὶ παντός;

SOKRATES: Und durch die Gymnastik die Hände, durch die Steinschneidekunst aber was den Händen gehört?

ALKIBIADES: Ja.

SOKRATES: Und durch die Gymnastik den Leib, durch die Weberkunst aber und die übrigen das was zum Leibe d gehört?

ALKIBIADES: Auf alle Weise.

SOKRATES: Durch eine andere Kunst also besorgen wir jedes selbst, und durch eine andere das was ihm angehört.

ALKIBIADES: So zeigt es sich.

SOKRATES: Nicht also wenn du das deinige besorgst, besorgst du dich selbst?

ALKIBIADES: Keinesweges.

SOKRATES: Denn es ist nicht die nämliche Kunst, durch welche einer sich selbst besorgt und das seinige.

ALKIBIADES: Es scheint nicht.

SOKRATES: Wohlan denn! durch was für eine mögen wir wohl für uns selbst sorgen?

ALKIBIADES: Ich weiß es nicht zu sagen.

SOKRATES: Aber so viel ist doch eingestanden, daß nicht e durch die, durch welche wir was es auch sei von dem unsrigen besser machen, sondern durch welche uns selbst?

ALKIBIADES: Richtig.

SOKRATES: Könnten wir nun wohl wissen, was für eine Kunst die Schuhe besser macht wenn wir gar keinen Schuh kennten?

ALKIBIADES: Unmöglich.

SOKRATES: Auch nicht was für eine Kunst die Ringe besser macht, wenn wir keinen Ring kennten?

ALKIBIADES: Richtig.

SOKRATES: Und wie? was für eine Kunst einen selbst besser macht, könnten wir das wohl einsehen, wenn wir nicht wüßten, was wir selbst sind?

ALKIBIADES: Unmöglich. 129a

SOKRATES: Ist das nun wohl etwas leichtes sich selbst zu kennen, und war das wohl nur ein gemeiner Mensch der dies aufgeschrieben hat im Pythischen Tempel; oder ist es schwer und nicht jedermanns Sache?

ΑΛ. Ἐμοὶ μέν, ὦ Σώκρατες, πολλάκις μὲν ἔδοξε παντὸς εἶναι, πολλάκις δὲ παγχάλεπον.

ΣΩ. Ἀλλ', ὦ Ἀλκιβιάδη, εἴτε ῥᾴδιον εἴτε μή ἐστιν, ὅμως γε ἡμῖν ὧδ' ἔχει· γνόντες μὲν αὐτὸ τάχ' ἂν γνοῖμεν τὴν ἐπιμέλειαν ἡμῶν αὐτῶν, ἀγνοοῦντες δὲ οὐκ ἄν ποτε.

ΑΛ. Ἔστι ταῦτα.

ΣΩ. Φέρε δή, τίν' ἂν τρόπον εὑρεθείη αὐτὸ ταὐτό; b
οὕτω μὲν γὰρ ἂν τάχ' εὕροιμεν τί ποτ' ἐσμὲν αὐτοί, τούτου δ' ἔτι ὄντες ἐν ἀγνοίᾳ ἀδύνατοί που.

ΑΛ. Ὀρθῶς λέγεις.

ΣΩ. Ἔχε οὖν πρὸς Διός· τῷ διαλέγῃ σὺ νῦν; ἄλλο τι ἢ ἐμοί;

ΑΛ. Ναί.

ΣΩ. Οὐκοῦν καὶ ἐγὼ σοί;

ΑΛ. Ναί.

ΣΩ. Σωκράτης ἄρ' ἐστὶν ὁ διαλεγόμενος;

ΑΛ. Πάνυ γε.

ΣΩ. Ἀλκιβιάδης δ' ὁ ἀκούων;

ΑΛ. Ναί.

ΣΩ. Οὐκοῦν λόγῳ διαλέγεται ὁ Σωκράτης;

ΑΛ. Τί μήν; c

ΣΩ. Τὸ δὲ διαλέγεσθαι καὶ τὸ λόγῳ χρῆσθαι ταὐτόν που καλεῖς.

ΑΛ. Πάνυ γε.

ΣΩ. Ὁ δὲ χρώμενος καὶ ᾧ χρῆται οὐκ ἄλλο;

ΑΛ. Πῶς λέγεις;

ΣΩ. Ὥσπερ σκυτοτόμος τέμνει που τομεῖ καὶ σμίλῃ καὶ ἄλλοις ὀργάνοις.

ΑΛ. Ναί.

ALKIBIADES: Mir, o Sokrates, ist es oft als etwas ganz gemeines vorgekommen, und oft auch als etwas sehr schweres.

SOKRATES: Aber, o Alkibiades, es mag nun leicht sein oder nicht: so steht es doch auf jeden Fall so, wissen wir es, dann können wir wohl auch wissen worin die Sorge für uns selbst besteht, wissen wir es aber nicht, dann wohl niemals.

ALKIBIADES: So ist es.

3.3.2. Der erste Schritt zur Erkenntnis des Selbst: Einsicht in das Wesen des Menschen, Kennenlernen der Seele

SOKRATES: Wohlan denn, auf welche Weise könnte man b
wohl das Selbst selbst finden? denn dann könnten wir wohl auch finden was wir selbst sind, ist aber jenes noch unbekannt, dann wohl unmöglich.

ALKIBIADES: Du hast Recht.

SOKRATES: So komm denn beim Zeus. Mit wem redest du jetzt? Nicht wahr, doch mit mir?

ALKIBIADES: Ja.

SOKRATES: Und ich mit dir?

ALKIBIADES: Ja.

SOKRATES: Sokrates also ist der Redende?

ALKIBIADES: Freilich.

SOKRATES: Und Alkibiades der Hörende?

ALKIBIADES: Ja.

SOKRATES: Und nicht wahr mit der Sprache redet Sokrates?

ALKIBIADES: Womit sonst? c

SOKRATES: Und reden und sich der Sprache gebrauchen nennst du doch einerlei?

ALKIBIADES: Freilich.

SOKRATES: Der Gebrauchende aber und was er gebraucht, sind die nicht verschieden?

ALKIBIADES: Wie meinst du?

SOKRATES: Wie der Schuster schneidet doch mit dem Werkmesser und dem Kneif und andern Werkzeugen?

ALKIBIADES: Ja.

SOKRATES: Nun ist doch wohl der schneidende und ge-

ΣΩ. Οὐκοῦν ἄλλο μὲν ὁ τέμνων καὶ χρώμενος, ἄλλο δὲ οἷς τέμνων χρῆται;

ΑΛ. Πῶς γὰρ οὔ;

ΣΩ. Ἆρ' οὖν οὕτως καὶ οἷς ὁ κιθαριστὴς κιθαρίζει καὶ αὐτὸς ὁ κιθαριστὴς ἄλλο ἂν εἴη;

ΑΛ. Ναί.

ΣΩ. Τοῦτο τοίνυν ἀρτίως ἠρώτων εἰ ὁ χρώμενος καὶ ᾧ d
χρῆται ἀεὶ δοκεῖ ἕτερον εἶναι.

ΑΛ. Δοκεῖ.

ΣΩ. Τί οὖν φῶμεν τὸν σκυτοτόμον; τέμνειν ὀργάνοις μόνον ἢ καὶ χερσίν;

ΑΛ. Καὶ χερσίν.

ΣΩ. Χρῆται ἄρα καὶ ταύταις;

ΑΛ. Ναί.

ΣΩ. Ἦ καὶ τοῖς ὀφθαλμοῖς χρώμενος σκυτοτομεῖ;

ΑΛ. Ναί.

ΣΩ. Τὸν δὲ χρώμενον καὶ οἷς χρῆται ἕτερα ὁμολογοῦμεν;

ΑΛ. Ναί.

ΣΩ. Ἕτερον ἄρα σκυτοτόμος καὶ κιθαριστὴς χειρῶν καὶ
ὀφθαλμῶν οἷς ἐργάζονται; e

ΑΛ. Φαίνεται.

ΣΩ. Οὐκοῦν καὶ παντὶ τῷ σώματι χρῆται ἄνθρωπος;

ΑΛ. Πάνυ γε.

ΣΠ. Ἕτερον δ' ἦν τό τε χρώμενον καὶ ᾧ χρῆται;

ΑΛ. Ναί.

ΣΩ. Ἕτερον ἄρα ἄνθρωπός ἐστι τοῦ σώματος τοῦ ἑαυτοῦ;

ΑΛ. Ἔοικεν.

ΣΩ. Τί ποτ' οὖν ὁ ἄνθρωπος;

ΑΛ. Οὐκ ἔχω λέγειν.

ΣΩ. Ἔχεις μὲν οὖν ὅτι γε τὸ τῷ σώματι χρώμενον.

brauchende etwas anderes, und etwas anderes das was der schneidende gebraucht?

ALKIBIADES: Wie sollte es nicht?

SOKRATES: Ist nun nicht auch eben so das womit der Leierspieler spielt und der Leierspieler selbst etwas anderes?

ALKIBIADES: Ja.

SOKRATES: Dies nun fragte ich eben, ob der gebrauchen- d
de und das was er gebraucht wohl immer scheinen verschieden zu sein?

ALKIBIADES: Das scheint wohl.

SOKRATES: Was sagen wir aber weiter vom Schuster? schneidet er bloß mit den Werkzeugen oder auch mit den Händen?

ALKIBIADES: Auch mit den Händen.

SOKRATES: Er gebraucht also auch diese?

ALKIBIADES: Ja.

SOKRATES: Gebraucht er auch die Augen, wenn er seine Arbeit verrichtet?

ALKIBIADES: Ja.

SOKRATES: Und der gebrauchende und das was er gebraucht gestanden wir doch sei verschieden?

ALKIBIADES: Ja.

SOKRATES: Verschieden also sind der Schuster und der
Leierspieler von den Augen und Händen, womit sie arbei- e
ten?

ALKIBIADES: So scheint es.

SOKRATES: Und nicht wahr, auch seinen ganzen Leib gebraucht der Mensch?

ALKIBIADES: Freilich.

SOKRATES: Und verschieden war das Gebrauchende und was es gebraucht?

ALKIBIADES: Ja.

SOKRATES: Verschieden also ist auch der Mensch von seinem eigenen Leibe?

ALKIBIADES: So scheint es.

SOKRATES: Was ist also der Mensch?

ALKIBIADES: Ich weiß es nicht zu sagen.

SOKRATES: Das doch wohl, daß er das den Leib gebrauchende ist?

ΑΛ. Ναί.

ΣΩ. Ἦ οὖν ἄλλο τι χρῆται αὐτῷ ἢ ψυχή; 130

ΑΛ. Οὐκ ἄλλο.

ΣΩ. Οὐκοῦν ἄρχουσα;

ΑΛ. Ναί.

ΣΩ. Καὶ μὴν τόδε γ' οἶμαι οὐδένα ἂν ἄλλως οἰηθῆναι.

ΑΛ. Τὸ ποῖον;

ΣΩ. Μὴ οὐ τριῶν ἕν γέ τι εἶναι τὸν ἄνθρωπον.

ΑΛ. Τίνων;

ΣΩ. Ψυχὴν ἢ σῶμα ἢ συναμφότερον, τὸ ὅλον τοῦτο.

ΑΛ. Τί μήν;

ΣΩ. Ἀλλὰ μὴν αὐτό γε τὸ τοῦ σώματος ἄρχον ὡμολογήσαμεν ἄνθρωπον εἶναι;

ΑΛ. Ὡμολογήσαμεν. b

ΣΩ. Ἆρ' οὖν σῶμα αὐτὸ αὑτοῦ ἄρχει;

ΑΛ. Οὐδαμῶς.

ΣΩ. Ἄρχεσθαι γὰρ αὐτὸ εἴπομεν.

ΑΛ. Ναί.

ΣΩ. Οὐκ ἂν δὴ τοῦτό γε εἴη ὃ ζητοῦμεν.

ΑΛ. Οὐκ ἔοικεν.

ΣΩ. Ἀλλ' ἄρα τὸ συναμφότερον τοῦ σώματος ἄρχει καὶ ἔστι δὴ τοῦτο ἄνθρωπος;

ΑΛ. Ἴσως δῆτα.

ΣΩ. Πάντων γε ἥκιστα· μὴ γὰρ συνάρχοντος τοῦ ἑτέρου οὐδεμία που μηχανὴ τὸ συναμφότερον ἄρχειν.

ΑΛ. Ὀρθῶς.

ΣΩ. Ἐπειδὴ δ' οὔτε τὸ σῶμα οὔτε τὸ συναμφότερόν ἐστιν c ἄνθρωπος, λείπεται, οἶμαι, ἢ μηδὲν αὔτ' εἶναι, ἤ, εἴπερ τί ἐστι, μηδὲν ἄλλο τὸν ἄνθρωπον συμβαίνειν ἢ ψυχήν.

ΑΛ. Κομιδῇ μὲν οὖν.

ΣΩ. Ἔτι οὖν τι σαφέστερον δεῖ ἀποδειχθῆναί σοι ὅτι ἡ ψυχή ἐστιν ἄνθρωπος;

ALKIBIADES: Ja.

SOKRATES: Gebraucht den nun wohl etwas anderes als die Seele? 130a

ALKIBIADES: Nichts anderes.

SOKRATES: Indem sie ihn regiert doch wohl?

ALKIBIADES: Ja.

SOKRATES: Und hierüber glaube ich wird wohl niemand andrer Meinung sein?

ALKIBIADES: Worüber?

SOKRATES: Daß der Mensch nicht eines von diesen dreien wäre?

ALKIBIADES: Von welchen?

SOKRATES: Entweder die Seele oder der Leib, oder beides zusammen, dieses Ganze.

ALKIBIADES: Ganz gewiß.

SOKRATES: Aber doch eben das den Leib regierende haben wir angenommen sei der Mensch.

ALKIBIADES: Das haben wir angenommen. b

SOKRATES: Welches ist also der Mensch? Regiert etwa der Leib sich selbst?

ALKIBIADES: Keinesweges.

SOKRATES: Denn wir sagten auch er werde regiert?

ALKIBIADES: Ja.

SOKRATES: Dieser ist also nicht das, was wir suchen.

ALKIBIADES: Es scheint nicht.

SOKRATES: Aber regiert etwa das Beiderlei den Leib, und wäre dieses der Mensch?

ALKIBIADES: Vielleicht wohl.

SOKRATES: Wohl am allerwenigsten. Denn wenn das eine von beiden nicht mit regiert, so ist wohl gar nicht auszusinnen, wie das Beiderlei regieren soll.

ALKIBIADES: Richtig.

SOKRATES: Wenn nun weder der Leib noch das Beiderlei c
der Mensch ist: so bleibt nur übrig entweder nichts ist er, oder wenn etwas, so kann nichts anders der Mensch sein als die Seele.

ALKIBIADES: Offenbar wohl.

SOKRATES: Soll dir nun erst noch deutlicher bewiesen werden, daß die Seele der Mensch ist?

ΑΛ. Μὰ Δία, ἀλλ' ἱκανῶς μοι δοκεῖ ἔχειν.

ΣΩ. Εἰ δέ γε μὴ ἀκριβῶς, ἀλλὰ καὶ μετρίως, ἐξαρκεῖ ἡμῖν· ἀκριβῶς μὲν γὰρ τότε εἰσόμεθα, ὅταν εὕρωμεν ὃ νυνδὴ παρήλθομεν διὰ τὸ πολλῆς εἶναι σκέψεως. d

ΑΛ. Τί τοῦτο;

ΣΩ. Ὃ ἄρτι οὕτω πως ἐρρήθη, ὅτι πρῶτον σκεπτέον εἴη αὐτὸ τὸ αὐτό· νῦν δὲ ἀντὶ τοῦ αὐτοῦ αὐτὸ ἕκαστον ἐσκέμμεθα ὅ τι ἐστί, καὶ ἴσως ἐξαρκέσει· οὐ γάρ που κυριώτερόν γε οὐδὲν ἂν ἡμῶν αὐτῶν φήσαιμεν ἢ τὴν ψυχήν.

ΑΛ. Οὐ δῆτα.

ΣΩ. Οὐκοῦν καλῶς ἔχει οὕτω νομίζειν, ἐμὲ καὶ σὲ προσομιλεῖν ἀλλήλοις τοῖς λόγοις χρωμένους τῇ ψυχῇ πρὸς τὴν ψυχήν;

ΑΛ. Πάνυ μὲν οὖν.

ΣΩ. Τοῦτ' ἄρ' ἦν ὃ καὶ ὀλίγῳ ἔμπροσθεν εἴπομεν ὅτι e
Σωκράτης Ἀλκιβιάδῃ διαλέγεται λόγῳ χρώμενος, οὐ πρὸς τὸ σὸν πρόσωπον, ὡς ἔοικεν, ἀλλὰ πρὸς τὸν Ἀλκιβιάδην ποιούμενος τοὺς λόγους· τοῦτο δέ ἐστιν ἡ ψυχή.

ΑΛ. Ἔμοιγε δοκεῖ.

ΣΩ· Ψυχὴν ἄρα ἡμᾶς κελεύει γνωρίσαι ὁ ἐπιτάττων γνῶναι ἑαυτόν.

ΑΛ. Ἔοικεν. 131

ΣΩ. Ὅστις ἄρα τῶν τοῦ σώματός τι γιγνώσκει, τὰ αὑτοῦ, ἀλλ' οὐχ αὑτὸν ἔγνωκεν.

ΑΛ. Οὕτως.

ΣΩ. Οὐδεὶς ἄρα τῶν ἰατρῶν ἑαυτὸν γιγνώσκει καθ' ὅσον ἰατρός, οὐδὲ τῶν παιδοτριβῶν καθ' ὅσον παιδοτρίβης.

ΑΛ. Οὐκ ἔοικεν.

ΣΩ. Πολλοῦ ἄρα δέουσιν οἱ γεωργοὶ καὶ οἱ ἄλλοι δημιουργοὶ γιγνώσκειν ἑαυτούς· οὐδὲ γὰρ τὰ ἑαυτῶν οὗτοί γε, ὡς

ALKIBIADES: Nein, beim Zeus, sondern dies dünkt mich hinreichend.

SOKRATES: Ist es auch nicht ganz genau, sondern nur mäßig so genügt es uns schon. Denn ganz genau werden wir es nur wissen können, wenn wir das gefunden haben, was wir jetzt, weil es eine zu große Untersuchung wäre, vorbei- d
gelassen haben.

ALKIBIADES: Was denn?

SOKRATES: Das wovon wir vorher sagten daß es zuerst müsse gefunden werden, das Selbst selbst. Jetzt aber haben wir statt dieses Selbst selbst nur das einzelne Selbst betrachtet was es ist. Und vielleicht werden wir damit ausreichen. Wenigstens werden wir wohl niemals zugeben, daß irgend etwas an uns selbst wesentlicher sei als die Seele.

ALKIBIADES: Gewiß nicht.

SOKRATES: Es wird also ganz recht sein so festzustellen, daß wir ich und du zu einander reden der Sprache uns bedienend mit der Seele zu der Seele.

ALKIBIADES: Allerdings.

SOKRATES: Und dies war es also, was wir kurz vorher e
sagten, daß Sokrates mit dem Alkibiades redend der Sprache sich bedient, nicht an dein Gesicht seine Reden richtend wie es scheint, sondern an den Alkibiades; dieser ist aber die Seele.

ALKIBIADES: So scheint es mir.

SOKRATES: Die Seele also befiehlt uns kennen zu lernen, wer da vorschreibt sich selbst zu kennen.

ALKIBIADES: So zeigt es sich. 131a

SOKRATES: Wer also etwas von seinem Leibe kennt, der kennt das seinige aber nicht sich selbst.

ALKIBIADES: So ist es.

SOKRATES: Kein Arzt also kennt sich selbst, sofern er ein Arzt ist, und auch kein Meister der Leibesübungen als solcher.

ALKIBIADES: Es scheint nicht.

SOKRATES: Weit mehr also noch gefehlt daß die Ackerleute oder die andern Handwerker sich selbst kennen sollten. Denn diese kennen noch nicht einmal das ihrige wie man

ἔοικεν, ἀλλ' ἔτι πορρωτέρω τῶν ἑαυτῶν κατά γε τὰς τέχνας ἃς ἔχουσιν· τὰ γὰρ τοῦ σώματος γιγνώσκουσιν οἷς τοῦτο b θεραπεύεται.

ΑΛ. Ἀληθῆ λέγεις.

ΣΩ. Εἰ ἄρα σωφροσύνη ἐστὶ τὸ ἑαυτὸν γιγνώσκειν, οὐδεὶς τούτων σώφρων κατὰ τὴν τέχνην.

ΑΛ. Οὔ μοι δοκεῖ.

ΣΩ. Διὰ ταῦτα δὴ καὶ βάναυσοι αὗται αἱ τέχναι δοκοῦσιν εἶναι καὶ οὐκ ἀνδρὸς ἀγαθοῦ μαθήματα.

ΑΛ. Πάνυ μὲν οὖν.

ΣΩ. Οὐκοῦν πάλιν ὅστις αὖ σῶμα θεραπεύει, τὰ ἑαυτοῦ, ἀλλ' οὐχ αὑτὸν θεραπεύει;

ΑΛ. Κινδυνεύει.

ΣΩ. Ὅστις δέ γε τὰ χρήματα οὔθ' ἑαυτὸν οὔτε τὰ ἑαυτοῦ, ἀλλ' ἔτι πορρωτέρω τῶν ἑαυτοῦ;

ΑΛ. Ἔμοιγε δοκεῖ. c

ΣΩ. Οὐ τὰ αὑτοῦ ἄρα ἔτι πράττει ὁ χρηματιστής.

ΑΛ. Ὀρθῶς.

ΣΩ. Εἰ ἄρα τις γέγονεν ἐραστὴς τοῦ Ἀλκιβιάδου σώματος, οὐκ Ἀλκιβιάδου ἠράσθη, ἀλλά τινος τῶν Ἀλκιβιάδου.

ΑΛ. Ἀληθῆ λέγεις.

ΣΩ. Ὅστις δέ σου τῆς ψυχῆς ἐρᾷ.

ΑΛ. Ἀνάγκη φαίνεται ἐκ τοῦ λόγου.

ΣΩ. Οὐκοῦν ὁ μὲν τοῦ σώματός σου ἐρῶν, ἐπειδὴ λήγει ἀνθοῦν, ἀπιὼν οἴχεται;

ΑΛ. Φαίνεται.

ΣΩ. Ὁ δέ γε τῆς ψυχῆς ἐρῶν οὐκ ἄπεισιν ἕως ἂν ἐπὶ τὸ d βέλτιον ἴῃ;

ΑΛ. Εἰκός γε.

sieht, sondern was noch weiter liegt als das ihrige, vermöge der Künste wenigstens die sie inne haben. Denn sie kennen b nur das dem Leibe zugehörige, wodurch dieser besorgt wird.

ALKIBIADES: Du hast Recht.

SOKRATES: Wenn also die Besonnenheit darin besteht daß man sich selbst kennt: so ist keiner von diesen besonnen vermöge seiner Kunst.

ALKIBIADES: Nein, wie mich dünkt.

SOKRATES: Darum werden auch diese Künste für niedrig gehalten, und nicht für Beschäftigungen eines edlen Mannes.

ALKIBIADES: Ganz richtig.

SOKRATES: Und nicht wahr eben so wiederum, wer den Leib besorgt, der besorgt auch nur das Seinige und nicht sich selbst.

ALKIBIADES: So mag es wohl sein.

SOKRATES: Wer aber nur das Geld, der besorgt weder sich selbst noch das seinige, sondern entfernteres noch als das seinige.

ALKIBIADES: Das dünkt mich auch. c

SOKRATES: Also der Wucherer besorgt nicht mehr das seinige.

ALKIBIADES: Richtig.

3.3.3. Ein Zwischenergebnis: Sokrates der wahre Liebhaber des Alkibiades

SOKRATES: Wer also in des Alkibiades Leib verliebt ist, der ist nicht in den Alkibiades verliebt, sondern in etwas was dem Alkibiades gehört.

ALKIBIADES: Du hast Recht.

SOKRATES: Wer aber in dich, der liebt deine Seele.

ALKIBIADES: Notwendig nach deiner Rede.

SOKRATES: Und wer deinen Leib liebt, der geht ab und davon wenn dieser aufhört zu blühen?

ALKIBIADES: Natürlich.

SOKRATES: Wer aber die Seele liebt, der geht nicht ab so d lange sie dem Besseren nachstrebt.

ALKIBIADES: Wahrscheinlich wohl.

SOKRATES: Bin ich nun nicht der nicht abgehende son-

ΣΩ. Οὐκοῦν ἐγώ εἰμι ὁ οὐκ ἀπιών, ἀλλὰ παραμένων λήγοντος τοῦ σώματος, τῶν ἄλλων ἀπεληλυθότων.

ΑΛ. Εὖ γε ποιῶν, ὦ Σώκρατες· καὶ μὴ ἀπέλθοις.

ΣΩ. Προθυμοῦ τοίνυν ὅ τι κάλλιστος εἶναι.

ΑΛ. Ἀλλὰ προθυμήσομαι.

ΣΩ. Ὡς οὕτω γέ σοι ἔχει· οὔτ' ἐγένεθ', ὡς ἔοικεν, e
Ἀλκιβιάδῃ τῷ Κλεινίου ἐραστὴς οὔτ' ἔστιν ἀλλ' ἢ εἷς μόνος, καὶ οὗτος ἀγαπητός, Σωκράτης ὁ Σωφρονίσκου καὶ Φαιναρέτης.

ΑΛ. Ἀληθῆ.

ΣΩ. Οὐκοῦν ἔφησθα σμικρὸν φθῆναί με προσελθόντα σοι, ἐπεὶ πρότερος ἂν μοι προσελθεῖν βουλόμενος πυθέσθαι δι' ὅ τι μόνος οὐκ ἀπέρχομαι;

ΑΛ. Ἦν γὰρ οὕτω.

ΣΩ. Τοῦτο τοίνυν αἴτιον, ὅτι μόνος ἐραστὴς ἦν σοῦ, οἱ δ' ἄλλοι τῶν σῶν· τὰ δὲ σὰ λήγει ὥρας, σὺ δ' ἄρχῃ ἀνθεῖν.
Καὶ νῦν γε ἂν μὴ διαφθαρῇς ὑπὸ τοῦ Ἀθηναίων δήμου καὶ 132
αἰσχίων γένῃ, οὐ μή σε ἀπολίπω· τοῦτο γὰρ δὴ μάλιστα ἐγὼ φοβοῦμαι μὴ δημεραστὴς ἡμῖν γενόμενος διαφθαρῇς· πολλοὶ γὰρ ἤδη καὶ ἀγαθοὶ αὐτὸ πεπόνθασιν Ἀθηναίων· εὐπρόσωπος γὰρ ὁ τοῦ μεγαλήτορος δῆμος Ἐρεχθέως· ἀλλ' ἀποδύντα χρὴ αὐτὸν θεάσασθαι· εὐλαβοῦ οὖν τὴν εὐλάβειαν ἣν ἐγὼ λέγω.

ΑΛ. Τίνα;

ΣΩ. Γύμνασαι πρῶτον, ὦ μακάριε, καὶ μάθε ἃ δεῖ μα- b
θόντα ἰέναι ἐπὶ τὰ τῆς πόλεως, πρότερον δὲ μή, ἵνα ἀλεξιφάρμακα ἔχων ἴῃς καὶ μηδὲν πάθῃς δεινόν.

ΑΛ. Εὖ μοι δοκεῖς λέγειν, ὦ Σώκρατες· ἀλλὰ πειρῶ ἐξηγεῖσθαι ὅντιν' ἂν τρόπον ἐπιμεληθεῖμεν ἡμῶν αὐτῶν.

πειρῶ ← πειράου

Imp. med. 1. Person praes.,

παιδεύου

dern bleibende, auch nachdem dein Leib verblüht ist, und die Andern fortgegangen sind?

ALKIBIADES: Wohl tust du gewiß daran, o Sokrates, und gehe nur ja nicht!

SOKRATES: So bestrebe dich denn recht schön zu sein.

ALKIBIADES: Das will ich mich bestreben.

SOKRATES: Daß es also mit dir so steht, Alkibiades der e
Sohn des Kleinias wie wir sehen hat keinen Liebhaber weder gehabt noch hat er deren jetzt als nur einen allein, und zwar einen mit dem er zufrieden sein muß, Sokrates den Sohn des Sophroniskos und der Phainarete.

ALKIBIADES: Richtig.

SOKRATES: Sagtest du nun nicht, ich sei dir nur um weniges zuvorgekommen indem ich dich anredete; denn du hättest mich zuerst darauf anreden gewollt um zu erfahren, weshalb doch ich allein mich nicht zurückzöge?

ALKIBIADES: So war es freilich.

SOKRATES: Dies nun ist die Ursache, daß ich allein dein Liebhaber war, die andern aber nur des deinigen. Das deinige aber nimmt ab an Schönheit, du selbst hingegen fängst
erst an zu blühen. Und wenn du nur jetzt nicht von dem 132a
Volke der Athener verdorben oder häßlicher wirst, werde ich dich nicht verlassen. Denn das besorge ich nur am meisten, daß du uns nicht etwa ein Volksliebhaber werdest, und dadurch verderbest; denn gar vielen und guten ist das schon begegnet unter den Athenern. Denn schön ist von Larve des großmütigen Helden Erechtheus Volk, aber ausgezogen muß man es sehen. Gebrauche also ja die Vorsicht, die ich dir anriet.

ALKIBIADES: Welche doch?

SOKRATES: Übe dich zuerst; o Bester, und lerne, was du b
mußt gelernt haben, um an die Angelegenheiten der Stadt zu gehn; ohne das aber nicht, damit du mit guten Gegenmitteln versehen gehest und dir nichts übles begegne.

ALKIBIADES: Du scheinst mir sehr gut zu reden, o Sokrates! aber versuche nun auch mir zu erklären, auf welche Weise wir denn nun für uns selbst sollen Sorge tragen?

ΣΩ. Οὐκοῦν τοσοῦτον μὲν ἡμῖν εἰς τὸ πρόσθεν πεπέρανται· ὃ γὰρ ἐσμέν, ἐπιεικῶς ὡμολόγηται· ἐφοβούμεθα δὲ μὴ τούτου σφαλέντες λάθωμεν ἑτέρου τινὸς ἐπιμελόμενοι, ἀλλ' οὐχ ἡμῶν.

ΑΛ. Ἔστι ταῦτα.

ΣΩ. Καὶ μετὰ τοῦτο δὴ ὅτι ψυχῆς ἐπιμελητέον καὶ εἰς c
τοῦτο βλεπτέον.

ΑΛ. Δῆλον.

ΣΩ. Σωμάτων δὲ καὶ χρημάτων τὴν ἐπιμέλειαν ἑτέροις παραδοτέον.

ΑΛ. Τί μήν;

ΣΩ. Τίν' οὖν ἂν τρόπον γνοῖμεν ⟨αὖ τὸ⟩ αὐτὸ ἐναργέστατα; ἐπειδὴ τοῦτο γνόντες, ὡς ἔοικεν, καὶ ἡμᾶς αὐτοὺς γνωσόμεθα. Ἆρα πρὸς θεῶν εὖ λέγοντος οὗ νυνδὴ ἐμνήσθημεν τοῦ Δελφικοῦ γράμματος οὐ ξυνίεμεν;

ΑΛ. Τὸ ποῖόν τι διανοούμενος λέγεις, ὦ Σώκρατες;

ΣΩ. Ἐγώ σοι φράσω ὅ γε ὑποπτεύω λέγειν καὶ συμβου- d
λεύειν ἡμῖν τοῦτο τὸ γράμμα· κινδυνεύει γὰρ οὐδὲ πολλαχοῦ εἶναι παράδειγμα αὐτοῦ, ἀλλὰ κατὰ τὴν ὄψιν μόνον.

ΑΛ. Πῶς τοῦτο λέγεις;

ΣΩ. Σκόπει καὶ σύ· εἰ ἡμῶν τῷ ὄμματι ὥσπερ ἀνθρώπῳ συμβουλεῦον εἶπεν· « Ἰδὲ σαυτόν », πῶς ἂν ὑπελάβομεν τί παραινεῖν; ἆρ' οὐχὶ εἰς τοῦτο βλέπειν εἰς ὃ βλέπων ὁ ὀφθαλμὸς ἔμελλεν αὑτὸν ἰδεῖν;

ΑΛ. Δῆλον.

ΣΩ. Ἐννοῶμεν δὴ εἰς τί βλέποντες τῶν ὄντων ἐκεῖνό τε
ὁρῷμεν ἅμα ἂν καὶ ἡμᾶς αὐτούς; e

ΑΛ. Δῆλον δή, ὦ Σώκρατες, ὅτι εἰς κάτοπτρά τε καὶ τὰ τοιαῦτα.

ΣΩ. Ὀρθῶς λέγεις. Οὐκοῦν καὶ τῷ ὀφθαλμῷ ᾧ ὁρῶμεν ἔνεστί <τι> τῶν τοιούτων;

ΑΛ. Πάνυ γε.

3.3.4. Selbsterkenntnis erfordert, das Göttliche in uns zu entdecken

SOKRATES: Soviel ist uns doch schon im voraus bestimmt, was wir nämlich sind darüber sind wir doch ganz einig. Wir fürchteten aber daß wenn wir dieses verfehlten, wir ohne es zu wissen für etwas anderes sorgen könnten als für uns.

ALKIBIADES: So ist es.

SOKRATES: Und nach diesem haben wir nun für die Seele c
zu sorgen und hierauf zu sehn.

ALKIBIADES: Offenbar.

SOKRATES: Für Leib aber und Vermögen die Sorge Andern zu überlassen.

ALKIBIADES: Wie anders?

SOKRATES: Wie können wir aber dies am genauesten kennen lernen? denn wenn wir dies kennen, werden wir auch uns selbst kennen, wie es scheint. Haben wir etwa bei den Göttern nur nicht recht verstanden, was der eben erwähnte delphische Spruch sehr gut sagt?

ALKIBIADES: Was hast du doch in Gedanken, daß du dieses sagst, o Sokrates?

SOKRATES: Ich will dir sagen was ich glaube, daß dieser d
Spruch meint und uns anrät. Und es mag wohl nicht recht viel Beispiele dazu geben sondern am Gesicht allein.

ALKIBIADES: Wie meinst du das?

SOKRATES: Überlege auch du es. Wenn jemand unserm Auge wie einem Menschen den Rat gäbe, und sagte, Besieh dich selbst; wie würden wir doch glauben daß er das fordere? nicht daß es dahin schauen sollte, wohinein das Auge schauend sich selbst sehen würde?

ALKIBIADES: Offenbar.

SOKRATES: So laß uns denn bedenken, in welches unter allen Dingen schauend wir doch jenes und uns selbst erblicken würden? e

ALKIBIADES: Offenbar doch, o Sokrates, in Spiegel und dergleichen.

SOKRATES: Richtig gesprochen. Ist aber nicht auch in dem Auge das womit wir eigentlich sehen eben so etwas?

ALKIBIADES: Freilich.

ΣΩ. Ἐννενόηκας οὖν ὅτι τοῦ ἐμβλέποντος εἰς τὸν ὀφθαλμὸν τὸ πρόσωπον ἐμφαίνεται ἐν τῇ τοῦ καταντικρὺ ὄψει 133 ὥσπερ ἐν κατόπτρῳ, ὃ δὴ καὶ κόρην καλοῦμεν, εἴδωλον ὄν τι τοῦ ἐμβλέποντος;

ΑΛ. Ἀληθῆ λέγεις.

ΣΩ. Ὀφθαλμὸς ἄρα ὀφθαλμὸν θεώμενος καὶ ἐμβλέπων εἰς τοῦτο ὅπερ βέλτιστον αὐτοῦ καὶ ᾧ ὁρᾷ, οὕτως ἂν αὑτὸν ἴδοι.

ΑΛ. Φαίνεται.

ΣΩ. Εἰ δέ γ' εἰς ἄλλο τῶν τοῦ ἀνθρώπου βλέποι ἤ τι τῶν ὄντων πλὴν εἰς ἐκεῖνο ᾧ τοῦτο τυγχάνει ὅμοιον, οὐκ ὄψεται ἑαυτόν.

ΑΛ. Ἀληθῆ λέγεις. b

ΣΩ. Ὀφθαλμὸς ἄρ' εἰ μέλλει ἰδεῖν αὑτόν, εἰς ὀφθαλμὸν αὐτῷ βλεπτέον, καὶ τοῦ ὄμματος εἰς ἐκεῖνον τὸν τόπον ἐν ᾧ τυγχάνει ἡ ὀφθαλμοῦ ἀρετὴ ἐγγιγνομένη· ἔστιν δὲ τοῦτό που ἡ ὄψις;

ΑΛ. Οὕτως.

ΣΩ. Ἆρ' οὖν, ὦ φίλε Ἀλκιβιάδη, καὶ ψυχὴ εἰ μέλλει γνώσεσθαι αὑτήν, εἰς ψυχὴν αὐτῇ βλεπτέον καὶ μάλιστ' εἰς τοῦτον αὐτῆς τὸν τόπον ἐν ᾧ ἐγγίγνεται ἡ ψυχῆς ἀρετή, σοφία, καὶ εἰς ἄλλο ᾧ τοῦτο τυγχάνει ὅμοιον ὄν;

ΑΛ. Ἔμοιγε δοκεῖ, ὦ Σώκρατες.

ΣΩ. Ἔχομεν οὖν εἰπεῖν ὅ τι ἐστὶ τῆς ψυχῆς θειότερον c ἢ τοῦτο περὶ ὃ τὸ εἰδέναι τε καὶ φρονεῖν ἐστιν;

ΑΛ. Οὐκ ἔχομεν.

ΣΩ. Τῷ θείῳ ἄρα τοῦτ' ἔοικεν αὐτῆς καί τις εἰς τοῦτο βλέπων καὶ πᾶν τὸ θεῖον γνούς, θεόν τε καὶ φρόνησιν, οὕτω καὶ ἑαυτὸν ἂν γνοίη μάλιστα.

ΑΛ. Φαίνεται.

[ΣΩ. Ἆρ' οὖν ὅτι ὥσπερ κάτοπτρά ἐστι σαφέστερα τοῦ ἐν τῷ ὀφθαλμῷ ἐνόπτρου καὶ καθαρώτερα καὶ λαμπρότερα, οὕτω καὶ ὁ θεὸς τοῦ ἐν τῇ ἡμετέρᾳ ψυχῇ βελτίστου καθαρώτερόν τε καὶ λαμπρότερον τυγχάνει ὄν;

SOKRATES: Denn du hast doch bemerkt, daß wenn jemand in ein Auge hineinsieht, sein Gesicht in der gegen- 133a
überstehenden Sehe erscheint wie in einem Spiegel, was wir deshalb auch das Püppchen nennen, da es ein Abbild ist des hineinschauenden.

ALKIBIADES: Ganz richtig.

SOKRATES: Ein Auge also welches ein Auge betrachtet, und in das hineinschaut was das edelste darin ist, und womit es sieht, würde so sich selbst sehn.

ALKIBIADES: Das ist offenbar.

SOKRATES: Wenn es aber auf irgend einen andern Teil des Menschen sähe oder auf irgend ein anderes Ding außer jenem dem dieses ähnlich ist, wird es nicht sich selbst sehen.

ALKIBIADES: Richtig. b

SOKRATES: Wenn also ein Auge sich selbst schauen will, muß es in ein Auge schauen, und zwar in den Teil desselben welchem die Tugend des Auges eigentlich einwohnt. Und dies ist doch die Seele?

ALKIBIADES: So ist es.

SOKRATES: Muß nun etwa eben so, lieber Alkibiades, auch die Seele, wenn sie sich selbst erkennen will, in eine Seele sehen? und am meisten in den Teil derselben welchem die Tugend der Seele einwohnt die Weisheit, und in irgend etwas anderes dem dieses ähnlich ist?

ALKIBIADES: So dünkt es mich wenigstens, o Sokrates.

SOKRATES: Haben wir nun wohl etwas anzuführen was c
göttlicher wäre in der Seele als das worin das Wissen und die Einsicht sich findet?

ALKIBIADES: Das haben wir nicht.

SOKRATES: Dem göttlichen also gleicht dieses in ihr, und wer auf dieses schaute und alles göttliche erkennte Gott und die Vernunft, der würde so auch sich selbst am besten erkennen.

ALKIBIADES: So scheint es.

ΑΛ. Ἔοικέ γε, ὦ Σώκρατες.

ΣΩ. Εἰς τὸν θεὸν ἄρα βλέποντες ἐκείνῳ καλλίστῳ ἐνόπτρῳ χρῴμεθ' ἂν καὶ τῶν ἀνθρωπίνων εἰς τὴν ψυχῆς ἀρετήν, καὶ οὕτως ἂν μάλιστα ὁρῷμεν καὶ γιγνώσκοιμεν ἡμᾶς αὐτούς.

ΑΛ. Ναί.|

ΣΩ. Τὸ δὲ γιγνώσκειν αὑτὸν ὡμολογοῦμεν σωφροσύνην εἶναι;

ΑΛ. Πάνυ γε.

ΣΩ. Ἆρ' οὖν μὴ γιγνώσκοντες ἡμᾶς αὐτοὺς μηδὲ σώφρονες ὄντες δυναίμεθ' ἂν εἰδέναι τὰ ἡμέτερα αὐτῶν κακά τε καὶ ἀγαθά;

ΑΛ. Καὶ πῶς ἂν τοῦτο γένοιτο, ὦ Σώκρατες;

ΣΩ. Ἀδύνατον γάρ ἴσως σοι φαίνεται μὴ γιγνώσκοντα d
Ἀλκιβιάδην τὰ Ἀλκιβιάδου γιγνώσκειν ὅτι Ἀλκιβιάδου ἐστίν.

ΑΛ. Ἀδύνατον μέντοι νὴ Δία.

ΣΩ. Οὐδ' ἄρα τὰ ἡμέτερα ὅτι ἡμέτερα, εἰ μηδ' ἡμᾶς αὐτούς;

ΑΛ. Πῶς γάρ;

ΣΩ. Εἰ δ' ἄρα μηδὲ τὰ ἡμέτερα, οὐδὲ τὰ τῶν ἡμετέρων;

ΑΛ. Οὐ φαίνεται.

ΣΩ. Οὐκ ἄρα πάνυ τι ὀρθῶς ὡμολογοῦμεν ὁμολογοῦντες ἄρτι εἶναί τινας οἳ ἑαυτοὺς μὲν οὐ γιγνώσκουσιν, τὰ δ' αὐτῶν, ἄλλους δὲ τὰ τῶν ἑαυτῶν· ἔοικε γὰρ πάντα ταῦτα εἶναι κατιδεῖν ἑνός τε καὶ μιᾶς τέχνης, αὑτόν, τὰ αὑτοῦ, e
τὰ τῶν ἑαυτοῦ.

ΑΛ. Κινδυνεύει.

ΣΩ. Ὅστις δὲ τὰ αὑτοῦ ἀγνοεῖ, καὶ τὰ τῶν ἄλλων που ἂν ἀγνοοῖ κατὰ ταὐτά.

ΑΛ. Τί μή;

ΣΩ. Οὐκοῦν εἰ τὰ τῶν ἄλλων, καὶ τὰ τῶν πόλεων ἀγνοήσει.

ΑΛ. Ἀνάγκη.

3.3.5. Ohne Selbsterkenntnis ist richtiges Handeln unmöglich

SOKRATES: Das sich selbst kennen aber, gestanden wir doch ein, sei Besonnenheit.

ALKIBIADES: Freilich.

SOKRATES: Wenn wir nun uns selbst nicht kennen und nicht besonnen sind, können wir dann wohl wissen was für uns gut und übel ist?

ALKIBIADES: Wie sollte das auch nur möglich sein, o Sokrates?

SOKRATES: So mag es wohl unmöglich sein wenn man d
den Alkibiades nicht kennt, das ihm gehörige zu kennen, daß es ihm gehört?

ALKIBIADES: Unmöglich allerdings beim Zeus.

SOKRATES: Also auch das unsrige nicht, daß es das unsrige ist wenn nicht einmal uns selbst?

ALKIBIADES: Wie sollten wir auch!

SOKRATES: Und wenn nicht das unsrige, dann auch wohl nicht das was sich auf das unsrige bezieht?

ALKIBIADES: Nein scheint es.

SOKRATES: Also haben wir wohl nicht ganz richtig eingeräumt was wir eben einräumten es gebe einige, die zwar sich selbst nicht kennten, aber das ihrige doch. Sondern nicht einmal was auf das ihrige sich bezieht: denn dies alles zu verstehen scheint nur einer und derselben Kunst anzugehö- e
ren, sich, das seinige und das des seinigen.

ALKIBIADES: So muß es wohl sein.

SOKRATES: Wer sich nun aber auf das seinige nicht versteht, muß sich wohl auch auf das der Andern eben so nicht verstehn.

ALKIBIADES: Wie anders?

SOKRATES: Und wenn nicht auf das der Anderen, wird er sich auch auf das der Staaten nicht verstehen.

ALKIBIADES: Notwendig nicht.

SOKRATES: Also könnte auch ein solcher Mann kein Staatsmann werden?

ALKIBIADES: Wohl nicht.

SOKRATES: Ja auch nicht einmal ein Hauswirt?

ALKIBIADES: Wohl nicht? 134a

ΣΩ. Οὐκ ἄρ' ἂν γένοιτο ὁ τοιοῦτος ἀνὴρ πολιτικός.

ΑΛ. Οὐ δῆτα.

ΣΩ. Οὐ μὴν οὐδ' οἰκονομικός γε.

ΑΛ. Οὐ δῆτα. 134

ΣΩ. Οὐδέ γε εἴσεται ὅ τι πράττει.

ΑΛ. Οὐ γὰρ οὖν.

ΣΩ. Ὁ δὲ μὴ εἰδὼς οὐχ ἁμαρτήσεται;

ΑΛ. Πάνυ γε.

ΣΩ. Ἐξαμαρτάνων δὲ οὐ κακῶς πράξει ἰδίᾳ τε καὶ δημοσίᾳ;

ΑΛ. Πῶς δ' οὔ;

ΣΩ. Κακῶς δὲ πράττων οὐκ ἄθλιος;

ΑΛ. Σφόδρα γε.

ΣΩ. Τί δ' οἷς οὗτος πράττει;

ΑΛ. Καὶ οὗτοι.

ΣΩ. Οὐκ ἄρα οἷόν τε, ἐὰν μή τις σώφρων καὶ ἀγαθὸς ᾖ, εὐδαίμονα εἶναι.

ΑΛ. Οὐχ οἷόν τε. b

ΣΩ. Οἱ ἄρα κακοὶ τῶν ἀνθρώπων ἄθλιοι.

ΑΛ. Σφόδρα γε.

ΣΩ. Οὐκ ἄρα οὐδ' ὁ πλουτήσας ἀθλιότητος ἀπαλλάττεται, ἀλλ' ὁ σωφρονήσας.

ΑΛ. Φαίνεται.

ΣΩ. Οὐκ ἄρα τειχῶν οὐδὲ τριήρων οὐδὲ νεωρίων δέονται αἱ πόλεις, ὦ Ἀλκιβιάδη, εἰ μέλλουσιν εὐδαιμονήσειν, οὐδὲ πλήθους οὐδὲ μεγέθους ἄνευ ἀρετῆς.

ΑΛ. Οὐ μέντοι.

ΣΩ. Εἰ δὴ μέλλεις τὰ τῆς πόλεως πράξειν ὀρθῶς καὶ καλῶς, ἀρετῆς σοι μεταδοτέον τοῖς πολίταις. c

ΑΛ. Πῶς γὰρ οὔ;

ΣΩ. Δύναιτό δ' ἄν τις μεταδιδόναι ὃ μὴ ἔχοι.

ΑΛ. Καὶ πῶς;

SOKRATES: Und wird gar nie wissen was er tut?

ALKIBIADES: Freilich wohl nicht.

SOKRATES: Und der nicht wissende, wird der nicht fehlen?

ALKIBIADES: Freilich.

SOKRATES: Und wenn er fehlt, wird er dann nicht schlechte Geschäfte machen für sich und öffentlich?

ALKIBIADES: Wie sollte er nicht?

SOKRATES: Und wer schlechte Geschäfte macht, ist der nicht elend dran?

ALKIBIADES: Gar sehr.

SOKRATES: Und wie die, für die ein solcher Geschäfte macht?

ALKIBIADES: Auch diese.

SOKRATES: Nicht möglich also ist, wenn einer nicht besonnen ist und gut, daß er glückselig sei?

ALKIBIADES: Nicht möglich. b

SOKRATES: Also sind die schlechten unter den Menschen elend?

ALKIBIADES: Gar sehr.

SOKRATES: Also auch nicht wer reich wird, wird des Elends entledigt, sondern wer besonnen wird?

ALKIBIADES: So zeigt es sich.

3.4. Um Staatsmann zu werden, muß Alkibiades sich zuerst vervollkommnen und Tugend erwerben

SOKRATES: Also nicht Mauern und Kriegsschiffe und Werfte brauchen die Städte, o Alkibiades, wenn es ihnen wohlergehen soll, noch auch Volksmenge oder Größe ohne Tugend.

ALKIBIADES: Freilich nicht.

SOKRATES: Wenn du also die Geschäfte der Stadt recht
und schön verwalten willst, mußt du den Bürgern Tugend c
mitteilen.

ALKIBIADES: Wie sollte ich nicht.

SOKRATES: Kann einer aber wohl mitteilen was er nicht hat?

ALKIBIADES: Und wie?

ΣΩ. Αὐτῷ ἄρα σοὶ πρῶτον κτητέον ἀρετὴν καὶ ἄλλῳ ὃς μέλλει μὴ ἰδίᾳ μόνον αὐτοῦ τε καὶ τῶν αὐτοῦ ἄρξειν καὶ ἐπιμελήσεσθαι, ἀλλὰ πόλεως καὶ τῶν τῆς πόλεως.

ΑΛ. Ἀληθῆ λέγεις.

ΣΩ. Οὐκ ἄρα ἐξουσίαν σοι οὐδ' ἀρχὴν παρασκευαστέον σαυτῷ ποιεῖν ὅ τι ἂν βούλῃ οὐδὲ τῇ πόλει, ἀλλὰ δικαιοσύνην καὶ σωφροσύνην.

ΑΛ. Φαίνεται.

ΣΩ. Δικαίως μὲν γὰρ πράττοντες καὶ σωφρόνως σύ τε d
καὶ ἡ πόλις θεοφιλῶς πράξετε.

ΑΛ. Εἰκός γε.

ΣΩ. Καὶ ὅπερ γε ἐν τοῖς πρόσθεν ἐλέγομεν, εἰς τὸ θεῖον καὶ λαμπρὸν ὁρῶντες πράξετε.

ΑΛ. Φαίνεται.

ΣΩ. Ἀλλὰ μὴν ἐνταῦθά γε βλέποντες ὑμᾶς τε αὐτοὺς καὶ τὰ ὑμέτερα ἀγαθὰ κατόψεσθε καὶ γνώσεσθε.

ΑΛ. Ναί.

ΣΩ. Οὐκοῦν ὀρθῶς τε καὶ εὖ πράξετε ;

ΑΛ. Ναί.

ΣΩ. Ἀλλὰ μὴν οὕτω γε πράττοντας ὑμᾶς ἐθέλω ἐγγυή- e
σασθαι ἦ μὴν εὐδαιμονήσειν.

ΑΛ. Ἀσφαλὴς γὰρ εἶ ἐγγυητής.

ΣΩ. Ἀδίκως δὲ πράττοντες, εἰς τὸ ἄθεον καὶ τὸ σκοτεινὸν βλέποντες, ὡς τὰ εἰκότα, ὅμοια τούτοις πράξετε ἀγνοοῦντες ὑμᾶς αὐτούς.

ΑΛ. Ἔοικεν.

ΣΩ. Ὧι γὰρ <ἂν>, ὦ φίλε Ἀλκιβιάδη, ἐξουσία μὲν ᾖ ποιεῖν ὃ βούλεται, νοῦν δὲ μὴ ἔχῃ, τί τὸ εἰκὸς συμβαίνειν ἰδιώτῃ ἢ καὶ πόλει ; οἷον νοσοῦντι ἐξουσίας οὔσης δρᾶν ὃ
βούλεται, νοῦν ἰατρικὸν μὴ ἔχοντι, τυραννοῦντι δὲ ὡς μηδὲ 135
ἐπιπλήττοντι ἑαυτῷ, τί τὸ συμβησόμενον ; ἆρ' οὐχ, ὡς τὸ εἰκός, διαφθαρῆναι τὸ σῶμα ;

SOKRATES: Dir selbst also mußt du zuerst dieses anschaffen, Tugend, und jeder der nicht nur sich und seine Angelegenheiten besonders regieren und besorgen will, sondern auch die Stadt und ihre Angelegenheiten.

ALKIBIADES: Du hast Recht.

SOKRATES: Nicht also Macht und Gewalt mußt du dir zu erwerben suchen um zu tun was du etwa willst, auch nicht der Stadt, sondern Gerechtigkeit und Besonnenheit.

ALKIBIADES: So zeigt es sich.

SOKRATES: Denn nur gerecht handelnd und besonnen d
werdet ihr, du und die Stadt, gottgefällig handeln.

ALKIBIADES: Wahrscheinlich wohl.

SOKRATES: Und so werdet ihr, wie wir in dem vorigen sagten, in das göttliche und glänzende schauend handeln.

ALKIBIADES: So zeigt es sich.

SOKRATES: Und dahin sehend werdet ihr dann euch selbst und das was euch gut ist erblicken und erkennen.

ALKIBIADES: Ja.

SOKRATES: Und also werdet ihr recht und wohl handeln.

ALKIBIADES: Ja.

SOKRATES: Und wenn ihr denn so handelt, will ich euch e
wohl Bürgschaft leisten, daß ihr wahr und gewiß glücklich sein werdet.

ALKIBIADES: Und du bist ein sicherer Bürge.

SOKRATES: Handelt ihr aber ungerecht, indem ihr auf das ungöttliche und dunkle sehet: so werdet ihr auch wie man schließen muß, dem ähnliches tun indem ihr euch selbst nicht kennet.

ALKIBIADES: Das leuchtet ein.

SOKRATES: Denn wer, o lieber Alkibiades, Macht hat zu tun was er will, Vernunft aber nicht hat, was wird dem wahrscheinlich begegnen, sei er nun ein Einzelner oder ein Staat?
wie wenn ein Kranker Macht hat zu tun was er will, ohne 135a
ärztlichen Verstand zu haben aber mit Gewalt alles durchsetzt, daß ihn auch nicht einmal einer schilt, was wird dabei wohl herauskommen? nicht vermutlich daß er seinen Leib wird zu Grunde richten?

ALKIBIADES: Du hast Recht.

ΑΛ. Ἀληθῆ λέγεις.

ΣΩ. Τί δ' ἐν νηΐ, εἴ τῳ ἐξουσία εἴη ποιεῖν ὃ δοκεῖ, νοῦ τε καὶ ἀρετῆς κυβερνητικῆς ἐστερημένῳ, καθορᾷς ἃ ἂν ξυμβαίη αὐτῷ τε καὶ τοῖς συνναύταις;

ΑΛ. Ἔγωγε, ὅτι γε ἀπόλοιντο πάντες ἄν.

ΣΩ. Οὐκοῦν ὡσαύτως ἐν πόλει τε καὶ πάσαις ἀρχαῖς καὶ ἐξουσίαις ἀπολειπομέναις ἀρετῆς ἕπεται τὸ κακῶς b πράττειν;

ΑΛ. Ἀνάγκη.

ΣΩ. Οὐκ ἄρα τυραννίδα χρή, ὦ ἄριστε Ἀλκιβιάδη, παρασκευάζεσθαι οὔθ' αὑτῷ οὔτε τῇ πόλει, εἰ μέλλετε εὐδαιμονεῖν, ἀλλ' ἀρετήν.

ΑΛ. Ἀληθῆ λέγεις.

ΣΩ. Πρὶν δέ γε ἀρετὴν ἔχειν, τὸ ἄρχεσθαι ἄμεινον ὑπὸ τοῦ βελτίονος ἢ τὸ ἄρχειν ἀνδρί, οὐ μόνον παιδί.

ΑΛ. Φαίνεται.

ΣΩ. Οὐκοῦν τό γ' ἄμεινον καὶ κάλλιον;

ΑΛ. Ναί.

ΣΩ. Τὸ δὲ κάλλιον πρεπωδέστερον;

ΑΛ. Πῶς δ' οὔ; c

ΣΩ. Πρέπει ἄρα τῷ κακῷ δουλεύειν· ἄμεινον γάρ.

ΑΛ. Ναί.

ΣΩ. Δουλοπρεπὲς ἄρ' ἡ κακία.

ΑΛ. Φαίνεται.

ΣΩ. Ἐλευθεροπρεπὲς δὲ ἡ ἀρετή.

ΑΛ. Ναί.

ΣΩ. Οὐκοῦν φεύγειν χρή, ὦ ἑταῖρε, τὴν δουλοπρέπειαν;

ΑΛ. Μάλιστά γε, ὦ Σώκρατες.

ΣΩ. Αἰσθάνῃ δὲ νῦν πῶς ἔχεις; ἐλευθεροπρεπῶς ἢ οὔ;

ΑΛ. Δοκῶ μοι καὶ μάλα σφόδρα αἰσθάνεσθαι.

ΣΩ. Οἶσθ' οὖν πῶς ἀποφεύξῃ τοῦτο τὸ περὶ σὲ νῦν; ἵνα μὴ ὀνομάζωμεν αὐτὸ ἐπὶ καλῷ ἀνδρί.

SOKRATES: Und wie in einem Schiffe? wenn einer Macht hätte zu tun was ihm gut dünkt, welcher steuermännischer Vernunft und Tüchtigkeit ganz beraubt wäre, siehst du wohl was ihm und seinen Mitschiffenden begegnen wird?

ALKIBIADES: Ich wohl, daß sie alle können zu Grunde gehn.

SOKRATES: Wird nicht auch eben so im Staat und überall
sonst der Herrschaft und Eigenmacht der es an Tugend ge- b
bricht das Übelbefinden folgen?

ALKIBIADES: Notwendig.

SOKRATES: Also keine willkürliche Gewalt, o bester Alkibiades, mußt du weder dir verschaffen noch der Stadt, wenn ihr wollt glücklich sein, sondern Tugend.

ALKIBIADES: Du hast Recht.

SOKRATES: Und ehe er Tugend hat ist es besser von einem bessern regiert zu werden als zu regieren nicht nur einem Knaben, sondern auch einem Mann.

ALKIBIADES: So zeigt es sich.

SOKRATES: Und das bessere ist doch auch schöner?

ALKIBIADES: Ja.

SOKRATES: Und das schönere auch geziemender?

ALKIBIADES: Wie sollte es nicht? c

SOKRATES: Also dem schlechten ziemt es zu dienen; denn es ist ihm besser?

ALKIBIADES: Ja.

SOKRATES: Etwas knechtisches also ist die Schlechtigkeit?

ALKIBIADES: Es zeigt sich.

SOKRATES: Und etwas adeliches die Tugend?

ALKIBIADES: Ja.

SOKRATES: Fliehen aber, o Freund, muß man doch das knechtische?

ALKIBIADES: Am meisten wohl.

SOKRATES: Wie meinst du nun daß du beschaffen bist? adelich oder nicht?

ALKIBIADES: Das glaube ich jetzt gar sehr zu merken.

SOKRATES: Weißt du nun, wie du dem entfliehn sollst, was jetzt mit dir ist, damit wir es doch nicht nennen an einem trefflichen Manne?

ΑΛ. Ἔγωγε. d

ΣΩ. Πῶς;

ΑΛ. Ἐὰν βούλῃ σύ, ὦ Σώκρατες.

ΣΩ. Οὐ καλῶς λέγεις, ὦ Ἀλκιβιάδη.

ΑΛ. Ἀλλὰ πῶς χρὴ λέγειν;

ΣΩ. Ὅτι ἐὰν θεὸς ἐθέλῃ.

ΑΛ. Λέγω δή· καὶ πρὸς τούτοις μέντοι τόδε λέγω ὅτι κινδυνεύσομεν μεταβαλεῖν τὸ σχῆμα, ὦ Σώκρατες, τὸ μὲν σὸν ἐγώ, σὺ δὲ τοὐμόν· οὐ γὰρ ἔστιν ὅπως οὐ παιδαγωγήσω σε ἀπὸ τῆσδε τῆς ἡμέρας, σὺ δ' ὑπ' ἐμοῦ παιδαγωγήσῃ.

ΣΩ. Ὦ γενναῖε, πελαργοῦ ἄρα ὁ ἐμὸς ἔρως οὐδὲν διοίσει, e
εἰ παρὰ σοὶ ἐννεοττεύσας ἔρωτα ὑπόπτερον ὑπὸ τούτου πάλιν θεραπεύσεται.

ΑΛ. Ἀλλὰ οὕτως ἔχει, καὶ ἄρξομαί γε ἐντεῦθεν τῆς δικαιοσύνης ἐπιμέλεσθαι.

ΣΩ. Βουλοίμην ἂν σε καὶ διατελέσαι· ὀρρωδῶ δέ, οὔ τι τῇ σῇ φύσει ἀπιστῶν, ἀλλὰ τὴν τῆς πόλεως ὁρῶν ῥώμην, μὴ ἐμοῦ τε καὶ σοῦ κρατήσῃ.

ALKIBIADES: Ich weiß wohl. d
SOKRATES: Wie denn?
ALKIBIADES: Wenn du willst, o Sokrates.
SOKRATES: Das sagst du nicht recht, o Alkibiades.
ALKIBIADES: Wie muß ich denn sagen?
SOKRATES: Wenn Gott will.

4. Schluß: Alkibiades' Liebe zu Sokrates'

ALKIBIADES: Das sage ich also. Und überdies sage ich noch dieses, daß wir nun wohl gar unsere Gestalt vertauschen werden, o Sokrates, ich die deinige annehmend und du die meinige. Denn es kann nicht fehlen, daß ich dich nicht überall begleiten sollte von diesem Tage an und du von mir begleitet werden.

SOKRATES: Meine Liebe also, o Bester, wird wenig von e einem Kranich unterschieden sein, wenn sie bei dir eine junge Liebe wird flügge gemacht haben, und dann selbst wieder von dieser gepflegt werden.

ALKIBIADES: Aber so verhält es sich doch. Und will ich von jetzt anfangen mich der Gerechtigkeit zu befleißigen.

SOKRATES: Und ich wollte daß du es auch vollendetest. Aber ich zittere, nicht als ob ich deiner Natur mißtraute, sondern nur wenn ich die Stärke der Stadt erwäge, ob sie nicht dich und mich überwältigen wird.

Γοργίας
Gorgias

GLIEDERUNG

übtheit im Erzeugen von Lust und wie die Kochkunst ein Teil der Schmeichelei (462b3)

3.1.2. Als Teil der Schmeichelei ist die Rhetorik das Schattenbild eines Teils der Staatskunst: der Rechtspflege (463d1)

3.1.3. Die Macht der Redner und Tyrannen ist sehr gering (466a5)

3.1.4. Allem Tun und Wollen geht es ja um das Gute (467c5)

3.1.5. Unrecht leiden ist demnach besser als Unrecht tun (468e7)

3.2. Weitere Erörterung des Unrechtsproblems (470c4)

3.2.1. Das Gegenargument des Polos, daß viele, die Unrecht tun, glücklich seien, z.B. Archelaos (470c4)

3.2.2. Beweistheoretische Würdigung des Einwandes und Fixierung des Streitpunktes (471d3)

3.2.3. Die These des Sokrates, daß der Ungerechte elend und ungestraft noch elender ist, daß also gerechte Strafe glücklich macht (472d6)

3.2.4. Beweis, daß Unrecht leiden besser ist als Unrecht tun, aufgrund des Zugeständnisses, daß Unrecht tun häßlicher ist als Unrecht leiden (474c4)

3.3. Beweis der sokratischen These über die Strafe (476a3)

3.3.1. Jedem Tun entspricht ein Leiden. Anwendung: Dem gerecht Bestraften widerfährt Gerechtes – Gutes – Nützliches (476a3)

3.3.2. Der Vorteil des Bestraften ist die Befreiung vom größten Übel der Seele, der Schlechtigkeit (477a7)

3.3.3. Die gerechte Strafe als Befreiung von Zügellosigkeit und Ungerechtigkeit (477e10)

3.3.4. Konsequenz: Für ein Unrecht nicht bestraft zu werden ist das größte Übel (479c8)

3.4. Folgerungen für den Nutzen der Rhetorik (480a1)

4. Sokrates und Kallikles über zwei Lebensformen (481b6)

4.1. Verwunderung des Kallikles über Sokrates' Thesen; der antwortet mit seiner Liebe zur Philosophie (481b6)

4.2. Gegenargumentation des Kallikles (482c3)

4.2.1. Kritik des Zugeständnisses, daß Unrecht tun häß-

4.7. Kallikles gibt auf (505c1)
5. Sokrates allein: Zusammenfassung seiner Auffassung vom richtigen Leben (506c4)
5.1. Besonnenheit als Inbegriff des guten Lebens (506c4)
5.1.1. Wohlgeordnetheit der Seele ist Besonnenheit; der Besonnene ist auch gerecht, tapfer, fromm und gut (506c4)
5.1.2. Gerechtigkeit und Besonnenheit bewirken Glückseligkeit. Zügellosigkeit ist zu fliehen. Vor allem darauf kommt es im Leben an (507c8)
5.1.3. Unrechttun ist das größte Übel (508c4)
5.2. Die Sicherung vor Ungerechtigkeit (509c7)
5.2.1. Notwendigkeit eines Vermögens zur Vermeidung von Unrecht (509c7)
5.2.2. Angleichung an die jeweiligen Machthaber bewahrt nicht notwendig vor Unrechttun (510a6)
5.2.3. Rettung vor dem Tod allein bedeutet nicht viel; Streben nach Selbsterhaltung ist keine Tugend (511c5)
5.3. Entwurf eines Bildes vom wahren Staatsmann (513c9)
5.3.1. Das Ziel des Staatsmannes ist Besserung der Bürger. Seine Befähigung dazu ist vorher zu prüfen (513c9)
5.3.2. Unter diesem Gesichtspunkt gab und gibt es noch keinen guten Staatsmann in Athen (515b6)
5.3.3. Rückgriff auf die Unterscheidung von Beschäftigungen mit dem Leib und mit der Seele und Verurteilung der athenischen Politik (517a7)
5.3.4. Paradoxon: Staatsmänner und Sophisten können von ihren Mitbürgern nicht ungerecht behandelt werden. Für Bildung Geld anzunehmen ist schändlich (519e1)
5.3.5. Sokrates allein der wahre Staatsmann; daher ist seine Verurteilung wahrscheinlich (521a2)
5.4. Jenseitsmythos (523a1)
5.4.1. Einsetzung eines Totengerichts durch Zeus (523a1)
5.4.2. Der Zustand der Seele nach dem Tod (524a10)
5.4.3. Besserungs- und Abschreckungsstrafen. Das Schicksal der meisten Mächtigen (525a8)
5.5. Folgerungen für die Lebensführung. Resümee der sokratischen Thesen über das gute Leben und Schlußparänese (526d3)

Γοργίας

ΚΑΛΛΙΚΛΗΣ ΣΩΚΡΑΤΗΣ ΧΑΙΡΕΦΩΝ ΓΟΡΓΙΑΣ ΠΩΛΟΣ

ΚΑΛΛΙΚΛΗΣ. Πολέμου καὶ μάχης φασὶ χρῆναι, ὦ 447
Σώκρατες, οὕτω μεταλαγχάνειν.

ΣΩΚΡΑΤΗΣ. Ἀλλ' ἦ τὸ λεγόμενον κατόπιν ἑορτῆς ἥκομεν καὶ ὑστεροῦμεν;

ΚΑΛ. Καὶ μάλα γε ἀστείας ἑορτῆς· πολλὰ γὰρ καὶ καλὰ Γοργίας ἡμῖν ὀλίγον πρότερον ἐπεδείξατο.

ΣΩ. Τούτων μέντοι, ὦ Καλλίκλεις, αἴτιος Χαιρεφῶν ὅδε, ἐν ἀγορᾷ ἀναγκάσας ἡμᾶς διατρῖψαι.

ΧΑΙΡΕΦΩΝ. Οὐδὲν πρᾶγμα, ὦ Σώκρατες· ἐγὼ γὰρ καὶ b
ἰάσομαι. Φίλος γάρ μοι Γοργίας, ὥστ' ἐπιδείξεται ἡμῖν, εἰ μὲν δοκεῖ, νῦν, ἐὰν δὲ βούλῃ, εἰσαῦθις.

ΚΑΛ. Τί δέ, ὦ Χαιρεφῶν; ἐπιθυμεῖ Σωκράτης ἀκοῦσαι Γοργίου;

ΧΑΙ. Ἐπ' αὐτό γέ τοι τοῦτο πάρεσμεν.

ΚΑΛ. Οὐκοῦν ὅταν βούλησθε παρ' ἐμὲ ἥκειν οἴκαδε· παρ' ἐμοὶ γὰρ Γοργίας καταλύει καὶ ἐπιδείξεται ὑμῖν.

ΣΩ. Εὖ λέγεις, ὦ Καλλίκλεις. Ἀλλ' ἆρα ἐθελήσειεν
ἂν ἡμῖν διαλεχθῆναι; βούλομαι γὰρ πυθέσθαι παρ' αὐτοῦ c
τίς ἡ δύναμις τῆς τέχνης τοῦ ἀνδρός, καὶ τί ἐστιν ὃ ἐπαγγέλλεταί τε καὶ διδάσκει· τὴν δὲ ἄλλην ἐπίδειξιν εἰσαῦθις, ὥσπερ σὺ λέγεις, ποιησάσθω.

ΚΑΛ. Οὐδὲν οἷον τὸ αὐτὸν ἐρωτᾶν, ὦ Σώκρατες. Καὶ γὰρ αὐτῷ ἓν τοῦτ' ἦν τῆς ἐπιδείξεως· ἐκέλευε γοῦν νυνδὴ ἐρωτᾶν ὅ τί τις βούλοιτο τῶν ἔνδον ὄντων, καὶ πρὸς ἅπαντα ἔφη ἀποκρινεῖσθαι.

ΣΩ. Ἦ καλῶς λέγεις. Ὦ Χαιρεφῶν, ἐροῦ αὐτόν.

Gorgias

KALLIKLES SOKRATES CHAIREPHON
GORGIAS POLOS

1. Einleitung

1.1. Sokrates und Chairephon unterwegs zu Gorgias mit der Frage: Was ist Gorgias? Die Antwort des Polos

KALLIKLES: Zum Kriege und zur Schlacht, heißt es, o 447a
Sokrates, muß man so zurecht kommen.

SOKRATES: Also sind wir wohl, was man nennt, nach dem Fest gekommen und verspätet?

KALLIKLES: Und nach einem gar herrlichen Fest! Denn viel Schönes hat uns Gorgias nur ganz vor kurzem zu hören gegeben.

SOKRATES: Daran, o Kallikles, ist uns also Chairephon Schuld, der uns nötigte, auf dem Markte zu verweilen.

CHAIREPHON: Keine große Sache, Sokrates, denn ich b
kann es auch wieder gut machen. Gorgias ist mir freund, und wird es uns auch wohl hören lassen, wenn es beliebt jetzt, oder wenn du lieber willst ein anderes Mal.

KALLIKLES: Wie doch, Chairephon, hat Sokrates Lust den Gorgias zu hören?

CHAIREPHON: Eben dazu ja sind wir gekommen.

KALLIKLES: Also wenn ihr zu mir kommen wollt nach Hause, denn bei mir wohnt Gorgias: so wird er sich vor euch hören lassen.

SOKRATES: Schön, Kallikles. Aber ob er sich wohl
möchte mit uns ins Gespräch geben? Denn ich will gern von c
ihm erfahren, was doch die Kunst des Mannes eigentlich vermag, und was das ist, was er ausbietet und lehrt. Was er uns sonst zeigen will, mag er, wie du auch sagst, ein andermal tun.

KALLIKLES: Nichts besser als ihm selbst fragen, Sokrates. Auch gehörte ja das mit zu seiner Ausstellung; denn er hieß nur eben Alle drinnen fragen, was einer nur wollte, und auf Alles verhieß er zu antworten.

ΧΑΙ. Τί ἔρωμαι ;

ΣΩ. Ὅστις ἐστίν. d

ΧΑΙ. Πῶς λέγεις ;

ΣΩ. Ὥσπερ ἂν εἰ ἐτύγχανεν ὢν ὑποδημάτων δημιουργός, ἀπεκρίνατο ἂν δήπου σοι ὅτι σκυτοτόμος· ἢ οὐ μανθάνεις ὡς λέγω ;

ΧΑΙ. Μανθάνω καὶ ἐρήσομαι. Εἰπέ μοι, ὦ Γοργία, ἀληθῆ λέγει Καλλικλῆς ὅδε, ὅτι ἐπαγγέλλει ἀποκρίνεσθαι ὅ τι ἄν τίς σε ἐρωτᾷ ;

ΓΟΡΓΙΑΣ. Ἀληθῆ, ὦ Χαιρεφῶν· καὶ γὰρ νυνδὴ αὐτὰ ταῦτα ἐπηγγελλόμην, καὶ λέγω ὅτι οὐδείς μέ πω ἠρώτηκε καινὸν οὐδὲν πολλῶν ἐτῶν. 448

ΧΑΙ. Ἦ που ἄρα ῥᾳδίως ἀποκρινεῖ, ὦ Γοργία.

ΓΟΡ. Πάρεστι τούτου πεῖραν, ὦ Χαιρεφῶν, λαμβάνειν.

ΠΩΛΟΣ. Νὴ Δία· ἂν δέ γε βούλῃ, ὦ Χαιρεφῶν, ἐμοῦ. Γοργίας μὲν γὰρ καὶ ἀπειρηκέναι μοι δοκεῖ· πολλὰ γὰρ ἄρτι διελήλυθεν.

ΧΑΙ. Τί δέ, ὦ Πῶλε ; οἴει σὺ κάλλιον ἂν Γοργίου ἀποκρίνασθαι ;

ΠΩΛ. Τί δὲ τοῦτο, ἐὰν σοί γε ἱκανῶς ; b

ΧΑΙ. Οὐδέν· ἀλλ' ἐπειδὴ σὺ βούλει, ἀποκρίνου.

ΠΩΛ. Ἐρώτα.

ΧΑΙ. Ἐρωτῶ δή. Εἰ ἐτύγχανε Γοργίας ἐπιστήμων ὢν τῆς τέχνης ἧσπερ ὁ ἀδελφὸς αὐτοῦ Ἡρόδικος, τίνα ἂν αὐτὸν ὠνομάζομεν δικαίως ; οὐχ ὅπερ ἐκεῖνον ;

ΠΩΛ. Πάνυ γε.

ΧΑΙ. Ἰατρὸν ἄρα φάσκοντες αὐτὸν εἶναι καλῶς ἂν ἐλέγομεν.

ΠΩΛ. Ναί.

ΧΑΙ. Εἰ δέ γε ἧσπερ Ἀριστοφῶν ὁ Ἀγλαοφῶντος ἢ ὁ ἀδελφὸς αὐτοῦ ἔμπειρος ἦν τέχνης, τίνα ἂν αὐτὸν ὀρθῶς ἐκαλοῦμεν ;

SOKRATES: Sehr wohl gesprochen. Frage ihn also, Chairephon.

CHAIREPHON: Was soll ich ihn fragen?

SOKRATES: Was er ist. d

CHAIREPHON: Wie meinst du das?

SOKRATES: Wie wenn er nun einer wäre, der Schuhe verfertigte, er dir dann gewiß antworten würde, er wäre ein Leder-Arbeiter. Oder verstehst du nicht, was ich meine?

CHAIREPHON: Ich verstehe und will ihn fragen. Sage mir doch, Gorgias, ist es wahr, was Kallikles sagt, daß du dich erbietest zu beantworten, was dich einer nur fragt?

GORGIAS: Es ist wahr, Chairephon. Auch jetzt hatte ich 448a
mich eben dazu erboten, und ich sage dir, Niemand hat mich mehr etwas Neues gefragt seit vielen Jahren.

CHAIREPHON: Du antwortest also gewiß sehr leicht, Gorgias.

GORGIAS: Darüber, Chairephon, kannst du ja einen Versuch machen.

POLOS: Beim Zeus, wenn du irgend willst, Chairephon, lieber mit mir. Denn Gorgias, dünkt mich, ist wohl müde, da er nur eben gar vieles vorgetragen hat.

CHAIREPHON: Wie doch, Polos, meinst du besser als Gorgias antworten zu können?

POLOS: Wozu das? wenn nur gut genug für dich. b

CHAIREPHON: Zu nichts freilich. Also da du doch willst, so antworte.

POLOS: Frage nur.

CHAIREPHON: Ich frage also, wenn Gorgias ein Meister in eben der Kunst wäre, worin sein Bruder Herodikos, wie würden wir ihn dann recht benennen? Nicht eben so wie jenen?

POLOS: Allerdings.

CHAIREPHON: Wenn wir also sagten, er wäre ein Arzt, so würden wir uns richtig ausdrücken.

POLOS: Ja.

CHAIREPHON: Wäre er aber mit Aristophon, dem Sohne des Aglaophon, oder mit dessen Bruder in einerlei Kunst erfahren, wie würden wir ihn dann wohl richtig nennen?

ΠΩΛ. Δῆλον ὅτι ζωγράφον. c

ΧΑΙ. Νῦν δ' ἐπειδὴ τίνος τέχνης ἐπιστήμων ἐστίν, τίνα
ἂν καλοῦντες αὐτὸν ὀρθῶς καλοῖμεν ;

ΠΩΛ. Ὦ Χαιρεφῶν, πολλαὶ τέχναι ἐν ἀνθρώποις εἰσὶν
ἐκ τῶν ἐμπειριῶν ἐμπείρως ηὑρημέναι· ἐμπειρία μὲν γὰρ
ποιεῖ τὸν αἰῶνα ἡμῶν πορεύεσθαι κατὰ τέχνην, ἀπειρία δὲ
κατὰ τύχην. Ἑκάστων δὲ τούτων μεταλαμβάνουσιν ἄλλοι
ἄλλων ἄλλως, τῶν δὲ ἀρίστων οἱ ἄριστοι· ὧν καὶ Γοργίας
ἐστὶν ὅδε, καὶ μετέχει τῆς καλλίστης τῶν τεχνῶν.

ΣΩ. Καλῶς γε, ὦ Γοργία, φαίνεται Πῶλος παρεσκευά- d
σθαι εἰς λόγους· ἀλλὰ γὰρ ὃ ὑπέσχετο Χαιρεφῶντι οὐ
ποιεῖ.

ΓΟΡ. Τί μάλιστα, ὦ Σώκρατες ;

ΣΩ. Τὸ ἐρωτώμενον οὐ πάνυ μοι φαίνεται ἀποκρί-
νεσθαι.

ΓΟΡ. Ἀλλὰ σύ, εἰ βούλει, ἐροῦ αὐτόν.

ΣΩ. Οὔκ, εἰ αὐτῷ γε σοὶ βουλομένῳ ἐστὶν ἀποκρί-
νεσθαι, ἀλλὰ πολὺ ἂν ἥδιον σέ. Δῆλος γάρ μοι Πῶλος καὶ
ἐξ ὧν εἴρηκεν ὅτι τὴν καλουμένην ῥητορικὴν μᾶλλον με-
μελέτηκεν ἢ διαλέγεσθαι.

ΠΩΛ. Τί δή, ὦ Σώκρατες ; e

ΣΩ. Ὅτι, ὦ Πῶλε, ἐρομένου Χαιρεφῶντος τίνος Γορ-
γίας ἐπιστήμων τέχνης, ἐγκωμιάζεις μὲν αὐτοῦ τὴν τέχνην
ὥσπερ τινὸς ψέγοντος, ἥτις δέ ἐστιν οὐκ ἀπεκρίνω.

ΠΩΛ. Οὐ γὰρ ἀπεκρινάμην ὅτι εἴη ἡ καλλίστη ;

ΣΩ. Καὶ μάλα. Ἀλλ' οὐδεὶς ἐρωτᾷ ποία τις εἴη ἡ Γορ-
γίου τέχνη, ἀλλὰ τίς, καὶ ὅντινα δέοι καλεῖν τὸν Γοργίαν·
ὥσπερ τὰ ἔμπροσθέν σοι ὑπετείνατο Χαιρεφῶν καὶ αὐτῷ
καλῶς καὶ διὰ βραχέων ἀπεκρίνω, καὶ νῦν οὕτως εἰπὲ τίς 449
ἡ τέχνη καὶ τίνα Γοργίαν καλεῖν χρὴ ἡμᾶς. Μᾶλλον δέ,
ὦ Γοργία, αὐτὸς ἡμῖν εἰπὲ τίνα σε χρὴ καλεῖν ὡς τίνος
ἐπιστήμονα τέχνης.

POLOS: Offenbar einen Maler. c

CHAIREPHON: Nun er aber in was doch für einer Kunst sachverständig ist, müssen wir ihn wie doch nennen, um ihn richtig zu nennen?

POLOS: O Chairephon, viele Künste sind unter den Menschen durch Geschicklichkeit geschickt erfunden. Denn Geschicklichkeit macht, daß unser Leben nach der Kunst geführt wird, Ungeschicktheit aber nach der Gunst. Von allen diesen nun ergreift je ein Anderer eine andere und auf andere Weise, die Besten aber auch die besten, zu welchen dann auch Gorgias hier gehört und also Anteil hat an der vortrefflichsten unter den Künsten.

SOKRATES: Trefflich gewiß, o Gorgias, scheint Polos ge- d
rüstet zu sein auf Reden; allein was er dem Chairephon versprochen hat, leistet er nicht.

GORGIAS: Was doch, Sokrates?

SOKRATES: Was er gefragt ward, scheint er mir gar nicht zu beantworten.

GORGIAS: So frage du ihn, wenn du willst.

SOKRATES: Nicht, wofern du selbst antworten wolltest, sondern dann weit lieber dich. Denn vom Polos ist mir schon aus dem was er gesagt hat deutlich, daß er sich auf die sogenannte Redekunst weit mehr gelegt hat, als auf die Führung des Gesprächs.

POLOS: Wie so, Sokrates? e

SOKRATES: Weil du, da Chairephon dich fragt, in welcher Kunst Gorgias ein Meister wäre, seine Kunst zwar rühmst, als ob Jemand sie tadelte, was sie aber ist doch nicht beantwortet hast.

POLOS: Habe ich denn nicht geantwortet, sie wäre die vortrefflichste?

SOKRATES: Ja wohl. Aber niemand hat ja gefragt, was des Gorgias Kunst wert wäre, sondern was sie wäre, und wie man den Gorgias deshalb nennen müsse. Wie du nun, was
dir vorhin Chairephon vorlegte, ihm kurz und gut beant- 449a
wortet hast, eben so sage doch auch jetzt, welches seine Kunst ist, und wie wir ihn zu nennen haben? Oder vielmehr Gorgias, sage du uns selbst, wie wir dich nennen müssen als Meister welcher Kunst?

ΓΟΡ. Τῆς ῥητορικῆς, ὦ Σώκρατες.

ΣΩ. Ῥήτορα ἄρα χρή σε καλεῖν;

ΓΟΡ. Ἀγαθόν γε, ὦ Σώκρατες, εἰ δὴ ὅ γε εὔχομαι εἶναι, ὡς ἔφη Ὅμηρος, βούλει με καλεῖν.

ΣΩ. Ἀλλὰ βούλομαι.

ΓΟΡ. Κάλει δή.

ΣΩ. Οὐκοῦν καὶ ἄλλους σε φῶμεν δυνατὸν εἶναι b ποιεῖν;

ΓΟΡ. Ἐπαγγέλλομαί γε δὴ ταῦτα οὐ μόνον ἐνθάδε ἀλλὰ καὶ ἄλλοθι.

ΣΩ. Ἆρ' οὖν ἐθελήσαις ἄν, ὦ Γοργία, ὥσπερ νῦν διαλεγόμεθα, διατελέσαι τὸ μὲν ἐρωτῶν, τὸ δ' ἀποκρινόμενος, τὸ δὲ μῆκος τῶν λόγων τοῦτο, οἷον καὶ Πῶλος ἤρξατο, εἰσαῦθις ἀποθέσθαι; Ἀλλ' ὅπερ ὑπισχνεῖ, μὴ ψεύσῃ, ἀλλὰ ἐθέλησον κατὰ βραχὺ τὸ ἐρωτώμενον ἀποκρίνεσθαι.

ΓΟΡ. Εἰσὶν μέν, ὦ Σώκρατες, ἔνιαι τῶν ἀποκρίσεων ἀναγκαῖαι διὰ μακρῶν τοὺς λόγους ποιεῖσθαι· οὐ μὴν ἀλλὰ πειράσομαί γε ὡς διὰ βραχυτάτων. Καὶ γὰρ αὖ καὶ c τοῦτο ἕν ἐστιν ὧν φημι, μηδένα ἂν ἐν βραχυτέροις ἐμοῦ τὰ αὐτὰ εἰπεῖν.

ΣΩ. Τούτου μὴν δεῖ, ὦ Γοργία· καί μοι ἐπίδειξιν αὐτοῦ τούτου ποίησαι, τῆς βραχυλογίας, μακρολογίας δὲ εἰσαῦθις.

ΓΟΡ. Ἀλλὰ ποιήσω, καὶ οὐδενὸς φήσεις βραχυλογωτέρου ἀκοῦσαι.

ΣΩ. Φέρε δή· ῥητορικῆς γὰρ φῂς ἐπιστήμων τέχνης εἶναι καὶ ποιῆσαι ἂν καὶ ἄλλον ῥήτορα· ἡ ῥητορικὴ περὶ d τί τῶν ὄντων τυγχάνει οὖσα; ὥσπερ ἡ ὑφαντικὴ περὶ τὴν τῶν ἱματίων ἐργασίαν· ἦ γάρ;

ΓΟΡ. Ναί.

1.2. Gorgias als Meister der Redekunst

GORGIAS: Der Redekunst, Sokrates.

SOKRATES: Einen Redner also müssen wir dich nennen?

GORGIAS: Und zwar einen vollkommenen, Sokrates, wenn du mich, was ich zu sein mich rühme, wie Homeros sagt, nennen willst.

SOKRATES: Das will ich freilich.

GORGIAS: So nenne mich demnach.

SOKRATES: Sagen wir nicht auch, du vermögest auch b
Andre dazu zu machen?

GORGIAS: Dazu erbiete ich mich ja, nicht nur hier, sondern auch anderwärts.

SOKRATES: Möchtest du wohl, Gorgias, so wie wir jetzt mit einander reden, die Sache zu Ende bringen durch Frage und Antwort, die langen Reden aber, womit auch schon Polos anfing, für ein andermal versparen? Also was du versprichst darum bringe uns nicht, sondern laß dir gefallen, in der Kürze des Gefragte zu beantworten.

GORGIAS: Es gibt zwar einige Antworten, Sokrates, die notwendig durch lange Reden wollen erteilt sein; dennoch aber will ich sie versuchen aufs kürzeste. Denn auch dessen c
rühme ich mich ja, niemand könne kürzer als ich dasselbe sagen.

SOKRATES: Dies eben brauche ich, Gorgias. Eben hiervon gib mir ein Meisterstück von der Kürze, vom Langreden aber ein andermal.

GORGIAS: Das will ich tun, und du sollst gestehen, du habest nie einen kürzer reden gehört.

2. Sokrates und Gorgias über das Wesen der Rhetorik

2.1. Der Rhetorikbegriff des Gorgias

2.1.1. Gegenstand der Rhetorik sind allein Reden

SOKRATES: Wohlan denn, da du behauptest in der Redekunst ein Meister zu sein, und auch einen Andern zum d
Redner machen zu können, auf welches denn unter allen Dingen bezieht sich die Redekunst so wie doch die Weberei auf Verfertigung der Gewänder? nicht wahr?

GORGIAS: Ja.

ΣΩ. Οὐκοῦν καὶ ἡ μουσικὴ περὶ τὴν τῶν μελῶν ποίησιν ;

ΓΟΡ. Ναί.

ΣΩ. Νὴ τὴν Ἥραν, ὦ Γοργία, ἄγαμαί γε τὰς ἀποκρίσεις, ὅτι ἀποκρίνει ὡς οἷόν τε διὰ βραχυτάτων.

ΓΟΡ. Πάνυ γὰρ οἶμαι, ὦ Σώκρατες, ἐπιεικῶς τοῦτο ποιεῖν.

ΣΩ. Εὖ λέγεις. Ἴθι δή μοι ἀπόκριναι οὕτως καὶ περὶ τῆς ῥητορικῆς, περὶ τί τῶν ὄντων ἐστὶν ἐπιστήμη ;

ΓΟΡ. Περὶ λόγους.

ΣΩ. Ποίους τούτους, ὦ Γοργία ; ἆρα οἳ δηλοῦσι τοὺς e
κάμνοντας, ὡς ἂν διαιτώμενοι ὑγιαίνοιεν ;

ΓΟΡ. Οὔ.

ΣΩ. Οὐκ ἄρα περὶ πάντας γε τοὺς λόγους ἡ ῥητορική ἐστιν.

ΓΟΡ. Οὐ δῆτα.

ΣΩ. Ἀλλὰ μὴν λέγειν γε ποιεῖ δυνατούς.

ΓΟΡ. Ναί.

ΣΩ. Οὐκοῦν περὶ ὧνπερ λέγειν, καὶ φρονεῖν ;

ΓΟΡ. Πῶς γὰρ οὔ ;

ΣΩ. Ἆρ᾽ οὖν, ἣν νυνδὴ ἐλέγομεν, ἡ ἰατρικὴ περὶ τῶν 450
καμνόντων δυνατοὺς εἶναι φρονεῖν καὶ λέγειν ;

ΓΟΡ. Ἀνάγκη.

ΣΩ. Καὶ ἡ ἰατρικὴ ἄρα, ὡς ἔοικεν, περὶ λόγους ἐστίν.

ΓΟΡ. Ναί.

ΣΩ. Τούς γε περὶ τὰ νοσήματα ;

ΓΟΡ. Μάλιστα.

ΣΩ. Οὐκοῦν καὶ ἡ γυμναστικὴ περὶ λόγους ἐστὶν τοὺς περὶ εὐεξίαν τε τῶν σωμάτων καὶ καχεξίαν ;

ΓΟΡ. Πάνυ γε.

ΣΩ. Καὶ μὴν καὶ αἱ ἄλλαι τέχναι, ὦ Γοργία, οὕτως
ἔχουσιν· ἑκάστη αὐτῶν περὶ λόγους ἐστὶν τούτους, οἳ b

SOKRATES: Oder die Tonkunst auf Dichtung der Gesangweisen?

GORGIAS: Ja.

SOKRATES: Bei der Hera, Gorgias, ich habe meine Freude an deinen Antworten, weil du wirklich antwortest so kurz als nur möglich.

GORGIAS: Das denke ich o Sokrates auch gehörig zu tun.

SOKRATES: Wohl gesprochen. Antworte mir nun auch eben so wegen der Redekunst, auf welches unter allen Dingen bezieht sie sich doch als Wissenschaft?

GORGIAS: Auf Reden.

SOKRATES: Auf was für Reden aber, Gorgias? Etwa auf e
die, welche den Kranken erklären, bei welcher Lebensweise sie genesen könnten?

GORGIAS: Nein.

SOKRATES: Also doch nicht auf alle Reden bezieht sich die Redekunst?

GORGIAS: Freilich nicht.

SOKRATES: Aber doch macht sie tüchtig zum Reden.

GORGIAS: Ja.

SOKRATES: Nicht auch worüber zu reden, darüber ebenfalls richtig zu urteilen?

GORGIAS: Wie anders?

SOKRATES: Macht nicht auch die eben angeführte Heil- 450a
kunst tüchtig, über Kranke sowohl richtig zu urteilen als auch zu reden?

GORGIAS: Gewiß.

SOKRATES: Auch die Heilkunst also wie es scheint bezieht sich auf Reden?

GORGIAS: Ja.

SOKRATES: Nämlich auf die über Krankheiten?

GORGIAS: Allerdings.

SOKRATES: Bezieht sich nun nicht auch die Turnkunst auf Reden, nämlich auf die über den guten oder schlechten Zustand des Leibes?

GORGIAS: Freilich.

SOKRATES: Und gewiß auch mit den übrigen Künsten, o
Gorgias, verhält es sich so, jede hat es auch mit denjenigen b

τυγχάνουσιν ὄντες περὶ τὸ πρᾶγμα οὗ ἑκάστη ἐστὶν ἡ
τέχνη.

ΓΟΡ. Φαίνεται.

ΣΩ. Τί οὖν δή ποτε τὰς ἄλλας τέχνας οὐ ῥητορικὰς
καλεῖς, οὔσας περὶ λόγους, εἴπερ ταύτην ῥητορικὴν καλεῖς,
ἣ ἂν ᾖ περὶ λόγους ;

ΓΟΡ. Ὅτι, ὦ Σώκρατες, τῶν μὲν ἄλλων τεχνῶν περὶ
χειρουργίας τε καὶ τοιαύτας πράξεις, ὡς ἔπος εἰπεῖν,
πᾶσά ἐστιν ἡ ἐπιστήμη, τῆς δὲ ῥητορικῆς οὐδέν ἐστιν
τοιοῦτον χειρούργημα, ἀλλὰ πᾶσα ἡ πρᾶξις καὶ ἡ κύρω-
σις διὰ λόγων ἐστίν. Διὰ ταῦτ' ἐγὼ τὴν ῥητορικὴν τέχνην c
ἀξιῶ εἶναι περὶ λόγους, ὀρθῶς λέγων, ὡς ἐγώ φημι.

ΣΩ. Ἆρ' οὖν μανθάνω οἵαν αὐτὴν βούλει καλεῖν ; τάχα
δὲ εἴσομαι σαφέστερον. Ἀλλ' ἀπόκριναι· εἰσὶν ἡμῖν τέχναι·
ἦ γάρ ;

ΓΟΡ. Ναί.

ΣΩ. Πασῶν δή, οἶμαι, τῶν τεχνῶν τῶν μὲν ἐργασία
τὸ πολύ ἐστιν καὶ λόγου βραχέος δέονται, ἔνιαι δὲ οὐδε-
νός, ἀλλὰ τὸ τῆς τέχνης περαίνοιτο ἂν καὶ διὰ σιγῆς, οἷον
γραφικὴ καὶ ἀνδριαντοποιία καὶ ἄλλαι πολλαί. Τὰς τοιαύ-
τας μοι δοκεῖς λέγειν, περὶ ἃς οὐ φῄς τὴν ῥητορικὴν εἶναι· d
ἢ οὔ ;

ΓΟΡ. Πάνυ μὲν οὖν καλῶς ὑπολαμβάνεις, ὦ Σώκρατες.

ΣΩ. Ἕτεραι δέ γέ εἰσι τῶν τεχνῶν αἳ διὰ λόγου πᾶν
περαίνουσι, καὶ ἔργου, ὡς ἔπος εἰπεῖν, ἢ οὐδενὸς προσ-
δέονται ἢ βραχέος πάνυ, οἷον ἡ ἀριθμητικὴ καὶ λογιστικὴ
καὶ γεωμετρικὴ καὶ πεττευτική γε καὶ ἄλλαι πολλαὶ τέχναι,
ὧν ἔνιαι σχεδόν τι ἴσους τοὺς λόγους ἔχουσι ταῖς πράξε-
σιν, αἱ δὲ πολλαὶ πλείους καὶ τὸ παράπαν πᾶσα ἡ πρᾶξις
καὶ τὸ κῦρος αὐταῖς διὰ λόγων ἐστίν. Τῶν τοιούτων τινά e
μοι δοκεῖς λέγειν τὴν ῥητορικήν.

ΓΟΡ. Ἀληθῆ λέγεις.

Reden zu tun, welche sich auf den Gegenstand beziehn, wovon sie die Kunst ist.

GORGIAS: Offenbar.

SOKRATES: Wie also, nennst du nicht auch die übrigen Künste Redekünste, da sie es doch auch mit Reden zu tun haben, wenn du diejenige die Redekunst nennen willst, welche es mit Reden zu tun hat?

GORGIAS: Weil, o Sokrates, bei den andern Künsten nur auf gewisse Handgriffe und dergleichen Verrichtungen, mit einem Wort die ganze Wissenschaft geht; die Redekunst aber hat nichts dergleichen handgreifliches, sondern ihre ganze Verrichtung und Vollführung geht durch Reden. Deshalb c
lasse ich die Redekunst es mit Reden zu tun haben, ganz richtig erklärend wie ich behaupte.

2.1.2. Ihre Reden beziehen sich auf die wichtigsten menschlichen Dinge

SOKRATES: Merke ich nun etwa, wovon du sie benennen willst? Doch ich werde es wohl bald noch genauer wissen, antworte mir nur. Wir haben doch Künste, nicht wahr?

GORGIAS: Ja.

SOKRATES: Unter diesen nun, glaube ich, sind einige, bei denen das meiste Tätigkeit ist, und die nur sehr wenig Rede bedürfen, einige auch gar keiner, sondern was die Kunst will könnte auch schweigend verrichtet werden, dergleichen die Malerei und die Bildnerei sind, und viele andere. Solche scheinst du mir zu bezeichnen als die, zu welchen wie du d
behauptest die Redekunst nicht gehöre. Oder nicht?

GORGIAS: Vollkommen richtig hast du es aufgefaßt, Sokrates.

SOKRATES: Wiederum andere gibt es unter den Künsten, welche alles durch Rede vollbringen, und Tat, daß ich es gerade sage, ganz und gar nicht oder doch nur sehr wenig bedürfen, wie das Zählen und Rechnen und die Meßkunst und die Kunst des Brettspiels, und viele andere Künste, bei deren einigen die Rede fast zu gleichen Teilen geht mit der Tat, bei vielen auch mehr beträgt, so daß ganz und gar ihre Verrichtung und Vollbringen in Reden besteht. Von diesen e
nun dünkst du mich zu meinen sei eine auch die Redekunst.

ΣΩ. Ἀλλ' οὔτοι τούτων γε οὐδεμίαν οἶμαί σε βούλεσθαι ῥητορικὴν καλεῖν, οὐχ ὅτι τῷ ῥήματι οὕτως εἶπες, ὅτι ἡ διὰ λόγου τὸ κῦρος ἔχουσα ῥητορική ἐστιν, καὶ ὑπολάβοι ἄν τις, εἰ βούλοιτο δυσχεραίνειν ἐν τοῖς λόγοις· Τὴν ἀριθμητικὴν ἄρα ῥητορικήν, ὦ Γοργία, λέγεις ; Ἀλλ' οὐκ οἶμαί σε οὔτε τὴν ἀριθμητικὴν οὔτε τὴν γεωμετρίαν ῥητορικὴν λέγειν.

ΓΟΡ. Ὀρθῶς γὰρ οἴει, ὦ Σώκρατες, καὶ δικαίως ὑπο- 451
λαμβάνεις.

ΣΩ. Ἴθι νῦν καὶ σὺ τὴν ἀπόκρισιν ἣν ἠρόμην διαπέρανον. Ἐπεὶ γὰρ ῥητορικὴ τυγχάνει μὲν οὖσα τούτων τις τῶν τεχνῶν τῶν τὸ πολὺ λόγῳ χρωμένων, τυγχάνουσιν δὲ καὶ ἄλλαι τοιαῦται οὖσαι, πειρῶ εἰπεῖν ἡ περὶ τί ἐν λόγοις τὸ κῦρος ἔχουσα ῥητορική ἐστιν. Ὥσπερ ἂν εἴ τίς με ἔροιτο ὧν νυνδὴ ἔλεγον περὶ ἡστινοσοῦν τῶν τεχνῶν·
Ὦ Σώκρατες, τίς ἐστιν ἡ ἀριθμητικὴ τέχνη ; εἴποιμ' ἂν b
αὐτῷ, ὥσπερ σὺ ἄρτι, ὅτι τῶν διὰ λόγου τις τὸ κῦρος ἐχουσῶν· καὶ εἴ με ἐπανέροιτο· Τῶν περὶ τί ; εἴποιμ' ἂν ὅτι τῶν περὶ τὸ ἄρτιόν τε καὶ περιττὸν [γνῶσις], ὅσα ἂν ἑκάτερα τυγχάνῃ ὄντα. Εἰ δ' αὖ ἔροιτο· Τὴν δὲ λογιστικὴν τίνα καλεῖς τέχνην ; εἴποιμ' ἂν ὅτι καὶ αὕτη ἐστὶν τῶν λόγῳ τὸ πᾶν κυρουμένων· καὶ εἰ ἐπανέροιτο· Ἡ περὶ τί ; εἴποιμ' ἂν ὥσπερ οἱ ἐν τῷ δήμῳ συγγραφόμενοι, ὅτι τὰ
μὲν ἄλλα καθάπερ ἡ ἀριθμητικὴ ἡ λογιστικὴ ἔχει· περὶ c
τὸ αὐτὸ γάρ ἐστιν, τό τε ἄρτιον καὶ τὸ περιττόν· διαφέρει δὲ τοσοῦτον, ὅτι καὶ πρὸς αὑτὰ καὶ πρὸς ἄλληλα πῶς ἔχει πλήθους ἐπισκοπεῖ τὸ περιττὸν καὶ τὸ ἄρτιον ἡ λογιστική. Καὶ εἴ τις τὴν ἀστρονομίαν ἀνέροιτο, ἐμοῦ λέγοντος ὅτι καὶ αὕτη λόγῳ κυροῦται τὰ πάντα, Οἱ δὲ λόγοι οἱ τῆς ἀστρονομίας, εἰ φαίη, περὶ τί εἰσιν, ὦ Σώκρατες ; εἴποιμ' ἂν ὅτι περὶ τὴν τῶν ἄστρων φορὰν καὶ ἡλίου καὶ σελήνης, πῶς πρὸς ἄλληλα τάχους ἔχει.

GORGIAS: Ganz richtig.

SOKRATES: Aber doch wirst du, denke ich, auch von den genannten keine wollen Redekunst nennen, wiewohl du wörtlich so sagtest, die ihr ganzes Geschäft durch Reden vollendende wäre die Redekunst. Und es könnte wohl einer folgern, der dir die Worte zum Verdruß kehren wollte, also die Rechenkunst Gorgias nennst du Redekunst. Aber ich glaube nicht, daß du, sei es nun die Meßkunst oder die Rechenkunst Redekunst nennst.

GORGIAS: Und ganz recht glaubst du daran, Sokrates, 451a
und verstehst mich ganz richtig.

SOKRATES: Wohlan denn, so bringe mir nun auch die Antwort, nach der ich fragte, zu Ende. Denn da die Redekunst von diesen Künsten eine ist, welche sich gar viel der Rede gebrauchen, es aber auch noch andere von derselben Art gibt: so versuche doch zu sagen, woran denn diejenige ihr Geschäft durch Reden vollendet, welche die Redekunst ist? So wie wenn mich jemand nach irgend einer Kunst von
den eben angeführten fragte, O Sokrates, was ist denn die b
Zahlenkunst? ich ihm sagen würde wie du vorhin, eine von den ihr Geschäft durch Reden vollbringenden, und wenn er mich weiter fragte, Woran denn! ich sagen würde, Am graden und ungraden wie groß jedes sei. Fragte er aber wieder: Und welche Kunst nennst du denn die Rechenkunst, ich ihm sagen würde, Auch sie ist eine von den Alles durch Reden vollbringenden. Und wenn er weiter fragte, Woran denn? ich sagen würde, wie es in der Volksversammlung heißt, Alles
Andere wie zuvor, bei der Rechenkunst wie bei der Zahlen- c
kunde, nur soviel ist sie unterschieden, daß die Verhältnislehre auch betrachtet wie Gerades und Ungerades unter sich und gegen einander sich verhält der Größe nach. Und wenn Jemand nach der Sternkunde fragte, und auf meine Erklärung, daß auch diese alles durch Reden vollbringe, spräche, Aber die Reden der Sternkunde, worauf beziehn sich die? ich sagen würde, Auf die Bewegung der Gestirne und der Sonne und des Mondes, wie sie sich gegeneinander verhalten an Geschwindigkeit.

GORGIAS: Und ganz recht sprächst du, Sokrates.

ΓΟΡ. Ὀρθῶς γε λέγων σύ, ὦ Σώκρατες.

ΣΩ. Ἴθι δὴ καὶ σύ, ὦ Γοργία. Τυγχάνει μὲν γὰρ δὴ ἡ d
ῥητορικὴ οὖσα τῶν λόγῳ τὰ πάντα διαπραττομένων τε καὶ
κυρουμένων τις· ἦ γάρ ;

ΓΟΡ. Ἔστι ταῦτα.

ΣΩ. Λέγε δὴ τῶν περὶ τί ; ⟨τί⟩ ἐστι τοῦτο τῶν ὄντων,
περὶ οὗ οὗτοι οἱ λόγοι εἰσὶν οἷς ἡ ῥητορικὴ χρῆται ;

ΓΟΡ. Τὰ μέγιστα τῶν ἀνθρωπείων πραγμάτων, ὦ Σώ-
κρατες, καὶ ἄριστα.

ΣΩ. Ἀλλ', ὦ Γοργία, ἀμφισβητήσιμον καὶ τοῦτο λέγεις
καὶ οὐδέν πω σαφές. Οἴομαι γάρ σε ἀκηκοέναι ἐν τοῖς e
συμποσίοις ᾀδόντων ἀνθρώπων τοῦτο τὸ σκολιόν, ἐν ᾧ
καταριθμοῦνται ᾄδοντες ὅτι ὑγιαίνειν μὲν ἄριστόν ἐσ-
τιν, τὸ δὲ δεύτερον καλὸν γενέσθαι, τρίτον δέ,
ὥς φησιν ὁ ποιητὴς τοῦ σκολιοῦ, τὸ πλουτεῖν ἀδόλως.

ΓΟΡ. Ἀκήκοα γάρ· ἀλλὰ πρὸς τί τοῦτο λέγεις ;

ΣΩ. Ὅτι σοι αὐτίκ' ἂν παρασταῖεν οἱ δημιουργοὶ τού- 452
των ὧν ἐπῄνεσεν ὁ τὸ σκολιὸν ποιήσας, ἰατρός τε καὶ παι-
δοτρίβης καὶ χρηματιστής, καὶ εἴποι πρῶτον μὲν ὁ ἰατρὸς
ὅτι Ὦ Σώκρατες, ἐξαπατᾷ σε Γοργίας· οὐ γάρ ἐστιν ἡ τού-
του τέχνη περὶ τὸ μέγιστον ἀγαθὸν τοῖς ἀνθρώποις, ἀλλ'
ἡ ἐμή. Εἰ οὖν αὐτὸν ἐγὼ ἐροίμην· Σὺ δὲ τίς ὢν ταῦτα
λέγεις ; εἴποι ἂν ἴσως ὅτι ἰατρός. Τί οὖν λέγεις ; Ἦ τὸ
τῆς σῆς τέχνης ἔργον μέγιστόν ἐστιν ἀγαθόν ; Πῶς γὰρ
οὔ, φαίη ἂν ἴσως, ὦ Σώκρατες, ὑγίεια ; Τί δ' ἐστὶν μεῖζον
ἀγαθὸν ἀνθρώποις ὑγιείας ; Εἰ δ' αὖ μετὰ τοῦτον ὁ παιδο- b
τρίβης εἴποι ὅτι Θαυμάζοιμι τἂν, ὦ Σώκρατες, καὶ αὐτός,
εἴ σοι ἔχοι Γοργίας μεῖζον ἀγαθὸν ἐπιδεῖξαι τῆς αὑτοῦ
τέχνης ἢ ἐγὼ τῆς ἐμῆς, εἴποιμ' ἂν αὖ καὶ πρὸς τοῦτον·
Σὺ δὲ δὴ τίς εἶ, ὦ ἄνθρωπε, καὶ τί τὸ σὸν ἔργον ; Παιδο-
τρίβης, φαίη ἄν, τὸ δ' ἔργον μού ἐστιν καλούς τε καὶ ἰσχυ-
ροὺς ποιεῖν τοὺς ἀνθρώπους τὰ σώματα. Μετὰ δὲ τὸν

SOKRATES: Wohlan, eben so tue also auch du, Gorgias! d
Die Redekunst ist doch eine von den Alles durch Reden ausführenden und vollbringenden. Nicht wahr?

GORGIAS: So ist es.

SOKRATES: Sage also von den worauf doch gehenden ist sie eine? Welches unter allen Dingen ist doch dasjenige eigentlich, worauf die Reden sich beziehen, deren die Redekunst sich bedient?

GORGIAS: Die wichtigsten, o Sokrates, unter allen menschlichen Dingen, und die herrlichsten.

2.1.3. Die wichtigsten menschlichen Dinge sind politische Freiheit und Herrschaft; die Rhetorik ist Meisterin der Überredung

SOKRATES: Aber auch dies, Gorgias, ist ja wieder zweifelhaft und noch gar nichts bestimmtes. Du hast ja wohl, e
denke ich, bei Gastmälern Leute jenes Trinklied singen gehört, worin sie aufzählen, das Beste sei die Gesundheit, und das zweite in Schönheit einherzugehn, und das dritte wie der Dichter des Trinkliedes meint, reich sein ohne Falsch.

GORGIAS: Wohl habe ich das gehört. Aber wozu führst du es an?

SOKRATES: Weil dir nun gleich die Meister in dem was 452a
das Trinklied gelobt hat, werden in den Weg treten, der Arzt und der Turnmeister und der Erwerbsmann; und der Arzt zuerst würde sagen, O Sokrates, Gorgias hintergeht dich, denn nicht seine Kunst geht auf das wichtigste Gut für die Menschen, sondern die meinige. Wenn ich ihn nun fragte, Und wer bist du, daß du das sagst? so würde er eben sagen, Ein Arzt. Wie meinst du, spräche ich dann, also das Werk deiner Kunst wäre das größte Gut? – Wie sollte denn nicht, o Sokrates, würde er vielleicht sagen, die Gesundheit dies sein? was für ein größeres Gut gibt es denn für die Menschen b
als Gesundheit? Wenn nun nach diesem wiederum der Meister der Leibesübungen sagte, Es sollte mich wundern, Sokrates, wenn Gorgias dir ein größeres Gut von seiner Kunst aufzeigen könnte, als ich von der meinigen! so würde ich auch zu dem sagen, Und wer bist du denn Mensch, und was ist dein Geschäft? – Ich bin der Turnmeister, spräche er,

παιδοτρίβην εἴποι ἂν ὁ χρηματιστής, ὡς ἐγῷμαι, πάνυ
καταφρονῶν ἁπάντων· Σκόπει δῆτα, ὦ Σώκρατες, ἐάν σοι c
πλούτου φανῇ τι μεῖζον ἀγαθὸν ὂν ἢ παρὰ Γοργίᾳ ἢ παρ᾽
ἄλλῳ ὁτῳοῦν. Φαῖμεν ἂν οὖν πρὸς αὐτόν· Τί δὲ δή ; ἦ σὺ
τούτου δημιουργός ; Φαίη ἄν. Τίς ὤν ; Χρηματιστής. Τί
οὖν ; Κρίνεις σὺ μέγιστον ἀνθρώποις ἀγαθὸν εἶναι πλοῦ-
τον ; φήσομεν. Πῶς γὰρ οὔκ ; ἐρεῖ. Καὶ μὴν ἀμφισβητεῖ
γε Γοργίας ὅδε τὴν παρ᾽ αὑτῷ τέχνην μείζονος ἀγαθοῦ
αἰτίαν εἶναι ἢ τὴν σήν, φαῖμεν ἂν ἡμεῖς. Δῆλον οὖν ὅτι
τὸ μετὰ τοῦτο ἔροιτ᾽ ἄν· Καὶ τί ἐστιν τοῦτο τὸ ἀγαθόν ;
᾽Αποκρινάσθω Γοργίας. ῎Ιθι οὖν νομίσας, ὦ Γοργία, ἐρω- d
τᾶσθαι καὶ ὑπ᾽ ἐκείνων καὶ ὑπ᾽ ἐμοῦ, ἀπόκριναι τί ἐστιν
τοῦτο ὃ φῄς σὺ μέγιστον ἀγαθὸν εἶναι τοῖς ἀνθρώποις καὶ
σὲ δημιουργὸν εἶναι αὐτοῦ.

ΓΟΡ. Ὅπερ ἐστίν, ὦ Σώκρατες, τῇ ἀληθείᾳ μέγιστον
ἀγαθὸν καὶ αἴτιον ἅμα μὲν ἐλευθερίας αὐτοῖς τοῖς ἀνθρώποις,
ἅμα δὲ τοῦ ἄλλων ἄρχειν ἐν τῇ αὑτοῦ πόλει ἑκάστῳ.

ΣΩ. Τί οὖν δὴ τοῦτο λέγεις ;

ΓΟΡ. Τὸ πείθειν ἔγωγ᾽ οἷόν τ᾽ εἶναι τοῖς λόγοις καὶ
ἐν δικαστηρίῳ δικαστὰς καὶ ἐν βουλευτηρίῳ βουλευτὰς καὶ e
ἐν ἐκκλησίᾳ ἐκκλησιαστὰς καὶ ἐν ἄλλῳ ξυλλόγῳ παντί,
ὅστις ἂν πολιτικὸς ξύλλογος γίγνηται. Καίτοι ἐν ταύτῃ τῇ
δυνάμει δοῦλον μὲν ἕξεις τὸν ἰατρόν, δοῦλον δὲ τὸν παι-
δοτρίβην· ὁ δὲ χρηματιστὴς οὗτος ἄλλῳ ἀναφανήσεται
χρηματιζόμενος καὶ οὐχ αὑτῷ, ἀλλὰ σοὶ τῷ δυναμένῳ λέ-
γειν καὶ πείθειν τὰ πλήθη.

ΣΩ. Νῦν μοι δοκεῖς δηλῶσαι, ὦ Γοργία, ἐγγύτατα τὴν
ῥητορικὴν ἥντινα τέχνην ἡγεῖ εἶναι, καὶ εἴ τι ἐγὼ συνίημι, 453
λέγεις ὅτι πειθοῦς δημιουργός ἐστιν ἡ ῥητορική, καὶ ἡ
πραγματεία αὐτῆς ἅπασα καὶ τὸ κεφάλαιον εἰς τοῦτο τε-
λευτᾷ· ἢ ἔχεις τι λέγειν ἐπὶ πλέον τὴν ῥητορικὴν δύνασθαι
ἢ πειθὼ τοῖς ἀκούουσιν ἐν τῇ ψυχῇ ποιεῖν ;

und mein Geschäft ist, die Menschen schön und stark zu
machen am Leibe. Und nach diesem sagte dann der Erwerbs-
mann, wie ich denke recht mit Verachtung aller Andern, c
Sieh doch zu, Sokrates, ob sich dir irgend ein größeres Gut
zeigt als der Reichtum beim Gorgias oder bei irgend wem
sonst. – Und wic, sprächcn wir dann zu ihm, du kannst den
machen? – Er bejahte es. – Als wer denn? – Als Erwerbs-
mann. – Und wie? du hältst also dafür der Reichtum sei das
größte Gut für den Menschen? sagten wir. – Wie sollte ich
nicht! würde er antworten. – Aber Gorgias hier, sprächen
wir, behauptet doch gegen dich, daß seine Kunst ein grö-
ßeres Gut hervorbringe als die deinige. – Offenbar würde er
dann weiter fragen: Und was ist denn dieses Gut? das be- d
antworte Gorgias. – Wohlan denn, Gorgias, denke dir, du
werdest so von jenen sowohl als von mir gefragt, und be-
antworte uns, was doch das ist, wovon du behauptest, es sei
das größte Gut für die Menschen, und du der Meister davon.

GORGIAS: Was auch in der Tat das größte Gut ist, Sokra-
tes, und kraft dessen die Menschen sowohl selbst frei sind,
als auch über Andere herrschen, jeder in seiner Stadt.

SOKRATES: Was meinst du doch eigentlich hiemit?

GORGIAS: Wenn man durch Worte zu überreden im Stan-
de ist, sowohl an der Gerichtsstätte die Richter, als in der e
Ratsversammlung die Ratmänner, und in der Gemeine die
Gemeindemänner, und so in jeder andern Versammlung, die
eine Staatsversammlung ist. Denn hast du dies in deiner Ge-
walt, so wird der Arzt dein Knecht sein, der Turnmeister
dein Knecht sein, und von diesem Erwerbsmann wird sich
zeigen, daß er Andern erwirbt und nicht sich selbst, sondern
dir, der du verstehst zu sprechen und die Menge zu überre-
den.

SOKRATES: Nun, Gorgias dünkst du mich aufs genaueste
erklärt zu haben, für was für eine Kunst du die Redekunst 453a
hältst; und wenn ich anders etwas verstehe, so sagst du, der
Überredung Meisterin sei die Redekunst, und ihr ganzes Ge-
schäft und Wesen laufe hierauf hinaus. Oder weißt du noch
etwas weiteres zu sagen, was die Redekunst vermöge, als
Überredung in der Seele des Hörenden zu bewirken?

ΓΟΡ. Οὐδαμῶς, ὦ Σώκρατες, ἀλλά μοι δοκεῖς ἱκανῶς ὁρίζεσθαι· ἔστιν γὰρ τοῦτο τὸ κεφάλαιον αὐτῆς.

ΣΩ. Ἄκουσον δή, ὦ Γοργία. Ἐγὼ γὰρ εὖ ἴσθ' ὅτι, ὡς ἐμαυτὸν πείθω, εἴπερ τις ἄλλος ἄλλῳ διαλέγεται βουλόμε- b
νος εἰδέναι αὐτὸ τοῦτο περὶ ὅτου ὁ λόγος ἐστίν, καὶ ἐμὲ εἶναι τούτων ἕνα· ἀξιῶ δὲ καὶ σέ.

ΓΟΡ. Τί οὖν δή, ὦ Σώκρατες;

ΣΩ. Ἐγὼ ἐρῶ νῦν. Ἐγὼ τὴν ἀπὸ τῆς ῥητορικῆς πειθώ, ἥ τίς ποτ' ἐστὶν ἣν σὺ λέγεις καὶ περὶ ὧντινων πραγμάτων ἐστὶν πειθώ, σαφῶς μὲν εὖ ἴσθ' ὅτι οὐκ οἶδα, οὐ μὴν ἀλλ' ὑποπτεύω γε ἣν οἶμαί σε λέγειν καὶ περὶ ὧν. Οὐδὲν μέντοι ἧττον ἐρήσομαί σε τίνα ποτὲ λέγεις τὴν πειθὼ τὴν ἀπὸ τῆς ῥητορικῆς καὶ περὶ τίνων αὐτὴν εἶναι. Τοῦ c
ἕνεκα δὴ αὐτὸς ὑποπτεύων σὲ ἐρήσομαι, ἀλλ' οὐκ αὐτὸς λέγω; Οὐ σοῦ ἕνεκα, ἀλλὰ τοῦ λόγου, ἵνα οὕτω προΐῃ ὡς μάλιστ' ἂν ἡμῖν καταφανὲς ποιοῖ περὶ ὅτου λέγεται. Σκόπει γὰρ εἴ σοι δοκῶ δικαίως ἀνερωτᾶν σε. Ὥσπερ ἂν εἰ ἐτύγχανόν σε ἐρωτῶν τίς ἐστιν τῶν ζωγράφων Ζεῦξις, εἴ μοι εἶπες ὅτι ὁ τὰ ζῷα γράφων, ἆρ' οὐκ ἂν δικαίως σε ἠρόμην ὁ τὰ ποῖα τῶν ζῴων γράφων; Ἢ οὔ;

ΓΟΡ. Πάνυ γε.

ΣΩ. Ἆρα διὰ τοῦτο, ὅτι καὶ ἄλλοι εἰσὶ ζωγράφοι γρα- d
φοντες ἄλλα πολλὰ ζῷα;

ΓΟΡ. Ναί.

ΣΩ. Εἰ δέ γε μηδεὶς ἄλλος ἢ Ζεῦξις ἔγραφε, καλῶς ἄν σοι ἀπεκέκριτο;

ΓΟΡ. Πῶς γὰρ οὔ;

ΣΩ. Ἴθι δὴ καὶ περὶ τῆς ῥητορικῆς εἰπέ· πότερόν σοι δοκεῖ πειθὼ ποιεῖν ἡ ῥητορικὴ μόνη ἢ καὶ ἄλλαι τέχναι; Λέγω δὲ τὸ τοιόνδε· ὅστις διδάσκει ὁτιοῦν πρᾶγμα, πότερον ὃ διδάσκει πείθει ἢ οὔ;

GORGIAS: Keinesweges, Sokrates, sondern du scheinst sie mir vollständig erklärt zu haben. Denn dies ist ihre Hauptsache.

2.1.4. Des genaueren ist die Rhetorik nur Meisterin einer Überredung, die bezüglich des Gerechten und Ungerechten Glauben bewirkt, nicht Wissen

SOKRATES: So höre denn, Gorgias. Denn ich, das wisse
nur, glaube gewiß, wenn irgend wer im Gespräch beabsich- b
tet, das wirklich zu erforschen wovon die Rede ist, bin ich
gewiß auch ein solcher, und ich denke du auch.

GORGIAS: Was also weiter, Sokrates?

SOKRATES: Ich sage es gleich. Diese durch die Redekunst
entstehende Überredung, von der du sprichst, was für eine
die ist, und in Bezug auf welche Gegenstände sie Überre-
dung ist, dies, bedenke nur, weiß ich noch immer nicht
recht. Ich ahnde freilich wohl was für eine du, wie ich glau-
be, meinst, und wovon; nichts desto weniger aber werde ich
dich doch weiter fragen, was für eine Überredung du meinst,
daß aus der Redekunst entstehe, und auf welche Gegenstän- c
de sie gehe. Weshalb aber, da ich es ja schon ahnde, ich dich
noch fragen will, und es nicht selbst sage? Nicht deinetwe-
gen, sondern unsers Gespräches wegen, damit es so fortgehe,
daß uns das möglichst deutlich werde, wovon die Rede ist.
Denn überlege nur, ob dich nicht dünkt ich habe Recht dich
weiter zu fragen. Nämlich wie wenn ich dich gefragt hätte:
Welcher Maler ist doch Zeuxis, und du mir gesagt hättest,
der Gemälde malt; würde ich dich dann nicht mit Recht fra-
gen, der was doch für Gemälde malt und wo?

GORGIAS: Gewiß.

SOKRATES: Etwa deshalb, weil es auch noch andere Ma- d
ler gibt, die viele andere Gemälde malen?

GORGIAS: Ja.

SOKRATES: Wenn aber kein Anderer als Zeuxis dergleichen malte, dann wäre deine Antwort gut gewesen.

GORGIAS: Wie sollte sie nicht?

SOKRATES: Wohlan denn, auch von der Redekunst sage mir, ob du denkst, die Redekunst allein bewirke Überredung

ΓΟΡ. Οὐ δῆτα, ὦ Σώκρατες, ἀλλὰ πάντων μάλιστα πείθει.

ΣΩ. Πάλιν δὴ ἐπὶ τῶν αὐτῶν τεχνῶν λέγωμεν ὧνπερ e
νυνδή· ἡ ἀριθμητικὴ οὐ διδάσκει ἡμᾶς ὅσα ἐστὶν τὰ τοῦ
ἀριθμοῦ, καὶ ὁ ἀριθμητικὸς ἄνθρωπος ;

ΓΟΡ. Πάνυ γε.

ΣΩ. Οὐκοῦν καὶ πείθει ;

ΓΟΡ. Ναί.

ΣΩ. Πειθοῦς ἄρα δημιουργός ἐστιν καὶ ἡ ἀριθμητική.

ΓΟΡ. Φαίνεται.

ΣΩ. Οὐκοῦν ἐάν τις ἐρωτᾷ ἡμᾶς ποίας πειθοῦς καὶ
περὶ τί, ἀποκρινούμεθά που αὐτῷ ὅτι τῆς διδασκαλικῆς
τῆς περὶ τὸ ἄρτιόν τε καὶ τὸ περιττὸν ὅσον ἐστίν· καὶ 454
τὰς ἄλλας ἃς νυνδὴ ἐλέγομεν τέχνας ἁπάσας ἕξομεν ἀπο-
δεῖξαι πειθοῦς δημιουργοὺς οὔσας καὶ ἧστινος καὶ περὶ
ὅ τι· ἢ οὔ ;

ΓΟΡ. Ναί.

ΣΩ. Οὐκ ἄρα ῥητορικὴ μόνη πειθοῦς ἐστιν δημιουργός.

ΓΟΡ. Ἀληθῆ λέγεις.

ΣΩ. Ἐπειδὴ τοίνυν οὐ μόνη ἀπεργάζεται τοῦτο τὸ
ἔργον, ἀλλὰ καὶ ἄλλαι, δικαίως ὥσπερ περὶ τοῦ ζωγράφου
μετὰ τοῦτο ἐπανεροίμεθ᾽ ἂν τὸν λέγοντα· Ποίας δὴ πειθοῦς
καὶ τῆς περὶ τί πειθοῦς ἡ ῥητορική ἐστιν τέχνη ; Ἢ οὐ
δοκεῖ σοι δίκαιον εἶναι ἐπανερέσθαι ; b

ΓΟΡ. Ἔμοιγε.

ΣΩ. Ἀπόκριναι δή, ὦ Γοργία, ἐπειδή γε καὶ σοὶ δοκεῖ οὕτω.

ΓΟΡ. Ταύτης τοίνυν τῆς πειθοῦς λέγω, ὦ Σώκρατες, τῆς ἐν τοῖς δικαστηρίοις καὶ ἐν τοῖς ἄλλοις ὄχλοις, ὥσπερ καὶ ἄρτι ἔλεγον, καὶ περὶ τούτων ἅ ἐστι δίκαιά τε καὶ ἄδικα.

ΣΩ. Καὶ ἐγώ τοι ὑπώπτευον ταύτην σε λέγειν τὴν

oder auch andere Künste? Ich meine nämlich dies, wer irgend etwas lehrt, überredet der in dem was er lehrt oder nicht?

GORGIAS: Bewahre, sondern ganz gewiß überredet er.

SOKRATES: Wenn wir nun wieder auf dieselben Künste e
zurückkommen wie oben, lehrt uns nicht die Zahlenkunde und der Zahlenkünstler die Größe der Zahlen?

GORGIAS: Freilich.

SOKRATES: Und überredet uns also auch?

GORGIAS: Ja.

SOKRATES: Also auch die Zahlenkunde ist eine Meisterin der Überredung?

GORGIAS: So scheint es.

SOKRATES: Und wenn uns jemand fragt, in was für einer Überredung und wovon? so werden wir ihm etwa antworten, in einer belehrenden von dem Graden und Ungraden, 454a
wie groß es ist. Und auch alle andern eben angeführten Künste werden wir zeigen können, daß sie Meisterinnen der Überredung sind, und was für einer und wovon? oder nicht?

GORGIAS: Ja.

SOKRATES: Nicht also die Redekunst allein ist Meisterin der Überredung.

GORGIAS: Freilich nicht.

SOKRATES: Da nun nicht sie allein dieses Werk hervorbringt, so möchten wir wohl mit Recht, eben wie bei dem Maler, den der dies gesagt, hernach weiter fragen, die Kunst was für einer Überredung und wovon, ist wohl die Redekunst? Oder hältst du es nicht für Recht, dies weiter zu fragen? b

GORGIAS: Ich wohl.

SOKRATES: So antworte denn, Gorgias, wenn es dich auch so dünkt.

GORGIAS: Jener Überredung also sage ich, Sokrates, welche an den Gerichtsstätten vorkommt, und bei den andern Volksversammlungen, wie ich auch schon vorhin sagte, und in Beziehung auf das, was gerecht ist und ungerecht.

SOKRATES: Das ahndete ich auch, daß du diese Überredung meintest, Gorgias, und in Beziehung hierauf. Wundere

πειθὼ καὶ περὶ τούτων, ὦ Γοργία· ἀλλ' ἵνα μὴ θαυμάζῃς ἐὰν ὀλίγον ὕστερον τοιοῦτόν τί σε ἀνέρωμαι, ὃ δοκεῖ μὲν δῆλον εἶναι, ἐγὼ δ' ἐπανερωτῶ· ὅπερ γὰρ λέγω, τοῦ ἑξῆς c ἕνεκα περαίνεσθαι τὸν λόγον ἐρωτῶ, οὐ σοῦ ἕνεκα, ἀλλ' ἵνα μὴ ἐθιζώμεθα ὑπονοοῦντες προαρπάζειν ἀλλήλων τὰ λεγόμενα, ἀλλὰ σὺ τὰ σαυτοῦ κατὰ τὴν ὑπόθεσιν ὅπως ἂν βούλῃ περαίνῃς.

ΓΟΡ. Καὶ ὀρθῶς γέ μοι δοκεῖς ποιεῖν, ὦ Σώκρατες.

ΣΩ. Ἴθι δὴ καὶ τόδε ἐπισκεψώμεθα. Καλεῖς τι μεμαθηκέναι;

ΓΟΡ. Καλῶ.

ΣΩ. Τί δέ; Πεπιστευκέναι;

ΓΟΡ. Ἔγωγε.

ΣΩ. Πότερον οὖν ταὐτὸν δοκεῖ σοι εἶναι μεμαθηκέναι d καὶ πεπιστευκέναι, καὶ μάθησις καὶ πίστις, ἢ ἄλλο τι;

ΓΟΡ. Οἴομαι μὲν ἔγωγε, ὦ Σώκρατες, ἄλλο.

ΣΩ. Καλῶς γὰρ οἴει· γνώσει δὲ ἐνθένδε. Εἰ γάρ τίς σε ἔροιτο· Ἆρ' ἔστιν τις, ὦ Γοργία, πίστις ψευδὴς καὶ ἀληθής; φαίης ἄν, ὡς ἐγὼ οἶμαι.

ΓΟΡ. Ναί.

ΣΩ. Τί δ'; Ἐπιστήμη ἐστὶν ψευδὴς καὶ ἀληθής;

ΓΟΡ. Οὐδαμῶς.

ΣΩ. Δῆλον ἄρ' αὖ ὅτι οὐ ταὐτόν ἐστιν.

ΓΟΡ. Ἀληθῆ λέγεις.

ΣΩ. Ἀλλὰ μὴν οἵ τέ γε μεμαθηκότες πεπεισμένοι εἰσὶν e καὶ οἱ πεπιστευκότες.

ΓΟΡ. Ἔστι ταῦτα.

ΣΩ. Βούλει οὖν δύο εἴδη θῶμεν πειθοῦς, τὸ μὲν πίστιν παρεχόμενον ἄνευ τοῦ εἰδέναι, τὸ δ' ἐπιστήμην;

ΓΟΡ. Πάνυ γε.

ΣΩ. Ποτέραν οὖν ἡ ῥητορικὴ πειθὼ ποιεῖ ἐν δικαστηρίοις τε καὶ τοῖς ἄλλοις ὄχλοις περὶ τῶν δικαίων τε καὶ

dich aber nur nicht, wenn ich dich auch bald wieder einmal um so etwas frage, was deutlich zu sein scheint, und ich frage c doch erst darnach. Denn wie gesagt, um in der Ordnung die Rede zu Ende zu bringen, frage ich dergleichen, nicht deinetwegen, sondern damit wir uns nicht gewöhnen, halbverstanden einander das Gesagte vorweg zu nehmen, sondern du deinen Satz ganz nach deiner Ansicht durchführen mögest, wie du selbst willst.

GORGIAS: Und ganz Recht tust du daran, wie mich dünkt.

SOKRATES: So komm denn, laß uns auch dies überlegen: du sagst doch bisweilen, man habe etwas gelernt?

GORGIAS: O ja.

SOKRATES: Auch man habe etwas geglaubt?

GORGIAS: Ich gewiß.

SOKRATES: Dünkt dich dies nun einerlei, gelernt haben d und geglaubt? erlerntes Wissen und Glauben? oder verschieden?

GORGIAS: Ich, o Sokrates, meine, es ist verschieden.

SOKRATES: Und gar recht, meinst du. Du kannst es aber hieraus erkennen. Wenn dich jemand fragte, gibt es wohl einen falschen Glauben und einen wahren? Das würdest du bejahen, denke ich?

GORGIAS: Ja.

SOKRATES: Wie? auch eine falsche Erkenntnis und eine wahre?

GORGIAS: Keinesweges.

SOKRATES: Offenbar also ist nicht beides einerlei.

GORGIAS: Du hast Recht.

SOKRATES: Doch aber sind sowohl die Wissenden über- e redet als die Glaubenden.

GORGIAS: So ist es.

SOKRATES: Willst du also, wir sollen zwei Arten der Überredung setzen, die eine welche Glauben hervorbringt ohne Wissen, die andere aber welche Erkenntnis?

GORGIAS: Allerdings.

SOKRATES: Welche von beiden Überredungen also bewirkt die Redekunst an der Gerichtsstätte und in den andern

ἀδίκων ; ἐξ ἧς τὸ πιστεύειν γίγνεται ἄνευ τοῦ εἰδέναι ἢ ἐξ ἧς τὸ εἰδέναι ;

ΓΟΡ. Δῆλον δήπου, ὦ Σώκρατες, ὅτι ἐξ ἧς τὸ πιστεύειν.

ΣΩ. Ἡ ῥητορικὴ ἄρα, ὡς ἔοικεν, πειθοῦς δημιουργός
ἐστιν πιστευτικῆς, ἀλλ' οὐ διδασκαλικῆς, περὶ τὸ δίκαιόν τε 455
καὶ ἄδικον.

ΓΟΡ. Ναί.

ΣΩ. Οὐδ' ἄρα διδασκαλικὸς ὁ ῥήτωρ ἐστὶν δικαστηρίων τε καὶ τῶν ἄλλων ὄχλων δικαίων τε πέρι καὶ ἀδίκων, ἀλλὰ πειστικὸς μόνον. Οὐ γὰρ δήπου ὄχλον γ' ἂν δύναιτο τοσοῦτον ἐν ὀλίγῳ χρόνῳ διδάξαι οὕτω μεγάλα πράγματα.

ΓΟΡ. Οὐ δῆτα.

ΣΩ. Φέρε δή, ἴδωμεν τί ποτε καὶ λέγομεν περὶ τῆς ῥη-
τορικῆς· ἐγὼ μὲν γάρ τοι οὐδ' αὐτός πω δύναμαι κατα- b
νοῆσαι ὅ τι λέγω. Ὅταν περὶ ἰατρῶν αἱρέσεως ᾖ τῇ πόλει σύλλογος ἢ περὶ ναυπηγῶν ἢ περὶ ἄλλου τινὸς δημιουργικοῦ ἔθνους, ἄλλο τι ἢ τότε ὁ ῥητορικὸς οὐ συμβουλεύσει; δῆλον γὰρ ὅτι ἐν ἑκάστῃ αἱρέσει τὸν τεχνικώτατον δεῖ αἱρεῖσθαι· οὐδ' ὅταν τειχῶν περὶ οἰκοδομήσεως ἢ λιμένων κατασκευῆς ἢ νεωρίων, ἀλλ' οἱ ἀρχιτέκτονες· οὐδ' αὖ ὅταν στρατηγῶν αἱρέσεως πέρι ἢ τάξεώς τινος πρὸς πολεμίους
ἢ χωρίων καταλήψεως συμβουλὴ ᾖ, ἀλλ' οἱ στρατηγικοὶ c
τότε συμβουλεύσουσιν, οἱ ῥητορικοὶ δὲ οὔ· ἢ πῶς λέγεις, ὦ Γοργία, τὰ τοιαῦτα ; Ἐπειδὴ γὰρ αὐτός τε φῂς ῥήτωρ εἶναι καὶ ἄλλους ποιεῖν ῥητορικούς, εὖ ἔχει τὰ τῆς σῆς τέχνης παρὰ σοῦ πυνθάνεσθαι. Καὶ ἐμὲ νῦν νόμισον καὶ τὸ σὸν σπεύδειν· ἴσως γὰρ καὶ τυγχάνει τις τῶν ἔνδον ὄντων μαθητής σου βουλόμενος γενέσθαι, ὡς ἐγώ τινας σχεδὸν καὶ συχνοὺς αἰσθάνομαι, οἳ ἴσως αἰσχύνοιντ' ἂν σε ἀνε-

Volksversammlungen und in Beziehung auf das Gerechte und Ungerechte? aus welcher das Glauben entsteht ohne Wissen? oder aus welcher das Wissen?

GORGIAS: Offenbar doch, Sokrates, aus welcher das Glauben.

SOKRATES: Die Redekunst also, Gorgias, ist wie es scheint Meisterin in einer glaubenmachenden nicht in einer 455a belehrenden Überedung in Bezug auf Gerechtes und Ungerechtes.

GORGIAS: Ja.

SOKRATES: Also belehrt auch der Redner nicht in den Gerichts- und andern Versammlungen über Recht und Unrecht, sondern macht nur glauben. Auch könnte er wohl nicht einen so großen Haufen in kurzer Zeit belehren über so wichtige Dinge.

GORGIAS: Wohl nicht.

2.1.5. *Wofür ist die Rhetorik zuständig? Ihre Macht*

SOKRATES: Wohlan denn, laß uns sehen, was wir doch eigentlich sagen von der Redekunst; denn ich selbst kann b noch gar nicht verstehen was ich recht sage. Wenn um Ärzte zu erwählen die Stadt sich versammelt, oder um Schiffsbaumeister, oder eine andere Art von Gewerbsleuten, nicht wahr, dann darf der Redner nicht Rat geben? Denn es ist klar, daß bei jeder Wahl der kunstverständigste muß gewählt werden. Auch nicht, wenn von Erbauung der Mauern die Rede ist, und davon, die Häfen in Stand zu setzen oder die Werfte, sondern dann die Baumeister. Auch nicht wenn die Beratschlagung die Wahl eines Heerführers betrifft, oder die Stellung eines Heers gegen den Feind, oder die Besitznehmung c einer Gegend; sondern die Kriegskünstler werden dann Rat erteilen, nicht die Redekünstler. Oder was meinst du, Gorgias, hievon? Denn da du behauptest, selbst sowohl ein Redner zu sein, als auch Andere zu Redekünstlern zu machen: so ist es ja recht was deine Kunst betrifft von dir zu erfragen. Ja glaube nur, daß auch ich jetzt zugleich auf das deinige bedacht bin; denn vielleicht ist Mancher hier drinnen gesonnen dein Schüler zu werden, wie ich denn fast mehrere

ρέσθαι. Ὑπ᾽ ἐμοῦ οὖν ἀνερωτώμενος νόμισον καὶ ὑπ᾽ d ἐκείνων ἀνερωτᾶσθαι· Τί ἡμῖν, ὦ Γοργία, ἔσται, ἐάν σοι συνῶμεν ; Περὶ τίνων τῇ πόλει συμβουλεύειν οἷοί τε ἐσόμεθα ; Πότερον περὶ δικαίου μόνον καὶ ἀδίκου ἢ καὶ περὶ ὧν νυνδὴ Σωκράτης ἔλεγεν ; Πειρῶ οὖν αὐτοῖς ἀποκρίνεσθαι.

ΓΟΡ. Ἀλλ᾽ ἐγώ σοι πειράσομαι, ὦ Σώκρατες, σαφῶς ἀποκαλύψαι τὴν τῆς ῥητορικῆς δύναμιν ἅπασαν· αὐτὸς γὰρ καλῶς ὑφηγήσω. Οἶσθα γὰρ δήπου ὅτι τὰ νεώρια ταῦτα καὶ τὰ τείχη τὰ Ἀθηναίων καὶ ἡ τῶν λιμένων κατασκευὴ e ἐκ τῆς Θεμιστοκλέους συμβουλῆς γέγονεν, τὰ δ᾽ ἐκ τῆς Περικλέους, ἀλλ᾽ οὐκ ἐκ τῆς δημιουργῶν.

ΣΩ. Λέγεται ταῦτα, ὦ Γοργία, περὶ Θεμιστοκλέους· Περικλέους δὲ καὶ αὐτὸς ἤκουον ὅτε συνεβούλευεν ἡμῖν περὶ τοῦ διὰ μέσου τείχους.

ΓΟΡ. Καὶ ὅταν γέ τις αἵρεσις ᾖ ὧν δὴ σὺ ἔλεγες, ὦ 456 Σώκρατες, ὁρᾷς ὅτι οἱ ῥήτορές εἰσιν οἱ συμβουλεύοντες καὶ οἱ νικῶντες τὰς γνώμας περὶ τούτων.

ΣΩ. Ταῦτα καὶ θαυμάζων, ὦ Γοργία, πάλαι ἐρωτῶ ἥτις ποτὲ ἡ δύναμίς ἐστιν τῆς ῥητορικῆς. Δαιμονία γάρ τις ἔμοιγε καταφαίνεται τὸ μέγεθος οὕτω σκοποῦντι.

ΓΟΡ. ⟨Τί⟩ εἰ πάντα γε εἰδείης, ὦ Σώκρατες, ὅτι ὡς ἔπος εἰπεῖν ἁπάσας τὰς δυνάμεις συλλαβοῦσα ὑφ᾽ αὑτῇ ἔχει. Μέγα δέ σοι τεκμήριον ἐρῶ· πολλάκις γὰρ ἤδη ἔγωγε b μετὰ τοῦ ἀδελφοῦ καὶ μετὰ τῶν ἄλλων ἰατρῶν εἰσελθὼν παρά τινα τῶν καμνόντων οὐχὶ ἐθέλοντα ἢ φάρμακον πιεῖν ἢ τεμεῖν ἢ καῦσαι παρασχεῖν τῷ ἰατρῷ, οὐ δυναμένου τοῦ ἰατροῦ πεῖσαι, ἐγὼ ἔπεισα, οὐκ ἄλλῃ τέχνῃ ἢ τῇ ῥητορικῇ. Φημὶ δὲ καὶ εἰς πόλιν ὅποι βούλει ἐλθόντα ῥητορικὸν ἄνδρα καὶ ἰατρόν, εἰ δέοι λόγῳ διαγωνίζεσθαι ἐν ἐκκλησίᾳ ἢ ἐν ἄλλῳ τινὶ συλλόγῳ ὁπότερον δεῖ αἱρεθῆναι ἰατρόν, οὐδαμοῦ ἂν φανῆναι τὸν ἰατρόν, ἀλλ᾽ αἱρεθῆναι ἂν τὸν εἰπεῖν c

glaube zu bemerken, die aber nur blöde sind dich weiter zu fragen. Wie du also jetzt von mir befragt wirst, so denke dir d
du würdest auch von Jenen gefragt, Was, o Gorgias, wird uns dafür werden, wenn wir uns zu dir gesellen? worüber werden wir vermögen der Stadt Rat zu geben? nur über Recht und Unrecht allein, oder auch über das, was Sokrates eben anführte? Versuche also ihnen zu antworten.

GORGIAS: So will ich denn versuchen, Sokrates, dir recht deutlich die ganze Kraft der Redekunst aufzudecken. Denn du selbst hast es sehr gut eingeleitet. Nämlich du weißt ja wohl, daß diese Werfte und diese Mauern der Athener, und e
dieser Bau ihrer Häfen auf den Rat des Themistokles entstanden ist, teils auch des Perikles, nicht aber jener Baumeister aller Art.

SOKRATES: So sagt man, o Gorgias, vom Themistokles; den Perikles aber habe ich noch selbst gehört, als er seine Meinung vortrug wegen der mittleren Mauer.

GORGIAS: Und wenn eine Wahl solcher Männer angesetzt 456a
ist, wie du erwähntest, so siehst du doch, daß die Redner die Ratgebenden sind, und deren Meinung durchgeht in solchen Dingen.

SOKRATES: Eben weil ich mich hierüber wundere, Gorgias, frage ich so lange schon, was doch eigentlich das Wesen der Redekunst ist. Denn ganz übermenschlich groß dünkt sie mich, wenn ich sie so betrachte.

GORGIAS: Wie wenn du erst alles wüßtest, Sokrates, daß sie mit einem Wort alle andern Kräfte zusammengenommen unter sich begreift! Einen auffallenden Beweis will ich dir b
hiervon geben. Nämlich gar oft bin ich mit meinem Bruder oder andern Ärzten zu einem Kranken hingegangen, der entweder keine Arznei nehmen, oder den Arzt nicht wollte schneiden und brennen lassen, und da dieser ihn nicht überreden konnte, habe ich ihn doch überredet durch keine andere Kunst als die Redekunst. Ja ich behaupte, es möge in eine Stadt wohin du willst ein Redekünstler kommen und ein Arzt, und wenn sie vor der Gemeine oder sonst einer Versammlung redend durchfechten müßten, welcher von beiden zum Arzt gewählt werden sollte: so würde nirgends an den c

δυνατόν, εἰ βούλοιτο. Καὶ εἰ πρὸς ἄλλον γε δημιουργὸν
ὁντιναοῦν ἀγωνίζοιτο, πείσειεν ἂν αὑτὸν ἑλέσθαι ὁ ῥητο-
ρικὸς μᾶλλον ἢ ἄλλος ὁστισοῦν· οὐ γάρ ἔστιν περὶ ὅτου οὐκ
ἂν πιθανώτερον εἴποι ὁ ῥητορικὸς ἢ ἄλλος ὁστισοῦν τῶν
δημιουργῶν ἐν πλήθει. Ἡ μὲν οὖν δύναμις τοσαύτη ἐστὶν
καὶ τοιαύτη τῆς τέχνης· δεῖ μέντοι, ὦ Σώκρατες, τῇ ῥητο-
ρικῇ χρῆσθαι ὥσπερ τῇ ἄλλῃ πάσῃ ἀγωνίᾳ. Καὶ γὰρ τῇ
ἄλλῃ ἀγωνίᾳ οὐ τούτου ἕνεκα δεῖ πρὸς ἅπαντας χρῆσθαι d
ἀνθρώπους, ὅτι ἔμαθεν πυκτεύειν τε καὶ παγκρατιάζειν
καὶ ἐν ὅπλοις μάχεσθαι, ὥστε κρείττων εἶναι καὶ φίλων καὶ
ἐχθρῶν, οὐ τούτου ἕνεκα τοὺς φίλους δεῖ τύπτειν οὐδὲ
κεντεῖν τε καὶ ἀποκτεινύναι. Οὐδέ γε μὰ Δία ἐάν τις εἰς
παλαίστραν φοιτήσας, εὖ ἔχων τὸ σῶμα καὶ πυκτικὸς γενό-
μενος, ἔπειτα τὸν πατέρα τύπτῃ καὶ τὴν μητέρα ἢ ἄλλον
τινὰ τῶν οἰκείων ἢ τῶν φίλων, οὐ τούτου ἕνεκα δεῖ τοὺς
παιδοτρίβας καὶ τοὺς ἐν τοῖς ὅπλοις διδάσκοντας μάχεσθαι e
μισεῖν τε καὶ ἐκβάλλειν ἐκ τῶν πόλεων. Ἐκεῖνοι μὲν γὰρ
παρέδοσαν ἐπὶ τῷ δικαίως χρῆσθαι τούτοις πρὸς τοὺς πο-
λεμίους καὶ τοὺς ἀδικοῦντας, ἀμυνομένους, μὴ ὑπάρχον-
τας· οἱ δὲ μεταστρέψαντες χρῶνται τῇ ἰσχύϊ καὶ τῇ τέχνῃ 457
οὐκ ὀρθῶς. Οὔκουν οἱ διδάξαντες πονηροί, οὐδὲ ἡ τέχνη
οὔτε αἰτία οὔτε πονηρὰ τούτου ἕνεκά ἐστιν, ἀλλ' οἱ μὴ
χρώμενοι, οἶμαι, ὀρθῶς. Ὁ αὐτὸς δὴ λόγος καὶ περὶ τῆς
ῥητορικῆς. Δυνατὸς μὲν γὰρ πρὸς ἅπαντάς ἐστιν ὁ ῥήτωρ
καὶ περὶ παντὸς λέγειν, ὥστε πιθανώτερος εἶναι ἐν τοῖς
πλήθεσιν ἔμβραχυ περὶ ὅτου ἂν βούληται· ἀλλ' οὐδέν τι b
μᾶλλον τούτου ἕνεκα δεῖ οὔτε τοὺς ἰατροὺς τὴν δόξαν
ἀφαιρεῖσθαι — ὅτι δύναιτο ἂν τοῦτο ποιῆσαι — οὔτε
τοὺς ἄλλους δημιουργούς, ἀλλὰ δικαίως καὶ τῇ ῥητορικῇ
χρῆσθαι, ὥσπερ καὶ τῇ ἀγωνίᾳ. Ἐὰν δέ, οἶμαι, ῥητορικὸς
γενόμενός τις κᾆτα ταύτῃ τῇ δυνάμει καὶ τῇ τέχνῃ ἀδικῇ,
οὐ τὸν διδάξαντα δεῖ μισεῖν τε καὶ ἐκβάλλειν ἐκ τῶν

Arzt gedacht werden; sondern der zu reden versteht würde gewählt werden, wenn er wollte. Eben so im Streit gegen jeden andern Sachverständigen würde der Redner eher als irgend einer überreden, ihn selbst zu wählen. Denn es gibt nichts, worüber nicht ein Redner überredender spräche als irgend ein Sachverständiger vor dem Volke. Die Kraft dieser Kunst ist also in der Tat eine solche und so große. Indessen muß man sich, o Sokrates, der Redekunst gebrauchen wie auch jeder andern Streitkunst. Denn auch anderer Streitkunst d
muß man sich deshalb nicht gegen alle Menschen gebrauchen, weil einer den Faustkampf und das Ringen und das Fechten in Waffen so gut gelernt hat, daß er stärker darin ist als Freunde und Feinde, und muß deswegen nicht seine Freunde schlagen und stoßen und töten. Noch, beim Zeus, wenn einer der den Übungsplatz besucht hat, und ein tüchtiger Fechter geworden ist, hernach Vater und Mutter schlägt, oder sonst einen von Verwandten und Freunden, darf man deshalb nicht die Turnmeister und Fechtmeister e
verfolgen, und aus den Städten vertreiben. Denn diese haben ihre Kunst mitgeteilt, damit man sich ihrer rechtlich bediene gegen Feinde und Beleidiger zur Verteidigung, nicht zum Angriff, und nur jene kehren es um, und bedienen sich der 457a
Stärke und der Kunst nicht richtig. Nicht also die Lehrer sind böse, noch ist die Kunst hieran Schuld und deshalb böse, sondern die, glaube ich, welche sie nicht richtig anwenden. Dasselbe nun gilt auch von der Redekunst. Vermögend ist freilich der Redner gegen Alle und über Alles so zu reden, daß er den meisten Glauben findet beim Volk, um es kurz heraus zu sagen, worüber er nur will. Deshalb aber b
soll er doch weder den Ärzten den Ruf entziehn, weil er das wohl auszurichten vermöchte, noch andern Sachverständigen den ihrigen, sondern rechtlicher Weise sich auch der Redekunst gebrauchen, eben wie der Streitkunst. Und wenn einer, meine ich, ein Redner geworden ist, und handelt hernach ungerecht vermöge dieser Kraft und Kunst: so muß man, denke ich, nicht seinen Lehrer hassen und aus der Stadt verweisen. Denn zu rechtlichem Gebrauch hat dieser sie ihm c
übergeben; er aber bedient sich ihrer entgegengesetzt. Den

πόλεων. Ἐκεῖνος μὲν γὰρ ἐπὶ δικαίᾳ χρείᾳ παρέδωκεν, ὁ c
δ' ἐναντίως χρῆται. Τὸν οὖν οὐκ ὀρθῶς χρώμενον μισεῖν
δίκαιον καὶ ἐκβάλλειν καὶ ἀποκτεινύναι, ἀλλ' οὐ τὸν διδά-
ξαντα.

ΣΩ. Οἶμαι, ὦ Γοργία, καὶ σὲ ἔμπειρον εἶναι πολλῶν
λόγων καὶ καθεωρακέναι ἐν αὐτοῖς τὸ τοιόνδε, ὅτι οὐ ῥᾳ-
δίως δύνανται περὶ ὧν ἂν ἐπιχειρήσωσιν διαλέγεσθαι διορι-
σάμενοι πρὸς ἀλλήλους καὶ μαθόντες καὶ διδάξαντες ἑαυ-
τοὺς οὕτω διαλύεσθαι τὰς συνουσίας, ἀλλ' ἐὰν περί του d
ἀμφισβητήσωσιν καὶ μὴ φῇ ὁ ἕτερος τὸν ἕτερον ὀρθῶς
λέγειν ἢ μὴ σαφῶς, χαλεπαίνουσί τε καὶ κατὰ φθόνον
οἴονται τὸν ἑαυτῶν λέγειν, φιλονικοῦντας ἀλλ' οὐ ζητοῦν-
τας τὸ προκείμενον ἐν τῷ λόγῳ· καὶ ἔνιοί γε τελευτῶντες
αἴσχιστα ἀπαλλάττονται, λοιδορηθέντες τε καὶ εἰπόντες
καὶ ἀκούσαντες περὶ σφῶν αὐτῶν τοιαῦτα οἷα καὶ τοὺς
παρόντας ἄχθεσθαι ὑπὲρ σφῶν αὐτῶν, ὅτι τοιούτων ἀνθρώ-
πων ἠξίωσαν ἀκροαταὶ γενέσθαι. Τοῦ δὴ ἕνεκα λέγω e
ταῦτα; Ὅτι νῦν ἐμοὶ δοκεῖς σὺ οὐ πάνυ ἀκόλουθα λέγειν
οὐδὲ σύμφωνα οἷς τὸ πρῶτον ἔλεγες περὶ τῆς ῥητορικῆς.
Φοβοῦμαι οὖν διελέγχειν σε, μή με ὑπολάβῃς οὐ πρὸς τὸ
πρᾶγμα φιλονικοῦντα λέγειν τοῦ καταφανὲς γενέσθαι, ἀλλὰ
πρὸς σέ. Ἐγὼ οὖν, εἰ μὲν καὶ σὺ εἶ τῶν ἀνθρώπων ὧνπερ 458
καὶ ἐγώ, ἡδέως ἄν σε διερωτῴην· εἰ δὲ μή, ἐῴην ἄν. Ἐγὼ
δὲ τίνων εἰμί; Τῶν ἡδέως μὲν ἂν ἐλεγχθέντων εἴ τι μὴ
ἀληθὲς λέγω, ἡδέως δ' ἂν ἐλεγξάντων εἴ τίς τι μὴ ἀληθὲς
λέγοι, οὐκ ἀηδέστερον μεντἂν ἐλεγχθέντων ἢ ἐλεγξάντων·
μεῖζον γὰρ αὐτὸ ἀγαθὸν ἡγοῦμαι, ὅσῳπερ μεῖζον ἀγαθόν
ἐστιν αὐτὸν ἀπαλλαγῆναι κακοῦ τοῦ μεγίστου ἢ ἄλλον
ἀπαλλάξαι. Οὐδὲν γὰρ οἶμαι τοσοῦτον κακὸν εἶναι ἀν-
θρώπῳ, ὅσον δόξα ψευδὴς περὶ ὧν τυγχάνει νῦν ἡμῖν ὁ b
λόγος ὤν. Εἰ μὲν οὖν καὶ σὺ φῄς τοιοῦτος εἶναι, διαλε-

also, der sie unrichtig anwendet, mag es Recht sein zu hassen und zu vertreiben, nicht aber den, der ihn unterrichtet hat.

2.2. Zwischendialog über das Interesse an einer Fortführung des Gesprächs

SOKRATES: Ich denke, Gorgias, auch du wirst schon vielen Unterredungen beigewohnt, und dieses dabei bemerkt haben, daß nicht leicht eine Zusammenkunft so auseinander gehen kann, daß sie dasjenige, worüber sie zu sprechen unternahmen, gemeinschaftlich bestimmt, und so einander belehrt und von einander gelernt hätten: vielmehr wenn sie d
über etwas uneins sind, und einer den andern beschuldigt er rede nicht richtig oder nicht bestimmt, so erzürnen sie sich, und meinen der Andere sage so etwas aus Mißgunst gegen sie, weil er nämlich nur um seine Ehre sich ereifere beim Gespräch, nicht aber den vorliegenden Gegenstand suche. Ja einige gehn zuletzt auf die unanständigste Art auseinander mit Schimpfreden, und indem sie dergleichen Dinge einander anzuhören geben, die es sogar den Anwesenden leid machen für sich selbst, daß sie solcher Leute Zuhörer haben sein e
gewollt. Weshalb nun sage ich dies? Weil mich dünkt, du sagest jetzt etwas nicht folgerechtes, und nicht zusammenstimmend mit dem was du vorher sagtest von der Redekunst. Ich fürchte mich aber dich zu widerlegen, damit du nicht denkest, ich sage es nicht im Eifer auf die Sache, daß sie uns offenbar werde, sondern auf dich. Bist du nun eben 458a
ein solcher als ich, so möchte ich dich gern durchfragen, wo nicht, so würde ich es lassen. Und von welchen bin ich einer? Von denen, die sich gern überweisen lassen, wenn sie etwas unrichtiges sagen, auch gern selbst überführen, wenn ein Anderer etwas unrichtiges sagt; nicht unlieber jedoch jenes als dieses. Denn für ein größeres Gut halte ich jenes um soviel, als es ja besser ist, selbst von dem größten Übel befreit zu werden, als einen Andern davon zu befreien. Denn nichts denke ich ist ein so großes Übel für den Menschen, als irrige Meinungen über das, wovon jetzt die Rede ist unter b
uns. Behauptest nun auch du ein solcher zu sein, so wollen wir weiter reden, dünkt dich aber daß wir es lassen müssen,

γώμεθα· εἰ δὲ καὶ δοκεῖ χρῆναι ἐᾶν, ἐῶμεν ἤδη χαίρειν καὶ διαλύωμεν τὸν λόγον.

ΓΟΡ. Ἀλλὰ φημὶ μὲν ἔγωγε, ὦ Σώκρατες, καὶ αὐτὸς τοιοῦτος εἶναι οἷον σὺ ὑφηγεῖ· ἴσως μέντοι χρῆν ἐννοεῖν καὶ τὸ τῶν παρόντων. Πάλαι γάρ τοι, πρὶν καὶ ὑμᾶς ἐλθεῖν, ἐγὼ τοῖς παροῦσιν πολλὰ ἐπεδειξάμην, καὶ νῦν ἴσως πόρρω ἀποτενοῦμεν, ἢν διαλεγώμεθα. Σκοπεῖν οὖν χρὴ καὶ c
τὸ τούτων, μή τινας αὐτῶν κατέχομεν βουλομένους τι καὶ ἄλλο πράττειν.

ΧΑΙ. Τοῦ μὲν θορύβου, ὦ Γοργία τε καὶ Σώκρατες, αὐτοὶ ἀκούετε τούτων τῶν ἀνδρῶν βουλομένων ἀκούειν ἐάν τι λέγητε· ἐμοὶ δ᾽ οὖν καὶ αὐτῷ μὴ γένοιτο τοσαύτη ἀσχολία, ὥστε τοιούτων λόγων καὶ οὕτω λεγομένων ἀφεμένῳ προὐργιαίτερόν τι γενέσθαι ἄλλο πράττειν.

ΚΑΛ. Νὴ τοὺς θεούς, ὦ Χαιρεφῶν, καὶ μὲν δὴ καὶ d
αὐτὸς πολλοῖς ἤδη λόγοις παραγενόμενος οὐκ οἶδ᾽ εἰ πώποτε ἥσθην οὕτως ὥσπερ νυνί· ὥστ᾽ ἔμοιγε, κἂν τὴν ἡμέραν ὅλην ἐθέλητε διαλέγεσθαι, χαριεῖσθε.

ΣΩ. Ἀλλὰ μήν, ὦ Καλλίκλεις, τό γ᾽ ἐμὸν οὐδὲν κωλύει, εἴπερ ἐθέλει Γοργίας.

ΓΟΡ. Αἰσχρὸν δὴ τὸ λοιπόν, ὦ Σώκρατες, γίγνεται ἐμέ γε μὴ ἐθέλειν, αὐτὸν ἐπαγγειλάμενον ἐρωτᾶν ὅ τί τις βούλεται. Ἀλλ᾽ εἰ δοκεῖ τουτοισί, διαλέγου τε καὶ ἐρώτα ὅ τι βούλει. e

ΣΩ. Ἄκουε δή, ὦ Γοργία, ἃ θαυμάζω ἐν τοῖς λεγομένοις ὑπὸ σοῦ· ἴσως γάρ τοι σοῦ ὀρθῶς λέγοντος ἐγὼ οὐκ ὀρθῶς ὑπολαμβάνω. Ῥητορικὸν φῂς ποιεῖν οἷός τ᾽ εἶναι, ἐάν τις βούληται παρὰ σοῦ μανθάνειν;

ΓΟΡ. Ναί.

ΣΩ. Οὐκοῦν περὶ πάντων ὥστ᾽ ἐν ὄχλῳ πιθανὸν εἶναι οὐ διδάσκοντα ἀλλὰ πείθοντα;

so wollen wir es immerhin lassen, und die Unterredung aufheben.

GORGIAS: Allerdings behaupte auch ich ein solcher zu sein, wie du jetzt vorzeigst. Vielleicht jedoch müssen wir auch auf die Anwesenden Bedacht nehmen. Denn schon lange ehe ihr gekommen seid, habe ich den Anwesenden vieles vorgetragen, und es mag sich leicht auch jetzt in die Länge c
ziehen, wenn wir Gespräch führen. Wir müssen also auch diese bedenken, damit wir nicht Einige hindern, die lieber etwas anderes vornehmen wollten.

CHAIREPHON: Den Ungestüm dieser Männer hört ihr ja selbst, o Gorgias und Sokrates, wie sehr sie zu hören wünschen, wenn ihr etwas redet. Ich selbst aber möchte ja nie so in Geschäften verwickelt sein, daß ich solche und so vorgetragene Reden hintansetzen müßte, weil mir dringender wäre etwas anderes zu verrichten.

KALLIKLES: Bei den Göttern, Chairephon, auch ich, der d
schon so vielen Unterredungen beigewohnt, weiß nicht, ob ich mich jemals so ergötzt habe als eben jetzt: so daß es mir, und wenn ihr euch den ganzen Tag unterreden wollt, immer lieb sein wird.

SOKRATES: Von meiner Seite, Kallikles, ist kein Hindernis, wenn Gorgias nur will.

GORGIAS: Unziemlich würde es ja nun sein, Sokrates, wenn ich nicht wollte, zumal ich selbst aufgefordert habe zu fragen, was einer nur Lust hätte. Also, wenn es diesen ge- e
fällt, so sprich und frage was du willst.

2.3. Herleitung eines Widerspruchs in Gorgias' Äußerungen

2.3.1. Die Überzeugungsmöglichkeiten des Redners sind mit sachlicher Unwissenheit verbunden; doch vom Gerechten und Ungerechten muß er ein Wissen haben

SOKRATES: So höre denn, Gorgias, was mich wundert an dem von dir Gesagten. Denn vielleicht hast du ganz Recht gesagt, und ich habe nur nicht richtig aufgefaßt. Zum Redner, sagst du doch, könnest du einen machen, wenn er bei dir lernen will.

GORGIAS: Ja.

ΓΟΡ. Πάνυ μὲν οὖν. 459

ΣΩ. Ἔλεγές τοι νυνδὴ ὅτι καὶ περὶ τοῦ ὑγιεινοῦ τοῦ ἰατροῦ πιθανώτερος ἔσται ὁ ῥήτωρ.

ΓΟΡ. Καὶ γὰρ ἔλεγον, ἔν γε ὄχλῳ.

ΣΩ. Οὐκοῦν τὸ ἐν ὄχλῳ τοῦτό ἐστιν, ἐν τοῖς μὴ εἰδόσιν ; οὐ γὰρ δήπου ἔν γε τοῖς εἰδόσι τοῦ ἰατροῦ πιθανώτερος ἔσται.

ΓΟΡ. Ἀληθῆ λέγεις.

ΣΩ. Οὐκοῦν εἴπερ τοῦ ἰατροῦ πιθανώτερος ἔσται, τοῦ εἰδότος πιθανώτερος γίγνεται ;

ΓΟΡ. Πάνυ γε.

ΣΩ. Οὐκ ἰατρός γε ὤν· ἦ γάρ ; b

ΓΟΡ. Ναί.

ΣΩ. Ὁ δὲ μὴ ἰατρός γε δήπου ἀνεπιστήμων ὧν ὁ ἰατρὸς ἐπιστήμων.

ΓΟΡ. Δῆλον ὅτι.

ΣΩ. Ὁ οὐκ εἰδὼς ἄρα τοῦ εἰδότος ἐν οὐκ εἰδόσι πιθανώτερος ἔσται, ὅταν ὁ ῥήτωρ τοῦ ἰατροῦ πιθανώτερος ᾖ. Τοῦτο συμβαίνει ἢ ἄλλο τι ;

ΓΟΡ. Τοῦτο ἐνταῦθά γε συμβαίνει.

ΣΩ. Οὐκοῦν καὶ περὶ τὰς ἄλλας ἁπάσας τέχνας ὡσαύτως ἔχει ὁ ῥήτωρ καὶ ἡ ῥητορική ; Αὐτὰ μὲν τὰ πράγματα οὐδὲν δεῖ αὐτὴν εἰδέναι ὅπως ἔχει, μηχανὴν δέ τινα πειθοῦς ηὑρηκέναι, ὥστε φαίνεσθαι τοῖς οὐκ εἰδόσι μᾶλλον c εἰδέναι τῶν εἰδότων.

ΓΟΡ. Οὐκοῦν πολλὴ ῥᾳστώνη, ὦ Σώκρατες, γίγνεται, μὴ μαθόντα τὰς ἄλλας τέχνας, ἀλλὰ μίαν ταύτην, μηδὲν ἐλαττοῦσθαι τῶν δημιουργῶν ;

ΣΩ. Εἰ μὲν ἐλαττοῦται ἢ μὴ ἐλαττοῦται ὁ ῥήτωρ τῶν ἄλλων διὰ τὸ οὕτως ἔχειν, αὐτίκα ἐπισκεψόμεθα, ἐάν τι ἡμῖν πρὸς λόγον ᾖ· νῦν δὲ τόδε πρότερον σκεψώμεθα, ἆρα

SOKRATES: Und zwar über jegliches, so daß er die Menge überredet, nicht belehrend jedoch, sondern nur Glauben erregend.

GORGIAS: Allerdings. 459a

SOKRATES: Denn du sagst eben, daß auch in Sachen der Gesundheit der Redner mehr Glauben finden würde, als der Arzt.

GORGIAS: Das sagte ich auch; bei der Menge nämlich.

SOKRATES: Und nicht wahr, dieses bei der Menge heißt bei denen die nicht wissen? Denn bei den Wissenden wird er doch nicht mehr Glauben finden als der Arzt?

GORGIAS: Darin hast du Recht.

SOKRATES: Findet er nun mehr Glauben als der Arzt, so findet er mehr Glauben als der Wissende?

GORGIAS: Allerdings.

SOKRATES: Ohne ein Arzt zu sein, nicht wahr? b

GORGIAS: Ja.

SOKRATES: Der Nichtarzt ist aber dessen unkundig, wessen der Arzt kundig ist?

GORGIAS: Offenbar.

SOKRATES: Der Nichtwissende also findet mehr als der Wissende Glauben unter den Nichtwissenden, wenn der Redner mehr Glauben findet als der Arzt. Folgt dies, oder was anders?

GORGIAS: Dies folgt hier freilich.

SOKRATES: Verhält sich nun nicht auch gegen die andern Künste insgesamt der Redner eben so und die Redekunst? Die Sachen selbst braucht sie nicht zu wissen, wie sie sich verhalten, sondern nur einen Kunstgriff der Überredung ausgefunden zu haben, so daß sie das Ansehn bei den Nicht- c
wissenden gewinnt, mehr zu wissen als die Wissenden.

GORGIAS: Ist das nun nicht ein großer Vorteil, Sokrates, daß man ohne andere Künste gelernt zu haben, sondern nur diese einzige, um nichts zurücksteht hinter den Meistern in jenen?

SOKRATES: Ob der Redner, weil es sich so mit ihm verhält, zurücksteht oder nicht hinter jenen Andern, das wollen wir hernach überlegen, wenn es uns zur Sache dient. Jetzt

τυγχάνει περὶ τὸ δίκαιον καὶ τὸ ἄδικον καὶ τὸ αἰσχρὸν καὶ d
τὸ καλὸν καὶ ἀγαθὸν καὶ κακὸν οὕτως ἔχων ὁ ῥητορικὸς
ὡς περὶ τὸ ὑγιεινὸν καὶ περὶ τὰ ἄλλα ὧν αἱ ἄλλαι τέχναι,
αὐτὰ μὲν οὐκ εἰδώς, τί ἀγαθὸν ἢ τί κακόν ἐστιν ἢ τί καλὸν
ἢ τί αἰσχρὸν ἢ δίκαιον ἢ ἄδικον, πειθὼ δὲ περὶ αὐτῶν
μεμηχανημένος, ὥστε δοκεῖν εἰδέναι οὐκ εἰδὼς ἐν οὐκ
εἰδόσιν μᾶλλον τοῦ εἰδότος ; Ἢ ἀνάγκη εἰδέναι, καὶ δεῖ e
προεπιστάμενον ταῦτα ἀφικέσθαι παρὰ σὲ τὸν μέλλοντα
μαθήσεσθαι τὴν ῥητορικήν ; Εἰ δὲ μή, σὺ ὁ τῆς ῥητορικῆς
διδάσκαλος τούτων μὲν οὐδὲν διδάξεις τὸν ἀφικνούμενον
— οὐ γὰρ σὸν ἔργον — ποιήσεις δ' ἐν τοῖς πολλοῖς δοκεῖν
εἰδέναι αὐτὸν τὰ τοιαῦτα οὐκ εἰδότα καὶ δοκεῖν ἀγαθὸν
εἶναι οὐκ ὄντα ; Ἢ τὸ παράπαν οὐχ οἷός τε ἔσει αὐτὸν
διδάξαι τὴν ῥητορικήν, ἐὰν μὴ προειδῇ περὶ τούτων τὴν
ἀλήθειαν ; Ἢ πῶς τὰ τοιαῦτα ἔχει, ὦ Γοργία ; Καὶ πρὸς
Διός, ὥσπερ ἄρτι εἶπες, ἀποκαλύψας τῆς ῥητορικῆς εἰπὲ 460
τίς ποθ' ἡ δύναμίς ἐστιν.

ΓΟΡ. Ἀλλ' ἐγὼ μὲν οἶμαι, ὦ Σώκρατες, ἐὰν τύχῃ μὴ εἰδώς, καὶ ταῦτα παρ' ἐμοῦ μαθήσεται.

ΣΩ. Ἔχε δή· καλῶς γὰρ λέγεις. Ἐάνπερ ῥητορικὸν σύ τινα ποιήσῃς, ἀνάγκη αὐτὸν εἰδέναι τὰ δίκαια καὶ τὰ ἄδικα ἤτοι πρότερόν γε ἢ ὕστερον μαθόντα παρὰ σοῦ.

ΓΟΡ. Πάνυ γε.

ΣΩ. Τί οὖν ; Ὁ τὰ τεκτονικὰ μεμαθηκὼς τεκτονικός, b
ἢ οὔ ;

ΓΟΡ. Ναί.

ΣΩ. Οὐκοῦν καὶ ὁ τὰ μουσικὰ μουσικός ;

ΓΟΡ. Ναί.

ΣΩ. Καὶ ὁ τὰ ἰατρικὰ ἰατρικός, καὶ τἆλλα οὕτω κατὰ τὸν αὐτὸν λόγον, ὁ μεμαθηκὼς ἕκαστα τοιοῦτός ἐστιν οἷον ἡ ἐπιστήμη ἕκαστον ἀπεργάζεται ;

laß uns dieses zuerst bedenken: ob auch, in Absicht des Ge- d
rechten und Ungerechten, des Schönen und Unschönen, des Guten und Üblen, der Redner sich eben so verhält, wie in Hinsicht auf das Gesunde und die andern Gegenstände der andern Künste; nämlich daß er von der Sache selbst nicht weiß, was gut ist oder übel, schön oder unschön, gerecht oder ungerecht, sondern nur Überredung sich erkünstelt hat, so daß er ein Nichtwissender unter den Nichtwissenden dafür gilt mehr zu wissen als ein Wissender. Oder ist notwen- e
dig es zu wissen, und muß dessen schon vorher kundig zu dir kommen, wer die Redekunst von dir lernen soll? Wo aber nicht, wirst dann du, der Lehrer der Redekunst, den Ankömmling dieses nicht lehren, als welches deine Sache nicht ist, sondern ihn nur dahin bringen, daß er der Menge auch dieses zu wissen scheine, ohne es zu wissen, und gut zu sein scheine, ohne es zu sein? Oder wirst du ganz und gar nicht im Stande sein ihn die Redekunst zu lehren, wenn er nicht hierüber vorher das Richtige weiß? oder wie verhält es sich hiemit, Gorgias? Ja, um Zeus willen! decke nun, wie du vor- 460a
her sagtest, die ganze Kraft der Redekunst auf, und sprich worin sie besteht?

GORGIAS: Ich meine eben, Sokrates, wenn er jenes zufällig noch nicht weiß, so wird er auch das vom mir lernen.

SOKRATES: Halt! denn das ist vortrefflich gesagt. Wenn du einen zum Redner machen sollst, muß er notwendig wissen was gerecht ist und ungerecht, es sei nun zuvor schon, oder erst nachdem er es von dir gelernt?

GORGIAS: Allerdings.

2.3.2. Ein unrechtlicher Gebrauch der Rhetorik ist also unmöglich – im Widerspruch zu Gorgias' Äußerungen

SOKRATES: Wie nun? Wer die Baukunst gelernt hat ist b
der ein Baumeister, oder nicht?

GORGIAS: Ja.

SOKRATES: Und wer die Tonkunst ein Tonkünstler?

GORGIAS: Ja.

SOKRATES: Und wer die Heilkunst ein Heilkundiger, und so auch im übrigen nach derselben Regel, wer etwas

ΓΟΡ. Πάνυ γε.

ΣΩ. Οὐκοῦν κατὰ τοῦτον τὸν λόγον καὶ ὁ τὰ δίκαια μεμαθηκὼς δίκαιος;

ΓΟΡ. Πάντως δήπου.

ΣΩ. Ὁ δὲ δίκαιος δίκαιά που πράττει.

ΓΟΡ. Ναί.

[ΣΩ. Οὐκοῦν ἀνάγκη τὸν ῥητορικὸν δίκαιον εἶναι, τὸν c
δὲ δίκαιον βούλεσθαι δίκαια πράττειν;

ΓΟΡ. Φαίνεταί γε.

ΣΩ. Οὐδέποτε ἄρα βουλήσεταί ὅ γε δίκαιος ἀδικεῖν.

ΓΟΡ. Ἀνάγκη].

ΣΩ. Τὸν δὲ ῥητορικὸν ἀνάγκη ἐκ τοῦ λόγου δίκαιον εἶναι.

ΓΟΡ. Ναί.

ΣΩ. Οὐδέποτε ἄρα βουλήσεται ὁ ῥητορικὸς ἀδικεῖν.

ΓΟΡ. Οὐ φαίνεταί γε.

ΣΩ. Μέμνησαι οὖν λέγων ὀλίγῳ πρότερον ὅτι οὐ δεῖ d
τοῖς παιδοτρίβαις ἐγκαλεῖν οὐδ' ἐκβάλλειν ἐκ τῶν πόλεων, ἐὰν ὁ πύκτης τῇ πυκτικῇ χρῆταί τε καὶ ἀδικῇ; Ὡσαύτως δὲ οὕτως καὶ ἐὰν ὁ ῥήτωρ τῇ ῥητορικῇ ἀδίκως χρῆται, μὴ τῷ διδάξαντι ἐγκαλεῖν μηδ' ἐξελαύνειν ἐκ τῆς πόλεως, ἀλλὰ τῷ ἀδικοῦντι καὶ οὐκ ὀρθῶς χρωμένῳ τῇ ῥητορικῇ; ἐρρήθη ταῦτα ἢ οὔ;

ΓΟΡ. Ἐρρήθη.

ΣΩ. Νῦν δέ γε ὁ αὐτὸς οὗτος φαίνεται, ὁ ῥητορικός, e
οὐκ ἄν ποτε ἀδικήσας· ἢ οὔ;

ΓΟΡ. Φαίνεται.

ΣΩ. Καὶ ἐν τοῖς πρώτοις γε, ὦ Γοργία, λόγοις ἐλέγετο ὅτι ἡ ῥητορικὴ περὶ λόγους εἴη οὐ τοὺς τοῦ ἀρτίου καὶ περιττοῦ, ἀλλὰ τοὺς τοῦ δικαίου καὶ ἀδίκου· ἦ γάρ;

ΓΟΡ. Ναί.

gelernt hat ist ein solcher, wozu jeden diese Erkenntnis macht?

GORGIAS: Freilich.

SOKRATES: Also, nach demselben Verhältnis, wer das Gerechte gelernt hat, ist gerecht?

GORGIAS: Auf alle Weise freilich.

SOKRATES: Der Gerechte aber handelt doch gerecht.

GORGIAS: Ja.

SOKRATES: Also notwendig, daß der Redekünstler ge- c
recht ist, und der Gerechte gerecht handelt?

GORGIAS: So zeigt es sich ja.

SOKRATES: Und niemals wird doch der Gerechte wollen Unrecht tun?

GORGIAS: Natürlich.

SOKRATES: Der Rednerische aber ist unserer Rede zufolge notwendig gerecht.

GORGIAS: Ja.

SOKRATES: Niemals also wird der Rednerische wollen Unrecht tun.

GORGIAS: Nein, wie es ja scheint.

SOKRATES: Erinnerst du dich nun vor kurzem gesagt zu d
haben, man müsse den Turnmeistern nicht die Schuld geben, noch sie aus der Stadt verweisen, wenn der Faustkämpfer seine Kunst nicht schön gebraucht und unrecht tut? Eben so wenn ein Redner die Redekunst ungerecht gebrauche, müsse man nicht dem Lehrer die Schuld geben, noch ihn aus der Stadt verweisen, sondern dem Unrechttuenden und die Redekunst nicht richtig Anwendenden? Ist das gesagt worden oder nicht?

GORGIAS: Es ist gesagt worden.

SOKRATES: Nun aber zeigt sich, daß dieser nämliche, der e
Redekünstler, niemals unrecht tut. Oder nicht?

GORGIAS: So zeigt es sich.

SOKRATES: Auch in unsern ersten Reden, o Gorgias, wurde ja gesagt, die Redekunst habe es mit Reden nicht vom Graden und Ungraden zu tun, sondern vom Gerechten und Ungerechten. Nicht so?

GORGIAS: Ja.

ΣΩ. Ἐγὼ τοίνυν σου τότε ταῦτα λέγοντος ὑπέλαβον ὡς οὐδέποτ' ἂν εἴη ἡ ῥητορικὴ ἄδικον πρᾶγμα, ὅ γ' ἀεὶ περὶ δικαιοσύνης τοὺς λόγους ποιεῖται· ἐπειδὴ δὲ ὀλίγον ὕστερον ἔλεγες ὅτι ὁ ῥήτωρ τῇ ῥητορικῇ κἂν ἀδίκως 461 χρῷτο, οὕτω θαυμάσας καὶ ἡγησάμενος οὐ συνᾴδειν τὰ λεγόμενα ἐκείνους εἶπον τοὺς λόγους, ὅτι εἰ μὲν κέρδος ἡγοῖο εἶναι τὸ ἐλέγχεσθαι ὥσπερ ἐγώ, ἄξιον εἴη διαλέγεσθαι, εἰ δὲ μή, ἐᾶν χαίρειν. Ὕστερον δὲ ἡμῶν ἐπισκοπουμένων ὁρᾷς δὴ καὶ αὐτὸς ὅτι αὖ ὁμολογεῖται τὸν ῥητορικὸν ἀδύνατον εἶναι ἀδίκως χρῆσθαι τῇ ῥητορικῇ καὶ ἐθέλειν ἀδικεῖν. Ταῦτα οὖν ὅπῃ ποτὲ ἔχει, μὰ τὸν κύνα, ὦ Γοργία, οὐκ ὀλίγης συνουσίας ἐστὶν ὥστε ἱκανῶς διασκέ- b ψασθαι.

ΠΩΛ. Τί δέ, ὦ Σώκρατες ; Οὕτω καὶ σὺ περὶ τῆς ῥητορικῆς δοξάζεις ὥσπερ νῦν λέγεις ; Ἢ οἴει, ὅτι Γοργίας ᾐσχύνθη σοι μὴ προσομολογῆσαι τὸν ῥητορικὸν ἄνδρα μὴ οὐχὶ καὶ τὰ δίκαια εἰδέναι καὶ τὰ καλὰ καὶ τὰ ἀγαθά, καὶ ἐὰν μὴ ἔλθῃ ταῦτα εἰδὼς παρ' αὐτόν, αὐτὸς διδάξειν, ἔπειτα ἐκ ταύτης ἴσως τῆς ὁμολογίας ἐναντίον τι συνέβη ἐν τοῖς λόγοις, τοῦθ' ὃ δὴ ἀγαπᾷς, αὐτὸς ἀγαγὼν ἐπὶ c τοιαῦτα ἐρωτήματα — ἐπεὶ τίνα οἴει ἀπαρνήσεσθαι μὴ οὐχὶ καὶ αὐτὸν ἐπίστασθαι τὰ δίκαια καὶ ἄλλους διδάξειν ; Ἀλλ' εἰς τὰ τοιαῦτα ἄγειν πολλὴ ἀγροικία ἐστὶν τοὺς λόγους

ΣΩ. Ὦ κάλλιστε Πῶλε, ἀλλά τοι ἐξεπίτηδες κτώμεθα ἑταίρους καὶ ὑεῖς, ἵνα ἐπειδὰν αὐτοὶ πρεσβύτεροι γιγνόμενοι σφαλλώμεθα, παρόντες ὑμεῖς οἱ νεώτεροι ἐπανορθῶτε ἡμῶν τὸν βίον καὶ ἐν ἔργοις καὶ ἐν λόγοις. Καὶ νῦν εἴ τι ἐγὼ καὶ Γοργίας ἐν τοῖς λόγοις σφαλλόμεθα, σὺ παρὼν d ἐπανόρθου· δίκαιος δ' εἶ· καὶ ἐγὼ ἐθέλω τῶν ὡμολογημένων

SOKRATES: Ich nun, als du dies damals sagtest, verstand dich so, die Redekunst könne niemals etwas ungerechtes sein, da ja immer ihre Reden von der Gerechtigkeit handeln. Als du aber bald darauf sagtest, der Redner könne wohl auch 461a
sich der Redekunst ungerecht gebrauchen: so habe ich, hierüber verwundert, und in der Meinung das Gesprochene stimme nicht zusammen, jenes gesagt, daß wenn du es für einen Gewinn hieltest überführt zu werden, wie ich es dafür halte, es dann lohnte uns weiter zu besprechen, wo aber nicht, wir es besser unterließen. Und nun wir es noch einmal erwogen haben, siehst du auch selbst, ist wiederum festgestellt worden, daß unmöglich sei der Redner könne die Redekunst ungerecht gebrauchen oder unrecht tun wollen. Dieses nun, wie es sich eigentlich verhalte, zu untersuchen, dazu, o Gorgias, mag, beim Hunde! eine gar nicht kurze Unterre- b
deung erfordert werden.

2.4. Intervention des Polos, Sokrates betreibe Sophisterei. Dessen Bereitschaft, mit ihm zu diskutieren

POLOS: Wie doch, Sokrates? Denkst du auch wirklich so über die Redekunst, wie du jetzt sprichst? Oder meinst du, weil Gorgias sich geschämt dir darin nicht beizustimmen, daß ein Redner nicht auch das Gerechte wissen müsse, und das Schöne, und das Gute? und daß wenn einer, dies nicht wissend, zu ihm käme, er es ihn lehren müsse? und hernach eben durch dieses Eingeständnis vielleicht etwas widersprechendes in seine Reden gekommen, daran deine Freude c
zu haben, nachdem du zu solchen Fragen die Unterredung hingeleitet. Denn wer meinst du wohl würde leugnen wollen, daß er selbst nicht des Gerechten kundig sei, und es auch Andere lehren könne? Aber auf dergleichen die Rede hinzuführen ist sehr ungesittet.

SOKRATES: Nun, schönster Polos, eben dazu ausdrücklich haben wir ja unsere Freunde und Söhne, damit, wenn wir selbst im höheren Alter uns irren, ihr Jüngeren bei der Hand seid, und uns das Leben wieder berichtiget in Tat und Wort. Auch jetzt also, wenn ich und Gorgias in unserer Rede d
uns irren, bist du ja bei der Hand, berichtige uns also. Ge-

εἴ τί σοι δοκεῖ μὴ καλῶς ὡμολογῆσθαι, ἀναθέσθαι ὅ τι ἂν σὺ βούλῃ, ἐάν μοι ἓν μόνον φυλάττῃς.

ΠΩΛ. Τί τοῦτο λέγεις;

ΣΩ. Τὴν μακρολογίαν, ὦ Πῶλε, ἣν καθέρξῃς, ᾗ τὸ πρῶτον ἐπεχείρησας χρῆσθαι.

ΠΩΛ. Τί δέ; οὐκ ἐξέσται μοι λέγειν ὁπόσα ἂν βούλωμαι;

ΣΩ. Δεινὰ μεντἂν πάθοις, ὦ βέλτιστε, εἰ Ἀθήναζε e
ἀφικόμενος, οὗ τῆς Ἑλλάδος πλείστη ἐστὶν ἐξουσία τοῦ λέγειν, ἔπειτα σὺ ἐνταῦθα τούτου μόνος ἀτυχήσαις. Ἀλλ' ἀντίθες τοι· σοῦ μακρὰ λέγοντος καὶ μὴ ἐθέλοντος τὸ ἐρωτώμενον ἀποκρίνεσθαι, οὐ δεινὰ ἂν αὖ ἐγὼ πάθοιμι, εἰ μὴ
ἐξέσται μοι ἀπιέναι καὶ μὴ ἀκούειν σου; Ἀλλ' εἴ τι κήδει 462
τοῦ λόγου τοῦ εἰρημένου καὶ ἐπανορθώσασθαι αὐτὸν βούλει, ὥσπερ νυνδὴ ἔλεγον, ἀναθέμενος ὅ τί σοι δοκεῖ, ἐν τῷ μέρει ἐρωτῶν τε καὶ ἐρωτώμενος, ὥσπερ ἐγώ τε καὶ Γοργίας, ἔλεγχέ τε καὶ ἐλέγχου. Φῄς γὰρ δήπου καὶ σὺ ἐπίστασθαι ἅπερ Γοργίας· ἢ οὔ;

ΠΩΛ. Ἔγωγε.

ΣΩ. Οὐκοῦν καὶ σὺ κελεύεις σαυτὸν ἐρωτᾶν ἑκάστοτε ὅ τι ἄν τις βούληται, ὡς ἐπιστάμενος ἀποκρίνεσθαι;

ΠΩΛ. Πάνυ μὲν οὖν.

ΣΩ. Καὶ νῦν δὴ τούτων ὁπότερον βούλει ποίει, ἐρώτα b
ἢ ἀποκρίνου.

ΠΩΛ. Ἀλλὰ ποιήσω ταῦτα. Καί μοι ἀπόκριναι, ὦ Σώκρατες· ἐπειδὴ Γοργίας ἀπορεῖν σοι δοκεῖ περὶ τῆς ῥητορικῆς, σὺ αὐτὴν τίνα φῄς εἶναι;

bühren mag es dir wohl. Und ich bin bereit, wenn du glaubst irgend etwas von dem Zugestandenen sei nicht mit Recht zugestanden worden, dir zurückzugeben, was du willst, wenn du mir nur Eins beobachtest.

POLOS: Was meinst du nur?

SOKRATES: Die langen Reden, o Polos, wenn du die nur zurückhältst, deren du dich auch zuvor schon bedienen wolltest.

POLOS: Wie doch? es soll mir nicht erlaubt sein, zu reden wieviel ich will?

SOKRATES: Das wäre freilich hart für dich, Bester, wenn e
du solltest nach Athen gekommen sein, wo in ganz Hellas die größte Freiheit im Reden herrscht, und du allein solltest ihrer eben hier entbehren. Nur nimm auch dagegen, wenn du Weitläufiges redest und das Gefragte nicht beantworten willst, wäre es dann nicht wiederum sehr hart für mich, wenn mir nicht erlaubt sein sollte wegzugehn, und dich nicht an- 462a
zuhören? Also wenn du dich des aufgestellten Satzes annehmen, und ihn berichtigen willst: so nimm, wie ich eben sagte, zurück was dir beliebt, und dann nach der Ordnung fragend und befragt, wie ich und Gorgias, überführe mich und laß dich überführen. Denn du rühmst dich doch auch dasselbe zu verstehen was Gorgias. Oder nicht?

POLOS: Das behaupte ich.

SOKRATES: Also auch du forderst wohl auf, daß man dich frage, was jeder jedesmal will, als der wohl versteht zu antworten.

POLOS: Allerdings.

SOKRATES: So tue denn auch jetzt, welches von beiden b
du willst; frage oder antworte.

3. Sokrates und Polos über die sokratische Auffassung der Rhetorik

3.1. Einige Thesen des Sokrates

3.1.1. Die Rhetorik ist keine Kunst, sondern nur eine Geübtheit im Erzeugen von Lust und wie die Kochkunst ein Teil der Schmeichelei

POLOS: Wohl, das will ich tun. Antworte mir also, Sokrates, da du doch meinst, Gorgias wisse keinen Rat wegen der Redekunst, was meinst du denn, daß sie ist?

ΣΩ. Ἆρα ἐρωτᾷς ἥντινα τέχνην φημὶ εἶναι ;

ΠΩΛ. Ἔγωγε.

ΣΩ. Οὐδεμία ἔμοιγε δοκεῖ, ὦ Πῶλε, ὥς γε πρὸς σὲ τἀληθῆ εἰρῆσθαι.

ΠΩΛ. Ἀλλὰ τί σοι δοκεῖ ἡ ῥητορικὴ εἶναι ;

ΣΩ. Πρᾶγμα ὃ φῄς σὺ ποιῆσαι τέχνην ἐν τῷ συγγράμματι ὃ ἐγὼ ἔναγχος ἀνέγνων. c

ΠΩΛ. Τί τοῦτο λέγεις ;

ΣΩ. Ἐμπειρίαν ἔγωγέ τινα.

ΠΩΛ. Ἐμπειρία ἄρα σοι δοκεῖ ἡ ῥητορικὴ εἶναι ;

ΣΩ. Ἔμοιγε, εἰ μή τι σὺ ἄλλο λέγεις.

ΠΩΛ. Τίνος ἐμπειρία ;

ΣΩ. Χάριτός τινος καὶ ἡδονῆς ἀπεργασίας.

ΠΩΛ. Οὐκοῦν καλόν σοι δοκεῖ ἡ ῥητορικὴ εἶναι, χαρίζεσθαι οἷόν τε εἶναι ἀνθρώποις ;

ΣΩ. Τί δέ, ὦ Πῶλε ; Ἤδη πέπυσαι παρ' ἐμοῦ ὅ τί φημι αὐτὴν εἶναι, ὥστε τὸ μετὰ τοῦτο ἐρωτᾷς, εἰ οὐ καλή d μοι δοκεῖ εἶναι ;

ΠΩΛ. Οὐ γὰρ πέπυσμαι ὅτι ἐμπειρίαν τινὰ αὐτὴν φῄς εἶναι ;

ΣΩ. Βούλει οὖν, ἐπειδὴ τιμᾷς τὸ χαρίζεσθαι, σμικρόν τί μοι χαρίσασθαι ;

ΠΩΛ. Ἔγωγε.

ΣΩ. Ἐροῦ νῦν με, ὀψοποιία ἥτις μοι δοκεῖ τέχνη εἶναι.

ΠΩΛ. Ἐρωτῶ δή, τίς τέχνη ὀψοποιία ;

ΣΩ. Οὐδεμία, ὦ Πῶλε.

ΠΩΛ. Ἀλλὰ τί ; φάθι.

ΣΩ. Φημὶ δή, ἐμπειρία τις.

ΠΩΛ. Τίνος ; φάθι.

ΣΩ. Φημὶ δή· χάριτος καὶ ἡδονῆς ἀπεργασίας, ὦ Πῶλε. e

SOKRATES: Fragst du welche Kunst ich behaupte daß sie sei?

POLOS: Eben das.

SOKRATES: Gar keine, dünkt mich, o Polos, um doch zu dir die Wahrheit zu sagen.

POLOS: Sondern was dünkt dich denn die Redekunst zu sein?

SOKRATES: Dasjenige, woraus die Kunst hervorgeht, wie du sagst in der Schrift, die ich neulich gelesen. c

POLOS: Was meinst du doch wohl?

SOKRATES: Eine gewisse Übung meine ich.

POLOS: Also eine Übung dünkt dich die Redekunst zu sein?

SOKRATES: Ja, wenn du nicht etwas anderes sagst?

POLOS: Und eine Übung worin?

SOKRATES: In Bewirkung einer gewissen Lust und Wohlgefallens.

POLOS: Dünkt dich also nicht die Redekunst etwas Schönes zu sein, wenn man im Stande ist, den Menschen gefällig zu sein?

SOKRATES: Wie doch Polos? hast du etwa schon von mir erfahren, was sie meiner Meinung nach ist, daß du schon das d weitere fragst, ob ich sie nicht für etwas schönes halte?

POLOS: Habe ich denn nicht erfahren, daß sie deiner Meinung nach eine Übung ist?

SOKRATES: Willst du wohl, da du auf das Gefälligsein so viel Wert legst, mir auch in einer Kleinigkeit gefällig sein?

POLOS: Sehr gern.

SOKRATES: So frage mich doch, welche Kunst die Kochkunst mir zu sein scheint?

POLOS: Ich frage dich also, welche Kunst ist die Kochkunst?

SOKRATES: Gar keine, o Polos.

POLOS: Aber was denn? sprich.

SOKRATES: Ich spreche also, eine Übung.

POLOS: Was doch für eine? sage an.

SOKRATES: Ich sage also in Bewirkung einer gewissen Lust und Wohlgefallens, o Polos. e

ΠΩΛ. Ταὐτὸν ἄρ' ἐστὶν ὀψοποιία καὶ ῥητορική ;

ΣΩ. Οὐδαμῶς γε, ἀλλὰ τῆς αὐτῆς μὲν ἐπιτηδεύσεως
μόριον.

ΠΩΛ. Τίνος λέγεις ταύτης ;

ΣΩ. Μὴ ἀγροικότερον ᾖ τὸ ἀληθὲς εἰπεῖν· ὀκνῶ γὰρ
Γοργίου ἕνεκα λέγειν, μὴ οἴηταί με διακωμῳδεῖν τὸ ἑαυ-
τοῦ ἐπιτήδευμα· ἐγὼ δέ, εἰ μὲν τοῦτό ἐστιν ἡ ῥητορικὴ
ἣν Γοργίας ἐπιτηδεύει, οὐκ οἶδα· καὶ γὰρ ἄρτι ἐκ τοῦ 463
λόγου οὐδὲν ἡμῖν καταφανὲς ἐγένετο τί ποτε οὗτος ἡγεῖ-
ται· ὃ δ' ἐγὼ καλῶ τὴν ῥητορικήν, πράγματός τινός ἐστιν
μόριον οὐδενὸς τῶν καλῶν.

ΓΟΡ. Τίνος, ὦ Σώκρατες; Εἰπέ, μηδὲν ἐμὲ αἰσχυνθείς.

ΣΩ. Δοκεῖ τοίνυν μοι, ὦ Γοργία, εἶναί τι ἐπιτήδευμα
τεχνικὸν μὲν οὔ, ψυχῆς δὲ στοχαστικῆς καὶ ἀνδρείας καὶ
φύσει δεινῆς προσομιλεῖν τοῖς ἀνθρώποις· καλῶ δὲ αὐτοῦ
ἐγὼ τὸ κεφάλαιον κολακείαν. Ταύτης μοι δοκεῖ τῆς ἐπιτη- b
δεύσεως πολλὰ μὲν καὶ ἄλλα μόρια εἶναι, ἓν δὲ καὶ ἡ ὀψο-
ποιική· ὃ δοκεῖ μὲν εἶναι τέχνη, ὡς δὲ ὁ ἐμὸς λόγος, οὐκ
ἔστιν τέχνη, ἀλλ' ἐμπειρία καὶ τριβή. Ταύτης μόριον καὶ
τὴν ῥητορικὴν ἐγὼ καλῶ καὶ τήν γε κομμωτικὴν καὶ τὴν
σοφιστικήν, τέτταρα ταῦτα μόρια ἐπὶ τέτταρσιν πράγμα-
σιν. Εἰ οὖν βούλεται Πῶλος πυνθάνεσθαι, πυνθανέσθω· οὐ
γάρ πω πέπυσται ὁποῖόν φημι ἐγὼ τῆς κολακείας μόριον c
εἶναι τὴν ῥητορικήν, ἀλλ' αὐτὸν λέληθα οὔπω ἀποκεκρι-
μένος, ὁ δὲ ἐπανερωτᾷ εἰ οὐ καλὸν ἡγοῦμαι εἶναι. Ἐγὼ
δὲ αὐτῷ οὐκ ἀποκρινοῦμαι πρότερον, εἴτε καλὸν εἴτε
αἰσχρὸν ἡγοῦμαι εἶναι τὴν ῥητορικήν, πρὶν ἂν πρῶτον
ἀποκρίνωμαι ὅ τί ἐστιν. Οὐ γὰρ δίκαιον, ὦ Πῶλε· ἀλλ'
εἴπερ βούλει πυθέσθαι, ἐρώτα, ὁποῖον μόριον τῆς κολα-
κείας φημὶ εἶναι τὴν ῥητορικήν.

ΠΩΛ. Ἐρωτῶ δή, καὶ ἀπόκριναι, ὁποῖον μόριον.

POLOS: Einerlei ist also Kochkunst und Redekunst?

SOKRATES: Keineswegs, sondern nur Teile desselben Bestrebens.

POLOS: Was doch für eines?

SOKRATES: Wenn es nur nicht unziemlich ist die Wahrheit heraus zu sagen; denn ich trage wirklich Bedenken, des Gorgias wegen es zu sagen, damit er nicht glaube, ich wolle sein eignes Bestreben auf Spott ziehen. Indes, ob dies die Redekunst ist, was Gorgias treibt, weiß ich ja nicht; denn 463a
eben jetzt aus dem Gespräch ist uns nicht offenbar worden, was er recht meint. Was ich aber die Redekunst nenne, das ist ein Teil einer Sache, die gar nicht unter die schönen gehört.

GORGIAS: Was doch für einer, Sokrates? sage es nur ohne mich zu scheuen.

SOKRATES: Mich dünkt also, Gorgias, es gibt ein gewisses Bestreben, das künstlerisch zwar gar nicht ist, aber einer dreisten Seele die richtig zu treffen weiß, und schon von Natur stark ist in Behandlung der Menschen, im ganzen aber nenne ich es Schmeichelei. Diese Bestrebung nun scheint mir b
viele andere Teile zu haben, wovon einer auch die Kochkunst ist, welche für eine Kunst zwar gehalten wird, wie aber meine Rede lautet, keine Kunst ist, sondern nur eine Übung und Fertigkeit. Von derselben nun betrachte ich als einen Teil auch die Redekunst, und die Putzkunst, und die Sophistik: vier Teile für vier Gegenstände. Wenn also Polos mich ausfragen will, so tue er es. Denn noch hat er mir nicht c
abgefragt, welcher Teil der Schmeichelei ich meine, daß die Redekunst sei; sondern ohne zu bemerken, daß ich dies noch nicht beantwortet, fragt er schon weiter, ob ich sie nicht für etwas schönes halte. Ich aber werde ihm nicht eher antworten, ob ich die Redekunst für etwas schönes oder etwas unschönes halte, bis ich ihm zuvor geantwortet habe, was sie ist. Denn das wäre nicht recht, Polos. Also wenn du es erfahren willst, so frage, welcher Teil Schmeichelei ich dann meine daß die Redekunst sei.

POLOS: So frage ich denn, und antworte du, was für ein Teil.

ΣΩ. Ἆρ' οὖν ἂν μάθοις ἀποκριναμένου; Ἔστιν γὰρ ἡ d
ῥητορικὴ κατὰ τὸν ἐμὸν λόγον πολιτικῆς μορίου εἴδωλον.

ΠΩΛ. Τί οὖν; Καλὸν ἢ αἰσχρὸν λέγεις αὐτὴν εἶναι;

ΣΩ. Αἰσχρὸν ἔγωγε· τὰ γὰρ κακὰ αἰσχρὰ καλῶ· ἐπειδὴ δεῖ σοι ἀποκρίνασθαι ὡς ἤδη εἰδότι ἃ ἐγὼ λέγω.

ΓΟΡ. Μὰ τὸν Δία, ὦ Σώκρατες, ἀλλ' ἐγὼ οὐδὲ αὐτὸς συνίημι ὅ τι λέγεις.

ΣΩ. Εἰκότως γε, ὦ Γοργία· οὐδὲν γάρ πω σαφὲς λέγω, e
Πῶλος δὲ ὅδε νέος ἐστὶ καὶ ὀξύς.

ΓΟΡ. Ἀλλὰ τοῦτον μὲν ἔα, ἐμοὶ δ' εἰπὲ πῶς λέγεις πολιτικῆς μορίου εἴδωλον εἶναι τὴν ῥητορικήν.

ΣΩ. Ἀλλ' ἐγὼ πειράσομαι φράσαι ὅ γέ μοι φαίνεται εἶναι ἡ ῥητορική· εἰ δὲ μὴ τυγχάνει ὂν τοῦτο, Πῶλος ὅδε
ἐλέγξει. Σῶμά που καλεῖς τι καὶ ψυχήν; 464

ΓΟΡ. Πῶς γὰρ οὔ;

ΣΩ. Οὐκοῦν καὶ τούτων οἴει τινὰ εἶναι ἑκατέρου εὐεξίαν;

ΓΟΡ. Ἔγωγε.

ΣΩ. Τί δέ; Δοκοῦσαν μὲν εὐεξίαν, οὖσαν δ' οὔ; Οἷον τοιόνδε λέγω· πολλοὶ δοκοῦσιν εὖ ἔχειν τὰ σώματα, οὓς οὐκ ἂν ῥᾳδίως αἴσθοιτό τις ὅτι οὐκ εὖ ἔχουσιν, ἄλλος ἢ ἰατρός τε καὶ τῶν γυμναστικῶν τις.

ΓΟΡ. Ἀληθῆ λέγεις.

ΣΩ. Τὸ τοιοῦτον λέγω καὶ ἐν σώματι εἶναι καὶ ἐν ψυχῇ, ὅ τι ποιεῖ μὲν δοκεῖν εὖ ἔχειν τὸ σῶμα καὶ τὴν ψυχήν,
ἔχει δὲ οὐδὲν μᾶλλον. b

ΓΟΡ. Ἔστι ταῦτα.

ΣΩ. Φέρε δή σοι, ἐὰν δύνωμαι, σαφέστερον ἐπιδείξω ὃ λέγω. Δυοῖν ὄντοιν τοῖν πραγμάτοιν δύο λέγω τέχνας· τὴν

3.1.2. Als Teil der Schmeichelei ist die Rhetorik das Schattenbild eines Teils der Staatskunst: der Rechtspflege

SOKRATES: Ob du auch wohl verstehen wirst, wenn ich d
antworte? Nämlich nach meiner Erklärung ist die Redekunst von einem Teile der Staatskunst das Schattenbild.

POLOS: Wie nun? sagst du, sie sei schön oder unschön?

SOKRATES: Unschön. Denn das Böse nenne ich unschön, da ich dir doch antworten soll, als wüßtest du schon, was ich meine.

GORGIAS: Beim Zeus, Sokrates, verstehe ich doch selbst nicht, was du meinst.

SOKRATES: Wohl glaublich, Gorgias. Denn ich sage auch e
noch nichts bestimmtes. Dieser Polos aber ist gar jung und hitzig.

GORGIAS: Also laß nur diesen, und sage mir, wie du denn meinst, die Redekunst sei von einem Teile der Staatskunst das Schattenbild.

SOKRATES: Wohl, ich will versuchen zu erklären, was mir die Redekunst zu sein scheint, und wenn sie dies nicht sein sollte, so mag mich Polos widerlegen. Du nennst doch 464a
etwas Leib und Seele?

GORGIAS: Wie sollte ich nicht.

SOKRATES: Und glaubst auch, daß es ein Wohlbefinden gibt für jedes von diesen beiden?

GORGIAS: Auch das.

SOKRATES: Wie aber? auch ein scheinbares Wohlbefinden, das keines ist? Ich meine dergleichen: Viele haben das Ansehn, sich ganz wohl zu befinden dem Leibe nach, denen nicht leicht jemand abmerken würde, daß sie sich nicht wohl befinden, außer ein Arzt etwa und einer von den Turnverständigen.

GORGIAS: Ganz recht.

SOKRATES: Dergleichen nun, sage ich, gibt es am Leibe und in der Seele, welches macht, daß Leib oder Seele scheint sich wohl zu befinden, befindet sich aber deshalb doch nicht b
so.

GORGIAS: Das gibt es.

SOKRATES: Wohlan denn, wenn ich kann, will ich dir

μὲν ἐπὶ τῇ ψυχῇ πολιτικὴν καλῶ, τὴν δ᾽ ἐπὶ σώματι μίαν
μὲν οὕτως ὀνομάσαι οὐκ ἔχω σοι, μιᾶς δὲ οὔσης τῆς τοῦ
σώματος θεραπείας δύο μόρια λέγω, τὴν μὲν γυμναστικήν,
τὴν δὲ ἰατρικήν· τῆς δὲ πολιτικῆς ἀντίστροφον μὲν τῇ
γυμναστικῇ τὴν νομοθετικήν, ἀντίστροφον δὲ τῇ ἰατρικῇ
τὴν δικαιοσύνην. Ἐπικοινωνοῦσι μὲν δὴ ἀλλήλαις, ἅτε c
περὶ τὸ αὐτὸ οὖσαι, ἑκάτεραι τούτων, ἥ τε ἰατρικὴ τῇ
γυμναστικῇ καὶ ἡ δικαιοσύνη τῇ νομοθετικῇ· ὅμως δὲ δια-
φέρουσίν τι ἀλλήλων.

Τεττάρων δὴ τούτων οὐσῶν, καὶ ἀεὶ πρὸς τὸ βέλτιστον
θεραπευουσῶν τῶν μὲν τὸ σῶμα, τῶν δὲ τὴν ψυχήν, ἡ
κολακευτικὴ αἰσθομένη, οὐ γνοῦσα λέγω ἀλλὰ στοχασαμένη,
τέτραχα ἑαυτὴν διανείμασα, ὑποδῦσα ὑπὸ ἕκαστον τῶν
μορίων, προσποιεῖται εἶναι τοῦτο ὅπερ ὑπέδυ, καὶ τοῦ μὲν d
βελτίστου οὐδὲν φροντίζει, τῷ δὲ ἀεὶ ἡδίστῳ θηρεύεται
τὴν ἄνοιαν καὶ ἐξαπατᾷ, ὥστε δοκεῖ πλείστου ἀξία εἶναι.
Ὑπὸ μὲν οὖν τὴν ἰατρικὴν ἡ ὀψοποιικὴ ὑποδέδυκεν, καὶ
προσποιεῖται τὰ βέλτιστα σιτία τῷ σώματι εἰδέναι, ὥστ᾽
εἰ δέοι ἐν παισὶ διαγωνίζεσθαι ὀψοποιόν τε καὶ ἰατρόν, ἢ
ἐν ἀνδράσιν οὕτως ἀνοήτοις ὥσπερ οἱ παῖδες, πότερος
ἐπαΐει περὶ τῶν χρηστῶν σιτίων καὶ πονηρῶν, ὁ ἰατρὸς
ἢ ὁ ὀψοποιός, λιμῷ ἂν ἀποθανεῖν τὸν ἰατρόν. Κολακείαν e
μὲν οὖν αὐτὸ καλῶ, καὶ αἰσχρόν φημι εἶναι τὸ τοιοῦτον,
ὦ Πῶλε — τοῦτο γὰρ πρὸς σὲ λέγω — ὅτι τοῦ ἡδέος στο- 465
χάζεται ἄνευ τοῦ βελτίστου· τέχνην δὲ αὐτὴν οὔ φημι
εἶναι ἀλλ᾽ ἐμπειρίαν, ὅτι οὐκ ἔχει λόγον οὐδένα ᾧ προσφέ-
ρει ἃ προσφέρει ὁποῖ᾽ ἄττα τὴν φύσιν ἐστίν, ὥστε τὴν
αἰτίαν ἑκάστου μὴ ἔχειν εἰπεῖν. Ἐγὼ δὲ τέχνην οὐ καλῶ,
ὃ ἂν ᾖ ἄλογον πρᾶγμα· τούτων δὲ πέρι εἰ ἀμφισβητεῖς,
ἐθέλω ὑποσχεῖν λόγον.

Τῇ μὲν οὖν ἰατρικῇ, ὥσπερ λέγω, ἡ ὀψοποιικὴ κολακεία b
ὑπόκειται· τῇ δὲ γυμναστικῇ κατὰ τὸν αὐτὸν τρόπον τοῦτον

nun deutlicher zeigen was ich meine. Für diese zwei Dinge setze ich zwei Künste, und nenne dir für die Seele die Staatskunst; die aber für den Leib kann ich dir nicht so als Eine benennen, sondern ich setze von dieser Einen Besorgung des Leibes wiederum zwei Teile, die Turnkunst als den einen, die Heilkunst als den andern. So auch in der Staatskunst, gegenüberstehend der Turnkunst die Gesetzgebung, gegenüberstehend aber der Heilkunst die Rechtspflege. So haben je c
zwei von diesen als auf denselben Gegenstand sich beziehend etwas mit einander gemein, die Heilkunde mit der Turnkunst, und die Rechtspflege mit der Gesetzgebung, doch aber sind sie auch wieder verschieden. Diese viere nun, welche immer mit Hinsicht auf das Beste die Angelegenheiten, jene beiden des Leibes, diese beiden der Seele besorgen, bemerkt nun die Schmeichelei, nicht sie erkennt sie, sage ich, sondern sie spürt und trifft sie nur, teilt sich nun selbst in vier Teile, verkleidet sich in jene Teile, und stellt sich nun an dasjenige zu sein, worin sie sich verkleidet; auf das Beste d
aber gar nicht denkend fängt sie durch das jedesmal angenehmste den Unverstand und hintergeht ihn so, daß sie ihm scheint überaus viel wert zu sein. In die Heilkunst nun verkleidet sich die Kochkunst, und stellt sich an zu wissen, welches die besten Speisen sind für den Leib, so daß wenn vor Kindern oder auch vor Männern, die so unverständig wären als die Kinder, ein Arzt und ein Koch sich um den Vorzug streiten sollten, wer von beiden sich auf heilsame und schädliche Speisen verstände, der Arzt oder der Koch, könnte der e
Arzt Hungers sterben. Schmeichelei nun nenne ich das, und behaupte es sei etwas schlechtes, o Polos, denn zu dir sage 465a
ich dies, weil es das Angenehme zu treffen sucht ohne das Beste. Eine Kunst aber leugne ich, daß es sei; sondern nur eine Übung, weil sie keine Einsicht hat von dem was sie anwendet, was es wohl seiner Natur nach ist, und also den Grund von einem jeden nicht anzugeben weiß; ich aber kann nichts Kunst nennen, was eine unverständige Sache ist. Und bist du etwa hierüber anderer Meinung: so will ich dir Rede stehen. In die Heilkunst also, wie gesagt, verkleidet sich die b
kochkundige Schmeichelei, in die Turnkunde aber auf eben

ἡ κομμωτική, κακοῦργός τε οὖσα καὶ ἀπατηλὴ καὶ ἀγεννὴς
καὶ ἀνελεύθερος, σχήμασιν καὶ χρώμασιν καὶ λειότητι καὶ
ἐσθήσει ἀπατῶσα, ὥστε ποιεῖν ἀλλότριον κάλλος ἐφελκο-
μένους τοῦ οἰκείου τοῦ διὰ τῆς γυμναστικῆς ἀμελεῖν. Ἵν᾽
οὖν μὴ μακρολογῶ, ἐθέλω σοι εἰπεῖν ὥσπερ οἱ γεωμέτραι
— ἤδη γὰρ ἂν ἴσως ἀκολουθήσαις — ὅτι ὃ κομμωτικὴ πρὸς c
γυμναστικήν, τοῦτο ὀψοποιικὴ πρὸς ἰατρικήν· μᾶλλον δὲ
ὧδε, ὅτι ὃ κομμωτικὴ πρὸς γυμναστικήν, τοῦτο σοφιστικὴ
πρὸς νομοθετικήν, καὶ ὅτι ὃ ὀψοποιικὴ πρὸς ἰατρικήν,
τοῦτο ῥητορικὴ πρὸς δικαιοσύνην. Ὅπερ μέντοι λέγω,
διέστηκε μὲν οὕτω φύσει· ἅτε δ᾽ ἐγγὺς ὄντων φύρονται ἐν τῷ
αὐτῷ καὶ περὶ ταὐτὰ σοφισταὶ καὶ ῥήτορες, καὶ οὐκ ἔχουσιν
ὅ τι χρήσονται οὔτε αὐτοὶ ἑαυτοῖς οὔτε οἱ ἄλλοι ἄνθρωποι
τούτοις. Καὶ γὰρ ἄν, εἰ μὴ ἡ ψυχὴ τῷ σώματι ἐπεστάτει,
ἀλλ᾽ αὐτὸ αὑτῷ, καὶ μὴ ὑπὸ ταύτης κατεθεωρεῖτο καὶ d
διεκρίνετο ἥ τε ὀψοποιικὴ καὶ ἡ ἰατρική, ἀλλ᾽ αὐτὸ τὸ
σῶμα ἔκρινε σταθμώμενον ταῖς χάρισι ταῖς πρὸς αὐτό, τὸ
τοῦ Ἀναξαγόρου ἂν πολὺ ἦν, ὦ φίλε Πῶλε — σὺ γὰρ τούτων
ἔμπειρος — ὁμοῦ ἂν πάντα χρήματα ἐφύρετο ἐν τῷ
αὐτῷ, ἀκρίτων ὄντων τῶν τε ἰατρικῶν καὶ ὑγιεινῶν καὶ
ὀψοποιικῶν. Ὃ μὲν οὖν ἐγώ φημι τὴν ῥητορικὴν εἶναι,
ἀκήκοας· ἀντίστροφον ὀψοποιίας ἐν ψυχῇ, ὡς ἐκεῖνο ἐν e
σώματι.

Ἴσως μὲν οὖν ἄτοπον πεποίηκα, ὅτι σε οὐκ ἐῶν μακροὺς
λόγους λέγειν αὐτὸς συχνὸν λόγον ἀποτέτακα. Ἄξιον μὲν
οὖν ἐμοὶ συγγνώμην ἔχειν ἐστίν· λέγοντος γάρ μου βραχέα
οὐκ ἐμάνθανες, οὐδὲ χρῆσθαι τῇ ἀποκρίσει ἥν σοι ἀπε-
κρινάμην οὐδὲν οἷός τ᾽ ἦσθα, ἀλλ᾽ ἐδέου διηγήσεως. Ἐὰν
μὲν οὖν καὶ ἐγὼ σοῦ ἀποκρινομένου μὴ ἔχω ὅ τι χρήσω- 466
μαι, ἀπότεινε καὶ σὺ λόγον, ἐὰν δὲ ἔχω, ἔα με χρῆσθαι·
δίκαιον γάρ. Καὶ νῦν ταύτῃ τῇ ἀποκρίσει εἴ τι ἔχεις χρῆ-
σθαι, χρῶ.

die Weise die putzkundige, die gar verderblich ist und be-
trügerisch, unedel und unanständig, und durch Gestalten
und Farben und Glätte und Bekleidung die Menschen so
betrügt, daß sie fremde Schönheit herbeiziehend, die eigne,
welche durch die Kunst der Leibesübungen entsteht, ver-
nachlässigen. Um nun nicht weitläufig zu werden will ich es
dir ausdrücken wie die Meßkünstler, denn nun wirst du ja
wohl schon folgen können, nämlich daß wie die Putzkunst c
zur Turnkunst, so die Kochkunst zur Heilkunst, oder viel-
mehr so, wie die Putzkunst zur Turnkunst, so die Sophistik
zur Gesetzgebung, und wie die Kochkunst zur Heilkunst, so
die Redekunst zur Rechtspflege. Wie ich nun sage, so stehen
sie ihrem Wesen nach aus einander; wie sie aber auch nahe
sind, werden sie unter einander gemischt, und in Beziehung
auf dasselbe, und wissen selbst nicht, was sie mit sich, noch
auch andere Menschen, was sie mit ihnen anzufangen haben.
Denn wenn die Seele nicht dem Leibe vorstände, sondern d
dieser sich selbst, daß also von jener nicht Kochkunst und
Heilkunst verglichen und unterschieden würden, sondern
der Leib selbst nach Maßgabe des für ihn wohlgefälligen
urteilen müßte: so würde es mit jenem Anaxagoreischen gar
weit gehn, lieber Polos, denn du bist dieser Dinge ja kundig,
nämlich alle Dinge würden alles zugleich sein unter einander
gemischt, und ungesondert bliebe das Gesunde und Heil-
kunstmäßige von dem Kochkunstmäßigen. Was ich nun mei-
ne daß die Redekunst sei hast du gehört, nämlich das Ge- e
genstück zur Kochkunst, für die Seele was diese für den
Leib. Vielleicht nun habe ich es widersinnig angefangen, daß
ich dich nicht wollte lange Reden halten lassen, und nun
selbst die Rede ziemlich lang gedehnt habe. Billig aber muß
man mir dies verzeihen. Denn als ich kurz redete, verstandest
du mich nicht, und wußtest nichts anzufangen mit der Ant-
wort, die ich dir gab, sondern bedurftest einer Erörterung.
Wenn nun auch ich mit deinen Antworten nichts werde an- 466a
zufangen wissen, dann dehne auch du die Rede; weiß ich es
aber, so laß mich damit machen, denn so ist es billig. Auch
jetzt also, wenn du mit dieser Antwort etwas zu machen
weißt, so tue es.

ΠΩΛ. Τί οὖν φῄς ; Κολακεία δοκεῖ σοι εἶναι ἡ ῥητορική ;

ΣΩ. Κολακείας μὲν οὖν ἔγωγε εἶπον μόριον. Ἀλλ' οὐ μνημονεύεις τηλικοῦτος ὤν, ὦ Πῶλε ; Τί τάχα δράσεις ;

ΠΩΛ. Ἆρ' οὖν δοκοῦσί σοι ὡς κόλακες ἐν ταῖς πόλεσι φαῦλοι νομίζεσθαι οἱ ἀγαθοὶ ῥήτορες ;

ΣΩ. Ἐρώτημα τοῦτ' ἐρωτᾷς ἤ λόγου τινὸς ἀρχὴν b
λέγεις ;

ΠΩΛ. Ἐρωτῶ ἔγωγε.

ΣΩ. Οὐδὲ νομίζεσθαι ἔμοιγε δοκοῦσιν.

ΠΩΛ. Πῶς οὐ νομίζεσθαι ; Οὐ μέγιστον δύνανται ἐν ταῖς πόλεσιν ;

ΣΩ. Οὔκ, εἰ τὸ δύνασθαί γε λέγεις ἀγαθόν τι εἶναι τῷ δυναμένῳ.

ΠΩΛ. Ἀλλὰ μὴν [δὴ] λέγω γε.

ΣΩ. Ἐλάχιστον τοίνυν μοι δοκοῦσιν τῶν ἐν τῇ πόλει δύνασθαι οἱ ῥήτορες.

ΠΩΛ. Τί δ' ; Οὐχ, ὥσπερ οἱ τύραννοι, ἀποκτεινύασίν
τε ὃν ἂν βούλωνται, καὶ ἀφαιροῦνται χρήματα καὶ ἐκβάλ- c
λουσιν ἐκ τῶν πόλεων ὃν ἂν δοκῇ αὐτοῖς ;

ΣΩ. Νὴ τὸν κύνα, ἀμφιγνοῶ μέντοι, ὦ Πῶλε, ἐφ' ἑκάστου ὧν λέγεις, πότερον αὐτὸς ταῦτα λέγεις καὶ γνώμην σαυτοῦ ἀποφαίνει, ἤ ἐμὲ ἐρωτᾷς.

ΠΩΛ. Ἀλλ' ἔγωγε σὲ ἐρωτῶ.

ΣΩ. Εἶεν, ὦ φίλε· ἔπειτα δύο ἅμα με ἐρωτᾷς ;

ΠΩΛ. Πῶς δύο ;

ΣΩ. Οὐκ ἄρτι οὕτω πως ἔλεγες, ὅτι ἀποκτεινύασιν οἱ
ῥήτορες οὓς ἂν βούλωνται, ὥσπερ οἱ τύραννοι, καὶ χρή- d
ματα ἀφαιροῦνται καὶ ἐξελαύνουσιν ἐκ τῶν πόλεων ὃν ἂν δοκῇ αὐτοῖς ;

ΠΩΛ. Ἔγωγε.

ΣΩ. Λέγω τοίνυν σοι ὅτι δύο ταῦτ' ἐστὶν τὰ ἐρωτή-

3.1.3. Die Macht der Redner und Tyrannen ist sehr gering

POLOS: Was sagst du also? Schmeichelei dünkt dich die Redekunst zu sein?

SOKRATES: Von der Schmeichelei, sagte ich, ein Teil. Hast du kein Gedächtnis in deinen Jahren, Polos, was wirst du denn tun wenn du alt wirst?

POLOS: Scheinen dir denn in den Staaten die ausgezeichneten Redner wie Schmeichler für schlechte Leute schlecht geachtet zu werden?

SOKRATES: Fragst du da eine Frage, oder ist es der An- b
fang einer Rede?

POLOS: Ich frage.

SOKRATES: Nun dann, gar nicht geachtet werden sie, meine ich.

POLOS: Wie, nicht geachtet? haben sie nicht am meisten Macht in den Städten?

SOKRATES: Nein, wenn du unter dem Macht haben verstehst, daß es etwas Gutes ist für den Vermögenden.

POLOS: So verstehe ich es allerdings.

SOKRATES: Dann dünkt mich haben die Redner unter allen in der Stadt am wenigsten Macht.

POLOS: Wie? töten sie nicht wie die Tyrannen, wen sie
wollen, und berauben des Vermögens, und verweisen aus der c
Stadt, wen ihnen gut dünkt?

SOKRATES: Beim Hunde! Jedoch bin ich zweifelhaft, Polos, bei jedem was du sagst, ob du selbst das sagst und deine Meinung darlegst, oder ob du mich fragst.

POLOS: Freilich frage ich dich.

SOKRATES: Wohl, Lieber! Dann fragst du zweierlei zugleich.

POLOS: Wie so zweierlei?

SOKRATES: Sagtest du nicht itzt gleich so, die Redner
töteten wen sie wollen, und beraubten des Vermögens und d
verbannten aus der Stadt wen ihnen gut dünkt?

POLOS: So sagte ich.

SOKRATES: So sage ich dir denn, daß dies zwei Fragen sind, und daß ich dir auf beide antworten will. Ich behaupte nämlich, Polos, Macht haben Redner sowohl als Tyrannen

ματα, καὶ ἀποκρινοῦμαί γέ σοι πρὸς ἀμφότερα. Φημὶ γάρ, ὦ Πῶλε, ἐγὼ καὶ τοὺς ῥήτορας καὶ τοὺς τυράννους δύνασθαι μὲν ἐν ταῖς πόλεσιν σμικρότατον, ὥσπερ νυνδὴ ἔλεγον· οὐδὲν γὰρ ποιεῖν ὧν βούλονται, ὡς ἔπος εἰπεῖν· ποιεῖν e
μέντοι ὅ τι ἂν αὐτοῖς δόξῃ βέλτιστον εἶναι.

ΠΩΛ. Οὐκοῦν τοῦτό ἐστιν τὸ μέγα δύνασθαι;

ΣΩ. Οὔχ, ὥς γέ φησιν Πῶλος.

ΠΩΛ. Ἐγὼ οὔ φημι; Φημὶ μὲν οὖν ἔγωγε.

ΣΩ. Μὰ τὸν — οὐ σύ γε, ἐπεὶ τὸ μέγα δύνασθαι ἔφης ἀγαθὸν εἶναι τῷ δυναμένῳ.

ΠΩΛ. Φημὶ γὰρ οὖν.

ΣΩ. Ἀγαθὸν οὖν οἴει εἶναι, ἐάν τις ποιῇ ταῦτα ἃ ἂν δοκῇ αὐτῷ βέλτιστα εἶναι, νοῦν μὴ ἔχων, καὶ τοῦτο καλεῖς μέγα δύνασθαι;

ΠΩΛ. Οὐκ ἔγωγε.

ΣΩ. Οὐκοῦν ἀποδείξεις τοὺς ῥήτορας νοῦν ἔχοντας καὶ τέχνην τὴν ῥητορικὴν ἀλλὰ μὴ κολακείαν ἐμὲ ἐξελέγξας; 467
Εἰ δέ με ἐάσεις ἀνέλεγκτον, οἱ ῥήτορες οἱ ποιοῦντες ἐν ταῖς πόλεσιν ἃ δοκεῖ αὐτοῖς καὶ οἱ τύραννοι οὐδὲν ἀγαθὸν τοῦτο κεκτήσονται, ἡ δὲ δύναμίς ἐστιν, ὡς σὺ φῄς, ἀγαθόν, τὸ δὲ ποιεῖν ἄνευ νοῦ ἃ δοκεῖ καὶ σὺ ὁμολογεῖς κακὸν εἶναι· ἢ οὔ;

ΠΩΛ. Ἔγωγε.

ΣΩ. Πῶς ἂν οὖν οἱ ῥήτορες μέγα δύναιντο ἢ οἱ τύραννοι ἐν ταῖς πόλεσιν, ἐὰν μὴ Σωκράτης ἐξελεγχθῇ ὑπὸ Πώλου ὅτι ποιοῦσιν ἃ βούλονται;

ΠΩΛ. Οὗτος ἀνήρ — b

ΣΩ. Οὔ φημι ποιεῖν αὐτοὺς ἃ βούλονται· ἀλλά μ' ἔλεγχε.

ΠΩΛ. Οὐκ ἄρτι ὡμολόγεις ποιεῖν ἃ δοκεῖ αὐτοῖς βέλτιστα εἶναι [τούτου πρόσθεν];

ΣΩ. Καὶ γὰρ νῦν ὁμολογῶ.

ΠΩΛ. Οὐκ οὖν ποιοῦσιν ἃ βούλονται;

eigentlich am wenigsten im Staat, weil sie nämlich nichts tun e
was sie wollen, daß ich es grade heraus sage; jedoch tun sie freilich was ihnen dünkt das beste zu sein.

POLOS: Dies ist ja doch eben das Macht haben das viel vermögen.

SOKRATES: Nein, wie Polos wenigstens sagt.

POLOS: Ich sagte Nein? ich sage eben Ja.

SOKRATES: Nein wahrlich, du wohl nicht, da du ja sagtest, Macht haben, viel vermögen sei etwas gutes dem der sie hat.

POLOS: Das sage ich freilich.

SOKRATES: Meinst du also, das sei gut, wenn, was ihn dünkt das Beste zu sein, einer ausrichtet, der keine Erkenntnis hat? und nennst du das viel vermögen?

POLOS: Nein, das nicht.

SOKRATES: Also mußt du zeigen, daß die Redner Erkenntnis haben, und die Redekunst eine Kunst ist, nicht blo- 467a
ße Schmeichelei, mich widerlegend. Wenn du mich aber unwiderlegt läßt, so werden die Redner, wenn sie in den Städten tun, was ihnen gut dünkt, und so auch die Tyrannen, hieran nichts Gutes besitzen. Und Macht haben soll doch wie du behauptest etwas Gutes sein. Ausrichten aber was einen bedünkt ohne Erkenntnis, das räumst auch du ein, sei ein Übel. Oder nicht?

POLOS: Das räume ich ein.

SOKRATES: Wie also sollten wohl Redner Macht haben im Staate oder auch Tyrannen, wenn nicht dem Sokrates zuvor vom Polos bewiesen wird, daß sie bewirken was sie wollen?

POLOS: Das ist mir ein Mann! b

SOKRATES: Ich leugne, daß sie bewirken was sie wollen. Widerlege mich.

POLOS: Hast du nicht eben zugegeben, daß sie bewirken, was ihnen dünkt das Beste zu sein?

SOKRATES: Das gebe ich auch noch zu.

POLOS: So bewirken sie ja, was sie wollen?

SOKRATES: Das leugne ich.

POLOS: Ohnerachtet sie bewirken was ihnen gut dünkt?

ΣΩ. Οὔ φημι.

ΠΩΛ. Ποιοῦντες ἃ δοκεῖ αὐτοῖς ;

ΣΩ. Φημί.

ΠΩΛ. Σχέτλια λέγεις καὶ ὑπερφυᾶ, ὦ Σώκρατες.

ΣΩ. Μὴ κατηγόρει, ὦ λῷστε Πῶλε, ἵνα προσείπω σε
κατὰ σέ· ἀλλ᾽ εἰ μὲν ἔχεις ἐμὲ ἐρωτᾶν, ἐπίδειξον ὅτι ψεύ- c
δομαι, εἰ δὲ μή, αὐτὸς ἀποκρίνου.

ΠΩΛ. Ἀλλ᾽ ἐθέλω ἀποκρίνεσθαι, ἵνα καὶ εἰδῶ ὅ τι λέγεις.

ΣΩ. Πότερον οὖν σοι δοκοῦσιν οἱ ἄνθρωποι τοῦτο βούλεσθαι ὃ ἂν πράττωσιν ἑκάστοτε, ἢ ἐκεῖνο οὗ ἕνεκα πράττουσιν τοῦθ᾽ ὃ πράττουσιν ; Οἷον οἱ τὰ φάρμακα πίνοντες παρὰ τῶν ἰατρῶν πότερόν σοι δοκοῦσιν τοῦτο βούλεσθαι ὅπερ ποιοῦσιν, πίνειν τὸ φάρμακον καὶ ἀλγεῖν, ἢ ἐκεῖνο, τὸ ὑγιαίνειν, οὗ ἕνεκα πίνουσιν ;

ΠΩΛ. Δῆλον ὅτι τὸ ὑγιαίνειν.

ΣΩ. Οὐκοῦν καὶ οἱ πλέοντές τε καὶ τὸν ἄλλον χρημα- d
τισμὸν χρηματιζόμενοι οὐ τοῦτό ἐστιν ὃ βούλονται, ὃ ποι-
οῦσιν ἑκάστοτε· τίς γὰρ βούλεται πλεῖν τε καὶ κινδυνεύειν
καὶ πράγματ᾽ ἔχειν ; ἀλλ᾽ ἐκεῖνο, οἶμαι, οὗ ἕνεκα πλέου-
σιν, πλουτεῖν· πλούτου γὰρ ἕνεκα πλέουσιν.

ΠΩΛ. Πάνυ γε.

ΣΩ. Ἄλλο τι οὖν οὕτω καὶ περὶ πάντων ; ἐάν τίς τι πράττῃ ἕνεκά του, οὐ τοῦτο βούλεται ὃ πράττει, ἀλλ᾽ ἐκεῖνο οὗ ἕνεκα πράττει ;

ΠΩΛ. Ναί.

ΣΩ. Ἆρ᾽ οὖν ἔστιν τι τῶν ὄντων, ὃ οὐχὶ ἤτοι ἀγαθόν e
γ᾽ ἐστὶν ἢ κακὸν ἢ μεταξὺ τούτων οὔτε ἀγαθὸν οὔτε
κακόν ;

ΠΩΛ. Πολλὴ ἀνάγκη, ὦ Σώκρατες.

ΣΩ. Οὐκοῦν λέγεις εἶναι ἀγαθὸν μὲν σοφίαν τε καὶ ὑγίειαν καὶ πλοῦτον καὶ τἆλλα τὰ τοιαῦτα, κακὰ δὲ τἀναντία τούτων ;

SOKRATES: Ja.

POLOS: Erbärmliche Sachen sagst du, und ganz ungewaschene.

SOKRATES: Ei, teures Freundchen, daß ich dich doch nach deiner Weise anrede, schelte nicht; sondern wenn du c verstehst mich zu fragen, so zeige daß ich unrecht habe, wo nicht, so antworte selbst.

POLOS: Ich will auch antworten, um doch zu sehen was du meinst.

3.1.4. Allem Tun und Wollen geht es ja um das Gute

SOKRATES: Denkst du denn, daß die Menschen dasjenige wollen was sie jedesmal tun? oder vielmehr jenes, um deswillen sie dasjenige tun was sie tun? Wie etwa, die Arzenei einnehmen von den Ärzten, denkst du, daß die dasjenige wollen, was sie tun, Arzenei nehmen und Schmerzen haben, oder jenes das Genesen, um deswillen sie sie nehmen?

POLOS: Offenbar das Genesen, [um deswillen sie die Arzenei nehmen].

SOKRATES: So auch bei den Schiffahrttreibenden, und d die auf anderes Gewerbe ausgehn, ist was sie wollen, nicht dasjenige, was sie jedesmal tun. Denn wer will wohl zu Schiffe sein, und in Gefahr schweben und Händel haben? Sondern jenes, denke ich, um deswillen sie zu Schiffe gehn, das Reichwerden; denn um des Reichtums willen gehn sie zu Schiffe.

POLOS: Allerdings.

SOKRATES: Ist es nun nicht eben so mit Allem, wenn jemand etwas um eines andern willen tut, so will er nicht das, was er tut, sondern das, um deswillen er es tut?

POLOS: Ja.

SOKRATES: Gibt es nun wohl etwas, das nicht entweder e gut wäre oder übel, oder zwischen beiden, weder gut noch übel?

POLOS: Eins von diesen ganz notwendig, Sokrates.

SOKRATES: Sagst du nun nicht, daß gut die Weisheit ist und die Gesundheit und der Reichtum, und das Übrige der Art, übel aber das Gegenteil hievon?

ΠΩΛ. Ἔγωγε.

ΣΩ. Τὰ δὲ μήτε ἀγαθὰ μήτε κακὰ ἆρα τοιάδε λέγεις, ἃ ἐνίοτε μὲν μετέχει τοῦ ἀγαθοῦ, ἐνίοτε δὲ τοῦ κακοῦ,
ἐνίοτε δὲ οὐδετέρου, οἷον καθῆσθαι καὶ βαδίζειν καὶ τρέ- 468
χειν καὶ πλεῖν, καὶ οἷον αὖ λίθους καὶ ξύλα καὶ τἆλλα τὰ τοιαῦτα ; Οὐ ταῦτα λέγεις ; ἢ ἄλλ' ἄττα καλεῖς τὰ μήτε ἀγαθὰ μήτε κακά ;

ΠΩΛ. Οὔκ, ἀλλὰ ταῦτα.

ΣΩ. Πότερον οὖν τὰ μεταξὺ ταῦτα ἕνεκα τῶν ἀγαθῶν πράττουσιν, ὅταν πράττωσιν, ἢ τἀγαθὰ τῶν μεταξύ ;

ΠΩΛ. Τὰ μεταξὺ δήπου τῶν ἀγαθῶν.

ΣΩ. Τὸ ἀγαθὸν ἄρα διώκοντες καὶ βαδίζομεν, ὅταν b
βαδίζωμεν, οἰόμενοι βέλτιον εἶναι, καὶ τὸ ἐναντίον ἕσταμεν, ὅταν ἑστῶμεν, τοῦ αὐτοῦ ἕνεκα, τοῦ ἀγαθοῦ· ἢ οὔ ;

ΠΩΛ. Ναί.

ΣΩ. Οὐκοῦν καὶ ἀποκτείνυμεν, εἴ τιν' ἀποκτείνυμεν, καὶ ἐκβάλλομεν καὶ ἀφαιρούμεθα χρήματα, οἰόμενοι ἄμεινον εἶναι ἡμῖν ταῦτα ποιεῖν ἢ μή ;

ΠΩΛ. Πάνυ γε.

ΣΩ. Ἕνεκ' ἄρα τοῦ ἀγαθοῦ ἅπαντα ταῦτα ποιοῦσιν οἱ ποιοῦντες.

ΠΩΛ. Φημί.

ΣΩ. Οὐκοῦν ὡμολογήσαμεν, ἃ ἕνεκά του ποιοῦμεν, μὴ
ἐκεῖνα βούλεσθαι, ἀλλ' ἐκεῖνο οὗ ἕνεκα ταῦτα ποιοῦμεν ; c

ΠΩΛ. Μάλιστα.

ΣΩ. Οὐκ ἄρα σφάττειν βουλόμεθα οὐδ' ἐκβάλλειν ἐκ τῶν πόλεων οὐδὲ χρήματα ἀφαιρεῖσθαι ἁπλῶς οὕτως, ἀλλ' ἐὰν μὲν ὠφέλιμα ᾖ ταῦτα, βουλόμεθα πράττειν αὐτά, βλαβερὰ δὲ ὄντα οὐ βουλόμεθα. Τὰ γὰρ ἀγαθὰ βουλόμεθα, ὡς φῄς σύ, τὰ δὲ μήτε ἀγαθὰ μήτε κακὰ οὐ βουλόμεθα, οὐδὲ τὰ κακά· ἢ γάρ ; Ἀληθῆ σοι δοκῶ λέγειν, ὦ Πῶλε, ἢ οὔ ; Τί οὐκ ἀποκρίνει ;

POLOS: Allerdings.

SOKRATES: Weder gut noch übel aber meinst du sei dergleichen, was bisweilen mit dem Guten zusammenhängt, bisweilen mit dem Übel, bisweilen mit keinem von beiden? wie 468a
sitzen und gehn, laufen und schiffen; und wiederum wie Stein und Holz und anderes dergleichen. Meinst du nicht dies? oder nennst du etwas anderes weder gut noch böse?

POLOS: Nein, sondern dieses.

SOKRATES: Tun sie nun etwa dies mittlere um des Guten willen, wenn sie es tun, oder das Gute um des mittleren willen?

POLOS: Das mittlere doch wohl um des Guten willen.

SOKRATES: Dem Guten also nachtrachtend gehn wir, b
wenn wir gehn, in der Meinung daß es besser sei, und wenn wir im Gegenteil stehen, so stehen wir um des nämlichen willen, des Guten. Oder nicht?

POLOS: Ja.

SOKRATES: Also töten wir auch wenn wir Jemand töten, und vertreiben und berauben des Vermögens, in der Meinung es sei uns besser dieses zu tun als nicht?

POLOS: Allerdings.

SOKRATES: Um des Guten willen also tut alles dieses, wer es tut.

POLOS: Das gebe ich zu.

SOKRATES: Haben wir nun nicht eingestanden, was wir um eines Andern willen tun, dieses selbst wollten wir eigentlich nicht, sondern nur jenes, um deswillen wir es eigentlich c
tun?

POLOS: Unbedenklich.

SOKRATES: Also wollen wir nicht hinrichten und des Landes verweisen und des Vermögens berauben, so schlechthin an sich; sondern wenn uns dergleichen nützlich ist wollen wir es tun, ist es uns aber schädlich dann nicht. Denn nur das Gute wollen wir, wie du behauptest, das weder gut noch üble aber wollen wir nicht, noch auch das üble. Nicht wahr? Dünkt dich daß ich recht habe, Polos, oder nicht? Warum antwortest du nicht?

POLOS: Recht.

ΠΩΛ. Ἀληθῆ.

ΣΩ. Οὐκοῦν εἴπερ ταῦτα ὁμολογοῦμεν, εἴ τις ἀποκτεί- d
νει τινὰ ἢ ἐκβάλλει ἐκ πόλεως ἢ ἀφαιρεῖται χρήματα, εἴτε
τύραννος ὢν εἴτε ῥήτωρ, οἰόμενος ἄμεινον εἶναι αὑτῷ,
τυγχάνει δὲ ὂν κάκιον, οὗτος δήπου ποιεῖ ἃ δοκεῖ αὑτῷ·
ἦ γάρ ;

ΠΩΛ. Ναί.

ΣΩ. Ἆρ᾽ οὖν καὶ ἃ βούλεται, εἴπερ τυγχάνει ταῦτα
κακὰ ὄντα ; Τί οὐκ ἀποκρίνει ;

ΠΩΛ. Ἀλλ᾽ οὔ μοι δοκεῖ ποιεῖν ἃ βούλεται.

ΣΩ. Ἔστιν οὖν ὅπως ὁ τοιοῦτος μέγα δύναται ἐν τῇ
πόλει ταύτῃ, εἴπερ ἐστὶ τὸ μέγα δύνασθαι ἀγαθόν τι κατὰ e
τὴν σὴν ὁμολογίαν ;

ΠΩΛ. Οὐκ ἔστιν.

ΣΩ. Ἀληθῆ ἄρα ἐγὼ ἔλεγον, λέγων ὅτι ἔστιν ἄνθρωπον
ποιοῦντα ἐν πόλει ἃ δοκεῖ αὐτῷ μὴ μέγα δύνασθαι μηδὲ
ποιεῖν ἃ βούλεται.

ΠΩΛ. Ὡς δὴ σύ, ὦ Σώκρατες, οὐκ ἂν δέξαιο ἐξεῖναί
σοι ποιεῖν ὅ τι δοκεῖ σοι ἐν τῇ πόλει μᾶλλον ἢ μή, οὐδὲ
ζηλοῖς ὅταν ἴδῃς τινὰ ἢ ἀποκτείναντα ὃν ἔδοξεν αὐτῷ ἢ
ἀφελόμενον χρήματα ἢ δήσαντα.

ΣΩ. Δικαίως λέγεις ἢ ἀδίκως ;

ΠΩΛ. Ὁπότερ᾽ ἂν ποιῇ, οὐκ ἀμφοτέρως ζηλωτός ἐστιν ; 469

ΣΩ. Εὐφήμει, ὦ Πῶλε.

ΠΩΛ. Τί δή ;

ΣΩ. Ὅτι οὐ χρὴ οὔτε τοὺς ἀζηλώτους ζηλοῦν οὔτε
τοὺς ἀθλίους, ἀλλ᾽ ἐλεεῖν.

ΠΩΛ. Τί δέ ; Οὕτω σοι δοκεῖ ἔχειν περὶ ὧν ἐγὼ λέγω
τῶν ἀνθρώπων ;

ΣΩ. Πῶς γὰρ οὔ ;

ΠΩΛ. Ὅστις οὖν ἀποκτείνυσιν ὃν ἂν δόξῃ αὐτῷ, δι-
καίως ἀποκτεινύς, ἄθλιος δοκεῖ σοι εἶναι καὶ ἐλεεινός ;

SOKRATES: Wenn wir also hierin einig sind, so wird, d
wenn Jemand einen hinrichten läßt, oder aus dem Staate vertreibt, oder seines Vermögens beraubt, in der Meinung, es sei für ihn selbst besser, es ist aber in der Tat schlimmer für ihn, dieser zwar allerdings tun, was ihn gut dünkt; nicht wahr?

POLOS: Ja.

SOKRATES: Aber etwa auch was er will, wenn es doch ein Übel für ihn ist? Was antwortest du nicht?

POLOS: Nein also; er scheint mir nicht zu tun, was er will.

SOKRATES: Kann man also wohl sagen, ein solcher habe
Macht in diesem Staat, wenn doch mächtig sein, wie du ein- e
räumtest, etwas Gutes ist?

POLOS: Man kann es nicht sagen.

SOKRATES: Recht also hatte ich, als ich sagte, es könne gar wohl ein Mensch, der in der Stadt ausrichtet was ihm bedünkt, dennoch nicht mächtig sein, noch auch ausrichten was er will.

3.1.5. Unrecht leiden ist demnach besser als Unrecht tun

POLOS: Also du, Sokrates, wünschtest nicht, daß dir frei stände zu tun was dich gut dünkt in der Stadt, lieber als es nicht zu können, und bist nicht neidisch, wenn du einen siehst, der ums Leben gebracht hat, wen es ihm beliebte, oder des Eigentums beraubt, oder ins Gefängnis gesetzt?

SOKRATES: Meinst du rechtmäßig oder unrechtmäßig?

POLOS: Wie er es auch tue, ist es nicht in beiden Fällen zu 469a
beneiden?

SOKRATES: Sprich besser, o Polos!

POLOS: Wie so?

SOKRATES: Man soll ja wohl weder die nicht zu beneidenden beneiden, noch die Elenden, sondern die bedauern.

POLOS: Und wie? so meinst du, stehe es mit denjenigen, von welchen ich rede?

SOKRATES: Wie wohl anders?

POLOS: Wer also töten kann, wen es ihn beliebt, der dünkt dich, wenn er ihn mit Recht tötet, elend zu sein und bedauernswürdig?

ΣΩ. Οὐκ ἔμοιγε, οὐδὲ μέντοι ζηλωτός.

ΠΩΛ. Οὐκ ἄρτι ἄθλιον ἔφησθα εἶναι;

ΣΩ. Τὸν ἀδίκως γε, ὦ ἑταῖρε, ἀποκτείναντα, καὶ ἐλεεινόν γε πρός· τὸν δὲ δικαίως ἀζήλωτον. b

ΠΩΛ. Ἦ που ὅ γε ἀποθνῄσκων ἀδίκως ἐλεεινός τε καὶ ἄθλιός ἐστιν.

ΣΩ. Ἧττον ἢ ὁ ἀποκτεινύς, ὦ Πῶλε, καὶ ἧττον ἢ ὁ δικαίως ἀποθνῄσκων.

ΠΩΛ. Πῶς δῆτα, ὦ Σώκρατες;

ΣΩ. Οὕτως, ὡς μέγιστον τῶν κακῶν τυγχάνει ὂν τὸ ἀδικεῖν.

ΠΩΛ. Ἦ γὰρ τοῦτο μέγιστον; Οὐ τὸ ἀδικεῖσθαι μεῖζον;

ΣΩ. Ἥκιστά γε.

ΠΩΛ. Σὺ ἄρα βούλοιο ἂν ἀδικεῖσθαι μᾶλλον ἢ ἀδικεῖν;

ΣΩ. Βουλοίμην μὲν ἂν ἔγωγε οὐδέτερα· εἰ δ' ἀναγκαῖον c
εἴη ἀδικεῖν ἢ ἀδικεῖσθαι, ἑλοίμην ἂν μᾶλλον ἀδικεῖσθαι ἢ ἀδικεῖν.

ΠΩΛ. Σὺ ἄρα τυραννεῖν οὐκ ἂν δέξαιο;

ΣΩ. Οὔκ, εἰ τὸ τυραννεῖν γε λέγεις ὅπερ ἐγώ.

ΠΩΛ. Ἀλλ' ἔγωγε τοῦτο λέγω ὅπερ ἄρτι, ἐξεῖναι ἐν τῇ πόλει, ὃ ἂν δοκῇ αὐτῷ, ποιεῖν τοῦτο, καὶ ἀποκτεινύντι καὶ ἐκβάλλοντι καὶ πάντα πράττοντι κατὰ τὴν αὑτοῦ δόξαν.

ΣΩ. Ὦ μακάριε, ἐμοῦ δὴ λέγοντος τῷ λόγῳ ἐπιλαβοῦ. |
Εἰ γὰρ ἐγὼ ἐν ἀγορᾷ πληθούσῃ λαβὼν ὑπὸ μάλης ἐγχειρί- d
διον λέγοιμι πρὸς σὲ ὅτι, Ὦ Πῶλε, ἐμοὶ δύναμίς τις καὶ τυραννὶς θαυμασία ἄρτι προσγέγονεν· ἐὰν γὰρ ἄρα ἐμοὶ δόξῃ τινὰ τουτωνὶ τῶν ἀνθρώπων ὧν σὺ ὁρᾷς αὐτίκα μάλα δεῖν τεθνάναι, τεθνήξει οὗτος ὃν ἂν δόξῃ· κἄν τινα δόξῃ μοι τῆς κεφαλῆς αὐτῶν κατεαγέναι δεῖν, κατεαγὼς ἔσται αὐτίκα μάλα, κἂν θοἰμάτιον διεσχίσθαι, διεσχισμένον ἔσται·

SOKRATES: Nein das nicht; aber auch nicht beneidenswert.

POLOS: Behauptetest du nicht eben, er sei ein Elender?

SOKRATES: Von dem unrechtmäßig tötenden, o Freund, b
und daß er bedauernswürdig wäre dazu; wer aber rechtmäßig, wäre auch nicht zu beneiden.

POLOS: Vielmehr wer unrechtmäßiger Weise sterben muß, ist bedauernswürdig und elend.

SOKRATES: Weniger als der ihn tötet, Polos, und auch weniger, als der rechtmäßiger Weise sterben muß.

POLOS: Wie das, Sokrates?

SOKRATES: So, wie ja Unrecht tun das größte aller Übel ist.

POLOS: Also dies ist das größte? nicht Unrecht leiden größer?

SOKRATES: Keinesweges.

POLOS: Du also wolltest Unrecht leiden lieber als Unrecht tun?

SOKRATES: Ich wollte wohl keines von beiden; müßte c
ich aber eines von beiden unrecht tun oder unrecht leiden, so würde ich vorziehn lieber unrecht zu leiden als unrecht zu tun.

POLOS: Du also möchtest nicht ein Tyrann sein?

SOKRATES: Nein, wenn du darunter dasselbe verstehst wie ich.

POLOS: Ich verstehe darunter eben das vorige, daß man Macht habe im Staate was einen gutdünkt auszurichten, zu töten, zu vertreiben, und alles zu tun nach eignem Wohlgefallen.

SOKRATES: O Bester, was ich dir jetzt sagen will, das nimm doch recht vor. Wenn ich auf vollem Markte mit ei- d
nem Dolch unter dem Arm zu dir spräche: O Polos, zu einer wunderbaren Gewalt und Herrschaft bin ich jetzt gelangt. Denn wenn es mir gefiele, daß irgend einer von diesen Menschen, die du hier siehst, sogleich sterben sollte: so wird der tot sein, von dem es mir gefällt. Und wenn, daß einem der Kopf müßte eingeschlagen werden, so würde er sogleich eingeschlagen sein; und wenn einem das Kleid zu zerreißen,

οὕτω μέγα ἐγὼ δύναμαι ἐν τῇδε τῇ πόλει· εἰ οὖν ἀπι- e
στοῦντί σοι δείξαιμι τὸ ἐγχειρίδιον, ἴσως ἂν εἴποις ἰδὼν ὅτι, Ὦ Σώκρατες, οὕτω μὲν πάντες ἂν μέγα δύναιντο, ἐπεὶ κἂν ἐμπρησθείη οἰκία τούτῳ τῷ τρόπῳ ἥντιν' ἄν σοι δοκῇ, καὶ τά γε Ἀθηναίων νεώρια καὶ ⟨αἱ⟩ τριήρεις καὶ τὰ πλοῖα πάντα καὶ τὰ δημόσια καὶ τὰ ἴδια. Ἀλλ' οὐκ ἄρα τοῦτ' ἔστιν τὸ μέγα δύνασθαι, τὸ ποιεῖν ἃ δοκεῖ αὐτῷ· ἢ δοκεῖ σοι;

ΠΩΛ. Οὐ δῆτα οὕτω γε.

ΣΩ. Ἔχεις οὖν εἰπεῖν δι' ὅ τι μέμφει τὴν τοιαύτην 470
δύναμιν;

ΠΩΛ. Ἔγωγε.

ΣΩ. Τί δή; Λέγε.

ΠΩΛ. Ὅτι ἀναγκαῖον τὸν οὕτω πράττοντα ζημιοῦσθαί ἐστιν.

ΣΩ. Τὸ δὲ ζημιοῦσθαι οὐ κακόν;

ΠΩΛ. Πάνυ γε.

ΣΩ. Οὐκοῦν, ὦ θαυμάσιε, τὸ μέγα δύνασθαι πάλιν αὖ σοι φαίνεται, ἐὰν μὲν πράττοντι ἃ δοκεῖ ἕπηται τὸ ὠφελίμως πράττειν, ἀγαθόν τε εἶναι, καὶ τοῦτο, ὡς ἔοικεν, ἐστὶν τὸ μέγα δύνασθαι· εἰ δὲ μή, κακὸν καὶ σμικρὸν δύ-
νασθαι. Σκεψώμεθα δὲ καὶ τόδε· ἄλλο τι ὁμολογοῦμεν ἐνίοτε b
μὲν ἄμεινον εἶναι ταῦτα ποιεῖν ἃ νυνδὴ ἐλέγομεν, ἀποκτεινύναι τε καὶ ἐξελαύνειν ἀνθρώπους καὶ ἀφαιρεῖσθαι χρήματα, ἐνίοτε δὲ οὔ;

ΠΩΛ. Πάνυ γε.

ΣΩ. Τοῦτο μὲν δή, ὡς ἔοικε, καὶ παρὰ σοῦ καὶ παρ' ἐμοῦ ὁμολογεῖται.

ΠΩΛ. Ναί.

ΣΩ. Πότε οὖν σὺ φῂς ἄμεινον εἶναι ταῦτα ποιεῖν; Εἰπὲ τίνα ὅρον ὁρίζει.

ΠΩΛ. Σὺ μὲν οὖν, ὦ Σώκρατες, ἀπόκριναι αὐτὸ τοῦτο.

so wäre es zerrissen. So viel Macht habe ich in dieser Stadt. e
Wenn du es dann bezweifeltest, und ich dir den Dolch zeigte, so würdest du mir vielleicht sagen: Ja auf diese Art, Sokrates, kann jeder Macht haben. Auf diese Weise müßte auch jedes Haus abbrennen was dir einfiele, und der Athener Schiffswerfte und Galeeren und alle Schiffe, die der Stadt oder Einzelnen gehören. Aber das heißt nicht mächtig sein, auf diese Art tun was einem gut dünkt. Oder meinst du?

POLOS: Nein, so freilich nicht.

SOKRATES: Kannst du nun wohl sagen, warum du eine 470a
solche Macht tadelst?

POLOS: Das kann ich.

SOKRATES: Warum denn? sprich.

POLOS: Weil notwendig wer so zu Werke geht, zu Schaden kommt.

SOKRATES: Und ist das Schadenleiden nicht ein Übel?

POLOS: Freilich.

SOKRATES: Also, du Wunderlicher, zeigt sich dir schon wieder das Mächtigsein nur da, wo indem einer tut, was ihm bedünkt, auch dies damit verbunden ist, daß er es zu seinem Vorteil tue und daß es gut sei; und eben dies nun, wie es scheint, ist das mächtig sein, wenn aber nicht, und es ein Übel ist, dann ist es ohnmächtig sein. Erwägen wir auch b
dies. Gestehen wir nicht ein, daß es bisweilen besser ist das zu tun, was wir eben anführten, Menschen zu töten und zu verbannen und des Eigentums zu berauben, bisweilen aber auch nicht.

POLOS: Freilich.

SOKRATES: Dies also, wie es scheint, wird von dir nicht minder als von mir eingestanden.

POLOS: Ja.

SOKRATES: Wann also meinst du, daß es besser sei dies zu tun? Sprich, welche Bestimmung setzest du fest?

POLOS: Du, o Sokrates, beantworte doch eben dieses.

SOKRATES: Ich also behaupte, o Polos, wenn dir doch c
lieber ist von mir dies zu hören, daß wenn einer dieses rechtmäßig tut, es besser ist, wenn aber unrechtmäßig, dann schlimmer.

ΣΩ. Ἐγὼ μὲν τοίνυν φημί, ὦ Πῶλε, εἴ σοι παρ' ἐμοῦ ἥδιόν ἐστιν ἀκούειν, ὅταν μὲν δικαίως τις ταῦτα ποιῇ, ἄμεινον εἶναι, ὅταν δὲ ἀδίκως, κάκιον. c

ΠΩΛ. Χαλεπόν γέ σε ἐλέγξαι, ὦ Σώκρατες· ἀλλ' οὐχὶ κἂν παῖς σε ἐλέγξειεν ὅτι οὐκ ἀληθῆ λέγεις ;

ΣΩ. Πολλὴν ἄρα ἐγὼ τῷ παιδὶ χάριν ἕξω, ἴσην δὲ καὶ σοί, ἐάν με ἐλέγξῃς καὶ ἀπαλλάξῃς φλυαρίας. Ἀλλὰ μὴ κάμῃς φίλον ἄνδρα εὐεργετῶν, ἀλλ' ἔλεγχε.

ΠΩΛ. Ἀλλὰ μήν, ὦ Σώκρατες, οὐδέν γέ σε δεῖ παλαιοῖς πράγμασιν ἐλέγχειν· τὰ γὰρ ἐχθὲς καὶ πρῴην γεγονότα d ταῦτα ἱκανά σε ἐξελέγξαι ἐστὶν καὶ ἀποδεῖξαι ὡς πολλοὶ ἀδικοῦντες ἄνθρωποι εὐδαίμονές εἰσιν.

ΣΩ. Τὰ ποῖα ταῦτα ;

ΠΩΛ. Ἀρχέλαον δήπου τοῦτον τὸν Περδίκκου ὁρᾷς ἄρχοντα Μακεδονίας ;

ΣΩ. Εἰ δὲ μή, ἀλλ' ἀκούω γε.

ΠΩΛ. Εὐδαίμων οὖν σοι δοκεῖ εἶναι ἢ ἄθλιος ;

ΣΩ. Οὐκ οἶδα, ὦ Πῶλε· οὐ γάρ πω συγγέγονα τῷ ἀνδρί.

ΠΩΛ. Τί δέ ; Συγγενόμενος ἂν γνοίης, ἄλλως δὲ αὐτόθεν οὐ γιγνώσκεις ὅτι εὐδαιμονεῖ ; e

ΣΩ. Μὰ Δί' οὐ δῆτα.

ΠΩΛ. Δῆλον δή, ὦ Σώκρατες, ὅτι οὐδὲ τὸν μέγαν βασιλέα γιγνώσκειν φήσεις εὐδαίμονα ὄντα.

ΣΩ. Καὶ ἀληθῆ γε ἐρῶ· οὐ γὰρ οἶδα παιδείας ὅπως ἔχει καὶ δικαιοσύνης.

ΠΩΛ. Τί δέ ; Ἐν τούτῳ ἡ πᾶσα εὐδαιμονία ἐστίν ;

ΣΩ. Ὡς γε ἐγὼ λέγω, ὦ Πῶλε· τὸν μὲν γὰρ καλὸν κἀγαθὸν ἄνδρα καὶ γυναῖκα εὐδαίμονα εἶναί φημι, τὸν δὲ ἄδικον καὶ πονηρὸν ἄθλιον.

ΠΩΛ. Ἄθλιος ἄρα οὗτός ἐστιν ὁ Ἀρχέλαος κατὰ τὸν 471 σὸν λόγον ;

3.2. Weitere Erörterung des Unrechtsproblems

3.2.1. Das Gegenargument des Polos, daß viele, die Unrecht tun, glücklich seien, z.B. Archelaos

POLOS: Ein schweres Stück ist es wohl dich zu überführen, Sokrates; aber könnte nicht jedes Kind dich überführen, daß du nicht Recht hast?

SOKRATES: So werde ich dem Kinde großen Dank wissen, und gleichen auch dir, wenn du mich überführst und der Torheit entledigest. Also laß dirs nicht beschwerlich sein, einem Freunde dich wohltätig zu erzeigen.

POLOS: Wohl denn, Sokrates, es ist gar nicht nötig, dich durch alte Geschichten zu widerlegen; sondern was Gestern d
und Ehegestern sich ereignet hat, ist hinlänglich dich zu widerlegen und zu beweisen, daß viele Menschen, welche Unrecht tun, glückselig sind.

SOKRATES: Welche Ereignisse nur?

POLOS: Du siehst doch diesen Archelaos, des Perdikkas Sohn, über Makedonien herrschen?

SOKRATES: Wenigstens höre ich es doch.

POLOS: Dünkt dich nun der glückselig zu sein oder elend?

SOKRATES: Ich weiß nicht, Polos; denn ich habe nie Umgang gehabt mit dem Manne.

POLOS: Wie doch? im Umgang würdest du es erkennen; e
anders aber kannst du von selbst nicht einsehn, daß er glückselig ist?

SOKRATES: Beim Zeus, nicht recht.

POLOS: Offenbar also, Sokrates, wirst du auch nicht einmal vom großen Könige wissen wollen, daß er glückselig ist.

SOKRATES: Und ganz mit Recht werde ich das sagen. Denn ich weiß ja nicht, wie es um seine Einsicht und Gerechtigkeit steht.

POLOS: Wie? darin also besteht alle Glückseligkeit?

SOKRATES: Wie ich wenigstens sage, Polos. Denn wer rechtschaffen und gut ist, der, behaupte ich, ist glückselig, sei es Mann oder Frau, wer aber ungerecht und böse, ist elend.

POLOS: Unglückselig also ist dieser Archelaos nach deiner 471a
Meinung?

ΣΩ. Εἴπερ γε, ὦ φίλε, ἄδικος.

ΠΩΛ. Ἀλλὰ μὲν δὴ πῶς οὐκ ἄδικος; Ὧι γε προσῆκε μὲν τῆς ἀρχῆς οὐδὲν ἣν νῦν ἔχει, ὄντι ἐκ γυναικὸς ἣ ἦν δούλη Ἀλκέτου τοῦ Περδίκκου ἀδελφοῦ, καὶ κατὰ μὲν τὸ δίκαιον δοῦλος ἦν Ἀλκέτου, καὶ εἰ ἐβούλετο τὰ δίκαια ποιεῖν, ἐδούλευεν ἂν Ἀλκέτῃ καὶ ἦν εὐδαίμων κατὰ τὸν σὸν λόγον· νῦν δὲ θαυμασίως ὡς ἄθλιος γέγονεν, ἐπεὶ τὰ μέγιστα ἠδίκηκεν· ὅς γε πρῶτον μὲν τοῦτον αὐτὸν τὸν b
δεσπότην καὶ θεῖον μεταπεμψάμενος ὡς ἀποδώσων τὴν ἀρχὴν ἣν Περδίκκας αὐτὸν ἀφείλετο, ξενίσας καὶ καταμεθύσας αὐτόν τε καὶ τὸν ὑὸν αὐτοῦ Ἀλέξανδρον, ἀνεψιὸν αὐτοῦ, σχεδὸν ἡλικιώτην, ἐμβαλὼν εἰς ἅμαξαν, νύκτωρ ἐξαγαγὼν ἀπέσφαξέν τε καὶ ἠφάνισεν ἀμφοτέρους. Καὶ ταῦτα ἀδικήσας ἔλαθεν ἑαυτὸν ἀθλιώτατος γενόμενος καὶ οὐ μετεμέλησεν αὐτῷ, ἀλλ' ὀλίγον ὕστερον τὸν ἀδελφόν, τὸν γνήσιον τοῦ Περδίκκου ὑόν, παῖδα ὡς ἑπτέτη, οὗ ἡ c
ἀρχὴ ἐγίγνετο κατὰ τὸ δίκαιον, οὐκ ἐβουλήθη εὐδαίμων γενέσθαι δικαίως ἐκθρέψας καὶ ἀποδοὺς τὴν ἀρχὴν ἐκείνῳ, ἀλλ' εἰς φρέαρ ἐμβαλὼν καὶ ἀποπνίξας, πρὸς τὴν μητέρα αὐτοῦ Κλεοπάτραν χῆνα ἔφη διώκοντα ἐμπεσεῖν καὶ ἀποθανεῖν. Τοιγάρτοι νῦν, ἅτε μέγιστα ἠδικηκὼς τῶν ἐν Μακεδονίᾳ, ἀθλιώτατός ἐστιν πάντων Μακεδόνων, ἀλλ' οὐκ εὐδαιμονέστατος, καὶ ἴσως ἔστιν ὅστις Ἀθηναίων ἀπὸ σοῦ ἀρξάμενος δέξαιτ' ἂν ἄλλος ὁστισοῦν Μακεδόνων γενέσθαι d
μᾶλλον ἢ Ἀρχέλαος.

ΣΩ. Καὶ κατ' ἀρχὰς τῶν λόγων, ὦ Πῶλε, ἔγωγέ σε ἐπῄνεσα ὅτι μοι δοκεῖς εὖ πρὸς τὴν ῥητορικὴν πεπαιδεῦσθαι, τοῦ δὲ διαλέγεσθαι ἠμεληκέναι· καὶ νῦν ἄλλο τι οὗτός

SOKRATES: Wenn er anders ungerecht ist, Freund.

POLOS: Wie sollte er denn nicht ungerecht sein, dem ja von der Herrschaft gar nichts gebührte, die er jetzt hat, indem er von einer Mutter geboren ist, welche dem Alketas, dem Bruder des Perdikkas, als Magd gehörte? Nach dem Recht also wäre er des Alketas Knecht, und wollte er gerecht handeln, so müßte er dem Alketas dienen, und wäre dann doch glückselig, nach deiner Rede. Nun aber ist es wunderbar wie unglückselig er geworden, weil er so äußerst ungerecht gehandelt hat, indem er zuerst eben diesen seinen b
Herrn und Ohm zu sich einlud, als wolle er ihm die Herrschaft übergeben, welche Perdikkas ihm geraubt hatte, dann ihn und seinen Sohn Alexandros, seinen eignen Vetter also fast von gleichem Alter mit ihm selbst, beide bewirtete und trunken machte, dann sie auf einen Wagen geworfen bei Nacht fortschaffen und beide umbringen ließ, daß niemand weiß wo sie geblieben sind. Und nach solcher ungerechten Tat merkte er gar nicht, daß er selbst der unglückseligste Mensch geworden war, und es gereute ihn auch gar nicht, sondern er wollte noch immer nicht glückselig werden, dadurch daß er seinen Bruder, den vollbürtigen Sohn des Per- c
dikkas, ein siebenjähriges Kind, dem nun nach dem Rechte die Regierung zukam, auferzogen, und sie ihm übergeben hätte. Vielmehr ließ er diesen bald darauf in eine Pfütze werfen und ertränken, und sagte zu seiner Mutter Kleopatra, er sei einer Gans nachgelaufen und so hineingefallen. Dem zufolge ist er nun, wie er gewiß unter Allen in Makedonien am ungerechtesten gehandelt hat, auch der elendeste aller Makedonier, und nicht der glückseligste, und es möchte vielleicht mancher Athener, du voran, lieber jeder andere Ma- d
kedonier sein als Archelaos.

3.2.2. Beweistheoretische Würdigung des Einwandes und Fixierung des Streitpunktes

SOKRATES: Schon am Anfang unserer Unterredung, o Polos, habe ich dich gelobt, daß mir schien, du habest dich sehr gut in der Redekunst gebildet, wiewohl die Kunst des Gesprächs darüber vernachläßigt. Auch jetzt, nicht wahr, ist

ἐστιν ὁ λόγος, ᾧ με καὶ ἂν παῖς ἐξελέγξειε, καὶ ἐγὼ ὑπὸ σοῦ νῦν, ὡς σὺ οἴει, ἐξελήλεγμαι τούτῳ τῷ λόγῳ, φάσκων τὸν ἀδικοῦντα οὐκ εὐδαίμονα εἶναι; Πόθεν, ὦ 'γαθέ; Καὶ μὴν οὐδέν γέ σοι τούτων ὁμολογῶ ὧν σὺ φῄς.

ΠΩΛ. Οὐ γὰρ ἐθέλεις, ἐπεὶ δοκεῖ γέ σοι ὡς ἐγὼ λέγω. e

ΣΩ. Ὦ μακάριε, ῥητορικῶς γάρ με ἐπιχειρεῖς ἐλέγχειν, ὥσπερ οἱ ἐν τοῖς δικαστηρίοις ἡγούμενοι ἐλέγχειν. Καὶ γὰρ ἐκεῖ οἱ ἕτεροι τοὺς ἑτέρους δοκοῦσιν ἐλέγχειν, ἐπειδὰν τῶν λόγων ὧν ἂν λέγωσι μάρτυρας πολλοὺς παρέχωνται καὶ εὐδοκίμους, ὁ δὲ τἀναντία λέγων ἕνα τινὰ παρέχηται ἢ μηδένα. Οὗτος δὲ ὁ ἔλεγχος οὐδενὸς ἄξιός ἐστιν πρὸς τὴν ἀλήθειαν· ἐνίοτε γὰρ ἂν καὶ καταψευδομαρτυρηθείη τις 472
ὑπὸ πολλῶν καὶ δοκούντων εἶναί τι. Καὶ νῦν περὶ ὧν σὺ λέγεις ὀλίγου σοι πάντες συμφήσουσιν ταῦτα Ἀθηναῖοι καὶ οἱ ξένοι, ἐὰν βούλῃ κατ' ἐμοῦ μάρτυρας παρασχέσθαι ὡς οὐκ ἀληθῆ λέγω· μαρτυρήσουσί σοι, ἐὰν μὲν βούλῃ, Νικίας ὁ Νικηράτου καὶ οἱ ἀδελφοὶ μετ' αὐτοῦ, ὧν οἱ τρίποδες οἱ ἐφεξῆς ἑστῶτές εἰσιν ἐν τῷ Διονυσίῳ, ἐὰν δὲ βούλῃ, Ἀριστοκράτης ὁ Σκελλίου, οὗ αὖ ἔστιν ἐν Πυθίου τοῦτο τὸ b
καλὸν ἀνάθημα, ἐὰν δὲ βούλῃ, ἡ Περικλέους ὅλη οἰκία ἢ ἄλλη συγγένεια ἥντινα ἂν βούλῃ τῶν ἐνθάδε ἐκλέξασθαι.

Ἀλλ' ἐγώ σοι εἷς ὢν οὐχ ὁμολογῶ· οὐ γάρ με σὺ ἀναγκάζεις, ἀλλὰ ψευδομάρτυρας πολλοὺς κατ' ἐμοῦ παρασχόμενος ἐπιχειρεῖς ἐκβάλλειν με ἐκ τῆς οὐσίας καὶ τοῦ ἀληθοῦς. Ἐγὼ δὲ ἂν μὴ σὲ αὐτὸν ἕνα ὄντα μάρτυρα παράσχωμαι ὁμολογοῦντα περὶ ὧν λέγω, οὐδὲν οἶμαι ἄξιον λόγου μοι πεπεράνθαι περὶ ὧν ἂν ἡμῖν ὁ λόγος ᾖ· οἶμαι δὲ οὐδὲ σοί, c
ἐὰν μὴ ἐγώ σοι μαρτυρῶ εἷς ὢν μόνος, τοὺς δ' ἄλλους πάντας τούτους χαίρειν ἐᾷς. Ἔστιν μὲν οὖν οὗτός τις τρόπος ἐλέγχου, ὡς σύ τε οἴει καὶ ἄλλοι πολλοί· ἔστιν δὲ καὶ ἄλ-

dies nun die Rede, womit jedes Kind mich widerlegen könnte, und ich bin also nun, wie du meinst, durch diese Rede widerlegt mit meiner Behauptung, daß wer unrecht handle nicht glückselig sein könne. Woher doch, du Guter? Gebe ich dir doch nichts zu von Allem, was du sagst.

POLOS: Du willst eben nicht, denkst aber doch gewiß e
eben wie ich rede.

SOKRATES: Du Seliger, gedenkst eben mich auf rednerische Art zu überführen, wie sie auch an der Gerichtsstätte Beweis zu führen sich einbilden. Denn auch da glaubt ein Teil den andern überführt zu haben, wenn er für seine Behauptung, die er vorträgt, viele Zeugen aufstellen kann und angesehene, der Gegenpart aber etwa einen aufstellt oder gar keinen. Ein solcher Beweis aber ist gar nichts wert, wo es auf
die Wahrheit ankommt. Denn gar manches Mal kann einer 472a
unter den falschen Zeugnissen vieler erliegen, die für etwas rechtes gehalten werden. So auch jetzt in dem was du sagst werden dir meist alle beistimmen, die Athener und die Fremden; und wenn du gegen mich Zeugen aufrufen willst, daß ich Unrecht habe, so werden sich dir dazu hergeben, wenn du willst, Nikias, der Sohn des Nikeratos, samt seinen Brüdern, von denen die Dreifüße herrühren, die neben einander im Dionysion stehn, auch wenn du willst Aristokrates, des
Skellias Sohn, von welchem wiederum das schöne Weihge- b
schenk im pythischen Tempel kommt, und wenn du willst das ganze Haus des Perikles, oder welches andere Geschlecht von den hiesigen du auswählen möchtest. Ich aber ganz einzeln gebe es dir nicht zu. Denn du beweisest mir nichts; sondern nur durch Aufstellung vieler falschen Zeugen gegen mich versuchst du mich aus meinem Gut und der Wahrheit hinauszuwerfen. Ich dagegen, wenn ich nicht dich selbst einzeln als Zeugen aufstelle, der mir beistimmen muß in dem was ich sage, will mich dann gar nicht dünken lassen, daß ich
etwas tüchtiges ausgeführt habe über unsern Gegenstand. c
Ich glaube aber auch du nicht, wenn nicht ich selbst allein dir Zeugnis gebe, und du die andern allesamt gehen läßt. Dies ist nun eine Beweisart, wie du dafür hältst und viele Andere; es gibt aber auch eine andere, mit der ich es wiederum halte.

λος, ὃν ἐγὼ αὖ οἶμαι. Παραβαλόντες οὖν παρ' ἀλλήλους σκεψώμεθα εἴ τι διοίσουσιν ἀλλήλων. Καὶ γὰρ τυγχάνει περὶ ὧν ἀμφισβητοῦμεν οὐ πάνυ σμικρὰ ὄντα, ἀλλὰ σχεδόν τι ταῦτα περὶ ὧν εἰδέναι τε κάλλιστον μὴ εἰδέναι τε αἴσχιστον· τὸ γὰρ κεφάλαιον αὐτῶν ἐστιν ἢ γιγνώσκειν ἢ ἀγνοεῖν ὅστις τε εὐδαίμων ἐστὶν καὶ ὅστις μή. Αὐτίκα πρῶτον, περὶ οὗ νῦν ὁ λόγος ἐστίν, σὺ ἡγεῖ οἷόν τε εἶναι d
μακάριον ἄνδρα ἀδικοῦντά τε καὶ ἄδικον ὄντα, εἴπερ Ἀρχέλαον ἄδικον μὲν ἡγεῖ εἶναι, εὐδαίμονα δέ. Ἄλλο τι ὡς οὕτω σου νομίζοντος διανοώμεθα;

ΠΩΛ. Πάνυ γε.

ΣΩ. Ἐγὼ δέ φημι ἀδύνατον. Ἓν μὲν τουτὶ ἀμφισβητοῦμεν. Εἶεν· ἀδικῶν δὲ δὴ εὐδαίμων ἔσται ἆρ', ἂν τυγχάνῃ δίκης τε καὶ τιμωρίας;

ΠΩΛ. Ἥκιστά γε, ἐπεὶ οὕτω γ' ἂν ἀθλιώτατος εἴη.

ΣΩ. Ἀλλ' ἐὰν ἄρα μὴ τυγχάνῃ δίκης ὁ ἀδικῶν, κατὰ e
τὸν σὸν λόγον εὐδαίμων ἔσται;

ΠΩΛ. Φημί.

ΣΩ. Κατὰ δέ γε τὴν ἐμὴν δόξαν, ὦ Πῶλε, ὁ ἀδικῶν τε καὶ ὁ ἄδικος πάντως μὲν ἄθλιος, ἀθλιώτερος μέντοι ἐὰν μὴ διδῷ δίκην μηδὲ τυγχάνῃ τιμωρίας ἀδικῶν, ἧττον δὲ ἄθλιος ἐὰν διδῷ δίκην καὶ τυγχάνῃ δίκης ὑπὸ θεῶν τε καὶ ἀνθρώπων.

ΠΩΛ. Ἄτοπά γε, ὦ Σώκρατες, ἐπιχειρεῖς λέγειν. 473

ΣΩ. Πειράσομαι δέ γε καὶ σὲ ποιῆσαι, ὦ ἑταῖρε, ταὐτὰ ἐμοὶ λέγειν· φίλον γάρ σε ἡγοῦμαι. Νῦν μὲν οὖν ἃ διαφερόμεθα ταῦτ' ἐστίν· σκόπει δὲ καὶ σύ· εἶπον ἐγώ που ἐν τοῖς ἔμπροσθεν τὸ ἀδικεῖν τοῦ ἀδικεῖσθαι κάκιον εἶναι.

Laß sie uns also neben einander stellen und Acht geben, ob sie sich in etwas von einander unterscheiden werden. Ist doch auch das, worüber wir streiten, nichts Kleines, sondern fast wohl dasjenige, welches zu wissen das Schönste, nicht zu wissen aber das Unschönste ist. Denn das Wesentliche davon ist doch entweder einsehen oder nicht einsehen, wer glückselig ist und wer nicht. Gleich zuerst also, wovon d
wir jetzt reden, du hältst dafür, es könne ein Mensch glückselig sein, der unrecht handelt und ungerecht; wenn du doch dafür hältst, Archelaos sei ungerecht und dabei glückselig. Nicht wahr, wir sollen denken, daß du dies annimmst?

POLOS: Allerdings.

3.2.3. Die These des Sokrates, daß der Ungerechte elend und ungestraft noch elender ist, daß also gerechte Strafe glücklich macht

SOKRATES: Ich aber erkläre dies für unmöglich. Über dieses Eine sind wir im Streit. Wohl. Soll nun der Ungerechte etwa glückselig sein, wenn ihm Recht widerfährt und Strafe?

POLOS: Keinesweges. Denn so wäre er freilich der elendeste.

SOKRATES: Sondern, wenn ihm also nicht Recht wider- e
fährt, dann wird der Ungerechte nach deiner Rede glückselig sein.

POLOS: Das behaupte ich.

SOKRATES: Nach meiner Meinung aber, Polos, ist der Unrechttuende und Ungerechte auf jeden Fall zwar elend, elender jedoch, wenn ihm nicht sein Recht widerfährt, und er keine Strafe erleidet für sein Unrecht, weniger elend aber, wenn ihm Recht widerfährt, und er Strafe erleidet von Göttern und Menschen.

POLOS: Ungereimtes, o Sokrates, unternimmst du zu be- 473a
haupten.

SOKRATES: Ich will indes doch versuchen auch dich, Freund, dahin zu bringen, daß du dasselbe mit mir behauptest. Denn du willst mir wohl, glaube ich. Worüber wir also uneins sind, das wäre dies. Sieh du nun selbst. Ich sagte doch

ΠΩΛ. Πάνυ γε.

ΣΩ. Σὺ δὲ τὸ ἀδικεῖσθαι.

ΠΩΛ. Ναί.

ΣΩ. Καὶ τοὺς ἀδικοῦντας ἀθλίους ἔφην εἶναι ἐγώ, καὶ ἐξηλέγχθην ὑπὸ σοῦ.

ΠΩΛ. Ναὶ μὰ Δία.

ΣΩ. Ὡς σύ γε οἴει, ὦ Πῶλε. b

ΠΩΛ. Ἀληθῆ γε οἰόμενος.

ΣΩ. Ἴσως. Σὺ δέ γε εὐδαίμονας αὖ τοὺς ἀδικοῦντας, ἐὰν μὴ διδῶσι δίκην.

ΠΩΛ. Πάνυ μὲν οὖν.

ΣΩ. Ἐγὼ δέ γε αὐτοὺς ἀθλιωτάτους φημί, τοὺς δὲ διδόντας δίκην ἧττον. Βούλει καὶ τοῦτο ἐλέγχειν ;

ΠΩΛ. Ἀλλ' ἔτι τοῦτ' ἐκείνου χαλεπώτερόν ἐστιν, ὦ Σώκρατες, ἐξελέγξαι.

ΣΩ. Οὐ δῆτα, ὦ Πῶλε, ἀλλ' ἀδύνατον· τὸ γὰρ ἀληθὲς οὐδέποτε ἐλέγχεται.

ΠΩΛ. Πῶς λέγεις ; Ἐὰν ἀδικῶν ἄνθρωπος ληφθῇ τυραννίδι ἐπιβουλεύων, καὶ ληφθεὶς στρεβλῶται καὶ ἐκτέμ- c
νηται καὶ τοὺς ὀφθαλμοὺς ἐκκάηται, καὶ ἄλλας πολλὰς καὶ μεγάλας καὶ παντοδαπὰς λώβας αὐτός τε λωβηθεὶς καὶ τοὺς αὑτοῦ ἐπιδὼν παῖδάς τε καὶ γυναῖκα τὸ ἔσχατον ἀνασταυρωθῇ ἢ καταπιττωθῇ, οὗτος εὐδαιμονέστερος ἔσται ἢ ἐὰν διαφυγὼν τύραννος καταστῇ καὶ ἄρχων ἐν τῇ πόλει διαβιῷ ποιῶν ὅ τι ἂν βούληται, ζηλωτὸς ὢν καὶ εὐδαιμονιζόμενος ὑπὸ τῶν πολιτῶν καὶ τῶν ἄλλων ξένων ; Ταῦτα λέγεις ἀδύνατον εἶναι ἐξελέγχειν ; d

ΣΩ. Μορμολύττει αὖ, ὦ γενναῖε Πῶλε, καὶ οὐκ ἐλέγχεις· ἄρτι δὲ ἐμαρτύρου. Ὅμως δὲ ὑπόμνησόν με σμικρόν· ἐὰν ἀδίκως ἐπιβουλεύων τυραννίδι, εἶπες ;

ΠΩΛ. Ἔγωγε.

ΣΩ. Εὐδαιμονέστερος μὲν τοίνυν οὐδέποτε ἔσται οὐδέ-

wo im vorigen Unrecht tun wäre schlimmer als Unrecht leiden.

POLOS: Freilich.

SOKRATES: Du aber Unrecht leiden?

POLOS: Ja.

SOKRATES: Und die Unrechttuenden, behauptete ich, wären unglückselig, und wurde von dir widerlegt.

POLOS: Ja, beim Zeus.

SOKRATES: Wie du wenigstens meinst, Polos. b

POLOS: Und ganz richtig hoffentlich.

SOKRATES: Und du wiederum, die Unrechttuenden wären glückselig, wenn sie nämlich keinen Strafe litten.

POLOS: Allerdings.

SOKRATES: Ich aber behaupte, daß grade diese die unglückseligsten sind, die aber Strafe leiden weniger. Willst du auch dies widerlegen?

POLOS: Dies ist wohl noch schwerer zu widerlegen als jenes.

SOKRATES: Das nicht, Polos, sondern unmöglich. Denn das Wahre kann nie widerlegt werden.

POLOS: Wie meinst du? Wenn ein ungerechter Mensch darüber ergriffen wird, daß er etwa ungesetzmäßiger Gewalt
nachstellt und dann gemartert und verstümmelt wird, ihm c
die Augen ausgebrannt, und nicht nur ihm selbst sonst noch große und vielfältige Qualen angetan werden, sondern er auch Weib und Kinder eben so behandeln sieht, und zuletzt ans Kreuz geschlagen oder mit Pech verbrannt wird, der soll glückseliger sein, als wenn er unentdeckt hernach als Tyrann aufsteht, und den Staat beherrschend fortlebt, alles bewirkend was er will, ein beneidenswerter Mann, und glückselig gepriesen von den Bürgern und allen Andern? Dies meinst
du sei unmöglich zu widerlegen? d

SOKRATES: Nun schreckst du mich wieder, wackerer Polos, und widerlegst mich nicht; vorher riefst du Zeugen auf. doch hilf mir ein wenig mich erinnern, ob du sagtest, wenn unrechtmäßig nach der Gewalt strebend.

POLOS: So sagte ich.

SOKRATES: Glückseliger wird dann freilich keiner von

τερος αὐτῶν, οὔτε ὁ κατειργασμένος τὴν τυραννίδα ἀδί-
κως οὔτε ὁ διδοὺς δίκην, δυοῖν γὰρ ἀθλίοιν εὐδαιμονέστερος
μὲν οὐκ ἂν εἴη· ἀθλιώτερος μέντοι ὁ διαφυγὼν καὶ τυραν- e
νεύσας. Τί τοῦτο, ὦ Πῶλε; Γελᾷς; Ἄλλο αὖ τοῦτο εἶδος ἐλέγ-
χου ἐστίν, ἐπειδάν τίς τι εἴπῃ, καταγελᾶν, ἐλέγχειν δὲ μή;

ΠΩΛ. Οὐκ οἴει ἐξεληλέγχθαι, ὦ Σώκρατες, ὅταν τοι-
αῦτα λέγῃς ἃ οὐδεὶς ἂν φήσειεν ἀνθρώπων; Ἐπεὶ ἐροῦ
τινα τουτωνί.

ΣΩ. Ὦ Πῶλε, οὐκ εἰμὶ τῶν πολιτικῶν, καὶ πέρυσι βου-
λεύειν λαχών, ἐπειδὴ ἡ φυλὴ ἐπρυτάνευε καὶ ἔδει με ἐπι-
ψηφίζειν, γέλωτα παρεῖχον καὶ οὐκ ἠπιστάμην ἐπιψηφί- 474
ζειν. Μὴ οὖν μηδὲ νῦν με κέλευε ἐπιψηφίζειν τοὺς
παρόντας, ἀλλ' εἰ μὴ ἔχεις τούτων βελτίω ἔλεγχον, ὅπερ
νυνδὴ ἐγὼ ἔλεγον, ἐμοὶ ἐν τῷ μέρει παράδος, καὶ πείρασαι
τοῦ ἐλέγχου οἷον ἐγὼ οἶμαι δεῖν εἶναι. Ἐγὼ γὰρ ὧν ἂν
λέγω ἕνα μὲν παρασχέσθαι μάρτυρα ἐπίσταμαι, αὐτὸν πρὸς
ὃν ἄν μοι ὁ λόγος ᾖ, τοὺς δὲ πολλοὺς ἐῶ χαίρειν, καὶ ἕνα
ἐπιψηφίζειν ἐπίσταμαι, τοῖς δὲ πολλοῖς οὐδὲ διαλέγομαι.
Ὅρα οὖν εἰ ἐθελήσεις ἐν τῷ μέρει διδόναι ἔλεγχον ἀποκρι- b
νόμενος τὰ ἐρωτώμενα. Ἐγὼ γὰρ δὴ οἶμαι καὶ ἐμὲ καὶ σὲ
καὶ τοὺς ἄλλους ἀνθρώπους τὸ ἀδικεῖν τοῦ ἀδικεῖσθαι κά-
κιον ἡγεῖσθαι καὶ τὸ μὴ διδόναι δίκην τοῦ διδόναι.

ΠΩΛ. Ἐγὼ δέ γε οὔτ' ἐμὲ οὔτ' ἄλλον ἀνθρώπων οὐδένα.
Ἐπεὶ σὺ δέξαι' ἂν μᾶλλον ἀδικεῖσθαι ἢ ἀδικεῖν;

ΣΩ. Καὶ σύ γ' ἂν καὶ οἱ ἄλλοι πάντες.

ΠΩΛ. Πολλοῦ γε δεῖ, ἀλλ' οὔτ' ἐγὼ οὔτε σὺ οὔτ' ἄλλος
οὐδείς.

ΣΩ. Οὔκουν ἀποκρινεῖ; c

ΠΩΛ. Πάνυ μὲν οὖν· καὶ γὰρ ἐπιθυμῶ εἰδέναι ὅ τι ποτ'
ἐρεῖς.

beiden jemals sein, weder der die Herrschaft unrechtmäßig in Besitz nimmt, noch der die Strafe erleidet. Denn von zwei Elenden kann keiner glückselig sein; elender aber ist der un- e
entdeckt bleibende und herrschende. Was soll dieses, Polos? du lachst? ist auch dies wieder eine Beweisart, wenn Jemand etwas sagt es zu belachen, und nicht zu widerlegen?

POLOS: Glaubst du denn nicht schon widerlegt zu sein, Sokrates, wenn du solche Dinge behauptest, die kein Mensch zugeben würde? Doch frage einen von diesen!

SOKRATES: O Polos, ich bin kein Staatsmann. Ja zu Jahre als es mich traf im Rat zu sitzen, und der Stamm den Vorsitz hatte, und ich die Stimmen einsammeln sollte, berei- 474a
tete ich mir Gelächter, und verstand gar nicht die Stimmen zu sammeln. Also mute mir auch jetzt nicht an Stimmen zu sammeln von den Anwesenden. Sondern wenn du keinen bessern Beweis hast als diesen, wie ich schon vorhin sagte: so überlaß es nun mir meinerseits, und versuche dich dann an dem Beweise, wie ich glaube daß er sein muß. Nämlich ich verstehe für das was ich sage nur Einen Zeugen aufzustellen, den mit dem ich jedesmal rede, die Andern alle laß ich gehn, und nur von dem Einen weiß ich die Stimme einzufordern, mit den Andern aber rede ich nicht einmal. Sieh also zu, ob b
du nun auch willst an deinem Teile Rede stehn, und das Gefragte beantworten. Ich nämlich glaube, daß ich und du und alle Menschen das Unrechttun für schlimmer halten als das Unrechtleiden, und das nicht gestraft werden als das gestraft werden.

POLOS: Ich aber glaube dies weder von mir noch sonst irgend einem Menschen. Also du möchtest lieber Unrecht leiden als Unrecht tun?

SOKRATES: Auch du wohl und alle Andern.

POLOS: Weit gefehlt, sondern weder ich, noch du, noch sonst irgend Jemand.

SOKRATES: Willst du also antworten? c

POLOS: Freilich. Denn mich verlangt recht zu wissen, was du nur sagen wirst.

ΣΩ. Λέγε δή μοι, ἵν' εἰδῇς, ὥσπερ ἂν εἰ ἐξ ἀρχῆς σε ἠρώτων· πότερον δοκεῖ σοι, ὦ Πῶλε, κάκιον εἶναι τὸ ἀδικεῖν ἢ τὸ ἀδικεῖσθαι;

ΠΩΛ. Τὸ ἀδικεῖσθαι ἔμοιγε.

ΣΩ. Τί δὲ δὴ αἴσχιον; Πότερον τὸ ἀδικεῖν ἢ τὸ ἀδικεῖσθαι; Ἀποκρίνου.

ΠΩΛ. Τὸ ἀδικεῖν.

ΣΩ. Οὐκοῦν καὶ κάκιον, εἴπερ αἴσχιον;

ΠΩΛ. Ἥκιστά γε.

ΣΩ. Μανθάνω· οὐ ταὐτὸν ἡγεῖ σύ, ὡς ἔοικας, καλόν τε καὶ ἀγαθὸν καὶ κακὸν καὶ αἰσχρόν. d

ΠΩΛ. Οὐ δῆτα.

ΣΩ. Τί δὲ τόδε; Τὰ καλὰ πάντα, οἷον καὶ σώματα καὶ χρώματα καὶ σχήματα καὶ φωνὰς καὶ ἐπιτηδεύματα, εἰς οὐδὲν ἀποβλέπων καλεῖς ἑκάστοτε καλά; Οἷον πρῶτον τὰ σώματα τὰ καλὰ οὐχὶ ἤτοι κατὰ τὴν χρείαν λέγεις καλὰ εἶναι, πρὸς ὃ ἂν ἕκαστον χρήσιμον ᾖ, πρὸς τοῦτο, ἢ κατὰ ἡδονήν τινα, ἐὰν ἐν τῷ θεωρεῖσθαι χαίρειν ποιῇ τοὺς θεωροῦντας; Ἔχεις τι ἐκτὸς τούτων λέγειν περὶ σώματος κάλλους; e

ΠΩΛ. Οὐκ ἔχω.

ΣΩ. Οὐκοῦν καὶ τἆλλα πάντα οὕτω καὶ σχήματα καὶ χρώματα ἢ διὰ ἡδονήν τινα ἢ διὰ ὠφελίαν ἢ δι' ἀμφότερα καλὰ προσαγορεύεις;

ΠΩΛ. Ἔγωγε.

ΣΩ. Οὐ καὶ τὰς φωνὰς καὶ τὰ κατὰ τὴν μουσικὴν πάντα ὡσαύτως;

ΠΩΛ. Ναί.

ΣΩ. Καὶ μὴν τά γε κατὰ τοὺς νόμους καὶ τὰ ἐπιτηδεύματα οὐ δήπου ἐκτὸς τούτων ἐστίν, τὰ καλά, ἢ ὠφέλιμα εἶναι ἢ ἡδέα ἢ ἀμφότερα.

ΠΩΛ. Οὐκ ἔμοιγε δοκεῖ.

ΣΩ. Οὐκοῦν καὶ τὸ τῶν μαθημάτων κάλλος ὡσαύτως; 475

3.2.4. Beweis, daß Unrecht leiden besser ist als Unrecht tun, aufgrund des Zugeständnisses, daß Unrecht tun häßlicher ist als Unrecht leiden

SOKRATES: So sage mir denn, damit du es erfahrest, wie wenn ich dich von vorne her fragte, welches von beiden, Polos, scheint dir schlimmer zu sein, das Unrechttun oder das Unrechtleiden?

POLOS: Mir das Unrechtleiden.

SOKRATES: Wie aber nun, welches von beiden häßlicher, das Unrechttun oder das Unrechtleiden? Antworte.

POLOS: Das Unrechttun.

SOKRATES: Also auch schlimmer, wenn häßlicher.

POLOS: Keinesweges das.

SOKRATES: Ich verstehe. Du hältst dies nicht für einerlei, schönes und gutes, und schlimmes, übles und häßliches. d

POLOS: Freilich nicht.

SOKRATES: Wie aber dies? Alles Schöne, wie Körper, Farben, Gestalten, Töne, Handlungen, nennst du das so ohne irgend eine Beziehung auf etwas schön? Wie, zuerst schöne Körper, nennst du die nicht entweder in Beziehung auf den Gebrauch schön, wozu jeder nützlich ist? oder in Beziehung auf eine Lust, wenn sie beim Anschauen den Anschauenden ergötzen? Weißt du noch außer diesem etwas anzugeben über die Schönheit der Körper? e

POLOS: Ich weiß nichts.

SOKRATES: Und nennst du nicht eben so Alles andere, Gestalten und Farben etweder einer Lust wegen schön, oder eines Nutzens wegen, oder beider?

POLOS: Ich gewiß.

SOKRATES: Nicht auch die Töne und alles was zur Tonkunst gehört eben so?

POLOS: Ja.

SOKRATES: Und gewiß, auch was in Gesetzen und Handlungsweisen schön ist, ist es nicht außerhalb dieser Beziehung, daß es entweder nützlich ist oder angenehm oder beides?

POLOS: Mich wenigstens dünkt nicht.

SOKRATES: Eben so ist es wohl auch mit der Schönheit 475a
der Erkenntnisse?

ΠΩΛ. Πάνυ γε· καὶ καλῶς γε νῦν ὁρίζει, ὦ Σώκρατες, ἡδονῇ τε καὶ ἀγαθῷ ὁριζόμενος τὸ καλόν.

ΣΩ. Οὐκοῦν τὸ αἰσχρὸν τῷ ἐναντίῳ, λύπῃ τε καὶ κακῷ ;

ΠΩΛ. Ἀνάγκη.

ΣΩ. Ὅταν ἄρα δυοῖν καλοῖν θάτερον κάλλιον ᾖ, ἢ τῷ ἑτέρῳ τούτοιν ἢ ἀμφοτέροις ὑπερβάλλον κάλλιόν ἐστιν, ἤτοι ἡδονῇ ἢ ὠφελίᾳ ἢ ἀμφοτέροις.

ΠΩΛ. Πάνυ γε.

ΣΩ. Καὶ ὅταν δὲ δὴ δυοῖν αἰσχροῖν τὸ ἕτερον αἴσχιον ᾖ, ἤτοι λύπῃ ἢ κακῷ ὑπερβάλλον αἴσχιον ἔσται· ἢ οὐκ b ἀνάγκη ;

ΠΩΛ. Ναί.

ΣΩ. Φέρε δή, πῶς ἐλέγετο νυνδὴ περὶ τοῦ ἀδικεῖν καὶ ἀδικεῖσθαι ; Οὐκ ἔλεγες τὸ μὲν ἀδικεῖσθαι κάκιον εἶναι, τὸ δὲ ἀδικεῖν αἴσχιον ;

ΠΩΛ. Ἔλεγον.

ΣΩ. Οὐκοῦν εἴπερ αἴσχιον τὸ ἀδικεῖν τοῦ ἀδικεῖσθαι ἤτοι λυπηρότερόν ἐστιν καὶ λύπῃ ὑπερβάλλον αἴσχιον ἂν εἴη ἢ κακῷ ἢ ἀμφοτέροις ; οὐ καὶ τοῦτο ἀνάγκη ;

ΠΩΛ. Πῶς γὰρ οὔ ;

ΣΩ. Πρῶτον μὲν δὴ σκεψώμεθα, ἆρα λύπῃ ὑπερβάλλει c τὸ ἀδικεῖν τοῦ ἀδικεῖσθαι, καὶ ἀλγοῦσι μᾶλλον οἱ ἀδικοῦντες ἢ οἱ ἀδικούμενοι ;

ΠΩΛ. Οὐδαμῶς, ὦ Σώκρατες, τοῦτό γε.

ΣΩ. Οὐκ ἄρα λύπῃ γε ὑπερέχει.

ΠΩΛ. Οὐ δῆτα.

ΣΩ. Οὐκοῦν εἰ μὴ λύπῃ, ἀμφοτέροις μὲν οὐκ ἂν ἔτι ὑπερβάλλοι.

ΠΩΛ. Οὐ φαίνεται.

ΣΩ. Οὐκοῦν τῷ ἑτέρῳ λείπεται.

ΠΩΛ. Ναί.

ΣΩ. Τῷ κακῷ.

POLOS: Freilich, und sehr schön erklärst du jetzt, Sokrates, indem du das Schöne durch die Lust und das Gute erklärst.

SOKRATES: Also das Häßliche im Gegenteil durch Unlust und Übel?

POLOS: Notwendig.

SOKRATES: Wenn also von zwei schönen Dingen eins schöner ist, so ist es, weil es entweder an einem von jenen beiden oder an beiden das Andere übertrifft, schöner, entweder an Lust oder an Nutzen, oder an beiden?

POLOS: Gewiß.

SOKRATES: Und ist von zwei häßlichen das eine häßlicher, so wird es, weil es entweder an Unlust oder Übel das b
andere übertrifft, häßlicher sein. Oder folgt dies nicht?

POLOS: Ja.

SOKRATES: Wohl denn, was wurde eben gesagt über das Unrechttun und Unrechtleiden? Sagtest du nicht das Unrechtleiden wäre zwar übler, das Unrechttun aber häßlicher?

POLOS: Das sagte ich.

SOKRATES: Wenn also das Unrechttun häßlicher ist als das Unrechtleiden: so ist es entweder unlustiger, und wäre wegen eines Übermaßes von Unlust häßlicher, oder von Übel, oder von beiden. Folgt nicht auch dies notwendig?

POLOS: Wie sollte es nicht.

SOKRATES: Zuerst laß uns sehen, tut etwa das Unrecht- c
tun es an Unlust dem Unrechtleiden zuvor? und haben die Unrechttuenden mehr Pein als die Unrechtleidenden?

POLOS: Keineswegs, o Sokrates, doch wohl dieses.

SOKRATES: An Unlust also übertrifft es nicht?

POLOS: Wohl nicht.

SOKRATES: Also wenn nicht an Unlust, dann auch nicht mehr an beidem?

POLOS: Nein wie sich zeigt.

SOKRATES: Es bleibt also nur noch übrig an dem andern von beiden.

POLOS: Ja.

SOKRATES: Dem Übel.

POLOS: So scheint es.

ΠΩΛ. Ἔοικεν.

ΣΩ. Οὐκοῦν κακῷ ὑπερβάλλον τὸ ἀδικεῖν κάκιον ἂν εἴη
τοῦ ἀδικεῖσθαι.

ΠΩΛ. Δῆλον δὴ ὅτι. d

ΣΩ. Ἄλλο τι οὖν ὑπὸ μὲν τῶν πολλῶν ἀνθρώπων καὶ
ὑπὸ σοῦ ὡμολογεῖτο ἡμῖν ἐν τῷ ἔμπροσθεν χρόνῳ αἴσχιον
εἶναι τὸ ἀδικεῖν τοῦ ἀδικεῖσθαι;

ΠΩΛ. Ναί.

ΣΩ. Νῦν δέ γε κάκιον ἐφάνη.

ΠΩΛ. Ἔοικε.

ΣΩ. Δέξαιο ἂν οὖν σὺ μᾶλλον τὸ κάκιον καὶ τὸ αἴσχιον
ἀντὶ τοῦ ἧττον; μὴ ὄκνει ἀποκρίνασθαι, ὦ Πῶλε· οὐδὲν
γὰρ βλαβήσει· ἀλλὰ γενναίως τῷ λόγῳ ὥσπερ ἰατρῷ παρέ-
χων ἀποκρίνου, καὶ ἢ φάθι ἢ μὴ ἃ ἐρωτῶ. e

ΠΩΛ. Ἀλλ' οὐκ ἂν δεξαίμην, ὦ Σώκρατες.

ΣΩ. Ἄλλος δέ τις ἀνθρώπων;

ΠΩΛ. Οὔ μοι δοκεῖ κατά γε τοῦτον τὸν λόγον.

ΣΩ. Ἀληθῆ ἄρα ἐγὼ ἔλεγον, ὅτι οὔτ' ἂν ἐγὼ οὔτ' ἂν σὺ
οὔτ' ἄλλος οὐδεὶς ἀνθρώπων δέξαιτ' ἂν μᾶλλον ἀδικεῖν ἢ
ἀδικεῖσθαι· κάκιον γὰρ τυγχάνει ὄν.

ΠΩΛ. Φαίνεται.

ΣΩ. Ὁρᾷς οὖν, ὦ Πῶλε, ὁ ἔλεγχος παρὰ τὸν ἔλεγχον
παραβαλλόμενος ὅτι οὐδὲν ἔοικεν, ἀλλὰ σοὶ μὲν οἱ ἄλλοι
πάντες ὁμολογοῦσιν πλὴν ἐμοῦ, ἐμοὶ δὲ σὺ ἐξαρκεῖς εἷς ὢν
μόνος καὶ ὁμολογῶν καὶ μαρτυρῶν, καὶ ἐγὼ σὲ μόνον ἐπι- 476
ψηφίζων τοὺς ἄλλους ἐῶ χαίρειν. Καὶ τοῦτο μὲν ἡμῖν
οὕτως ἐχέτω· μετὰ τοῦτο δὲ περὶ οὗ τὸ δεύτερον ἠμφεσβη-
τήσαμεν σκεψώμεθα, τὸ ἀδικοῦντα διδόναι δίκην ἆρα μέγι-
στον τῶν κακῶν ἐστιν, ὡς σὺ ᾤου, ἢ μεῖζον τὸ μὴ διδόναι,
ὡς αὖ ἐγὼ ᾤμην. Σκοπώμεθα δὲ τῇδε· τὸ διδόναι δίκην καὶ
τὸ κολάζεσθαι δικαίως ἀδικοῦντα ἆρα τὸ αὐτὸ καλεῖς;

SOKRATES: Übertrifft es aber an Übel, so wäre ja das Unrechttun übler als das Unrechtleiden.

POLOS: Offenbar wohl. d

SOKRATES: War aber nicht von den Meisten und auch von dir im vorigen zugegeben worden, das Unrechttun sei häßlicher als das Unrechtleiden?

POLOS: Ja.

SOKRATES: Nun aber hat es sich doch als übler gezeigt.

POLOS: So scheint es.

SOKRATES: Würdest du also lieber das üblere sowohl als häßlichere wählen, als das was beides weniger ist? Zögere nicht zu antworten, o Polos, denn es wird dir nichts zu Leide geschehen, sondern gib dich nur beherzt der Rede wie dem Arzte hin, und antworte, und bejahe entweder, oder verneine e
was ich frage.

POLOS: Ich würde es also nicht wählen, o Sokrates.

SOKRATES: Etwa irgend sonst Jemand?

POLOS: Nein, dünkt mich, nach dieser Rede.

SOKRATES: Recht also hatte ich, daß weder ich, noch du, noch sonst ein Mensch lieber würde Unrecht tun wollen als Unrecht leiden; denn es ist übler.

POLOS: So zeigt es sich.

SOKRATES: Siehst du nun wohl, Polos, daß wenn man den einen Beweis neben den andern stellt, wie er ihm gar nicht ähnlich ist. Denn dir stimmen alle Andern bei, außer mir; mir aber ist es genug, daß du nur einzig und allein mir 476a
beistimmst und Zeugnis gibst, und deine Stimme allein abfordernd lasse ich die Andern alle gehn. So demnach verhält sich uns dies.

3.3. Beweis der sokratischen These über die Strafe

3.3.1. Jedem Tun entspricht ein Leiden. Anwendung: Dem gerecht Bestraften widerfährt Gerechtes – Gutes – Nützliches

Nächstdem laß uns nun das, worüber wir zweitens uneinig waren, in Betrachtung ziehn: Wenn man Unrecht getan Strafe leiden ist das das größte aller Übel, wie du meintest, oder ein größeres sie nicht zu leiden, wie ich meines Teils meinte? Überlegen wir es aber so. Strafe leiden und rechtmäßig ge-

ΠΩΛ. Ἔγωγε.

ΣΩ. Ἔχεις οὖν λέγειν ὡς οὐχὶ τά γε δίκαια πάντα καλά b ἐστιν, καθ' ὅσον δίκαια ; Καὶ διασκεψάμενος εἰπέ.

ΠΩΛ. Ἀλλά μοι δοκεῖ, ὦ Σώκρατες.

ΣΩ. Σκόπει δὴ καὶ τόδε· ἆρα εἴ τίς τι ποιεῖ, ἀνάγκη τι εἶναι καὶ πάσχον ὑπὸ τούτου τοῦ ποιοῦντος ;

ΠΩΛ. Ἔμοιγε δοκεῖ.

ΣΩ. Ἆρα τοῦτο πάσχον ὃ τὸ ποιοῦν ποιεῖ, καὶ τοιοῦτον οἷον ποιεῖ τὸ ποιοῦν ; Λέγω δὲ τὸ τοιόνδε· εἴ τις τύπτει, ἀνάγκη τι τύπτεσθαι ;

ΠΩΛ. Ἀνάγκη.

ΣΩ. Καὶ εἰ σφόδρα τύπτει ἢ ταχὺ ὁ τύπτων, οὕτω καὶ τὸ τυπτόμενον τύπτεσθαι ; c

ΠΩΛ. Ναί.

ΣΩ. Τοιοῦτον ἄρα πάθος τῷ τυπτομένῳ ἐστὶν οἷον ἂν τὸ τύπτον ποιῇ ;

ΠΩΛ. Πάνυ γε.

ΣΩ. Οὐκοῦν καὶ εἰ κάει τις, ἀνάγκη τι κάεσθαι ;

ΠΩΛ. Πῶς γὰρ οὔ ;

ΣΩ. Καὶ εἰ σφόδρα γε κάει ἢ ἀλγεινῶς, οὕτως κάεσθαι τὸ καόμενον ὡς ἂν τὸ κᾶον κάῃ ;

ΠΩΛ. Πάνυ γε.

ΣΩ. Οὐκοῦν καὶ εἰ τέμνει τις, ὁ αὐτὸς λόγος ; Τέμνεται γάρ τι.

ΠΩΛ. Ναί.

ΣΩ. Καὶ εἰ μέγα γε ἢ βαθὺ τὸ τμῆμα ἢ ἀλγεινόν, τοιοῦτον τμῆμα τέμνεται τὸ τεμνόμενον οἷον τὸ τέμνον d τέμνει ;

ΠΩΛ. Φαίνεται.

ΣΩ. Συλλήβδην δὴ ὅρα εἰ ὁμολογεῖς, ὃ ἄρτι ἔλεγον, περὶ πάντων, οἷον ἂν ποιῇ τὸ ποιοῦν, τοιοῦτον τὸ πάσχον πάσχειν.

ΠΩΛ. Ἀλλ' ὁμολογῶ.

züchtiget werden für begangenes Unrecht, ist dir dies beides einerlei?

POLOS: Gewiß.

SOKRATES: Kannst du nun wohl sagen, daß nicht alles b Gerechte auch schön ist, sofern es gerecht ist? Überlege es wohl, und sprich.

POLOS: Das dünkt mich allerdings, Sokrates.

SOKRATES: Bedenke auch dies. Wenn jemand etwas tut, muß es dann nicht notwendig auch ein Leidendes geben von diesem Tuenden?

POLOS: Mich dünkt.

SOKRATES: Und zwar dasselbige leidend, was das Tuende tut, und auf solche Art wie das Tuende tut? Ich meine nämlich so, wenn jemand schägt, wird notwendig etwas geschlagen?

POLOS: Notwendig.

SOKRATES: Und wenn der Schlagende heftig schlägt oder geschwind, wird auf dieselbe Weise auch das Geschlagene c geschlagen.

POLOS: Ja.

SOKRATES: Ein solches ist also das Leiden in dem Geschlagenen, wie das Schlagende tut?

POLOS: Gewiß.

SOKRATES: Nicht auch wenn jemand sengt, wird notwendig etwas gesengt?

POLOS: Wie anders.

SOKRATES: Und wenn er stark sengt oder schmerzlich, muß eben so das Gesengte gesengt werden, wie das Sengende sengt?

POLOS: Allerdings.

SOKRATES: Nicht auch wenn einer schneidet gilt dasselbe, nämlich etwas wird geschnitten?

POLOS: Ja.

SOKRATES: Und wenn der Schnitt groß oder tief oder schmerzlich ist, allemal wird mit solchem Schnitt das Ge- d schnittene geschnitten, wie das Schneidende schneidet.

POLOS: Offenbar.

SOKRATES: Sieh also zu, ob du im Allgemeinen, was ich

ΣΩ. Τούτων δὴ ὁμολογουμένων, τὸ δίκην διδόναι πότερον πάσχειν τί ἐστιν ἢ ποιεῖν ;

ΠΩΛ. Ἀνάγκη, ὦ Σώκρατες, πάσχειν.

ΣΩ. Οὐκοῦν ὑπό τινος ποιοῦντος ;

ΠΩΛ. Πῶς γὰρ οὔ ; Ὑπό γε τοῦ κολάζοντος.

ΣΩ. Ὁ δὲ ὀρθῶς κολάζων δικαίως κολάζει ; e

ΠΩΛ. Ναί.

ΣΩ. Δίκαια ποιῶν ἢ οὔ ;

ΠΩΛ. Δίκαια.

ΣΩ. Οὐκοῦν ὁ κολαζόμενος δίκην διδοὺς δίκαια πάσχει ;

ΠΩΛ. Φαίνεται.

ΣΩ. Τὰ δὲ δίκαιά που καλὰ ὡμολόγηται ;

ΠΩΛ. Πάνυ γε.

ΣΩ. Τούτων ἄρα ὁ μὲν ποιεῖ καλά, ὁ δὲ πάσχει, ὁ κολαζόμενος.

ΠΩΛ. Ναί.

ΣΩ. Οὐκοῦν εἴπερ καλά, ἀγαθά ; Ἢ γὰρ ἡδέα ἢ ὠφέλιμα. 477

ΠΩΛ. Ἀνάγκη.

ΣΩ. Ἀγαθὰ ἄρα πάσχει ὁ δίκην διδούς ;

ΠΩΛ. Ἔοικεν.

ΣΩ. Ὠφελεῖται ἄρα ;

ΠΩΛ. Ναί.

ΣΩ. Ἆρα ἥνπερ ἐγὼ ὑπολαμβάνω τὴν ὠφελίαν ; Βελτίων τὴν ψυχὴν γίγνεται, εἴπερ δικαίως κολάζεται ;

ΠΩΛ. Εἰκός γε.

ΣΩ. Κακίας ἄρα ψυχῆς ἀπαλλάττεται ὁ δίκην διδούς ;

eben sagte, von Allem zugibst, daß wie das Tuende tut, so das Leidende auch leidet.

POLOS: Das gebe ich zu.

SOKRATES: Dieses nun zugestanden, ist das Gestraft werden ein Leiden oder ein Tun?

POLOS: Notwendig, Sokrates, ein Leiden.

SOKRATES: Also von einem Tuenden?

POLOS: Wie sonst? Von dem Strafenden.

SOKRATES: Und der richtig strafende straft gerecht? e

POLOS: Ja.

SOKRATES: Gerechtes daran tuend, oder nicht?

POLOS: Gerechtes.

SOKRATES: Also der Gestrafte, dem Recht widerfährt, leidet Gerechtes.

POLOS: Offenbar.

SOKRATES: Das Gerechte aber haben wir zugestanden sei auch schön.

POLOS: Allerdings.

SOKRATES: Von diesen also tut der Eine schönes, der Andere aber, der Gezüchtigte, leidet es?

POLOS: Ja.

SOKRATES: Wenn aber Schönes, dann auch Gutes, denn 477a
es ist nämlich entweder angenehm oder nützlich?

POLOS: Notwendig.

SOKRATES: Gutes also leidet der, dem sein Recht widerfährt.

POLOS: So scheint es.

SOKRATES: Vorteil also erlangt er?

POLOS: Ja.

3.3.2. Der Vorteil des Bestraften ist die Befreiung vom größten Übel der Seele, der Schlechtigkeit

SOKRATES: Etwa den Vorteil, welchen ich mir vorstelle, daß er nämlich der Seele nach besser wird, wenn er doch rechtmäßig gezüchtiget wird?

POLOS: Wahrscheinlich wohl.

SOKRATES: Von der Schlechtigkeit der Seele also wird der Strafe leidende entledigt?

ΠΩΛ. Ναί.

ΣΩ. Ἆρα οὖν τοῦ μεγίστου ἀπαλλάττεται κακοῦ; Ὧδε δὲ σκόπει· ἐν χρημάτων κατασκευῇ ἀνθρώπου κακίαν ἄλλην τινὰ ἐνορᾷς ἢ πενίαν; b

ΠΩΛ. Οὔκ, ἀλλὰ πενίαν.

ΣΩ. Τί δ' ἐν σώματος κατασκευῇ; Κακίαν ἂν φήσαις ἀσθένειαν εἶναι καὶ νόσον καὶ αἶσχος καὶ τὰ τοιαῦτα;

ΠΩΛ. Ἔγωγε.

ΣΩ. Οὐκοῦν καὶ ἐν ψυχῇ πονηρίαν ἡγεῖ τινα εἶναι;

ΠΩΛ. Πῶς γὰρ οὔ;

ΣΩ. Ταύτην οὖν οὐκ ἀδικίαν καλεῖς καὶ ἀμαθίαν καὶ δειλίαν καὶ τὰ τοιαῦτα;

ΠΩΛ. Πάνυ μὲν οὖν.

ΣΩ. Οὐκοῦν χρημάτων καὶ σώματος καὶ ψυχῆς, τριῶν ὄντων, τριττὰς εἴρηκας πονηρίας, πενίαν, νόσον, ἀδικίαν; c

ΠΩΛ. Ναί.

ΣΩ. Τίς οὖν τούτων τῶν πονηριῶν αἰσχίστη; Οὐχ ἡ ἀδικία καὶ συλλήβδην ἡ τῆς ψυχῆς πονηρία;

ΠΩΛ. Πολύ γε.

ΣΩ. Εἰ δὴ αἰσχίστη, καὶ κακίστη;

ΠΩΛ. Πῶς, ὦ Σώκρατες, λέγεις;

ΣΩ. Ὡδί· ἀεὶ τὸ αἴσχιστον ἤτοι λύπην μεγίστην παρέχον ἢ βλάβην ἢ ἀμφότερα αἴσχιστόν ἐστιν ἐκ τῶν ὡμολογημένων ἐν τῷ ἔμπροσθεν.

ΠΩΛ. Μάλιστα.

ΣΩ. Αἴσχιστον δὲ ἀδικία καὶ σύμπασα ψυχῆς πονηρία νυνδὴ ὡμολόγηται ἡμῖν; d

ΠΩΛ. Ὡμολόγηται γάρ.

ΣΩ. Οὐκοῦν ἢ ἀνιαρότατόν ἐστιν καὶ ἀνίᾳ ὑπερβάλλον αἴσχιστον τούτων ἐστὶν ἢ βλάβῃ ἢ ἀμφότερα;

POLOS: Ja.

SOKRATES: Wird er also etwa des größten Übels entle-
digt? – Überlege es nur so. Wenn man auf den Zustand des
Vermögens sieht bei einem Menschen, gibt es da wohl eine
andere Schlechtigkeit als die Armut? b

POLOS: Nein, sondern Armut.

SOKRATES: Und wie? wenn auf die Beschaffenheit des Leibes, würdest du da die Schwäche Schlechtigkeit nennen, und die Krankheit und die Häßlichkeit und dergleichen?

POLOS: Gewiß.

SOKRATES: Und du glaubst doch, daß es auch in der Seele eine Schlechtigkeit gibt?

POLOS: Wie sollte es nicht?

SOKRATES: Meinst du nun damit nicht die Ungerechtigkeit und den Unverstand und die Feigheit und dergleichen?

POLOS: Allerdings.

SOKRATES: Also für das Vermögen, für den Leib und für
die Seele als drei verschiedene hast du drei verschiedene c
Schlechtigkeiten angegeben, Armut, Krankheit, Ungerech-
tigkeit?

POLOS: Ja.

SOKRATES: Welche nun unter diesen Schlechtigkeiten ist die häßlichste? Nicht die Ungerechtigkeit und überhaupt die Schlechtigkeit der Seele?

POLOS: Bei weitem.

SOKRATES: Wenn also die häßlichste, dann auch die übelste?

POLOS: Wie das, Sokrates?

SOKRATES: So. Allemal ist das häßlichste, weil es am meisten entweder Unlust oder Schaden oder beides bewirkt, deshalb das häßlichste nach dem vorhin zugestandenen.

POLOS: Ganz recht.

SOKRATES: Und als das häßlichste haben wir jetzt ein-
stimmig die Ungerechtigkeit und die gesamte Schlechtigkeit
der Seele angenommen? d

POLOS: Dafür haben wir sie angenommen.

SOKRATES: Also ist sie entweder als das schmerzhafteste durch ihren Überschuß an Pein das häßlichste unter diesen, oder durch den an Schaden, oder an beidem.

ΠΩΛ. Ἀνάγκη.

ΣΩ. Ἆρ' οὖν ἀλγεινότερόν ἐστιν τοῦ πένεσθαι καὶ κάμνειν τὸ ἄδικον εἶναι καὶ ἀκόλαστον καὶ δειλὸν καὶ ἀμαθῆ ;

ΠΩΛ. Οὐκ ἔμοιγε δοκεῖ, ὦ Σώκρατες, ἀπὸ τούτων γε.

ΣΩ. Ὑπερφυεῖ τινι ἄρα ὡς μεγάλῃ βλάβῃ καὶ κακῷ θαυμασίῳ ὑπερβάλλουσα τἆλλα ἡ τῆς ψυχῆς πονηρία αἴσχιστόν ἐστι πάντων, ἐπειδὴ οὐκ ἀλγηδόνι γε, ὡς ὁ σὸς e λόγος.

ΠΩΛ. Φαίνεται.

ΣΩ. Ἀλλὰ μήν που τό γε μεγίστῃ βλάβῃ ὑπερβάλλον μέγιστον ἂν κακὸν εἴη τῶν ὄντων.

ΠΩΛ. Ναί.

ΣΩ. Ἡ ἀδικία ἄρα καὶ ἡ ἀκολασία καὶ ἡ ἄλλη ψυχῆς πονηρία μέγιστον τῶν ὄντων κακόν ἐστιν ;

ΠΩΛ. Φαίνεται.

ΣΩ. Τίς οὖν τέχνη πενίας ἀπαλλάττει ; Οὐ χρηματιστική ;

ΠΩΛ. Ναί.

ΣΩ. Τίς δὲ νόσου ; Οὐκ ἰατρική ;

ΠΩΛ. Ἀνάγκη.

ΣΩ. Τίς δὲ πονηρίας καὶ ἀδικίας ; Εἰ μὴ οὕτως εὐπο- 478 ρεῖς, ὧδε σκόπει· ποῖ ἄγομεν καὶ παρὰ τίνας τοὺς κάμνοντας τὰ σώματα ;

ΠΩΛ. Παρὰ τοὺς ἰατρούς, ὦ Σώκρατες.

ΣΩ. Ποῖ δὲ τοὺς ἀδικοῦντας καὶ τοὺς ἀκολασταίνοντας ;

ΠΩΛ. Παρὰ τοὺς δικαστὰς λέγεις ;

ΣΩ. Οὐκοῦν δίκην δώσοντας ;

ΠΩΛ. Φημί.

ΣΩ. Ἆρ' οὖν οὐ δικαιοσύνῃ τινὶ χρώμενοι κολάζουσιν οἱ ὀρθῶς κολάζοντες ;

POLOS: Notwendig.

SOKRATES: Ist nun etwa ungerecht und zügellos sein, oder feige und unverständig schmerzhafter als arm sein und krank?

POLOS: Das scheint mir nicht auf diese Art.

SOKRATES: Also muß durch übermäßig großen Schaden und wunderbares Übel die Schlechtigkeit der Seele über die andern hervorragend das häßlichste unter allen sein, wenn sie e
es doch nicht vermöge der Unlust ist, wie du ja sagst.

POLOS: Offenbar.

SOKRATES: Was aber durch den größten Schaden, den es verursacht, sich auszeichnet, das wäre ja auch das größte Übel unter allen?

POLOS: Ja.

SOKRATES: Die Ungerechtigkeit also und die Ungebundenheit, und was sonst noch zur Schlechtigkeit der Seele gehört, ist das größte unter allen Übeln.

POLOS: So zeigt es sich.

3.3.3. Die gerechte Strafe als Befreiung von Zügellosigkeit und Ungerechtigkeit

SOKRATES: Welche Kunst nun entledigt von der Armut? Nicht die Erwerbsamkeit?

POLOS: Ja.

SOKRATES: Welche aber von der Krankheit? Nicht die Heilkunde?

POLOS: Natürlich.

SOKRATES: Welche aber von der Schlechtigkeit und Un- 478a
gerechtigkeit? – Kannst du es auf diese Art nicht finden, so betrachte es so. Wohin und zu wem führen wir die Kranken?

POLOS: Zum Arzte, Sokrates.

SOKRATES: Wohin aber die Unrechttuenden und Unbändigen?

POLOS: Zum Richter meinst du wohl?

SOKRATES: Nicht wahr, damit er sie zur Strafe ziehe?

POLOS: So meine ich es.

SOKRATES: Die aber auf die rechte Art strafen, tun die es nicht mit einer gewissen Anwendung der Gerechtigkeit?

ΠΩΛ. Δῆλον δή.

ΣΩ. Χρηματιστικὴ μὲν ἄρα πενίας ἀπαλλάττει, ἰατρικὴ δὲ νόσου, δίκη δὲ ἀκολασίας καὶ ἀδικίας. b

ΠΩΛ. Φαίνεται.

ΣΩ. Τί οὖν τούτων κάλλιστόν ἐστιν [ὧν λέγεις];

ΠΩΛ. Τίνων λέγεις;

ΣΩ. Χρηματιστικῆς, ἰατρικῆς, δίκης.

ΠΩΛ. Πολὺ διαφέρει, ὦ Σώκρατες, ἡ δίκη.

ΣΩ. Οὐκοῦν αὖ ἤτοι ἡδονὴν πλείστην ποιεῖ ἢ ὠφελίαν ἢ ἀμφότερα, εἴπερ κάλλιστόν ἐστιν;

ΠΩΛ. Ναί.

ΣΩ. Ἆρ' οὖν τὸ ἰατρεύεσθαι ἡδύ ἐστιν, καὶ χαίρουσιν οἱ ἰατρευόμενοι;

ΠΩΛ. Οὐκ ἔμοιγε δοκεῖ.

ΣΩ. Ἀλλ' ὠφέλιμόν γε. Ἦ γάρ;

ΠΩΛ. Ναί. c

ΣΩ. Μεγάλου γὰρ κακοῦ ἀπαλλάττεται, ὥστε λυσιτελεῖ ὑπομεῖναι τὴν ἀλγηδόνα καὶ ὑγιῆ εἶναι.

ΠΩΛ. Πῶς γὰρ οὔ;

ΣΩ. Ἆρ' οὖν οὕτως ἂν περὶ σῶμα εὐδαιμονέστατος ἄνθρωπος εἴη, ἰατρευόμενος, ἢ μηδὲ κάμνων ἀρχήν;

ΠΩΛ. Δῆλον ὅτι μηδὲ κάμνων.

ΣΩ. Οὐ γὰρ τοῦτ' ἦν εὐδαιμονία, ὡς ἔοικεν, κακοῦ ἀπαλλαγή, ἀλλὰ τὴν ἀρχὴν μηδὲ κτῆσις.

ΠΩΛ. Ἔστι ταῦτα.

ΣΩ. Τί δέ; Ἀθλιώτερος πότερος δυοῖν ἐχόντοιν κακὸν d εἴτ' ἐν σώματι εἴτ' ἐν ψυχῇ, ὁ ἰατρευόμενος καὶ ἀπαλλαττόμενος τοῦ κακοῦ, ἢ ὁ μὴ ἰατρευόμενος, ἔχων δέ;

POLOS: Offenbar.

SOKRATES: Die Erwerbsamkeit also befreit von der Armut, die Heilkunde von der Krankheit, die Anwendung der b Gerechtigkeit beim Strafen, oder die Rechtspflege von der Unbändigkeit und Ungerechtigkeit?

POLOS: So zeigt es sich.

SOKRATES: Welche ist nun wohl von diesen die Schönste?

POLOS: Von welchen meinst du?

SOKRATES: Von Erwerbsamkeit, Heilkunde und Rechtspflege?

POLOS: Bei weitem, o Sokrates, hat die Rechtspflege den Vorzug.

SOKRATES: Also bewirkt sie entweder am meisten Lust oder am meisten Nutzen oder beides, wenn sie das Schönste ist?

POLOS: Ja.

SOKRATES: Ist es nun etwa angenehm vom Arzte behandelt zu werden, und haben die Vergnügen, welche von ihm behandelt werden?

POLOS: Mich dünkt eben nicht.

SOKRATES: Aber nützlich ist es. Nicht wahr?

POLOS: Ja. c

SOKRATES: Denn es befreit von einem großen Übel, so daß es wohl lohnt den Schmerz aushalten und dann gesund sein.

POLOS: Wie sollte es nicht?

SOKRATES: Ist nun so, was den Leib betrifft, einer am glückseligsten, wenn er vom Arzt geheilt wird, oder wenn er gar nicht krank geworden ist?

POLOS: Offenbar, der gar nicht krank ist.

SOKRATES: Denn nicht das war Glückseligkeit, wie es scheint, Erledigung vom Übel, sondern von vorne herein keine Gemeinschaft damit.

POLOS: So ist es.

SOKRATES: Und wie? welcher ist der elendere von d zweien, die ein Übel haben, sei es nun am Leibe oder an der Seele? der vom Arzt behandelt und des Übels entledi-

ΠΩΛ. Φαίνεταί μοι ὁ μὴ ἰατρευόμενος.

ΣΩ. Οὐκοῦν τὸ δίκην διδόναι μεγίστου κακοῦ ἀπαλλαγὴ ἦν, πονηρίας;

ΠΩΛ. Ἦν γάρ.

ΣΩ. Σωφρονίζει γάρ που καὶ δικαιοτέρους ποιεῖ καὶ ἰατρικὴ γίγνεται πονηρίας ἡ δίκη.

ΠΩΛ. Ναί.

ΣΩ. Εὐδαιμονέστατος μὲν ἄρα ὁ μὴ ἔχων κακίαν ἐν e
ψυχῇ, ἐπειδὴ τοῦτο μέγιστον τῶν κακῶν ἐφάνη.

ΠΩΛ. Δῆλον δή.

ΣΩ. Δεύτερος δέ που ὁ ἀπαλλαττόμενος.

ΠΩΛ. Ἔοικεν.

ΣΩ. Οὗτος δ' ἦν ὁ νουθετούμενός τε καὶ ἐπιπληττόμενος καὶ δίκην διδούς.

ΠΩΛ. Ναί.

ΣΩ. Κάκιστα ἄρα ζῇ ὁ ἔχων ἀδικίαν καὶ μὴ ἀπαλλαττόμενος.

ΠΩΛ. Φαίνεται.

ΣΩ. Οὐκοῦν οὗτος τυγχάνει ὢν ὃς ἂν τὰ μέγιστα ἀδικῶν καὶ χρώμενος μεγίστῃ ἀδικίᾳ διαπράξηται ὥστε μήτε
νουθετεῖσθαι μήτε κολάζεσθαι μήτε δίκην διδόναι, ὥσπερ 479
σὺ φῂς Ἀρχέλαον παρεσκευάσθαι καὶ τοὺς ἄλλους τυράννους καὶ ῥήτορας καὶ δυνάστας;

ΠΩΛ. Ἔοικε.

ΣΩ. Σχεδὸν γάρ που οὗτοι, ὦ ἄριστε, τὸ αὐτὸ διαπεπραγμένοι εἰσὶν ὥσπερ ἂν εἴ τις τοῖς μεγίστοις νοσήμασιν συνισχόμενος διαπράξαιτο μὴ διδόναι δίκην τῶν περὶ τὸ σῶμα ἁμαρτημάτων τοῖς ἰατροῖς μηδὲ ἰατρεύεσθαι, φοβούμενος, ὡσπερανεὶ παῖς, τὸ κάεσθαι καὶ τὸ τέμνεσθαι, ὅτι
ἀλγεινόν. Ἢ οὐ δοκεῖ καὶ σοὶ οὕτως; b

ΠΩΛ. Ἔμοιγε.

ΣΩ. Ἀγνοῶν γε, ὡς ἔοικεν, οἷόν ἐστιν ἡ ὑγίεια καὶ

get wird, oder der nicht vom Arzt behandelt wird, es aber hat.

POLOS: Mir scheint, der nicht vom Arzt behandelt wird.

SOKRATES: War nun nicht bestraft werden die Befreiung von dem größten Übel, der Schlechtigkeit der Seele?

POLOS: Das war sie.

SOKRATES: Denn die Strafe macht besonnener und gerechter, und ihre Verwaltung wird die Heilkunde für diese Schlechtigkeit.

POLOS: Ja.

SOKRATES: Der Glückseligste also ist, der keine Schlech- e
tigkeit in der Seele hat, da diese sich als das größte Übel gezeigt hat.

POLOS: Offenbar.

SOKRATES: Der zweite aber ist der davon befreit wird.

POLOS: So scheint es.

SOKRATES: Das war aber der, dem man Ermahnungen gibt und Verweise und Strafe.

POLOS: Ja.

SOKRATES: Am schlechtesten also lebt, wer die Ungerechtigkeit hat, und nicht davon befreit wird.

POLOS: So kommt es heraus.

SOKRATES: Ist das nun nicht der, welcher durch die größten Verbrechen und Ausübung der größten Ungerechtigkeit es dahin gebracht hat, daß er weder Zurechtweisung
noch Züchtigung noch Strafe bekommt, wie du eben sagst, 479a
daß Archelaos dieses erreicht habe, und andere Tyrannen, Redner und Gewalthaber?

POLOS: So scheint es.

SOKRATES: Denn diese, o Bester, haben es beinahe eben dahin gebracht, als wenn einer, der mit den ärgsten Krankheiten behaftet ist, es dahin gebracht hätte, sich für diese Sünden an seinem Körper von den Ärzten nicht strafen, und sich nicht von ihnen behandeln zu lassen, aus Furcht wie ein
Kind vor dem Brennen und Schneiden, weil es weh tut. b
Oder scheint es dir nicht auch so?

POLOS: Ja wohl.

SOKRATES: Weil ihm nämlich unbekannt ist, wie es

ἀρετὴ σώματος. Κινδυνεύουσι γὰρ ἐκ τῶν νῦν ἡμῖν ὡμολογημένων τοιοῦτόν τι ποιεῖν καὶ οἱ τὴν δίκην φεύγοντες, ὦ Πῶλε, τὸ ἀλγεινὸν αὐτοῦ καθορᾶν, πρὸς δὲ τὸ ὠφέλιμον τυφλῶς ἔχειν καὶ ἀγνοεῖν ὅσῳ ἀθλιώτερόν ἐστι μὴ ὑγιοῦς σώματος μὴ ὑγιεῖ ψυχῇ συνοικεῖν, ἀλλὰ σαθρᾷ καὶ ἀδίκῳ καὶ ἀνοσίῳ. Ὅθεν καὶ πᾶν ποιοῦσιν ὥστε δίκην μὴ διδόναι c
μηδ᾽ ἀπαλλάττεσθαι τοῦ μεγίστου κακοῦ, καὶ χρήματα παρασκευαζόμενοι καὶ φίλους καὶ ὅπως ἂν ὦσιν ὡς πιθανώτατοι λέγειν. Εἰ δὲ ἡμεῖς ἀληθῆ ὡμολογήκαμεν, ὦ Πῶλε, ἆρ᾽ αἰσθάνει τὰ συμβαίνοντα ἐκ τοῦ λόγου; Ἢ βούλει συλλογισώμεθα αὐτά;

ΠΩΛ. Εἰ σοί γε δοκεῖ.

ΣΩ. Ἆρ᾽ οὖν συμβαίνει μέγιστον κακὸν ἡ ἀδικία καὶ τὸ ἀδικεῖν;

ΠΩΛ. Φαίνεταί γε.

ΣΩ. Καὶ μὴν ἀπαλλαγή γε ἐφάνη τούτου τοῦ κακοῦ τὸ d
δίκην διδόναι;

ΠΩΛ. Κινδυνεύει.

ΣΩ. Τὸ δέ γε μὴ διδόναι ἐμμονὴ τοῦ κακοῦ;

ΠΩΛ. Ναί.

ΣΩ. Δεύτερον ἄρα ἐστὶν τῶν κακῶν μεγέθει τὸ ἀδικεῖν· τὸ δὲ ἀδικοῦντα μὴ διδόναι δίκην πάντων μέγιστόν τε καὶ πρῶτον κακῶν πέφυκεν.

ΠΩΛ. Ἔοικεν.

ΣΩ. Ἆρ᾽ οὖν οὐ περὶ τούτου, ὦ φίλε, ἠμφεσβητήσαμεν, σὺ μὲν τὸν Ἀρχέλαον εὐδαιμονίζων τὸν τὰ μέγιστα ἀδικοῦντα δίκην οὐδεμίαν διδόντα, ἐγὼ δὲ τοὐναντίον οἰόμε- e
νος, εἴτε Ἀρχέλαος εἴτ᾽ ἄλλος ἀνθρώπων ὁστισοῦν μὴ δίδωσι δίκην ἀδικῶν, τούτῳ προσήκειν ἀθλίῳ εἶναι διαφερόντως τῶν ἄλλων ἀνθρώπων, καὶ ἀεὶ τὸν ἀδικοῦντα τοῦ

scheint, was es eigentlich mit der Gesundheit und Tüchtigkeit des Körpers auf sich hat. Etwas ähnliches nun scheinen nach dem unter uns ausgemachten, o Polos, auch diejenigen zu tun, welche die Strafe fliehen. Das schmerzhafte davon nämlich sehen sie ein, gegen das heilsame aber sind sie blind, und wissen nicht wieviel unseliger noch, als ein ungesunder Leib, das ist, keine gesunde Seele zu haben, sondern eine
faulige, ungerechte und unheilige. Daher sie denn, um nur ja c
nicht Strafe zu leiden, und so von dem größten Übel befreit zu werden, alles mögliche tun, auf Geld bedacht sind und auf Freunde, und auch darauf, immer möglichst Glauben zu finden, wenn sie reden. Wenn nun das richtig war, was wir vorher angenommen haben, Polos, merkst du wohl, was dann aus der Rede folgt, oder sollen wir es doch lieber zusammenrechnen?

POLOS: Wenn du nicht anders meinst.

3.3.4. Konsequenz: Für ein Unrecht nicht bestraft zu werden ist das größte Übel

SOKRATES: Folgt also, daß Ungerechtigkeit und Unrechttun das größte Übel ist?

POLOS: Offenbar.

SOKRATES: Und als eine Erledigung von diesem Übel d
zeigte sich doch das Strafe leiden.

POLOS: So scheint es.

SOKRATES: Das nicht Strafe leiden aber als ein Dableiben des Übels?

POLOS: Ja.

SOKRATES: Das zweite Übel der Größe nach ist also das Unrechttun; die Ungestraftheit aber beim Unrechttun ist das erste und größte unter allen Übeln.

POLOS: Das scheint so.

SOKRATES: Stritten wir nun nicht eben hierüber, Freund, indem du den Archelaos glücklich priesest, der das ärgste
Unrecht getan, und dennoch keine Art von Strafe erlitten e
hat; ich aber das Gegenteil meinte, daß, sei es nun Archelaos oder wer sonst für sein Unrechttun nicht gestraft werde, dieser ganz vorzüglich vor allen Menschen für elend zu halten

ἀδικουμένου ἀθλιώτερον εἶναι καὶ τὸν μὴ διδόντα δίκην τοῦ διδόντος; Οὐ ταῦτ' ἦν τὰ ὑπ' ἐμοῦ λεγόμενα;

ΠΩΛ. Ναί.

ΣΩ. Οὐκοῦν ἀποδέδεικται ὅτι ἀληθῆ ἐλέγετο;

ΠΩΛ. Φαίνεται.

ΣΩ. Εἶεν· εἰ οὖν δὴ ταῦτα ἀληθῆ, ὦ Πῶλε, τίς ἡ μεγάλη 480
χρεία ἐστὶν τῆς ῥητορικῆς; Δεῖ μὲν γὰρ δὴ ἐκ τῶν νῦν ὡμολογημένων αὐτὸν ἑαυτὸν μάλιστα φυλάττειν ὅπως μὴ ἀδικήσει, ὡς ἱκανὸν κακὸν ἕξοντα. Οὐ γάρ;

ΠΩΛ. Πάνυ γε.

ΣΩ. Ἐὰν δέ γε ἀδικήσῃ ἢ αὐτὸς ἢ ἄλλος τις ὧν ἂν κήδηται, αὐτὸν ἑκόντα ἰέναι ἐκεῖσε ὅπου ὡς τάχιστα δώσει δίκην, παρὰ τὸν δικαστήν, ὥσπερ παρὰ τὸν ἰατρόν, σπεύδοντα ὅπως μὴ ἐγχρονισθὲν τὸ νόσημα τῆς ἀδικίας ὕπουλον b
τὴν ψυχὴν ποιήσει καὶ ἀνίατον· ἢ πῶς λέγομεν, ὦ Πῶλε, εἴπερ τὰ πρότερον μένει ἡμῖν ὁμολογήματα; Οὐκ ἀνάγκη ταῦτα ἐκείνοις οὕτω μὲν συμφωνεῖν, ἄλλως δὲ μή;

ΠΩΛ. Τί γὰρ δὴ φῶμεν, ὦ Σώκρατες;

ΣΩ. Ἐπὶ μὲν ἄρα τὸ ἀπολογεῖσθαι ὑπὲρ τῆς ἀδικίας τῆς αὑτοῦ ἢ γονέων ἢ ἑταίρων ἢ παίδων ἢ πατρίδος ἀδικούσης οὐ χρήσιμος οὐδὲν ἡ ῥητορικὴ ἡμῖν, ὦ Πῶλε, εἰ μὴ εἴ τις ὑπολάβοι ἐπὶ τοὐναντίον, κατηγορεῖν δεῖν μάλιστα c
μὲν ἑαυτοῦ, ἔπειτα δὲ καὶ τῶν οἰκείων καὶ τῶν ἄλλων ὃς ἂν ἀεὶ τῶν φίλων τυγχάνῃ ἀδικῶν, καὶ μὴ ἀποκρύπτεσθαι, ἀλλ' εἰς τὸ φανερὸν ἄγειν τὸ ἀδίκημα, ἵνα δῷ δίκην καὶ ὑγιὴς γένηται, ἀναγκάζειν τε καὶ αὑτὸν καὶ τοὺς ἄλλους μὴ ἀποδειλιᾶν, ἀλλὰ παρέχειν μύσαντα καὶ ἀνδρείως ὥσπερ τέμνειν καὶ κάειν ἰατρῷ, τὸ ἀγαθὸν καὶ καλὸν διώκοντα, μὴ ὑπολογιζόμενον τὸ ἀλγεινόν, ἐὰν μέν γε πληγῶν

sei, und immer der Unrechttuende für elender als der Unrechtleidende, und der nicht gestrafte als der gestrafte. War das nicht was ich behauptete?

POLOS: Ja.

SOKRATES: Und ist nicht bewiesen, daß dies mit Recht behauptet wurde?

POLOS: So scheint es.

3.4. Folgerungen für den Nutzen der Rhetorik

SOKRATES: Wohl. Wenn nun dieses wahr ist, o Polos, 480a
was ist denn der große Nutzen der Redekunst? Denn nach dem jetzt angenommenen muß jeder sich selbst zuvörderst am meisten davor hüten, daß er nicht unrecht tue, indem er sonst Übel genug an sich haben wird. Nicht wahr?

POLOS: Freilich.

SOKRATES: Tut aber entweder er selbst Unrecht oder ein Anderer von denen, die ihm wert sind: so muß er selbst freiwillig dahin gehn, wo er baldmöglichst bestraft werden kann, zum Richter hineilend, wie man zum Arzte pflegt, damit die Krankheit der Ungerechtigkeit nicht einwurze- b
le und unter sich fresse in der Seele und sie unheilbar angreife. Oder was sollen wir sagen, Polos, wenn doch unsere ersten Behauptungen bestehen sollen? ist nicht gewiß, daß nur dieses mit ihnen übereinstimmt, alles andere aber nicht?

POLOS: Was wollten wir auch sagen, Sokrates!

SOKRATES: Um also Verteidigungen vorzubringen für die eigne Ungerechtigkeit oder der Eltern, Freunde und Kinder ihre, oder auch für das unrechthandelnde Vaterland, dazu ist uns die Redekunst nichts nutz, o Polos; es müßte denn etwa jemand denken zum Gegenteil, um nämlich c
recht anzuklagen vornehmlich sich selbst, dann aber auch Verwandte und wer sonst von Freunden Unrecht tut, und ja nicht das Unrecht zu verbergen, sondern ans Licht zu bringen, damit der Täter Strafe leide und gesund werde, und um sich selbst und Andere zu bewegen, daß man nicht feige werde, sondern sich mit zugedrückten Augen tapfer hinstelle wie vor dem Arzt zum Schneiden und Brennen, immer dem

ἄξια ἠδικηκὼς ᾖ, τύπτειν παρέχοντα, ἐὰν δὲ δεσμοῦ, δεῖν, d ἐὰν δὲ ζημίας, ἀποτίνοντα, ἐὰν δὲ φυγῆς, φεύγοντα, ἐὰν δὲ θανάτου, ἀποθνῄσκοντα, αὐτὸν πρῶτον ὄντα κατήγορον καὶ αὑτοῦ καὶ τῶν ἄλλων οἰκείων καὶ ἐπὶ τοῦτο χρώμενον τῇ ῥητορικῇ, ὅπως ἂν καταδήλων τῶν ἀδικημάτων γιγνομένων ἀπαλλάττωνται τοῦ μεγίστου κακοῦ, ἀδικίας. Φῶμεν οὕτως ἢ μὴ φῶμεν, ὦ Πῶλε;

ΠΩΛ. Ἄτοπα μέν, ὦ Σώκρατες, ἔμοιγε δοκεῖ, τοῖς μέν- e
τοι ἔμπροσθεν ἴσως σοι ὁμολογεῖται.

ΣΩ. Οὐκοῦν ἢ κἀκεῖνα λυτέον ἢ τάδε ἀνάγκη συμβαίνειν;

ΠΩΛ. Ναί, τοῦτό γε οὕτως ἔχει.

ΣΩ. Τοὐναντίον δέ γε αὖ μεταβαλόντα, εἰ ἄρα δεῖ τινα κακῶς ποιεῖν, εἴτ᾽ ἐχθρὸν εἴτε ὁντινοῦν, ἐὰν μόνον μὴ αὐτὸς ἀδικῆται ὑπὸ τοῦ ἐχθροῦ· τοῦτο μὲν γὰρ εὐλαβητέον· ἐὰν δὲ ἄλλον ἀδικῇ ὁ ἐχθρός, παντὶ τρόπῳ παρασκευαστέον,
καὶ πράττοντα καὶ λέγοντα, ὅπως μὴ δῷ δίκην μηδὲ ἔλθῃ 481
παρὰ τὸν δικαστήν· ἐὰν δὲ ἔλθῃ, μηχανητέον ὅπως ἂν διαφύγῃ καὶ μὴ δῷ δίκην ὁ ἐχθρός, ἀλλ᾽ ἐάν τε χρυσίον ⟨ᾖ⟩ ἡρπακὼς πολύ, μὴ ἀποδιδῷ τοῦτο ἀλλ᾽ ἔχων ἀναλίσκῃ καὶ εἰς ἑαυτὸν καὶ εἰς τοὺς ἑαυτοῦ ἀδίκως καὶ ἀθέως, ἐάν τε αὖ θανάτου ἄξια ἠδικηκὼς ᾖ, ὅπως μὴ ἀποθανεῖται, μάλιστα μὲν μηδέποτε, ἀλλ᾽ ἀθάνατος ἔσται πονηρὸς ὤν, εἰ
δὲ μή, ὅπως ὡς πλεῖστον χρόνον βιώσεται τοιοῦτος ὤν. b
Ἐπὶ τὰ τοιαῦτα ἔμοιγε δοκεῖ, ὦ Πῶλε, ἡ ῥητορικὴ χρήσιμος εἶναι, ἐπεὶ τῷ γε μὴ μέλλοντι ἀδικεῖν οὐ μεγάλη τίς μοι δοκεῖ ἡ χρεία αὐτῆς εἶναι, εἰ δὴ καὶ ἔστιν τις χρεία, ὡς ἔν γε τοῖς πρόσθεν οὐδαμῇ ἐφάνη οὖσα.

Guten und Schönen nachjagend, das Schmerzhafte aber nicht in Rechnung bringend, wenn einer Unrechtes, was Schläge verdient, begangen hat, zum Schlagen sich herge- d
bend, was Gefängnis zum Einkerkern, was Geldbuße zum Bezahlen, was Verbannung zur Flucht, wer aber was den Tod zum Sterben, jeder als erster Ankläger seiner selbst und der Andern, die ihm zugetan sind, und eben dazu sich der Redekunst bedienend, um durch Bekanntmachung der Vergehungen von dem größten Übel erledigt zu werden, von der Ungerechtigkeit. Wollen wir dies sagen, Polos, oder nicht?

POLOS: Ungereimt zwar, o Sokrates, scheint es mir we- e
nigstens; mit dem Vorigen indes stimmt es vielleicht wohl zusammen.

SOKRATES: Also muß entweder auch jenes aufgegeben werden, oder dieses folgt notwendig.

POLOS: Ja, so verhält es sich allerdings.

SOKRATES: Und daß wir es auf die entgegengesetzte Seite kehren, wenn man jemanden soll übles zufügen, sei es nun ein Feind oder wer sonst, und nur nicht selbst von ihm beleidiget wird, denn davor muß man sich hüten, wenn aber dieser Feind einen Andern beleidigt, muß man auf alle Weise tätig und durch Reden dies bewerkstelligen, daß er ja 481a
nicht zur Strafe gezogen werde, noch vor den Richter geführt, kommt er aber dennoch dahin, dann alles mögliche anweden, daß der Feind entkomme, und ja nicht Strafe leide: vielmehr, hat er viel Geld geraubt, dieses nicht zurückgeben müsse, sondern es behalte, und für sich und die Seinigen ungerechter und gottloser Weise gebrauche; hat er etwas todeswürdiges verbrochen, daß er ja nicht sterbe, wo möglich nie, sondern unsterblich sei als ein böser, zum wenigsten aber so lange irgend möglich lebe als ein solcher. Hiezu b
scheint mir, o Polos, die Redekunst nützlich zu sein. Denn für den, der überall nicht unrecht tun will, dünkt mich ihr Nutzen eben nicht groß zu sein, wenn sie anders irgend einen Nutzen hat, wie sich denn im vorigen nirgend einer gezeigt hat.

ΚΑΛ. Εἰπέ μοι, ὦ Χαιρεφῶν, σπουδάζει ταῦτα Σωκράτης ἢ παίζει;

ΧΑΙ. Ἐμοὶ μὲν δοκεῖ, ὦ Καλλίκλεις, ὑπερφυῶς σπουδάζειν· οὐδὲν μέντοι οἷον τὸ αὐτὸν ἐρωτᾶν.

ΚΑΛ. Νὴ τοὺς θεοὺς ἀλλ' ἐπιθυμῶ. Εἰπέ μοι, ὦ Σώκρα- c
τες, πότερόν σε θῶμεν νυνὶ σπουδάζοντα ἢ παίζοντα; Εἰ
μὲν γὰρ σπουδάζεις τε καὶ τυγχάνει ταῦτα ἀληθῆ ὄντα ἃ
λέγεις, ἄλλο τι ἢ ἡμῶν ὁ βίος ἀνατετραμμένος ἂν εἴη τῶν
ἀνθρώπων καὶ πάντα τὰ ἐναντία πράττομεν, ὡς ἔοικεν, ἢ
ἃ δεῖ;

ΣΩ. Ὦ Καλλίκλεις, εἰ μή τι ἦν τοῖς ἀνθρώποις πάθος,
τοῖς μὲν ἄλλο τι, τοῖς δὲ ἄλλο τι, τὸ αὐτό, ἀλλά τις ἡμῶν
ἴδιόν τι ἔπασχεν πάθος ἢ οἱ ἄλλοι, οὐκ ἂν ἦν ῥᾴδιον ἐνδεί- d
ξασθαι τῷ ἑτέρῳ τὸ ἑαυτοῦ πάθημα. Λέγω δ' ἐννοήσας ὅτι
ἐγώ τε καὶ σὺ νῦν τυγχάνομεν ταὐτόν τι πεπονθότες,
ἐρῶντε δύο ὄντε δυοῖν ἑκάτερος, ἐγὼ μὲν Ἀλκιβιάδου τε
τοῦ Κλεινίου καὶ φιλοσοφίας, σὺ δὲ τοῦ τε Ἀθηναίων δήμου
καὶ τοῦ Πυριλάμπους.

Αἰσθάνομαι οὖν σου ἑκάστοτε, καίπερ ὄντος δεινοῦ, ὅ τι
ἂν φῇ σου τὰ παιδικὰ καὶ ὅπως ἂν φῇ ἔχειν, οὐ δυναμένου
ἀντιλέγειν, ἀλλ' ἄνω καὶ κάτω μεταβαλλομένου· ἔν τε τῇ e
ἐκκλησίᾳ, ἐάν τι σοῦ λέγοντος ὁ δῆμος ὁ Ἀθηναίων μὴ φῇ
οὕτως ἔχειν, μεταβαλλόμενος λέγεις ἃ ἐκεῖνος βούλεται,
καὶ πρὸς τὸν Πυριλάμπους νεανίαν τὸν καλὸν τοῦτον τοι-
αῦτα ἕτερα πέπονθας. Τοῖς γὰρ τῶν παιδικῶν βουλεύμασίν
τε καὶ λόγοις οὐχ οἷός τ' εἶ ἐναντιοῦσθαι, ὥστε, εἴ τις σου
λέγοντος ἑκάστοτε ἃ διὰ τούτους λέγεις θαυμάζοι ὡς
ἄτοπά ἐστιν, ἴσως εἴποις ἂν αὐτῷ, εἰ βούλοιο τἀληθῆ λέ-
γειν, ὅτι, εἰ μή τις παύσει τὰ σὰ παιδικὰ τούτων τῶν λό- 482
γων, οὐδὲ σὺ παύσει ποτὲ ταῦτα λέγων.

4. Sokrates und Kallikles über zwei Lebensformen

4.1. Verwunderung des Kallikles über Sokrates' Thesen; der antwortet mit seiner Liebe zur Philosophie

KALLIKLES: Sage mir, Chairephon, meint Sokrates dies im Ernst oder scherzt er?

CHAIREPHON: Mir doch scheint, o Kallikles, als sei es ihm ausnehmend Ernst. Doch ist nichts so gut als ihn selbst fragen.

KALLIKLES: Bei den Göttern, das will ich auch. Sage mir, c
Sokrates, sollen wir denken du treibest jetzt Ernst oder Scherz? Denn wenn du es ernstlich meinst, und das wahr ist was du sagst, so wäre ja wohl das menschliche Leben unter uns ganz verkehrt, und wir täten in allen Dingen das gerade Gegenteil, wie es scheint, von dem was wir sollten?

SOKRATES: O Kallikles, wenn nicht dem Menschen, Einigen so, Andern so, dasselbige begegnete, sondern einem etwas ganz eigentümliches vor allen andern: so wäre es nicht d
leicht, einem Andern seinen Zustand zu bezeichnen. Ich sage dies aber, weil ich bemerke, daß wir beide, ich und du, uns jetzt in gleichen Zustande befinden. Wir lieben nämlich beide, jeder zweie, ich den Alkibiades, des Kleinias Sohn und die Philosophie, du das Athenische Volk und den Sohn des Pyrilampes. Ich bemerke nun allemal an dir, so gewaltig du auch sonst bist, das was immer dein Liebling behaupte, und wie er behaupte, daß sich etwas verhalte, du ihm niemals widersprechen kannst, sondern umwendest bald so bald so. e
Denn in der Gemeine, wenn du etwas gesagt hast, und das Volk der Athener meint nicht, daß es sich so verhalte: so wendest du wieder um, und sprichst wie jenes will; und mit dem Sohn des Pyrilampes, dem schönen Jünglinge, geht es dir eben so, nämlich des Lieblings Beschlüssen und Reden vermagst du nicht zuwider zu sein. So daß wenn sich Jemand darüber, was du jedesmal sagst um dieser geliebten Beiden willen, wundern wollte, wie ungereimt es doch ist, du ihm vielleicht, wenn du die Wahrheit sagen wolltest, erwidern würdest, daß wenn nicht jemand machen könnte, daß dein Liebling aufhöre dergleichen zu sagen, du auch nicht 482a
aufhören würdest dasselbe zu sagen. Denke dir also, daß du

Νόμιζε τοίνυν καὶ παρ᾽ ἐμοῦ χρῆναι ἕτερα τοιαῦτα
ἀκούειν, καὶ μὴ θαύμαζε ὅτι ἐγὼ ταῦτα λέγω, ἀλλὰ τὴν
φιλοσοφίαν, τὰ ἐμὰ παιδικά, παῦσον ταῦτα λέγουσαν.
Λέγει γάρ, ὦ φίλε ἑταῖρε, ἀεὶ ἃ νῦν ἐμοῦ ἀκούεις, καί
μοί ἐστιν τῶν ἑτέρων παιδικῶν πολὺ ἧττον ἔμπληκτος· ὁ
μὲν γὰρ Κλεινίειος οὗτος ἄλλοτε ἄλλων ἐστὶ λόγων, ἡ δὲ
φιλοσοφία ἀεὶ τῶν αὐτῶν· λέγει δὲ ἃ σὺ νῦν θαυμάζεις,
παρῆσθα δὲ καὶ αὐτὸς λεγομένοις. Ἢ οὖν ἐκείνην ἐξέλεγ- b
ξον, ὅπερ ἄρτι ἔλεγον, ὡς οὐ τὸ ἀδικεῖν ἐστιν καὶ ἀδικοῦντα
δίκην μὴ διδόναι ἁπάντων ἔσχατον κακῶν· ἢ εἰ τοῦτο ἐά-
σεις ἀνέλεγκτον, μὰ τὸν κύνα τὸν Αἰγυπτίων θεόν, οὔ σοι
ὁμολογήσει Καλλικλῆς, ὦ Καλλίκλεις, ἀλλὰ διαφωνήσει ἐν
ἅπαντι τῷ βίῳ. Καίτοι ἔγωγε οἶμαι, ὦ βέλτιστε, καὶ τὴν
λύραν μοι κρεῖττον εἶναι ἀναρμοστεῖν τε καὶ διαφωνεῖν,
καὶ χορὸν ᾧ χορηγοίην, καὶ πλείστους ἀνθρώπους μὴ ὁμο-
λογεῖν μοι ἀλλ᾽ ἐναντία λέγειν μᾶλλον ἢ ἕνα ὄντα ἐμὲ c
ἐμαυτῷ ἀσύμφωνον εἶναι καὶ ἐναντία λέγειν.

ΚΑΛ. Ὦ Σώκρατες, δοκεῖς νεανιεύεσθαι ἐν τοῖς λόγοις
ὡς ἀληθῶς δημηγόρος ὤν· καὶ νῦν ταῦτα δημηγορεῖς ταὐ-
τὸν παθόντος Πώλου πάθος ὅπερ Γοργίου κατηγόρει πρὸς
σὲ παθεῖν. Ἔφη γάρ που Γοργίαν ἐρωτώμενον ὑπὸ σοῦ, ἐὰν
ἀφίκηται παρ᾽ αὐτὸν μὴ ἐπιστάμενος τὰ δίκαια ὁ τὴν ῥητο-
ρικὴν βουλόμενος μαθεῖν, εἰ διδάξοι αὐτὸν ὁ Γοργίας, d
αἰσχυνθῆναι αὐτὸν καὶ φάναι διδάξειν διὰ τὸ ἔθος τῶν
ἀνθρώπων, ὅτι ἀγανακτοῖεν ἂν εἴ τις μὴ φαίη· διὰ δὴ ταύ-
την τὴν ὁμολογίαν ἀναγκασθῆναι ἐναντία αὐτὸν αὑτῷ εἰ-

nun auch dergleichen von mir hören müßtest, und wundere dich nicht, daß ich dir dies sage, sondern mache, daß die Philosophie, mein Liebling, aufhöre es zu sagen. Denn eben sie, lieber Freund, behauptet immer, was du jetzt von mir hörst, und sie macht mir weit weniger zu schaffen, als jener andere Liebling. Denn dieser Sohn des Kleinias führt freilich bald solche Reden bald solche; die Philosophie aber immer die nämlichen. Und eben sie sagt das, worüber du dich jetzt wunderst; du warest ja auch selbst dabei als es gesagt wurde. b
Entweder also, widerlege jener das was ich eben behauptete, daß also unrecht tun und nicht dafür bestraft werden nicht das ärgste aller Übel sei; oder wenn du dies unwiderlegt läßt, bei dem Hunde, dem Gott der Ägyptier, so wird Kallikles niemals mit dir stimmen, o Kallikles, sondern dir mißtönen das ganze Leben hindurch. Und ich wenigstens, du Bester, bin der Meinung, daß lieber auch meine Lyra verstimmt sein und mißtönen möge, oder ein Chor den ich anzuführen hätte, und die meisten Menschen nicht mit mir einstimmen, son- c
dern mir widersprechen mögen, als daß ich allein mit mir selbst nicht zusammenstimmen, sondern mir widersprechen müßte.

4.2. Gegenargumentation des Kallikles

4.2.1. Kritik des Zugeständnisses, daß Unrecht tun häßlicher sei als Unrecht leiden, mittels der Nomos-Physis-Antithese

KALLIKLES: O Sokrates, du scheint blenden zu wollen mit deinen Reden, wie ein rechter Volksschwätzer, auch jetzt willst du uns hiemit beschwatzen, da dem Polos dasselbe begegnet ist, was er vorher dem Gorgias von dir begegnet zu sein Schuld gab. Er sagte nämlich, als du den Gorgias gefragt, wenn einer um die Redekunst von ihm zu lernen zu ihm käme, der das Gerechte noch nicht verstände, ob er es d
ihn lehren würde, habe Gorgias sich geschämt und bejaht, daß er es ihn lehren würde, lediglich wegen der Gesinnung der Menschen, weil sie unwillig werden würden, wenn jemand dies leugnete, und durch dieses Eingeständnis sei er hernach in die Notwendigkeit gekommen, sich selbst zu widersprechen, welches eben deine Freude wäre. Und hierüber

πεῖν, σὲ δὲ αὐτὸ τοῦτο ἀγαπᾶν. Καί σου κατεγέλα, ὥς γέ
μοι δοκεῖν, ὀρθῶς τότε.

Νῦν δὲ πάλιν αὐτὸς ταὐτὸν τοῦτο ἔπαθεν, καὶ ἔγωγε κατ᾽
αὐτὸ τοῦτο οὐκ ἄγαμαι Πῶλον, ὅτι σοι συνεχώρησεν τὸ
ἀδικεῖν αἴσχιον εἶναι τοῦ ἀδικεῖσθαι· ἐκ ταύτης γὰρ αὖ τῆς e
ὁμολογίας αὐτὸς ὑπὸ σοῦ συμποδισθεὶς ἐν τοῖς λόγοις ἐπε-
στομίσθη, αἰσχυνθεὶς ἃ ἐνόει εἰπεῖν. Σὺ γὰρ τῷ ὄντι, ὦ
Σώκρατες, εἰς τοιαῦτα ἄγεις φορτικὰ καὶ δημηγορικά,
φάσκων τὴν ἀλήθειαν διώκειν, ἃ φύσει μὲν οὐκ ἔστιν καλά,
νόμῳ δέ.

Ὡς τὰ πολλὰ δὲ ταῦτα ἐναντί᾽ ἀλλήλοις ἐστίν, ἥ τε
φύσις καὶ ὁ νόμος· ἐὰν οὖν τις αἰσχύνηται καὶ μὴ τολμᾷ
λέγειν ἅπερ νοεῖ, ἀναγκάζεται ἐναντία λέγειν. Ὃ δὴ καὶ σὺ 483
τοῦτο τὸ σοφὸν κατανενοηκὼς κακουργεῖς ἐν τοῖς λόγοις,
ἐὰν μέν τις κατὰ νόμον λέγῃ, κατὰ φύσιν ὑπερωτῶν, ἐὰν
δὲ τὰ τῆς φύσεως, τὰ τοῦ νόμου. Ὥσπερ αὐτίκα ἐν τούτοις,
τῷ ἀδικεῖν τε καὶ τῷ ἀδικεῖσθαι, Πώλου τὸ κατὰ νόμον
αἴσχιον λέγοντος, σὺ τὸν νόμον ἐδιώκαθες κατὰ φύσιν. Φύ-
σει μὲν γὰρ πᾶν αἴσχιόν ἐστιν ὅπερ καὶ κάκιον, τὸ ἀδικεῖ-
σθαι, νόμῳ δὲ τὸ ἀδικεῖν. Οὐδὲ γὰρ ἀνδρὸς τοῦτό γ᾽ ἐστὶν b
τὸ πάθημα, τὸ ἀδικεῖσθαι, ἀλλ᾽ ἀνδραπόδου τινός, ᾧ κρεῖτ-
τόν ἐστιν τεθνάναι ἢ ζῆν, ὅστις ἀδικούμενος καὶ προπη-
λακιζόμενος μὴ οἷός τέ ἐστιν αὐτὸς αὑτῷ βοηθεῖν μηδὲ
ἄλλῳ οὗ ἂν κήδηται. Ἀλλ᾽, οἶμαι, οἱ τιθέμενοι τοὺς νόμους
οἱ ἀσθενεῖς ἄνθρωποί εἰσιν καὶ οἱ πολλοί. Πρὸς αὑτοὺς οὖν
καὶ τὸ αὑτοῖς συμφέρον τούς τε νόμους τίθενται καὶ τοὺς
ἐπαίνους ἐπαινοῦσιν καὶ τοὺς ψόγους ψέγουσιν· ἐκφοβοῦν- c
τές τε τοὺς ἐρρωμενεστέρους τῶν ἀνθρώπων καὶ δυνατοὺς
ὄντας πλέον ἔχειν, ἵνα μὴ αὐτῶν πλέον ἔχωσιν, λέγουσιν
ὡς αἰσχρὸν καὶ ἄδικον τὸ πλεονεκτεῖν, καὶ τοῦτό ἐστιν τὸ
ἀδικεῖν, τὸ πλέον τῶν ἄλλων ζητεῖν ἔχειν· ἀγαπῶσι γάρ,
οἶμαι, αὐτοὶ ἂν τὸ ἴσον ἔχωσιν φαυλότεροι ὄντες.

hat er dich damls, ganz mit Recht wie mich dünkt, verspot-
tet; jetzt aber ist ihm seinerseits eben dasselbe begegnet. Und
ich bin nun wieder eben deshalb mit dem Polos unzufrieden,
daß er dir eingeräumt hat, das Unrechttun sei häßlicher als
das Unrechtleiden. Denn grade durch dieses Eingeständnis e
ist auch er wieder von dir verwickelt worden in den Reden
und zum Schweigen gebracht, indem er sich schämte, was er
dachte auch zu sagen. Denn in der Tat, Sokrates, führst du
immer, ohnerachtet du behauptest die Wahrheit zu suchen,
die Rede auf solche verfängliche Dinge, die gut sind vor dem
Volke vorzubringen, auf das nämlich, was von Natur nicht
schön ist, wohl aber nach dem Gesetz. Denn diese beiden
stehn sich größtenteils entgegen, die Natur und das Gesetz.
Wenn sich nun Jemand schämt und nicht den Mut hat zu
sagen was er denkt: so wird er gezwungen sich zu wider- 483a
sprechen. Was auch du dir eben recht künstlich abgemerkt
hast, und Andere damit übervorteilst in den Reden; wenn
jemand von dem Gesetzlichen spricht, schiebst du in der
Frage das Natürliche unter, wenn aber vom natürlichen,
dann du das Gesetzliche. So jetzt gleich beim Unrechttun
und Unrechtleiden, als Polos vom gesetzlich unschöneren
sprach, verfolgtest du das Gesetzliche, als wäre es das natür-
liche. Denn von Natur ist allemal jedes das Unschönere, was
auch das üblere ist, also das Unrechtleiden, gesetzlich aber ist
es das Unrechttun. Auch ist dies wahrlich kein Zustand für b
einen Mann, das Unrechtleiden, sondern für ein Knechtlein,
dem besser wäre zu sterben als zu leben, weil er beleidigt und
beschimpft nicht im Stande ist, sich selbst zu helfen, noch
einem Andern, der ihm wert ist. Allein ich denke, die die
Gesetze geben, das sind die Schwachen und der große Haufe.
In Beziehung auf sich selbst also und das was ihnen nutzt
bestimmen sie die Gesetze, und das löbliche was gelobt, das
tadelhafte was getadelt werden soll; und um kräftigere Men- c
schen, welche mehr haben könnten, in Furcht zu halten, da-
mit diese nicht mehr haben mögen als sie selbst, sagen sie, es
sei häßlich und ungerecht, für sich immer auf mehr auszu-
gehn, und das ist nun das Unrechttun, wenn man sucht mehr
zu haben als die Andern. Denn sie selbst, meine ich, sind

Διὰ ταῦτα δὴ νόμῳ μὲν τοῦτο ἄδικον καὶ αἰσχρὸν λέγε-
ται, τὸ πλέον ζητεῖν ἔχειν τῶν πολλῶν, καὶ ἀδικεῖν αὐτὸ
καλοῦσιν· ἡ δέ γε, οἶμαι, φύσις αὐτὴ ἀποφαίνει αὖ ὅτι d
δίκαιόν ἐστιν τὸν ἀμείνω τοῦ χείρονος πλέον ἔχειν καὶ τὸν
δυνατώτερον τοῦ ἀδυνατωτέρου. Δηλοῖ δὲ ταῦτα πολλαχοῦ
ὅτι οὕτως ἔχει, καὶ ἐν τοῖς ἄλλοις ζῴοις καὶ τῶν ἀνθρώπων
ἐν ὅλαις ταῖς πόλεσι καὶ τοῖς γένεσιν, ὅτι οὕτω τὸ δίκαιον
κέκριται, τὸν κρείττω τοῦ ἥττονος ἄρχειν καὶ πλέον ἔχειν.
Ἐπεὶ ποίῳ δικαίῳ χρώμενος Ξέρξης ἐπὶ τὴν Ἑλλάδα e
ἐστράτευσεν ἢ ὁ πατὴρ αὐτοῦ ἐπὶ Σκύθας, ἢ ἄλλα μυρία
ἄν τις ἔχοι τοιαῦτα λέγειν; Ἀλλ᾽, οἶμαι, οὗτοι κατὰ φύσιν
τὴν τοῦ δικαίου ταῦτα πράττουσιν, καὶ ναὶ μὰ Δία κατὰ
νόμον γε τὸν τῆς φύσεως, οὐ μέντοι ἴσως κατὰ τοῦτον
ὃν ἡμεῖς τιθέμεθα· πλάττοντες τοὺς βελτίστους καὶ ἐρρω-
μενεστάτους ἡμῶν αὐτῶν, ἐκ νέων λαμβάνοντες, ὥσπερ
λέοντας, κατεπᾴδοντές τε καὶ γοητεύοντες καταδουλούμεθα 484
λέγοντες ὡς τὸ ἴσον χρὴ ἔχειν καὶ τοῦτό ἐστιν τὸ καλὸν
καὶ τὸ δίκαιον. Ἐὰν δέ γε, οἶμαι, φύσιν ἱκανὴν γένηται
ἔχων ἀνήρ, πάντα ταῦτα ἀποσεισάμενος καὶ διαρρήξας καὶ
διαφυγών, καταπατήσας τὰ ἡμέτερα γράμματα καὶ μαγγα-
νεύματα καὶ ἐπῳδὰς καὶ νόμους τοὺς παρὰ φύσιν ἅπαντας,
ἐπαναστὰς ἀνεφάνη δεσπότης ἡμέτερος ὁ δοῦλος, καὶ
ἐνταῦθα ἐξέλαμψεν τὸ τῆς φύσεως δίκαιον. Δοκεῖ δέ μοι b
καὶ Πίνδαρος ἅπερ ἐγὼ λέγω ἐνδείκνυσθαι ἐν τῷ ᾄσματι
ἐν ᾧ λέγει ὅτι

νόμος ὁ πάντων βασιλεὺς
θνατῶν τε καὶ ἀθανάτων·

οὗτος δὲ δή, φησίν,

ἄγειν δικαιοῖ τὸ βιαιότατον
ὑπερτάτᾳ χειρί· τεκμαίρομαι
ἔργοισιν Ἡρακλέος, ἐπεὶ — ἀπριάτας —

λέγει οὕτω πως· τὸ γὰρ ᾆσμα οὐκ ἐπίσταμαι· λέγει δ᾽ ὅτι
οὔτε πριάμενος οὔτε δόντος τοῦ Γηρυόνου ἠλάσατο τὰς

ganz zufrieden, wenn sie nur gleiches erhalten, da sie die
schlechteren sind. Daher wird nun gesetzlich dieses unrecht
und häßlich genannt, das mehr zu haben streben als die Mei-
sten, und sie nennen es Unrechttun. Die Natur selbst aber,
denke ich, beweiset dagegen, daß es gerecht ist, daß der Ed- d
lere mehr habe als der Schlechtere, und der Tüchtigere als
der Untüchtige. Sie zeigt aber vielfältig, daß sich dieses so
verhält, sowohl an den übrigen Tieren als auch an ganzen
Staaten und Geschlechtern der Menschen, daß das Recht so
bestimmt ist, daß der bessere über den schlechteren herrsche,
und mehr habe. Denn nach welchem Recht führte Xerxes e
Krieg gegen Hellas, oder dessen Vater gegen die Skythen?
und tausend anderes der Art könnte man anführen. Also
meine ich, tun sie dieses der Natur gemäß, und, beim Zeus,
auch dem Gesetz gemäß, nämlich dem der Natur; aber frei-
lich vielleicht nicht nach dem, welches wir selbst willkürlich
machen, die wir die Besten und Kräftigsten unter uns gleich
von Jugend an, wie man es mit dem Löwen macht, durch
Besprechung gleichsam und Bezauberung knechtisch ein- 484a
zwängen, indem wir ihnen immer vorsagen, Alle müssen
gleich haben, und dies sei eben das Schöne und Gerechte.
Wenn aber, denke ich, einer mit einer recht tüchtigen Natur
zum Manne wird: so schüttelt er das alles ab, reißt sich los,
durchbricht und zertritt alle unsere Schriften und Gaukeleien
und Besprechungen und widernatürlichen Gesetze, und steht
auf, offenbar als unser Herr, er der Knecht, und eben darin
leuchtet recht deutlich hervor das Recht der Natur. Auch b
Pindaros scheint mir das, was ich meine, anzudeuten in dem
Liede, worin er sagt: Das Gesetz, der Sterblichen König und
Unsterblichen, und dies, sagt er, führt von Natur herbei
rechtfertigend das gewaltsamste mit übermächtiger Hand.
Ich zeige es an den Taten des Herakles; denn ungekauft, so
ungefähr lautet es, denn ich weiß das Lied selbst nicht, er
meint aber, weder gekauft noch geschenkt habe jener des
Geryones Stiere weggetrieben, als ob also dieses das von c
Natur gerechte wäre, daß eben Stiere und alles andre Eigen-
tum der Schlechteren und Geringeren dem Besseren gebüh-
re, der mehr ist.

βοῦς, ὡς τούτου ὄντος τοῦ δικαίου φύσει, καὶ βοῦς καὶ c
τἆλλα κτήματα εἶναι πάντα τοῦ βελτίονός τε καὶ κρείττο-
νος τὰ τῶν χειρόνων τε καὶ ἡττόνων.

Τὸ μὲν οὖν ἀληθὲς οὕτως ἔχει, γνώσει δέ, ἂν ἐπὶ τὰ
μείζω ἔλθῃς ἐάσας ἤδη φιλοσοφίαν. Φιλοσοφία γάρ τοί
ἐστιν, ὦ Σώκρατες, χαρίεν, ἄν τις αὐτοῦ μετρίως ἅψηται
ἐν τῇ ἡλικίᾳ· ἐὰν δὲ περαιτέρω τοῦ δέοντος ἐνδιατρίψῃ,
διαφθορὰ τῶν ἀνθρώπων. Ἐὰν γὰρ καὶ πάνυ εὐφυὴς ᾖ καὶ
πόρρω τῆς ἡλικίας φιλοσοφῇ, ἀνάγκη πάντων ἄπειρον
γεγονέναι ἐστὶν ὧν χρὴ ἔμπειρον εἶναι τὸν μέλλοντα καλὸν d
κἀγαθὸν καὶ εὐδόκιμον ἔσεσθαι ἄνδρα.

Καὶ γὰρ τῶν νόμων ἄπειροι γίγνονται τῶν κατὰ τὴν πό-
λιν, καὶ τῶν λόγων οἷς δεῖ χρώμενον ὁμιλεῖν ἐν τοῖς συμ-
βολαίοις τοῖς ἀνθρώποις καὶ ἰδίᾳ καὶ δημοσίᾳ, καὶ τῶν
ἡδονῶν τε καὶ ἐπιθυμιῶν τῶν ἀνθρωπείων, καὶ συλλήβδην
τῶν ἠθῶν παντάπασιν ἄπειροι γίγνονται. Ἐπειδὰν οὖν
ἔλθωσιν εἴς τινα ἰδίαν ἢ πολιτικὴν πρᾶξιν, καταγέλαστοι
γίγνονται, ὥσπερ γε, οἶμαι, οἱ πολιτικοί, ἐπειδὰν αὖ εἰς e
τὰς ὑμετέρας διατριβὰς ἔλθωσιν καὶ τοὺς λόγους, καταγέ-
λαστοί εἰσιν.

Συμβαίνει γὰρ τὸ τοῦ Εὐριπίδου· λαμπρός τ' ἐστὶν
ἕκαστος ἐν τούτῳ, καὶ ἐπὶ τοῦτ' ἐπείγεται,

νέμων τὸ πλεῖστον ἡμέρας τούτῳ μέρος,
ἵν' αὐτὸς αὑτοῦ τυγχάνει βέλτιστος ὤν·

ὅπου δ' ἂν φαῦλος ᾖ, ἐντεῦθεν φεύγει καὶ λοιδορεῖ τοῦτο, 485
τὸ δ' ἕτερον ἐπαινεῖ, εὐνοίᾳ τῇ ἑαυτοῦ, ἡγούμενος οὕτως
αὐτὸς ἑαυτὸν ἐπαινεῖν. Ἀλλ', οἶμαι, τὸ ὀρθότατόν ἐστιν
ἀμφοτέρων μετασχεῖν· φιλοσοφίας μὲν ὅσον παιδείας χάριν
καλὸν μετέχειν, καὶ οὐκ αἰσχρὸν μειρακίῳ ὄντι φιλοσοφεῖν·
ἐπειδὰν δὲ ἤδη πρεσβύτερος ὢν ἄνθρωπος ἔτι φιλοσοφῇ,
καταγέλαστον, ὦ Σώκρατες, τὸ χρῆμα γίγνεται, καὶ ἔγωγε
ὁμοιότατον πάσχω πρὸς τοὺς φιλοσοφοῦντας ὥσπερ πρὸς b
τοὺς ψελλιζομένους καὶ παίζοντας. Ὅταν μὲν γὰρ παιδίον

4.2.2. Philosophie ist für Erwachsene verderblich und Sokrates soll von ihr lassen

Dies ist also eigentlich das Wahre, und das wirst du auch
einsehn, wenn du zum Größeren fortschreitest, und von der
Philosophie endlich abläßt. Denn diese, o Sokrates, ist eine
ganz artige Sache, wenn jemand sie mäßig betreibt in der
Jugend, wenn man aber länger als billig dabei verweilt, ge-
reicht sie den Menschen zum Verderben. Denn wie herrliche
Gaben einer auch habe, wenn er über die Zeit hinaus phi-
losophiert, muß er notwendig in allem dem unerfahren blei-
ben, worin erfahren sein muß, wer ein wohlangesehener und d
ausgezeichneter Mann werden will. Denn sowohl in den Ge-
setzen des Staates bleiben sie unerfahren, als auch in der
rechten Art, wie man mit Menschen umgehn muß bei allerlei
Verhandlungen, eignen und öffentlichen, und mit den Ge-
lüsten und Neigungen der Menschen, und ihrer Gemütsart
überhaupt bleiben sie unbekannt. Gehen sie hernach an ein
Geschäft, sei es nun für sich oder für den Staat, so machen
sie sich lächerlich, wie, glaube ich, auch die Staatsmänner e
wiederum, wenn sie zu euren Versammlungen und Unterre-
dungen kommen, lächerlich werden. Denn hier trifft die
Rede des Euripides: Darinnen wohl Glänzt jeder, drängt
auch dazu sich vorzüglich hin Die meiste Zeit gern widmend
solcherlei Geschäft Worin er selbst der beste leicht erfunden
wird; worin er aber schlecht ist, das meidet er und schmäht 485a
darauf, das andere hingegen lobt er aus Wohlmeinen mit sich
selbst, weil er glaubt, so sich selbst zugleich zu loben. Das
richtigste aber, denke ich, ist sich mit beidem einzulassen.
Mit der Philosophie nämlich, so weit es zum Unterricht
dient, sich einzulassen ist schön, und keinesweges gereicht es
einem Jüngling zur Unehre, zu philosophieren. Wenn aber
ein schon älterer noch philosophiert, Sokrates, so wird das
ein lächerliches Ding, und es gemahnt mich mit dem Philo- b
sophieren grade wie mit dem Stammeln und Tändeln. Wenn
ich nämlich sehe, daß ein Kind, dem es noch ziemt so zu
sprechen, stammelt und tändelt: so macht mir das Vergnü-
gen, und ich finde es lieblich und natürlich und dem Alter
des Kindes angemessen. Höre ich dagegen ein kleines Kind

ἴδω, ᾧ ἔτι προσήκει διαλέγεσθαι οὕτω, ψελλιζόμενον καὶ
παῖζον, χαίρω τε καὶ χαρίεν μοι φαίνεται καὶ ἐλευθέριον
καὶ πρέπον τῇ τοῦ παιδίου ἡλικίᾳ, ὅταν δὲ σαφῶς διαλεγο-
μένου παιδαρίου ἀκούσω, πικρόν τί μοι δοκεῖ χρῆμα εἶναι
καὶ ἀνιᾷ μου τὰ ὦτα καί μοι δοκεῖ δουλοπρεπές τι εἶναι·
ὅταν δὲ ἀνδρὸς ἀκούσῃ τις ψελλιζομένου ἢ παίζοντα ὁρᾷ, c
καταγέλαστον φαίνεται καὶ ἄνανδρον καὶ πληγῶν ἄξιον.

Ταὐτὸν οὖν ἔγωγε τοῦτο πάσχω καὶ πρὸς τοὺς φιλοσο-
φοῦντας. Παρὰ νέῳ μὲν γὰρ μειρακίῳ ὁρῶν φιλοσοφίαν
ἄγαμαι, καὶ πρέπειν μοι δοκεῖ, καὶ ἡγοῦμαι ἐλεύθερόν τινα
εἶναι τοῦτον τὸν ἄνθρωπον, τὸν δὲ μὴ φιλοσοφοῦντα ἀνε-
λεύθερον καὶ οὐδέποτε οὐδενὸς ἀξιώσοντα ἑαυτὸν οὔτε
καλοῦ οὔτε γενναίου πράγματος· ὅταν δὲ δὴ πρεσβύτερον d
ἴδω ἔτι φιλοσοφοῦντα καὶ μὴ ἀπαλλαττόμενον, πληγῶν μοι
δοκεῖ ἤδη δεῖσθαι, ὦ Σώκρατες, οὗτος ὁ ἀνήρ. Ὃ γὰρ
νυνδὴ ἔλεγον, ὑπάρχει τούτῳ τῷ ἀνθρώπῳ, κἂν πάνυ εὐ-
φυὴς ᾖ, ἀνάνδρῳ γενέσθαι φεύγοντι τὰ μέσα τῆς πόλεως
καὶ τὰς ἀγοράς, ἐν αἷς ἔφη ὁ ποιητὴς τοὺς ἄνδρας
ἀριπρεπεῖς γίγνεσθαι, καταδεδυκότι δὲ τὸν λοιπὸν
βίον βιῶναι μετὰ μειρακίων ἐν γωνίᾳ τριῶν ἢ τεττάρων
ψιθυρίζοντα, ἐλεύθερον δὲ καὶ μέγα καὶ ἱκανὸν μηδέποτε e
φθέγξασθαι.

Ἐγὼ δέ, ὦ Σώκρατες, πρὸς σὲ ἐπιεικῶς ἔχω φιλικῶς·
κινδυνεύω οὖν πεπονθέναι νῦν ὅπερ ὁ Ζῆθος πρὸς τὸν
Ἀμφίονα ὁ Εὐριπίδου, οὗπερ ἐμνήσθην. Καὶ γὰρ ἐμοὶ
τοιαῦτ᾽ ἄττα ἐπέρχεται πρὸς σὲ λέγειν, οἷάπερ ἐκεῖνος
πρὸς τὸν ἀδελφόν, ὅτι, Ἀμελεῖς, ὦ Σώκρατες, ὧν δεῖ σε
ἐπιμελεῖσθαι, καὶ φύσιν ψυχῆς ὧδε γενναίαν μειρακιώδει
τινὶ διατρέπεις μορφώματι, καὶ οὔτ᾽ ἂν δίκης βουλαῖσι 486
προσθεῖ᾽ ἂν ὀρθῶς λόγον, οὔτ᾽ εἰκὸς ἂν καὶ πιθανὸν ἂν λάβοις,
οὔθ᾽ ὑπὲρ ἄλλου νεανικὸν βούλευμα βουλεύσαιο. Καίτοι, ὦ
φίλε Σώκρατες — καί μοι μηδὲν ἀχθεσθῇς· εὐνοίᾳ γὰρ ἐρῶ
τῇ σῇ — οὐκ αἰσχρὸν δοκεῖ σοι εἶναι οὕτως ἔχειν ὡς ἐγὼ

ganz bestimmt und richtig sprechen, so ist mir das zuwider,
es peinigt meine Ohren, und dünkt mich etwas erzwungenes
zu sein. Hört man dagegen von einem Manne unvollkomm- c
ne Aussprache, und sieht ihn tändeln, das ist offenbar lä-
cherlich und unmännlich, und verdient Schläge. Eben so nun
geht es mir mit den Philosophierenden. Wenn ich Knaben
und Jünglinge bei der Philosophie antreffe, so freue ich
mich; ich finde daß es ihnen wohl ansteht, und glaube, daß
etwas edles in solchen ist, den aber der nicht philosophiert
halte ich für unedel, und glaube, daß er es nie mit sich selbst
auf etwas Großes und Schönes anlegen wird. Wenn ich da- d
gegen sehe, daß ein Alter noch philosophiert, und nicht da-
von loskommen kann, solcher Mann, o Sokrates, dünkt mich
müßte Schläge bekommen. Denn wie ich eben sagte, es fin-
det sich bei solchem Menschen gewiß, wie schöne Gaben er
auch von Natur besitze, daß er unmännlich geworden ist, das
Innere der Stadt und die öffentlichen Orte flieht, wo doch
erst, wie der Dichter sagt, sich Männer hervortun, und ver-
steckt in einem Winkel mit drei bis vier Knaben flüsternd
sein übriges Leben hinbringt, ohne doch je edel, groß und e
tüchtig herauszureden. Ich meines Teils, Sokrates, bin dir
gut und gewogen; und es mag mir beinahe jetzt mit dir ge-
hen wie beim Euripides, dessen ich vorhin schon gedacht,
dem Zethos mit dem Amphion. Denn auch ich habe Lust dir
dergleichen zu sagen, wie jener seinem Bruder, daß du, o
Sokrates, versäumst, was du betreiben solltest, und ein Ge-
müt so herrlicher Natur durch knäbische Gebehrdung ganz 486a
entstellt, daß weder wo das Recht beraten wird du richtig
vorzutragen weißt, noch scheinbar was und glaublich auf-
zustellen, noch auch je für Andere, wo Raten gilt, mutvollen
Schluß beschließen wirst. Und doch, lieber Sokrates, aber
werde mir nicht böse, denn ich sage es aus Wohlmeinen ge-
gen dich, dünkt es dich nicht schmählich, in solchem Zu-
stande zu sein, in welchem du bist, wie ich glaube, und Alle
die es immer weiter treiben mit der Philosophie? Denn wenn
jetzt jemand dich, oder einen Andern solchen, ergriffe, und
ins Gefängnis schleppte, behauptend, du habest etwas ver-
brochen, da du doch nichts verbrochen hättest: so weißt du

σὲ οἶμαι ἔχειν καὶ τοὺς ἄλλους τοὺς πόρρω ἀεὶ φιλοσοφίας ἐλαύνοντας ;

Νῦν γὰρ εἴ τις σοῦ λαβόμενος ἢ ἄλλου ὁτουοῦν τῶν τοιούτων εἰς τὸ δεσμωτήριον ἀπάγοι, φάσκων ἀδικεῖν μηδὲν ἀδικοῦντα, οἶσθ᾽ ὅτι οὐκ ἂν ἔχοις ὅ τι χρήσαιο σαυτῷ, ἀλλ᾽ b
εἰλιγγιῴης ἂν καὶ χασμῷο οὐκ ἔχων ὅ τι εἴποις, καὶ εἰς τὸ δικαστήριον ἀναβάς, κατηγόρου τυχὼν πάνυ φαύλου καὶ μοχθηροῦ, ἀποθάνοις ἄν, εἰ βούλοιτο θανάτου σοι τιμᾶσθαι.

Καίτοι πῶς σοφὸν τοῦτό ἐστιν, ὦ Σώκρατες, εἴ τις εὐφυῆ λαβοῦσα τέχνη φῶτα ἔθηκε χείρονα, μήτε αὐτὸν αὑτῷ δυνάμενον βοηθεῖν μηδ᾽ ἐκσῶσαι ἐκ τῶν μεγίστων κινδύνων μήτε ἑαυτὸν μήτε ἄλλον μηδένα, ὑπὸ δὲ τῶν ἐχθρῶν c
περισυλᾶσθαι πᾶσαν τὴν οὐσίαν, ἀτεχνῶς δὲ ἄτιμον ζῆν ἐν τῇ πόλει ; Τὸν δὲ τοιοῦτον, εἴ τι καὶ ἀγροικότερον εἰρῆσθαι, ἔξεστιν ἐπὶ κόρρης τύπτοντα μὴ διδόναι δίκην.

Ἀλλ᾽ ὠγαθέ, ἐμοὶ πείθου, παῦσαι δ᾽ ἐλέγχων, πραγμάτων δ᾽ εὐμουσίαν ἄσκει, καὶ ἄσκει ὁπόθεν δόξεις φρονεῖν, ἄλλοις τὰ κομψὰ ταῦτα ἀφείς, εἴτε ληρήματα χρὴ φάναι εἶναι εἴτε φλυαρίας, ἐξ ὧν κενοῖσιν ἐγκατοικήσεις δόμοις· ζηλῶν οὐκ ἐλέγχοντας ἄνδρας τὰ μικρὰ d
ταῦτα, ἀλλ᾽ οἷς ἔστιν καὶ βίος καὶ δόξα καὶ ἄλλα πολλὰ ἀγαθά·

ΣΩ. Εἰ χρυσῆν ἔχων ἐτύγχανον τὴν ψυχήν, ὦ Καλλίκλεις, οὐκ ἂν οἴει με ἄσμενον εὑρεῖν τούτων τινὰ τῶν λίθων, ᾗ βασανίζουσιν τὸν χρυσόν, τὴν ἀρίστην, πρὸς ἥντινα ἔμελλον προσαγαγὼν αὐτήν, εἴ μοι ὁμολογήσειεν ἐκείνη καλῶς τεθεραπεῦσθαι τὴν ψυχήν, εὖ εἴσεσθαι ὅτι ἱκανῶς ἔχω καὶ οὐδέν μοι δεῖ ἄλλης βασάνου ;

ΚΑΛ. Πρὸς τί δὴ τοῦτ᾽ ἐρωτᾷς, ὦ Σώκρατες ; e

ΣΩ. Ἐγώ σοι ἐρῶ· νῦν οἶμαι ἐγὼ σοὶ ἐντετυχηκὼς τοιούτῳ ἑρμαίῳ ἐντετυχηκέναι.

ΚΑΛ. Τί δή ;

wohl, daß du nicht wissen würdest, was du anfangen solltest b
mit dir selbst, sondern dir würde schwindlich werden, und
du würdest mit offnem Munde stehn und nicht wissen, was
du sagen solltest. Und wenn du dann vor Gericht kämest,
und auch nur einen ganz gemeinen und erbärmlichen Men-
schen zum Ankläger hättest: so würdest du sterben müssen,
wenn es ihm einfiele auf die Todesstrafe anzutragen. Und
doch, Wie könnte das wohl weise sein, Sokrates, wenn eine
Kunst, Den wohlbegabten Mann ergreifend schlechter
macht, daß er weder sich selbst helfen, und aus den größten
Gefahren erretten kann, noch sonst einen, wohl aber von c
seinen Feinden aller seiner Habe beraubt werden, und offen-
bar ehrlos im Staate leben muß? Einen solchen kann man
ja, um es derber zu sagen, ins Angesicht schlagen unge-
straft. Darum, du Guter, gehorche mir, Hör auf zu lehren,
üb' im Wohlklang lieber dich Von schönen Taten, in dem,
wodurch du weis' erscheinst, Laß Andern jetzt dies ganze
herrliche, soll ich es Possenspiel nennen oder Geschwätz,
Wes- halb dein Haus armselig, leer und verödet steht, und
eifere nicht denen nach, die solche Kleinigkeiten untersu- d
chen, sondern die sich Reichtum erwerben und Ruhm, und
viel anderes Gute.

4.3. Sokrates über die Eignung des Kallikles als Prüfstein der Wahrheit

SOKRATES: Wenn ich etwa eine goldne Seele hätte, Kallikles, glaubst du nicht, daß ich gar zu gern von jenen Steinen, an denen sie das Gold prüfen, den trefflichsten möchte gefunden haben, gegen welchen ich sie dann halten könnte, und wenn der Stein mir Zeugnis gäbe, daß meine Seele in gutem Stande wäre, nun ganz gewiß wüßte, daß ich zufrieden sein könnte, und keiner weiteren Prüfung bedürfe?

KALLIKLES: Weshalb fragst du das nur, o Sokrates? e

SOKRATES: Das will ich dir gleich sagen. Ich glaube nämlich, nun ich dich gefunden, ein solches Kleinod gefunden zu haben.

KALLIKLES: Wie so?

ΣΩ. Εὖ οἶδ' ὅτι, ἄν μοι σὺ ὁμολογήσῃς περὶ ὧν ἡ ἐμὴ ψυχὴ δοξάζει, ταῦτα ἤδη ἐστὶν αὐτὰ τἀληθῆ. Ἐννοῶ γὰρ ὅτι τὸν μέλλοντα βασανιεῖν ἱκανῶς ψυχῆς πέρι ὀρθῶς τε 487
ζώσης καὶ μή, τρία ἄρα δεῖ ἔχειν, ἃ σὺ πάντα ἔχεις, ἐπιστήμην τε καὶ εὔνοιαν καὶ παρρησίαν. Ἐγὼ γὰρ πολλοῖς ἐντυγχάνω, οἳ ἐμὲ οὐχ οἷοί τέ εἰσιν βασανίζειν, διὰ τὸ μὴ σοφοὶ εἶναι ὥσπερ σύ· ἕτεροι δὲ σοφοὶ μέν εἰσιν, οὐκ ἐθέλουσιν δέ μοι λέγειν τὴν ἀλήθειαν, διὰ τὸ μὴ κήδεσθαί μου ὥσπερ σύ· τὼ δὲ ξένω τώδε, Γοργίας τε καὶ Πῶλος, σοφὼ μὲν καὶ φίλω ἐστὸν ἐμώ, ἐνδεεστέρω δὲ παρρησίας καὶ b
αἰσχυντηροτέρω μᾶλλον τοῦ δέοντος. Πῶς γὰρ οὔ; ὥ γε εἰς τοσοῦτον αἰσχύνης ἐληλύθατον, ὥστε διὰ τὸ αἰσχύνεσθαι τολμᾷ ἑκάτερος αὐτῶν αὐτὸς αὑτῷ ἐναντία λέγειν ἐναντίον πολλῶν ἀνθρώπων, καὶ ταῦτα περὶ τῶν μεγίστων.

Σὺ δὲ ταῦτα πάντα ἔχεις, ἃ οἱ ἄλλοι οὐκ ἔχουσιν· πεπαίδευσαί τε γὰρ ἱκανῶς, ὡς πολλοὶ ἂν φήσαιεν Ἀθηναίων, καὶ ἐμοὶ εἶ εὔνους. Τίνι τεκμηρίῳ χρῶμαι; Ἐγώ σοι ἐρῶ. c
Οἶδα ὑμᾶς ἐγώ, ὦ Καλλίκλεις, τέτταρας ὄντας κοινωνοὺς γεγονότας σοφίας, σέ τε καὶ Τείσανδρον τὸν Ἀφιδναῖον καὶ Ἄνδρωνα τὸν Ἀνδροτίωνος καὶ Ναυσικύδην τὸν Χολαργέα· καί ποτε ὑμῶν ἐγὼ ἐπήκουσα βουλευομένων μέχρι ὅποι τὴν σοφίαν ἀσκητέον εἴη, καὶ οἶδα ὅτι ἐνίκα ἐν ὑμῖν τοιάδε τις δόξα, μὴ προθυμεῖσθαι εἰς τὴν ἀκρίβειαν φιλοσοφεῖν, ἀλλὰ εὐλαβεῖσθαι παρεκελεύεσθε ἀλλήλοις ὅπως d
μὴ πέρα τοῦ δέοντος σοφώτεροι γενόμενοι λήσετε διαφθαρέντες. Ἐπειδὴ οὖν σου ἀκούω ταὐτὰ ἐμοὶ συμβουλεύοντος ἅπερ τοῖς σεαυτοῦ ἑταιροτάτοις, ἱκανόν μοι τεκμήριόν ἐστιν ὅτι ὡς ἀληθῶς μοι εὔνους εἶ. Καὶ μὴν ὅτι γε οἷος παρρησιάζεσθαι καὶ μὴ αἰσχύνεσθαι, αὐτός τε φῂς καὶ ὁ λόγος ὃν ὀλίγον πρότερον ἔλεγες ὁμολογεῖ σοι.

SOKRATES: Ich weiß gewiß, daß was du mir zugibst
von meinen Meinungen, dieses dann gewiß die Wahrheit
selbst ist. Ich denke mir nämlich, wer eine vollständige Prü- 487a
fung anstellen soll mit einer Seele, ob sie recht lebt
oder nicht, muß dreierlei haben, welches du alles hast,
Einsicht, Wohlwollen und Freimütigkeit. Denn ich treffe auf
gar Viele, welche nicht im Stande sind, mich zu pro-
ben, weil sie nicht weise sind wie du. Andere sind zwar wei-
se, wollen mir aber nicht die Wahrheit sagen, weil sie sich
meiner nicht so annehmen wie du. Und wiederum diese
beiden Fremden, Gorgias und Polos, sind zwar weise
und mir auch gewogen, ermangeln aber etwas der Frei- b
mütigkeit, und sind verschämter als billig. Oder wie kann
es anders sein, da sie es so weit treiben mit der Verschämt-
heit, daß sie beide weil sie sich schämen so driest sind,
sich selbst, Angesichts vieler Menschen, zu widersprechen,
und das in den wichtigsten Dingen. Du aber hast dieses
alles, was die Andern nicht haben. Denn unterrichtet bist
du zur Genüge, wie gewiß die meisten Athener eingestehn
würden, und gegen mich bist du wohlmeinend. Woraus c
ich das schließe will ich dir sagen. Ich weiß, Kallikles,
daß ihr viere eine Gemeinschaft der Weisheit unter euch
errichtet habt, du und Tisandros der Aphidnaier, und An-
dron der Sohn des Androtion, und Nausikydes der Cholar-
ger. Und ich habe euch einmal behorcht als ihr Berat-
schlagtet, wie weit man sich mit der Wissenschaft abgeben
müsse, und weiß, daß eine solche Meinung unter euch die
Oberhand behielt, man müsse es nicht bis aufs äußerste trei-
ben wollen mit der Philosophie, vielmehr ermahntet ihr euch
unter einander, auf eurer Hut zu sein, damit ihr nicht weiser d
würdet als schicklich, und dadurch unvermerkt in Unglück
gerietet. Da ich nun höre, daß du mir denselben Rat erteilst
wie deinen Vertrautesten: so ist mir dies ein hinreichender
Beweis, daß du es wahrhaft wohl mit mir meinst. Daß du
aber frei heraus zu reden verstehst ohne dich zu schämen,
sagst du ja selbst, und was du vorher sagtest, bezeugt es dir
auch. Daher verhält es sich hiermit jetzt offenbar so, wenn
du mit mir über etwas in unseren Reden übereinkommst, das e

Ἔχει δὴ οὑτωσὶ δῆλον ὅτι τούτων πέρι νυνί· ἐάν τι σὺ
ἐν τοῖς λόγοις ὁμολογήσῃς μοι, βεβασανισμένον τοῦτ᾽ ἤδη e
ἔσται ἱκανῶς ὑπ᾽ ἐμοῦ τε καὶ σοῦ, καὶ οὐκέτι αὐτὸ δεήσει ἐπ᾽ ἄλλην βάσανον ἀναφέρειν. Οὐ γὰρ ἄν ποτε αὐτὸ συνεχώρησας σὺ οὔτε σοφίας ἐνδείᾳ οὔτε αἰσχύνης περιουσίᾳ, οὐδ᾽ αὖ ἀπατῶν ἐμὲ συγχωρήσαις ἄν· φίλος γάρ μοι εἶ, ὡς καὶ αὐτὸς φῄς. Τῷ ὄντι οὖν ἡ ἐμὴ καὶ ἡ σὴ ὁμολογία τέλος ἤδη ἕξει τῆς ἀληθείας.

Πάντων δὲ καλλίστη ἐστὶν ἡ σκέψις, ὦ Καλλίκλεις, περὶ τούτων ὧν σὺ δή μοι ἐπετίμησας, ποῖόν τινα χρὴ εἶναι
τὸν ἄνδρα καὶ τί ἐπιτηδεύειν καὶ μέχρι τοῦ, καὶ πρεσβύ- 488
τερον καὶ νεώτερον ὄντα. Ἐγὼ γὰρ εἴ τι μὴ ὀρθῶς πράττω κατὰ τὸν βίον τὸν ἐμαυτοῦ, εὖ ἴσθι τοῦτο ὅτι οὐχ ἑκὼν ἐξαμαρτάνω ἀλλ᾽ ἀμαθίᾳ τῇ ἐμῇ· σὺ οὖν, ὥσπερ ἤρξω νουθετεῖν με, μὴ ἀποστῇς, ἀλλ᾽ ἱκανῶς μοι ἔνδειξαι τί ἔστιν τοῦτο ὃ ἐπιτηδευτέον μοι, καὶ τίνα τρόπον κτησαίμην ἂν αὐτό, καὶ ἐάν με λάβῃς νῦν μέν σοι ὁμολογήσαντα, ἐν δὲ τῷ ὑστέρῳ χρόνῳ μὴ ταὐτὰ πράττοντα ἅπερ ὡμολόγησα,
πάνυ με ἡγοῦ βλᾶκα εἶναι καὶ μηκέτι ποτέ με νουθετήσῃς b
ὕστερον, ὡς μηδενὸς ἄξιον ὄντα.

Ἐξ ἀρχῆς δέ μοι ἐπανάλαβε πῶς φῄς τὸ δίκαιον ἔχειν καὶ σὺ καὶ Πίνδαρος τὸ κατὰ φύσιν; Ἄγειν βίᾳ τὸν κρείττω τὰ τῶν ἡττόνων καὶ ἄρχειν τὸν βελτίω τῶν χειρόνων καὶ πλέον ἔχειν τὸν ἀμείνω τοῦ φαυλοτέρου; Μή τι ἄλλο λέγεις τὸ δίκαιον εἶναι, ἢ ὀρθῶς μέμνημαι;

ΚΑΛ. Ἀλλὰ ταῦτα ἔλεγον καὶ τότε καὶ νῦν λέγω.

ΣΩ. Πότερον δὲ τὸν αὐτὸν βελτίω καλεῖς σὺ καὶ κρείττω;
Οὐδὲ γάρ τοι τότε οἷός τ᾽ ἦ μαθεῖν σου τί ποτε λέγεις. c
Πότερον τοὺς ἰσχυροτέρους κρείττους καλεῖς καὶ δεῖ ἀκροᾶσθαι τοῦ ἰσχυροτέρου τοὺς ἀσθενεστέρους, οἷόν μοι δοκεῖς καὶ τότε ἐνδείκνυσθαι, ὡς αἱ μεγάλαι πόλεις ἐπὶ τὰς μικρὰς

wird alsdann hinlänglich erprobt sein durch mich und dich, und es wird nicht nötig sein, es noch auf eine andere Probe zu bringen. Denn du würdest es ja sonst nicht eingeräumt haben, weder aus Mangel an Weisheit noch aus Überfluß an Scham; noch auch um mich zu betrügen würdest du es einräumen. Denn du bist mir freund, wie du auch selbst sagst. Gewiß also wird, was ich und du eingestehe, das höchste Ziel der Richtigkeit haben. Es gibt aber gewiß keine schönere Untersuchung, o Kallikles, als darüber, weshalb du mir eben Vorwürfe machtest, wie nämlich ein Mann sein muß,
und wonach er zu streben hat und wie weit, im Alter sowohl 488a
als in der Jugend. Denn wenn ich irgendwo nicht richtig handle in meinem Leben: so wisse nur, daß ich nicht fehle, sondern in meinem Unverstande. Wie du also schon angefangen hast mich zurechtzuweisen, so laß nicht ab; sondern zeige mir vollständig, was dasjenige ist, dessen ich mich bestreben soll, und auf welche Weise ich es wohl erlangen könnte. Und wenn du findest, daß ich dir jetzt zwar beistimme, in der Folge aber dasjenige nicht tue, worin ich dir bei-
gestimmt: so halte mich nur ganz für einen Taugenicht, und b
ermahne mich niemals wieder nachher, wie einen der nichts wert ist.

4.4. Die Begriffe „würdiger", „besser" und „stärker"

4.4.1. Erste Erklärung des Kallikles: Sie bedeuten alle dasselbe

Wiederhole mir aber noch einmal von Anfang, wie du glaubst, und Pindaros mit dir, daß es sich mit dem Gerechten verhalte, dem der Natur gemäßen, daß der Würdigere gewaltsam wegführt, was dem Geringeren gehört, und der Bessere über den Schlechteren herrscht, und der Edlere mehr hat als der Gemeinere? ist nach deiner Rede das Gerechte etwas anderes, oder habe ich es richtig behalten?

KALLIKLES: Eben das sagte ich damals, und sage es auch jetzt noch.

SOKRATES: Meinst du aber dasselbe, wenn du sagst einer
ist besser, und wenn du sagst einer ist würdiger? Denn das c
konnte ich auch schon damals nicht recht verstehn wie du es meintest. Nennst du die würdiger, welche stärker sind,

κατὰ τὸ φύσει δίκαιον ἔρχονται, ὅτι κρείττους εἰσὶν καὶ ἰσχυρότεραι, ὡς τὸ κρεῖττον καὶ ἰσχυρότερον καὶ βέλτιον ταὐτὸν ὄν, ἢ ἔστι βελτίω μὲν εἶναι, ἥττω δὲ καὶ ἀσθενέστερον, καὶ κρείττω μὲν εἶναι, μοχθηρότερον δέ· ἢ ὁ αὐτὸς d ὅρος ἐστὶν τοῦ βελτίονος καὶ τοῦ κρείττονος; Τοῦτό μοι αὐτὸ σαφῶς διόρισον, ταὐτὸν ἢ ἕτερόν ἐστιν τὸ κρεῖττον καὶ τὸ βέλτιον καὶ τὸ ἰσχυρότερον;

ΚΑΛ. Ἀλλ' ἐγώ σοι σαφῶς λέγω ὅτι ταὐτόν ἐστιν.

ΣΩ. Οὐκοῦν οἱ πολλοὶ τοῦ ἑνὸς κρείττους εἰσὶν κατὰ φύσιν; Οἳ δὴ καὶ τοὺς νόμους τίθενται ἐπὶ τῷ ἑνί, ὥσπερ καὶ σὺ ἄρτι ἔλεγες.

ΚΑΛ. Πῶς γὰρ οὔ;

ΣΩ. Τὰ τῶν πολλῶν ἄρα νόμιμα τὰ τῶν κρειττόνων ἐστίν.

ΚΑΛ. Πάνυ γε.

ΣΩ. Οὐκοῦν τὰ τῶν βελτιόνων; Οἱ γὰρ κρείττους βελ- e τίους που κατὰ τὸν σὸν λόγον.

ΚΑΛ. Ναί.

ΣΩ. Οὐκοῦν τὰ τούτων νόμιμα κατὰ φύσιν καλά, κρειττόνων γε ὄντων;

ΚΑΛ. Φημί.

ΣΩ. Ἆρ' οὖν οἱ πολλοὶ νομίζουσιν οὕτως, ὡς ἄρτι αὖ σὺ ἔλεγες, δίκαιον εἶναι τὸ ἴσον ἔχειν καὶ αἴσχιον τὸ ἀδικεῖν τοῦ ἀδικεῖσθαι; Ἔστιν ταῦτα ἢ οὔ; Καὶ ὅπως μὴ 489 ἁλώσει ἐνταῦθα σὺ αὖ αἰσχυνόμενος· νομίζουσιν, ἢ οὔ, οἱ πολλοὶ τὸ ἴσον ἔχειν ἀλλ' οὐ τὸ πλέον δίκαιον εἶναι, καὶ αἴσχιον τὸ ἀδικεῖν τοῦ ἀδικεῖσθαι; Μὴ φθόνει μοι ἀποκρίνασθαι τοῦτ', ⟨ὦ⟩ Καλλίκλεις, ἵν', ἐάν μοι ὁμολογήσῃς, βεβαιώσωμαι ἤδη παρὰ σοῦ, ἅτε ἱκανοῦ ἀνδρὸς διαγνῶναι ὡμολογηκότος.

ΚΑΛ. Ἀλλ' οἵ γε πολλοὶ νομίζουσιν οὕτως.

ΣΩ. Οὐ νόμῳ ἄρα μόνον ἐστὶν αἴσχιον τὸ ἀδικεῖν τοῦ ἀδικεῖσθαι, οὐδὲ δίκαιον τὸ ἴσον ἔχειν, ἀλλὰ καὶ φύσει·

und soll der Schwächere auf den Stärkeren hören, wie mich dünkt daß du auch damals zeigtest, daß die größeren Staaten nach dem natürlichen Recht die kleineren angriffen, weil sie nämlich würdiger sind und stärker, wonach dann würdiger und stärker und besser einerlei wäre? Oder kann man besser sein, aber geringer und schwächer, und würdiger, aber schlechter? oder soll besser und würdiger einer- d
lei besagen? Dieses grade bestimme mir recht genau, ob das verschieden ist oder einerlei, würdiger und besser und stärker.

KALLIKLES: So sage ich dir denn ganz bestimmt, daß es einerlei ist.

SOKRATES: Sind nun nicht die Vielen von Natur stärker als der Eine, da sie ja auch die Gesetze geben für den Einen, wie du auch selbst vorher sagtest?

KALLIKLES: Wie anders?

SOKRATES: Was also den Vielen gesetzlich ist, ist es auch den Stärkeren.

KALLIKLES: Allerdings.

SOKRATES: Also auch den Besseren; denn die Stärkeren e
sind bei weitem die Besseren nach deiner Rede.

KALLIKLES: Ja.

SOKRATES: Also das bei diesen Gesetzliche ist von Natur schön, da sie ja eben die Besseren sind?

KALLIKLES: Das gebe ich zu.

SOKRATES: Setzen nun nicht eben die Vielen dieses fest, wie du auch selbst oben sagtest, es sei gerecht das Gleiche zu haben, und Unrecht tun sei unschöner als Unrecht 489a
leiden? Ist dies so oder nicht? Und daß du hier nur ja nicht darauf ertappt wirst, daß du dich auch schämst. Setzen die Vielen dieses fest oder nicht, daß das Gleiche zu haben, und nicht mehr, gerecht sei? Nicht die Antwort hierauf mir vorenthalten, Kallikles, damit wenn du mir beistimmst, ich dann befestiget werde durch dich, weil nun ein Mann, der wohl im Stande ist es zu beurteilen, mir beigestimmt hat.

KALLIKLES: Ja, die Vielen setzen dies so fest.

SOKRATES: Also nicht nur dem Gesetze nach ist Un-

ὥστε κινδυνεύεις οὐκ ἀληθῆ λέγειν ἐν τοῖς πρόσθεν οὐδὲ b ὀρθῶς ἐμοῦ κατηγορεῖν λέγων ὅτι ἐναντίον ἐστὶν ὁ νόμος καὶ ἡ φύσις, ἃ δὴ καὶ ἐγὼ γνοὺς κακουργῶ ἐν τοῖς λόγοις, ἐὰν μέν τις κατὰ φύσιν λέγῃ, ἐπὶ τὸν νόμον ἄγων, ἐὰν δέ τις κατὰ τὸν νόμον, ἐπὶ τὴν φύσιν.

ΚΑΛ. Οὑτοσὶ ἀνὴρ οὐ παύσεται φλυαρῶν. Εἰπέ μοι, ὦ Σώκρατες, οὐκ αἰσχύνει, τηλικοῦτος ὤν, ὀνόματα θηρεύων, καὶ ἐάν τις ῥήματι ἁμάρτῃ, ἕρμαιον τοῦτο ποιούμενος; c Ἐμὲ γὰρ οἴει ἄλλο τι λέγειν τὸ κρείττους εἶναι ἢ τὸ βελτίους; Οὐ πάλαι σοι λέγω ὅτι ταὐτόν φημι εἶναι τὸ βέλτιον καὶ τὸ κρεῖττον; Ἦ οἴει με λέγειν, ἐὰν συρφετὸς συλλεγῇ δούλων καὶ παντοδαπῶν ἀνθρώπων μηδενὸς ἀξίων πλὴν ἴσως τῷ σώματι ἰσχυρίσασθαι, καὶ οὗτοι φῶσιν, αὐτὰ ταῦτα εἶναι νόμιμα.

ΣΩ. Εἶεν, ὦ σοφώτατε Καλλίκλεις· οὕτω λέγεις;

ΚΑΛ. Πάνυ μὲν οὖν. d

ΣΩ. Ἀλλ' ἐγὼ μέν, ὦ δαιμόνιε, καὶ αὐτὸς πάλαι τοπάζω τοιοῦτόν τί σε λέγειν τὸ κρεῖττον, καὶ ἀνερωτῶ γλιχόμενος σαφῶς εἰδέναι ὅ τι λέγεις. Οὐ γὰρ δήπου σύ γε τοὺς δύο βελτίους ἡγεῖ τοῦ ἑνός, οὐδὲ τοὺς σοὺς δούλους βελτίους σοῦ, ὅτι ἰσχυρότεροί εἰσιν ἢ σύ. Ἀλλὰ πάλιν ἐξ ἀρχῆς εἰπέ τί ποτε λέγεις τοὺς βελτίους, ἐπειδὴ οὐ τοὺς ἰσχυροτέρους; Καί, ὦ θαυμάσιε, πρᾳότερόν με προδίδασκε, ἵνα μὴ ἀποφοιτήσω παρὰ σοῦ.

rechttun unschöner als Unrechtleiden, und das Gleiche
haben gerecht, sondern auch der Natur nach. So daß du b
im vorigen nicht magst wahr gesprochen, noch mir mit
Recht Schuld gegeben haben, als du sagtest, Gesetz und
Natur wären einander entgegen, was ich wohl wüßte, und
dadurch in meinen Reden den Andern übervorteilte, indem
ich, wenn es jemand nach der Natur meinte, ihn auf das
Gesetzliche führte, wenn aber nach dem Gesetz, dann auf
die Natur.

KALLIKLES: Dieser Mann wird nie aufhören, leeres Geschwätz zu treiben. Sage mir, Sokrates, schämst du dich
nicht in deinem Alter auf Worte Jagd zu machen, und wenn
jemand in einem Worte fehlt, dies für einen großen Fund zu c
achten? Glaubst du denn, daß ich etwas anderes meine unter
dem Bessersein als das würdiger sein? Sage ich dir nicht
schon immer, ich setze dies als einerlei, würdiger und besser?
Oder glaubst du, ich meine, wenn sich ein Haufen Knechte
versammelt, oder allerlei andere Leute, an denen weiter gar
nichts ist, als daß sie vielleicht körperliche Kräfte haben, und
diese es behaupten, daß dann eben dieses das gesetzliche
sei?

SOKRATES: Wohl, du weisester Kallikles! So meinst du
es?

KALLIKLES: Freilich so. d

SOKRATES: Auch ich vermutete selbst schon lange, daß
du es so ungefähr meintest mit dem würdiger sein, und fragte dich eben weiter, weil ich gern recht genau wissen wollte,
wie du es meintest. Denn du hältst doch wohl nicht allemal
Zwei für besser als Einen, noch deine Knechte für besser als
dich, weil sie stärker sind als du. Also sage mir noch einmal
von Anfang, was du denn eigentlich verstehst unter den Besseren, wenn doch nicht die Stärkeren. Und du Wunderlicher,
lehre mich etwas sanftmütiger sein, damit ich nicht wegbleibe von dir.

ΚΑΛ. Εἰρωνεύει, ὦ Σώκρατες. e

ΣΩ. Μὰ τὸν Ζῆθον, ὦ Καλλίκλεις, ᾧ σὺ χρώμενος πολλὰ
νυνδὴ εἰρωνεύου πρός με· ἀλλ᾽ ἴθι εἰπέ, τίνας λέγεις τοὺς
βελτίους εἶναι;

ΚΑΛ. Τοὺς ἀμείνους ἔγωγε.

ΣΩ. Ὁρᾷς ἄρα ὅτι σὺ αὐτὸς ὀνόματα λέγεις, δηλοῖς
δὲ οὐδέν; Οὐκ ἐρεῖς, τοὺς βελτίους καὶ κρείττους πότερον
τοὺς φρονιμωτέρους λέγεις ἤ ἄλλους τινάς;

ΚΑΛ. Ἀλλὰ ναὶ μὰ Δία τούτους λέγω, καὶ σφόδρα γε.

ΣΩ. Πολλάκις ἄρα εἷς φρονῶν μυρίων μὴ φρονούντων 490
κρείττων ἐστὶν κατὰ τὸν σὸν λόγον, καὶ τοῦτον ἄρχειν δεῖ,
τοὺς δ᾽ ἄρχεσθαι, καὶ πλέον ἔχειν τὸν ἄρχοντα τῶν ἀρχο-
μένων· τοῦτο γάρ μοι δοκεῖς βούλεσθαι λέγειν — καὶ οὐ
ῥῆμά τι θηρεύω — εἰ ὁ εἷς τῶν μυρίων κρείττων.

ΚΑΛ. Ἀλλὰ ταῦτ᾽ ἔστιν ἃ λέγω. Τοῦτο γὰρ οἶμαι ἐγὼ
τὸ δίκαιον εἶναι φύσει, τὸ βελτίω ὄντα καὶ φρονιμώτερον
καὶ ἄρχειν καὶ πλέον ἔχειν τῶν φαυλοτέρων.

ΣΩ. Ἔχε δὴ αὐτοῦ. Τί ποτε αὖ νῦν λέγεις; Ἐὰν ἐν τῷ b
αὐτῷ ὦμεν, ὥσπερ νῦν, πολλοὶ ἁθρόοι ἄνθρωποι, καὶ ἡμῖν
ᾖ ἐν κοινῷ πολλὰ σιτία καὶ ποτά, ὦμεν δὲ παντοδαποί, οἱ
μὲν ἰσχυροί, οἱ δ᾽ ἀσθενεῖς, εἷς δὲ ἡμῶν ᾖ φρονιμώτερος
περὶ ταῦτα, ἰατρὸς ὤν, ᾖ δέ, οἷον εἰκός, τῶν μὲν ἰσχυρό-
τερος, τῶν δὲ ἀσθενέστερος, ὅλλο τι ἤ οὗτος, φρονιμώτερος
ἡμῶν ὤν, βελτίων καὶ κρείττων ἔσται εἰς ταῦτα;

ΚΑΛ. Πάνυ γε.

ΣΩ. Ἦ οὖν τούτων τῶν σιτίων πλέον ἡμῶν ἑκτέον c
αὐτῷ, ὅτι βελτίων ἐστίν, ἤ τῷ μὲν ἄρχειν πάντα ἐκεῖνον
δεῖ νέμειν, ἐν τῷ δὲ ἀναλίσκειν τε αὐτὰ καὶ καταχρῆσθαι
εἰς τὸ ἑαυτοῦ σῶμα οὐ πλεονεκτητέον, εἰ μὴ μέλλει ζη-
μιοῦσθαι, ἀλλὰ τῶν μὲν πλέον, τῶν δ᾽ ἔλαττον ἑκτέον· ἐὰν

4.4.2. Zweite Erklärung des Kallikles: Der Bessere ist einsichtsvoller, soll herrschen und hat das Recht, mehr zu haben. Präzisierung

KALLIKLES: Du spottest wieder, Sokrates. e

SOKRATES: Nein, bei Zethos, vermittelst dessen du nur kürzlich soviel Spott mit mir getreiben hast. Also komm und sage mir, wer du meinst daß die Besseren sind.

KALLIKLES: Die Edleren, meine ich.

SOKRATES: Siehst du nun, daß du selbst nur Worte vorbringst und nichts erklärst? Willst du mir nicht sagen, ob du etwa unter denen, die würdiger und besser sind, die einsichtsvolleren meinst oder Andere?

KALLIKLES: Nun ja, eben diese meine ich, beim Zeus, ganz eigentlich.

SOKRATES: Oftmals also ist Ein Einsichtsvoller besser als 490a
zehntausend, die ohne Einsicht sind, nach deiner Rede, und dieser muß herrschen, jene aber beherrscht werden, und der herrschende mehr haben als die beherrschten. Denn dies dünkt mich willst du sagen, und ich mache nicht Jagd auf Worte, wenn der Eine besser ist als die Zehntausend.

KALLIKLES: Eben das ist es auch was ich meine. Denn dies, denke ich, ist das Gerechte von Natur, daß der Bessere und Einsichtsvollere herrsche, und mehr habe als die Schlechteren.

SOKRATES: Halt doch hier. Was sagst du nur wieder b
jetzt? Wenn, wie jetzt hier, unserer sehr viele zusammen wären, und hätten gemeinschaftlich hier vielerlei Speisen und Getränk, wären aber durcheinander von allerlei Art, Kräftige und Schwächliche, einer aber unter uns wäre der Einsichtsvollste hierin, weil er ein Arzt wäre, wäre aber selbst, wie es ja wahrscheinlich ist, kräftiger als Einige, schwächer als Andere; nicht wahr, so wäre doch dieser, weil er einsichtsvoller wäre als wir, auch besser und stärker hierin?

KALLIKLES: Freilich.

SOKRATES: Müßte er nun etwa von diesen Speisen mehr c
bekommen, weil er der Bessere ist? oder müßte er, sofern er herrscht, eben alles verteilen, sofern er es aber genießt und verbraucht, für seinen eignen Leib nicht nach dem meisten streben, wenn er nicht Schaden leiden wollte, sondern mehr

δὲ τύχῃ πάντων ἀσθενέστατος ὤν, πάντων ἐλάχιστον τῷ βελτίστῳ, ὦ Καλλίκλεις; Οὐχ οὕτως, ὠγαθέ;

ΚΑΛ. Περὶ σιτία λέγεις καὶ ποτὰ καὶ ἰατροὺς καὶ φλυαρίας· ἐγὼ δὲ οὐ ταῦτα λέγω. d

ΣΩ. Πότερον οὖν τὸν φρονιμώτερον βελτίω λέγεις; Φάθι ἢ μή.

ΚΑΛ. Ἔγωγε.

ΣΩ. Ἀλλ' οὐ τὸν βελτίω πλέον δεῖν ἔχειν;

ΚΑΛ. Ἀλλ' οὐ σιτίων γε οὐδὲ ποτῶν.

ΣΩ. Μανθάνω, ἀλλ' ἴσως ἱματίων, καὶ δεῖ τὸν ὑφαντικώτατον μέγιστον ἱμάτιον ἔχειν καὶ πλεῖστα καὶ κάλλιστα ἀμπεχόμενον περιιέναι;

ΚΑΛ. Ποίων ἱματίων;

ΣΩ. Ἀλλ' εἰς ὑποδήματα δῆλον ὅτι δεῖ πλεονεκτεῖν τὸν φρονιμώτατον εἰς ταῦτα καὶ βέλτιστον. Τὸν σκυτοτόμον e ἴσως μέγιστα δεῖ ὑποδήματα καὶ πλεῖστα ὑποδεδεμένον περιπατεῖν.

ΚΑΛ. Ποῖα ὑποδήματα; Φλυαρεῖς ἔχων.

ΣΩ. Ἀλλ' εἰ μὴ τὰ τοιαῦτα λέγεις, ἴσως τὰ τοιάδε, οἷον γεωργικὸν ἄνδρα περὶ γῆν φρόνιμόν τε καὶ καλὸν κἀγαθόν, τοῦτον δὴ ἴσως δεῖ πλεονεκτεῖν τῶν σπερμάτων καὶ ὡς πλείστῳ σπέρματι χρῆσθαι εἰς τὴν αὐτοῦ γῆν.

ΚΑΛ. Ὡς ἀεὶ ταὐτὰ λέγεις, ὦ Σώκρατες.

ΣΩ. Οὐ μόνον γε, ὦ Καλλίκλεις, ἀλλὰ καὶ περὶ τῶν αὐτῶν.

ΚΑΛ. Νὴ τοὺς θεούς, ἀτεχνῶς γε ἀεὶ σκυτέας τε καὶ 491 κναφέας καὶ μαγείρους λέγων καὶ ἰατροὺς οὐδὲν παύει, ὡς περὶ τούτων ἡμῖν ὄντα τὸν λόγον.

ΣΩ. Οὐκοῦν σὺ ἐρεῖς περὶ τίνων ὁ κρείττων τε καὶ φρονιμώτερος πλέον ἔχων δικαίως πλεονεκτεῖ; Ἢ οὔτε ἐμοῦ ὑποβάλλοντος ἀνέξει οὔτ' αὐτὸς ἐρεῖς;

haben als Einige und weniger als Andere, und wenn er zufälligerweise der schwächlichste wäre, dann gerade am wenigsten, Kallikles, unter Allen, ohnerachtet er der Beste wäre. Nicht so, mein Guter?

KALLIKLES: Von den Speisen sprichst du und Getränk und Ärzten und Possen, ich aber meine das gar nicht. d

SOKRATES: Sagst du also nicht, daß der Einsichtsvollere der Bessere ist? Sprich doch ja oder nein.

KALLIKLES: Ja, sage ich.

SOKRATES: Aber nicht, daß der Bessere auch mehr haben müsse?

KALLIKLES: Nicht Speise und Trank.

SOKRATES: Ich verstehe. Aber vielleicht Kleider, und wer sich am besten auf das Weben versteht, muß auch das größte Kleid haben, und am vollständigsten und schönsten angezogen umhergehn?

KALLIKLES: Was doch Kleider?

SOKRATES: Aber an Schuhen offenbar doch muß wer der einsichtsvollste und beste hierin ist, auch mehr haben, und e der Schuhmacher vielleicht auf die größten und meisten Sohlen treten?

KALLIKLES: Was für ein Geschwätz machst du nun wieder von Schuhen!

SOKRATES: Also wenn du dergleichen nicht meinst, dann vielleicht dieses, wie ein Landmann, der im Ackerbau einsichtsvoll ist und achtungswert, der muß vielleicht mehr Samen haben, und möglichst vielen auf seinen Acker verbrauchen?

KALLIKLES: Wie du doch immer wieder dasselbe vorbringst, Sokrates!

SOKRATES: Nicht nur das, o Kallikles, sondern auch, wohl zu merken, von derselben Sache.

KALLIKLES: Bei den Göttern, du hörst auch gar nicht 491a auf, immer von Schustern und Gerbern und Köchen und Ärzten zu reden, als wenn davon die Rede wäre unter uns.

SOKRATES: Willst du also sagen, worin denn der Einsichtsvollere und Bessere mehr haben soll, damit er es auch mit Recht habe? oder willst du weder leiden, daß ich dir etwas vorlege, noch auch es selbst sagen?

ΚΑΛ. Ἀλλ' ἔγωγε καὶ πάλαι λέγω. Πρῶτον μὲν τοὺς κρείττους οἵ εἰσιν οὐ σκυτοτόμους λέγω οὐδὲ μαγείρους,
ἀλλ' οἳ ἂν εἰς τὰ τῆς πόλεως πράγματα φρόνιμοι ὦσιν, b
ὅντινα ἂν τρόπον εὖ οἰκοῖτο, καὶ μὴ μόνον φρόνιμοι, ἀλλὰ καὶ ἀνδρεῖοι, ἱκανοὶ ὄντες ἃ ἂν νοήσωσιν ἐπιτελεῖν, καὶ μὴ ἀποκάμνωσι διὰ μαλακίαν τῆς ψυχῆς.

ΣΩ. Ὁρᾷς, ὦ βέλτιστε Καλλίκλεις, ὡς οὐ ταὐτὰ σύ τ' ἐμοῦ κατηγορεῖς καὶ ἐγὼ σοῦ ; Σὺ μὲν γὰρ ἐμὲ φῄς ἀεὶ ταὐτὰ λέγειν, καὶ μέμφει μοι· ἐγὼ δὲ σοῦ τοὐναντίον, ὅτι οὐδέποτε ταὐτὰ λέγεις περὶ τῶν αὐτῶν, ἀλλὰ τοτὲ μὲν τοὺς
βελτίους τε καὶ κρείττους τοὺς ἰσχυροτέρους ὡρίζου, αὖθις c
δὲ τοὺς φρονιμωτέρους, νῦν δ' αὖ ἕτερόν τι ἥκεις ἔχων· ἀνδρειότεροί τινες ὑπὸ σοῦ λέγονται οἱ κρείττους καὶ οἱ βελτίους. Ἀλλ', ὠγαθέ, εἰπὼν ἀπαλλάγηθι τίνας ποτὲ λέγεις τοὺς βελτίους τε καὶ κρείττους καὶ εἰς ὅ τι.

ΚΑΛ. Ἀλλ' εἴρηκά γε ἔγωγε τοὺς φρονίμους εἰς τὰ τῆς πόλεως πράγματα καὶ ἀνδρείους. Τούτους γὰρ προσήκει
τῶν πόλεων ἄρχειν, καὶ τὸ δίκαιον τοῦτ' ἐστίν, πλέον d
ἔχειν τούτους τῶν ἄλλων, τοὺς ἄρχοντας τῶν ἀρχομένων.

ΣΩ. Τί δέ ; αὐτῶν, ὦ ἑταῖρε, τί ; ἤ τι ἄρχοντας ἢ ἀρχομένους ;

ΚΑΛ. Πῶς λέγεις ;

ΣΩ. Ἕνα ἕκαστον λέγω αὐτὸν ἑαυτοῦ ἄρχοντα· ἢ τοῦτο μὲν οὐδὲν δεῖ, αὐτὸν ἑαυτοῦ ἄρχειν, τῶν δὲ ἄλλων ;

ΚΑΛ. Πῶς ἑαυτοῦ ἄρχοντα λέγεις ;

ΣΩ. Οὐδὲν ποικίλον, ἀλλ' ὥσπερ οἱ πολλοί, σώφρονα ὄντα καὶ ἐγκρατῆ αὐτὸν ἑαυτοῦ, τῶν ἡδονῶν καὶ ἐπιθυμιῶν
ἄρχοντα τῶν ἐν ἑαυτῷ. e

ΚΑΛ. Ὡς ἡδὺς εἶ· τοὺς ἠλιθίους λέγεις τοὺς σώφρονας.

ΣΩ. Πῶς γάρ [οὔ] ; οὐδεὶς ὅστις οὐκ ἂν γνοίη ὅτι οὐ τοῦτο λέγω.

KALLIKLES: Aber ich sage es ja schon lange, zuerst wer die Besseren sind, daß ich nicht Schuster meine noch Köche, sondern die in den Angelegenheiten des Staates einsichtsvoll b sind, und wissen, wie er gut kann verwaltet werden, und nicht nur einsichtsvoll, sondern auch tapfer, so daß sie im Stande sind, was sie ersonnen haben, auch auszuführen, und nicht dabei ermüden aus Weichlichkeit des Gemüts.

4.4.3. Kallikles' Entwurf der besten Lebensform

SOKRATES: Siehst du, bester Kallikles, wie es gar nicht dasselbe ist, was du mir Schuld gibst, und was ich wiederum dir? Denn du behauptest von mir, ich sagte immer dasselbe, und tadelst mich deshalb. Ich aber beschuldige dich im Gegenteil, daß du nie dasselbe sagst von derselben Sache; sondern bald erklärst du, die Besseren, und die Würdigeren, c wären die Stärkeren, dann wieder sind es die Einsichtsvolleren; nun aber bringst du schon wieder etwas anderes, indem du gewisse Tapfere für die Besseren ausgibst, und die Würdigeren. Aber, du Guter, sage es doch einmal fertig heraus, wer denn die Besseren sein sollen und worin?

KALLIKLES: Aber ich habe es ja schon gesagt, die in den Staatssachen einsichtsvoll sind und tapfer. Denn diesen kommt es zu die Staaten zu beherrschen, und das ist eben das d Recht, daß diese mehr haben als die Andern, die Herrschenden als die Beherrschten.

SOKRATES: Auch mehr als sie selbst, Freund?

KALLIKLES: Wie meinst du das?

SOKRATES: Ich meine, daß doch jeder Einzelne über sich selbst herrscht. Oder ist das gar nicht nötig, sich selbst beherrschen, sondern nur die Andern?

KALLIKLES: Wie meinst du sich selbst beherrschen?

SOKRATES: Gar nichts besonders schwieriges, sondern wie es die Leute meinen, besonnen sein und sein selbst mächtig, und die Lüste und Begierden, die Jeder in sich hat, be- e herrschend.

KALLIKLES: Wie gutmütig du bist! Diese Einfältigen meinst du, die Besonnenen!

SOKRATES: Warum denn nicht? Wie doch? Das kann ja Jedermann wissen, daß ich das nicht meine.

ΚΑΛ. Πάνυ γε σφόδρα, ὦ Σώκρατες. Ἐπεὶ πῶς ἂν
εὐδαίμων γένοιτο ἄνθρωπος δουλεύων ὁτῳοῦν ; Ἀλλὰ τοῦτ᾽
ἐστὶν τὸ κατὰ φύσιν καλὸν καὶ δίκαιον, ὃ ἐγώ σοι νῦν παρ-
ρησιαζόμενος λέγω, ὅτι δεῖ τὸν ὀρθῶς βιωσόμενον τὰς μὲν
ἐπιθυμίας τὰς ἑαυτοῦ ἐᾶν ὡς μεγίστας εἶναι καὶ μὴ κολά-
ζειν, ταύταις δὲ ὡς μεγίσταις οὔσαις ἱκανὸν εἶναι ὑπηρε-
τεῖν δι᾽ ἀνδρείαν καὶ φρόνησιν, καὶ ἀποπιμπλάναι ὧν ἂν 492
ἀεὶ ἡ ἐπιθυμία γίγνηται.

Ἀλλὰ τοῦτ᾽, οἶμαι, τοῖς πολλοῖς οὐ δυνατόν· ὅθεν ψέγου-
σιν τοὺς τοιούτους δι᾽ αἰσχύνην, ἀποκρυπτόμενοι τὴν αὑ-
τῶν ἀδυναμίαν, καὶ αἰσχρὸν δή φασιν εἶναι τὴν ἀκολασίαν,
ὅπερ ἐν τοῖς πρόσθεν ἐγὼ ἔλεγον, δουλούμενοι τοὺς βελτίους
τὴν φύσιν ἀνθρώπους, καὶ αὐτοὶ οὐ δυνάμενοι ἐκπορίζεσθαι
ταῖς ἡδοναῖς πλήρωσιν ἐπαινοῦσιν τὴν σωφροσύνην καὶ τὴν b
δικαιοσύνην διὰ τὴν αὑτῶν ἀνανδρίαν. Ἐπεί γε οἷς ἐξ ἀρ-
χῆς ὑπῆρξεν ἢ βασιλέων ὑέσιν εἶναι ἢ αὐτοὺς τῇ φύσει
ἱκανοὺς ἐκπορίσασθαι ἀρχήν τινα ἢ τυραννίδα ἢ δυναστείαν,
τί τῇ ἀληθείᾳ αἴσχιον καὶ κάκιον ⟨ἂν⟩ εἴη σωφροσύνης
τούτοις τοῖς ἀνθρώποις· οἷς ἐξὸν ἀπολαύειν τῶν ἀγαθῶν
καὶ μηδενὸς ἐμποδὼν ὄντος, αὐτοὶ ἑαυτοῖς δεσπότην ἐπα-
γάγοιντο τὸν τῶν πολλῶν ἀνθρώπων νόμον τε καὶ λόγον καὶ
ψόγον ; Ἦ πῶς οὐκ ἂν ἄθλιοι γεγονότες εἶεν ὑπὸ τοῦ κα-
λοῦ τοῦ τῆς δικαιοσύνης καὶ τῆς σωφροσύνης, μηδὲν πλέον c
νέμοντες τοῖς φίλοις τοῖς αὑτῶν ἢ τοῖς ἐχθροῖς, καὶ ταῦτα
ἄρχοντες ἐν τῇ ἑαυτῶν πόλει ;

Ἀλλὰ τῇ ἀληθείᾳ, ὦ Σώκρατες, ἣν φῂς σὺ διώκειν, ὧδ᾽
ἔχει· τρυφὴ καὶ ἀκολασία καὶ ἐλευθερία, ἐὰν ἐπικουρίαν
ἔχῃ, τοῦτ᾽ ἐστὶν ἀρετή τε καὶ εὐδαιμονία· τὰ δὲ ἄλλα ταῦτ᾽
ἐστὶ τὰ καλλωπίσματα, τὰ παρὰ φύσιν συνθήματα ἀνθρώ-
πων, φλυαρία καὶ οὐδενὸς ἄξια.

KALLIKLES: Ganz gewiß doch, Sokrates. Denn wie
könnte wohl ein Mensch glückselig sein, der irgend wem
diente? Sondern das ist eben das von Natur Schöne und
Rechte, was ich dir nun ganz frei heraus sage, daß wer richtig
leben will, seine Begierden muß so groß werden lassen als
möglich, und sie nicht einzwängen; und diesen, wie groß sie
auch sind, muß er dennoch Genüge zu leisten vermögen
durch Tapferkeit und Einsicht, und worauf seine Begierde 492a
jedesmal geht sie befriedigen. Allein dies, meine ich, sind
eben die Meisten nicht im Stande, weshalb sie grade solche
Menschen tadeln aus Scham, ihr eignes Unvermögen verber-
gend, und sagen, die Ungebundenheit sei etwas Schändli-
ches, um, wie ich auch vorher schon sagte, die von Natur
besseren Menschen einzuzwängen; und weil sie selbst ihren
Lüsten keine Befriedigung zu verschaffen vermögen, so lo-
ben sie die Besonnenheit und die Gerechtigkeit, ihrer eige- b
nen Unmännlichkeit wegen. Denn denen, welche entweder
schon ursprünglich Söhne von Königen waren, oder welche
kraft ihrer eigenen Natur vermochten sich ein Reich oder
eine Macht und Herrschaft zu gründen, was wäre wohl un-
schöner und übler als die Besonnenheit für diese Menschen,
wenn sie, daß sie des Guten genießen könnten, und ihnen
niemand im Wege steht, sich selbst einen Herren setzten,
nämlich des großen Haufens Gesetz, Geschwätz und Ge-
richt. Oder wie sollten sie nicht elend geworden sein durch
das Schöne der Gerechtigkeit und Besonnenheit, wenn sie c
nun ihren Freunden nichts mehr zuwenden als ihren Fein-
den, und das, ohnerachtet sie herrschen in ihrem Staat! Son-
dern der Wahrheit nach, o Sokrates, die du ja behauptest zu
suchen, verhält es sich so: Üppigkeit und Ungebundenheit
und Freigebigkeit, wenn sie nur Rückhalt haben, sind eben
Tugend und Glückseligkeit; jenes andere aber sind Zie-
rereien, widernatürliche Satzungen, leeres Geschwätz der
Leute und nichts wert.

ΣΩ. Οὐκ ἀγεννῶς γε, ὦ Καλλίκλεις, ἐπεξέρχει τῷ λόγῳ d
παρρησιαζόμενος· σαφῶς γὰρ σὺ νῦν λέγεις ἃ οἱ ἄλλοι
διανοοῦνται μέν, λέγειν δὲ οὐκ ἐθέλουσιν. Δέομαι οὖν ἐγώ
σου μηδενὶ τρόπῳ ἀνεῖναι, ἵνα τῷ ὄντι κατάδηλον γένηται
πῶς βιωτέον. Καί μοι λέγε· τὰς μὲν ἐπιθυμίας φῄς οὐ
κολαστέον, εἰ μέλλει τις οἷον δεῖ εἶναι, ἐῶντα δὲ αὐτὰς ὡς
μεγίστας πλήρωσιν αὐταῖς ἁμόθεν γέ ποθεν ἑτοιμάζειν,
καὶ τοῦτο εἶναι τὴν ἀρετήν; e

ΚΑΛ. Φημὶ ταῦτα ἐγώ.

ΣΩ. Οὐκ ἄρα ὀρθῶς λέγονται οἱ μηδενὸς δεόμενοι εὐδαίμονες εἶναι.

ΚΑΛ. Οἱ λίθοι γὰρ ἂν οὕτω γε καὶ οἱ νεκροὶ εὐδαιμονέστατοί εἶεν.

ΣΩ. Ἀλλὰ μὲν δὴ καὶ ὥς γε σὺ λέγεις δεινὸς ὁ βίος. Οὐ γάρ τοι θαυμάζοιμ' ἂν εἰ Εὐριπίδης ἀληθῆ ἐν τοῖσδε λέγει, λέγων

τίς δ' οἶδεν εἰ τὸ ζῆν μέν ἐστι κατθανεῖν,
τὸ κατθανεῖν δὲ ζῆν;

Καὶ ἡμεῖς τῷ ὄντι ἴσως τέθναμεν· ὅπερ ἤδη του ἔγωγε 493
καὶ ἤκουσα τῶν σοφῶν, ὡς νῦν ἡμεῖς τέθναμεν, καὶ τὸ μὲν
σῶμά ἐστιν ἡμῖν σῆμα, τῆς δὲ ψυχῆς τοῦτο ἐν ᾧ ἐπιθυ-
μίαι εἰσὶ τυγχάνει ὂν οἷον ἀναπείθεσθαι καὶ μεταπίπτειν
ἄνω κάτω. Καὶ τοῦτο ἄρα τις μυθολογῶν κομψὸς ἀνήρ,
ἴσως Σικελός τις ἢ Ἰταλικός, παράγων τῷ ὀνόματι διὰ τὸ
πιθανόν τε καὶ πειστικὸν ὠνόμασε πίθον, τοὺς δὲ ἀνοήτους
ἀμυήτους, τῶν δ' ἀνοήτων τοῦτο τῆς ψυχῆς οὗ αἱ ἐπιθυ- b
μίαι εἰσί, τὸ ἀκόλαστον αὐτοῦ καὶ οὐ στεγανόν, ὡς τετρη-
μένος εἴη πίθος, διὰ τὴν ἀπληστίαν ἀπεικάσας. Τοὐναντίον
δὴ οὗτος σοί, ὦ Καλλίκλεις, ἐνδείκνυται ὡς τῶν ἐν Ἅιδου
— τὸ ἀειδὲς δὴ λέγων — οὗτοι ἀθλιώτατοι ἂν εἶεν, οἱ ἀμύη-
τοι, καὶ φοροῖεν εἰς τὸν τετρημένον πίθον ὕδωρ ἑτέρῳ
τοιούτῳ τετρημένῳ κοσκίνῳ. Τὸ δὲ κόσκινον ἄρα λέγει, ὡς

4.4.4. Selbstbeherrschung und Zügellosigkeit: Der Gegenentwurf des Sokrates

SOKRATES: Gar nicht feigherzig, o Kallikles, machst du d
deinen Ausfall mit großer Freimütigkeit. Denn ganz offen sagst du nun heraus, was die Andern zwar auch denken, aber nicht sagen wollen. Ich bitte dich daher, ja auf keine Weise nachzulassen, damit nun in der Tat offenbar werde, wie man leben muß. Und sage mir, die Begierden, sprichst du, muß man nicht einzwängen, wenn man sein will wie man soll, sondern sie so groß immer möglich lassen, und ihnen woher es auch sei Befriedigung bereiten, und das sei die Tugend. e

KALLIKLES: Das behaupte ich.

SOKRATES: Nicht richtig also sagt man die nichts bedürfenden wären glückselig.

KALLIKLES: Die Steine wären ja auf diese Art am glückseligsten, und die Toten.

SOKRATES: Aber doch auch, so wie du es beschreibst, ist das Leben mühselig. Ich wenigstens wollte mich nicht wundern, wenn Euripides Recht hätte, wo er sagt: Wer weiß ob unser Leben nicht ein Tod nur ist, Gestorben sein dagegen
Leben? und ob wir vielleicht in der Tat tot sind. Was ich 493a
auch sonst schon von einem der Weisen gehört habe, daß wir jetzt tot wären, und unsere Leiber wären nur unsere Gräber, der Teil der Seele aber, worin die Neigungen sind, wäre ein beständiges Anneigen und Abstoßen aufwärts und abwärts, welches ein stattlicher Mann, der Sinnbilder dichtet, einer aus Sikelien wohl oder Italien mit dem Worte spielend wegen des Einfüllens und Fassenwollens ein Faß genannt hat,
und die Ausgelassenen Ausgeschlossene, und bei diesen b
Ausgeschlossenen könnte nun der Teil der Seele, wo die Neigungen sind, eben wegen der Ungebundenheit und Unhaltbarkeit nicht schließen, wie ein leckes Faß, womit er sie der Unersättlichkeit wegen verglich. Und ganz dir entgegengesetzt, o Kallikles, zeigt dieser, daß in der Schattenwelt, worunter er die Geisterwelt meinte, jene Ausgeschlossenen die Unseligsten wären und Wasser trügen in das lecke Faß mit einem eben so lecken Siebe. Unter dem Siebe aber verstand er, wie der sagt, der es mir erzählte, die Seele, und die c

ἔφη ὁ πρὸς ἐμὲ λέγων, τὴν ψυχὴν εἶναι· τὴν δὲ ψυχὴν κοσ- c
κίνῳ ἀπῄκασεν τὴν τῶν ἀνοήτων ὡς τετρημένην, ἅτε οὐ
δυναμένην στέγειν δι᾽ ἀπιστίαν τε καὶ λήθην.

Ταῦτ᾽ ἐπιεικῶς μέν ἐστιν ὑπό τι ἄτοπα, δηλοῖ μὴν ὃ ἐγὼ βούλομαί σοι ἐνδειξάμενος, ἐάν πως οἷός τε ὦ, πεῖσαι μεταθέσθαι, ἀντὶ τοῦ ἀπλήστως καὶ ἀκολάστως ἔχοντος βίου τὸν κοσμίως καὶ τοῖς ἀεὶ παροῦσιν ἱκανῶς καὶ ἐξαρκούντως ἔχοντα βίον ἑλέσθαι.

Ἀλλὰ πότερον πείθω τί σε καὶ μετατίθεσθαι εὐδαιμονε- d
στέρους εἶναι τοὺς κοσμίους τῶν ἀκολάστων, ἢ οὐδ᾽ ἂν ἄλλα πολλὰ τοιαῦτα μυθολογῶ, οὐδέν τι μᾶλλον μεταθήσει;

ΚΑΛ. Τοῦτ᾽ ἀληθέστερον εἴρηκας, ὦ Σώκρατες.

ΣΩ. Φέρε δή, ἄλλην σοι εἰκόνα λέγω ἐκ τοῦ αὐτοῦ γυμνασίου τῇ νῦν. Σκόπει γὰρ εἰ τοιόνδε λέγεις περὶ τοῦ βίου ἑκατέρου, τοῦ τε σώφρονος καὶ τοῦ ἀκολάστου, οἷον εἰ δυοῖν ἀνδροῖν ἑκατέρῳ πίθοι πολλοὶ εἶεν, καὶ τῷ μὲν ἑτέρῳ
ὑγιεῖς καὶ πλήρεις, ὁ μὲν οἴνου, ὁ δὲ μέλιτος, ὁ δὲ γάλακ- e
τος, καὶ ἄλλοι πολλοὶ πολλῶν, νάματα δὲ σπάνια καὶ χαλεπὰ ἑκάστου τούτων εἴη καὶ μετὰ πολλῶν πόνων καὶ χαλεπῶν ἐκποριζόμενα· ὁ μὲν οὖν ἕτερος πληρωσάμενος μήτ᾽ ἐποχετεύοι μήτε τι φροντίζοι, ἀλλ᾽ ἕνεκα τούτων ἡσυχίαν ἔχοι· τῷ δ᾽ ἑτέρῳ τὰ μὲν νάματα, ὥσπερ καὶ ἐκείνῳ, δυνατὰ μὲν πορίζεσθαι, χαλεπὰ δέ, τὰ δ᾽ ἀγγεῖα τετρημένα καὶ σαθρά, ἀναγκάζοιτο δ᾽ ἀεὶ καὶ νύκτα καὶ ἡμέραν πιμπλάναι
αὐτά, ἢ τὰς ἐσχάτας λυποῖτο λύπας· ἆρα τοιούτου ἑκα- **494**
τέρου ὄντος τοῦ βίου, λέγεις τὸν τοῦ ἀκολάστου εὐδαιμονέστερον εἶναι ἢ τὸν τοῦ κοσμίου; Πείθω τί σε ταῦτα λέγων συγχωρῆσαι τὸν κόσμιον βίον τοῦ ἀκολάστου ἀμείνω εἶναι, ἢ οὐ πείθω;

ΚΑΛ. Οὐ πείθεις, ὦ Σώκρατες. Τῷ μὲν γὰρ πληρωσαμένῳ ἐκείνῳ οὐκέτ᾽ ἔστιν ἡδονὴ οὐδεμία, ἀλλὰ τοῦτ᾽ ἐστὶν ὃ νυνδὴ ἐγὼ ἔλεγον, τὸ ὥσπερ λίθον ζῆν, ἐπειδὰν πληρώ-

Seele der Ausgelassenen verglich er mit einem Siebe, weil sie leck wäre und nichts festhalten könne, aus Ungewißheit und Vergeßlichkeit. Dies ist nun gewissermaßen hinreichend wunderlich; es macht aber doch deutlich, was ich dich gern, wenn ich es dir irgend zeigen könnte, überreden möchte zu wechseln, und anstatt des unersättlichen und ausgelassenen und ungebundenen Lebens das besonnene, und mit dem jedesmal vorhandenen sich begnügende zu wählen. Aber wie d
ist es nun? überrede ich dich wohl, und änderst du deine Behauptung dahin, daß die Sittlichen glückseliger sind als die Ungebundenen; oder schaffe ich nichts, sondern wenn ich auch noch soviel dergleichen dichtete, würdest du doch deine Meinung nicht ändern?

KALLIKLES: Dies war richtiger gesprochen, Sokrates.

SOKRATES: Wohlan, ich will dir noch ein anderes Bild erklären aus derselben Schule wie das vorige. Gib Acht, ob du wohl dies richtig findest von jeder dieser beiden Lebensweisen, der besonnenen und der ungebundenen, wie wenn zwei Menschen jeder viele Fässer hätte. Die des Einen wären dicht und angefüllt eins mit Wein, eins mit Honig, eins mit e
Milch und viele andere mit vielen andern Dingen; die Quellen aber von dem allen wären sparsam und schwierig, und gäben nur mit vieler Mühe und Arbeit etwas her. Jener eine nun hätte seine Fässer voll, und leitete nichts weiter hinein, dächte auch gar nicht weiter daran, sondern wäre hierüber ganz ruhig. Der andere aber hätte eben wie jener solche Quellen, die zwar etwas hergäben aber mit Mühe, seine Gefäße aber wären leck und morsch, und er müßte sie Tag und Nacht anfüllen oder die ärgste Pein erdulden. Willst du nun, 494a
wenn es sich mit diesen beiden Lebensweisen so verhält, dennoch sagen, die des Ungebundenen wäre glückseliger als die des Sittlichen? Überrede ich dich etwa hiedurch zuzugeben, das sittliche Leben sei besser als das ungebundene oder überrede ich dich nicht?

KALLIKLES: Du überredest mich nicht, Sokrates. Denn für jenen, wenn er seine Fässer voll hat, gibt es gar keine Lust mehr, sondern das heißt eben was ich vorher sagte wie ein Stein leben, wenn alles angefüllt ist weder Lust mehr b

σηται, μήτε χαίροντα ἔτι μήτε λυπούμενον. Ἀλλ' ἐν τούτῳ b ἐστὶν τὸ ἡδέως ζῆν, ἐν τῷ ὡς πλεῖστον ἐπιρρεῖν.

ΣΩ. Οὐκοῦν ἀνάγκη γ', ἂν πολὺ ἐπιρρέῃ, πολὺ καὶ τὸ ἀπιὸν εἶναι, καὶ μεγάλ' ἄττα τὰ τρήματα εἶναι ταῖς ἐκροαῖς;

ΚΑΛ. Πάνυ μὲν οὖν.

ΣΩ. Χαραδριοῦ τινα αὖ σὺ βίον λέγεις, ἀλλ' οὐ νεκροῦ οὐδὲ λίθου. Καί μοι λέγε· τὸ τοιόνδε λέγεις οἷον πεινῆν καὶ πεινῶντα ἐσθίειν;

ΚΑΛ. Ἔγωγε.

ΣΩ. Καὶ διψῆν γε καὶ διψῶντα πίνειν; c

ΚΑΛ. Λέγω, καὶ τὰς ἄλλας ἐπιθυμίας ἁπάσας ἔχοντα καὶ δυνάμενον πληροῦν χαίροντα εὐδαιμόνως ζῆν.

ΣΩ. Εὖ γε, ὦ βέλτιστε· διατέλει γὰρ ὥσπερ ἤρξω, καὶ ὅπως μὴ ἀπαισχυνεῖ. Δεῖ δέ, ὡς ἔοικε, μηδ' ἐμὲ ἀπαισχυνθῆναι. Καὶ πρῶτον μὲν εἰπέ, εἰ καὶ ψωρῶντα καὶ κνησιῶντα, ἀφθόνως ἔχοντα τοῦ κνῆσθαι, κνώμενον διατελοῦντα τὸν βίον εὐδαιμόνως ἔστι ζῆν.

ΚΑΛ. Ὡς ἄτοπος εἶ, ὦ Σώκρατες, καὶ ἀτεχνῶς δημηγόρος. d

ΣΩ. Τοιγάρτοι, ὦ Καλλίκλεις, Πῶλον μὲν καὶ Γοργίαν καὶ ἐξέπληξα καὶ αἰσχύνεσθαι ἐποίησα, σὺ δὲ οὐ μὴ ἐκπλαγῇς οὐδὲ μὴ αἰσχυνθῇς· ἀνδρεῖος γὰρ εἶ. Ἀλλ' ἀποκρίνου μόνον.

ΚΑΛ. Φημὶ τοίνυν καὶ τὸν κνώμενον ἡδέως ἂν βιῶναι.

ΣΩ. Οὐκοῦν εἴπερ ἡδέως, καὶ εὐδαιμόνως;

ΚΑΛ. Πάνυ γε.

ΣΩ. Πότερον εἰ τὴν κεφαλὴν μόνον κνησιῴη, ἢ ἔτι τί e σε ἐρωτῶ; Ὅρα, ὦ Καλλίκλεις, τί ἀποκρινεῖ, ἐάν τίς σε τὰ [ἐχόμενα] τούτοις ἐφεξῆς ἅπαντα ἐρωτᾷ· καὶ τούτων

haben noch Unlust. Sondern darin besteht eben das angenehm leben, daß recht viel hineinfließe.

SOKRATES: So muß doch notwendig, wenn viel einfließen soll, auch des Abgehenden viel sein, und gar große Öffnungen für die Ausflüsse?

KALLIKLES: Allerdings.

SOKRATES: Das ist wiederum ein Leben wie einer Ente, was du meinst, freilich nicht wie eines Toten oder eines Steins! Sage mir aber, du meinst es doch so, wie hungern, und wenn man hungert essen?

KALLIKLES: Ja.

SOKRATES: Auch dursten, und wenn man durstet trinken? c

KALLIKLES: Auch; und eben so alle andern Begierden soll man haben und befriedigen können, und so Lust gewinnen und glückselig leben.

4.5. Das Verhältnis von Angenehmem und Gutem

4.5.1. These des Kallikles: Beide sind identisch

SOKRATES: Wohl, Bester! Bleibe nur dabei, wie du angefangen hast, und daß du ja nicht aus Scham abspringst. Wie es aber scheint, muß auch ich mich nicht schämen. Und so sage mir nur zuerst, ob krätzig sein und das Jucken haben, wenn man sich nur genug schaben kann, und so gekitzelt sein Leben hinbringen, ob das auch heißt glückselig leben?

KALLIKLES: Wie abgeschmackt du immer bist, Sokrates, d
und offenbar schlechte Kunstgriffe gebrauchst.

SOKRATES: Darum eben habe ich auch den Polos und den Gorgias eingeschreckt und blöde gemacht. Du aber laß dich ja nicht einschrecken und schäme dich auch nicht, sondern antworte nur.

KALLIKLES: So sage ich denn, auch wer sich kratzt wird angenehm leben.

SOKRATES: Also wenn angenehm auch glückselig.

KALLIKLES: Freilich.

SOKRATES: Etwa wenn ihn nur der Kopf juckt, oder e
noch sonst etwas? frage ich dich. Siehe wohl zu, Kallikles, was du antworten willst, wenn dich jemand was hiemit zu-

τοιούτων ὄντων κεφάλαιον, ὁ τῶν κιναίδων βίος, οὗτος οὐ δεινὸς καὶ αἰσχρὸς καὶ ἄθλιος; Ἢ τούτους τολμήσεις λέγειν εὐδαίμονας εἶναι, ἐὰν ἀφθόνως ἔχωσιν ὧν δέονται;

ΚΑΛ. Οὐκ αἰσχύνει εἰς τοιαῦτα ἄγων, ὦ Σώκρατες, τοὺς λόγους;

ΣΩ. Ἦ γὰρ ἐγὼ ἄγω ἐνταῦθα, ὦ γενναῖε, ἢ ἐκεῖνος ὃς ἂν φῇ ἀνέδην οὕτω τοὺς χαίροντας, ὅπως ἂν χαίρωσιν,
εὐδαίμονας εἶναι, καὶ μὴ διορίζηται τῶν ἡδονῶν ὁποῖαι 495
ἀγαθαὶ καὶ κακαί; Ἀλλ' ἔτι καὶ νῦν λέγε, πότερον φῂς εἶναι τὸ αὐτὸ ἡδὺ καὶ ἀγαθόν, ἢ εἶναί τι τῶν ἡδέων ὃ οὐκ ἔστιν ἀγαθόν;

ΚΑΛ. Ἵνα δή μοι μὴ ἀνομολογούμενος ᾖ ὁ λόγος, ἐὰν ἕτερον φήσω εἶναι, τὸ αὐτό φημι εἶναι.

ΣΩ. Διαφθείρεις, ὦ Καλλίκλεις, τοὺς πρώτους λόγους, καὶ οὐκ ἂν ἔτι μετ' ἐμοῦ ἱκανῶς τὰ ὄντα ἐξετάζοις, εἴπερ παρὰ τὰ δοκοῦντα σαυτῷ ἐρεῖς.

ΚΑΛ. Καὶ γὰρ σύ, ὦ Σώκρατες. b

ΣΩ. Οὐ τοίνυν ὀρθῶς ποιῶ οὔτ' ἐγώ, εἴπερ ποιῶ τοῦτο, οὔτε σύ. Ἀλλ', ὦ μακάριε, ἄθρει μὴ οὐ τοῦτο ᾖ τὸ ἀγαθόν, τὸ πάντως χαίρειν· ταῦτά τε γὰρ τὰ νυνδὴ αἰνιχθέντα πολλὰ καὶ αἰσχρὰ φαίνεται συμβαίνοντα, εἰ τοῦτο οὕτως ἔχει, καὶ ἄλλα πολλά.

ΚΑΛ. Ὡς σύ γε οἴει, ὦ Σώκρατες.

ΣΩ. Σὺ δὲ τῷ ὄντι, ὦ Καλλίκλεις, ταῦτα ἰσχυρίζει;

ΚΑΛ. Ἔγωγε.

ΣΩ. Ἐπιχειρῶμεν ἄρα τῷ λόγῳ ὡς σοῦ σπουδάζοντος; c

ΚΑΛ. Πάνυ γε σφόδρα.

ΣΩ. Ἴθι δή μοι, ἐπειδὴ οὕτω δοκεῖ, διελοῦ τάδε· ἐπιστήμην που καλεῖς τι;

sammenhängt alles der Reihe nach fragt. Und verhält es sich hiemit so, so kommt heraus das Leben der Knabenschänder ist nicht abscheulich und schändlich und elend. Oder wirst du wirklich wagen zu behaupten, daß auch diese glückselig sind, wenn sie nur vollauf haben, wessen sie bedürfen?

KALLIKLES: Schämst du dich nicht, Sokrates, die Rede auf solche Dinge zu bringen?

SOKRATES: Bringe ich sie etwa darauf, Bester? oder der, welcher so ohne weiteres behauptet, wer nur Lust habe, gleichviel wie er Lust habe, der sei glückselig, und keinen 495a
Unterschied angibt, welche Lust gut ist und welche schlecht. Aber auch jetzt noch, sage nur, behauptest du das Angenehme und das Gute sei einerlei, oder es gebe Angenehmes was nicht gut ist?

KALLIKLES: Damit ich also meinen Satz nicht aufgebe, wenn ich sage, es wäre verschieden, so sage ich, es ist einerlei.

SOKRATES: Aber, Kallikles, du verdirbst die ersten Reden, und kannst nicht mehr gehörig mit mir das Wahre erforschen, wenn du anders redest, als du es selbst meinst.

KALLIKLES: Auch dir gilt das, Sokrates. b

SOKRATES: Also tue weder ich recht, wenn ich dies tue, noch du. Aber Bester, bedenke doch, das ist wohl nicht das Gute, auf alle Weise nur Lust haben. Denn das eben angedeutete viele schändliche folgt doch offenbar, wenn sich dies so verhält, und noch viel Anderes.

KALLIKLES: Wie du wenigstens glaubst, Sokrates.

SOKRATES: Du aber, Kallikles, willst dies in der Tat durchsetzen?

KALLIKLES: Das will ich.

4.5.2. *Erkenntnis, Tapferkeit und Gutes voneinander verschieden. Über das Entstehen und Schwinden von Gegensätzen*

SOKRATES: Sollen wir also auf den Satz losgehn, als wäre c
es dir Ernst damit?

KALLIKLES: Allerdings freilich.

SOKRATES: Wohlan, wenn es denn so sein soll, so bringe

ΚΑΛ. Ἔγωγε.

ΣΩ. Οὐ καὶ ἀνδρείαν νυνδὴ ἔλεγές τινα εἶναι μετὰ ἐπιστήμης;

ΚΑΛ. Ἔλεγον γάρ.

ΣΩ. Ἄλλο τι οὖν ὡς ἕτερον τὴν ἀνδρείαν τῆς ἐπιστήμης δύο ταῦτα ἔλεγες;

ΚΑΛ. Σφόδρα γε.

ΣΩ. Τί δέ; Ἡδονὴν καὶ ἐπιστήμην ταὐτὸν ἢ ἕτερον;

ΚΑΛ. Ἕτερον δήπου, ὦ σοφώτατε σύ. d

ΣΩ. Ἦ καὶ ἀνδρείαν ἑτέραν ἡδονῆς;

ΚΑΛ. Πῶς γὰρ οὔ;

ΣΩ. Φέρε δὴ ὅπως μεμνησόμεθα ταῦτα, ὅτι Καλλικλῆς ἔφη Ἀχαρνεὺς ἡδὺ μὲν καὶ ἀγαθὸν ταὐτὸν εἶναι, ἐπιστήμην δὲ καὶ ἀνδρείαν καὶ ἀλλήλων καὶ τοῦ ἀγαθοῦ ἕτερον.

ΚΑΛ. Σωκράτης δέ γε ἡμῖν ὁ Ἀλωπεκῆθεν οὐχ ὁμολογεῖ ταῦτα. Ἢ ὁμολογεῖ;

ΣΩ. Οὐχ ὁμολογεῖ· οἶμαι δέ γε οὐδὲ Καλλικλῆς, ὅταν e
αὐτὸς αὑτὸν θεάσηται ὀρθῶς. Εἰπὲ γάρ μοι, τοὺς εὖ πράττοντας τοῖς κακῶς πράττουσιν οὐ τοὐναντίον ἡγεῖ πάθος πεπονθέναι;

ΚΑΛ. Ἔγωγε.

ΣΩ. Ἆρ' οὖν, εἴπερ ἐναντία ἐστὶν ταῦτα ἀλλήλοις, ἀνάγκη περὶ αὐτῶν ἔχειν ὥσπερ περὶ ὑγιείας ἔχει καὶ νόσου; Οὐ γὰρ ἅμα δήπου ὑγιαίνει τε καὶ νοσεῖ ὁ ἄνθρωπος, οὐδὲ ἅμα ἀπαλλάττεται ὑγιείας τε καὶ νόσου.

ΚΑΛ. Πῶς λέγεις;

ΣΩ. Οἷον περὶ ὅτου βούλει τοῦ σώματος ἀπολαβὼν σκόπει. Νοσεῖ που ἄνθρωπος ὀφθαλμούς, ᾧ ὄνομα ὀφθαλ- 496
μία;

ΚΑΛ. Πῶς γὰρ οὔ;

ΣΩ. Οὐ δήπου καὶ ὑγιαίνει γε ἅμα τοὺς αὐτούς;

mir doch dieses in Ordnung. Du nennst doch etwas Erkenntnis.

KALLIKLES: Ja.

SOKRATES: Sagtest du nicht auch, daß es eine Tapferkeit gäbe mit Erkenntnis?

KALLIKLES: Das tat ich.

SOKRATES: Nicht wahr, doch als sei die Tapferkeit verschieden von der Erkenntnis, darum nanntest du sie beide?

KALLIKLES: Allerdings.

SOKRATES: Und wie? sind Lust und Erkenntnis einerlei oder verschieden?

KALLIKLES: Verschieden doch wohl, du weisester Mann. d

SOKRATES: Auch die Tapferkeit verschieden von der Lust?

KALLIKLES: Wie anders?

SOKRATES: Wohlan, laß uns dies wohl behalten, daß Kallikles der Acharner gesagt hat, angenehm und gut zwar sei einerlei, Erkenntnis aber und Tapferkeit von einander sowohl als von dem Guten verschieden. Sokrates aber von Alopeka gibt dies nicht zu. Oder gibt er es zu?

KALLIKLES: Er gibt es nicht zu. e

SOKRATES: Ich glaube aber auch Kallikles nicht, wenn er sich selbst erst recht betrachtet hat. Denn sage mir doch, die wohl leben und die schlecht leben, meinst du nicht, daß diese sich in einem entgegengesetzten Zustande befinden?

KALLIKLES: Freilich.

SOKRATES: Muß nun nicht, wenn beides wirklich einander entgegengesetzt ist, es sich auch so damit verhalten, wie es sich mit Gesundheit und Krankheit verhält. Nämlich ein Mensch ist doch nicht zu gleicher Zeit gesund und krank, verliert auch nicht zu gleicher Zeit die Gesundheit und die Krankheit.

KALLIKLES: Wie meinst du das?

SOKRATES: Nimm welches Einzelne du willst am Leibe und betrachte es. Ein Mensch sei krank an den Augen, was 496a
man die Augenentzündung nennt.

KALLIKLES: Gut.

SOKRATES: So ist er doch nicht zugleich gesund an denselben?

ΚΑΛ. Οὐδ᾽ ὁπωστιοῦν.

ΣΩ. Τί δέ; Ὅταν τῆς ὀφθαλμίας ἀπαλλάττηται, ἆρα τότε καὶ τῆς ὑγιείας ἀπαλλάττεται τῶν ὀφθαλμῶν καὶ τελευτῶν ἅμα ἀμφοτέρων ἀπήλλακται;

ΚΑΛ. Ἥκιστά γε.

ΣΩ. Θαυμάσιον γάρ, οἶμαι, καὶ ἄλογον γίγνεται· ἦ γάρ;

ΚΑΛ. Σφόδρα γε. b

ΣΩ. Ἀλλ᾽ ἐν μέρει, οἶμαι, ἑκάτερον καὶ λαμβάνει καὶ ἀπόλλυσι.

ΚΑΛ. Φημί.

ΣΩ. Οὐκοῦν καὶ ἰσχὺν καὶ ἀσθένειαν ὡσαύτως;

ΚΑΛ. Ναί.

ΣΩ. Καὶ τάχος καὶ βραδυτῆτα;

ΚΑΛ. Πάνυ γε.

ΣΩ. Ἦ καὶ τἀγαθὰ καὶ τὴν εὐδαιμονίαν καὶ τἀναντία τούτων, κακά τε καὶ ἀθλιότητα, ἐν μέρει λαμβάνει καὶ ἐν μέρει ἀπαλλάττεται ἑκατέρου;

ΚΑΛ. Πάντως δήπου.

ΣΩ. Ἐὰν εὕρωμεν ἄρα ἅττα ὧν ἅμα τε ἀπαλλάττεται c ἄνθρωπος καὶ ἅμα ἔχει, δῆλον ὅτι ταῦτά γε οὐκ ἂν εἴη τό τε ἀγαθὸν καὶ τὸ κακόν. Ὁμολογοῦμεν ταῦτα; Καὶ εὖ μάλα σκεψάμενος ἀποκρίνου.

ΚΑΛ. Ἀλλ᾽ ὑπερφυῶς ὡς ὁμολογῶ.

ΣΩ. Ἴθι δὴ ἐπὶ τὰ ἔμπροσθεν ὡμολογημένα. Τὸ πεινῆν ἔλεγες πότερον ἡδὺ ἢ ἀνιαρὸν εἶναι; Αὐτὸ λέγω τὸ πεινῆν.

ΚΑΛ. Ἀνιαρὸν ἔγωγε· τὸ μέντοι πεινῶντα ἐσθίειν ἡδύ.

ΣΩ. Μανθάνω· ἀλλ᾽ οὖν τό γε πεινῆν αὐτὸ ἀνιαρόν. Ἢ d οὐχί;

ΚΑΛ. Φημί.

ΣΩ. Οὐκοῦν καὶ τὸ διψῆν;

ΚΑΛ. Σφόδρα γε.

KALLIKLES: Auf keine Weise.

SOKRATES: Wie aber wenn er nun die Augenentzündung verliert, verliert er alsdann auch die Gesundheit der Augen, und hat am Ende beides zugleich verloren?

KALLIKLES: Ganz und gar nicht.

SOKRATES: Es wäre auch, denke ich, wunderlich und widersinnig. Nicht wahr?

KALLIKLES: Gar sehr. b

SOKRATES: Sondern abwechselnd, glaube ich, bekommt und verliert er jedes. Nicht wahr?

KALLIKLES: Gewiß.

SOKRATES: Auch Stärke und Schwäche eben so?

KALLIKLES: Ja.

SOKRATES: Und Schnelligkeit und Langsamkeit?

KALLIKLES: Eben so.

SOKRATES: Etwa auch das Gute und die Glückseligkeit, und das Gegenteil davon, Übel und Elend, bekommt und verliert man immer eins um das andere?

KALLIKLES: Auf alle Weise.

SOKRATES: Wenn wir also etwas fänden, was der Mensch c zugleich verliert und auch hat: so wäre dieses offenbar nicht das Gute und das Böse. Wollen wir dies annehmen? Bedenke es dir recht gut, ehe du antwortest.

KALLIKLES: Ja ganz übermäßig nehme ich das an.

4.5.3. Lust und Unlust in der Erfüllung eines Begehrens. Folgerung: Das Angenehme vom Guten verschieden

SOKRATES: So gehe mit mir auf das vorhin eingestandene zurück. Sagtest du, hungern wäre angenehm oder schmerzlich? ich meine nämlich das Hungern selbst.

KALLIKLES: Schmerzlich, sagte ich; das Essen jedoch wenn man hungert angenehm.

SOKRATES: Das denke ich auch. Aber doch das Hungern d selbst schmerzlich?

KALLIKLES: Das gebe ich zu.

SOKRATES: Auch wohl das Dursten?

KALLIKLES: Gar sehr.

SOKRATES: Soll ich nun noch mehr fragen, oder gibst du

ΣΩ. Πότερον οὖν ἔτι πλείω ἐρωτῶ, ἢ ὁμολογεῖς ἅπασαν ἔνδειαν καὶ ἐπιθυμίαν ἀνιαρὸν εἶναι;

ΚΑΛ. Ὁμολογῶ, ἀλλὰ μὴ ἐρώτα.

ΣΩ. Εἶεν· διψῶντα δὲ δὴ πίνειν ἄλλο τι ἢ ἡδὺ φῄς εἶναι;

ΚΑΛ. Ἔγωγε.

ΣΩ. Οὐκοῦν τούτου οὗ λέγεις τὸ μὲν διψῶντα λυπούμενον δήπου ἐστίν;

ΚΑΛ. Ναί. e

ΣΩ. Τὸ δὲ πίνειν πλήρωσίς τε τῆς ἐνδείας καὶ ἡδονή;

ΚΑΛ. Ναί.

ΣΩ. Οὐκοῦν κατὰ τὸ πίνειν χαίρειν λέγεις;

ΚΑΛ. Μάλιστα.

ΣΩ. Διψῶντά γε;

ΚΑΛ. Φημί.

ΣΩ. Λυπούμενον;

ΚΑΛ. Ναί.

ΣΩ. Αἰσθάνει οὖν τὸ συμβαῖνον, ὅτι λυπούμενον χαίρειν λέγεις ἅμα, ὅταν διψῶντα πίνειν λέγῃς; Ἢ οὐχ ἅμα τοῦτο γίγνεται κατὰ τὸν αὐτὸν τόπον καὶ χρόνον εἴτε ψυχῆς εἴτε σώματος βούλει; Οὐδὲν γάρ, οἶμαι, διαφέρει. Ἔστι ταῦτα ἢ οὔ;

ΚΑΛ. Ἔστιν.

ΣΩ. Ἀλλὰ μὴν εὖ γε πράττοντα κακῶς πράττειν ἅμα ἀδύνατον φῂς εἶναι.

ΚΑΛ. Φημὶ γάρ.

ΣΩ. Ἀνιώμενον δέ γε χαίρειν δυνατὸν ὡμολόγηκας. 497

ΚΑΛ. Φαίνεται.

ΣΩ. Οὐκ ἄρα τὸ χαίρειν ἐστὶν εὖ πράττειν οὐδὲ τὸ ἀνιᾶσθαι κακῶς, ὥστε ἕτερον γίγνεται τὸ ἡδὺ τοῦ ἀγαθοῦ.

ΚΑΛ. Οὐκ οἶδ' ἅττα σοφίζει, ὦ Σώκρατες.

ΣΩ. Οἶσθα, ἀλλὰ ἀκκίζει, ὦ Καλλίκλεις· καὶ πρόϊθί γε ἔτι εἰς τὸ ἔμπροσθεν.

zu, daß überall jedes Bedürfnis und Begehren schmerzlich ist?

KALLIKLES: Ich gebe es zu; frage nur nicht weiter.

SOKRATES: Wohl! durstend aber trinken, sagst du nicht das sei angenehm?

KALLIKLES: Das sage ich.

SOKRATES: In diesem nun, was du sagst, bedeutet doch das durstend, Unlust habend.

KALLIKLES: Ja. e

SOKRATES: Das Trinken aber die Befriedigung des Bedürfnisses, und also Lust?

KALLIKLES: Ja.

SOKRATES: Sofern man also trinkt, sagst du, man habe Lust?

KALLIKLES: Gewiß.

SOKRATES: Durstend doch?

KALLIKLES: So meine ichs.

SOKRATES: Also Unlust habend?

KALLIKLES: Ja.

SOKRATES: Merkst du nun was folgt, daß du sagst, der Unlust habende habe zugleich Lust, wenn du sagst, der Durstige trinkt? Oder geschieht dieses etwa nicht zugleich in einerlei Raum und Zeit, wie du willst, der Seele oder des Leibes? Denn das, denke ich, macht uns hier keinen Unterschied. Ist es so oder nicht?

KALLIKLES: Es ist so.

SOKRATES: Daß aber, wer wohl lebt, zugleich auch schlecht leben könne, das, sagtest du, wäre unmöglich.

KALLIKLES: Das sage ich freilich.

SOKRATES: Daß aber ein Unlust habender zugleich Lust 497a
haben könne, hast du als möglich zugegeben.

KALLIKLES: So scheint es.

SOKRATES: Lust haben ist also nicht gut leben, und Unlust haben nicht schlecht. So daß das Angenehme verschieden ist vom Guten.

KALLIKLES: Ich weiß nicht, was du herausklügelst, Sokrates.

SOKRATES: Du weißt wohl, aber du sträubst dich, Kal-

ΚΑΛ. Τί ἔχων ληρεῖς;

ΣΩ. Ἵνα εἰδῇς ὡς σοφὸς ὢν με νουθετεῖς. Οὐχ ἅμα διψῶν τε ἕκαστος ἡμῶν πέπαυται καὶ ἅμα ἡδόμενος διὰ b
τοῦ πίνειν;

ΚΑΛ. Οὐκ οἶδα ὅ τι λέγεις.

ΓΟΡ. Μηδαμῶς, ὦ Καλλίκλεις, ἀλλ' ἀποκρίνου καὶ ἡμῶν ἕνεκα, ἵνα περανθῶσιν οἱ λόγοι.

ΚΑΛ. Ἀλλ' ἀεὶ τοιοῦτός ἐστιν Σωκράτης, ὦ Γοργία· σμικρὰ καὶ ὀλίγου ἄξια ἀνερωτᾷ καὶ ἐξελέγχει.

ΓΟΡ. Ἀλλὰ τί σοὶ διαφέρει; Πάντως οὐ σὴ αὕτη ἡ τιμή, ὦ Καλλίκλεις· ἀλλ' ὑπόσχες Σωκράτει ἐξελέγξαι ὅπως ἂν βούληται.

ΚΑΛ. Ἐρώτα δὴ σὺ τὰ σμικρά τε καὶ στενὰ ταῦτα, c
ἐπείπερ Γοργίᾳ δοκεῖ οὕτως.

ΣΩ. Εὐδαίμων εἶ, ὦ Καλλίκλεις, ὅτι τὰ μεγάλα μεμύησαι πρὶν τὰ σμικρά· ἐγὼ δ' οὐκ ᾤμην θεμιτὸν εἶναι. Ὅθεν οὖν ἀπέλιπες ἀποκρίνου, εἰ οὐχ ἅμα παύεται διψῶν ἕκαστος ἡμῶν καὶ ἡδόμενος.

ΚΑΛ. Φημί.

ΣΩ. Οὐκοῦν καὶ πεινῶν καὶ τῶν ἄλλων ἐπιθυμιῶν καὶ ἡδονῶν ἅμα παύεται;

ΚΑΛ. Ἔστι ταῦτα.

ΣΩ. Οὐκοῦν καὶ τῶν λυπῶν καὶ τῶν ἡδονῶν ἅμα
παύεται; d

ΚΑΛ. Ναί.

ΣΩ. Ἀλλὰ μὴν τῶν ἀγαθῶν γε καὶ κακῶν οὐχ ἅμα παύεται, ὡς σὺ ὡμολόγεις· νῦν δὲ οὐχ ὁμολογεῖς;

ΚΑΛ. Ἔγωγε· τί οὖν δή;

ΣΩ. Ὅτι οὐ ταὐτὰ γίγνεται, ὦ φίλε, τἀγαθὰ τοῖς ἡδέσιν οὐδὲ τὰ κακὰ τοῖς ἀνιαροῖς. Τῶν μὲν γὰρ ἅμα παύεται, τῶν δὲ οὔ, ὡς ἑτέρων ὄντων· πῶς οὖν ταὐτὰ ἂν εἴη τὰ ἡδέα τοῖς ἀγαθοῖς ἢ τὰ ἀνιαρὰ τοῖς κακοῖς; Ἐὰν δὲ βούλῃ, καὶ

likles. Und rücke nur noch etwas weiter heraus mit deinen Schwänken, damit du recht sehest, von welcher Weisheit
herab du mich zurechtweisest. Hört nicht jeder von uns zu- b
gleich auf zu dursten und zugleich am Trinken Vergnügen zu haben?

KALLIKLES: Ich weiß nicht, was du willst.

GORGIAS: Nicht also Kallikles! sondern antworte, auch unsertwegen, damit die Rede durchgeführt werde.

KALLIKLES: Aber Sokrates ist immer so, Gorgias, daß er geringfügige und nichtswürdige Dinge ausfragt und widerlegt.

GORGIAS: Aber was verschlägt dir das? Auf alle Weise kommt ja das nicht auf deine Rechnung, Kallikles; sondern laß du nur den Sokrates beweisen, wie er will.

KALLIKLES: So frage denn deine Kleinigkeiten und Jäm- c
merlichkeiten, wenn es dem Gorgias so gut dünkt.

SOKRATES: Du bist glückselig, Kallikles, daß du die großen Weihen hast vor der kleinen; ich meinte das ginge nicht an. Wo du also stehn bliebst, das beantworte, ob nicht jeder zugleich aufhört zu dursten und auch Lust zu haben.

KALLIKLES: Das gebe ich zu.

SOKRATES: Also auch mit dem Hunger und allen andern Begierden hört die Lust zugleich auf.

KALLIKLES: So ist es.

SOKRATES: Also hört auch die Unlust und die Lust zu-
gleich auf? d

KALLIKLES: Ja.

SOKRATES: Aber das Gute und Böse hört nicht zugleich auf, wie du zugabst; gibst du es aber nun nicht zu?

KALLIKLES: O ja, und was weiter?

SOKRATES: Daß demnach, lieber Freund, das Gute nicht einerlei ist mit dem Angenehmen, noch das Böse mit dem Unangenehmen; denn diese hören beide zugleich auf, jene aber nicht, daß also offenbar beide verschieden sind. Wie sollte also das Angenehme mit dem Guten einerlei sein, und das Unangenehme mit dem Bösen?

τῇδε ἐπίσκεψαι· οἶμαι γάρ σοι οὐδὲ ταύτῃ ὁμολογεῖσθαι· ἄθρει δέ· τοὺς ἀγαθοὺς οὐχὶ ἀγαθῶν παρουσίᾳ ἀγαθοὺς e καλεῖς, ὥσπερ τοὺς καλοὺς οἷς ἂν κάλλος παρῇ;

ΚΑΛ. Ἔγωγε.

ΣΩ. Τί δέ; Ἀγαθοὺς ἄνδρας καλεῖς τοὺς ἄφρονας καὶ δειλούς; Οὐ γὰρ ἄρτι γε, ἀλλὰ τοὺς ἀνδρείους καὶ φρονίμους ἔλεγες· ἢ οὐ τούτους ἀγαθοὺς καλεῖς;

ΚΑΛ. Πάνυ μὲν οὖν.

ΣΩ. Τί δέ; Παῖδα ἀνόητον χαίροντα ἤδη εἶδες;

ΚΑΛ. Ἔγωγε.

ΣΩ. Ἄνδρα δὲ οὔπω εἶδες ἀνόητον χαίροντα; 498

ΚΑΛ. Οἶμαι ἔγωγε· ἀλλὰ τί τοῦτο;

ΣΩ. Οὐδέν· ἀλλ' ἀποκρίνου.

ΚΑΛ. Εἶδον.

ΣΩ. Τί δέ; Νοῦν ἔχοντα λυπούμενον καὶ χαίροντα;

ΚΑΛ. Φημί.

ΣΩ. Πότεροι δὲ μᾶλλον χαίρουσι καὶ λυποῦνται; οἱ φρόνιμοι ἢ οἱ ἄφρονες;

ΚΑΛ. Οἶμαι ἔγωγε οὐ πολύ τι διαφέρειν.

ΣΩ. Ἀλλ' ἀρκεῖ καὶ τοῦτο. Ἐν πολέμῳ δὲ ἤδη εἶδες ἄνδρα δειλόν;

ΚΑΛ. Πῶς γὰρ οὔ;

ΣΩ. Τί οὖν; Ἀπιόντων τῶν πολεμίων πότεροί σοι ἐδόκουν μᾶλλον χαίρειν, οἱ δειλοὶ ἢ οἱ ἀνδρεῖοι;

ΚΑΛ. Ἀμφότεροι ἔμοιγε μᾶλλον· εἰ δὲ μή, παραπλησίως γε. b

ΣΩ. Οὐδὲν διαφέρει. Χαίρουσιν δ' οὖν καὶ οἱ δειλοί;

ΚΑΛ. Σφόδρα γε.

ΣΩ. Καὶ οἱ ἄφρονες, ὡς ἔοικεν.

ΚΑΛ. Ναί.

4.5.4. Ein weiterer Beweis der Verschiedenheit

Wenn du lieber willst, betrachte es auch so. Denn ich denke, auch so wird es dir nicht herauskommen. Sieh nur zu. e
Nennst du die Guten nicht gut, weil ihnen Gutes einwohnt, wie diejenigen schön, denen Schönheit einwohnt?

KALLIKLES: Das tue ich.

SOKRATES: Und wie? nennst du die Törichten und Feigherzigen Gute? vorher wenigstens nicht, sondern die Tapfern und Einsichtsvollen nanntest du so. Oder nennst du nicht diese gut?

KALLIKLES: Allerdings.

SOKRATES: Und wie? hast du schon ein unverständiges Kind vergnügt gesehn?

KALLIKLES: O ja.

SOKRATES: Einen unverständigen Mann hast du aber 498a
noch nicht vergnügt gesehn?

KALLIKLES: Ich glaube wohl, aber wozu das?

SOKRATES: Zu nichts; antworte nur.

KALLIKLES: Ich habe solche gesehn.

SOKRATES: Wie? auch Verständige vergnügt und unlustig?

KALLIKLES: O ja.

SOKRATES: Welche haben nun mehr Lust und Unlust, die Vernünftigen oder die Unvernünftigen?

KALLIKLES: Ich glaube, das wird ziemlich dasselbe sein.

SOKRATES: Auch das ist mir genug. Hast du auch schon im Kriege einen Feigherzigen gesehen?

KALLIKLES: Wie sollte ich nicht.

SOKRATES: Wenn nun die Feinde abgezogen, welche dünkten dich mehr Freude zu haben, die Feigen oder die Tapfern?

KALLIKLES: Sie dünkten mich beide mehr zu haben, wo
nicht, doch ziemlich gleichviel. b

SOKRATES: Auch das verschlägt nichts. Es freuen sich also doch auch die Feigen?

KALLIKLES: Gar sehr.

SOKRATES: Und die Törichten, wie es scheint.

KALLIKLES: Ja.

ΣΩ. Προσιόντων δὲ οἱ δειλοὶ μόνον λυποῦνται ἢ καὶ οἱ ἀνδρεῖοι;

ΚΑΛ. Ἀμφότεροι.

ΣΩ. Ἆρα ὁμοίως;

ΚΑΛ. Μᾶλλον ἴσως οἱ δειλοί.

ΣΩ. Ἀπιόντων δ' οὐ μᾶλλον χαίρουσιν;

ΚΑΛ. Ἴσως.

ΣΩ. Οὐκοῦν λυποῦνται μὲν καὶ χαίρουσιν καὶ οἱ ἄφρονες καὶ οἱ φρόνιμοι καὶ οἱ δειλοὶ καὶ οἱ ἀνδρεῖοι παραπλησίως, ὡς σὺ φῄς, μᾶλλον δὲ οἱ δειλοὶ τῶν ἀνδρείων; c

ΚΑΛ. Φημί.

ΣΩ. Ἀλλὰ μὴν οἵ γε φρόνιμοι καὶ οἱ ἀνδρεῖοι ἀγαθοί, οἱ δὲ δειλοὶ καὶ ἄφρονες κακοί;

ΚΑΛ. Ναί.

ΣΩ. Παραπλησίως ἄρα χαίρουσιν καὶ λυποῦνται οἱ ἀγαθοὶ καὶ οἱ κακοί;

ΚΑΛ. Φημί.

ΣΩ. Ἆρ' οὖν παραπλησίως εἰσὶν ἀγαθοὶ καὶ κακοὶ οἱ ἀγαθοί τε καὶ οἱ κακοί; Ἢ καὶ ἔτι μᾶλλον ἀγαθοὶ [οἱ ἀγαθοὶ καὶ οἱ κακοί] εἰσιν οἱ κακοί;

ΚΑΛ. Ἀλλὰ μὰ Δί' οὐκ οἶδ' ὅ τι λέγεις. d

ΣΩ. Οὐκ οἶσθ' ὅτι τοὺς ἀγαθοὺς ἀγαθῶν φῄς παρουσίᾳ εἶναι ἀγαθούς, κακοὺς δὲ κακῶν; Τὰ δὲ ἀγαθὰ εἶναι τὰς ἡδονάς, κακὰ δὲ τὰς ἀνίας;

ΚΑΛ. Ἔγωγε.

ΣΩ. Οὐκοῦν τοῖς χαίρουσιν πάρεστιν τἀγαθά, αἱ ἡδοναί, εἴπερ χαίρουσιν;

ΚΑΛ. Πῶς γὰρ οὔ;

ΣΩ. Οὐκοῦν ἀγαθῶν παρόντων ἀγαθοί εἰσιν οἱ χαίροντες;

ΚΑΛ. Ναί.

ΣΩ. Τί δέ; Τοῖς ἀνιωμένοις οὐ πάρεστιν τὰ κακά, αἱ λῦπαι;

SOKRATES: Kommen aber die Feinde angezogen, haben dann die Feigen allein Unlust, oder auch die Tapfern?

KALLIKLES: Beide.

SOKRATES: Auch gleich sehr?

KALLIKLES: Mehr vielleicht die Feigen.

SOKRATES: Und wenn sie abziehn, sollten sie nicht mehr Lust haben?

KALLIKLES: Vielleicht.

SOKRATES: Also Lust und Unlust haben die Törichten und die Einsichtsvollen, die Feigen und die Tapfern gleichmäßig, wie du behauptest, und wohl die Feigen mehr als die c
Tapfern.

KALLIKLES: Das behaupte ich.

SOKRATES: Aber doch sind die Einsichtsvollen und die Tapfern gut, die Feigen und Törichten aber böse?

KALLIKLES: Ja.

SOKRATES: Gleichviel also haben die Guten und die Bösen Lust und Unlust?

KALLIKLES: Das behaupte ich.

SOKRATES: Sind nun etwa auch die Guten und die Bösen beides gleichviel gut und böse, oder auch die Bösen noch mehr gut und böse?

KALLIKLES: Ja, beim Zeus, ich weiß nicht was du willst. d

SOKRATES: Weißt du nicht, daß du sagtest, die Guten wären gut, weil ihnen Gutes einwohnte, die Bösen böse, weil Böses; das Gute aber wäre die Lust, das Böse die Unlust?

KALLIKLES: Das sagte ich.

SOKRATES: Also denen, die sich freuen, wohnt das Gute ein, die Lust, wenn sie sich doch freuen.

KALLIKLES: Wie sollte es nicht.

SOKRATES: Also da ihnen Gutes einwohnt, sind die gut, welche sich freuen?

KALLIKLES: Ja.

SOKRATES: Und wie? denen die Schmerz empfinden, wohnt denen nicht Böses ein, die Unlust?

KALLIKLES: Ja.

SOKRATES: Und wegen Einwohnung des Bösen, sagst e
du, sind die Bösen böse. Oder sagst du es nicht mehr?

ΚΑΛ. Πάρεστιν.

ΣΩ. Κακῶν δέ γε παρουσίᾳ φῄς σὺ εἶναι κακοὺς τοὺς e κακούς· ἢ οὐκέτι φῄς;

ΚΑΛ. Ἔγωγε.

ΣΩ. Ἀγαθοὶ ἄρα οἳ ἂν χαίρωσι, κακοὶ δὲ οἳ ἂν ἀνιῶνται;

ΚΑΛ. Πάνυ γε.

ΣΩ. Οἱ μέν γε μᾶλλον μᾶλλον, οἱ δ' ἧττον ἧττον, οἱ δὲ παραπλησίως παραπλησίως;

ΚΑΛ. Ναί.

ΣΩ. Οὐκοῦν φῄς παραπλησίως χαίρειν καὶ λυπεῖσθαι τοὺς φρονίμους καὶ τοὺς ἄφρονας καὶ τοὺς δειλοὺς καὶ τοὺς ἀνδρείους, ἢ καὶ μᾶλλον ἔτι τοὺς δειλούς;

ΚΑΛ. Ἔγωγε.

ΣΩ. Συλλόγισαι δή κοινῇ μετ' ἐμοῦ τί ἡμῖν συμβαίνει ἐκ τῶν ὡμολογημένων· καὶ δὶς γάρ τοι καὶ τρίς φασιν καλὸν εἶναι τὰ καλὰ λέγειν τε καὶ ἐπισκοπεῖσθαι. Ἀγαθὸν μὲν 499 εἶναι τὸν φρόνιμον καὶ ἀνδρεῖόν φαμεν· ἦ γάρ;

ΚΑΛ. Ναί.

ΣΩ. Κακὸν δὲ τὸν ἄφρονα καὶ δειλόν;

ΚΑΛ. Πάνυ γε.

ΣΩ. Ἀγαθὸν δὲ αὖ τὸν χαίροντα;

ΚΑΛ. Ναί.

ΣΩ. Κακὸν δὲ τὸν ἀνιώμενον;

ΚΑΛ. Ἀνάγκη.

ΣΩ. Ἀνιᾶσθαι δὲ καὶ χαίρειν τὸν ἀγαθὸν καὶ κακὸν ὁμοίως, ἴσως δὲ καὶ μᾶλλον τὸν κακόν;

ΚΑΛ. Ναί.

ΣΩ. Οὐκοῦν ὁμοίως γίγνεται κακὸς καὶ ἀγαθὸς τῷ ἀγαθῷ ἢ καὶ μᾶλλον ἀγαθὸς ὁ κακός; Οὐ ταῦτα συμβαίνει b καὶ τὰ πρότερα ἐκεῖνα, ἐάν τις ταὐτὰ φῇ ἡδέα τε καὶ ἀγαθὰ εἶναι; Οὐ ταῦτα ἀνάγκη, ὦ Καλλίκλεις;

KALLIKLES: Noch immer.

SOKRATES: Gut also sind, die irgend Lust haben; böse, die irgend Schmerzen?

KALLIKLES: Freilich.

SOKRATES: Die mehr sind es mehr, und die weniger weniger, und die gleich sehr, sind es gleich sehr?

KALLIKLES: Ja.

SOKRATES: Nun sagst du doch, die Einsichtsvollen und Törichten, und die Feigen und Tapfern hätten gleich sehr Lust und Unlust, oder auch die Feigen noch mehr.

KALLIKLES: Das sage ich.

SOKRATES: So rechne nun gemeinschaftlich mit mir zusammen, was aus dem Eingestandenen folgt. Denn auch zweimal und dreimal, sagen sie, dürfe man das Schöne vorbringen und erwägen. 499a Gut sei der Einsichtsvolle und Tapfere, sagen wir, nicht wahr?

KALLIKLES: Ja.

SOKRATES: Böse der Törichte und Feige?

KALLIKLES: Allerdings.

SOKRATES: Gut aber auch wiederum der Vergnügte?

KALLIKLES: Ja.

SOKRATES: Und schlecht der welcher Pein hat?

KALLIKLES: Notwendig.

SOKRATES: Gepeinigt aber und vergnügt, sagst du, sei der Gute und der Schlechte auf gleiche Weise, vielleicht auch der Schlechte noch mehr?

KALLIKLES: Ja.

SOKRATES: Also wird der Schlechte eben so wie der Gute gut und schlecht oder auch noch mehr gut? Folgt nicht b dieses und auch jenes vorige, wenn jemand behauptet Gutes und Angenehmes wäre dasselbe. Ist es nicht notwendig, Kallikles?

ΚΑΛ. Πάλαι τοί σου ἀκροῶμαι, ὦ Σώκρατες, καθομολογῶν, ἐνθυμούμενος ὅτι, κἂν παίζων τίς σοι ἐνδῷ ὁτιοῦν, τούτου ἄσμενος ἔχει ὥσπερ τὰ μειράκια. Ὡς δὴ σὺ οἴει ἐμὲ ἢ καὶ ἄλλον ὁντινοῦν ἀνθρώπων οὐχ ἡγεῖσθαι τὰς μὲν βελτίους ἡδονάς, τὰς δὲ χείρους.

ΣΩ. Ἰοῦ ἰοῦ, ὦ Καλλίκλεις, ὡς πανοῦργος εἶ καί μοι c
ὥσπερ παιδὶ χρῇ, τοτὲ μὲν ταὐτὰ φάσκων οὕτως ἔχειν, τοτὲ δὲ ἑτέρως, ἐξαπατῶν με. Καίτοι οὐκ ᾤμην γε κατ᾽ ἀρχὰς ὑπὸ σοῦ ἑκόντος εἶναι ἐξαπατηθήσεσθαι, ὡς ὄντος φίλου· νῦν δὲ ἐψεύσθην, καὶ ὡς ἔοικεν ἀνάγκη μοι κατὰ τὸν παλαιὸν λόγον τὸ παρὸν εὖ ποιεῖν καὶ τοῦτο δέχεσθαι τὸ διδόμενον παρὰ σοῦ.

Ἔστιν δὲ δή, ὡς ἔοικεν, ὃ νῦν λέγεις, ὅτι ἡδοναί τινές εἰσιν αἱ μὲν ἀγαθαί, αἱ δὲ κακαί· ἦ γάρ;

ΚΑΛ. Ναί.

ΣΩ. Ἆρ᾽ οὖν ἀγαθαὶ μὲν αἱ ὠφέλιμοι, κακαὶ δὲ αἱ βλα- d
βεραί;

ΚΑΛ. Πάνυ γε.

ΣΩ. Ὠφέλιμοι δέ γε αἱ ἀγαθόν τι ποιοῦσαι, κακαὶ δὲ αἱ κακόν τι;

ΚΑΛ. Φημί.

ΣΩ. Ἆρ᾽ οὖν τὰς τοιάσδε λέγεις, οἷον κατὰ τὸ σῶμα ἃς νυνδὴ ἐλέγομεν ἐν τῷ ἐσθίειν καὶ πίνειν ἡδονάς; Ἆρα τούτων αἱ μὲν ὑγίειαν ποιοῦσαι ἐν τῷ σώματι, ἢ ἰσχὺν ἢ ἄλλην τινὰ ἀρετὴν τοῦ σώματος, αὗται μὲν ἀγαθαί, αἱ δὲ τἀναντία τούτων κακαί;

ΚΑΛ. Πάνυ γε.

ΣΩ. Οὐκοῦν καὶ λῦπαι ὡσαύτως αἱ μὲν χρησταί εἰσιν, e
αἱ δὲ πονηραί;

ΚΑΛ. Πῶς γὰρ οὔ;

ΣΩ. Οὐκοῦν τὰς μὲν χρηστὰς καὶ ἡδονὰς καὶ λύπας καὶ αἱρετέον ἐστὶν καὶ πρακτέον;

4.5.5. Kallikles' Unterscheidung besserer und schlechterer Lust. Endgültige Folgerung, daß das Ziel allen Handelns das Gute ist, nicht das Angenehme. Rückgang auf die beiden Lebensformen und ihre Ziele

KALLIKLES: Schon lange höre ich dir so zu, Sokrates, indem ich dir immer alles zugebe, weil ich merke, daß wenn dir jemand, wäre es auch nur im Scherz, irgend etwas Preis gibt, du dich damit freust wie ein Kind. Also glaubst du wirklich, daß ich, oder sonst irgend ein Mensch meine, es sei nicht einige Lust besser, andere schlechter?

SOKRATES: Oh! oh! Kallikles! wie boshaft bist du, und c
gehst mit mir um wie mit einem Kinde! Bald sagst du, die Sache verhalte sich so, bald wieder anders, und hintergehst mich. Und doch glaubte ich anfangs nicht, daß ich absichtlich von dir würde hintergangen werden, da du mir ja wohlwillst; nun aber bin ich betrogen, und muß schon, nach dem alten Spruch, nehmen was ich bekommen kann, und aus dem, was du mir gibst, soviel machen als möglich. Es ist also, wie es scheint, und du jetzt sagst, so, daß einige Lust gut ist, andere schlecht.

KALLIKLES: Ja.

SOKRATES: Sind nun gut etwa die nützlichen, schlecht d
aber die schädlichen?

KALLIKLES: Freilich.

SOKRATES: Und nützlich sind doch die etwas gutes bewirken, schädlich aber die etwas schlechtes?

KALLIKLES: Das sage ich auch.

SOKRATES: Meinst du etwa diese? wie in Beziehung auf den Leib, von der Lust, welche wir anführten am Essen und Trinken, wenn davon einige dem Leibe Gesundheit verschaffen, oder Stärke, oder irgend eine andere Vollkommenheit des Leibes, diese gut sind, die aber das Gegenteil hievon, schlecht?

KALLIKLES: Freilich.

SOKRATES: Ist es nun auch mit der Unlust eben so, daß e
einige heilsam ist, andere verderblich?

KALLIKLES: Wie sollte es nicht.

SOKRATES: Also die gute Lust und Unlust muß man wählen und bewirken?

ΚΑΛ. Πάνυ γε.

ΣΩ. Τὰς δὲ πονηρὰς οὔ;

ΚΑΛ. Δῆλον δή.

ΣΩ. Ἕνεκα γάρ που τῶν ἀγαθῶν ἅπαντα ἡμῖν ἔδοξεν πρακτέον εἶναι, εἰ μνημονεύεις, ἐμοί τε καὶ Πώλῳ. Ἆρα καὶ σοὶ συνδοκεῖ οὕτω, τέλος εἶναι ἁπασῶν τῶν πράξεων τὸ ἀγαθόν, καὶ ἐκείνου ἕνεκα δεῖν πάντα τἆλλα πράττεσθαι, ἀλλ' οὐκ ἐκεῖνο τῶν ἄλλων; Σύμψηφος ἡμῖν εἶ καὶ σὺ ἐκ 500
τρίτων;

ΚΑΛ. Ἔγωγε.

ΣΩ. Τῶν ἀγαθῶν ἄρα ἕνεκα δεῖ καὶ τἆλλα καὶ τὰ ἡδέα πράττειν, ἀλλ' οὐ τἀγαθὰ τῶν ἡδέων.

ΚΑΛ. Πάνυ γε.

ΣΩ. Ἆρ' οὖν παντὸς ἀνδρός ἐστιν ἐκλέξασθαι ποῖα ἀγαθὰ τῶν ἡδέων ἐστὶν καὶ ὁποῖα κακά, ἢ τεχνικοῦ δεῖ εἰς ἕκαστον;

ΚΑΛ. Τεχνικοῦ.

ΣΩ. Ἀναμνησθῶμεν δὴ ὧν αὖ ἐγὼ πρὸς Πῶλον καὶ Γοργίαν ἐτύγχανον λέγων. Ἔλεγον γάρ, εἰ μνημονεύεις, ὅτι
εἶεν παρασκευαὶ αἱ μὲν μέχρι ἡδονῆς, αὐτὸ τοῦτο μόνον b
παρασκευάζουσαι, ἀγνοοῦσαι δὲ τὸ βέλτιον καὶ τὸ χεῖρον, αἱ δὲ γιγνώσκουσαι ὅ τί τε ἀγαθὸν καὶ ὅ τι κακόν· καὶ ἐτίθην τῶν μὲν περὶ τὰς ἡδονὰς τὴν μαγειρικὴν ἐμπειρίαν, ἀλλ' οὐ τέχνην, τῶν δὲ περὶ τὸ ἀγαθὸν τὴν ἰατρικὴν τέχνην.

Καὶ πρὸς φιλίου, ὦ Καλλίκλεις, μήτε αὐτὸς οἴου δεῖν πρὸς ἐμὲ παίζειν μηδ' ὅ τι ἂν τύχῃς παρὰ τὰ δοκοῦντα ἀποκρίνου, μήτ' αὖ τὰ παρ' ἐμοῦ οὕτως ἀποδέχου ὡς παί-
ζοντος· ὁρᾷς γὰρ ὅτι περὶ τούτου ἡμῖν εἰσιν οἱ λόγοι, οὗ c
τί ἂν μᾶλλον σπουδάσειέ τις καὶ σμικρὸν νοῦν ἔχων ἄνθρωπος, ἢ τοῦτο, ὅντινα χρὴ τρόπον ζῆν, πότερον ἐπὶ ὃν σὺ παρακαλεῖς ἐμέ, τὰ τοῦ ἀνδρὸς δὴ ταῦτα πράττοντα, λέ-

KALLIKLES: Freilich.

SOKRATES: Die schlechte aber nicht?

KALLIKLES: Offenbar.

SOKRATES: Denn um des Guten willen müsse man Alles tun, glaubten wir beide, wenn du dich noch erinnerst, ich und Polos. Glaubst du dies etwa mit uns, daß aller Handlungen Ziel das Gute ist, und daß um seinetwillen alles andre muß getan werden, nicht aber dieses um des Andern willen? 500a
Willst du auf unsre Seite treten als der dritte?

KALLIKLES: Das will ich.

SOKRATES: Um des Guten willen also muß man alles übrige und so auch das Angenehme tun, nicht aber das Gute wegen des Angenehmen.

KALLIKLES: Freilich.

SOKRATES: Ist es nun etwa Jedermanns Sache, auszuwählen, was unter dem Angenehmen gut ist, und was schlecht, oder bedarf es zu jedem eines Kunstverständigen?

KALLIKLES: Eines Kunstverständigen.

SOKRATES: Bringen wir uns nun in Erinnerung, was sich zum Polos und Gorgias sagte. Ich sagte nämlich, es gäbe b
Vorrichtungen, von denen einige nur bis zur Lust gingen, und diese allein bewirkten, vom Besseren und Schlechteren aber nichts wüßten, andere aber erkennten was gut ist, und was schlecht; und so setzte ich unter die auf die Lust gehenden, als die leibliche, des Kochs Geschicklichkeit, nicht Kunst, unter die aber auf das Gute gehenden eben so die Kunst des Arztes. Und nun, beim freundlichen Zeus, o Kallikles, treibe weder selbst Scherz mit mir, und antworte nicht gegen deine Meinung, was sich eben trifft, noch weniger aber nimm was ich sagen werde so an, als scherzte ich. Denn c
du siehst, daß davon die Rede unter uns ist, worüber es gewiß für jeden Menschen, der nur ein wenig Vernunft hat, nichts ernsthafteres geben kann, nämlich auf welche Weise er leben soll, ob auf diejenige, zu welcher du mich ermunterst, daß ich doch jenes dem Manne geziemende betreiben möchte, im Volke auftreten, die Redekunst ausüben und den Staat verwalten, auf die Art wie ihr ihn eben jetzt verwaltet, oder ob er sich zu jener Lebensweise halten solle in der Philoso-

γοντά τε ἐν τῷ δήμῳ καὶ ῥητορικὴν ἀσκοῦντα καὶ πολιτευόμενον τοῦτον τὸν τρόπον ὃν ὑμεῖς νῦν πολιτεύεσθε, ἢ [ἐπὶ] τόνδε τὸν βίον τὸν ἐν φιλοσοφίᾳ, καὶ τί ποτ' ἐστὶν οὗτος ἐκείνου διαφέρων.

Ἴσως οὖν βέλτιστόν ἐστιν, ὡς ἄρτι ἐγὼ ἐπεχείρησα, διαιρεῖσθαι, διελομένους δὲ καὶ ὁμολογήσαντας ἀλλήλοις, εἰ d
ἔστιν τούτω διττὼ τὼ βίω, σκέψασθαι τί τε διαφέρετον ἀλλήλοιν καὶ ὁπότερον βιωτέον αὐτοῖν.

Ἴσως οὖν οὔπω οἶσθα τί λέγω.

ΚΑΛ. Οὐ δῆτα.

ΣΩ. Ἀλλ' ἐγώ σοι σαφέστερον ἐρῶ. Ἐπειδὴ ὡμολογήκαμεν ἐγώ τε καὶ σὺ εἶναι μέν τι ἀγαθόν, εἶναι δέ τι ἡδύ, ἕτερον δὲ τὸ ἡδὺ τοῦ ἀγαθοῦ, ἑκατέρου δὲ αὐτοῖν μελέτην τινὰ εἶναι καὶ παρασκευὴν τῆς κτήσεως, τὴν μὲν τοῦ ἡδέος θήραν, τὴν δὲ τοῦ ἀγαθοῦ — αὐτὸ δέ μοι τοῦτο πρῶτον ἢ e
σύμφαθι ἢ μή. Σύμφῃς;

ΚΑΛ. Οὕτως φημί.

ΣΩ. Ἴθι δή, ἃ καὶ πρὸς τούσδε ἐγὼ ἔλεγον, διομολόγησαί μοι, εἰ ἄρα σοι ἔδοξα τότε ἀληθῆ λέγειν. Ἔλεγον δέ που, ὅτι ἡ μὲν ὀψοποιικὴ οὔ μοι δοκεῖ τέχνη εἶναι ἀλλ' ἐμπειρία, ἡ δ' ἰατρική, λέγων ὅτι ἡ μὲν τούτου οὗ θερα- 501
πεύει καὶ τὴν φύσιν ἔσκεπται καὶ τὴν αἰτίαν ὧν πράττει, καὶ λόγον ἔχει τούτων ἑκάστου δοῦναι, ἡ ἰατρική· ἡ δ' ἑτέρα τῆς ἡδονῆς, πρὸς ἣν ἡ θεραπεία αὐτῇ ἐστιν ἅπασα, κομιδῇ ἀτέχνως ἐπ' αὐτὴν ἔρχεται, οὔτε τι τὴν φύσιν σκεψαμένη τῆς ἡδονῆς οὔτε τὴν αἰτίαν, ἀλόγως τε παντάπασιν, ὡς ἔπος εἰπεῖν, οὐδὲν διαριθμησαμένη, τριβῇ καὶ ἐμπειρίᾳ μνήμην μόνον σῳζομένη τοῦ εἰωθότος γίγνεσθαι, ᾧ δὴ καὶ πορίζεται τὰς ἡδονάς. b

Ταῦτ' οὖν πρῶτον σκόπει εἰ δοκεῖ σοι ἱκανῶς λέγεσθαι, καὶ εἶναί τινες καὶ περὶ ψυχὴν τοιαῦται ἄλλαι πραγματεῖαι, αἱ μὲν τεχνικαί, προμηθίαν τινὰ ἔχουσαι τοῦ βελ-

phie, und worin wohl diese von der andern sich unterscheidet. Vielleicht wäre es nun am besten, wie ich schon vorher
versuchte, abzuteilen, und nachdem wir abgeteilt hätten, und d
mit einander übereingekommen wären, ob dies die beiden Lebensweisen sind, dann überlegen, worin sie sich unterscheiden, und nach welcher man leben müsse. Vielleicht weißt du aber noch nicht, was ich meine?

KALLIKLES: Nicht recht.

4.6. Thesen des Sokrates zum Einfluß der Lust auf die Seele

4.6.1. Unterscheidung von kunstmäßiger und schmeichlerischer Beschäftigung mit der Seele

SOKRATES: So will ich es dir noch deutlicher sagen. Nachdem wir übereingekommen, ich und du, es gebe Gutes und auch Angenehmes, und das Angenehme wäre verschieden von dem Guten, für jedes von beiden aber gebe es eine Bemühung und Vorrichtung, zu seinem Besitz zu gelangen, ein Jagen nach dem Angenehmen also, und eins nach dem
Guten. – Gleich dies aber gib mir zuerst entweder zu, oder e
leugne es.

KALLIKLES: Ich gebe es zu.

SOKRATES: Wohlan, auch darüber, was ich zu diesen sagte, erkläre dich mir, ob dich damals dünkte, daß ich recht hätte. Ich sagte nämlich, die Kochkunst schiene mir keine Kunst zu sein, sondern nur eine Geschicklichkeit, wohl aber
die Heilkunst, wobei ich meinte, daß diese die Natur dessen 501a
erforscht hätte, was sie besorgt, und den Grund dessen was sie tut, und von jedem einzelnen Rechenschaft geben kann; die andere aber auf die Lust, auf welche ihre ganze Sorge gerichtet ist, offenbar ganz kunstlos arbeitet, ohne weder die Natur der Lust erforscht zu haben noch ihren Grund, und ganz vernunftlos, daß ich es grade heraus sage, eine gar nichts berechnende Hantierung und Geschicklichkeit, lediglich eine sich erhaltende Erinnerung dessen was zu gesche-
hen pflegt, wodurch sie eben die Lust herbeischafft. Dieses b
nun überlege zuerst, ob du glaubst, es sei mit Grund gesagt, und es gebe wirklich auch eben so verschiedene Beschäftigungen mit der Seele, einige kunstgemäße, welche Fürsorge

τίστου περὶ τὴν ψυχήν, αἱ δὲ τούτου μὲν ὀλιγωροῦσαι, ἐσκεμμέναι δ' αὖ, ὥσπερ ἐκεῖ, τὴν ἡδονὴν μόνον τῆς ψυχῆς, τίνα ἂν αὐτῇ τρόπον γίγνοιτο, ἥτις δὲ ἢ βελτίων ἢ χείρων τῶν ἡδονῶν, οὔτε σκοπούμεναι οὔτε μέλον αὐταῖς ἄλλο ἢ χαρίζεσθαι μόνον, εἴτε βέλτιον εἴτε χεῖρον. Ἐμοὶ c μὲν γάρ, ὦ Καλλίκλεις, δοκοῦσίν τε εἶναι καὶ ἔγωγέ φημι τὸ τοιοῦτον κολακείαν εἶναι καὶ περὶ σῶμα καὶ περὶ ψυχὴν καὶ περὶ ἄλλο ὅτου ἄν τις τὴν ἡδονὴν θεραπεύῃ, ἀσκέπτως ἔχων τοῦ ἀμείνονός τε καὶ τοῦ χείρονος· σὺ δὲ δὴ πότερον συγκατατίθεσαι ἡμῖν περὶ τούτων τὴν αὐτὴν δόξαν ἢ ἀντίφῃς;

ΚΑΛ. Οὐκ ἔγωγε, ἀλλὰ συγχωρῶ, ἵνα σοι καὶ περανθῇ ὁ λόγος καὶ Γοργίᾳ τῷδε χαρίσωμαι.

ΣΩ. Πότερον δὲ περὶ μὲν μίαν ψυχὴν ἔστιν τοῦτο, περὶ d δὲ δύο καὶ πολλὰς οὐκ ἔστιν;

ΚΑΛ. Οὔκ, ἀλλὰ καὶ περὶ δύο καὶ περὶ πολλάς.

ΣΩ. Οὐκοῦν καὶ ἀθρόαις ἅμα χαρίζεσθαι ἔστι, μηδὲν σκοπούμενον τὸ βέλτιστον;

ΚΑΛ. Οἶμαι ἔγωγε.

ΣΩ. Ἔχεις οὖν εἰπεῖν αἵτινές εἰσιν αἱ ἐπιτηδεύσεις αἳ τοῦτο ποιοῦσαι; Μᾶλλον δέ, εἰ βούλει, ἐμοῦ ἐρωτῶντος, ἣ μὲν ἄν σοι δοκῇ τούτων εἶναι, φάθι, ἣ δ' ἂν μή, μὴ φάθι. Πρῶτον δὲ σκεψώμεθα τὴν αὐλητικήν· οὐ δοκεῖ σοι τοι- e αύτη τις εἶναι, ὦ Καλλίκλεις, τὴν ἡδονὴν ἡμῶν μόνον διώκειν, ἄλλο δ' οὐδὲν φροντίζειν;

ΚΑΛ. Ἔμοιγε δοκεῖ.

ΣΩ. Οὐκοῦν καὶ αἱ τοιαίδε ἅπασαι, οἷον ἡ κιθαριστικὴ ἡ ἐν τοῖς ἀγῶσιν;

ΚΑΛ. Ναί.

ΣΩ. Τί δέ; ἡ τῶν χορῶν διδασκαλία καὶ ἡ τῶν διθυράμβων ποίησις οὐ τοιαύτη τίς σοι καταφαίνεται; Ἢ ἡγεῖ

tragen für das Beste der Seele, andere, welche, dieses vernachlässigend, nur wie dort auf die Lust der Seele bedacht sind, welchermaßen ihr die entstehen könnte; darauf aber, welche Lust besser sei, und welche schlechter, weder Acht haben, noch überhaupt um irgend etwas anders sich bekümmern, als nur wohlgefällig zu sein, gleichviel ob besser oder c
schlechter. Mich nun, o Kallikles, dünkt, es gebe solche, und ich wenigstens sage dergleichen sei Schmeichelei, in Beziehung auf den Leib sowohl als die Seele und jedes Andere, dem jemand nur durch Lust gütlich tun will, ohne nachgedacht zu haben über das bessere und schlechtere. Du aber, stellst du hierüber dieselbe Meinung auf wie wir, oder widersprichst du?

KALLIKLES: Ich nicht, sondern ich räume es ein, damit auch nur deine Rede zu Ende gebracht werde, und ich dem Gorgias zu willen sei.

SOKRATES: Soll es nun dergleichen für Eine Seele zwar d
geben, für zwei oder mehrere aber nicht?

KALLIKLES: Nein, sondern auch für Zwei und Viele.

SOKRATES: Also auch Vielen zu Hauf kann man Wohlgefallen erregen, ohne auf das Beste bedacht zu sein.

KALLIKLES: Das glaube ich wohl.

4.6.2. Musik und Tragödie als Beispiele für schmeichlerische Beschäftigung, ebenso die übrige Dichtung und die Redepraxis

SOKRATES: Kannst du nun wohl sagen, welches die Beschäftigungen sind, die dieses tun? Oder vielmehr wenn du willst, laß mich fragen, und welche dir nun zu diesen zu gehören scheint, von der bejahe es, welche nicht, von der verneine es. Zuerst laß uns die Kunst des Flötenspielens be- e
trachten. Dünkt sie dich nicht eine solche zu sein, Kallikles, daß sie nur unser Vergnügen sucht, und auf nichts anders bedacht ist?

KALLIKLES: Das dünkt mich.

SOKRATES: Nicht auch alle ähnlichen insgesamt, wie das Spiel auf der Lyra in den tonkünstlerischen Wettstreiten?

KALLIKLES: Ja.

SOKRATES: Und wie die Ausführung der Chöre und die

τι φροντίζειν Κινησίαν τὸν Μέλητος, ὅπως ἐρεῖ τι τοιοῦτον ὅθεν ἂν οἱ ἀκούοντες βελτίους γίγνοιντο, ἢ ὅ τι μέλλει χαριεῖσθαι τῷ ὄχλῳ τῶν θεατῶν ; 502

ΚΑΛ. Δῆλον δὴ τοῦτό γε, ὦ Σώκρατες, Κινησίου γε πέρι.

ΣΩ. Τί δέ ; Ὁ πατὴρ αὐτοῦ Μέλης ἦ πρὸς τὸ βέλτιστον βλέπων ἐδόκει σοι κιθαρῳδεῖν ; Ἢ ἐκεῖνος μὲν οὐδὲ πρὸς τὸ ἥδιστον ; ἠνία γὰρ ᾄδων τοὺς θεατάς. Ἀλλὰ δὴ σκόπει· οὐχὶ ἥ τε κιθαρῳδικὴ δοκεῖ σοι πᾶσα καὶ ἡ τῶν διθυράμβων ποίησις ἡδονῆς χάριν ηὑρῆσθαι ;

ΚΑΛ. Ἔμοιγε.

ΣΩ. Τί δὲ δή ; ἡ σεμνὴ αὕτη καὶ θαυμαστή, ἡ τῆς τραγῳδίας ποίησις [ἐφ᾽ ᾧ ἐσπούδακεν], πότερόν ἐστιν αὐτῆς τὸ ἐπιχείρημα καὶ ἡ σπουδή, ὥς μοι δοκεῖ, χαρίζεσθαι τοῖς θεαταῖς μόνον, ἢ καὶ διαμάχεσθαι, ἐάν τι αὐτοῖς ἡδὺ μὲν ᾖ καὶ κεχαρισμένον, πονηρὸν δέ, ὅπως τοῦτο μὲν μὴ ἐρεῖ, εἰ δέ τι τυγχάνει ἀηδὲς καὶ ὠφέλιμον, τοῦτο δὲ καὶ λέξει καὶ ᾄσεται, ἐάν τε χαίρωσιν ἐάν τε μή ; ποτέρως σοὶ δοκεῖ παρεσκευάσθαι ἡ τῶν τραγῳδιῶν ποίησις ; b

ΚΑΛ. Δῆλον δὴ τοῦτό γε, ὦ Σώκρατες, ὅτι πρὸς τὴν ἡδονὴν μᾶλλον ὥρμηται καὶ τὸ χαρίζεσθαι τοῖς θεαταῖς. c

ΣΩ. Οὐκοῦν τὸ τοιοῦτον, ὦ Καλλίκλεις, ἔφαμεν νυνδὴ κολακείαν εἶναι ;

ΚΑΛ. Πάνυ γε.

ΣΩ. Φέρε δή, εἴ τις περιέλοιτο τῆς ποιήσεως πάσης τό τε μέλος καὶ τὸν ῥυθμὸν καὶ τὸ μέτρον, ἄλλο τι ἢ λόγοι γίγνονται τὸ λειπόμενον ;

ΚΑΛ. Ἀνάγκη.

ΣΩ. Οὐκοῦν πρὸς πολὺν ὄχλον καὶ δῆμον οὗτοι λέγονται οἱ λόγοι ;

ΚΑΛ. Φημί.

Dichtung der Dithyramben, erscheint dir die nicht auch als eine solche? Oder meinst du, Kinesias, der Sohn des Meles, denke im mindesten darauf, wie er so etwas sagen will, wodurch seine Zuhörer besser werden? oder nur, wodurch er dem großen Haufen derselben gefallen will? 502a

KALLIKLES: Das letzte wohl ist deutlich genug, vom Kinesias nämlich.

SOKRATES: Nun, und sein Vater Meles? glaubst du, der habe auf das Beste Rücksicht genommen bei seinem Spiel auf der Lyra? oder er ja wohl nicht einmal auf das angenehmste; denn er quälte mit seinem Gesang die Zuhörer. Aber überlege nur, scheint dir nicht das ganze Spiel auf der Lyra und die dithyrambische Dichtkunst nur zum Vergnügen erfunden zu sein?

KALLIKLES: Das scheint mir.

SOKRATES: Und jene prächtige und bewundernswürdige b
Dichtung der Tragödie, worauf wendet die so viel Fleiß? Meinst du, ihr Zweck und ihre Bemühung sei nur darauf gerichtet den Zuschauern Wohlgefallen zu erregen, oder auch darauf durchzusetzen, daß wenn ihnen etwas zwar angenehm ist und wohlgefällig, aber verderblich, dieses nicht gesagt werde, und wenn dagegen etwas ihnen widerlich ist, aber heilsam, daß sie dieses sage und singe, mögen sie sich nun daran ergötzen oder nicht? Auf welches von beiden scheint es dir die tragische Dichtkunst angelegt zu haben?

KALLIKLES: Es ist ja offenbar, Sokrates, daß sie mehr auf c
die Lust ausgeht, und darauf den Zuschauern gefällig zu sein.

SOKRATES: Dieses aber, o Kallikles, sagten wir eben jetzt sei Schmeichelei?

KALLIKLES: Allerdings.

SOKRATES: Wohlan, wenn jemand von jeder Dichtung den Gesang wegnimmt, und den Tonfall und das Sylbenmaß, werden nicht, was übrig bleibt, Reden?

KALLIKLES: Notwendig.

SOKRATES: Und vor einem großen Haufen Volks werden diese Reden gesprochen?

KALLIKLES: Freilich.

ΣΩ. Δημηγορία ἄρα τίς ἐστιν ἡ ποιητική. d

ΚΑΛ. Φαίνεται.

ΣΩ. Οὐκοῦν ῥητορικὴ δημηγορία ἂν εἴη· ἢ οὐ ῥητο-
ρεύειν δοκοῦσί σοι οἱ ποιηταὶ ἐν τοῖς θεάτροις;

ΚΑΛ. Ἔμοιγε.

ΣΩ Νῦν ἄρα ἡμεῖς ηὑρήκαμεν ῥητορικήν τινα πρὸς
δῆμον τοιοῦτον οἷον παίδων τε ὁμοῦ καὶ γυναικῶν καὶ
ἀνδρῶν, καὶ δούλων καὶ ἐλευθέρων, ἣν οὐ πάνυ ἀγάμεθα·
κολακικὴν γὰρ αὐτήν φαμεν εἶναι.

ΚΑΛ. Πάνυ γε.

ΣΩ. Εἶεν· τί δὲ ἡ πρὸς τὸν Ἀθηναίων δῆμον ῥητορικὴ
καὶ τοὺς ἄλλους τοὺς ἐν ταῖς πόλεσιν δήμους τοὺς τῶν e
ἐλευθέρων ἀνδρῶν, τί ποτε ἡμῖν αὕτη ἐστίν; Πότερόν σοι
δοκοῦσιν πρὸς τὸ βέλτιστον ἀεὶ λέγειν οἱ ῥήτορες, τούτου
στοχαζόμενοι, ὅπως οἱ πολῖται ὡς βέλτιστοι ἔσονται διὰ
τοὺς αὑτῶν λόγους, ἢ καὶ οὗτοι πρὸς τὸ χαρίζεσθαι τοῖς
πολίταις ὡρμημένοι, καὶ ἕνεκα τοῦ ἰδίου τοῦ αὑτῶν ὀλιγω-
ροῦντες τοῦ κοινοῦ, ὥσπερ παισὶ προσομιλοῦσι τοῖς δήμοις,
χαρίζεσθαι αὐτοῖς πειρώμενοι μόνον, εἰ δέ γε βελτίους 503
ἔσονται ἢ χείρους διὰ ταῦτα, οὐδὲν φροντίζουσιν;

ΚΑΛ. Οὐχ ἁπλοῦν ἔτι τοῦτο ἐρωτᾷς· εἰσὶ μὲν γὰρ οἳ
κηδόμενοι τῶν πολιτῶν λέγουσιν ἃ λέγουσιν, εἰσὶ δὲ καὶ
οἵους σὺ λέγεις.

ΣΩ. Ἐξαρκεῖ. Εἰ γὰρ καὶ τοῦτό ἐστι διπλοῦν, τὸ μὲν
ἕτερόν που τούτου κολακεία ἂν εἴη καὶ αἰσχρὰ δημηγορία,
τὸ δ᾽ ἕτερον καλόν, τὸ παρασκευάζειν ὅπως ὡς βέλτισται
ἔσονται τῶν πολιτῶν αἱ ψυχαί, καὶ ἀεὶ διαμάχεσθαι λέγοντα
τὰ βέλτιστα, εἴτε ἡδίω εἴτε ἀηδέστερα ἔσται τοῖς ἀκούου-
σιν. Ἀλλ᾽ οὐ πώποτε σὺ ταύτην εἶδες τὴν ῥητορικήν· ἢ b
εἴ τινα ἔχεις τῶν ῥητόρων τοιοῦτον εἰπεῖν, τί οὐχὶ καὶ
ἐμοὶ αὐτὸν ἔφρασας τίς ἐστιν;

ΚΑΛ. Ἀλλὰ μὰ Δία οὐκ ἔχω ἔγωγέ σοι εἰπεῖν τῶν γε
νῦν ῥητόρων οὐδένα.

SOKRATES: Also ist die Dichtkunst auch eine Volksbearbeitung. d

KALLIKLES: So scheint es.

SOKRATES: Und nicht wahr, wiefern Redekunst ist sie Volksbearbeitung. Oder scheinen dir nicht die Dichter auf der Schaubühne Redekunst zu treiben?

KALLIKLES: Wohl freilich.

SOKRATES: Jetzt also haben wir eine Redekunst gefunden an ein solches Volk, aus Kindern zugleich und Weibern und Männern, aus Knechten und Freien, mit welcher wir nicht sehr zufrieden sind; denn wir sagen, sie sei eine Schmeichelei.

KALLIKLES: Freilich.

SOKRATES: Wie aber die vor dem Volk der Athener? oder überhaupt in Städten vor andern Versammlungen freier e
Männer? was ist uns doch diese? Scheinen dir etwa die Redner immer in Beziehung auf das Beste zu sprechen, dieses im Auge habend, daß die Bürger möglichst gebessert werden durch ihre Reden? oder gehn auch diese nur darauf aus, sich den Bürgern gefällig zu machen, und behandeln ihres eigenen Vorteils wegen den gemeinsamen vernachlässigend das versammelte Volk wie Kinder, indem sie ihm nur Vergnügen zu machen suchen, ob es aber besser oder schlechter 503a
werden wird dadurch, sich nicht kümmern?

KALLIKLES: Das ist nicht mehr so im Allgemeinen zu beantworten; denn es gibt, die was sie sagen aus wahrer Vorsorge für die Bürger sagen, es gibt aber auch solche, wie du sagt.

SOKRATES: Das genügt mir. Denn wenn sich dieses auch teilt: so ist doch der eine Teil Schmeichelei, und schlechte Volksbearbeitung; der andere aber wäre etwas schönes, Besserung zu bewürken für die Seelen der Bürger, und immer durchzusetzen, daß man nur das Beste rede, mag es angenehmer sein oder unangenehmer für die Hörer. Aber niemals b
gewiß hast du diese Redekunst gesehen; oder wenn du einen solchen angeben kannst unter den Rednern, warum hast du ihn mir nicht auch genannt, welcher es sei?

KALLIKLES: Ja, beim Zeus, ich weiß dir keinen zu nennen, wenigstens unter den jetzigen Rednern.

ΣΩ. Τί δέ; Τῶν παλαιῶν ἔχεις τινὰ εἰπεῖν δι᾽ ὅντινα
αἰτίαν ἔχουσιν Ἀθηναῖοι βελτίους γεγονέναι, ἐπειδὴ ἐκεῖ-
νος ἤρξατο δημηγορεῖν, ἐν τῷ πρόσθεν χρόνῳ χείρους
ὄντες; Ἐγὼ μὲν γὰρ οὐκ οἶδα τίς ἐστιν οὗτος; c

ΚΑΛ. Τί δέ; Θεμιστοκλέα οὐκ ἀκούεις ἄνδρα ἀγαθὸν
γεγονότα καὶ Κίμωνα καὶ Μιλτιάδην καὶ Περικλέα τουτονὶ
τὸν νεωστὶ τετελευτηκότα, οὗ καὶ σὺ ἀκήκοας;

ΣΩ. Εἰ ἔστιν γε, ὦ Καλλίκλεις, ἣν πρότερον σὺ ἔλεγες
ἀρετήν, ἀληθής, τὸ τὰς ἐπιθυμίας ἀποπιμπλάναι καὶ τὰς
αὑτοῦ καὶ τὰς τῶν ἄλλων· εἰ δὲ μὴ τοῦτο, ἀλλ᾽ ὅπερ ἐν τῷ
ὑστέρῳ λόγῳ ἠναγκάσθημεν ἡμεῖς ὁμολογεῖν, ὅτι αἳ μὲν
τῶν ἐπιθυμιῶν πληρούμεναι βελτίω ποιοῦσι τὸν ἄνθρωπον,
ταύτας μὲν ἀποτελεῖν, αἳ δὲ χείρω, μή, τοῦτο δὲ τέχνη τις d
εἴη, τοιοῦτον ἄνδρα τούτων τινὰ γεγονέναι ἔχεις εἰπεῖν;

ΚΑΛ. Οὐκ ἔχω ἔγωγε πῶς εἴπω.

ΣΩ. Ἀλλ᾽ ἐὰν ζητῇς καλῶς, εὑρήσεις· ἴδωμεν δὴ οὑτωσὶ
ἀτρέμα σκοπούμενοι εἴ τις τούτων τοιοῦτος γέγονεν. Φέρε
γάρ, ὁ ἀγαθὸς ἀνὴρ καὶ ἐπὶ τὸ βέλτιστον λέγων ἃ ἂν λέγῃ,
ἄλλο τι οὐκ εἰκῇ ἐρεῖ, ἀλλ᾽ ἀποβλέπων πρός τι; Ὥσπερ
καὶ οἱ ἄλλοι πάντες δημιουργοὶ βλέποντες πρὸς τὸ αὑτῶν
ἔργον ἕκαστος οὐκ εἰκῇ ἐκλεγόμενος προσφέρει ἃ προσφέ- e
ρει [πρὸς τὸ ἔργον τὸ αὑτῶν], ἀλλ᾽ ὅπως ἂν εἶδός τι αὐτῷ
σχῇ τοῦτο ὃ ἐργάζεται. Οἷον εἰ βούλει ἰδεῖν τοὺς ζωγρά-
φους, τοὺς οἰκοδόμους, τοὺς ναυπηγούς, τοὺς ἄλλους
πάντας δημιουργούς, ὅντινα βούλει αὐτῶν, ὡς εἰς τάξιν
τινὰ ἕκαστος ἕκαστον τίθησιν ὃ ἂν τιθῇ, καὶ προσαναγ-
κάζει τὸ ἕτερον τῷ ἑτέρῳ πρέπον τε εἶναι καὶ ἁρμόττειν,
ἕως ἂν τὸ ἅπαν συστήσηται τεταγμένον τε καὶ κεκοσμη- 504
μένον πρᾶγμα· καὶ οἵ τε δὴ ἄλλοι δημιουργοὶ καὶ οὓς νυνδὴ

SOKRATES: Wie? etwa unter den Alten weißt du einen zu nennen, durch welchen besser geworden zu sein man den Athenern nachsagen kann, seit er angefangen, das Volk zu bearbeiten, da sie vorher schlechter waren? denn ich weiß nicht, wer dieser ist. c

KALLIKLES: Wie? hast du nicht gehört, was für ein vortrefflicher Mann Themistokles gewesen, und Kimon und Miltiades, und dieser Perikles, der erst neuerdings gestorben ist, und den du noch selbst gehört hast?

SOKRATES: Ja, Kallikles, wenn nämlich die, welche du vorher meintest, die rechte Tugend ist, Begierden zu befriedigen, seine eignen und Anderer; wenn aber nicht dies, sondern was wir in dem späteren Teil des Gesprächs genötiget wurden anzunehmen, nämlich welche Begierden, wenn sie befriediget werden, den Menschen besser machen, diese zu d erfüllen, welche aber schlechter, die nicht, und daß es hiezu einer Kunst bedürfe; kannst du dann wohl sagen, daß irgend einer von diesen Männern ein solcher gewesen sei?

KALLIKLES: Ich weiß nicht mehr, was ich sagen soll.

4.6.3. Ordnung und Anstand der Seele sind Gerechtigkeit und Besonnenheit. Folgerungen für den kunstmäßigen Redner

SOKRATES: Wenn du es nur aufrichtig untersuchst, wirst du es schon finden. Laß uns aber so ganz gemach betrachtend zusehn, ob einer von diesen ein solcher gewesen ist. Nicht wahr, der rechtschaffene Mann, der um des Besten willen sagt was er sagt, der wird doch nicht in den Tag hinein reden, sondern etwas bestimmtes vor Augen habend, so wie auch alle andere Künstler jeder sein eigentümliches Werk im Auge habend nicht auf Geratewohl zugreifend je- e desmal etwas neues an ihr Werk anlegen, sondern damit jedem das, was er ausarbeitet, eine gewisse bestimmte Gestalt bekomme. Wie wenn du die Maler ansehn willst, die Baumeister, die Schiffbauer, alle andere Arbeiter welche du willst, so bringt jeder jedes, was er hinzubringt, an eine bestimmte Stelle, und zwingt jedes, sich zu dem Andern zu fügen, und ihm angemessen zu sein, bis er das ganze Werk 504a wohlgeordnet und ausgestattet mit Schönheit dargestellt hat.

ἐλέγομεν, οἱ περὶ τὸ σῶμα, παιδοτρίβαι τε καὶ ἰατροί, κοσμοῦσί που τὸ σῶμα καὶ συντάττουσιν. Ὁμολογοῦμεν οὕτω τοῦτ᾽ ἔχειν ἢ οὔ;

ΚΑΛ. Ἔστω τοῦτο οὕτω.

ΣΩ. Τάξεως ἄρα καὶ κόσμου τυχοῦσα οἰκία χρηστὴ ἂν εἴη, ἀταξίας δὲ μοχθηρά;

ΚΑΛ. Φημί.

ΣΩ. Οὐκοῦν καὶ πλοῖον ὡσαύτως;

ΚΑΛ. Ναί. b

ΣΩ. Καὶ μὴν καὶ τὰ σώματά φαμεν τὰ ἡμέτερα;

ΚΑΛ. Πάνυ γε.

ΣΩ. Τί δ᾽ ἡ ψυχή; Ἀταξίας τυχοῦσα ἔσται χρηστή, ἢ τάξεώς τε καὶ κόσμου τινός;

ΚΑΛ. Ἀνάγκη ἐκ τῶν πρόσθεν καὶ τοῦτο συνομολογεῖν.

ΣΩ. Τί οὖν ὄνομά ἐστιν ἐν τῷ σώματι τῷ ἐκ τῆς τάξεώς τε καὶ τοῦ κόσμου γιγνομένῳ;

ΚΑΛ. Ὑγίειαν καὶ ἰσχὺν ἴσως λέγεις;

ΣΩ. Ἔγωγε. Τί δὲ αὖ τῷ ἐν τῇ ψυχῇ ἐγγιγνομένῳ ἐκ c
τῆς τάξεως καὶ τοῦ κόσμου; Πειρῶ εὑρεῖν καὶ εἰπεῖν ὥσπερ ἐκείνῳ τὸ ὄνομα.

ΚΑΛ. Τί δὲ οὐκ αὐτὸς λέγεις, ὦ Σώκρατες;

ΣΩ. Ἀλλ᾽ εἴ σοι ἥδιόν ἐστιν, ἐγὼ ἐρῶ· σὺ δέ, ἂν μέν σοι δοκῶ ἐγὼ καλῶς λέγειν, φάθι· εἰ δὲ μή, ἔλεγχε καὶ μὴ ἐπίτρεπε. Ἔμοιγε δοκεῖ ταῖς μὲν τοῦ σώματος τάξεσιν ὄνομα εἶναι ὑγιεινόν, ἐξ οὗ ἐν αὐτῷ ἡ ὑγίεια γίγνεται καὶ ἡ ἄλλη ἀρετὴ τοῦ σώματος. Ἔστιν ταῦτα ἢ οὐκ ἔστιν;

ΚΑΛ. Ἔστιν.

ΣΩ. Ταῖς δέ γε τῆς ψυχῆς τάξεσιν καὶ κοσμήσεσιν νόμι- d
μόν τε καὶ νόμος, ὅθεν καὶ νόμιμοι γίγνονται καὶ κόσμιοι· ταῦτα δ᾽ ἔστιν δικαιοσύνη τε καὶ σωφροσύνη. Φῄς ἢ οὔ;

So diese Künstler, und so auch jene andern, von denen wir eben sprachen, die es mit dem Leibe zu tun haben, die Ärzte und die Turnmeister, bringen doch so den Leib zu Ordnung und Anstand. Nehmen wir an, daß es sich so verhalte oder nicht?

KALLIKLES: Das mag immer so sein.

SOKRATES: Ein Hauswesen also, in welchem Ordnung und Anstand anzutreffen ist, das wäre ein vollkommenes, in welchem aber Unordnung, das ein schlechtes?

KALLIKLES: Das gebe ich zu.

SOKRATES: Eben so auch ein Schiff?

KALLIKLES: Ja. b

SOKRATES: Und dasselbe sagen wir auch von unserm Leibe?

KALLIKLES: Freilich.

SOKRATES: Wie aber die Seele? wird die vollkommen sein, wenn Unordnung in ihr anzutreffen ist, oder auch sie, wenn Ordnung und Anstand?

KALLIKLES: Notwendig ergibt sich aus dem vorigen auch dieses.

SOKRATES: Wie nennt man nun, was für den Leib aus Ordnung und Anstand sich bildet?

KALLIKLES: Du meinst wohl Gesundheit und Stärke?

SOKRATES: Die meine ich. Wie aber nun, was der Seele c
eingebildet wird durch Ordnung und Anstand? versuche doch auch dafür wie für jedes einen Namen zu finden und auszusprechen.

KALLIKLES: Warum sagst du es nicht selbst, Sokrates?

SOKRATES: Wenn es dir lieber ist, will ich es wohl sagen. Aber nur wenn du glaubst, daß ich es richtig sage, stimme mir bei; wenn aber nicht, so widerlege mich, und sieh mir ja nichts nach. Ich meine also, die Ordnungen für den Leib heißen Gesundheitsregeln, wodurch in ihm Gesundheit entsteht, und jede andere Tugend des Leibes. Ist das so oder nicht?

KALLIKLES: Es ist so.

SOKRATES: Die Ordnungen aber und Bildungsvorschrif- d
ten für die Seele sind Recht und Gesetz, vermittelst deren sie

ΚΑΛ. Ἔστω.

ΣΩ. Οὐκοῦν πρὸς ταῦτα βλέπων ὁ ῥήτωρ ἐκεῖνος, ὁ τεχνικός τε καὶ ἀγαθός, καὶ τοὺς λόγους προσοίσει ταῖς ψυχαῖς οὓς ἂν λέγῃ, καὶ τὰς πράξεις ἁπάσας, καὶ δῶρον ἐάν τι διδῷ, δώσει, καὶ ἐάν τι ἀφαιρῆται, ἀφαιρήσεται, πρὸς τοῦτο ἀεὶ τὸν νοῦν ἔχων, ὅπως ἂν αὐτοῦ τοῖς πολί- e
ταις δικαιοσύνη μὲν ἐν ταῖς ψυχαῖς γίγνηται, ἀδικία δὲ ἀπαλλάττηται, καὶ σωφροσύνη μὲν ἐγγίγνηται, ἀκολασία δὲ ἀπαλλάττηται, καὶ ἡ ἄλλη ἀρετὴ ἐγγίγνηται, κακία δὲ ἀπίῃ. Συγχωρεῖς ἢ οὔ;

ΚΑΛ. Συγχωρῶ.

ΣΩ. Τί γὰρ ὄφελος, ὦ Καλλίκλεις, σώματί γε κάμνοντι καὶ μοχθηρῶς διακειμένῳ σιτία πολλὰ διδόναι καὶ τὰ ἥδιστα ἢ ποτὰ ἢ ἄλλ᾽ ὁτιοῦν, ὃ μὴ ὀνήσει αὐτὸ ἔσθ᾽ ὅτε πλέον, ἢ τοὐναντίον κατά γε τὸν δίκαιον λόγον καὶ ἔλαττον; Ἔστι ταῦτα;

ΚΑΛ. Ἔστω. 505

ΣΩ. Οὐ γάρ, οἶμαι, λυσιτελεῖ μετὰ μοχθηρίας σώματος ζῆν ἀνθρώπῳ· ἀνάγκη γὰρ οὕτω καὶ ζῆν μοχθηρῶς. Ἦ οὐχ οὕτως;

ΚΑΛ. Ναί.

ΣΩ. Οὐκοῦν καὶ τὰς ἐπιθυμίας ἀποπιμπλάναι, οἷον πεινῶντα φαγεῖν ὅσον βούλεται ἢ διψῶντα πιεῖν, ὑγιαίνοντα μὲν ἐῶσιν οἱ ἰατροὶ ὡς τὰ πολλά, κάμνοντα δὲ ὡς ἔπος εἰπεῖν οὐδέποτ᾽ ἐῶσιν ἐμπίμπλασθαι ὧν ἐπιθυμεῖ; Συγχωρεῖς τοῦτό γε καὶ σύ;

ΚΑΛ. Ἔγωγε. b

ΣΩ. Περὶ δὲ ψυχήν, ὦ ἄριστε, οὐχ ὁ αὐτὸς τρόπος; Ἕως μὲν ἂν πονηρὰ ᾖ, ἀνόητός τε οὖσα καὶ ἀκόλαστος καὶ ἄδικος καὶ ἀνόσιος, εἴργειν αὐτὴν δεῖ τῶν ἐπιθυμιῶν καὶ μὴ ἐπιτρέπειν ἄλλ᾽ ἄττα ποιεῖν ἢ ἀφ᾽ ὧν βελτίων ἔσται· φῂς ἢ οὔ;

rechtlich werden und anständig, und das ist eben Gerechtigkeit und Besonnenheit. Bejahst du es oder nicht?

KALLIKLES: Es sei so.

SOKRATES: Mit Hinsicht hierauf also wird jener Redner, der rechtschaffene und kunstmäßige, sowohl alle seine Reden, die er der Seele anbringt, einrichten, als auch seine Handlungen, und was er gewährt wird er gewähren, wo er etwas versagt und entzieht wird er es versagen, darauf immer den Sinn gerichtet, wie Gerechtigkeit in die Seele seiner e Mitbürger kommen möge, Ungerechtigkeit aber hinweggeschafft werden, und Besonnenheit hineinkommen, Ungebundenheit aber hinweggeschafft werden, und so jede andre Tugend hineinkommen, die Untugend aber abziehen. Räumst du dies ein oder nicht?

KALLIKLES: Ich räume es ein.

SOKRATES: Denn was würde es auch helfen, einem kranken zerrütteten Leibe viele und noch so angenehme Speisen zu reichen, und Getränke oder irgend etwas, was ihm bisweilen um nichts mehr dient, oder im Gegenteil recht gesprochen, wohl noch weniger. Ist das so oder nicht?

KALLIKLES: Es sei. 505a

SOKRATES: Denn ich denke, es lohnt dem Menschen nicht, in einem jämmerlichen Zustande des Leibes fortzuleben, weil er ja so auch notwendig ein jämmerliches Leben führt. Oder ist es nicht so?

KALLIKLES: Ja.

SOKRATES: Und nicht wahr, seine Begierden befriedigen, wie wenn er hungert essen soviel er will, und wenn ihn durstet trinken, das gestatten die Ärzte dem Gesunden wohl meistenteils, den Kranken aber lassen sie gerade niemals sich daran sättigen, wonach ihn gelüstet. Dies gibst du doch auch wohl zu?

KALLIKLES: Ja doch. b

SOKRATES: Und mit der Seele, Bester, ist es nicht eben so? so lange sie noch schlecht ist, weil unvernünftig, unbändig, ungerecht und unfromm, muß man sie zurückhalten in ihren Begierden, und ihr nicht verstatten, irgend anderes zu tun als wodurch sie besser werden kann? Bejahst du oder nicht?

ΚΑΛ. Φημί.

ΣΩ. Οὕτω γάρ που αὐτῇ ἄμεινον τῇ ψυχῇ;

ΚΑΛ. Πάνυ γε.

ΣΩ. Οὐκοῦν τὸ εἴργειν ἐστὶν ἀφ' ὧν ἐπιθυμεῖ κολάζειν;

ΚΑΛ. Ναί.

ΣΩ. Τὸ κολάζεσθαι ἄρα τῇ ψυχῇ ἄμεινόν ἐστιν ἢ ἡ ἀκολασία, ὥσπερ σὺ νυνδὴ ᾤου.

ΚΑΛ. Οὐκ οἶδ' ἅττα λέγεις, ὦ Σώκρατες, ἀλλ' ἄλλον c τινὰ ἐρώτα.

ΣΩ. Οὗτος ἀνὴρ οὐχ ὑπομένει ὠφελούμενος καὶ αὐτὸ τοῦτο πάσχων περὶ οὗ ὁ λόγος ἐστί, κολαζόμενος.

ΚΑΛ. Οὐδέ γέ μοι μέλει οὐδὲν ὧν σὺ λέγεις, καὶ ταῦτά σοι Γοργίου χάριν ἀπεκρινάμην.

ΣΩ. Εἶεν· τί οὖν δὴ ποιήσομεν; Μεταξὺ τὸν λόγον καταλύσομεν;

ΚΑΛ. Αὐτὸς γνώσει.

ΣΩ. Ἀλλ' οὐδὲ τοὺς μύθους φασὶ μεταξὺ θέμις εἶναι d καταλείπειν, ἀλλ' ἐπιθέντας κεφαλήν, ἵνα μὴ ἄνευ κεφαλῆς περιίῃ. Ἀπόκριναι οὖν καὶ τὰ λοιπά, ἵνα ἡμῖν ὁ λόγος κεφαλὴν λάβῃ.

ΚΑΛ. Ὡς βίαιος εἶ, ὦ Σώκρατες. Ἐὰν δὲ ἐμοὶ πείθῃ, ἐάσεις χαίρειν τοῦτον τὸν λόγον, ἢ καὶ ἄλλῳ τῳ διαλέξει.

ΣΩ. Τίς οὖν ἄλλος ἐθέλει; Μὴ γάρ τοι ἀτελῆ γε τὸν λόγον καταλείπωμεν.

ΚΑΛ. Αὐτὸς δὲ οὐκ ἂν δύναιο διελθεῖν τὸν λόγον, ἢ λέγων κατὰ σαυτὸν ἢ ἀποκρινόμενος σαυτῷ;

ΣΩ. Ἵνα μοι τὸ τοῦ Ἐπιχάρμου γένηται, ἃ πρὸ τοῦ e δύο ἄνδρες ἔλεγον, εἷς ὢν ἱκανὸς γένωμαι; Ἀτὰρ κινδυ-

KALLIKLES: Ich bejahe.

SOKRATES: Denn so ist es ihr selbst wohl besser der Seele.

KALLIKLES: Ja doch.

SOKRATES: Und zurückhalten von dem, was sie begehrt, das heißt doch bändigen und in Zucht halten?

KALLIKLES: Ja.

SOKRATES: In Zucht gehalten werden, das ist also für die Seele besser als die Unbändigkeit, wie du doch vorher meintest.

4.7. Kallikles gibt auf

KALLIKLES: Ich weiß nicht was du vorbringst, Sokrates! c
Frage lieber einen Andern.

SOKRATES: Dieser Mann will sich nicht gefallen lassen, gefördert zu werden durch eben dieses, wovon die Rede ist, daß man ihn nämlich in Zucht halte.

KALLIKLES: Auch kümmert mich gar nichts von allem was du sagst, und ich habe dir auch bis jetzt nur des Gorgias wegen geantwortet.

SOKRATES: Wohl! was wollen wir also machen? Die Rede mitten abbrechen?

KALLIKLES: Das magst du selbst wissen.

SOKRATES: Sagen sie doch, es sei nicht recht, auch nur d
ein Märchen in der Mitte stecken zu lassen, sondern man solle ihm einen Kopf aufsetzen, damit es nicht ohne Kopf umhergehe. So beantworte doch noch das übrige, damit auch unser Gespräch seinen Kopf bekomme.

KALLIKLES: Wie zudringlich du bist, Sokrates! Wenn du indes mir folgen wolltest, ließest du diese Rede fallen, oder sprächst mit einem Andern.

SOKRATES: Wer will wohl von den Andern? daß wir doch die Rede nicht lassen unvollendet.

KALLIKLES: Kannst du sie denn nicht allein zu Ende bringen, sei es nun, daß du zusammenhängend fortsprächest, oder daß du dir selbst antwortetest?

SOKRATES: Daß mir noch das Epicharmische widerführe, e
was vorhin zwei Männer sprachen, dazu ich allein genug sei.

νεύει ἀναγκαιότατον εἶναι οὕτως. Εἰ μέντοι ποιήσομεν, οἶμαι ἔγωγε χρῆναι πάντας ἡμᾶς φιλονίκως ἔχειν πρὸς τὸ εἰδέναι τὸ ἀληθὲς τί ἐστιν περὶ ὧν λέγομεν καὶ τί ψεῦδος· κοινὸν γὰρ ἀγαθὸν ἅπασι φανερὸν γενέσθαι αὐτό. Δίειμι μὲν οὖν τῷ λόγῳ ἐγὼ ὡς ἂν μοι δοκῇ ἔχειν· ἐὰν δέ τῳ ὑμῶν 506
μὴ τὰ ὄντα δοκῶ ὁμολογεῖν ἐμαυτῷ, χρὴ ἀντιλαμβάνεσθαι καὶ ἐλέγχειν. Οὐδὲ γάρ τοι ἔγωγε εἰδὼς λέγω ἃ λέγω, ἀλλὰ ζητῶ κοινῇ μεθ᾽ ὑμῶν, ὥστε, ἄν τι φαίνηται λέγων ὁ ἀμφισβητῶν ἐμοί, ἐγὼ πρῶτος συγχωρήσομαι. Λέγω μέντοι ταῦτα, εἰ δοκεῖ χρῆναι διαπερανθῆναι τὸν λόγον· εἰ δὲ μὴ βούλεσθε, ἐῶμεν δὴ χαίρειν καὶ ἀπίωμεν.

ΓΟΡ. Ἀλλ᾽ ἐμοὶ μὲν οὐ δοκεῖ, ὦ Σώκρατες, χρῆναί πω ἀπιέναι, ἀλλὰ διεξελθεῖν σε τὸν λόγον· φαίνεται δέ μοι καὶ b
τοῖς ἄλλοις δοκεῖν. Βούλομαι γὰρ ἔγωγε καὶ αὐτὸς ἀκοῦσαί σου αὐτοῦ διιόντος τὰ ἐπίλοιπα.

ΣΩ. Ἀλλὰ μὲν δή, ὦ Γοργία, καὶ αὐτὸς ἡδέως μὲν ἂν Καλλικλεῖ τούτῳ ἔτι διελεγόμην, ἕως αὐτῷ τὴν τοῦ Ἀμφίονος ἀπέδωκα ῥῆσιν ἀντὶ τῆς τοῦ Ζήθου· ἐπειδὴ δὲ σύ, ὦ Καλλίκλεις, οὐκ ἐθέλεις συνδιαπερᾶναι τὸν λόγον, ἀλλ᾽ οὖν ἐμοῦ γε ἀκούων ἐπιλαμβάνου, ἐάν τί σοι δοκῶ μὴ καλῶς λέγειν. Καί με ἐὰν ἐξελέγχῃς, οὐκ ἀχθεσθήσομαί σοι ὥσπερ σὺ ἐμοί, ἀλλὰ μέγιστος εὐεργέτης παρ᾽ ἐμοὶ ἀναγε- c
γράψει.

ΚΑΛ. Λέγε, ὠγαθέ, αὐτὸς καὶ πέραινε.

ΣΩ. Ἄκουε δὴ ἐξ ἀρχῆς ἐμοῦ ἀναλαβόντος τὸν λόγον.

Indes es mag wohl die höchste Not sein auf diese Art. Wollen wir es jedoch so machen, so denke ich, wir müssen auch alle aus allen Kräften uns bemühen zu erfahren, was wahr ist in der Sache, wovon wir sprechen, und was falsch; denn es ist für Alle insgemein gut, daß dies ans Licht komme. Ich also will es durchgehn, wie ich glaube daß es sich verhält. 506a
Wenn aber Einen von euch dünkt, ich stimmte mir selbst bei, wo ich nicht sollte: so müßt ihr dazwischentreten und widerlegen. Denn nicht als wüßte ich es, sage ich was ich sage, sondern ich suche es gemeinschaftlich mit euch; so daß, wenn mir derjenige etwas zu sagen scheint, der mir widerstreitet, ich es zuerst einräumen werde. Ich sage jedoch dies nur, falls euch gut dünkt, daß die Rede zu Ende gebracht werde; wollt ihr aber das nicht, so lassen wir sie, und gehn auseinander.

GORGIAS: Ich meines Teils denke nicht, daß wir schon auseinander gehen sollten, sondern daß du die Rede durch- b
führest, und ich sehe wohl, daß die andern eben dies wünschen. Denn auch ich möchte gar gern hören, wie du das übrige allein durchnimmst.

SOKRATES: Freilich, Gorgias, hätte ich gern noch mit unserm Kallikles weiter gesprochen, bis ich ihm könnte die Rede des Amphion wieder gegeben haben für die des Zethos. Da aber du, o Kallikles, die Rede nicht willst mit mir zu Ende führen: so merke wenigstens auf und weise mich zurecht, wenn du meinst, daß ich etwas unrichtiges sage. Und wenn du mich überführst, werde ich dir nicht zürnen, wie du mir, sondern als mein größter Wohltäter wirst du bei c
mir angeschrieben stehen.

KALLIKLES: So sprich nur selbst, Guter, und mache ein Ende.

SOKRATES: Höre denn, wie ich von Anfang an alles wieder aufnehme.

Ἆρα τὸ ἡδὺ καὶ τὸ ἀγαθὸν τὸ αὐτό ἐστιν ; Οὐ ταὐτόν, ὡς ἐγὼ καὶ Καλλικλῆς ὡμολογήσαμεν. — Πότερον δὲ τὸ ἡδὺ ἕνεκα τοῦ ἀγαθοῦ πρακτέον, ἢ τὸ ἀγαθὸν ἕνεκα τοῦ ἡδέος ; Τὸ ἡδὺ ἕνεκα τοῦ ἀγαθοῦ. — Ἡδὺ δέ ἐστιν τοῦτο οὗ παραγενομένου ἡδόμεθα, ἀγαθὸν δὲ οὗ παρόντος ἀγαθοί ἐσμεν ; d
Πάνυ γε. — Ἀλλὰ μὴν ἀγαθοί γέ ἐσμεν καὶ ἡμεῖς καὶ τὰ ἄλλα πάντα ὅσ᾽ ἀγαθά ἐστιν, ἀρετῆς τινος παραγενομένης ; Ἔμοιγε δοκεῖ ἀναγκαῖον εἶναι, ὦ Καλλίκλεις. — Ἀλλὰ μὲν δὴ ἥ γε ἀρετὴ ἑκάστου, καὶ σκεύους καὶ σώματος καὶ ψυχῆς αὖ καὶ ζῴου παντός, οὔτοι εἰκῇ [κάλλιστα] παραγίγνεται, ἀλλὰ τάξει καὶ ὀρθότητι καὶ τέχνῃ, ἥτις ἑκάστῳ ἀποδέδοται αὐτῶν· ἆρα ἔστιν ταῦτα ; Ἐγὼ μὲν γάρ φημι. — Τάξει ἆρα τεταγμένον καὶ κεκοσμημένον ἐστὶν ἡ ἀρετὴ ἑκάστου ; Φαίην ἂν ἔγωγε. — Κόσμος τις ἄρα ἐγγενόμενος e
ἐν ἑκάστῳ ὁ ἑκάστου οἰκεῖος ἀγαθὸν παρέχει ἕκαστον τῶν ὄντων ; Ἔμοιγε δοκεῖ. — Καὶ ψυχὴ ἄρα κόσμον ἔχουσα τὸν ἑαυτῆς ἀμείνων τῆς ἀκοσμήτου ; Ἀνάγκη. — Ἀλλὰ μὴν ἥ γε κόσμον ἔχουσα κοσμία ; Πῶς γὰρ οὐ μέλλει ; — Ἡ δέ γε κοσμία σώφρων ; Πολλὴ ἀνάγκη. — Ἡ ἄρα σώφρων ψυχὴ 507
ἀγαθή. Ἐγὼ μὲν οὐκ ἔχω παρὰ ταῦτα ἄλλα φάναι, ὦ φίλε Καλλίκλεις· σὺ δ᾽ εἰ ἔχεις, δίδασκε.

ΚΑΛ. Λέγ᾽, ὠγαθέ.

ΣΩ. Λέγω δὴ ὅτι, εἰ ἡ σώφρων ἀγαθή ἐστιν, ἡ τοὐναντίον τῇ σώφρονι πεπονθυῖα κακή ἐστιν· ἦν δὲ αὕτη ἡ ἄφρων τε καὶ ἀκόλαστος. Πάνυ γε. — Καὶ μὴν ὅ γε σώφρων τὰ προσήκοντα πράττοι ἂν καὶ περὶ θεοὺς καὶ περὶ ἀνθρώπους· οὐ γὰρ ἂν σωφρονοῖ τὰ μὴ προσήκοντα πράττων. Ἀνάγκη ταῦτ᾽ εἶναι οὕτω. — Καὶ μὴν περὶ μὲν ἀνθρώ-

5. Sokrates allein: Zusammenfassung seiner Auffassung vom richtigen Leben

5.1. Besonnenheit als Inbegriff des guten Lebens

5.1.1. Wohlgeordnetheit der Seele ist Besonnenheit; der Besonnene ist auch gerecht, tapfer, fromm und gut

Ist wohl das Angenehme und das Gute einerlei? – Nicht einerlei, wie ich und Kallikles übereingekommen sind. – Muß nun das Angenehme um des Guten willen getan werden, oder das Gute um des Angenehmen? – Das Angenehme um des Guten. – Angenehm aber ist das, durch dessen Anwesenheit wir ergötzt werden; gut hingegen, durch dessen d
Anwesenheit wir gut sind? – Gewiß. – Gut aber sind wir, und alles Andere was gut ist, durch irgend einer Tugend Anwesenheit? – Dies dünkt mich wenigstens notwendig, Kallikles. – Die Tugend eines jeglichen Dinges aber, eines Gerätes wie eines Leibes und so auch einer Seele und jegliches Lebenden, findet sich nicht so von ohngefähr aufs schönste herzu, sondern durch Ordnung, richtiges Verhalten, und durch die Kunst, welche eben einem jeden angewiesen ist. Ist dies wohl so? – Ich wenigstens bejahe es. – Durch Ordnung also wird die Tugend eines jeden festgesetzt und in Stand gebracht? – Ich würde es bejahen. – Eine ge- e
wisse eigentümliche Ordnung also, die sich in einem jeden bildet, macht jeden und jedes gut? – So dünkt mich. – Auch die Seele also, die ihre eigentümliche Ordnung und Sitte hat, ist besser als die ungeordnete? – Notwendig. – Die aber Ordnung und Sitte hat, das ist die sittliche? – Wie anders? – Und sie sittliche ist die besonnene? – Notwendig. – Die beson- 507a
nene Seele also ist die gute? – Ich wenigstens weiß nichts anders zu sagen als dies, lieber Kallikles, weißt du aber etwas, so lehre es mich.

KALLIKLES: Sprich nur weiter, du Guter.

SOKRATES: Weiter also sage ich, wenn die besonnene die gute ist: so ist die von der entgegengesetzten Beschaffenheit die böse; diese war aber die besinnungslose und ungebundene? – Freilich. – Der Besonnene aber tut überall was sich gebührt gegen Götter und Menschen; denn er wäre ja nicht besonnen, wenn er das Ungebührliche täte? – Das ist

πους τὰ προσήκοντα πράττων δίκαι' ἂν πράττοι, περὶ δὲ b
θεοὺς ὅσια· τὸν δὲ τὰ δίκαια καὶ ὅσια πράττοντα ἀνάγκη
δίκαιον καὶ ὅσιον εἶναι. Ἔστι ταῦτα. — Καὶ μὲν δὴ καὶ
ἀνδρεῖόν γε ἀνάγκη· οὐ γὰρ δὴ σώφρονος ἀνδρός ἐστιν οὔτε
διώκειν οὔτε φεύγειν ἃ μὴ προσήκει, ἀλλ' ἃ δεῖ καὶ πράγ-
ματα καὶ ἀνθρώπους καὶ ἡδονὰς καὶ λύπας φεύγειν καὶ
διώκειν, καὶ ὑπομένοντα καρτερεῖν ὅπου δεῖ· ὥστε πολλὴ
ἀνάγκη, ὦ Καλλίκλεις, τὸν σώφρονα, ὥσπερ διήλθομεν, c
δίκαιον ὄντα καὶ ἀνδρεῖον καὶ ὅσιον ἀγαθὸν ἄνδρα εἶναι
τελέως, τὸν δὲ ἀγαθὸν εὖ τε καὶ καλῶς πράττειν ἃ ἂν
πράττῃ, τὸν δ' εὖ πράττοντα μακάριόν τε καὶ εὐδαίμονα
εἶναι, τὸν δὲ πονηρὸν καὶ κακῶς πράττοντα ἄθλιον· οὗτος
δ' ἂν εἴη ὁ ἐναντίως ἔχων τῷ σώφρονι, ὁ ἀκόλαστος, ὃν σὺ
ἐπῄνεις.

Ἐγὼ μὲν οὖν ταῦτα οὕτω τίθεμαι καί φημι ταῦτα ἀληθῆ
εἶναι· εἰ δὲ ἔστιν ἀληθῆ, τὸν βουλόμενον, ὡς ἔοικεν, εὐδαί-
μονα εἶναι σωφροσύνην μὲν διωκτέον καὶ ἀσκητέον, ἀκολα- d
σίαν δὲ φευκτέον ὡς ἔχει ποδῶν ἕκαστος ἡμῶν, καὶ παρα-
σκευαστέον μάλιστα μὲν μηδὲν δεῖσθαι τοῦ κολάζεσθαι, ἐὰν
δὲ δεηθῇ ἢ αὐτὸς ἢ ἄλλος τις τῶν οἰκείων, ἢ ἰδιώτης ἢ
πόλις, ἐπιθετέον δίκην καὶ κολαστέον, εἰ μέλλει εὐδαίμων
εἶναι.

Οὗτος ἔμοιγε δοκεῖ ὁ σκοπὸς εἶναι, πρὸς ὃν βλέποντα
δεῖ ζῆν, καὶ πάντα εἰς τοῦτο τὰ αὑτοῦ συντείνοντα καὶ τὰ
τῆς πόλεως, ὅπως δικαιοσύνη παρέσται καὶ σωφροσύνη τῷ e
μακαρίῳ μέλλοντι ἔσεσθαι, οὕτω πράττειν, οὐκ ἐπιθυμίας
ἐῶντα ἀκολάστους εἶναι καὶ ταύτας ἐπιχειροῦντα πληροῦν,
ἀνήνυτον κακόν, λῃστοῦ βίον ζῶντα.

Οὔτε γὰρ ἂν ἄλλῳ ἀνθρώπῳ προσφιλὴς ἂν εἴη ὁ τοιοῦτος
οὔτε θεῷ· κοινωνεῖν γὰρ ἀδύνατος· ὅτῳ δὲ μὴ ἔνι κοινωνία,

notwendig so. – Tut er nun was sich gebührt gegen Men- b
schen, so tut er das Gerechte; und wenn dasselbe gegen die Götter, dann das Fromme, und wer gerecht und fromm handelt, der ist notwendig auch gerecht und fromm? – So ist es. – Ja auch tapfer wohl notwendig; denn dem Besonnenen ist es nicht eigen, zu suchen oder zu fliehen was sich nicht gebührt, sondern diejenigen Ereignisse und Menschen, Lust und Unlust zu fliehen und zu suchen, welche er soll, und standhaft auszuharren, wo er soll. So daß notwendig, o Kal- c
likles, der besonnene Mann, da er, wie wir gezeigt haben, auch gerecht und tapfer und fromm ist, auch der vollkommen gute Mann sein wird; der Gute aber wird schön und wohl in Allem leben, wie er lebt, wer aber wohllebt, wird auch zufrieden und glückselig sein; der Böse hingegen und der schlecht lebt, elend. Und dies wäre der, welcher dem Besonnenen entgegengesetzt sich verhält, der Zügellose, welchen du lobtest.

5.1.2. Gerechtigkeit und Besonnenheit bewirken Glückseligkeit. Zügellosigkeit ist zu fliehen. Vor allem darauf kommt es im Leben an

So setze ich wenigstens dieses, und behaupte, daß es so wahr ist. Ist dies aber wahr, so muß, wie es scheint, wer glückselig sein will die Besonnenheit suchen und üben, die Zügellosig- d
keit aber fliehen, jeder so weit und schnell er kann; und so dieses vor allen Dingen zu erlangen suchen, daß er keiner Züchtigung bedürfe, bedürfte er ihrer aber entweder selbst oder einer von seinen Angehörigen, sei es ein Einzelner oder der Staat, dann Strafe auflegen und züchtigen, wenn er glückselig sein will. Dies dünkt mich das Ziel zu sein, auf welches man hinsehen muß bei Führung des Lebens, und alles in eignen und gemeinschaftlichen Angelegenheiten darauf hinlenkend so verrichten, daß immer Gerechtigkeit und e
Besonnenheit dem gegenwärtig bleibe, der glückselig werden will; nicht aber so, daß man die Begierden zügellos werden lasse, und im Bestreben sie zu befriedigen, ein überschwengliches Übel, das Leben eines Räubers lebe. Denn weder mit einem andern Menschen kann ein solcher befreundet sein

φιλία οὐκ ἂν εἴη. Φασὶ δ' οἱ σοφοί, ὦ Καλλίκλεις, καὶ οὐρα-
νὸν καὶ γῆν καὶ θεοὺς καὶ ἀνθρώπους τὴν κοινωνίαν συνέ- 508
χειν καὶ φιλίαν καὶ κοσμιότητα καὶ σωφροσύνην καὶ
δικαιότητα, καὶ τὸ ὅλον τοῦτο διὰ ταῦτα κόσμον καλοῦσιν,
ὦ ἑταῖρε, οὐκ ἀκοσμίαν οὐδὲ ἀκολασίαν. Σὺ δέ μοι δοκεῖς
οὐ προσέχειν τὸν νοῦν τούτοις, καὶ ταῦτα σοφὸς ὤν, ἀλλὰ
λέληθέν σε ὅτι ἡ ἰσότης ἡ γεωμετρικὴ καὶ ἐν θεοῖς καὶ ἐν
ἀνθρώποις μέγα δύναται· σὺ δὲ πλεονεξίαν οἴει δεῖν ἀσκεῖν·
γεωμετρίας γὰρ ἀμελεῖς.

Εἶεν· ἢ ἐξελεγκτέος δὴ οὗτος ὁ λόγος ἡμῖν ἐστιν, ὡς οὐ b
δικαιοσύνης καὶ σωφροσύνης κτήσει εὐδαίμονες οἱ εὐδαίμο-
νες, κακίας δὲ οἱ ἄθλιοι ⟨ἄθλιοι⟩, ἢ εἰ οὗτος ἀληθής ἐστιν,
σκεπτέον τί τὰ συμβαίνοντα. Τὰ πρόσθεν ἐκεῖνα, ὦ Καλλί-
κλεις, συμβαίνει πάντα, ἐφ' οἷς σύ με ἤρου εἰ σπουδάζων
λέγοιμι, λέγοντα ὅτι κατηγορητέον εἴη καὶ αὑτοῦ καὶ ὑέος καὶ
ἑταίρου, ἐάν τι ἀδικῇ, καὶ τῇ ῥητορικῇ ἐπὶ τοῦτο χρηστέον·
καὶ ἃ Πῶλον αἰσχύνῃ ᾤου συγχωρεῖν, ἀληθῆ ἄρα ἦν, τὸ
εἶναι τὸ ἀδικεῖν τοῦ ἀδικεῖσθαι, ὅσῳπερ αἴσχιον, τοσούτῳ
κάκιον· καὶ τὸν μέλλοντα ὀρθῶς ῥητορικὸν ἔσεσθαι δίκαιον c
ἄρα δεῖ εἶναι καὶ ἐπιστήμονα τῶν δικαίων, ὃ αὖ Γοργίαν
ἔφη Πῶλος δι' αἰσχύνην ὁμολογῆσαι.

Τούτων δὲ οὕτως ἐχόντων σκεψώμεθα τί ποτ' ἐστὶν ἃ
σὺ ἐμοὶ ὀνειδίζεις, ἆρα καλῶς λέγεται ἢ οὔ, ὡς ἄρα ἐγὼ
οὐχ οἷός τ' εἰμὶ βοηθῆσαι οὔτε ἐμαυτῷ οὔτε τῶν φίλων
οὐδενὶ οὐδὲ τῶν οἰκείων, οὐδ' ἐκσῶσαι ἐκ τῶν μεγίστων κιν-
δύνων, εἰμὶ δὲ ἐπὶ τῷ βουλομένῳ ὥσπερ οἱ ἄτιμοι τοῦ
ἐθέλοντος, ἄν τε τύπτειν βούληται, τὸ νεανικὸν δὴ τοῦτο d
τοῦ σοῦ λόγου, ἐπὶ κόρρης, ἐάν τε χρήματα ἀφαιρεῖσθαι,

noch mit Gotte; denn er kann in keiner Gemeinschaft stehen, wo aber keine Gemeinschaft ist, da kann auch keine Freundschaft sein. Die Weisen aber behaupten, o Kallikles, daß auch Himmel und Erde, Götter und Menschen nur 508a durch Gemeinschaft bestehen bleiben und durch Freundschaft und Schicklichkeit und Besonnenheit und Gerechtigkeit, und betrachten deshalb, o Freund, die Welt als Ein Ganzes und Geordnetes, nicht als Verwirrung und Zügellosigkeit. Du aber, wie mich dünkt, merkst hierauf nicht, wiewohl du so weise bist, sondern es ist dir entgangen, daß die geometrische Gleicheit soviel vermag unter Göttern und Menschen, du aber glaubst, alles komme an auf das Mehr haben, weil du eben die Meßkunst vernachlässigst. Wohl! entweder nun muß uns dieser Satz widerlegt werden, daß b nicht durch Gerechtigkeit und Besonnenheit die Glückseligen glückselig sind, und durch Schlechtigkeit die Elenden elend, oder wenn er wahr bleibt, muß man sehen was folgt. Nämlich jenes vorige, o Kallikles, folgt Alles, wovon du mich fragtest, ob ich es im Ernst meinte, als ich sagte, daß man, wer nur etwas Unrechtes getan, den anklagen müsse, sich selbst, seinen Sohn, seinen Freund, und dazu die Redekunst gebrauchen. Und was Polos dir schien nur aus Blödigkeit zugegeben zu haben, das war also wahr, daß nämlich das Unrechttun um wieviel schändlicher, um soviel auch übler wäre als das Unrechtleiden; und daß wer ein rechter Redner c werden wolle, notwendig gerecht und des Rechts kundig sein müsse, was wiederum Gorgias nach Polos Rede nur aus Blödigkeit soll eingeräumt haben.

5.1.3. Unrechttun ist das größte Übel

Verhält sich nun dieses so: so laß uns sehn, wie es wohl mit dem steht, was du mir vorwirfst, ob es wohl recht gesagt ist oder nicht, daß ich nicht im Stande bin, mir selbst noch irgend einem meiner Freunde und Angehörigen zu helfen oder sie aus den größten Gefahren zu erretten, sondern daß ich in eines Jeden Gewalt bin, wie die Ehrlosen, der nur Lust hat, und wenn er mich auch, was ja das große Wort in deiner d Rede war, ins Angesicht schlagen wollte oder des Vermö-

ἐάν τε ἐκβάλλειν ἐκ τῆς πόλεως, ἐάν τε, τὸ ἔσχατον, ἀποκ-
τεῖναι· καὶ οὕτω διακεῖσθαι πάντων δὴ αἴσχιστόν ἐστιν, ὡς
ὁ σὸς λόγος· ὁ δὲ δὴ ἐμὸς ὅστις, πολλάκις μὲν ἤδη εἴρηται,
οὐδὲν δὲ κωλύει καὶ ἔτι λέγεσθαι.

Οὔ φημι, ὦ Καλλίκλεις, τὸ τύπτεσθαι ἐπὶ κόρρης ἀδί-
κως αἴσχιστον εἶναι, οὐδέ γε τὸ τέμνεσθαι οὔτε τὸ σῶμα τὸ e
ἐμὸν οὔτε τὸ βαλλάντιον, ἀλλὰ τὸ τύπτειν καὶ ἐμὲ καὶ τὰ
ἐμὰ ἀδίκως καὶ τέμνειν καὶ αἴσχιον καὶ κάκιον, καὶ κλέπ-
τειν γε ἅμα καὶ ἀνδραποδίζεσθαι καὶ τοιχωρυχεῖν καὶ συλ-
λήβδην ὁτιοῦν ἀδικεῖν καὶ ἐμὲ καὶ τὰ ἐμὰ τῷ ἀδικοῦντι καὶ
κάκιον καὶ αἴσχιον εἶναι ἢ ἐμοὶ τῷ ἀδικουμένῳ.

Ταῦτα ἡμῖν ἄνω ἐκεῖ ἐν τοῖς πρόσθεν λόγοις οὕτω φα-
νέντα, ὡς ἐγὼ λέγω, κατέχεται καὶ δέδεται, καὶ εἰ ἀγροι- 509
κότερόν τι εἰπεῖν ἔστιν, σιδηροῖς καὶ ἀδαμαντίνοις λόγοις,
ὡς γοῦν ἂν δόξειεν οὑτωσί, οὓς σὺ εἰ μὴ λύσεις ἢ σοῦ τις
νεανικώτερος, οὐχ οἷόν τε ἄλλως λέγοντα ἢ ὡς ἐγὼ νῦν
λέγω καλῶς λέγειν· ἐπεὶ ἔμοιγε ὁ αὐτὸς λόγος ἐστὶν ἀεί,
ὅτι ἐγὼ ταῦτα οὐκ οἶδα ὅπως ἔχει, ὅτι μέντοι ὧν ἐγὼ ἐντε-
τύχηκα, ὥσπερ νῦν, οὐδεὶς οἷός τ᾽ ἐστὶν ἄλλως λέγων μὴ
οὐ καταγέλαστος εἶναι.

Ἐγὼ μὲν οὖν αὖ τίθημι ταῦτα οὕτως ἔχειν· εἰ δὲ οὕτως b
ἔχει καὶ μέγιστον τῶν κακῶν ἐστιν ἡ ἀδικία τῷ ἀδικοῦντι
καὶ ἔτι τούτου μεῖζον μεγίστου ὄντος, εἰ οἷόν τε, τὸ ἀδι-
κοῦντα μὴ διδόναι δίκην, τίνα ἂν βοήθειαν μὴ δυνάμενος
ἄνθρωπος βοηθεῖν ἑαυτῷ καταγέλαστος ἂν τῇ ἀληθείᾳ εἴη;
Ἆρα οὐ ταύτην ἥτις ἀποτρέψει τὴν μεγίστην ἡμῶν βλά-
βην; Ἀλλὰ πολλὴ ἀνάγκη ταύτην εἶναι τὴν αἰσχίστην
βοήθειαν, μὴ δύνασθαι βοηθεῖν μήτε αὑτῷ μήτε τοῖς αὑτοῦ
φίλοις τε καὶ οἰκείοις, δευτέραν δὲ τὴν τοῦ δευτέρου κακοῦ c
καὶ τρίτην τὴν τοῦ τρίτου καὶ τἆλλα οὕτως· ὡς ἑκάστου
κακοῦ μέγεθος πέφυκεν, οὕτω καὶ κάλλος τοῦ δυνατὸν

gens berauben, oder aus der Stadt vertreiben, oder endlich gar töten, und sich in solchem Zustande zu befinden doch das schändlichste ist nach deiner Meinung. Meine Meinung dagegen, welche schon oft gesagt worden ist, mag sie aber doch immer noch einmal gesagt werden, ist, ich leugne, Kallikles, daß ungerechter Weise ins Angesicht geschlagen zu werden das schändlichste ist; eben so auch nicht wenn man mir schnitte, sei es den Leib oder den Beutel, sondern eben e
das Schlagen selbst mich und das meinige ungerechter Weise, und das Schneiden ist sowohl schändlicher als übler. Und stehlen dazu und Entführung zur Knechtschaft und gewaltsamer Einbruch, und überhaupt jedes andere Unrecht gegen mich und das meinige, ist für den der es begeht beides übler und schändlicher, als für mich, an dem es begangen wird. Dieses, was sich uns auch schon dort in den früheren Reden so gezeigt hatte, wie ich sage, bleibt fest und wohl verwahrt, sollte das auch zu derb klingen, mit eisernen und 509a
stählernen Gründen, wie es ja noch scheint, welche du oder ein noch mutigerer entweder lösen muß, oder es wird nicht möglich sein, anders als ich getan und doch richtig über die Sache zu reden. Denn ich bleibe immer bei derselben Rede, daß ich zwar nicht weiß, wie sich dies verhält, daß aber von denen, die ich angetroffen, wie auch jetzt, keiner im Stande gewesen ist, etwas Anderes zu behaupten, ohne dadurch lächerlich zu werden. Daher sage ich wiederum, daß es sich so b
verhält. Und wenn es sich so verhält, und das größte unter allen Übeln die Ungerechtigkeit selbst ist für den der Unrecht tut, und noch ein größeres wo möglich als dieses größte die Ungestraftheit des Unrechttuns ist: welche Hülfe müßte dann ein Mensch sich selbst zu leisten unfähig sein, um dadurch in Wahrheit zum Gespött zu werden? nicht diejenige, welche gerade den größten Schaden von uns abwendet? Ganz notwendig doch muß es das schmählichste sein, grade diese Hülfe sich selbst und seinen Freunden und Angehörigen nicht leisten zu können, nächstdem aber die gegen das c
zweite Übel, und drittens die gegen das dritte; und so fort nach der eigentümlichen Größe eines jeden Übels ist es auch schön, gegen jedes Hülfe leisten zu können, und schmählich,

εἶναι ἐφ' ἕκαστα βοηθεῖν καὶ αἰσχύνη τοῦ μή. Ἆρα ἄλλως
ἢ οὕτως ἔχει, ὦ Καλλίκλεις;

ΚΑΛ. Οὐκ ἄλλως.

ΣΩ. Δυοῖν οὖν ὄντοιν, τοῦ ἀδικεῖν τε καὶ ἀδικεῖσθαι,
μεῖζον μέν φαμεν κακὸν τὸ ἀδικεῖν, ἔλαττον δὲ τὸ ἀδικεῖ-
σθαι. Τί οὖν ἂν παρασκευασάμενος ἄνθρωπος βοηθήσειεν
αὑτῷ, ὥστε ἀμφοτέρας τὰς ὠφελίας ταύτας ἔχειν, τήν τε
ἀπὸ τοῦ μὴ ἀδικεῖν καὶ τὴν ἀπὸ τοῦ μὴ ἀδικεῖσθαι; Πότερα d
δύναμιν ἢ βούλησιν; Ὧδε δὲ λέγω· πότερον ἐὰν μὴ βού-
ληται ἀδικεῖσθαι, οὐκ ἀδικήσεται, ἢ ἐὰν δύναμιν παρασκευ-
άσηται τοῦ μὴ ἀδικεῖσθαι, οὐκ ἀδικήσεται;

ΚΑΛ. Δῆλον δὴ τοῦτό γε, ὅτι ἐὰν δύναμιν.

ΣΩ. Τί δὲ δὴ τοῦ ἀδικεῖν; Πότερον ἐὰν μὴ βούληται
ἀδικεῖν, ἱκανὸν τοῦτ' ἐστίν — οὐ γὰρ ἀδικήσει — ἢ καὶ
ἐπὶ τοῦτο δεῖ δύναμίν τινα καὶ τέχνην παρασκευάσασθαι, e
ὡς, ἐὰν μὴ μάθῃ αὐτὰ καὶ ἀσκήσῃ, ἀδικήσει; Τί οὐκ αὐτό
γέ μοι τοῦτο ἀπεκρίνω, ὦ Καλλίκλεις, πότερόν σοι δοκοῦ-
μεν ὀρθῶς ἀναγκασθῆναι ὁμολογεῖν ἐν τοῖς ἔμπροσθεν
λόγοις ἐγώ τε καὶ Πῶλος ἢ οὔ, ἡνίκα ὡμολογήσαμεν μη-
δένα βουλόμενον ἀδικεῖν, ἀλλ' ἄκοντας τοὺς ἀδικοῦντας
πάντας ἀδικεῖν;

ΚΑΛ. Ἔστω σοι τοῦτο, ὦ Σώκρατες, οὕτως, ἵνα δια- 510
περάνῃς τὸν λόγον.

ΣΩ. Καὶ ἐπὶ τοῦτο ἄρα, ὡς ἔοικεν, παρασκευαστέον
ἐστὶν δύναμίν τινα καὶ τέχνην, ὅπως μὴ ἀδικήσωμεν.

ΚΑΛ. Πάνυ γε.

es nicht zu können. Verhält es sich anders, oder so, Kallikles?

KALLIKLES: Nicht anders.

5.2. Die Sicherung vor Ungerechtigkeit

5.2.1. Notwendigkeit eines Vermögens zur Vermeidung von Unrecht

SOKRATES: Unter den beiden nun, dem Unrechttun und Unrechtleiden ist das größere Übel, sagen wir, das Unrechttun, das kleinere das Unrechtleiden. Was müßte sich nun jemand wohl verschaffen, um diese beiden Vorteile zu genießen, den nicht Unrecht zu tun, und den nicht Unrecht zu d
leiden? Das Vermögen oder den Willen? Ich meine nämlich so: Wenn einer nicht will Unrecht leiden, wird er schon deshalb wirklich nicht Unrecht leiden? oder wird er nur dann, wenn er sich ein Vermögen erworben hat, nicht Unrecht zu leiden, auch wirklich nicht Unrecht leiden?

KALLIKLES: Das ist ja wohl offenbar, wenn ein Vermögen.

SOKRATES: Und wie ist es mit dem Unrechttun? ist es etwa hinreichend, wenn einer nur nicht Unrecht tun will; so daß er dann auch nicht Unrecht tun wird; oder muß auch hiezu ein Vermögen und eine Kunst erworben werden, weil e
wenn einer diese nicht lernt und übt, er doch Unrecht tun wird? Warum beantwortest du mir nicht dieses wenigstens, Kallikles? glaubst du, daß ich und Polos durch eine wahre Notwendigkeit dahin gebracht worden sind oder nicht in unserm vorigen Gespräch dies einzugestehn was wir eingestanden, niemand täte mit Willen Unrecht, sondern alle Unrechttuenden täten Unrecht wider Willen?

KALLIKLES: Auch das mag so sein, Sokrates, damit du 510a
deine Rede zu Ende bringst.

SOKRATES: Auch hiezu also, wie es scheint, muß ein Vermögen und eine Kunst erworben werden, um nicht Unrecht zu tun?

KALLIKLES: Ja doch.

ΣΩ. Τίς οὖν ποτ᾽ ἐστὶν τέχνη τῆς παρασκευῆς τοῦ μηδὲν ἀδικεῖσθαι ἢ ὡς ὀλίγιστα; Σκέψαι εἰ σοὶ δοκεῖ ἧπερ ἐμοί. Ἐμοὶ μὲν γὰρ δοκεῖ ἥδε· ἢ αὐτὸν ἄρχειν δεῖν ἐν τῇ πόλει ἢ καὶ τυραννεῖν, ἢ τῆς ὑπαρχούσης πολιτείας ἑταῖρον εἶναι.

ΚΑΛ. Ὁρᾷς, ὦ Σώκρατες, ὡς ἐγὼ ἑτοῖμός εἰμι ἐπαινεῖν, ἄν τι καλῶς λέγῃς; Τοῦτό μοι δοκεῖς πάνυ καλῶς εἰρηκέναι. b

ΣΩ. Σκόπει δὴ καὶ τόδε ἐάν σοι δοκῶ εὖ λέγειν. Φίλος μοι δοκεῖ ἕκαστος ἑκάστῳ εἶναι ὡς οἷόν τε μάλιστα, ὅνπερ οἱ παλαιοί τε καὶ σοφοὶ λέγουσιν, ὁ ὅμοιος τῷ ὁμοίῳ. Οὐ καὶ σοί;

ΚΑΛ. Ἔμοιγε.

ΣΩ. Οὐκοῦν ὅπου τύραννός ἐστιν ἄρχων ἄγριος καὶ ἀπαίδευτος, εἴ τις τούτου ἐν τῇ πόλει πολὺ βελτίων εἴη, φοβοῖτο δήπου ἂν αὐτὸν ὁ τύραννος καὶ τούτῳ ἐξ ἅπαντος τοῦ νοῦ οὐκ ἄν ποτε δύναιτο φίλος γενέσθαι; c

ΚΑΛ. Ἔστι ταῦτα.

ΣΩ. Οὐδέ γε εἴ τις πολὺ φαυλότερος εἴη, οὐδ᾽ ἂν οὗτος· καταφρονοῖ γὰρ ἂν αὐτοῦ ὁ τύραννος καὶ οὐκ ἄν ποτε ὡς πρὸς φίλον σπουδάσειεν.

ΚΑΛ. Καὶ ταῦτ᾽ ἀληθῆ.

ΣΩ. Λείπεται δὴ ἐκεῖνος μόνος ἄξιος λόγου φίλος τῷ τοιούτῳ, ὃς ἂν ὁμοήθης ὤν, ταὐτὰ ψέγων καὶ ἐπαινῶν, ἐθέλῃ ἄρχεσθαι καὶ ὑποκεῖσθαι τῷ ἄρχοντι. Οὗτος μέγα ἐν ταύτῃ τῇ πόλει δυνήσεται, τοῦτον οὐδεὶς χαίρων ἀδικήσει. Οὐχ οὕτως ἔχει; d

ΚΑΛ. Ναί.

ΣΩ. Εἰ ἄρα τις ἐννοήσειεν ἐν ταύτῃ τῇ πόλει τῶν νέων, τίνα ἂν τρόπον ἐγὼ μέγα δυναίμην καὶ μηδείς με ἀδικοίη, αὕτη, ὡς ἔοικεν, αὐτῷ ὁδός ἐστιν, εὐθὺς ἐκ νέου ἐθίζειν αὐτὸν τοῖς αὐτοῖς χαίρειν καὶ ἄχθεσθαι τῷ δεσ-

5.2.2. Angleichung an die jeweiligen Machthaber bewahrt nicht notwendig vor Unrechttun

SOKRATES: Welches ist nun die Kunst, durch welche man erreicht, daß man gar nicht oder so wenig als möglich Unrecht leidet? Sieh zu, ob du eben so denkst wie ich. Ich denke nämlich so. Entweder muß man selbst im Staate herrschen, sei es gesetzmäßig oder gewalttätig, oder man muß der bestehenden Gewalt freund sein.

KALLIKLES: Siehst du, Sokrates, wie bereit ich bin, dich zu loben, wenn du etwas richtiges vorbringst? Dies scheinst du mir sehr richtig gesagt zu haben. b

SOKRATES: Erwäge dann auch dies, ob es dir gut gesagt scheint. Freund nämlich dünkt mich einem Jeden derjenige am meisten zu sein, von dem es schon die Alten und Weisen sagen, der Ähnliche dem Ähnlichen. Meinst du nicht auch?

KALLIKLES: Auch ich.

SOKRATES: Wenn also ein roher und ungebildeter Mann irgendwo eigenmächtig herrscht, wird nicht ein solcher Tyrann, wenn es irgend in diesem Staate einen weit besseren Mann gibt, als er selbst ist, diesen fürchten, und ihm nicht von ganzer Seele freund sein können? c

KALLIKLES: So ist es.

SOKRATES: Eben so wenig aber auch, wenn Einer weit schlechter wäre, dem auch nicht. Denn einen solchen würde der Tyrann verachten, und ihm nicht solche Aufmerksamkeit wie einem Freunde beweisen können.

KALLIKLES: Auch das ist wahr.

SOKRATES: Es bleibt also nur der übrig als der rechte Freund für einen solchen, der ihm gleichgesinnt wäre, dasselbe lobend und tadelnd, und sich dennoch beherrschen lassen und dem Gewalthabenden unterworfen sein wollte. Dieser wird dann viel in solchem Staate vermögen, und niemand wird ihn ungestraft beleidigen. Steht es nicht so? d

KALLIKLES: Ja.

SOKRATES: Wollte also in dieser Stadt einer von den jüngeren Leuten überlegen, auf welche Weise könnte ich wohl zu großer Macht gelangen, daß mich niemand beleidigte: so wäre dies, wie es scheint, der Weg für ihn, daß er sich gleich

πότῃ, καὶ παρασκευάζειν ὅπως ὅ τι μάλιστα ὁμοῖος ἔσται ἐκείνῳ. Οὐχ οὕτως;

ΚΑΛ. Ναί.

ΣΩ. Οὐκοῦν τούτῳ τὸ μὲν μὴ ἀδικεῖσθαι καὶ μέγα δύνασθαι, ὡς ὁ ὑμέτερος λόγος, ἐν τῇ πόλει διαπεπρά- e
ξεται.

ΚΑΛ. Πάνυ γε.

ΣΩ. Ἆρ᾽ οὖν καὶ τὸ μὴ ἀδικεῖν; Ἢ πολλοῦ δεῖ, εἴπερ ὁμοῖος ἔσται τῷ ἄρχοντι ὄντι ἀδίκῳ καὶ παρὰ τούτῳ μέγα δυνήσεται; Ἀλλ᾽ οἶμαι ἔγωγε, πᾶν τοὐναντίον οὑτωσὶ ἡ παρασκευὴ ἔσται αὐτῷ ἐπὶ τὸ οἵῳ τε εἶναι ὡς πλεῖστα ἀδικεῖν καὶ ἀδικοῦντα μὴ διδόναι δίκην· ἦ γάρ;

ΚΑΛ. Φαίνεται.

ΣΩ. Οὐκοῦν τὸ μέγιστον αὐτῷ κακὸν ὑπάρξει μοχθηρῷ 511
ὄντι τὴν ψυχὴν καὶ λελωβημένῳ διὰ τὴν μίμησιν τοῦ δεσπότου καὶ δύναμιν.

ΚΑΛ. Οὐκ οἶδ᾽ ὅπῃ στρέφεις ἑκάστοτε τοὺς λόγους ἄνω καὶ κάτω, ὦ Σώκρατες· ἢ οὐκ οἶσθα ὅτι οὗτος ὁ μιμούμενος τὸν μὴ μιμούμενον ἐκεῖνον ἀποκτενεῖ, ἐὰν βούληται, καὶ ἀφαιρήσεται τὰ ὄντα;

ΣΩ. Οἶδα, ὠγαθὲ Καλλίκλεις, εἰ μὴ κωφός γ᾽ εἰμί, καὶ b
σοῦ ἀκούων καὶ Πώλου ἄρτι πολλάκις καὶ τῶν ἄλλων ὀλίγου πάντων τῶν ἐν τῇ πόλει· ἀλλὰ καὶ σὺ ἐμοῦ ἄκουε, ὅτι ἀποκτενεῖ μέν, ἂν βούληται, ἀλλὰ πονηρὸς ὢν καλὸν κἀγαθὸν ὄντα.

ΚΑΛ. Οὐκοῦν τοῦτο δὴ καὶ τὸ ἀγανακτητόν;

ΣΩ. Οὐ νοῦν γε ἔχοντι, ὡς ὁ λόγος σημαίνει. Ἢ οἴει δεῖν τοῦτο παρασκευάζεσθαι ἄνθρωπον, ὡς πλεῖστον χρόνον ζῆν, καὶ μελετᾶν τὰς τέχνας ταύτας αἳ ἡμᾶς ἀεὶ ἐκ τῶν κινδύνων σῴζουσιν, ὥσπερ καὶ ἣν σὺ κελεύεις ἐμὲ c
μελετᾶν τὴν ῥητορικὴν τὴν ἐν τοῖς δικαστηρίοις διασῴζουσαν;

ΚΑΛ. Ναὶ μὰ Δία ὀρθῶς γέ σοι συμβουλεύων.

von Jugend an gewöhnte, dasselbe zu lieben und zu hassen, wie sein Herr, und es darauf anlegte, diesem so ähnlich zu werden als möglich. Nicht so?

KALLIKLES: Ja.

SOKRATES: Also diesem wird das bewirkt sein in der
Stadt, daß er nicht beleidigt werde, und, wie ihr sprecht, viel e
vermöge?

KALLIKLES: Allerdings.

SOKRATES: Aber etwa auch dies, daß er selbst nicht unrecht tue? oder weit gefehlt, wenn er ja einem unrechten Gewalthaber ähnlich sein soll und bei diesem viel vermögen? sondern, denke ich, im Gegenteil wird ja seine ganze Vorrichtung darauf gehn, daß er im Stande sei, möglichst viel Unrecht zu tun, und doch nicht bestraft zu werden. Nicht wahr?

KALLIKLES: Offenbar.

SOKRATES: Also das größte Übel wird er doch bei sich 511a
tragen, daß er sich nämlich um dieser Nachahmung seines Herrn und dieser Gewalt willen seine Seele zerrüttet und verstümmelt hat?

KALLIKLES: Ich weiß nicht, wie du jedesmal deine Reden windest und drehst, Sokrates, immer wieder das unterste nach oben. Oder weißt du nicht, daß dieser Nachahmer jenen nicht Nachahmenden töten, und ihm alles nehmen wird, was er hat?

SOKRATES: Das weiß ich, mein guter Kallikles, wenn ich b
etwa nicht taub bin, da ich es ja von dir und Polos nur eben mehr als einmal gehört habe, und auch sonst von fast Allen in der Stadt. Aber höre du mich auch; er wird ihn freilich töten wenn er will; aber er wird dies tun wie ein böser an einem guten und rechtschaffenen.

KALLIKLES: Ist das nun nicht eben das empörendste?

SOKRATES: Nicht für den Vernünftigen, wie unsere Rede andeutet. Oder soll der Mensch nur dafür sorgen, daß er die längstmögliche Zeit lebe, und sich nur der Künste befleißi-
gen, die uns immer aus den Gefahren erretten, wie auch der c
Redekunst, deren ich nach deinem Rate mich befleißigen soll, weil sie uns aushelfen kann vor Gericht?

KALLIKLES: Und gewiß, beim Zeus, sehr gut riet ich dir.

ΣΩ. Τί δέ, ὦ βέλτιστε; Ἦ καὶ ἡ τοῦ νεῖν ἐπιστήμη
σεμνή τίς σοι δοκεῖ εἶναι;

ΚΑΛ. Μὰ Δί᾽ οὐκ ἔμοιγε.

ΣΩ. Καὶ μὴν σῴζει γε καὶ αὕτη ἐκ θανάτου τοὺς ἀν-
θρώπους, ὅταν εἰς τοιοῦτον ἐμπέσωσιν οὗ δεῖ ταύτης τῆς
ἐπιστήμης. Εἰ δ᾽ αὕτη σοι δοκεῖ σμικρὰ εἶναι, ἐγώ σοι μεί-
ζονα ταύτης ἐρῶ, τὴν κυβερνητικήν, ἣ οὐ μόνον τὰς ψυχὰς d
σῴζει, ἀλλὰ καὶ τὰ σώματα καὶ τὰ χρήματα, ἐκ τῶν ἐσχά-
των κινδύνων, ὥσπερ ἡ ῥητορική· καὶ αὕτη μὲν προσεσταλ-
μένη ἐστὶν καὶ κοσμία, καὶ οὐ σεμνύνεται ἐσχηματισμένη
ὡς ὑπερήφανόν τι διαπραττομένη, ἀλλὰ ταὐτὰ διαπραξα-
μένη τῇ δικανικῇ, ἐὰν μὲν ἐξ Αἰγίνης δεῦρο σώσῃ, οἶμαι
δύ᾽ ὀβολοὺς ἐπράξατο, ἐὰν δὲ ἐξ Αἰγύπτου ἢ ἐκ τοῦ Πόν-
του, ἐὰν πάμπολυ, ταύτης τῆς μεγάλης εὐεργεσίας, σώ-
σασα ἃ νυνδὴ ἔλεγον, καὶ αὐτὸν καὶ παῖδας καὶ χρήματα e
καὶ γυναῖκας, ἀποβιβάσασα εἰς τὸν λιμένα δύο δραχμὰς
ἐπράξατο, καὶ αὐτὸς ὁ ἔχων τὴν τέχνην καὶ ταῦτα διαπρα-
ξάμενος ἐκβὰς παρὰ τὴν θάλατταν καὶ τὴν ναῦν περιπατεῖ
ἐν μετρίῳ σχήματι.

Λογίζεσθαι γάρ, οἶμαι ἐπίσταται ὅτι ἄδηλόν ἐστιν,
οὕστινάς τε ὠφέληκεν τῶν συμπλεόντων οὐκ ἐάσας κατα-
ποντωθῆναι καὶ οὕστινας ἔβλαψεν, εἰδὼς ὅτι οὐδὲν αὐτοὺς
βελτίους ἐξεβίβασεν ἢ οἷοι ἐνέβησαν, οὔτε τὰ σώματα οὔτε 512
τὰς ψυχάς. Λογίζεται οὖν ὅτι οὐκ, εἰ μέν τις μεγάλοις
καὶ ἀνιάτοις νοσήμασιν κατὰ τὸ σῶμα συνεχόμενος μὴ
ἀπεπνίγη, οὗτος μὲν ἄθλιός ἐστιν ὅτι οὐκ ἀπέθανεν, καὶ
οὐδὲν ὑπ᾽ αὐτοῦ ὠφέληται· εἰ δέ τις ἄρα ἐν τῷ τοῦ σώμα-
τος τιμιωτέρῳ, τῇ ψυχῇ, πολλὰ νοσήματα ἔχει καὶ ἀνίατα,
τούτῳ δὲ βιωτέον ἐστὶν καὶ τοῦτον ὀνήσει, ἄν τε ἐκ θαλάτ-
της ἄν τε ἐκ δικαστηρίου ἐάν τε ἄλλοθεν ὁποθενοῦν σώσῃ,
ἀλλ᾽ οἶδεν ὅτι οὐκ ἄμεινόν ἐστιν ζῆν τῷ μοχθηρῷ ἀνθρώπῳ· b

5.2.3. Rettung vor dem Tod allein bedeutet nicht viel; Streben nach Selbsterhaltung ist keine Tugend

SOKRATES: Wie doch, Bester? Hältst du auch die Kunst zu schwimmen für etwas sehr großes und vortreffliches?

KALLIKLES: Wahrlich, ich nicht.

SOKRATES: Aber doch rettet auch sie die Menschen vom Tode, wenn sie in solche Umstände geraten sind, wobei es dieser Kunst bedarf. Dünkt dich nun diese doch geringfügig,
so will ich dir eine größere als sie nennen, die Kunst der d
Schiffahrt, welche nicht nur das Leben, sondern auch Leib und Vermögen zugleich aus den äußersten Gefahren rettet, eben wie die Redekunst. Und diese hält sich doch sehr zurückgezogen und sittsam, und macht gar nicht große Ansprüche in ihrem ganzen Betragen, als ob sie etwas außerordentliches leistete. Sondern hat sie dasselbe geleistet, was die gerichtliche Verteidigung: so will sie doch, wenn sie einem aus Ägina glücklich hieher geholfen hat, glaube ich, zwei Obolen verdient haben, wenn aber aus Ägypten oder dem Pontos, wird sie für diese große Wohltat, nachdem sie
einen mit Weib und Kind und Habe erhalten und in den e
Hafen gebracht hat, aufs Höchste zwei Drachmen fordern, und er selbst, der diese Kunst besitzt und dies geleistet hat, steigt aus und geht am Ufer auf und ab neben seinem Schiffe gar bescheidenen Ansehns. Er weiß nämlich, so denke ich, zu berechnen, daß ihm unbewußt ist, welchen der Schiffsgesellschaft er wirklich Nutzen gestiftet hat, indem er sie nicht ertrinken ließ, und welchen vielleicht Schaden, da er ja
weiß, daß er sie um nichts besser ausgesetzt hat als sie einge- 512a
stiegen waren, weder dem Leibe noch der Seele nach. Er berechnet also, daß doch unmöglich, wenn ein mit großen und unheilbaren Leibesübeln Bestrafter nicht ertrank, ein solcher zwar elend daran ist, daß er den Tod nicht gefunden hat, und diesem also gar kein Vorteil geschafft ist durch ihn, wer aber mit großen und unheilbaren Übeln an der Seele, die soviel mehr als der Leib wert ist, behaftet ist, dem gut sein könne, fort zu leben, und er ihm einen Nutzen verschafft habe, wenn er ihn, gleichviel ob aus der See oder vor Gericht
oder wo nur sonst irgend her errettet habe; sondern er weiß, b

κακῶς γὰρ ἀνάγκη ἐστὶν ζῆν.

Διὰ ταῦτα οὐ νόμος ἐστὶ σεμνύνεσθαι τὸν κυβερνήτην, καίπερ σῴζοντα ἡμᾶς· οὐδέ γε, ὦ θαυμάσιε, τὸν μηχανοποιόν, ὃς οὔτε στρατηγοῦ, μὴ ὅτι κυβερνήτου, οὔτε ἄλλου οὐδενὸς ἐλάττω ἐνίοτε δύναται σῴζειν· πόλεις γὰρ ἔστιν ὅτε ὅλας σῴζει. Μή σοι δοκεῖ κατὰ τὸν δικανικὸν εἶναι ; Καίτοι εἰ βούλοιτο λέγειν, ὦ Καλλίκλεις, ἅπερ ὑμεῖς, σεμνύνων τὸ πρᾶγμα, καταχώσειεν ἂν ὑμᾶς τοῖς λόγοις, λέγων c
καὶ παρακαλῶν ἐπὶ τὸ δεῖν γίγνεσθαι μηχανοποιούς, ὡς οὐδὲν τἆλλά ἐστιν· ἱκανὸς γὰρ αὐτῷ ὁ λόγος. Ἀλλὰ σὺ οὐδὲν ἧττον αὐτοῦ καταφρονεῖς καὶ τῆς τέχνης τῆς ἐκείνου, καὶ ὡς ἐν ὀνείδει ἀποκαλέσαις ἂν μηχανοποιόν, καὶ τῷ ὑεῖ αὐτοῦ οὔτ' ἂν δοῦναι θυγατέρα ἐθέλοις, οὔτ' ἂν αὐτὸς λαβεῖν τὴν ἐκείνου.

Καίτοι ἐξ ὧν τὰ σαυτοῦ ἐπαινεῖς, τίνι δικαίῳ λόγῳ τοῦ μηχανοποιοῦ καταφρονεῖς καὶ τῶν ἄλλων ὧν νυνδὴ ἔλεγον ; Οἶδ' ὅτι φαίης ἂν βελτίων εἶναι καὶ ἐκ βελτιόνων. Τὸ δὲ d
βέλτιον εἰ μὴ ἔστιν ὃ ἐγὼ λέγω, ἀλλ' αὐτὸ τοῦτό ἐστιν ἀρετή, τὸ σῴζειν αὑτὸν καὶ τὰ ἑαυτοῦ ὄντα ὁποῖός τις ἔτυχεν, καταγέλαστός σοι ὁ ψόγος γίγνεται καὶ μηχανοποιοῦ καὶ ἰατροῦ καὶ τῶν ἄλλων τεχνῶν ὅσαι τοῦ σῴζειν ἕνεκα πεποίηνται.

Ἀλλ', ὦ μακάριε, ὅρα μὴ ἄλλο τι τὸ γενναῖον καὶ τὸ ἀγαθὸν ⟨ᾖ⟩ ἢ τὸ σῴζειν τε καὶ σῴζεσθαι. Ἦ γὰρ τοῦτο μέν, τὸ ζῆν ὁποσονδὴ χρόνον, τόν γε ὡς ἀληθῶς ἄνδρα ἐατέον e
ἐστὶν καὶ οὐ φιλοψυχητέον, ἀλλὰ ἐπιτρέψαντα περὶ τούτων τῷ θεῷ καὶ πιστεύσαντα ταῖς γυναιξίν, ὅτι τὴν εἱμαρμένην οὐδ' ἂν εἷς ἐκφύγοι, τὸ ἐπὶ τούτῳ σκεπτέον τίν' ἂν τρόπον τοῦτον ὃν μέλλοι χρόνον βιῶναι ὡς ἄριστα βιῴη, ἆρα ἐξομοιῶν αὑτὸν τῇ πολιτείᾳ ταύτῃ ἐν ᾗ ἂν οἰκῇ, καὶ 513
νῦν δὲ ἄρα δεῖ σε ὡς ὁμοιότατον γίγνεσθαι τῷ δήμῳ τῷ Ἀθηναίων, εἰ μέλλεις τούτῳ προσφιλὴς εἶναι καὶ μέγα

daß es für einen solchen elenden Menschen gar nicht besser ist zu leben, weil er eben schlecht leben muß. Darum ist es auch nicht hergebracht, daß der Schiffer groß tut, ob er uns gleich beim Leben erhält. Und eben so wenig ja der Kriegsbaumeister, du Wunderlicher, der die Befestigungen besorgt, wiewohl er bisweilen kein geringerer Helfer ist, als sogar der Heerführer, geschweige denn als der Schiffer, und als sonst irgend einer; denn er rettet ja wohl bisweilen ganze Städte. Meinst du nicht, der könnte sich ja wohl mit dem Sachwalter gleich stellen? Und freilich, Kallikles, wenn er reden wollte wie ihr, und die Sache herausstreichen, er würde euch ganz c
verschütten unter seinen Reden und Ermahnungen, daß ihr solltet Kriegsbaumeister werden, und daß alles andere nichts wäre. Zu sagen hätte er genug. Aber du achtest ihn dennoch gering samt seiner Kunst, ja ordentlich zum Schimpf könntest du ihn den Kreigsbaumeister nennen, und würdest weder seinem Sohn deine Tochter zur Ehe geben, noch die seinige für deinen nehmen wollen. Und doch nach dem, weshalb du dein Geschäft lobst, mit welchem Rechte kannst du ihn und die übrigen, die ich erwähnt, gering achten? Ich d
weiß du wirst sagen, du wärest ein Besserer, und von Besseren her. Allein wenn das Bessere nicht das sein soll, was ich so nenne, sondern eben dies die Tugend ist, nur sich selbst und das seinige zu erhalten, wie einer auch sonst sein möge: so wird deine Verachtung lächerlich, gegen den Kriegsbaumeister und den Arzt und alle die andern Künste, welche der Erhaltung wegen ersonnen sind. Also Bester, sieh zu, ob nicht das Edle und Gute etwas ganz anderes ist, als das Erhalten und Erhaltenwerden, und ob nicht ein Mann, der es wahrhaft ist, eben dieses, nur zu leben so lange es irgend e
geht, muß dahingestellt sein lassen, und keinesweges am Leben hängen, sondern dieses Gott überlassend, und mit den Weibern glaubend, daß doch Keiner seinem Schicksal entgeht, nur auf das nächste sehen, auf welche Weise er während der Zeit, die er nun zu leben hat, am besten leben möge, ob er sich wirklich soll der Regierung ähnlich machen, unter 513a
welcher er wohnt, und jetzt also auch du dem Volke der Athener sollst ähnlich zu werden suchen so sehr als möglich,

δύνασθαι ἐν τῇ πόλει· τοῦθ' ὅρα εἰ σοὶ λυσιτελεῖ καὶ ἐμοί, ὅπως μή, ὦ δαιμόνιε, πεισόμεθα ὅπερ φασὶ τὰς τὴν σελήνην καθαιρούσας, τὰς Θετταλίδας· σὺν τοῖς φιλτάτοις ἡ αἵρεσις ἡμιν ἔσται ταύτης τῆς δυνάμεως τῆς ἐν τῇ πόλει.

Εἰ δέ σοι οἴει ὁντινοῦν ἀνθρώπων παραδώσειν τέχνην τινὰ τοιαύτην, ἥτις σε ποιήσει μέγα δύνασθαι ἐν τῇ πόλει b τῇδε ἀνόμοιον ὄντα τῇ πολιτείᾳ εἴτ' ἐπὶ τὸ βέλτιον εἴτ' ἐπὶ τὸ χεῖρον, ὥς ἐμοὶ δοκεῖ, οὐκ ὀρθῶς βουλεύει, ὦ Καλλίκλεις· οὐ γὰρ μιμητὴν δεῖ εἶναι ἀλλ' αὐτοφυῶς ὁμοῖον τούτοις, εἰ μέλλεις τι γνήσιον ἀπεργάζεσθαι εἰς φιλίαν τῷ Ἀθηναίων δήμῳ καὶ ναὶ μὰ Δία τῷ Πυριλάμπους γε πρός. Ὅστις οὖν σε τούτοις ὁμοιότατον ἀπεργάσεται, οὗτός σε ποιήσει, ὡς ἐπιθυμεῖς [πολιτικὸς] εἶναι, πολιτικὸν καὶ c ῥητορικόν· τῷ αὐτῶν γὰρ ἤθει λεγομένων τῶν λόγων ἕκαστοι χαίρουσι, τῷ δὲ ἀλλοτρίῳ ἄχθονται· εἰ μή τι σὺ ἄλλο λέγεις, ὦ φίλη κεφαλή. Λέγομέν τι πρὸς ταῦτα, ὦ Καλλίκλεις;

ΚΑΛ. Οὐκ οἶδ' ὅντινά μοι τρόπον δοκεῖς εὖ λέγειν, ὦ Σώκρατες· πέπονθα δὲ τὸ τῶν πολλῶν πάθος· οὐ πάνυ σοι πείθομαι.

ΣΩ. Ὁ δήμου γὰρ ἔρως, ὦ Καλλίκλεις, ἐνὼν ἐν τῇ ψυχῇ τῇ σῇ ἀντιστατεῖ μοι· ἀλλ' ἐὰν [πολλάκις ἴσως] καὶ βέλτιον ταὐτὰ ταῦτα διασκοπώμεθα, πεισθήσει. Ἀναμνήσθητι δ' d οὖν ὅτι δύ' ἔφαμεν εἶναι τὰς παρασκευὰς ἐπὶ τὸ ἕκαστον θεραπεύειν, καὶ σῶμα καὶ ψυχήν, μίαν μὲν πρὸς ἡδονὴν ὁμιλεῖν, τὴν ἑτέραν δὲ πρὸς τὸ βέλτιστον, μὴ καταχαριζόμενον ἀλλὰ διαμαχόμενον. Οὐ ταῦτα ἦν ἃ τότε ὡριζόμεθα;

ΚΑΛ. Πάνυ γε.

ΣΩ. Οὐκοῦν ἡ μὲν ἑτέρα, ἡ πρὸς ἡδονήν, ἀγεννὴς καὶ

wenn du bei ihm willst beliebt sein, und viel vermögen in der Stadt. Dies siehe zu, ob es dir wirklich nutzt und mir, damit es uns nicht gehe wie man von den Thessalerinnen sagt, welche den Mond herunter holen, und auch wir mit dem liebsten was wir haben uns dieses erwerben, viel zu vermögen im Staate. Glaubst du aber, irgend ein Mensch könne dir eine solche Kunst mitteilen, welche dich viel vermögend b machen kann in dieser Stadt, wenn du auch ihrer Verfassung unähnlich bist, gleichviel ob besser oder schlechter: so beratest du dich schlecht, o Kallikles, wie mich dünkt. Denn nicht einmal nur sein Nachahmer mußt du sein, sondern schon von Natur ihm ähnlich, wenn du etwas ordentliches erlangen willst in der Freundschaft des Athenischen Volks, und so auch wahrlich in der deines Jünglings. Wer dich also diesem recht ähnlich macht, der macht dich wie du ein c Staatsmann zu sein wünschest zu einem solchen Staatsmann und Redner. Denn was nach seinem eignen Sinn gesprochen wird, daran freut sich ein jeder, was aber aus einem fremden, das ist ihm zuwider, wenn du nicht etwa anders meinst, edelster Freund. Haben wir etwas hiergegen zu sagen, Kallikles?

KALLIKLES: Ich weiß nicht, wie mir gewissermaßen gut vorkommt, was du sagst, Sokrates; es geht mir aber doch wie den meisten, ich glaube dir nicht sonderlich.

5.3. Entwurf eines Bildes vom wahren Staatsmann

5.3.1. Das Ziel des Staatsmannes ist Besserung der Bürger. Seine Befähigung dazu ist vorher zu prüfen

SOKRATES: Jene zwiefache Liebe eben, die du in der Seele hast, o Kallikles, zum Volk und zum Jüngling steht mir entgegen; aber vielleicht wenn wir öfter und besser dasselbe d erwägen wirst du überzeugt werden. Erinnere dich also, daß wir sagten, es gäbe eine zwiefache Vorrichtung um jedes den Leib und die Seele zu behandeln, davon die eine nur um der Lust willen sich damit abgebe, die andere mit Hinsicht auf das Beste nicht sich gefällig mache, sondern durchsetze. War es das nicht, was wir von einander unterschieden?

KALLIKLES: Allerdings.

SOKRATES: Und die eine, die es nur mit der Lust zu tun

οὐδὲν ἄλλο ἢ κολακεία τυγχάνει οὖσα· ἢ γάρ ;

ΚΑΛ. Ἔστω, εἰ βούλει, σοὶ οὕτως. e

ΣΩ. Ἡ δέ γε ἑτέρα, ὅπως ὡς βέλτιστον ἔσται τοῦτο, εἴτε σῶμα τυγχάνει ὂν εἴτε ψυχή, ὃ θεραπεύομεν ;

ΚΑΛ. Πάνυ γε.

ΣΩ. Ἆρ' οὖν οὕτως ἐπιχειρητέον ἡμῖν ἐστιν τῇ πόλει καὶ τοῖς πολίταις θεραπεύειν, ὡς βελτίστους αὐτοὺς τοὺς πολίτας ποιοῦντας ; Ἄνευ γὰρ δὴ τούτου, ὡς ἐν τοῖς ἔμπροσθεν ηὑρίσκομεν, οὐδὲν ὄφελος ἄλλην εὐεργεσίαν οὐδεμίαν προσφέρειν, ἐὰν μὴ καλὴ κἀγαθὴ ἡ διάνοια ᾖ τῶν 514
μελλόντων ἢ χρήματα πολλὰ λαμβάνειν ἢ ἀρχήν τινων ἢ ἄλλην δύναμιν ἡντινοῦν. Φῶμεν οὕτως ἔχειν ;

ΚΑΛ. Πάνυ γε, εἴ σοι ἥδιον.

ΣΩ. Εἰ οὖν παρεκαλοῦμεν ἀλλήλους, ὦ Καλλίκλεις, δημοσίᾳ πράξοντες τῶν πολιτικῶν πραγμάτων ἐπὶ τὰ οἰκοδομικά, ἢ τειχῶν ἢ νεωρίων ἢ ἱερῶν ἐπὶ τὰ μέγιστα οἰκοδομήματα, πότερον ἔδει ἂν ἡμᾶς σκέψασθαι ἡμᾶς αὐτοὺς καὶ ἐξετάσαι, πρῶτον μὲν εἰ ἐπιστάμεθα τὴν τέχνην ἢ b
οὐκ ἐπιστάμεθα, τὴν οἰκοδομικήν, καὶ παρὰ τοῦ ἐμάθομεν ; Ἔδει ἂν ἢ οὔ ;

ΚΑΛ. Πάνυ γε.

ΣΩ. Οὐκοῦν δεύτερον αὖ τόδε, εἴ τι πώποτε οἰκοδόμημα ᾠκοδομήκαμεν ἰδίᾳ ἢ τῶν φίλων τινὶ ἢ ἡμέτερον αὐτῶν, καὶ τοῦτο τὸ οἰκοδόμημα καλὸν ἢ αἰσχρόν ἐστιν· καὶ εἰ μὲν ηὑρίσκομεν σκοπούμενοι διδασκάλους τε ἡμῶν ἀγαθοὺς καὶ ἐλλογίμους γεγονότας καὶ οἰκοδομήματα πολλὰ μὲν καὶ καλὰ μετὰ τῶν διδασκάλων ᾠκοδομημένα ἡμῖν, πολλὰ δὲ καὶ c
ἴδια ἡμῶν, ἐπειδὴ τῶν διδασκάλων ἀπηλλάγημεν, οὕτω μὲν διακειμένων νοῦν ἐχόντων ἦν ἂν ἰέναι ἐπὶ τὰ δημόσια ἔργα· εἰ δὲ μήτε διδάσκαλον εἴχομεν ἡμῶν αὐτῶν ἐπιδεῖξαι οἰκοδομήματά τε ἢ μηδὲν ἢ πολλὰ καὶ μηδενὸς ἄξια, οὕτω δὲ ἀνόητον ἦν δήπου ἐπιχειρεῖν τοῖς δημοσίοις ἔργοις καὶ

hat, war unedel und nichts anders ihrem Wesen nach als Schmeichelei. Nicht wahr?

KALLIKLES: Es sei so, wenn du denn willst. e

SOKRATES: Die andere aber, wenn wir nach Kräften das besser zu machen suchen, was wir behandeln, sei es nun Leib oder Seele?

KALLIKLES: So war es.

SOKRATES: Sollen wir uns also auf diese Weise an die Stadt und die Bürger wagen, daß wir sie behandeln, um sie soviel möglich besser zu machen? Denn ohne dies, wie wir vorher fanden, ist es unnütz irgend eine andere Wohltat zu erweisen, wenn nicht die Gesinnung derer gut und schön ist, 514a
welche entweder zu großem Besitz gelangen sollen, oder zur Herrschaft über Andere, oder zu sonst irgend einem Vermögen. Sagen wir daß es sich so verhält?

KALLIKLES: Ja, wenn es dir lieber ist.

SOKRATES: Wenn wir nun in die öffentlichen Geschäfte eingetreten einander zuredeten, o Kallikles, uns unter den bürgerlichen Angelegenheiten etwa mit dem Bauwesen zu befassen, mit den Mauern, Schiffswerften, oder den wichtigsten heiligen Gebäuden, müßten wir uns dann nicht zuvor untersuchen und prüfen, zuerst ob wir wohl die Sache selbst b
verstehn oder nicht verstehen, die Baukunst, und von wem wir sie gelernt haben? müßten wir das oder nicht?

KALLIKLES: Freilich wohl.

SOKRATES: Und zweitens wohl auch dieses, ob wir schon je wenigstens zum häuslichen Gebrauch irgend ein Gebäude aufgeführt haben für einen unserer Freunde oder für uns selbst, und ob dieses gut ist oder schlecht. Und wenn sich aus der Untersuchung ergibt, daß wir vortreffliche und berühmte Lehrer gehabt haben, und viele schöne Gebäude mit un- c
sern Lehrern gemeinschaftlich aufgeführt, viele auch selbst allein, seitdem wir uns von den Lehrern getrennt: so ziemte es unter solchen Umständen vernünftigen Menschen, sich auch an die öffentlichen Werke zu wagen. Könnten wir aber keinen Lehrer aufzeigen und auch keine Gebäude oder viele zwar aber nichts werte, dann wäre es doch gewiß unvernünftig, öffentliche Werke zu unternehmen, und einander dazu

παρακαλεῖν ἀλλήλους ἐπ' αὐτά. Φῶμεν ταῦτα ὀρθῶς λέγε-
σθαι ἢ οὔ ; d

ΚΑΛ. Πάνυ γε.

ΣΩ. Οὐκοῦν οὕτω πάντα, τά τε ἄλλα κἂν εἰ ἐπιχειρή-
σαντες δημοσιεύειν παρεκαλοῦμεν ἀλλήλους ὡς ἱκανοὶ ἰατροὶ
ὄντες, ἐπεσκεψάμεθα δήπου ἂν ἐγώ τε σὲ καὶ σὺ ἐμέ, Φέρε
πρὸς θεῶν, αὐτὸς δὲ ὁ Σωκράτης πῶς ἔχει τὸ σῶμα πρὸς
ὑγίειαν ; Ἢ ἤδη τις ἄλλος διὰ Σωκράτην ἀπηλλάγη νόσου,
ἢ δοῦλος ἢ ἐλεύθερος ; Κἂν ἐγώ, οἶμαι, περὶ σοῦ ἕτερα
τοιαῦτα ἐσκόπουν· καὶ εἰ μὴ ηὑρίσκομεν δι' ἡμᾶς μηδένα
βελτίω γεγονότα τὸ σῶμα, μήτε τῶν ξένων μήτε τῶν ἀστῶν, e
μήτε ἄνδρα μήτε γυναῖκα, πρὸς Διός, ὦ Καλλίκλεις, οὐ
καταγέλαστον ἂν ἦν τῇ ἀληθείᾳ, εἰς τοσοῦτον ἀνοίας ἐλ-
θεῖν ἀνθρώπους, ὥστε, πρὶν ἰδιωτεύοντας πολλὰ μὲν ὅπως
ἐτύχομεν ποιῆσαι, πολλὰ δὲ κατορθῶσαι καὶ γυμνάσασθαι
ἱκανῶς τὴν τέχνην, τὸ λεγόμενον δὴ τοῦτο ἐν τῷ πίθῳ τὴν
κεραμείαν ἐπιχειρεῖν μανθάνειν, καὶ αὐτούς τε δημοσιεύειν
ἐπιχειρεῖν καὶ ἄλλους τοιούτους παρακαλεῖν ; Οὐκ ἀνόητόν
σοι δοκεῖ ἂν εἶναι οὕτω πράττειν ;

ΚΑΛ. Ἔμοιγε.

ΣΩ. Νῦν δέ, ὦ βέλτιστε ἀνδρῶν, ἐπειδὴ σὺ μὲν αὐτὸς 515
ἄρτι ἄρχει πράττειν τὰ τῆς πόλεως πράγματα, ἐμὲ δὲ
παρακαλεῖς καὶ ὀνειδίζεις ὅτι οὐ πράττω, οὐκ ἐπισκεψό-
μεθα ἀλλήλους, Φέρε, Καλλικλῆς ἤδη τινὰ βελτίω πεποίη-
κεν τῶν πολιτῶν ; Ἔστιν ὅστις πρότερον πονηρὸς ὤν,
ἄδικός τε καὶ ἀκόλαστος καὶ ἄφρων, διὰ Καλλικλέα καλός
τε κἀγαθὸς γέγονεν, ἢ ξένος ἢ ἀστός, ἢ δοῦλος ἢ ἐλεύθε-
ρος ; Λέγε μοι, ἐάν τίς σε ταῦτα ἐξετάζῃ, ὦ Καλλίκλεις, b
τί ἐρεῖς ; Τίνα φήσεις βελτίω πεποιηκέναι ἄνθρωπον τῇ
συνουσίᾳ τῇ σῇ ; Ὀκνεῖς ἀποκρίνασθαι, εἴπερ ἔστιν τι ἔρ-
γον σὸν ἔτι ἰδιωτεύοντος, πρὶν δημοσιεύειν ἐπιχειρεῖν ;

ΚΑΛ. Φιλόνικος εἶ, ὦ Σώκρατες.

aufzumuntern. wollen wir sagen, dies sei richtig gesprochen, oder nicht? d

KALLIKLES: Freilich.

SOKRATES: Nicht auch eben so mit allem übrigen, wenn wir uns zureden wollten, auch die öffentlichen Geschäfte der Ärzte zu übernehmen, als tüchtig in diesem Fach, würden wir uns nicht erst prüfen, ich dich und du mich, laß doch sehn, bei Gott, den Sokrates selbst wie es doch steht mit seiner Gesundheit? oder ob wohl schon Jemand durch ihn von einer Krankheit ist befreit worden, sei es ein Knecht oder ein Freier; und auf eben die Art würde auch ich dich prüfen, und fänden wir nicht, daß wir jemals jemanden gesunder gemacht hätten, weder Fremden noch Bürger, weder e
Mann noch Weib, beim Zeus, Kallikles, wäre es nicht belachenswert, wenn dann Menschen noch so töricht sein könnten, ehe sie nicht erst für sich allein, vieles zwar wie es sich eben traf, vieles aber auch richtig und gut ausgeführt und die Kunst hinlänglich geübt hätten, gleich wie der Töpfer im Sprichwort beim Fasse anzufangen, und sowohl sich selbst an die öffentlichen Geschäfte zu wagen, als auch Andere eben solche dazu aufzumuntern? Dünkt es dich nicht unvernünftig, so zu handen?

KALLIKLES: Mich wohl.

SOKRATES: Nun aber du selbst, bester Mann, erst eben 515a
angefangen hast, Staatsgeschäfte zu betreiben, und mich ermahnst und schiltst, daß ich sie nicht betreibe, wollen wir einander nicht prüfen, wohlan, hat Kallikles wohl schon einen Bürger besser gemacht? ist einer, der zuvor schlecht war, ungerecht etwa, zügellos und unvernünftig, durch den Kallikles gut und rechtlich geworden, fremder oder einheimischer, Knecht oder Freier? Sprich, wenn dich jemand hierauf b
prüft, Kallikles, was wirst du sagen? wen wirst du behaupten besser gemacht zu haben durch deinen Umgang? Bedenkst du dich zu antworten, wenn du doch ein solches Werk aufzuzeigen hast aus der Zeit, da du für dich lebtest, ehe du dich ins öffentliche Leben wagtest?

KALLIKLES: Du willst immer Recht behalten, Sokrates.

ΣΩ. Ἀλλ' οὐ φιλονικίᾳ γε ἐρωτῶ, ἀλλ' ὡς ἀληθῶς βουλόμενος εἰδέναι ὅντινά ποτε τρόπον οἴει δεῖν πολιτεύεσθαι ἐν ἡμῖν. Ἢ ἄλλου του ἄρα ἐπιμελήσει ἡμῖν ἐλθὼν ἐπὶ τὰ τῆς πόλεως πράγματα, ἢ ὅπως ὅ τι βέλτιστοι πολῖται c ὦμεν; Ἢ οὐ πολλάκις ἤδη ὡμολογήκαμεν τοῦτο δεῖν πράττειν τὸν πολιτικὸν ἄνδρα; Ὡμολογήκαμεν ἢ οὔ; Ἀποκρίνου. Ὡμολογήκαμεν· ἐγὼ ὑπὲρ σοῦ ἀποκρινοῦμαι. Εἰ τοίνυν τοῦτο δεῖ τὸν ἀγαθὸν ἄνδρα παρασκευάζειν τῇ ἑαυτοῦ πόλει, νῦν μοι ἀναμνησθεὶς εἰπὲ περὶ ἐκείνων τῶν ἀνδρῶν ὧν ὀλίγῳ πρότερον ἔλεγες, εἰ ἔτι σοι δοκοῦσιν ἀγαθοὶ πολῖται γεγονέναι, Περικλῆς καὶ Κίμων καὶ Μιλτιάδης καὶ d Θεμιστοκλῆς.

ΚΑΛ. Ἔμοιγε.

ΣΩ. Οὐκοῦν εἴπερ ἀγαθοί, δῆλον ὅτι ἕκαστος αὐτῶν βελτίους ἐποίει τοὺς πολίτας ἀντὶ χειρόνων. Ἐποίει ἢ οὔ;

ΚΑΛ. Ναί.

ΣΩ. Οὐκοῦν ὅτε Περικλῆς ἤρχετο λέγειν ἐν τῷ δήμῳ, χείρους ἦσαν οἱ Ἀθηναῖοι ἢ ὅτε τὰ τελευταῖα ἔλεγεν;

ΚΑΛ. Ἴσως.

ΣΩ. Οὐκ ἴσως δή, ὦ βέλτιστε, ἀλλ' ἀνάγκη ἐκ τῶν ὡμολογημένων, εἴπερ ἀγαθός γ' ἦν ἐκεῖνος πολίτης.

ΚΑΛ. Τί οὖν δή;

ΣΩ. Οὐδέν· ἀλλὰ τόδε μοι εἰπὲ ἐπὶ τούτῳ, εἰ λέγονται e Ἀθηναῖοι διὰ Περικλέα βελτίους γεγονέναι, ἢ πᾶν τοὐναντίον διαφθαρῆναι ὑπ' ἐκείνου. Ταυτὶ γὰρ ἔγωγε ἀκούω, Περικλέα πεποιηκέναι Ἀθηναίους ἀργοὺς καὶ δειλοὺς καὶ λάλους καὶ φιλαργύρους, εἰς μισθοφορίαν πρῶτον καταστήσαντα.

ΚΑΛ. Τῶν τὰ ὦτα κατεαγότων ἀκούεις ταῦτα, ὦ Σώκρατες.

5.3.2. Unter diesem Gesichtspunkt gab und gibt es noch keinen guten Staatsmann in Athen

SOKRATES: Keinesweges aus Rechthaberei, frage ich, sondern in Wahrheit um zu erfahren, wie du denn meinst daß der Staat bei uns müsse verwaltet werden; ob du wohl auf etwas anderes deine Sorgfalt zu wenden denkst, nun du dich der öffentlichen Angelegenheiten annimmst, als darauf, c
daß wir Bürger immer besser werden? Oder haben wir nicht schon oft eingestanden, daß dies der öffentliche Mann bewirken müsse? Haben wir es eingestanden oder nicht? Antworte. Wir haben es eingestanden, will ich für dich antworten. Wenn also dies der rechtliche Mann seiner Stadt muß zu bewirken suchen: so besinne dich und sage mir noch einmal deine Meinung von jenen Männern, die du vorhin anführtest, ob du noch glaubst, daß sie gute Staatsmänner gewesen sind, Perikles und Kimon und Miltiades und Themistokles? d

KALLIKLES: Ich glaube es doch.

SOKRATES: Waren sie also gute Staatsmänner: so hat doch offenbar jeder die Bürger zu besseren gemacht aus schlechteren. Haben sie das getan oder nicht?

KALLIKLES: Sie haben es getan.

SOKRATES: Also da Perikles anfing vor dem Volke zu reden, waren die Athener schlechter, als da er zum letzten Male redete?

KALLIKLES: Vielleicht.

SOKRATES: Nicht doch vielleicht, Bester, sondern es folgt notwendig aus dem eingestandenen, wenn anders jener ein guter Staatsmann war.

KALLIKLES: Und was weiter?

SOKRATES: Nur dies sage mir noch, ob man wirklich der e
Meinung ist, die Athener wären durch den Perikles besser geworden, oder umgekehrt sie wären verderbt worden durch ihn. Denn dazu höre ich wenigstens immer habe Perikles die Athener gemacht, zu einem faulen, feigen, geschwätzigen, geldgierigen Volk, indem er sie zuerst zu Söldlingen erniedriget.

KALLIKLES: Das hörst du von denen mit den eingeschlagenen Ohren, o Sokrates.

ΣΩ. Ἀλλὰ τάδε οὐκέτι ἀκούω, ἀλλ' οἶδα σαφῶς καὶ ἐγὼ καὶ σύ, ὅτι τὸ μὲν πρῶτον ηὐδοκίμει Περικλῆς καὶ οὐδεμίαν αἰσχρὰν δίκην κατεψηφίσαντο αὐτοῦ Ἀθηναῖοι, ἡνίκα χείρους ἦσαν· ἐπειδὴ δὲ καλοὶ κἀγαθοὶ ἐγεγόνεσαν ὑπ' αὐτοῦ, ἐπὶ τελευτῇ τοῦ βίου τοῦ Περικλέους, κλοπὴν αὐτοῦ 516
κατεψηφίσαντο, ὀλίγου δὲ καὶ θανάτου ἐτίμησαν, δῆλον ὅτι ὡς πονηροῦ ὄντος.

ΚΑΛ. Τί οὖν; Τούτου ἕνεκα κακὸς ἦν Περικλῆς;

ΣΩ. Ὄνων γοῦν ἂν ἐπιμελητὴς καὶ ἵππων καὶ βοῶν τοιοῦτος ὢν κακὸς ἂν ἐδόκει εἶναι, εἰ παραλαβὼν μὴ λακτίζοντας [ἑαυτὸν] μηδὲ κυρίττοντας μηδὲ δάκνοντας ἀπέδειξε ταῦτα ἅπαντα ποιοῦντας δι' ἀγριότητα. Ἢ οὐ δοκεῖ σοι κακὸς εἶναι ἐπιμελητὴς ὁστισοῦν ὁτουοῦν ζῴου, ὃς ἂν b
παραλαβὼν ἡμερώτερα ἀποδείξῃ ἀγριώτερα ἢ παρέλαβε; δοκεῖ ἢ οὔ;

ΚΑΛ. Πάνυ γε, ἵνα σοι χαρίσωμαι.

ΣΩ. Καὶ τόδε τοίνυν μοι χάρισαι ἀποκρινάμενος· πότερον καὶ ὁ ἄνθρωπος ἓν τῶν ζῴων ἐστὶν ἢ οὔ;

ΚΑΛ. Πῶς γὰρ οὔ;

ΣΩ. Οὐκοῦν ἀνθρώπων Περικλῆς ἐπεμέλετο;

ΚΑΛ. Ναί.

ΣΩ. Τί οὖν; Οὐκ ἔδει αὐτούς, ὡς ἄρτι ὡμολογοῦμεν, δικαιοτέρους γεγονέναι ἀντὶ ἀδικωτέρων ὑπ' ἐκείνου, εἴπερ ἐκεῖνος ἐπεμελεῖτο αὐτῶν ἀγαθὸς ὢν τὰ πολιτικά;

ΚΑΛ. Πάνυ γε. c

ΣΩ. Οὐκοῦν οἵ γε δίκαιοι ἥμεροι, ὡς ἔφη Ὅμηρος· σὺ δὲ τί φῄς; Οὐχ οὕτως;

ΚΑΛ. Ναί.

ΣΩ. Ἀλλὰ μὴν ἀγριωτέρους γε αὐτοὺς ἀπέφηνεν ἢ οἵους παρέλαβεν, καὶ ταῦτ' εἰς αὐτόν, ὃν ἥκιστ' ἂν ἐβούλετο.

ΚΑΛ. Βούλει σοι ὁμολογήσω;

ΣΩ. Εἰ δοκῶ γέ σοι ἀληθῆ λέγειν.

SOKRATES: Aber dies doch höre ich nicht nur, sondern wir wissen es beide genau, ich und du, daß Perikles zuerst zwar in gutem Ruf stand, und die Athener keine schimpfliche Klage gegen ihn erkannten, als sie noch schlechter waren, nachdem sie aber durch ihn gut und edel geworden, 516a gegen das Ende seines Lebens haben sie auf Unterschleif gegen ihn erkannt, und hätten ihn beinahe am Leben gestraft, offenbar doch als einen gefährlichen Mann.

KALLIKLES: Nun? war etwa deshalb Perikles schlecht?

SOKRATES: Wenigstens ein solcher Aufseher über Esel, Pferde und Rinder würde für schlecht gehalten werden, der sie keinesweges so überkommen daß sie schlugen, stießen und bissen, sie aber so hätte verwildern lassen, daß sie nun dieses alles tun. Oder dünkt dich nicht jeder solcher ein b schlechter Aufseher über jede Art von Tieren, der sie zahmer bekommt, und sie wilder macht als er sie bekommen hat. Dünkt es dich nicht?

KALLIKLES: Ja doch, damit ich dir nur den Willen tue.

SOKRATES: So tue mir auch noch den Willen, mir dies zu beantworten, ob der Mensch auch zu den Tieren gehört, oder nicht?

KALLIKLES: Wie sollte er nicht?

SOKRATES: Und Menschen regierte Perikles?

KALLIKLES: Ja.

SOKRATES: Wie also? sollten sie nicht nach dem eben festgesetzten gerechter unter ihm geworden sein aus Ungerechteren, wenn er sie doch als ein rechter Staatsmann regierte?

KALLIKLES: Freilich. c

SOKRATES: Nun aber sind die Gerechten zahm, wie Homeros sagt. Was sagst du aber? Nicht eben das?

KALLIKLES: Ja.

SOKRATES: Und doch hat er sie wilder gemacht, als er sie vorgefunden hatte, und zwar gegen ihn selbst, was er doch am wenigsten wollte.

KALLIKLES: Willst du, daß ich dir Recht gebe?

SOKRATES: Wenn dich dünkt, daß ich Recht habe?

KALLIKLES: So sei denn dieses so!

ΚΑΛ. Ἔστω δὴ ταῦτα.

ΣΩ. Οὐκοῦν εἴπερ ἀγριωτέρους, ἀδικωτέρους τε καὶ χείρους;

ΚΑΛ. Ἔστω. d

ΣΩ. Οὐκ ἄρ' ἀγαθὸς τὰ πολιτικὰ Περικλῆς ἦν ἐκ τούτου τοῦ λόγου.

ΚΑΛ. Οὐ σύ γε φῄς.

ΣΩ. Μὰ Δί' οὐδέ γε σὺ ἐξ ὧν ὡμολόγεις. Πάλιν δὲ λέγε μοι περὶ Κίμωνος· οὐκ ἐξωστράκισαν αὐτὸν οὗτοι οὓς ἐθεράπευεν, ἵνα αὐτοῦ δέκα ἐτῶν μὴ ἀκούσειαν τῆς φωνῆς; Καὶ Θεμιστοκλέα ταὐτὰ ταῦτα ἐποίησαν καὶ φυγῇ πρὸς ἐζημίωσαν; Μιλτιάδην δὲ τὸν [ἐν] Μαραθῶνι εἰς τὸ βάραθρον ἐμβαλεῖν ἐψηφίσαντο, καὶ εἰ μὴ διὰ τὸν πρύτανιν, ἐνέπε- e
σεν ἄν; Καίτοι οὗτοι, εἰ ἦσαν ἄνδρες ἀγαθοί, ὡς σὺ φῄς, οὐκ ἄν ποτε ταῦτα ἔπασχον. Οὔκουν οἵ γε ἀγαθοὶ ἡνίοχοι κατ' ἀρχὰς μὲν οὐκ ἐκπίπτουσιν ἐκ τῶν ζευγῶν, ἐπειδὰν δὲ θεραπεύσωσιν τοὺς ἵππους καὶ αὐτοὶ ἀμείνους γένωνται ἡνίοχοι, τότ' ἐκπίπτουσιν· οὐκ ἔστι ταῦτ' οὔτ' ἐν ἡνιοχείᾳ οὔτ' ἐν ἄλλῳ ἔργῳ οὐδενί· ἢ δοκεῖ σοι;

ΚΑΛ. Οὐκ ἔμοιγε.

ΣΩ. Ἀληθεῖς ἄρα, ὡς ἔοικεν, οἱ ἔμπροσθεν λόγοι ἦσαν,
ὅτι οὐδένα ἡμεῖς ἴσμεν ἄνδρα ἀγαθὸν γεγονότα τὰ πολιτικὰ 517
ἐν τῇδε τῇ πόλει. Σὺ δὲ ὡμολόγεις τῶν γε νῦν οὐδένα, τῶν μέντοι ἔμπροσθεν, καὶ προείλου τούτους τοὺς ἄνδρας· οὗτοι δὲ ἀνεφάνησαν ἐξ ἴσου τοῖς νῦν ὄντες, ὥστε, εἰ οὗτοι ῥήτορες ἦσαν, οὔτε τῇ ἀληθινῇ ῥητορικῇ ἐχρῶντο — οὐ γὰρ ἂν ἐξέπεσον — οὔτε τῇ κολακικῇ.

SOKRATES: Wenn also wilder, dann auch ungerechter und schlechter?

KALLIKLES: Es sei. d

SOKRATES: Also war Perikles kein guter Staatsmann nach dieser Rede.

KALLIKLES: Nein, behauptest du freilich.

SOKRATES: Beim Zeus, auch du, nach dem, was du mir
zugegeben hast. Weiter auch wegen des Kimon sage mir
doch, haben nicht eben die, deren Bestes er besorgte, ihn aus
der Stadt verwiesen, um nur Zehn Jahre lang seine Stimme
gar nicht zu hören? und haben sie nicht dem Themistokles
dasselbe getan, und ihn noch obenein gänzlich verbannt?
Den Miltiades aber, den Sieger bei Marathon, hatten sie
schon beschlossen in der Grube umkommen zu lassen, und e
wäre nicht der Prytane gewesen, so würde er auch hinein-
gekommen sein. Und doch würde diesen, wären sie so vor-
trefflich gewesen wie du behauptest, dergleichen nicht be-
gegnet sein. Wenigstens einem guten Wagenführer geht es
nicht so, daß er Anfangs zwar nicht herunterfällt vom Wa-
gen, wenn er aber seine Pferde erst eine Zeitlang behandelt
hat, und dadurch auch selbst ein besserer Wagenführer ge-
worden ist, dann herabfällt. Dergleichen kommt nicht vor,
weder beim Wagenführen noch bei irgend einem andern Ge-
schäft. Oder meinst du?

KALLIKLES: Nein freilich.

SOKRATES: So waren also, wie es scheint, unsere vorigen
Reden ganz richtig, daß wir keinen wissen, der ein tüchtiger 517a
Staatsmann gewesen wäre in dieser Stadt. Du aber räumtest
zwar ein, es gebe keinen unter den jetzigen, unter den
früheren aber meintest du doch, und hobest eben diese Män-
ner heraus. Von diesen aber hat sich gezeigt, daß sie den
jetzigen ganz gleich sind. So daß wenn diese Redner waren,
sie weder die wahre Redekunst verstanden haben, denn sonst
würden sie nicht durchgefallen sein, noch auch die schmeich-
lerische.

ΚΑΛ. Ἀλλὰ μέντοι πολλοῦ γε δεῖ, ὦ Σώκρατες, μή ποτέ
τις τῶν νῦν ἔργα τοιαῦτα ἐργάσηται οἷα τούτων ὃς βούλει b
εἴργασται.

ΣΩ. Ὦ δαιμόνιε, οὐδ' ἐγὼ ψέγω τούτους ὥς γε διακό-
νους εἶναι πόλεως, ἀλλά μοι δοκοῦσι τῶν γε νῦν διακονι-
κώτεροι γεγονέναι καὶ μᾶλλον οἷοί τε ἐκπορίζειν τῇ πόλει
ὧν ἐπεθύμει· ἀλλὰ γὰρ μεταβιβάζειν τὰς ἐπιθυμίας καὶ μὴ
ἐπιτρέπειν, πείθοντες καὶ βιαζόμενοι ἐπὶ τοῦτο ὅθεν
ἔμελλον ἀμείνους ἔσεσθαι οἱ πολῖται, ὡς ἔπος εἰπεῖν, οὐ-
δὲν τούτων διέφερον ἐκεῖνοι· ὅπερ μόνον ἔργον ἐστὶν ἀγα- c
θοῦ πολίτου. Ναῦς δὲ καὶ τείχη καὶ νεώρια καὶ ἄλλα πολλὰ
τοιαῦτα καὶ ἐγώ σοι ὁμολογῶ δεινοτέρους εἶναι ἐκείνους
τούτων ἐκπορίζειν. Πρᾶγμα οὖν γελοῖον ποιοῦμεν ἐγώ τε
καὶ σὺ ἐν τοῖς λόγοις· ἐν παντὶ γὰρ τῷ χρόνῳ ὃν διαλεγό-
μεθα, οὐδὲν παυόμεθα εἰς τὸ αὐτὸ ἀεὶ περιφερόμενοι καὶ
ἀγνοοῦντες ἀλλήλων ὅ τι λέγομεν.

Ἐγὼ γοῦν σε πολλάκις οἶμαι ὡμολογηκέναι καὶ ἐγνωκέναι
ὡς ἄρα διττή αὕτη τις ἡ πραγματεία ἐστὶν καὶ περὶ τὸ d
σῶμα καὶ περὶ τὴν ψυχήν, καὶ ἡ μὲν ἑτέρα διακονική ἐστιν,
ᾗ δυνατὸν εἶναι ἐκπορίζειν, ἐὰν μὲν πεινῇ τὰ σώματα
ἡμῶν, σιτία, ἐὰν δὲ διψῇ, ποτά, ἐὰν δὲ ῥιγῷ, ἱμάτια, στρώ-
ματα, ὑποδήματα, ἄλλα ὧν ἔρχεται σώματα εἰς ἐπιθυμίαν·
καὶ ἐξεπίτηδές σοι διὰ τῶν αὐτῶν εἰκόνων λέγω, ἵνα ῥᾷον
καταμάθῃς. Τούτων γὰρ ποριστικὸν εἶναι ἢ κάπηλον ὄντα
ἢ ἔμπορον ἢ δημιουργόν του αὐτῶν τούτων, σιτοποιὸν ἢ
ὀψοποιὸν ἢ ὑφάντην ἢ σκυτοτόμον ἢ σκυτοδεψόν, οὐδὲν e
θαυμαστόν ἐστιν ὄντα τοιοῦτον δόξαι καὶ αὑτῷ καὶ τοῖς
ἄλλοις θεραπευτὴν εἶναι σώματος, παντὶ τῷ μὴ εἰδότι ὅτι
ἔστιν τις παρὰ ταύτας ἁπάσας τέχνη γυμναστική τε καὶ
ἰατρική, ἣ δὴ τῷ ὄντι ἐστὶν σώματος θεραπεία, ἥνπερ καὶ
προσήκει τούτων ἄρχειν πασῶν τῶν τεχνῶν καὶ χρῆσθαι
τοῖς τούτων ἔργοις διὰ τὸ εἰδέναι ὅ τι χρηστὸν καὶ πονη-

5.3.3. Rückgriff auf die Unterscheidung von Beschäftigungen mit dem Leib und mit der Seele und Verurteilung der athenischen Politik

KALLIKLES: Aber es fehlt doch sehr viel, Sokrates, daß von den jetzigen einer solche Dinge ausrichtete, wie von jenen jeder, wer du willst, ausgerichtet hat. b

SOKRATES: O wunderlicher Kallikles, ich tadle ja auch diese Männer nicht, sofern sie Diener des Staates gewesen sind, vielmehr scheinen sie mir weit dienstbeflissener gewesen zu sein als die jetzigen, und weit geschickter, dem Staate dasjenige zu verschaffen, wonach ihn gelüstete. Aber seine Gelüste umstimmen und ihnen nicht nachsehn, sondern durch Überredung und durch Gewalt ihn zu dem bewegen, wodurch die Bürger besser werden können, darin, daß ich es grade heraus sage, waren diese nichts besser als jene, und c dies ist doch das einzige Geschäft des rechten und guten Staatsmannes. Allein Schiffe und Mauern und Werften zu schaffen und vielerlei dergleichen, darin gestehe auch ich dir gern, daß jene weit stärker gewesen sind als diese. Aber lächerlich machen wir uns, ich und du, in unsern Reden. Denn in der ganzen Zeit, seit wir mit einander sprechen, haben wir noch nicht aufgehört, immer auf dasselbe zurückzukommen, und nicht zu wissen was wir meinen. Ich nämlich denke, du hast oft genug zugestanden und eingesehen, daß es wirklich eine solche zwiefache Beschäftigung gibt um den Leib und d um die Seele, deren die eine bloß eine dienstbare ist, daß einer im Stande ist, wenn unsern Leib hungert, Speise herbeizuschaffen, wenn ihn durstet Getränk, wenn er friert Kleider, Decken, Schuhe, und anderes wozu sonst dem Leibe Lust ankommt. Und wohlbedacht erläutere ich es dir durch dieselben Bilder, damit du es leichter begreifst. Wer nun dies zu verschaffen weiß, als Krämer oder Kaufmann oder Verfertiger dieser Dinge, als Koch, Bäcker, Weber, Schuster, e Gerber, kein Wunder, daß der sich selbst dünkt der Versorger des Leibes zu sein, und auch den übrigen, jedem nämlich, der nicht weiß, daß es außer allen diesen eine Kunst gibt, die Heilkunst nämlich und die Turnkunst, welche in Wahrheit die Versorgerin des Leibes ist, und welcher auch gebührt, über alle jene Künste zu herrschen, und sich ihrer Werke zu

ρὸν τῶν σιτίων ἢ ποτῶν ἐστιν εἰς ἀρετὴν σώματος, τὰς δ' ἄλλας πάσας ταῦτα ἀγνοεῖν· διὸ δὴ καὶ ταύτας μὲν δουλοπρεπεῖς τε καὶ διακονικὰς καὶ ἀνελευθέρους εἶναι περὶ σώματος πραγματείαν, τὰς ἄλλας τέχνας, τὴν δὲ γυμναστικὴν καὶ ἰατρικὴν κατὰ τὸ δίκαιον δεσποίνας εἶναι τούτων. 518

Ταὐτὰ οὖν ταῦτα ὅτι ἔστιν καὶ περὶ ψυχήν, τότε μέν μοι δοκεῖς μανθάνειν ὅτε λέγω, καὶ ὁμολογεῖς ὡς εἰδὼς ὅ τι ἐγὼ λέγω· ἥκεις δὲ ὀλίγον ὕστερον λέγων ὅτι ἄνθρωποι καλοὶ κἀγαθοὶ γεγόνασιν πολῖται ἐν τῇ πόλει, καὶ ἐπειδὰν b ἐγὼ ἐρωτῶ οἵτινες, δοκεῖς μοι ὁμοιοτάτους προτείνεσθαι ἀνθρώπους περὶ τὰ πολιτικά, ὥσπερ ἂν εἰ περὶ τὰ γυμναστικὰ ἐμοῦ ἐρωτῶντος οἵτινες ἀγαθοὶ γεγόνασιν ἢ εἰσὶν σωμάτων θεραπευταί, ἔλεγές μοι πάνυ σπουδάζων, Θεαρίων ὁ ἀρτοκόπος καὶ Μίθαικος ὁ τὴν ὀψοποιίαν συγγεγραφὼς τὴν Σικελικὴν καὶ Σάραμβος ὁ κάπηλος, ὅτι οὗτοι θαυμάσιοι γεγόνασιν σωμάτων θεραπευταί, ὁ μὲν ἄρτους θαυμαστοὺς παρασκευάζων, ὁ δὲ ὄψον, ὁ δὲ οἶνον. c

Ἴσως ἂν οὖν ἠγανάκτεις, εἴ σοι ἔλεγον ἐγὼ ὅτι, Ἄνθρωπε, ἐπαΐεις οὐδὲν περὶ γυμναστικῆς· διακόνους μοι λέγεις καὶ ἐπιθυμιῶν παρασκευαστὰς ἀνθρώπους, οὐκ ἐπαΐοντας καλὸν κἀγαθὸν οὐδὲν περὶ αὐτῶν, οἵ, ἂν οὕτω τύχωσιν, ἐμπλήσαντες καὶ παχύναντες τὰ σώματα τῶν ἀνθρώπων, ἐπαινούμενοι ὑπ' αὐτῶν, προσαπολοῦσιν αὐτῶν καὶ τὰς ἀρχαίας d σάρκας· οἱ δ' αὖ δι' ἀπειρίαν οὐ τοὺς ἑστιῶντας αἰτιάσονται τῶν νόσων αἰτίους εἶναι καὶ τῆς ἀποβολῆς τῶν ἀρχαίων σαρκῶν, ἀλλ' οἳ ἂν αὐτοῖς τύχωσι τότε παρόντες καὶ συμβουλεύοντές τι, ὅταν δὴ αὐτοῖς ἥκῃ ἡ τότε πλησμονὴ νόσον φέρουσα συχνῷ ὕστερον χρόνῳ, ἅτε ἄνευ τοῦ ὑγιεινοῦ γεγονυῖα, τούτους αἰτιάσονται καὶ ψέξουσιν καὶ κακόν τι ποιήσουσιν, ἂν οἷοί τ' ὦσι, τοὺς δὲ προτέρους ἐκείνους καὶ αἰτίους τῶν κακῶν ἐγκωμιάσουσιν.

bedienen, weil sie nämlich weiß, was das Zuträgliche ist und das Verderbliche von Speisen und Getränk für die Vollkommenheit des Leibes, die andern alle aber es nicht wissen. 518a
Daher auch jene nur für knechtisch, dienstbar und unedel gelten in ihren Bemühungen um den Leib, diese aber die Heilkunst und die Turnkunst mit Recht Herrinnen jener andern sind. Daß ich nun meine, daß dasselbe eben so in Beziehung auf die Seele statt finde, dünkst du mich manchmal recht gut zu verstehen, und gibst es zu, als wüßtest du was ich meine; bald darauf aber kommst du und behauptest, es hätte doch gar tüchtige und treffliche Staatsmänner gegeben b
unter uns, und als ich frage, welche denn, stellst du mir Menschen auf, die sich zur Staatskunst vollkommen eben so verhalten, als wenn du mir auf die Frage wegen der Turnkunst, was für ausgezeichnete Männer in Besorgung des Leibes wir wohl gehabt haben oder noch haben, ganz ernsthaft antworten wolltest, Thearion der Bäcker und Mithaikos, der die Sikelische Kochkunst geschrieben hat, und Sarambos der Schenkwirt, diese wären vortreffliche Pfleger des Leibes gewesen, denn der eine hätte wunderschönes Brot geliefert, der c
andere Speisen, der dritte Wein. Vielleicht nun wärest du dann unwillig geworden, wenn ich dir gesagt hätte, lieber Mensch, du verstehst nichts von der Leibespfelge, denn du nennst mir nur dienstbare Menschen, die für die Begierden arbeiten, und nichts gutes und schönes hievon verstehen, die wenn es sich so trifft die Leiber der Menschen anfüllend und aufschwemmend, wiewohl von ihnen gelobt, ihnen das alte d
Fleisch auch noch verderben. Die Leute aber werden aus Unkunde nicht diese, von denen sie so bewirtet wurden, beschuldigen, daß sie Ursach an ihren Krankheiten wären und an dem Verlust ihrer bisherigen Wohlbeleibtheit, sondern diejenigen, welche alsdann grade um sie sind und ihnen Rat geben, wenn nämlich die ehemalige Überfüllung ihnen lange hernach Krankheiten zuzieht, da sie ihnen so ganz ohne alle Rücksicht auf die Gesundheit gewährt wurde, diese werden sie beschuldigen und tadeln und ihnen Übles zufügen, wenn sie es vermögen; jene früheren aber, die eigentlich Schuld an dem Übel sind, werden sie loben. Vollkommen eben so gehst e

Καὶ σὺ νῦν, ὦ Καλλίκλεις, ὁμοιότατον τούτῳ ἐργάζει· e
ἐγκωμιάζεις ἀνθρώπους, οἳ τούτους εἱστιάκασιν εὐωχοῦντες ὧν ἐπεθύμουν, καί φασι μεγάλην τὴν πόλιν πεποιηκέναι αὐτούς· ὅτι δὲ οἰδεῖ καὶ ὕπουλός ἐστιν δι᾽ ἐκείνους τοὺς
παλαιούς, οὐκ αἰσθάνονται. Ἄνευ γὰρ σωφροσύνης καὶ 519
δικαιοσύνης λιμένων καὶ νεωρίων καὶ τειχῶν καὶ φόρων καὶ τοιούτων φλυαριῶν ἐμπεπλήκασι τὴν πόλιν· ὅταν οὖν ἔλθῃ ἡ καταβολὴ αὕτη τῆς ἀσθενείας, τοὺς τότε παρόντας αἰτιάσονται συμβούλους, Θεμιστοκλέα δὲ καὶ Κίμωνα καὶ Περικλέα ἐγκωμιάσουσιν, τοὺς αἰτίους τῶν κακῶν· σοῦ δὲ ἴσως ἐπιλήψονται, ἐὰν μὴ εὐλαβῇ, καὶ τοῦ ἐμοῦ ἑταίρου Ἀλκι-
βιάδου, ὅταν καὶ τὰ ἀρχαῖα προσαπολλύωσι πρὸς οἷς ἐκτή- b
σαντο, οὐκ αἰτίων ὄντων τῶν κακῶν ἀλλ᾽ ἴσως συναιτίων.

Καίτοι ἔγωγε ἀνόητον πρᾶγμα καὶ νῦν ὁρῶ γιγνόμενον καὶ ἀκούω τῶν παλαιῶν ἀνδρῶν πέρι. Αἰσθάνομαι γάρ, ὅταν ἡ πόλις τινὰ τῶν πολιτικῶν ἀνδρῶν μεταχειρίζηται ὡς ἀδικοῦντα, ἀγανακτούντων καὶ σχετλιαζόντων ὡς δεινὰ πάσχουσι· πολλὰ καὶ ἀγαθὰ τὴν πόλιν πεποιηκότες ἄρα ἀδίκως ὑπ᾽ αὐτῆς ἀπόλλυνται, ὡς ὁ τούτων λόγος. Τὸ δὲ
ὅλον ψεῦδός ἐστιν· προστάτης γὰρ πόλεως οὐδ᾽ ἂν εἷς c
ποτε ἀδίκως ἀπόλοιτο ὑπ᾽ αὐτῆς τῆς πόλεως ἧς προστατεῖ. Κινδυνεύει γὰρ ταὐτὸν εἶναι, ὅσοι τε πολιτικοὶ προσποιοῦνται εἶναι καὶ ὅσοι σοφισταί. Καὶ γὰρ οἱ σοφισταί, τἆλλα σοφοὶ ὄντες, τοῦτο ἄτοπον ἐργάζονται πρᾶγμα· φάσκοντες γὰρ ἀρετῆς διδάσκαλοι εἶναι πολλάκις κατηγοροῦσιν τῶν μαθητῶν ὡς ἀδικοῦσι σφᾶς αὐτούς, τούς τε μισθοὺς ἀποστεροῦντες καὶ ἄλλην χάριν οὐκ ἀποδιδόντες, εὖ παθόντες
ὑπ᾽ αὐτῶν· καὶ τούτου τοῦ λόγου τί ἂν ἀλογώτερον εἴη d
πρᾶγμα, ἀνθρώπους ἀγαθοὺς καὶ δικαίους γενομένους, ἐξαιρεθέντας μὲν ἀδικίαν ὑπὸ τοῦ διδασκάλου, σχόντας δὲ

auch du jetzt zu Werke, Kallikles, und lobpreisest Menschen, welche Andere auf solche Art bewirtet haben, mit allem, wonach sie nur gelüstete, vollauf, und von denen es nun heißt, sie hätten die Stadt zu ihrer Größe erhoben; daß sie aber eigentlich nur aufgedunsen ist und innerlich anbrüchig durch das Verfahren jener Alten, das merkt man nicht. Denn 519a
ohne auf Besonnenheit und Gerechtigkeit zu denken haben sie nur mit ihren Häfen und Schiffswerften und Mauern und Zöllen und derlei Possen die Stadt angefüllt. Wenn nun der rechte Ausbruch der Krankheit erfolgen wird, werden sie die derzeitigen Ratgeber anklagen, den Themistokles aber, den Perikles und Kimon, die Urheber des Übels werden sie lobpreisen, und sich dagegen vielleicht an dich halten, wenn du dich nicht hütest, und an meinen Freund Alkibiades, wenn ihr ihnen mit dem Neuerworbenen auch noch das Alte ver- b
liert, da ihr doch gar nicht die Urheber des Übels seid, sondern vielleicht nur Mitschuldige. Auch noch etwas ganz unvernünftiges sehe ich jetzt vorfallen, und höre auch gleiches von den Alten. Wenn nämlich die Stadt einen von den öffentlichen Männern angreift als unrechttuend, dann höre ich sie murren und jammern, als müßten sie schreckliches erdulden; nachdem sie nämlich dem Staate so viele Wohltaten erzeigt, würden sie nun von ihm ungerechter Weise unglücklich gemacht, nach ihrer Rede. Das ist aber alles falsch. Denn auch gar keinem Vorsteher eines Staates kann von c
eben diesem Staate, dem er vorsteht, irgend etwas Übles ungerechter Weise widerfahren! Nämlich es ist wohl ganz dasselbe mit denen, welche sich für Staatsmänner, wie mit denen, welche sich für Sophisten ausgeben. Denn auch die Sophisten, wie weise sie übrigens sind, begehen hierin ungereimtes. Ohnerachtet sie nämlich behaupten, Lehrer der Tugend zu sein, beklagen sie sich doch oft über ihre Schüler, daß diese ihnen Unrecht täten, indem sie ihnen Lohn vorenthielten, und sich sonst nicht dankbar gegen sie bewiesen, da sie doch Gutes von ihnen empfangen haben. Und was kann d
wohl unvernünftiger sein als diese Rede, daß Menschen, die gut und gerecht geworden sind, denen die Ungerechtigkeit von ihren Lehrern ausgenommen und die Gerechtig-

δικαιοσύνην, ἀδικεῖν τούτῳ ὃ οὐκ ἔχουσιν ; Οὐ δοκεῖ σοι τοῦτο ἄτοπον εἶναι, ὦ ἑταῖρε ; Ὡς ἀληθῶς δημηγορεῖν με ἠνάγκασας, ὦ Καλλίκλεις, οὐκ ἐθέλων ἀποκρίνεσθαι.

ΚΑΛ. Σὺ δ᾽ οὐκ ἂν οἷός τ᾽ εἴης λέγειν, εἰ μή τίς σοι ἀποκρίνοιτο ;

ΣΩ. Ἔοικά γε· νῦν γοῦν συχνοὺς τείνω τῶν λόγων, e
ἐπειδή μοι οὐκ ἐθέλεις ἀποκρίνεσθαι. Ἀλλ᾽, ὦ ᾽γαθέ, εἰπὲ πρὸς φιλίου, οὐ δοκεῖ σοι ἄλογον εἶναι ἀγαθὸν φάσκοντα πεποιηκέναι τινὰ μέμφεσθαι τούτῳ ὅτι ὑφ᾽ ἑαυτοῦ ἀγαθὸς γεγονώς τε καὶ ὢν ἔπειτα πονηρός ἐστιν ;

ΚΑΛ. Ἔμοιγε δοκεῖ.

ΣΩ. Οὐκοῦν ἀκούεις τοιαῦτα λεγόντων τῶν φασκόντων παιδεύειν ἀνθρώπους εἰς ἀρετήν ;

ΚΑΛ. Ἔγωγε· ἀλλὰ τί ἂν λέγοις ἀνθρώπων πέρι οὐ- 520
δενὸς ἀξίων ;

ΣΩ. Τί δ᾽ ἂν περὶ ἐκείνων λέγοις, οἳ φάσκοντες προεστάναι τῆς πόλεως καὶ ἐπιμελεῖσθαι ὅπως ὡς βελτίστη ἔσται, πάλιν αὐτῆς κατηγοροῦσιν, ὅταν τύχωσιν, ὡς πονηροτάτης ; Οἴει τι διαφέρειν τούτους ἐκείνων ; Ταὐτόν, ὦ μακάρι᾽, ἐστὶν σοφιστὴς καὶ ῥήτωρ, ἢ ἐγγύς τι καὶ παραπλήσιον, ὥσπερ ἐγὼ ἔλεγον πρὸς Πῶλον· σὺ δὲ δι᾽ ἄγνοιαν
τὸ μὲν πάγκαλόν τι οἴει εἶναι, τὴν ῥητορικήν, τοῦ δὲ κατα- b
φρονεῖς· τῇ δὲ ἀληθείᾳ κάλλιόν ἐστιν σοφιστικὴ ῥητορικῆς ὅσῳπερ νομοθετικὴ δικαστικῆς καὶ γυμναστικὴ ἰατρικῆς. Μόνοις δ᾽ ἔγωγε καὶ ᾤμην τοῖς δημηγόροις τε καὶ σοφισταῖς οὐκ ἐγχωρεῖν μέμφεσθαι τούτῳ τῷ πράγματι ὃ αὐτοὶ παιδεύουσιν, ὡς πονηρόν ἐστιν εἰς σφᾶς, ἢ τῷ αὐτῷ λόγῳ

keit eingepflanzt worden, Unrecht tun sollten, vermöge dessen was sie gar nicht mehr haben? Dünkt dich das nicht ungereimt, Freund? Ordentlich eine Rede zu halten hast du mich gezwungen, Kallikles, weil du nicht antworten wolltest.

KALLIKLES: Kannst du denn gar nicht reden, wenn dir nicht jemand antwortet?

5.3.4. Paradoxon: Staatsmänner und Sophisten können von ihren Mitbürgern nicht ungerecht behandelt werden. Für Bildung Geld anzunehmen ist schändlich

SOKRATES: Es scheint ja doch. Jetzt wenigstens habe ich e
ja meine Reden ziemlich lang gestreckt, da du mir nicht antworten willst. Aber du Guter, sprich, so lieb du mich hast, dünkt es dich nicht unvernünftig, wenn einer behauptet, er habe einen Andern gut gemacht, und doch eben diesem vorwirft, daß er, obgleich durch ihn gut geworden und jetzt wirklich gut, dennoch auch schlecht ist?

KALLIKLES: Das dünkt mich wohl so.

SOKRATES: Und hörst du nicht dieses eben diejenigen sagen, welche sich rühmen, die Menschen zur Tugend zu bilden?

KALLIKLES: Freilich wohl. Aber was willst du auch nur 520a
sagen von Menschen, die gar nichts wert sind.

SOKRATES: Und was willst du nur von jenen sagen, welche behaupten, sie ständen dem Staate vor, und sorgten dafür, daß er so gut als möglich werde, und dann doch, wenn es sich trifft, ihn wieder anklagen als Wunder wie schlecht? Meinst du, daß diese irgend besser sind als jene? Ganz dasselbe, o Bester, ist ein Sophist wie ein Redner, oder ihm wenigstens sehr nahe und verwandt, wie ich auch zum Polos sagte; du aber meinst aus Unkunde, die eine, die Redekunst b
sei etwas gar schönes, und die andere dagegen verachtest du. Nach der Wahrheit aber ist die Sophistik noch um so viel schöner als die Redekunst, wie die Gesetzgebung schöner ist als die Rechtspflege, und die Turnkunst schöner als die Heilkunst. Und grade den Volksmännern und den Sophisten, glaubte ich, stehe es nicht zu, sich über das zu beklagen, was

τούτῳ ἅμα καὶ ἑαυτῶν κατηγορεῖν ὅτι οὐδὲν ὠφελήκασιν
οὕς φασιν ὠφελεῖν. Οὐχ οὕτως ἔχει; c

ΚΑΛ. Πάνυ γε.

ΣΩ. Καὶ προέσθαι γε δήπου τὴν εὐεργεσίαν ἄνευ μισθοῦ,
ὡς τὸ εἰκός, μόνοις τούτοις ἐνεχώρει, εἴπερ ἀληθῆ ἔλεγον.
Ἄλλην μὲν γὰρ εὐεργεσίαν τις εὐεργετηθείς, οἷον ταχὺς
γενόμενος διὰ παιδοτρίβην, ἴσως ἂν ἀποστερήσειε τὴν
χάριν, εἰ προοῖτο αὐτῷ ὁ παιδοτρίβης καὶ μὴ συνθέμενος
αὐτῷ μισθὸν ὅ τι μάλιστα ἅμα μεταδιδοὺς τοῦ τάχους λαμβά-
νοι τὸ ἀργύριον. Οὐ γὰρ δὴ τῇ βραδυτῆτι, οἶμαι, ἀδικοῦσιν d
οἱ ἄνθρωποι, ἀλλ' ἀδικίᾳ· ἦ γάρ;

ΚΑΛ. Ναί.

ΣΩ. Οὐκοῦν εἴ τις αὐτὸ τοῦτο ἀφαιρεῖ, τὴν ἀδικίαν,
οὐδὲν δεινὸν αὐτῷ μήποτε ἀδικηθῇ, ἀλλὰ μόνῳ ἀσφαλὲς
ταύτην τὴν εὐεργεσίαν προέσθαι, εἴπερ τῷ ὄντι δύναιτό τις
ἀγαθοὺς ποιεῖν. Οὐχ οὕτω;

ΚΑΛ. Φημί.

ΣΩ. Διὰ ταῦτ' ἄρα, ὡς ἔοικε, τὰς μὲν ἄλλας συμβουλὰς
συμβουλεύειν λαμβάνοντα ἀργύριον, οἷον οἰκοδομίας πέρι ἢ
τῶν ἄλλων τεχνῶν, οὐδὲν αἰσχρόν.

ΚΑΛ. Ἔοικέ γε. e

ΣΩ. Περὶ δέ γε ταύτης τῆς πράξεως, ὅντιν' ἄν τις
τρόπον ὡς βέλτιστος εἴη καὶ ἄριστα τὴν αὑτοῦ οἰκίαν διοι-
κοῖ ἢ πόλιν, αἰσχρὸν νενόμισται μὴ φάναι συμβουλεύειν,
ἐὰν μή τις αὐτῷ ἀργύριον διδῷ· ἦ γάρ;

ΚΑΛ. Ναί.

ΣΩ. Δῆλον γὰρ ὅτι τοῦτο αἴτιόν ἐστιν, ὅτι μόνη αὕτη
τῶν εὐεργεσιῶν τὸν εὖ παθόντα ἐπιθυμεῖν ποιεῖ ἀντ' εὖ
ποιεῖν, ὥστε καλὸν δοκεῖ τὸ σημεῖον εἶναι, εἰ εὖ ποιήσας

sie selbst unterrichten und bilden, als handle es schlecht gegen sie, oder sie müssen mit derselben Rede zugleich auch sich selbst anklagen, daß sie denen nichts nutz gewesen sind, denen sie sich doch rühmen nützlich zu sein. Ist es nicht c
so?

KALLIKLES: Freilich.

SOKRATES: Und grade ihnen, wie sich zeigt, gebührte es, die Dienste, welche sie leisten können, ohne Lohn zu erweisen, wenn ich anders vorhin Recht hatte. Denn wer in einer andern Sache weiter gefördert ist von jemand, etwa wer schnellfüßiger geworden ist durch den Turnmeister, der kann vielleicht mit dem Dank durchgehn, wenn der Turnmeister ihn freigestellt, und nicht, über den Lohn mit ihm eins geworden, sobald er ihm die Schnelligkeit mitgeteilt, auch sein Geld an sich genommen hat. Denn die Langsam- d
keit ist nicht das, glaube ich, wodurch die Menschen unrecht tun, sondern die Ungerechtigkeit. Nicht wahr?

KALLIKLES: Ja.

SOKRATES: Also wenn ihnen jemand eben dies abnimmt, die Ungerechtigkeit: so darf er ja gar nicht bange sein, daß ihm Unrecht getan werde; sondern der allein kann es wagen seine Dienstleistung unbedingt hinzugeben, wer nur wirklich Andere gut machen könnte. Nicht so?

KALLIKLES: Ich gebe es zu.

SOKRATES: Darum ist auch, wie es scheint, in andern Dingen seinen Rat für Geld erteilen, in Sachen der Baukunst etwa und andern Künsten, gar nichts schändliches.

KALLIKLES: So scheint es. e

SOKRATES: In dieser Angelegenheit aber, auf welche Weise wohl jemand möglichst gut werden könnte, und sein Hauswesen oder seinen Staat gut verwalten, darin wird es für schändlich angesehen, wenn jemand seinen Rat versagen wollte, wofern man ihm nicht Geld dafür gäbe. Nicht wahr?

KALLIKLES: Ja.

SOKRATES: Und offenbar ist doch dies die Ursach, weil unter allen Dienstleistungen diese allein dem empfangenden das Verlangen erregt, wieder hülfreich zu sein. So daß dies ein ganz gutes Kennzeichen ist, wer diesen Dienst gut er-

ταύτην τὴν εὐεργεσίαν ἀντ' εὖ πείσεται· εἰ δὲ μή, οὔ. Ἔστι ταῦτα οὕτως ἔχοντα;

ΚΑΛ. Ἔστιν. 521

ΣΩ. Ἐπὶ ποτέραν οὖν με παρακαλεῖς τὴν θεραπείαν τῆς πόλεως, διόρισόν μοι· τὴν τοῦ διαμάχεσθαι Ἀθηναίοις, ὅπως ὡς βέλτιστοι ἔσονται, ὡς ἰατρόν, ἢ ὡς διακονήσοντα καὶ πρὸς χάριν ὁμιλήσοντα; Τἀληθῆ μοι εἰπέ, ὦ Καλλίκλεις· δίκαιος γὰρ εἶ, ὥσπερ ἤρξω παρρησιάζεσθαι πρὸς ἐμέ, διατελεῖν ἃ νοεῖς λέγων· καὶ νῦν εὖ καὶ γενναίως εἰπέ.

ΚΑΛ. Λέγω τοίνυν ὅτι ὡς διακονήσοντα.

ΣΩ. Κολακεύσοντα ἄρα με, ὦ γενναιότατε, παρακα- b λεῖς.

ΚΑΛ. Εἴ σοι Μυσόν γε ἥδιον καλεῖν, ὦ Σώκρατες· ὡς εἰ μὴ ταῦτά γε ποιήσεις —

ΣΩ. Μὴ εἴπῃς ὃ πολλάκις εἴρηκας, ὅτι ἀποκτενεῖ με ὁ βουλόμενος, ἵνα μὴ αὖ καὶ ἐγὼ εἴπω ὅτι πονηρός γε ὢν ἀγαθὸν ὄντα· μηδ' ὅτι ἀφαιρήσεται ἐάν τι ἔχω, ἵνα μὴ αὖ ἐγὼ εἴπω ὅτι ἀλλ' ἀφελόμενος οὐχ ἕξει ὅ τι χρήσεται αὐτοῖς, ἀλλ' ὥσπερ με ἀδίκως ἀφείλετο, οὕτως καὶ λαβὼν c ἀδίκως χρήσεται, εἰ δὲ ἀδίκως, αἰσχρῶς, εἰ δὲ αἰσχρῶς, κακῶς.

ΚΑΛ. Ὥς μοι δοκεῖς, ὦ Σώκρατες, πιστεύειν μηδ' ἂν ἓν τούτων παθεῖν, ὡς οἰκῶν ἐκποδὼν καὶ οὐκ ἂν εἰσαχθεὶς εἰς δικαστήριον ὑπὸ πάνυ ἴσως μοχθηροῦ ἀνθρώπου καὶ φαύλου.

ΣΩ. Ἀνόητος ἄρα εἰμί, ὦ Καλλίκλεις, ὡς ἀληθῶς, εἰ μὴ οἴομαι ἐν τῇδε τῇ πόλει ὁντινοῦν ἄν, ὅ τι τύχοι, τοῦτο

wiesen hat, dem wird auch wieder gedient werden, wer aber nicht, dem nicht. Verhält sich dies wirklich so?

KALLIKLES: Ja. 521a

5.3.5. Sokrates allein der wahre Staatsmann; daher ist seine Verurteilung wahrscheinlich

SOKRATES: Zu welcher von beiden Arten den Staat zu behandeln ermahnst du mich also, das bestimme mir. Zu der, welche es durchsetzen will, daß die Athener besser werden, wie es der Arzt macht; oder wie einer, der ihnen dienstbar sein muß, und nur wie es ihnen wohlgefällt, mit ihnen umgeht? Sage es mir aufrichtig, Kallikles! denn es gebührt dir, wie du dich freimütig gezeigt hast gegen mich von Anfang an, auch nun dabei zu beharren, daß du mir sagst, was du meinst. Rede also auch jetzt rein und dreist heraus.

KALLIKLES: So sage ich denn, du sollst ihnen dienstbar sein.

SOKRATES: Ein Schmeichler also zu werden, du edelster b
Mann, forderst du mich auf.

KALLIKLES: Wenn du lieber ein Mysier heißen willst, Sokrates. Denn wenn du dies einmal nicht tun willst –

SOKRATES: Sage nur nicht, was du schon so oft gesagt hast, daß mich alsdann töten wird wer Lust hat, damit ich nicht auch wieder sage, ja aber wie ein Schlechter einem Guten wird er mir das tun; auch nicht etwa, daß er mir nehmen wird was ich habe, damit ich nicht wieder sage, ja aber wenn er es genommen, wird er es nicht zu gebrauchen wissen, sondern wie er es ungerecht genommen hat, so wird c
er es auch ungerecht gebrauchen, und wenn ungerecht auch schlecht, und wenn schlecht auch zu seinem Schaden.

KALLIKLES: Wie scheinst du mir doch, Sokrates, zu glauben, dir könne nichts dergleichen begegnen, als ob du weit aus dem Wege wohntest, und nicht etwa könntest von dem ersten besten elenden und ganz schlechten Menschen vor Gericht gezogen werden.

SOKRATES: Dann wäre ich wohl ganz unvernünftig, Kallikles, wenn ich nicht glaubte, daß in dieser Stadt Jedem Jedes begegnen kann, wie es sich trifft. Aber das weiß ich

παθεῖν. Τόδε μέντοι εὖ οἶδ' ὅτι, ἐάνπερ εἰσίω εἰς δικαστή-
ριον περὶ τούτων τινὸς κινδυνεύων ὧν σὺ λέγεις, πονηρός d
τίς μ' ἔσται ὁ εἰσάγων· οὐδεὶς γὰρ ἂν χρηστὸς μὴ ἀδικοῦντ'
ἄνθρωπον εἰσαγάγοι· καὶ οὐδέν γε ἄτοπον εἰ ἀποθάνοιμι.
Βούλει σοι εἴπω δι' ὅ τι ταῦτα προσδοκῶ;

ΚΑΛ. Πάνυ γε.

ΣΩ. Οἶμαι μετ' ὀλίγων Ἀθηναίων, ἵνα μὴ εἴπω μόνος,
ἐπιχειρεῖν τῇ ὡς ἀληθῶς πολιτικῇ τέχνῃ καὶ πράττειν τὰ
πολιτικὰ μόνος τῶν νῦν· ἅτε οὖν οὐ πρὸς χάριν λέγων
τοὺς λόγους οὓς λέγω ἑκάστοτε, ἀλλὰ πρὸς τὸ βέλτιστον,
οὐ πρὸς τὸ ἥδιστον, καὶ οὐκ ἐθέλων ποιεῖν ἃ σὺ παραινεῖς, e
τὰ κομψὰ ταῦτα, οὐχ ἕξω ὅ τι λέγω ἐν τῷ δικαστηρίῳ.
Ὁ αὐτὸς δέ μοι ἥκει λόγος ὅνπερ πρὸς Πῶλον ἔλεγον·
κρινοῦμαι γὰρ ὡς ἐν παιδίοις ἰατρὸς ἂν κρίνοιτο κατηγο-
ροῦντος ὀψοποιοῦ. Σκόπει γάρ, τί ἂν ἀπολογοῖτο ὁ τοιοῦ-
τος ἄνθρωπος ἐν τούτοις ληφθείς, εἰ αὐτοῦ κατηγοροῖ τις
λέγων ὅτι, Ὦ παῖδες, πολλὰ ὑμᾶς καὶ κακὰ ὅδε εἴργασται
ἀνὴρ καὶ αὐτούς, καὶ τοὺς νεωτάτους ὑμῶν διαφθείρει
τέμνων τε καὶ κάων, καὶ ἰσχναίνων καὶ πνίγων ἀπορεῖν 522
ποιεῖ, πικρότατα πώματα διδοὺς καὶ πεινῆν καὶ διψῆν
ἀναγκάζων, οὐχ ὥσπερ ἐγὼ πολλὰ καὶ ἡδέα καὶ παντοδαπὰ
ηὐώχουν ὑμᾶς· τί ἂν οἴει ἐν τούτῳ τῷ κακῷ ἀποληφθέντα
ἰατρὸν ἔχειν; εἰπεῖν ἢ εἰ εἴποι τὴν ἀλήθειαν, ὅτι, Ταῦτα
πάντα ἐγὼ ἐποίουν, ὦ παῖδες, ὑγιεινῶς, πόσον οἴει ἂν ἀνα-
βοῆσαι τοὺς τοιούτους δικαστάς; Οὐ μέγα;

ΚΑΛ. Ἴσως· οἴεσθαί γε χρή.

ΣΩ. Οὐκοῦν οἴει ἐν πάσῃ ἀπορίᾳ ἂν αὐτὸν ἔχεσθαι ὅ
τι χρὴ εἰπεῖν; b

ΚΑΛ. Πάνυ γε.

ΣΩ. Τοιοῦτον μέντοι καὶ ἐγὼ οἶδ' ὅτι πάθος πάθοιμι
ἂν εἰσελθὼν εἰς δικαστήριον. Οὔτε γὰρ ἡδονὰς ἃς ἐκπε-
πόρικα ἕξω αὐτοῖς λέγειν, ἃς οὗτοι εὐεργεσίας καὶ ὠφε-
λίας νομίζουσιν, ἐγὼ δὲ οὔτε τοὺς πορίζοντας ζηλῶ οὔτε

auch, wenn ich vor Gericht erscheinen muß, und in solche Gefahr komme wie du sagst, so wird das ein schlechter d Mensch sein, der mich vorgeladen hat; denn kein guter würde einen unschuldigen Menschen belangen, und es sollte mich gar nicht wundern, wenn ich sterben müßte. Soll ich dir sagen, weshalb ich das erwarte?

KALLIKLES: O ja.

SOKRATES: Ich glaube, daß ich, selb einigen andern wenigern Athenern, damit ich nicht sage ganz allein, mich der wahren Staatskunst befleißige, und die Staatssachen betreibe ganz allein heut zu Tage. Da ich nun nicht ihnen zum Wohlgefallen rede, was ich jedesmal rede, sondern für das Beste, gar nicht für das Angenehmste, und mich nicht befassen will e mit den herrlichen Dingen die du mir anmutest: so werde ich nichts vorzubringen wissen vor Gericht, und es wird mich dasselbe treffen, was ich zum Polos sagte, ich werde nämlich gerichtet werden wie unter Kindern ein Arzt, den der Koch verklagte. Denn bedenke nur, wie sich ein solcher Mensch auf solchen Dingen ertappt verteidigen wollte, wenn ihn einer anklagte und spräche: Ihr Kinder, gar viel Übles hat dieser Mann euch zugefügt, und auch die jüngsten unter euch verderbt er, und ängstiget euch, daß ihr euch nicht zu helfen wißt mit Schneiden und Brennen und Abmagern und 522a Schwitzen und mit den bittersten Getränken und läßt euch hungern und dursten; gar nicht wie ich Euch immer mit so viel und vielerlei Süßigkeiten bewirtete. Was glaubst du wird ein Arzt, wenn er in solcher Not drin steckt, wohl sagen können? Oder wenn er etwa die Wahrheit sagte, Ihr Kinder, das alles tat ich zu eurer Gesundheit, was meinst du wohl würden solche Richter für ein Geschrei erheben? nicht ein großes?

KALLIKLES: Fast sollte man es denken.

SOKRATES: Glaubst du also nicht, daß er in der größten Verlegenheit sein wird, was er wohl sagen soll? b

KALLIKLES: Freilich.

SOKRATES: Eben so, weiß ich recht gut, würde es mir auch ergehen, wenn ich vor Gericht käme. Denn keine Lust, die ich ihnen bereitet, werde ich ihnen anführen können was

οἷς πορίζεται· ἐάν τέ τίς με ἢ νεωτέρους φῇ διαφθείρειν
ἀπορεῖν ποιοῦντα, ἢ τοὺς πρεσβυτέρους κακηγορεῖν λέγοντα
πικροὺς λόγους ἢ ἰδίᾳ ἢ δημοσίᾳ, οὔτε τὸ ἀληθὲς ἕξω εἰ-
πεῖν, ὅτι, Δικαίως πάντα ταῦτα ἐγὼ λέγω, καὶ πράττω τὸ c
ὑμέτερον δὴ τοῦτο, ὦ ἄνδρες δικασταί, οὔτε ἄλλο οὐδέν·
ὥστε ἴσως, ὅ τι ἂν τύχω, τοῦτο πείσομαι.

ΚΑΛ. Δοκεῖ οὖν σοι, ὦ Σώκρατες, καλῶς ἔχειν ἄνθρω-
πος ἐν πόλει οὕτως διακείμενος καὶ ἀδύνατος ὢν ἑαυτῷ
βοηθεῖν;

ΣΩ. Εἰ ἐκεῖνό γε ἓν αὐτῷ ὑπάρχοι, ὦ Καλλίκλεις, ὃ σὺ
πολλάκις ὡμολόγησας· εἰ βεβοηθηκὼς εἴη αὑτῷ, μήτε περὶ
ἀνθρώπους μήτε περὶ θεοὺς ἄδικον μηδὲν μήτε εἰρηκὼς μήτε d
εἰργασμένος. Αὕτη γάρ τῆς βοηθείας ἑαυτῷ πολλάκις ἡμῖν
ὡμολόγηται κρατίστη εἶναι. Εἰ μὲν οὖν ἐμέ τις ἐξελέγχοι
ταύτην τὴν βοήθειαν ἀδύνατον ὄντα ἐμαυτῷ καὶ ἄλλῳ βοη-
θεῖν, αἰσχυνοίμην ἂν καὶ ἐν πολλοῖς καὶ ἐν ὀλίγοις ἐξελεγ-
χόμενος καὶ μόνος ὑπὸ μόνου, καὶ εἰ διὰ ταύτην τὴν ἀδυ-
ναμίαν ἀποθνῄσκοιμι, ἀγανακτοίην ἄν· εἰ δὲ κολακικῆς
ῥητορικῆς ἐνδείᾳ τελευτῴην ἔγωγε, εὖ οἶδα ὅτι ῥᾳδίως ἴδοις
ἄν με φέροντα τὸν θάνατον. Αὐτὸ μὲν γὰρ τὸ ἀποθνῄσκειν e
οὐδεὶς φοβεῖται, ὅστις μὴ παντάπασιν ἀλόγιστός τε καὶ
ἄνανδρός ἐστιν, τὸ δὲ ἀδικεῖν φοβεῖται· πολλῶν γὰρ ἀδικη-
μάτων γέμοντα τὴν ψυχὴν εἰς Ἅιδου ἀφικέσθαι πάντων
ἔσχατον κακῶν ἐστιν. Εἰ δὲ βούλει, σοὶ ἐγώ, ὡς τοῦτο οὕ-
τως ἔχει, ἐθέλω λόγον λέξαι.

ΚΑΛ. Ἀλλ' ἐπείπερ γε καὶ τἆλλα ἐπέρανας, καὶ τοῦτο
πέρανον.

sie doch allein als Verdienst und Wohltat ansehn, ich aber beneide weder die, welche sie ihnen verschaffen, noch die, denen sie verschafft werden. Und wenn einer sagt, ich verderbe die Jugend, daß sie sich nicht zu helfen wisse, oder ich schmähe die Alten durch bittere Reden über ihr besonderes Leben und über ihr öffentliches: so werde ich weder die
Wahrheit sagen können, nämlich, Mit Recht sage und tue ich c
das Alles als nämlich euer Bestes, ihr Richter, noch sonst irgend etwas anderes, so daß ich wahrscheinlich, was sich eben trifft, werde leiden müssen.

KALLIKLES: Glaubst du nun wohl, daß es gut stehe um einen Menschen, der sich in solcher Lage befindet im Staate, und unvermögend ist, sich selbst zu helfen.

SOKRATES: Wenn es ihm nur daran nicht fehlt, was du oftmals zugegeben hast, wenn er sich nur dazu verholfen hat,
nichts Unrechtes jemals gegen Menschen oder Götter zu re- d
den und zu tun. Denn dies ist, wie wir oft einig geworden, die wichtigste Hülfe, die jeder sich selbst zu leisten hat. Wenn mich nun jemand überführen könnte, daß ich hiezu unvermögend wäre, mir selbst und Andern zu verhelfen, dann würde ich mich schämen, ich möchte dessen nun vor Vielen, oder vor Wenigen überwiesen werden oder unter Zweien; und wenn ich um dieses Unvermögens willen sterben müßte, das würde mich kränken. Wenn ich aber wegen Mangel an schmeichlerischer Redekunst sterben müßte: so würdest du sehn, das weiß ich gewiß, wie sehr leicht ich den
Tod ertrüge. Denn das Sterben selbst fürchtet ja wohl nie- e
mand, wer nicht ganz und gar unverständig ist und unmännlich; das Unrechttun aber fürchtet man. Denn mit vielen Vergehungen die Seele angefüllt in die Unterwelt kommen, ist unter allen Übeln das ärgste. Willst du, so will ich dir auseinander setzen, daß sich dies wirklich so verhält.

KALLIKLES: Wohl, da du das Andere beendiget hast: so füge auch noch dieses hinzu.

ΣΩ. Ἄκουε δή, φασί, μάλα καλοῦ λόγου, ὃν σὺ μὲν ἡγή- 523
σει μῦθον, ὡς ἐγὼ οἶμαι, ἐγὼ δὲ λόγον· ὡς ἀληθῆ γὰρ ὄντα
σοι λέξω ἃ μέλλω λέγειν.

Ὥσπερ γὰρ Ὅμηρος λέγει, διενείμαντο τὴν ἀρχὴν ὁ
Ζεὺς καὶ ὁ Ποσειδῶν καὶ ὁ Πλούτων, ἐπειδὴ παρὰ τοῦ
πατρὸς παρέλαβον. Ἦν οὖν νόμος ὅδε περὶ ἀνθρώπων ἐπὶ
Κρόνου, καὶ ἀεὶ καὶ νῦν ἔτι ἔστιν ἐν θεοῖς, τῶν ἀνθρώπων
τὸν μὲν δικαίως τὸν βίον διελθόντα καὶ ὁσίως, ἐπειδὰν τε- b
λευτήσῃ, εἰς μακάρων νήσους ἀπιόντα οἰκεῖν ἐν πάσῃ εὐ-
δαιμονίᾳ ἐκτὸς κακῶν, τὸν δὲ ἀδίκως καὶ ἀθέως εἰς τὸ τῆς
τίσεώς τε καὶ δίκης δεσμωτήριον, ὃ δὴ Τάρταρον καλοῦσιν,
ἰέναι.

Τούτων δὲ δικασταὶ ἐπὶ Κρόνου καὶ ἔτι νεωστὶ τοῦ Διὸς
τὴν ἀρχὴν ἔχοντος ζῶντες ἦσαν ζώντων, ἐκείνῃ τῇ ἡμέρᾳ
δικάζοντες ᾗ μέλλοιεν τελευτᾶν. Κακῶς οὖν αἱ δίκαι ἐκρί-
νοντο· ὅ τε οὖν Πλούτων καὶ οἱ ἐπιμεληταὶ οἱ ἐκ μακάρων
νήσων ἰόντες ἔλεγον πρὸς τὸν Δία ὅτι φοιτῷέν σφιν ἄν-
θρωποι ἑκατέρωσε ἀνάξιοι. Εἶπεν οὖν ὁ Ζεύς· Ἀλλ' ἐγώ, c
ἔφη, παύσω τοῦτο γιγνόμενον. Νῦν μὲν γὰρ κακῶς αἱ δίκαι
δικάζονται. Ἀμπεχόμενοι γάρ, ἔφη, οἱ κρινόμενοι κρίνον-
ται· ζῶντες γὰρ κρίνονται. Πολλοὶ οὖν, ἦ δ' ὅς, ψυχὰς
πονηρὰς ἔχοντες ἠμφιεσμένοι εἰσὶ σώματά τε καλὰ καὶ
γένη καὶ πλούτους, καί, ἐπειδὰν ἡ κρίσις ᾖ, ἔρχονται αὐ-
τοῖς πολλοὶ μάρτυρες, μαρτυρήσοντες ὡς δικαίως βεβιώ-
κασιν· οἱ οὖν δικασταὶ ὑπό τε τούτων ἐκπλήττονται, καὶ d
ἅμα καὶ αὐτοὶ ἀμπεχόμενοι δικάζουσι, πρὸ τῆς ψυχῆς τῆς
αὑτῶν ὀφθαλμοὺς καὶ ὦτα καὶ ὅλον τὸ σῶμα προκεκαλυμ-
μένοι. Ταῦτα δὴ αὐτοῖς πάντα ἐπίπροσθεν γίγνεται, καὶ
τὰ αὑτῶν ἀμφιέσματα καὶ τὰ τῶν κρινομένων. Πρῶτον μὲν
οὖν, ἔφη, παυστέον ἐστὶν προειδότας αὐτοὺς τὸν θάνατον·
νῦν γὰρ προΐσασι. Τοῦτο μὲν οὖν καὶ δὴ εἴρηται τῷ Προ-
μηθεῖ ὅπως ἂν παύσῃ αὐτῶν. Ἔπειτα γυμνοὺς κριτέον e

5.4. Jenseitsmythos

5.4.1. Einsetzung eines Totengerichts durch Zeus

SOKRATES: So höre denn, wie sie zu sagen pflegen, eine 523a
gar schöne Rede, die du zwar für ein Märchen halten wirst,
wie ich glaube, ich aber für Wahrheit. Denn als volle Wahr-
heit sage ich dir, was ich sagen werde.

Wie also Homeros erzählt, teilten Zeus, Poseidon und Plu-
ton die Herrschaft, nachdem sie sie von ihrem Vater über-
kommen hatten. Nun war folgendes Gesetz wegen der Men-
schen unter dem Kronos schon immer, besteht auch noch
jetzt bei den Göttern, daß welcher Mensch sein Leben ge-
recht und fromm geführt hat, der gelangt nach seinem Tode b
in die Inseln der Seligen, und lebt dort sonder Übel in voll-
kommner Glückseligkeit; wer aber ungerecht und gottlos,
der kommt in das zur Zucht und Strafe bestimmte Gefäng-
nis, welches sie Tartaros nennen. Hierüber nun waren unter
dem Kronos, und auch noch später da schon Zeus die Herr-
schaft hatte, Lebende der Lebenden Richter, und saßen zu
Gericht an dem Tage, da jemand sterben sollte. Schlecht
wurden daher die Sachen abgeurteilt. Weshalb denn Pluton
und die Vorsteher aus den Inseln der Seligen zum Zeus gin-
gen, und ihm sagten, wie beiderseits bei ihnen unwürdige c
Menschen ankämen. Da sprach Zeus, Diesem will ich ein
Ende machen. Denn jetzt freilich wird schlecht geurteilt,
weil, sagte er, die zur Untersuchung gezogenen verhüllt ge-
richtet werden; denn sie werden lebend gerichtet. Viele nun,
sprach er, die eine schlechte Seele haben, sind eingehüllt in
schöne Leiber, und Verwandtschaften und Reichtümer, und
wenn dann das Gericht gehegt wird, so stellen sich viele
Zeugen ein, um ihnen Zeugnis zu geben, daß sie gerecht
gelebt haben. Teils nun werden die Richter von diesen über- d
täubt, teils richten auch sie selbst verhüllt, da ja ihre Seele
ebenfalls hinter Augen, Ohren und dem ganzen Leibe ver-
steckt ist. Dieses alles nun steht ihnen im Wege, ihre eignen
Verhüllungen und der zu Richtenden ihre. Zuerst also,
sprach er, muß dieses aufhören, daß sie den Tod vorher wis-
sen; denn jetzt wissen sie ihn vorher. Auch ist dies schon
dem Prometheus angesagt, daß er es ändern soll. Ferner sol- e

ἁπάντων τούτων· τεθνεῶτας γὰρ δεῖ κρίνεσθαι. Καὶ τὸν κριτὴν δεῖ γυμνὸν εἶναι, τεθνεῶτα, αὐτῇ τῇ ψυχῇ αὐτὴν τὴν ψυχὴν θεωροῦντα ἐξαίφνης ἀποθανόντος ἑκάστου, ἔρημον πάντων τῶν συγγενῶν καὶ καταλιπόντα ἐπὶ τῆς γῆς πάντα ἐκεῖνον τὸν κόσμον, ἵνα δικαία ἡ κρίσις ᾖ. Ἐγὼ μὲν οὖν ταῦτα ἐγνωκὼς πρότερος ἢ ὑμεῖς ἐποιησάμην δικαστὰς ὑεῖς ἐμαυτοῦ, δύο μὲν ἐκ τῆς Ἀσίας, Μίνω τε **524**
καὶ Ῥαδάμανθυν, ἕνα δὲ ἐκ τῆς Εὐρώπης, Αἰακόν· οὗτοι οὖν ἐπειδὰν τελευτήσωσι, δικάσουσιν ἐν τῷ λειμῶνι, ἐν τῇ τριόδῳ, ἐξ ἧς φέρετον τὼ ὁδώ, ἡ μὲν εἰς μακάρων νήσους, ἡ δ' εἰς Τάρταρον. Καὶ τοὺς μὲν ἐκ τῆς Ἀσίας Ῥαδάμανθυς κρινεῖ, τοὺς δὲ ἐκ τῆς Εὐρώπης Αἰακός· Μίνῳ δὲ πρεσβεῖα δώσω ἐπιδιακρίνειν, ἐὰν ἀπορῆτόν τι τὼ ἑτέρω, ἵνα ὡς δικαιοτάτη ἡ κρίσις ᾖ περὶ τῆς πορείας τοῖς ἀνθρώποις.

Ταῦτ' ἔστιν, ὦ Καλλίκλεις, ἃ ἐγὼ ἀκηκοὼς πιστεύω ἀληθῆ εἶναι· καὶ ἐκ τούτων τῶν λόγων τοιόνδε τι λογίζο- b
μαι συμβαίνειν. Ὁ θάνατος τυγχάνει ὤν, ὡς ἐμοὶ δοκεῖ, οὐδὲν ἄλλο ἢ δυοῖν πραγμάτοιν διάλυσις, τῆς ψυχῆς καὶ τοῦ σώματος, ἀπ' ἀλλήλοιν· ἐπειδὰν δὲ διαλυθῆτον ἄρα ἀπ' ἀλλήλοιν, οὐ πολὺ ἧττον ἑκάτερον αὐτοῖν ἔχει τὴν ἕξιν τὴν αὑτοῦ ἥνπερ καὶ ὅτε ἔζη ὁ ἄνθρωπος, τό τε σῶμα τὴν φύσιν τὴν αὑτοῦ καὶ τὰ θεραπεύματα καὶ τὰ παθή-
ματα ἔνδηλα πάντα. Οἷον εἴ τινος μέγα ἦν τὸ σῶμα φύσει c
ἢ τροφῇ ἢ ἀμφότερα ζῶντος, τούτου καὶ ἐπειδὰν ἀποθάνῃ ὁ νεκρὸς μέγας, καὶ εἰ παχύς, παχὺς καὶ ἀποθανόντος, καὶ τἆλλα οὕτως· καὶ εἰ αὖ ἐπετήδευε κομᾶν, κομήτης τούτου καὶ ὁ νεκρός· μαστιγίας αὖ εἴ τις ἦν καὶ ἴχνη εἶχε τῶν πληγῶν οὐλὰς ἐν τῷ σώματι ἢ ὑπὸ μαστίγων ἢ ἄλλων τραυμάτων ζῶν, καὶ τεθνεῶτος τὸ σῶμα ἔστιν ἰδεῖν ταῦτα ἔχον·

len sie gerichtet werden entblößt von diesem allem. Wenn sie tot sind nämlich, soll man sie richten. Und auch der Richter soll entblößt sein, ein Toter, um mit der bloßen Seele die bloße Seele eines Jeden anzuschauen, plötzlich wenn jeder gestorben ist, entblößt von allen Verwandtschaften, und nachdem sie allen jenen Schmuck auf der Erde zurückgelassen, damit das Gericht gerecht sei. Dies Alles habe ich schon früher eingesehen als ihr, und habe von meinen Söhnen zu Richtern ernannt zwei aus Asia, den Minos und Rhadaman- 524a
thys, und einen aus Europa, den Aiakos. Diese also sobald sie nur werden gestorben sein sollen Gericht halten auf der Wiese am Kreuzwege, wo die beiden Wege abgehn, der eine nach der Insel der Seligen, der andere nach dem Tartaros. Und zwar die aus Asia soll Rhadamanthys richten, und die aus Europa Aiakos. Dem Minos aber will ich den Vorsitz übertragen, um die letzte Entscheidung zu tun, wenn jenen beiden etwas allzubedenklich ist, damit das Urteil, welchen Weg die Menschen zu wandeln haben, vollkommen gerecht sei.

5.4.2. Der Zustand der Seele nach dem Tod

Dies, o Kallikles, halte ich, wie ich es gehört habe, zuversichtlich für wahr, und erachte, daß daraus folgendes her- b
vorgehe. Der Tod ist, wie mich dünkt, nichts anders, als zweier Dinge Trennung von einander, der Seele und des Leibes. Nachdem sie nun von einander getrennt sind, hat nichts desto weniger noch jedes von beiden fast dieselbe Beschaffenheit, die es auch hatte, als noch der Mensch lebte. Sowohl der Leib hat seine eigentümliche Natur, und alles was er sich angeübt hat, und was ihm zugestoßen ist ganz deutlich. Wie wenn jemand von Natur, oder durch seine Le- c
bensweise, oder durch beides, einen großen Leib hatte, so ist auch sein Leichnam noch groß, wenn er tot ist; war er fett, ist auch der Leichnam fett, und alles Andere eben so; und mochte einer gern langes Haar tragen, so ist auch der Leichnam langhaarig. Und wiederum wenn einer ein Züchtling war, und bei seinen Lebzeiten Spuren von Schlägen an seinem Leibe trug, oder von Hieben und andern Wunden, so

ἢ κατεαγότα εἴ του ἦν μέλη ἢ διεστραμμένα ζῶντος, καὶ
τεθνεῶτος ταῦτα ἔνδηλα. Ἑνὶ δὲ λόγῳ, οἷος εἶναι παρε- d
σκεύαστο τὸ σῶμα ζῶν, ἔνδηλα ταῦτα καὶ τελευτήσαντος
ἢ πάντα ἢ τὰ πολλὰ ἐπί τινα χρόνον. Ταὐτὸν δή μοι δοκεῖ
τοῦτ᾽ ἄρα καὶ περὶ τὴν ψυχὴν εἶναι, ὦ Καλλίκλεις· ἔνδηλα
πάντα ἐστὶν ἐν τῇ ψυχῇ, ἐπειδὰν γυμνωθῇ τοῦ σώματος,
τά τε τῆς φύσεως καὶ τὰ παθήματα ἃ διὰ τὴν ἐπιτήδευσιν
ἑκάστου πράγματος ἔσχεν ἐν τῇ ψυχῇ ὁ ἄνθρωπος. Ἐπει-
δὰν οὖν ἀφίκωνται παρὰ τὸν δικαστήν, οἱ μὲν ἐκ τῆς Ἀσίας e
παρὰ τὸν Ῥαδάμανθυν, ὁ Ῥαδάμανθυς ἐκείνους ἐπιστήσας
θεᾶται ἑκάστου τὴν ψυχήν, οὐκ εἰδὼς ὅτου ἐστίν, ἀλλὰ
πολλάκις τοῦ μεγάλου βασιλέως ἐπιλαβόμενος ἢ ἄλλου
ὁτουοῦν βασιλέως ἢ δυνάστου κατεῖδεν οὐδὲν ὑγιὲς ὂν τῆς
ψυχῆς, ἀλλὰ διαμεμαστιγωμένην καὶ οὐλῶν μεστὴν ὑπὸ
ἐπιορκιῶν καὶ ἀδικίας, ἃ ἑκάστη ἡ πρᾶξις αὐτοῦ ἐξωμόρ- 525
ξατο εἰς τὴν ψυχήν, καὶ πάντα σκολιὰ ὑπὸ ψεύδους καὶ
ἀλαζονείας καὶ οὐδὲν εὐθὺ διὰ τὸ ἄνευ ἀληθείας τεθράφθαι·
καὶ ὑπὸ ἐξουσίας καὶ τρυφῆς καὶ ὕβρεως καὶ ἀκρατίας τῶν
πράξεων ἀσυμμετρίας τε καὶ αἰσχρότητος γέμουσαν τὴν
ψυχὴν εἶδεν· ἰδὼν δὲ ἀτίμως ταύτην ἀπέπεμψεν εὐθὺ τῆς
φρουρᾶς, οἷ μέλλει ἐλθοῦσα ἀνατλῆναι τὰ προσήκοντα πάθη.

Προσήκει δὲ παντὶ τῷ ἐν τιμωρίᾳ ὄντι, ὑπ᾽ ἄλλου ὀρθῶς
τιμωρουμένῳ, ἢ βελτίονι γίγνεσθαι καὶ ὀνίνασθαι ἢ παρα- b
δείγματι τοῖς ἄλλοις γίγνεσθαι, ἵνα ἄλλοι ὁρῶντες πάσχοντα
ἃ ἂν πάσχῃ φοβούμενοι βελτίους γίγνωνται. Εἰσὶν δὲ οἱ
μὲν ὠφελούμενοί τε καὶ δίκην διδόντες ὑπὸ θεῶν τε καὶ
ἀνθρώπων οὗτοι οἳ ἂν ἰάσιμα ἁμαρτήματα ἁμάρτωσιν·
ὅμως δὲ δι᾽ ἀλγηδόνων καὶ ὀδυνῶν γίγνεται αὐτοῖς ἡ ὠφε-
λία καὶ ἐνθάδε καὶ ἐν Ἅιδου· οὐ γὰρ οἷόν τε ἄλλως ἀδικίας

wird man auch an dem Leichnam des Toten dieses selbige finden können. Und hatte einer irgend zerbrochene oder verrenkte Glieder im Leben, so zeigt sich dies auch bei dem d
Toten; mit einem Worte, wie der Leib beim Leben behandelt und was ihm zugefügt wurde, das zeigt sich alles oder doch größtenteils auch nach dem Tode noch einige Zeit. Dasselbe nun dünkt mich auch mit der Seele sich zu begeben, o Kallikles. Sichtbar ist alles an der Seele, wenn sie vom Leibe entkleidet ist, sowohl was ihr von Natur eignete, als auch die Veränderungen, welche der Mensch durch sein Bestreben um dies und jenes in der Seele bewirkt hat. Kommen sie nun vor den Richter, und zwar die aus Asia vor den Rhadamanthys: e
so stellt Rhadamanthys sie vor sich hin, und beschaut eines Jeden Seele, ohne zu wissen wessen sie ist, sondern oft wenn er den großen König vor sich hat oder andere Könige oder Fürsten, findet er nichts gesundes an der Seele, sondern durchgepeitscht findet er sie und voller Schwielen von Meineid und Ungerechtigkeit und wie eben jedem seine Hand- 525a
lungsweise sich in der Seele ausgeprägt hat, und findet alles verrenkt von Lügen und Hochmut und nichts gerades daran, weil sie ohne Wahrheit aufgewachsen ist, sondern vor aller Gewalttätigkeit und Weichlichkeit, Übermut und Unmäßigkeit im Handeln zeigt sich auch die Seele voll Mißverhältnis und Häßlichkeit. Hat er nun eine solche erblickt: so schickt er sie ehrlos gerade ins Gefängnis, wo sie was ihr zukommt erdulden wird.

5.4.3. Besserungs- und Abschreckungsstrafen. Das Schicksal der meisten Mächtigen

Dies aber kommt jedem in Strafe verfallenen zu, der von einem Andern auf die rechte Art bestraft wird, daß er ent- b
weder selbst besser wird und Vorteil davon hat, oder daß er den Übrigen zum Beispiel gereicht, damit Andere, welche ihn leiden sehen, was er leidet, aus Furcht besser werden. Es sind aber die, welchen selbst zum Vorteil gereicht, daß sie von Göttern und Menschen gestraft werden, diejenigen, welche sich durch heilbare Vergehungen vergangen haben. Dennoch aber erlangen sie diesen Vorteil nur durch Schmerz und

ἀπαλλάττεσθαι. Οἳ δ' ἂν τὰ ἔσχατα ἀδικήσωσι καὶ διὰ c
τοιαῦτα ἀδικήματα ἀνίατοι γένωνται, ἐκ τούτων τὰ παρα-
δείγματα γίγνεται, καὶ οὗτοι αὐτοὶ μὲν οὐκέτι ὀνίνανται
οὐδέν, ἅτε ἀνίατοι ὄντες, ἄλλοι δὲ ὀνίνανται οἱ τούτους
ὁρῶντες διὰ τὰς ἁμαρτίας τὰ μέγιστα καὶ ὀδυνηρότατα καὶ
φοβερώτατα πάθη πάσχοντας τὸν ἀεὶ χρόνον, ἀτεχνῶς
παραδείγματα ἀνηρτημένους ἐκεῖ ἐν Ἅιδου ἐν τῷ δεσμω-
τηρίῳ, τοῖς ἀεὶ τῶν ἀδίκων ἀφικνουμένοις θεάματα καὶ
νουθετήματα.

Ὧν ἐγώ φημι ἕνα καὶ Ἀρχέλαον ἔσεσθαι, εἰ ἀληθῆ λέγει d
Πῶλος, καὶ ἄλλον ὅστις ἂν τοιοῦτος τύραννος ᾖ. Οἶμαι δὲ
καὶ τοὺς πολλοὺς εἶναι τούτων τῶν παραδειγμάτων ἐκ τυ-
ράννων καὶ βασιλέων καὶ δυναστῶν καὶ τὰ τῶν πόλεων
πραξάντων γεγονότας· οὗτοι γὰρ διὰ τὴν ἐξουσίαν μέγιστα
καὶ ἀνοσιώτατα ἁμαρτήματα ἁμαρτάνουσι. Μαρτυρεῖ δὲ
τούτοις καὶ Ὅμηρος· βασιλέας γὰρ καὶ δυνάστας ἐκεῖνος
πεποίηκεν τοὺς ἐν Ἅιδου τὸν ἀεὶ χρόνον τιμωρουμένους, e
Τάνταλον καὶ Σίσυφον καὶ Τιτυόν· Θερσίτην δέ, καὶ εἴ τις
ἄλλος πονηρὸς ἦν ἰδιώτης, οὐδεὶς πεποίηκεν μεγάλαις
τιμωρίαις συνεχόμενον ὡς ἀνίατον· οὐ γάρ, οἶμαι, ἐξῆν
αὐτῷ· διὸ καὶ εὐδαιμονέστερος ἦν ἢ οἷς ἐξῆν.

Ἀλλὰ γάρ, ὦ Καλλίκλεις, ἐκ τῶν δυναμένων εἰσὶ καὶ οἱ
σφόδρα πονηροὶ γιγνόμενοι ἄνθρωποι· οὐδὲν μὴν κωλύει 526
καὶ ἐν τούτοις ἀγαθοὺς ἄνδρας ἐγγίγνεσθαι, καὶ σφόδρα
γε ἄξιον ἄγασθαι τῶν γιγνομένων· χαλεπὸν γάρ, ὦ Καλλί-
κλεις, καὶ πολλοῦ ἐπαίνου ἄξιον ἐν μεγάλῃ ἐξουσίᾳ τοῦ
ἀδικεῖν γενόμενον δικαίως διαβιῶναι. Ὀλίγοι δὲ γίγνονται
οἱ τοιοῦτοι· ἐπεὶ καὶ ἐνθάδε καὶ ἄλλοθι γεγόνασιν, οἶμαι
δὲ καὶ ἔσονται, καλοὶ κἀγαθοὶ ταύτην τὴν ἀρετὴν τὴν τοῦ
δικαίως διαχειρίζειν ἃ ἄν τις ἐπιτρέπῃ· εἷς δὲ καὶ πάνυ b
ἐλλόγιμος γέγονεν καὶ εἰς τοὺς ἄλλους Ἕλληνας, Ἀριστεί-

Pein hier sowohl als in der Unterwelt; denn auf andere Weise
ist nicht möglich, von der Ungerechtigkeit entlediget zu wer-
den. Welche aber das äußerste gefrevelt haben und durch c
solche Frevel unheilbar geworden sind, aus diesen werden
die Beispiele aufgestellt, und sie selbst haben davon keinen
Nutzen mehr, da sie unheilbar sind, Andern aber ist es nütz-
lich, welche sehen, wie diese um ihrer Vergehungen willen
die ärgsten, schmerzhaftesten und furchtbarsten Übel erdul-
den auf ewige Zeit, offenbar als Beispiele aufgestellt dort in
der Unterwelt, im Gefängnis, allen Frevlern wie sie ankom-
men zur Schau und zur Warnung. Von diesen behaupte ich d
wird auch Archelaos einer sein, wenn Polos die Wahrheit
sagt, und wer sonst noch ein solcher Gewalthaber ist. Wie
ich denn auch glaube, daß meistens diese Beispiele von den
Tyrannen genommen werden, und den Königen und Für-
sten, und denen, welche die öffentlichen Angelegenheiten
verwaltet haben. Denn eben diese begehen vermöge ihrer
Macht die größten und unheiligsten Verbrechen. Das be-
zeugt auch Homeros, denn Könige und Fürsten hat er in
seinen Gedichten angeführt, als mit immerwährenden Strafen e
in der Unterwelt belegt, den Tantalos und Sisyphos und Ti-
tyos. Vom Thersites aber und andern geringen Leuten, die
auch böse waren, hat niemand gedichtet, daß er mit schwe-
ren Strafen behaftet wäre, als ein Unheilbarer. Denn er hatte
nicht Macht genug, um ein solcher zu werden; deshalb war
er auch glücklicher als die, welche Macht dazu hatten. Son-
dern unter den Mächtigen, o Kallikles, finden sich die Men-
schen, welche ausgezeichnet böse werden. Nichts hindert 526a
freilich, daß nicht auch unter diesen rechtschaffene Männer
sich finden, und gar sehr muß man sich ja freuen über die,
welche es werden. Denn schwer ist es, o Kallikles, und vieles
Lobes wert, bei großer Gewalt zum Unrechttun dennoch
gerecht zu leben; und es gibt nur wenige solche. Gegeben
aber hat es doch, hier sowohl als anderwärts, und wird auch
denke ich noch künftig geben, treffliche Männer in dieser
Tugend, alles gerecht zu verwalten, was ihnen jemand an- b
vertraut. Einer aber ist sogar vorzüglich berühmt, auch unter
den andern Hellenen, Aristeides, der Sohn des Lysimachos.

δης ὁ Λυσιμάχου· οἱ δὲ πολλοί, ὦ ἄριστε, κακοὶ γίγνονται
τῶν δυναστῶν.

Ὅπερ οὖν ἔλεγον, ἐπειδὰν ὁ Ῥαδάμανθυς ἐκεῖνος τοι-
οῦτόν τινα λάβῃ, ἄλλο μὲν περὶ αὐτοῦ οὐκ οἶδεν οὐδέν,
οὔθ' ὅστις οὔθ' ὧντινων, ὅτι δὲ πονηρός τις· καὶ τοῦτο
κατιδὼν ἀπέπεμψεν εἰς Τάρταρον, ἐπισημηνάμενος, ἐάν
τε ἰάσιμος ἐάν τε ἀνίατος δοκῇ εἶναι· ὁ δὲ ἐκεῖσε ἀφικό-
μενος τὰ προσήκοντα πάσχει. Ἐνίοτε δ' ἄλλην εἰσιδὼν c
ὁσίως βεβιωκυῖαν καὶ μετ' ἀληθείας, ἀνδρὸς ἰδιώτου ἢ
ἄλλου τινός, μάλιστα μέν, ἔγωγέ φημι, ὦ Καλλίκλεις, φιλο-
σόφου τὰ αὑτοῦ πράξαντος καὶ οὐ πολυπραγμονήσαντος
ἐν τῷ βίῳ, ἠγάσθη τε καὶ ἐς μακάρων νήσους ἀπέπεμψε.
Ταὐτὰ δὲ ταῦτα καὶ ὁ Αἰακός· ἑκάτερος τούτων ῥάβδον
ἔχων δικάζει· ὁ δὲ Μίνως ἐπισκοπῶν κάθηται, μόνος
ἔχων χρυσοῦν σκῆπτρον, ὥς φησιν Ὀδυσσεὺς ὁ Ὁμήρου
ἰδεῖν αὐτὸν d

χρύσεον σκῆπτρον ἔχοντα, θεμιστεύοντα νέκυσσιν.

Ἐγὼ μὲν οὖν, ὦ Καλλίκλεις, ὑπό τε τούτων τῶν λόγων
πέπεισμαι, καὶ σκοπῶ ὅπως ἀποφανοῦμαι τῷ κριτῇ ὡς ὑγιε-
στάτην τὴν ψυχήν· χαίρειν οὖν ἐάσας τὰς τιμὰς τὰς τῶν
πολλῶν ἀνθρώπων, τὴν ἀλήθειαν σκοπῶν πειράσομαι τῷ
ὄντι ὡς ἂν δύνωμαι βέλτιστος ὢν καὶ ζῆν καὶ ἐπειδὰν
ἀποθνῄσκω ἀποθνῄσκειν. Παρακαλῶ δὲ καὶ τοὺς ἄλλους e
πάντας ἀνθρώπους, καθ' ὅσον δύναμαι, καὶ δὴ καὶ σὲ ἀντι-
παρακαλῶ ἐπὶ τοῦτον τὸν βίον καὶ τὸν ἀγῶνα τοῦτον, ὃν
ἐγώ φημι ἀντὶ πάντων τῶν ἐνθάδε ἀγώνων εἶναι, καὶ ὀνει-
δίζω σοι ὅτι οὐχ οἷός τ' ἔσει σαυτῷ βοηθῆσαι, ὅταν ἡ δίκη
σοι ᾖ καὶ ἡ κρίσις ἣν νυνδὴ ἐγὼ ἔλεγον, ἀλλὰ ἐλθὼν παρὰ
τὸν δικαστὴν τὸν τῆς Αἰγίνης ὑόν, ἐπειδάν σου ἐπιλαβό-
μενος ἄγῃ, χασμήσει καὶ εἰλιγγιάσεις οὐδὲν ἧττον ἢ ἐγὼ 527

Die meisten aber unter den Mächtigen, o Bester, werden böse. Was ich also sagte, wenn jener Rhadamanthys einen solchen vor sich hat, so weiß er weiter gar nichts von ihm, nicht wer, noch aus welchem Geschlecht er ist, sondern nur daß er ein böser ist; und so wie er dies ersehen hat, schickt er ihn nach dem Tartaros, bezeichnet je nachdem er ihn dünkt heilbar zu sein oder unheilbar, worauf dann jener bei seiner Ankunft das gebührende leiden muß. Erblickt er aber bis- c
weilen eine andere Seele, die heilig und in der Wahrheit gelebt hat, eines eingezogenen Mannes, oder sonst eines, vornehmlich aber meine ich, o Kallikles, eines weisheitliebenden, der das seinige getan und nicht vielerlei äußerlich betrieben hat: so freut er sich, und sendet sie in die Inseln der Seligen. Eben so auch Aiakos. Und diese beiden richten einen Stab in der Hand. Nur Minos die Aufsicht führend sitzt allein ein goldenes Zepter haltend, wie Odysseus beim Homeros sich rühmt, er habe ihn gesehn, mit goldenem Zepter d
geschmückt die Gestorbenen richtend.

5.5. Folgerungen für die Lebensführung. Resümee der sokratischen Thesen über das gute Leben und Schlußparänese

Ich meines Teils, Kallikles, habe mich durch diese Reden überzeugen lassen, und trachte wie ich mich mit möglichst gesunder Seele dem Richter darstellen will. Was also andern Menschen für Ehre gilt, lasse ich gern fahren, und will der Wahrheit nachjagend versuchen wirklich so sehr ich nur kann als der Beste sowohl zu leben als auch, wenn ich dann sterben soll, zu sterben, ermuntere aber auch die übrigen e
Menschen alle, so weit ich kann. Daher ich dann meinerseits auch dich ermuntere zu dieser Lebensweise und diesem Wettstreit, welcher vor allem was man hier so nennt, den Vorzug hat, und es dir zum Schimpf vorrücke, daß du nicht vermögend sein wirst, dir selbst zu helfen wenn jenes Gericht und jenes Urteil dir bevorsteht, wovon ich jetzt eben gesprochen; sondern daß wenn du vor deinen Richter, den Sohn der Aigina, kommst, und er dich vornimmt, du dort 527a
eben so mit offnem Munde stehn und schwindeln wirst, wie ich hier, und dort einer vielleicht dich sogar schmählich ins

ἐνθάδε σὺ ἐκεῖ, καί σε ἴσως τυπτήσει τις ἐπὶ κόρρης ἀτίμως καὶ πάντως προπηλακιεῖ.

Τάχα δ' οὖν ταῦτα μῦθός σοι δοκεῖ λέγεσθαι ὥσπερ γραὸς καὶ καταφρονεῖς αὐτῶν, καὶ οὐδέν γ' ἂν ἦν θαυμαστὸν καταφρονεῖν τούτων, εἴ πῃ ζητοῦντες εἴχομεν αὐτῶν βελτίω καὶ ἀληθέστερα εὑρεῖν· νῦν δὲ ὁρᾷς ὅτι τρεῖς ὄντες ὑμεῖς, οἵπερ σοφώτατοί ἐστε τῶν νῦν Ἑλλήνων, σύ τε καὶ Πῶλος καὶ Γοργίας, οὐκ ἔχετε ἀποδεῖξαι ὡς δεῖ ἄλλον b τινὰ βίον ζῆν ἢ τοῦτον, ὅσπερ καὶ ἐκεῖσε φαίνεται συμφέρων. Ἀλλ' ἐν τοσούτοις λόγοις τῶν ἄλλων ἐλεγχομένων μόνος οὗτος ἠρεμεῖ ὁ λόγος, ὡς εὐλαβητέον ἐστὶν τὸ ἀδικεῖν μᾶλλον ἢ τὸ ἀδικεῖσθαι, καὶ παντὸς μᾶλλον ἀνδρὶ μελετητέον οὐ τὸ δοκεῖν εἶναι ἀγαθὸν ἀλλὰ τὸ εἶναι, καὶ ἰδίᾳ καὶ δημοσίᾳ· ἐὰν δέ τις κατά τι κακὸς γίγνηται, κολαστέος ἐστί, καὶ τοῦτο δεύτερον ἀγαθὸν μετὰ τὸ εἶναι δίκαιον, τὸ γίγνεσθαι καὶ κολαζόμενον διδόναι δίκην· καὶ πᾶσαν κολα- c κείαν καὶ τὴν περὶ ἑαυτὸν καὶ τὴν περὶ τοὺς ἄλλους, καὶ περὶ ὀλίγους καὶ περὶ πολλούς, φευκτέον· καὶ τῇ ῥητορικῇ οὕτω χρηστέον ἐπὶ τὸ δίκαιον ἀεί, καὶ τῇ ἄλλῃ πάσῃ πράξει.

Ἐμοὶ οὖν πειθόμενος ἀκολούθησον ἐνταῦθα, οἷ ἀφικόμενος εὐδαιμονήσεις καὶ ζῶν καὶ τελευτήσας, ὡς ὁ λόγος σημαίνει. Καὶ ἔασόν τινά σου καταφρονῆσαι ὡς ἀνοήτου καὶ προπηλακίσαι, ἐὰν βούληται, καὶ ναὶ μὰ Δία σύ γε θαρ- d ρῶν πατάξαι τὴν ἄτιμον ταύτην πληγήν· οὐδὲν γὰρ δεινὸν πείσει, ἐὰν τῷ ὄντι ᾖς καλὸς κἀγαθός, ἀσκῶν ἀρετήν.

Κἄπειτα οὕτω κοινῇ ἀσκήσαντες, τότε ἤδη, ἐὰν δοκῇ χρῆναι, ἐπιθησόμεθα τοῖς πολιτικοῖς, ἢ ὁποῖον ἄν τι ἡμῖν δοκῇ, τότε βουλευσόμεθα, βελτίους ὄντες βουλεύεσθαι ἢ νῦν. Αἰσχρὸν γὰρ ἔχοντάς γε ὡς νῦν φαινόμεθα ἔχειν, ἔπειτα νεανιεύεσθαι ὥς τι ὄντας, οἷς οὐδέποτε ταὐτὰ δοκεῖ περὶ τῶν αὐτῶν, καὶ ταῦτα περὶ τῶν μεγίστων· εἰς τοσοῦ- e

Angesicht schlagen könnte, und auf alle Weise beschimpfen. Vielleicht nun dünkt dich dies ein Märchen zu sein, wie ein Mütterchen eins erzählen würde, und du achtest es nichts wert. Und es wäre auch eben nichts besonderes, dies zu verachten, wenn wir nur irgendwie suchend etwas besseres und wahreres finden könnten. Nun aber siehst du ja, daß ihr drei, die weisesten unter den Hellenen heut zu Tage, nicht erwei- b
sen konntet, daß man auf eine andere Weise leben müsse, als auf diese, die sich auch dort noch als zuträglich bewährt; sondern unter so vielen Reden, die alle widerlegt wurden, ist diese allein ruhig geblieben, daß man das Unrechttun mehr scheuen müsse, als das Unrechtleiden, und daß ein Mann vor allem andern darnach streben müsse, nicht daß er scheine gut zu sein, sondern daß er es sei in seinem besonderen Leben sowohl als in dem öffentlichen. Wenn aber Jemand schlecht wird in irgend einer Hinsicht, daß er dann muß gezüchtiget werden, und daß dies das zweite Gut ist, nächst dem gerecht sein, es werden, und durch Bestrafung dem Recht Genüge c
leisten. Und daß man alle Schmeichelei, sowohl gegen sich selbst als gegen Andere, seien es nun Viele oder Wenige, fliehen, und nur auf diese Art auch der Redekunst sich bedienen müsse, immer für das Recht, und so auch jedes andern Vermögens. Gib du also mir Gehör, und folge mir dahin, wo angelangt du gewiß glückselig sein wirst im Leben und im Tode, wie unsere Rede verheißt, und laß dann immer einen dich verachten als unverständig, und dich beschimpfen wenn er will, ja, beim Zeus, auch jenen schimpflichen Schlag d
laß dir getrost zufügen, denn nichts arges wird dir daran begegnen, wenn du nur in der Tat edel und trefflich bist und Tugend übend. Hernach erst, nachdem wir uns so gemeinschaftlich geübt, wollen wir, wenn es uns nötig dünkt, auch der Staatsangelegenheiten uns annehmen, oder worin es uns sonst gut dünkt, wollen wir Rat erteilen, wann wir erst besser dazu geschickt sind als jetzt. Denn schmählich ist es uns, so beschaffen, wie jetzt offenbar geworden ist daß wir sind, noch groß zu prahlen, als wären wir etwas, da wir doch nie einig sind mit uns selbst über dieselbe Sache, und zwar über die wichtigste; so ganz und gar sind wir noch untauglich. e

τον ἥκομεν ἀπαιδευσίας. Ὥσπερ οὖν ἡγεμόνι τῷ λόγῳ χρησώμεθα τῷ νῦν παραφανέντι, ὃς ἡμῖν σημαίνει ὅτι οὗτος ὁ τρόπος ἄριστος τοῦ βίου, καὶ τὴν δικαιοσύνην καὶ τὴν ἄλλην ἀρετὴν ἀσκοῦντας καὶ ζῆν καὶ τεθνάναι. Τούτῳ οὖν ἑπώμεθα, καὶ τοὺς ἄλλους παρακαλῶμεν, μὴ ἐκείνῳ ᾧ σὺ πιστεύων ἐμὲ παρακαλεῖς· ἔστι γὰρ οὐδενὸς ἄξιος, ὦ Καλλίκλεις.

Zum Führer also laß uns diese Rede gebrauchen, welche uns jetzt klar geworden ist, welche uns anzeigt, daß dies die beste Lebensweise sei, in Übung der Gerechtigkeit und jeder andern Tugend leben und sterben. Dieser also wollen wir folgen, und auch Andere dazu aufrufen, nicht jener, welcher du vertraust und mich dazu aufrufst, denn sie ist nichts wert, o Kallikles.

Μενέξενος
Menexenos

GLIEDERUNG

1. Einleitung: Athen vor der Wahl eines Grabredners; die bezaubernde Macht dieser Redner; die Redebefähigung des Sokrates; Lob seiner Lehrerin Aspasia (234a1)
2. Aspasias Grabrede, vorgetragen von Sokrates (236d4)
2.1. Absicht und Aufbau der Rede (236d4)
2.2. Die Wohlgeborenheit der Verstorbenen aufgrund der Tüchtigkeit der Vorfahren, der Vorzüge des Geburtslandes Attika und der Verfassung Athens (237c6)
2.3. Die Kriegstaten Athens (239a6)
2.3.1. Kämpfe in vorgeschichtlicher Zeit (239a6)
2.3.2. Der Krieg gegen die Perser (239d1)
2.3.3. Kriege gegen Hellenen (241e6)
2.4. Ermahnungen an die Lebenden (246a5)
2.4.1. Die Taten der Verstorbenen mahnen zur Tapferkeit (246a5)
2.4.2. Mahnende Worte der Toten selbst an ihre Söhne und Trostworte an die hinterbliebenen Eltern (246d1)
2.5. Schlußparänese der Rednerin. Hinweis auf die Sorge der Stadt für die Hinterbliebenen (248d7)
3. Schlußgespräch: Lob der vorgetragenen Rede (249d1)

Μενέξενος

ΣΩΚΡΑΤΗΣ ΜΕΝΕΞΕΝΟΣ

ΣΩ. Ἐξ ἀγορᾶς ἢ πόθεν Μενέξενος; 234 a

ΜΕΝ. Ἐξ ἀγορᾶς, ὦ Σώκρατες, καὶ ἀπὸ τοῦ βουλευτηρίου.

ΣΩ. Τί μάλιστα σοὶ πρὸς βουλευτήριον; ἢ δῆλα δὴ ὅτι παιδεύσεως καὶ φιλοσοφίας ἐπὶ τέλει ἡγεῖ εἶναι, καὶ ὡς ἱκανῶς ἤδη ἔχων ἐπὶ τὰ μείζω ἐπινοεῖς τρέπεσθαι, καὶ ἄρχειν ἡμῶν, ὦ θαυμάσιε, ἐπιχειρεῖς τῶν πρεσβυτέρων τηλικοῦτος ὤν, ἵνα μὴ ἐκλίπῃ ὑμῶν ἡ οἰκία ἀεί τινα ἡμῶν b
ἐπιμελητὴν παρεχομένη;

ΜΕΝ. Ἐὰν σύ γε, ὦ Σώκρατες, ἐᾷς καὶ συμβουλεύῃς ἄρχειν, προθυμήσομαι· εἰ δὲ μή, οὔ. Νῦν μέντοι ἀφικόμην πρὸς τὸ βουλευτήριον πυθόμενος ὅτι ἡ βουλὴ μέλλει αἱρεῖσθαι ὅστις ἐρεῖ ἐπὶ τοῖς ἀποθανοῦσιν· ταφὰς γὰρ οἶσθ᾽ ὅτι μέλλουσι ποιεῖν.

ΣΩ. Πάνυ γε· ἀλλὰ τίνα εἵλοντο;

ΜΕΝ. Οὐδένα, ἀλλὰ ἀνεβάλοντο εἰς τὴν αὔριον. Οἶμαι μέντοι Ἀρχῖνον ἢ Δίωνα αἱρεθήσεσθαι.

ΣΩ. Καὶ μήν, ὦ Μενέξενε, πολλαχῇ κινδυνεύει καλὸν c
εἶναι τὸ ἐν πολέμῳ ἀποθνῄσκειν. Καὶ γὰρ ταφῆς καλῆς τε καὶ μεγαλοπρεποῦς τυγχάνει, καὶ ἐὰν πένης τις ὢν τελευτήσῃ, καὶ ἐπαίνου αὖ ἔτυχεν, καὶ ἐὰν φαῦλος ᾖ, ὑπ᾽ ἀνδρῶν σοφῶν τε καὶ οὐκ εἰκῇ ἐπαινούντων, ἀλλὰ ἐκ πολλοῦ χρόνου λόγους παρεσκευασμένων, οἳ οὕτως καλῶς ἐπαινοῦσιν ὥστε καὶ τὰ προσόντα καὶ τὰ μὴ περὶ ἑκάστου λέγοντες, 235 a
κάλλιστά πως τοῖς ὀνόμασι ποικίλλοντες, γοητεύουσιν ἡμῶν

Menexenos

SOKRATES MENEXENOS

1. Einleitung: Athen vor der Wahl eines Grabredners; die bezaubernde Macht dieser Redner; die Redebefähigung des Sokrates; Lob seiner Lehrerin Aspasia

SOKRATES: Vom Markte, Menexenos, oder woher sonst? 234a

MENEXENOS: Vom Markt, o Sokrates, und aus der Ratsversammlung.

SOKRATES: Was hast du doch bei der Ratsversammlung? Oder offenbar daß du mit deiner Unterweisung und Wissenschaft fertig zu sein glaubst, und weil du weit genug bist, du dich nun zu dem höheren zu wenden gedenkst, und unternimmst, du Wundervoller, über uns Alte zu herrschen in solcher Jugend, damit euer Haus nicht ermangele uns immer b
einen Berater zu geben.

MENEXENOS: Wenn du es zugibst, o Sokrates, und mir auch rätst an der Regierung Teil zu nehmen: so will ich danach streben, sonst aber nicht. Jetzt jedoch ging ich in die Ratsversammlung, weil ich erfahren, daß der Rat einen wählen würde, der den Gebliebenen die Standrede halten sollte. Denn du weißt, daß sie eine öffentliche Stattung feiern wollen.

SOKRATES: Freilich! aber wen haben sie gewählt?

MENEXENOS: Keinen; sondern sie haben es auf Morgen verschoben. Ich glaube indes, Archinos oder Dion wird gewählt werden.

SOKRATES: Es ist doch von gar vielen Seiten eine herr- c
liche Sache, Menexenos, im Kriege zu bleiben. Denn ein schönes und prachtvolles Leichenbegängnis bekommt, wer auch als ein armer Mann gestorben ist, und gelobt wird ebenfalls wer auch nichts taugt, und das von kunstreichen Männern die nicht aufs geratewohl loben, sondern schon lange vorher ihre Reden angeordnet haben, und die so vortrefflich loben, daß sie was Jeder an sich gehabt hat und was 235a

τὰς ψυχάς, καὶ τὴν πόλιν ἐγκωμιάζοντες κατὰ πάντας τρόπους καὶ τοὺς τετελευτηκότας ἐν τῷ πολέμῳ καὶ τοὺς προγόνους ἡμῶν ἅπαντας τοὺς ἔμπροσθεν καὶ αὐτοὺς ἡμᾶς τοὺς ἔτι ζῶντας ἐπαινοῦντες, ὥστ' ἔγωγε, ὦ Μενέξενε, γενναίως πάνυ διατίθεμαι ἐπαινούμενος ὑπ' αὐτῶν, καὶ ἑκάστοτε ἕστηκα ἀκροώμενος καὶ κηλούμενος, ἡγούμενος ἐν b τῷ παραχρῆμα μείζων καὶ γενναιότερος καὶ καλλίων γεγονέναι. Καὶ οἷα δὴ τὰ πολλὰ ἀεὶ μετ' ἐμοῦ ξένοι τινὲς ἕπονται καὶ ξυνακροῶνται πρὸς οὓς ἐγὼ σεμνότερος ἐν τῷ παραχρῆμα γίγνομαι· καὶ γὰρ ἐκεῖνοι ταὐτὰ ταῦτα δοκοῦσί μοι πάσχειν καὶ πρὸς ἐμὲ καὶ πρὸς τὴν ἄλλην πόλιν, θαυμασιωτέραν αὐτὴν ἡγεῖσθαι εἶναι ἢ πρότερον, ὑπὸ τοῦ λέγοντος ἀναπειθόμενοι. Καί μοι αὕτη ἡ σεμνότης παραμένει ἡμέρας πλείω ἢ τρεῖς· οὕτως ἔναυλος ὁ λόγος τε καὶ c ὁ φθόγγος παρὰ τοῦ λέγοντος ἐνδύεται εἰς τὰ ὦτα, ὥστε μόγις τετάρτῃ ἢ πέμπτῃ ἡμέρᾳ ἀναμιμνῄσκομαι ἐμαυτοῦ καὶ αἰσθάνομαι οὗ γῆς εἰμι, τέως δὲ οἶμαι μόνον οὐκ ἐν μακάρων νήσοις οἰκεῖν· οὕτως ἡμῖν οἱ ῥήτορες δεξιοί εἰσιν.

ΜΕΝ. Ἀεὶ σὺ προσπαίζεις, ὦ Σώκρατες, τοὺς ῥήτορας. Νῦν μέντοι οἶμαι ἐγὼ τόν αἱρεθέντα οὐ πάνυ εὐπορήσειν· ἐξ ὑπογύου γὰρ παντάπασιν ἡ αἵρεσις γέγονεν, ὥστε ἴσως ἀναγκασθήσεται ὁ λέγων ὥσπερ αὐτοσχεδιάζειν.

ΣΩ. Πόθεν, ὠγαθέ ; εἰσὶν ἑκάστοις τούτων λόγοι παρεσκευασμένοι, καὶ ἅμα οὐδὲ αὐτοσχεδιάζειν τά γε τοιαῦτα d χαλεπόν. Εἰ μὲν γὰρ δέοι Ἀθηναίους ἐν Πελοποννησίοις εὖ λέγειν ἢ Πελοποννησίους ἐν Ἀθηναίοις, ἀγαθοῦ ἂν ῥήτορος δέοι τοῦ πείσοντος καὶ εὐδοκιμήσοντος· ὅταν δέ τις ἐν τούτοις ἀγωνίζηται οὕσπερ καὶ ἐπαινεῖ, οὐδὲν μέγα δοκεῖν εὖ λέγειν.

ΜΕΝ. Οὐκ οἴει, ὦ Σώκρατες ;

ΣΩ. Οὐ μέντοι μὰ Δία.

auch nicht ihm nachrühmend mit dem herrlichsten Schmuck der Worte verziert unsere Seelen bezaubern, indem sie sowohl den Staat auf alle Weise verherrlichen, als auch die im Kriege gebliebenen und unsere Vorfahren insgesamt ja auch uns selbst preisen, die wir noch leben. So daß mir wenigstens, o Menexenos, ganz erhaben zu Mute ist, wenn ich von ihnen gerühmt werde, und ich stehe jedesmal ganz versunken im Zuhören und bezaubert, meinend ich sei zusehends b
größer und edler und trefflicher geworden. Und wie denn größtenteils manche Fremde mich begleiten und mit mir zuhören, werde ich gegen die zusehends vornehmer; denn auch ihnen dünkt mich begegnet dasselbe mit mir und der ganzen Stadt, daß sie ihnen viel wundervoller erscheint als zuvor, weil sie von dem Redner beredet sind. Und dieses Selbstgefühl bleibt mir wohl länger als drei Tage; so einsiedeln kann c
sich die Rede und der Ton des Redners in den Ohren, daß ich mich kaum am vierten oder fünften Tage wieder besinne und merke wo in der Welt ich bin, so lange aber fast glaube in der Seligen Inseln zu wohnen, so geschickt sind unsere Redner.

MENEXENOS: Immer bespöttelst du die Redner, o Sokrates. Diesmal indes denke ich soll der Gewählte nicht allzuwohl daran sein. Denn mit der Wahl ist es so plötzlich gekommen, daß wer reden soll es fast wird unvorbereitet tun müssen.

SOKRATES: Woher doch, Bester? Jeder von diesen hat ja d
seine Reden immer schon fertig; und dergleichen wäre ja auch unvorbereitet nicht einmal schwer. Ja wenn man Athener sollte vor Peloponnesiern rühmen, oder Peloponnesier vor Athenern, da bedürfte es wohl eines guten Redners um zu überreden und Beifall zu finden; wenn einer aber vor denen seine Kunst geltend zu machen hat, die er zugleich rühmt, da ist es nichts großes wenn man gut scheint zu reden.

MENEXENOS: Meinst du nicht, o Sokrates?

SOKRATES: Gar nicht, beim Zeus.

MENEXENOS: Glaubst du wohl selbst im Stande zu sein e
zu reden, wenn du müßtest, und der Rat dich wählte?

ΜΕΝ. Ἦ οἴει οἷός τ' ἂν εἶναι αὐτὸς εἰπεῖν, εἰ δέοι καὶ ἕλοιτό σε ἡ βουλή; e

ΣΩ. Καὶ ἐμοὶ μέν γε, ὦ Μενέξενε, οὐδὲν θαυμαστὸν οἵῳ τ' εἶναι εἰπεῖν, ᾧ τυγχάνει διδάσκαλος οὖσα οὐ πάνυ φαύλη περὶ ῥητορικῆς, ἀλλ' ἥπερ καὶ ἄλλους πολλοὺς καὶ ἀγαθοὺς πεποίηκε ῥήτορας, ἕνα δὲ καὶ διαφέροντα τῶν Ἑλλήνων, Περικλέα τὸν Ξανθίππου.

ΜΕΝ. Τίς αὕτη; ἢ δῆλον ὅτι Ἀσπασίαν λέγεις;

ΣΩ. Λέγω γάρ, καὶ Κόννον γε τὸν Μητροβίου· οὗτοι γάρ μοι δύο εἰσὶν διδάσκαλοι, ὁ μὲν μουσικῆς, ἡ δὲ ῥητορικῆς. 236 a Οὕτω μὲν οὖν τρεφόμενον ἄνδρα οὐδὲν θαυμαστὸν δεινὸν εἶναι λέγειν· ἀλλὰ καὶ ὅστις ἐμοῦ κάκιον ἐπαιδεύθη, μουσικὴν μὲν ὑπὸ Λάμπρου παιδευθείς, ῥητορικὴν δὲ ὑπ' Ἀντιφῶντος τοῦ Ῥαμνουσίου, ὅμως κἂν οὗτος οἷός τ' εἴη Ἀθηναίους γε ἐν Ἀθηναίοις ἐπαινῶν εὐδοκιμεῖν.

ΜΕΝ. Καὶ τί ἂν ἔχοις εἰπεῖν, εἰ δέοι σε λέγειν;

ΣΩ. Αὐτὸς μὲν παρ' ἐμαυτοῦ ἴσως οὐδέν, Ἀσπασίας δὲ καὶ χθὲς ἠκροώμην περαινούσης ἐπιτάφιον λόγον περὶ b αὐτῶν τούτων. Ἤκουσε γὰρ ἅπερ σὺ λέγεις, ὅτι μέλλοιεν Ἀθηναῖοι αἱρεῖσθαι τὸν ἐροῦντα· ἔπειτα τὰ μὲν ἐκ τοῦ παραχρῆμά μοι διῄει, οἷα δέοι λέγειν, τὰ δὲ πρότερον ἐσκεμμένη, ὅτε μοι δοκεῖ συνετίθει τὸν ἐπιτάφιον λόγον ὃν Περικλῆς εἶπεν, περιλείμματ' ἄττα ἐξ ἐκείνου συγκολλῶσα.

ΜΕΝ. Ἦ καὶ μνημονεύσαις ἂν ἃ ἔλεγεν ἡ Ἀσπασία;

ΣΩ. Εἰ μὴ ἀδικῶ γε· ἐμάνθανόν γέ τοι παρ' αὐτῆς, καὶ ὀλίγου πληγὰς ἔλαβον ὅτι ἐπελανθανόμην. c

ΜΕΝ. Τί οὖν οὐ διῆλθες;

ΣΩ. Ἀλλ' ὅπως μή μοι χαλεπανεῖ ἡ διδάσκαλος, ἂν ἐξενέγκω αὐτῆς τὸν λόγον.

ΜΕΝ. Μηδαμῶς, ὦ Σώκρατες, ἀλλ' εἰπέ, καὶ πάνυ μοι χαριεῖ, εἴτε Ἀσπασίας βούλει λέγειν εἴτε ὁτουοῦν· ἀλλὰ μόνον εἰπέ.

SOKRATES: Von mir wäre es wohl gar nicht zu wundern, Menexenos, daß ich im Stande wäre die Rede zu halten, der ich eine gar nicht schlechte Lehrerin habe in der Redekunst, sondern die auch viele andere und treffliche Redner gebildet hat, einen aber der es allen Hellenen zuvortut den Perikles.

MENEXENOS: Wer ist die? oder meinst du wohl gewiß die Aspasia?

SOKRATES: Die meine ich, und dann auch Konnos, den Sohn des Metrobios. Denn dies sind meine zwei Lehrer, er in 236a der Tonkunst, sie in der Redekunst. Von einem so erzogenen Manne ist wohl nicht zu verwundern wenn er gewaltig ist im Reden. Aber wer auch minder gut unterrichtet wäre als ich, etwa von Lampros in der Tonkunst und in der Redekunst von Antiphon dem Rhamunsier, auch ein solcher müßte immer noch, wenn er Athener unter Athenern lobte, Beifall finden.

MENEXENOS: Und was würdest du wohl zu sagen wissen, wenn du die Rede halten müßtest?

SOKRATES: Ich von mir selbst vielleicht nichts. Aber der Aspasia habe ich noch gestern zugehört wie sie eine Stand- b rede für eben diesen Fall vortrug. Sie hatte nämlich gehört eben was du sagst, daß die Athener einen Redner dazu wählen wollten; da hat sie mir dann vorgetragen einiges aus dem Stegreif, wie man es sagen müßte, anderes auch wohl früher überlegtes, als sie, denke ich, jene Standrede ausarbeitete, welche Perikles hielt, so daß sie hier einiges dort übrig gelassene zusammenkittete.

MENEXENOS: Könntest du dich wohl erinnern was Aspasia sagte?

SOKRATES: Wenn ich nicht ganz schlecht bin; denn ich habe ja bei ihr gelernt, und beinahe Schläge bekommen, weil c ich vergeßlich war.

MENEXENOS: Warum trägst du es also nicht vor?

SOKRATES: Daß mir die Meisterin nur nicht zürnt, wenn ich ihre Reden ausbringe.

MENEXENOS: Gewiß nicht, o Sokrates; sondern sprich nur. Du wirst mir den größten Gefallen erweisen, magst du nun eine Rede der Aspasia vortragen, oder wessen sonst; allemal sprich nur.

ΣΩ. Ἀλλ' ἴσως μου καταγελάσει, ἄν σοι δόξω πρεσβύτης
ὢν ἔτι παίζειν.

ΜΕΝ. Οὐδαμῶς, ὦ Σώκρατες, ἀλλ' εἰπὲ παντὶ τρόπῳ.

ΣΩ. Ἀλλὰ μέντοι σοί γε δεῖ χαρίζεσθαι, ὥστε κἂν ὀλίγου,
εἴ με κελεύοις ἀποδύντα ὀρχήσασθαι, χαρισαίμην ἄν, ἐπειδή d
γε μόνω ἐσμέν. Ἀλλ' ἄκουε. Ἔλεγε γάρ, ὡς ἐγῷμαι, ἀρξα-
μένη λέγειν ἀπ' αὐτῶν τῶν τεθνεώτων οὑτωσί.

Ἔργῳ μὲν ἡμῖν οἵδε ἔχουσιν τὰ προσήκοντα σφίσιν
αὐτοῖς, ὧν τυχόντες πορεύονται τὴν εἱμαρμένην πορείαν,
προπεμφθέντες κοινῇ μὲν ὑπὸ τῆς πόλεως, ἰδίᾳ δὲ ὑπὸ τῶν
οἰκείων· λόγῳ δὲ δὴ τὸν λειπόμενον κόσμον ὅ τε νόμος
προστάττει ἀποδοῦναι τοῖς ἀνδράσιν καὶ χρή. Ἔργων γὰρ e
εὖ πραχθέντων λόγῳ καλῶς ῥηθέντι μνήμη καὶ κόσμος τοῖς
πράξασι γίγνεται παρὰ τῶν ἀκουσάντων· δεῖ δὴ τοιούτου
τινὸς λόγου ὅστις τοὺς μὲν τετελευτηκότας ἱκανῶς ἐπαινέ-
σεται, τοῖς δὲ ζῶσιν εὐμενῶς παραινέσεται, ἐκγόνοις μὲν
καὶ ἀδελφοῖς μιμεῖσθαι τὴν τῶνδε ἀρετὴν παρακελευόμενος,
πατέρας δὲ καὶ μητέρας καὶ εἴ τινες τῶν ἄνωθεν ἔτι προγό-
νων λείπονται, τούτους δὲ παραμυθούμενος. Τίς οὖν ἂν 237 a
ἡμῖν τοιοῦτος λόγος φανείη ; ἢ πόθεν ἂν ὀρθῶς ἀρξαίμεθα
ἄνδρας ἀγαθοὺς ἐπαινοῦντες, οἳ ζῶντές τε τοὺς ἑαυτῶν
ηὔφραινον δι' ἀρετήν, καὶ τὴν τελευτὴν ἀντὶ τῆς τῶν
ζώντων σωτηρίας ἠλλάξαντο ; δοκεῖ μοι χρῆναι κατὰ
φύσιν, ὥσπερ ἀγαθοὶ ἐγένοντο, οὕτω καὶ ἐπαινεῖν αὐτούς.
Ἀγαθοὶ δὲ ἐγένοντο διὰ τὸ φῦναι ἐξ ἀγαθῶν. Τὴν εὐγέ-
νειαν οὖν πρῶτον αὐτῶν ἐγκωμιάζωμεν, δεύτερον δὲ τροφήν
τε καὶ παιδείαν· ἐπὶ δὲ τούτοις τὴν τῶν ἔργων πρᾶξιν b
ἐπιδείξωμεν, ὡς καλὴν καὶ ἀξίαν τούτων ἀπεφήναντο.

Τῆς δ' εὐγενείας πρῶτον ὑπῆρξε τοῖσδε ἡ τῶν προγόνων
γένεσις οὐκ ἔπηλυς οὖσα, οὐδὲ τοὺς ἐκγόνους τούτους
ἀποφηναμένη μετοικοῦντας ἐν τῇ χώρᾳ ἄλλοθεν σφῶν

SOKRATES: Aber du wirst mich auslachen, wenn ich alter Mann dir vorkomme, als triebe ich noch Kinderei.

MENEXENOS: Keinesweges, Sokrates, sondern sprich nur auf jede Weise.

SOKRATES: Dir muß ich freilich gefällig sein; und es fehlt
wenig wenn du haben wolltest ich sollte mich entkleiden und d
tanzen daß ich es täte: da wir ja allein sind. So höre denn. Sie redete nämlich, wie ich glaube, indem sie ihre Rede anhub von den Verstorbenen selbst, also.

2. *Aspasias Grabrede, vorgetragen von Sokrates*

2.1. *Absicht und Aufbau der Rede*

Was Tat betrifft haben diese zwar was ihnen gebührt, und gehen nachdem es vollbracht ist ihren bestimmten Weg, geleitet alle gemeinsam von der Stadt und jeglicher insbesondere von den seinigen. Durch Rede aber gebietet das Ge-
setz den Männern die noch fehlende Ehre zu erzeigen, und e
das gebührt sich. Denn nach wohlverrichteten Taten erwirbt wohlgesprochene Rede den Tätern Gedächtnis und Ehre bei den Hörern. Es bedarf also eines solchen Vortrages, welcher den Verstorbenen selbst rühmlich nachrede, den Lebenden aber gelinde zurede, Kinder nämlich und Brüder, es jenen in der Tugend nachzutun ermahnend, Väter aber und Mütter, oder wenn ihnen noch höhere Vorfahren zurückgeblieben
sind, diese beruhigend. Welches wäre uns nun wohl ein sol- 237a
cher Vortrag, oder womit könnten wir am besten anfangen wackere Männer zu loben, welche im Leben den ihrigen zur Freude gereichten durch ihre Tugend, und nun für das Heil der Lebenden den Tod überkommen haben? Mich dünkt nun man müsse der Natur nach, wie sie gut gewesen sind, so auch sie loben. Gut aber sind sie geworden wegen ihrer Abkunft von Guten. Ihre Wohlgeborenheit also laßt uns zuerst ver-
herrlichen; zum zweiten dann ihre Auferziehung und Unter- b
weisung, und nach diesem ihrer Taten Verrichtung darstellen, wie herrlich und des allen würdig sich diese bewährt. Zu ihrer Wohlgeborenheit nun gehörte zuerst die Herkunft ihrer Vorfahren, welche nicht eine auswärtige ist, noch diese ihre Nachkommen ausweiset als Hintersassen in diesem Lande,

ἡκόντων, ἀλλ' αὐτόχθονας καὶ τῷ ὄντι ἐν πατρίδι οἰκοῦντας
καὶ ζῶντας, καὶ τρεφομένους οὐχ ὑπὸ μητρυιᾶς ὡς οἱ ἄλλοι,
ἀλλ' ὑπὸ μητρὸς τῆς χώρας ἐν ᾗ ᾤκουν, καὶ νῦν κεῖσθαι c
τελευτήσαντας ἐν οἰκείοις τόποις τῆς τεκούσης καὶ θρεψά-
σης καὶ ὑποδεξαμένης. Δικαιότατον δὴ κοσμῆσαι πρῶτον
τὴν μητέρα αὐτήν· οὕτω γὰρ συμβαίνει ἅμα καὶ ἡ τῶνδε
εὐγένεια κοσμουμένη.

Ἔστι δὲ ἀξία ἡ χώρα καὶ ὑπὸ πάντων ἀνθρώπων ἐπαι-
νεῖσθαι, οὐ μόνον ὑφ' ἡμῶν, πολλαχῇ μὲν καὶ ἄλλῃ, πρῶτον
δὲ καὶ μέγιστον ὅτι τυγχάνει οὖσα θεοφιλής. Μαρτυρεῖ δὲ
ἡμῶν τῷ λόγῳ ἡ τῶν ἀμφισβητησάντων περὶ αὐτῆς θεῶν
ἔρις τε καὶ κρίσις· ἣν δὴ θεοὶ ἐπῄνεσαν, πῶς οὐχ ὑπ' d
ἀνθρώπων γε ξυμπάντων δικαία ἐπαινεῖσθαι; δεύτερος δὲ
ἔπαινος δικαίως ἂν αὐτῆς εἴη ὅτι ἐν ἐκείνῳ τῷ χρόνῳ ἐν
ᾧ ἡ πᾶσα γῆ ἀνεδίδου καὶ ἔφυε ζῷα παντοδαπά, θηρία τε
καὶ βοτά, ἐν τούτῳ ἡ ἡμετέρα θηρίων μὲν ἀγρίων ἄγονος
καὶ καθαρὰ ἐφάνη, ἐξελέξατο δὲ τῶν ζῴων καὶ ἐγέννησεν
ἄνθρωπον, ὃ συνέσει τε ὑπερέχει τῶν ἄλλων καὶ δίκην καὶ
θεοὺς μόνον νομίζει. Μέγα δὲ τεκμήριον τούτῳ τῷ λόγῳ
ὅτι ἥδε ἔτεκεν ἡ γῆ τοὺς τῶνδέ τε καὶ ἡμετέρους προγό- e
νους. Πᾶν γὰρ τὸ τεκὸν τροφὴν ἔχει ἐπιτηδείαν ᾧ ἂν
τέκῃ, ᾧ καὶ γυνὴ δήλη τεκοῦσά τε ἀληθῶς καὶ μή, ἀλλ'
ὑποβαλλομένη, ἐὰν μὴ ἔχῃ πηγὰς τροφῆς τῷ γεννωμένῳ.
Ὃ δὴ καὶ ἡ ἡμετέρα γῆ τε καὶ μήτηρ ἱκανὸν τεκμήριον
παρέχεται ὡς ἀνθρώπους γεννησαμένη· μόνη γὰρ ἐν τῷ
τότε καὶ πρώτη τροφὴν ἀνθρωπείαν ἤνεγκεν τὸν τῶν πυρῶν
καὶ κριθῶν καρπόν, ᾧ κάλλιστα καὶ ἄριστα τρέφεται τὸ 238 a
ἀνθρώπειον γένος, ὡς τῷ ὄντι τοῦτο τὸ ζῷον αὐτὴ γεννη-
σαμένη. Μᾶλλον δὲ ὑπὲρ γῆς ἢ γυναικὸς προσήκει δέχεσθαι

weil jene anderwärts hergekommen, sondern als wahrhaft Eingeborne und die in der Tat in ihrem Vaterlande wohnen und leben, nicht von einer Stiefmutter auferzogene wie Andere, sondern als von einer Mutter von dem Lande in wel- c
chem sie wohnten, und die jetzt nach ihrem Ende in dem verwandten Schoß ihrer Gebärerin und Ernährerin wieder aufgenommen liegen. Darum ist es am billigsten zuerst die Mutter selbst zu preisen, denn so findet sich von selbst auch Jener Wohlgeborenheit gepriesen.

2.2. Die Wohlgeborenheit der Verstorbenen aufgrund der Tüchtigkeit der Vorfahren, der Vorzüge des Geburtslandes Attika und der Verfassung Athens

Wert aber ist dieses Land wohl von allen Menschen gepriesen zu werden nicht allein von uns, auch auf vielerlei andere Weise zuerst aber und um des größten willen, weil es von den Göttern geliebt ist; und dieser Rede gibt Zeugnis der über sie entzweieten Gottheiten Streit und Vergleich. d
Welches also die Götter gerühmt haben, wie sollte das nicht billig von allen Menschen insgesamt gerühmt werden? Und der zweite Ruhm desselben wäre mit Recht dieser, daß in jener Zeit in welcher jegliches Land hervorbrachte und erzeugte allerlei Lebendiges, fleischfressende Tiere und grasfressende, in dieser das unsrige wilde Tiere nicht erzeugte und sich rein von ihnen erhielt, von allen Lebendigen aber sich auswählte und erzeugte den Menschen, als dasjenige, welches an Verstand alle übrigen übertrifft und Recht und Götter allein annimmt. Für diese Rede aber daß dieses Land hier ihre und unsere Vorfahren erzeugt hat, ist dieses ein e
großer Beweis. Jedes Gebärende nämlich hat angemessene Nahrung für das Geborene; woran auch jede Frau zu unterscheiden ist, ob sie in der Tat geboren hat oder nicht, sondern das Kind sich nur unterschiebt, wenn sie nicht Quellen der Nahrung hat für das erzeugte. Und eben hiedurch legt unser Mutterland einen deutlichen Beweis ab, daß es Menschen gezeugt hat. Denn dies allein brachte schon damals und zuerst menschliche Nahrung hervor, die Frucht des Weizens und der Gerste, wovon sich das menschliche Geschlecht 238a

τοιαῦτα τεκμήρια· οὐ γὰρ γῆ γυναῖκα μεμίμηται κυήσει καὶ
γεννήσει, ἀλλὰ γυνὴ γῆν. Τούτου δὲ τοῦ καρποῦ οὐκ
ἐφθόνησεν, ἀλλ᾽ ἔνειμεν καὶ τοῖς ἄλλοις. Μετὰ δὲ τοῦτο
ἐλαίου γένεσιν, πόνων ἀρωγήν, ἀνῆκεν τοῖς ἐκγόνοις·
θρεψαμένη δὲ καὶ αὐξήσασα πρὸς ἥβην ἄρχοντας καὶ b
διδασκάλους αὐτῶν θεοὺς ἐπηγάγετο· ὧν τὰ μὲν ὀνόματα
πρέπει ἐν τῷ τοιῷδε ἐᾶν [— ἴσμεν γάρ —] οἳ τὸν βίον
ἡμῶν κατεσκεύασαν πρός τε τὴν καθ᾽ ἡμέραν δίαιταν,
τέχνας πρώτους παιδευσάμενοι, καὶ πρὸς τὴν ὑπὲρ τῆς
χώρας φυλακὴν ὅπλων κτῆσίν τε καὶ χρῆσιν διδαξάμενοι.

Γεννηθέντες δὲ καὶ παιδευθέντες οὕτως οἱ τῶνδε πρόγονοι
ᾤκουν πολιτείαν κατασκευασάμενοι, ἧς ὀρθῶς ἔχει διὰ βρα-
χέων ἐπιμνησθῆναι. Πολιτεία γὰρ τροφὴ ἀνθρώπων ἐστίν, c
καλὴ μὲν ἀγαθῶν, ἡ δὲ ἐναντία κακῶν. Ὡς οὖν ἐν καλῇ
πολιτείᾳ ἐτράφησαν οἱ πρόσθεν ἡμῶν, ἀναγκαῖον δηλῶσαι,
δι᾽ ἣν δὴ κἀκεῖνοι ἀγαθοὶ καὶ οἱ νῦν εἰσιν, ὧν οἵδε τυγχά-
νουσιν ὄντες οἱ τετελευτηκότες. Ἡ γὰρ αὐτὴ πολιτεία καὶ
τότε ἦν καὶ νῦν, ἀριστοκρατία, ἐν ᾗ νῦν τε πολιτευόμεθα
καὶ τὸν ἀεὶ χρόνον ἐξ ἐκείνου ὡς τὰ πολλά. Καλεῖ δὲ ὁ
μὲν αὐτὴν δημοκρατίαν, ὁ δὲ ἄλλο, ᾧ ἂν χαίρῃ, ἔστι δὲ τῇ d
ἀληθείᾳ μετ᾽ εὐδοξίας πλήθους ἀριστοκρατία. Βασιλῆς μὲν
γὰρ ἀεὶ ἡμῖν εἰσιν· οὗτοι δὲ τοτὲ μὲν ἐκ γένους, τοτὲ δὲ
αἱρετοί· ἐγκρατὲς δὲ τῆς πόλεως τὰ πολλὰ τὸ πλῆθος, τὰς
δὲ ἀρχὰς δίδωσι καὶ κράτος τοῖς ἀεὶ δόξασιν ἀρίστοις εἶναι,
καὶ οὔτε ἀσθενείᾳ οὔτε πενίᾳ οὔτ᾽ ἀγνωσίᾳ πατέρων ἀπελή-
λαται οὐδεὶς οὐδὲ τοῖς ἐναντίοις τετίμηται, ὥσπερ ἐν ἄλλαις
πόλεσιν, ἀλλὰ εἷς ὅρος, ὁ δόξας σοφὸς ἢ ἀγαθὸς εἶναι κρα-
τεῖ καὶ ἄρχει. Αἰτία δὲ ἡμῖν τῆς πολιτείας ταύτης ἡ ἐξ e
ἴσου γένεσις. Αἱ μὲν γὰρ ἄλλαι πόλεις ἐκ παντοδαπῶν

am schönsten und besten nährt; so daß gewiß dieses Geschlecht der Lebendigen von ihm selbst erzeugt ist. Und mehr noch von der Erde als von einer Frau muß man solche Beweise annehmen, Denn die Erde hat nicht den Frauen nachgeahmt Schwangerschaft und Geburt, sondern diese ihr. Diese Frucht aber hat es nicht vorenthalten, sondern sie auch den übrigen mitgeteilt. Nächstdem hat es auch die Erzeugung des Öls dieses Balsams für Mühen seinen Sprößlingen
hinterlassen. Und nachdem es sie so ernährt und aufgezogen b
zur Mannbarkeit hat es ihnen zu Herrschern und Lehrern Götter herbeigeführt, deren Namen uns hier ziemt zu übergehen. Denn wir wissen, welche von ihnen unser Leben angeordnet haben sowohl für das tägliche Bedürfnis durch die erste Anweisung in Künsten als auch für die Beschützung des Landes durch Unterricht in Verfertigung und Gebrauch der Waffen.

Also nun erzeugt und unterrichtet haben dieser Vorfahren eine Staatsverfassung angeordnet und befolgt, deren billig ist
hier mit wenigem zu erwähnen. Denn die Staatsverfassung c
ist die Erziehung der Menschen, die gute trefflicher, die entgegengesetzte schlechter. Wie nun in einer trefflichen Verfassung unsere Vorfahren aufgezogen worden, ist notwendig zu zeigen, vermöge deren sowohl jene gut wurden als auch die heutigen es sind, zu denen auch diese Verstorbenen gehören. Denn die Verfassung war dieselbe damals wie jetzt aristokratisch, auf welche Weise wir uns jetzt regieren und auch die ganze Zeit von damals an größtenteils; es nennt sie
aber der eine eine Volksherrschaft, der andere anders, wie es d
jedem beliebt, in Wahrheit aber ist sie eine Herrschaft der Besseren mit dem guten Willen des Volks. Denn Könige haben wir ja immer nur bald erbliche bald gewählte, das Meiste hängt aber ab in der Stadt von dem Volke, welches Ämter und Gewalt denen gibt, die ihm jedesmal dünken die Besten zu sein, und weder durch Schwächlichkeit noch durch Armut noch durch der Väter Unberühmtheit ist irgend einer ausgeschlossen noch auch begünstigt durch das Gegenteil wie in anderen Staaten, sondern nur die eine Bestimmung gibt es, wer im Rufe steht weise und tüchtig zu sein, der hat

κατεσκευασμέναι ἀνθρώπων εἰσὶ καὶ ἀνωμάλων, ὥστε αὐτῶν ἀνώμαλοι καὶ αἱ πολιτεῖαι, τυραννίδες τε καὶ ὀλιγαρχίαι· οἰκοῦσιν οὖν ἔνιοι μὲν δούλους, οἱ δὲ δεσπότας ἀλλήλους νομίζοντες· ἡμεῖς δὲ καὶ οἱ ἡμέτεροι, μιᾶς μητρὸς πάντες 239a
ἀδελφοὶ φύντες, οὐκ ἀξιοῦμεν δοῦλοι οὐδὲ δεσπόται ἀλλήλων εἶναι, ἀλλ' ἡ ἰσογονία ἡμᾶς ἡ κατὰ φύσιν ἰσονομίαν ἀναγκάζει ζητεῖν κατὰ νόμον, καὶ μηδενὶ ἄλλῳ ὑπείκειν ἀλλήλοις ἢ ἀρετῆς δόξῃ καὶ φρονήσεως.

Ὅθεν δὴ ἐν πάσῃ ἐλευθερίᾳ τεθραμμένοι οἱ τῶνδέ τε πατέρες καὶ ἡμέτεροι καὶ αὐτοὶ οὗτοι, καὶ καλῶς φύντες, πολλὰ δὴ καὶ καλὰ ἔργα ἀπεφήναντο εἰς πάντας ἀνθρώπους καὶ ἰδίᾳ καὶ δημοσίᾳ, οἰόμενοι δεῖν ὑπὲρ τῆς ἐλευθερίας καὶ b
Ἕλλησιν ὑπὲρ Ἑλλήνων μάχεσθαι καὶ βαρβάροις ὑπὲρ ἁπάντων τῶν Ἑλλήνων. Εὐμόλπου μὲν οὖν καὶ Ἀμαζόνων ἐπιστρατευσάντων ἐπὶ τὴν χώραν καὶ τῶν ἔτι προτέρων ὡς ἠμύναντο, καὶ ὡς ἤμυναν Ἀργείοις πρὸς Καδμείους καὶ Ἡρακλείδαις πρὸς Ἀργείους, ὅ τε χρόνος βραχὺς ἀξίως διηγήσασθαι, ποιηταί τε αὐτῶν ἤδη καλῶς τὴν ἀρετὴν ἐν μουσικῇ ὑμνήσαντες εἰς πάντας μεμηνύκασιν· ἐὰν οὖν ἡμεῖς ἐπιχειρῶμεν τὰ αὐτὰ λόγῳ ψιλῷ κοσμεῖν, τάχ' ἂν c
δεύτεροι φαινοίμεθα. Ταῦτα μὲν οὖν διὰ ταῦτα δοκεῖ μοι ἐᾶν, ἐπειδὴ καὶ ἔχει τὴν ἀξίαν· ὧν δὲ οὔτε ποιητής πω δόξαν ἀξίαν ἐπ' ἀξίοις λαβὼν ἔχει ἔτι τέ ἐστιν ἐν μνηστείᾳ, τούτων πέρι μοι δοκεῖ χρῆναι ἐπιμνησθῆναι ἐπαινοῦντά τε καὶ προμνώμενον ἄλλοις ἐς ᾠδάς τε καὶ τὴν ἄλλην ποίησιν αὐτὰ θεῖναι πρεπόντως τῶν πραξάντων. Ἔστιν δὲ τούτων ὧν λέγω πρῶτα· Πέρσας ἡγουμένους τῆς d
Ἀσίας καὶ δουλουμένους τὴν Εὐρώπην ἔσχον οἱ τῆσδε τῆς χώρας ἔκγονοι, γονῆς δὲ ἡμέτεροι, ὧν καὶ δίκαιον καὶ χρὴ

den Vorzug und regiert. Ihren Grund aber hat bei uns diese e
Verfassung in der Gleichheit der Geburt. Denn andere Staaten sind aus vielerlei und ungleichen Menschen gebildet, daher auch ihre Verfassungen die Ungleicheit darstellen in willkürlicher Herrschaft eines Einzelnen oder Weniger. Sie sind daher so eingerichtet, daß Einige die Andern für Knechte und diese jene für Herren halten. Wir aber und die unsrigen
von Einer Mutter alle als Brüder entsprossen begehren nicht 239a
Knechte oder Herren einer des andern zu sein; sondern die natürliche Gleichbürtigkeit nötigt uns auch Rechtsgleichheit gesetzlich zu suchen, und um nichts anderen willen uns einander unterzuordnen als wegen des Rufes der Tugend und Einsicht.

2.3. Die Kriegstaten Athens

2.3.1. Kämpfe in vorgeschichtlicher Zeit

Daher denn unsere und dieser Verstorbenen Väter so wie diese selbst in aller Freiheit auferzogen und edel schon geboren viele und schöne Taten ausgeübt haben vor allen Menschen sowohl jeder für sich als im öffentlichen Leben, indem b
sie sich immer verpflichtet hielten um der Freiheit willen sowohl mit Hellenen für Hellenen zu streiten als auch mit Barbaren für alle Hellenen insgesamt. Wie sie nun den Eumolpos und die Amazonen als diese das Land feindlich überzogen und noch frühere abgewehrt, und wie sie den Argeiern geholfen gegen die Kadmeer, und den Herakliden gegen die Argeier, dies nach Würden durchzugehn ist die Zeit zu kurz, und auch Dichter haben schon aufs herrlichste die Tugend jener Zeiten mit der Tonkunst Hülfe besingend Allen kund gemacht. Wollten wir nun unternehmen dassel- c
bige in bloßer Rede darzustellen, so dürften wir wohl nur als die zweiten erscheinen. Dieses also glaube ich deshalb übergehn zu dürfen, da es auch ohnedies schon seine Gebühr hat. Was aber hohes noch keinem Dichter hohen Ruhm gebracht hat und noch in Gefahr der Vergessenheit schwebt, hievon dünkt mich Erwähnung tun zu müssen, lobpreisend und Andere anwerbend daß sie es in Gesängen und anderer Dichtung niederlegen würdig der Täter.

πρῶτον μεμνημένους ἐπαινέσαι αὐτῶν τὴν ἀρετήν. Δεῖ δὴ αὐτὴν ἰδεῖν, εἰ μέλλει τις καλῶς ἐπαινεῖν, ἐν ἐκείνῳ τῷ χρόνῳ γενόμενον λόγῳ, ὅτε πᾶσα μὲν ἡ Ἀσία ἐδούλευε τρίτῳ ἤδη βασιλεῖ, ὧν ὁ μὲν πρῶτος Κῦρος ἐλευθερώσας Πέρσας τοὺς αὑτοῦ πολίτας τῷ αὑτοῦ φρονήματι ἅμα καὶ τοὺς δεσπότας Μήδους ἐδουλώσατο καὶ τῆς ἄλλης Ἀσίας e
μέχρι Αἰγύπτου ἦρξεν, ὁ δὲ ὑὸς Αἰγύπτου τε καὶ Λιβύης ὅσον οἷόν τ' ἦν ἐπιβαίνειν, τρίτος δὲ Δαρεῖος πεζῇ μὲν μέχρι Σκυθῶν τὴν ἀρχὴν ὡρίσατο, ναυσὶ δὲ τῆς τε θαλάττης ἐκράτει καὶ τῶν νήσων, ὥστε μηδὲ ἀξιοῦν ἀντίπαλον 240 a
αὐτῷ μηδένα εἶναι· αἱ δὲ γνῶμαι δεδουλωμέναι ἁπάντων ἀνθρώπων ἦσαν· οὕτω πολλὰ καὶ μεγάλα καὶ μάχιμα γένη καταδεδουλωμένη ἦν ἡ Περσῶν ἀρχή.

Αἰτιασάμενος δὲ Δαρεῖος ἡμᾶς τε καὶ Ἐρετριᾶς, Σάρδεσιν ἐπιβουλεῦσαι προφασιζόμενος, πέμψας μυριάδας μὲν πεντήκοντα ἔν τε πλοίοις καὶ ναυσίν, ναῦς δὲ τριακοσίας, Δᾶτιν δὲ ἄρχοντα, εἶπεν ἥκειν ἄγοντα Ἐρετριᾶς καὶ Ἀθηναίους, εἰ βούλοιτο τὴν ἑαυτοῦ κεφαλὴν ἔχειν· ὁ δὲ b
πλεύσας εἰς Ἐρέτριαν ἐπ' ἄνδρας οἳ τῶν τότε Ἑλλήνων ἐν τοῖς εὐδοκιμώτατοι ἦσαν τὰ πρὸς τὸν πόλεμον καὶ οὐκ ὀλίγοι, τούτους ἐχειρώσατο μὲν ἐν τρισὶν ἡμέραις, διηρευνήσατο δὲ αὐτῶν πᾶσαν τὴν χώραν, ἵνα μηδεὶς ἀποφύγοι, τοιούτῳ τρόπῳ· ἐπὶ τὰ ὅρια ἐλθόντες τῆς Ἐρετρικῆς οἱ στρατιῶται αὐτοῦ, ἐκ θαλάττης εἰς θάλατταν διαστάντες, συνάψαντες τὰς χεῖρας διῆλθον ἅπασαν τὴν χώραν, ἵν' ἔχοιεν τῷ βασιλεῖ εἰπεῖν ὅτι οὐδεὶς σφᾶς ἀποπεφευγὼς c
εἴη. Τῇ δ' αὐτῇ διανοίᾳ κατηγάγοντο ἐξ Ἐρετρίας εἰς Μαραθῶνα, ὡς ἕτοιμόν σφισιν ὂν καὶ Ἀθηναίους ἐν τῇ αὐτῇ ταύτῃ ἀνάγκῃ ζεύξαντας Ἐρετριεῦσιν ἄγειν. Τούτων δὲ τῶν μὲν πραχθέντων, τῶν δ' ἐπιχειρουμένων οὔτ' Ἐρετριεῦσιν ἐβοήθησεν Ἑλλήνων οὐδεὶς οὔτε Ἀθηναίοις πλὴν Λακεδαιμονίων — οὗτοι δὲ τῇ ὑστεραίᾳ τῆς μάχης

2.3.2. Der Krieg gegen die Perser

Das erste aber von dem, was ich meine ist dieses. Den Perser, d
der über Asien herrschte und Europa unterjochen wollte, haben die Abkömmlinge dieses Landes und unsere Voreltern abgehalten, welches billig zuerst zu erwähnen und ihre Tugend zu preisen ist, und so will ich es auch. Man muß sie aber betrachten, wenn man sie gehörig rühmen will in jene Zeit sich in der Rede versetzend, als ganz Asia schon dem dritten Könige gehorchte, von welchen der erste Kyros, nachdem er die Perser seine Landsleute befreit, durch seine Klugheit zugleich die Meder ihre Herren unterwarf, und das e
übrige Asia bis gen Ägypten beherrschte, sein Sohn aber auch Ägypten und Lybien soviel davon konnte durchzogen werden, der dritte aber Dareios durch seine Landmacht das Reich bis zu den Skythen ausdehnte, mit seinen Schiffen aber das Meer und die Inseln beherrschte, so daß auch keiner 240a
mehr gedachte sein Widersacher zu sein, sondern aller Menschen Sinne in Knechtschaft gehalten waren. So viele und große und streitbare Geschlechter hatte der Perser Macht sich unterworfen. Dareios nun welcher uns und die Eretrier beschuldigte wegen des Überfalls von Sardes, nahm diesen Vorwand und indem er funfzig Myriaden in Schiffen sandte und dreihundert Kriegschiffe, und den Datis als Anführer befahl er ihm die Eretrier und Athener gefangen mitzubringen, wenn er seines Kopfes sicher sein wolle. Der nun schiff- b
te nach Eretria gegen Männer, welche unter den Hellenen damals zu den vorzüglichsten gehörten im Kriegswesen und nicht schwach an Zahl; diese bezwang er in drei Tagen, und durchsuchte ihr ganzes Land, damit ihm keiner entkäme auf folgende Weise. Seine Kriegsmänner nämlich, nachdem sie die Grenzen von Eretria erreicht hatten, stellten sich von einem Meere zum andern, auseinander und dann mit den Händen sich verbindend durchzogen sie das ganze Land, damit sie dem König sagen könnten, daß ihnen keiner entkom- c
men sei. Mit demselben Vorhaben nun zogen sie von Eretria gen Marathon, als könne es ihnen nicht fehlen, auch die Athener auf die gleiche Weise wie die Eretrier bezwungen fortzuführen. Hiebei nun wie jenes vollbracht und dieses be-

ἀφίκοντο — οἱ δ' ἄλλοι πάντες ἐκπεπληγμένοι, ἀγαπῶντες
τὴν ἐν τῷ παρόντι σωτηρίαν, ἡσυχίαν ἦγον. Ἐν τούτῳ δὴ d
ἄν τις γενόμενος γνοίη οἷοι ἄρα ἐτύγχανον ὄντες τὴν ἀρε-
τὴν οἱ Μαραθῶνι δεξάμενοι τὴν τῶν βαρβάρων δύναμιν καὶ
κολασάμενοι τὴν ὑπερηφανίαν καὶ πρῶτοι στήσαντες τρό-
παια τῶν βαρβάρων, ἡγεμόνες καὶ διδάσκαλοι τοῖς ἄλλοις
γενόμενοι ὅτι οὐκ ἄμαχος εἴη ἡ Περσῶν δύναμις, ἀλλὰ πᾶν
πλῆθος καὶ πᾶς πλοῦτος ἀρετῇ ὑπείκει. Ἐγὼ μὲν οὖν
ἐκείνους τοὺς ἄνδρας φημὶ οὐ μόνον τῶν σωμάτων τῶν e
ἡμετέρων πατέρας εἶναι, ἀλλὰ καὶ τῆς ἐλευθερίας τῆς τε
ἡμετέρας καὶ ξυμπάντων τῶν ἐν τῇδε τῇ ἠπείρῳ· εἰς
ἐκεῖνο γὰρ τὸ ἔργον ἀποβλέψαντες καὶ τὰς ὑστέρας μάχας
ἐτόλμησαν διακινδυνεύειν οἱ Ἕλληνες ὑπὲρ τῆς σωτηρίας,
μαθηταὶ τῶν Μαραθῶνι γενόμενοι.

Τὰ μὲν οὖν ἀριστεῖα τῷ λόγῳ ἐκείνοις ἀναθετέον, τὰ δὲ
δευτερεῖα τοῖς περὶ Σαλαμῖνα καὶ ἐπ' Ἀρτεμισίῳ ναυμα- 241 a
χήσασι καὶ νικήσασι. Καὶ γὰρ τούτων τῶν ἀνδρῶν πολλὰ
μὲν ἄν τις ἔχοι διελθεῖν, καὶ οἷα ἐπιόντα ὑπέμειναν κατά
τε γῆν καὶ κατὰ θάλατταν, καὶ ὡς ἠμύναντο ταῦτα· ὃ δέ
μοι δοκεῖ καὶ ἐκείνων κάλλιστον εἶναι, τούτου μνησθή-
σομαι, ὅτι τὸ ἑξῆς ἔργον τοῖς Μαραθῶνι διεπράξαντο. Οἱ
μὲν γὰρ Μαραθῶνι τοσοῦτον μόνον ἐπέδειξαν τοῖς Ἕλλησιν
ὅτι κατὰ γῆν οἷόν τε ἀμύνεσθαι τοὺς βαρβάρους ὀλίγοις b
πολλούς, ναυσὶ δὲ ἔτι ἦν ἄδηλον καὶ δόξαν εἶχον Πέρσαι
ἄμαχοι εἶναι κατὰ θάλατταν καὶ πλήθει καὶ πλούτῳ καὶ
τέχνῃ καὶ ῥώμῃ· τοῦτο δὴ ἄξιον ἐπαινεῖν τῶν ἀνδρῶν τῶν
τότε ναυμαχησάντων, ὅτι τὸν ἐχόμενον φόβον διέλυσαν
τῶν Ἑλλήνων καὶ ἔπαυσαν φοβουμένους πλῆθος νεῶν
τε καὶ ἀνδρῶν. Ὑπ' ἀμφοτέρων δὴ ξυμβαίνει, τῶν τε
Μαραθῶνι μαχεσαμένων καὶ τῶν ἐν Σαλαμῖνι ναυμαχη- c
σάντων, παιδευθῆναι τοὺς ἄλλους Ἕλληνας, ὑπὸ μὲν τῶν
κατὰ γῆν, ὑπὸ δὲ τῶν κατὰ θάλατταν μαθόντας καὶ ἐθισ-
θέντας μὴ φοβεῖσθαι τοὺς βαρβάρους.

gonnen wurde half weder den Eretriern irgend ein Hellene noch den Athenern, die Lakedaimonier ausgenommen, diese aber kamen erst den Tag nach der Schlacht. Alle andern waren in Schrecken gesetzt und hielten sich ruhig mit der d
Sicherheit des Augenblicks zufrieden. Und dieses vor Augen habend kann nun jemand erkennen, welche Tugend in denen muß gewesen sein, welche zu Marathon der Macht der Barbaren sich entgegenstellten, den Übermut des ganzen Asia züchtigten, und zuerst Siegeszeichen von den Barbaren aufrichtend allen übrigen Vorgänger und Lehrer hierin wurden, daß die Macht der Perser nicht unüberwindlich sei, sondern daß jegliche Zahl und jeglicher Reichtum doch der Tugend weiche. Daher behaupte auch ich, daß jene Männer nicht e
allein unsere leiblichen Väter sind, sondern auch die Väter der Freiheit, unserer und Aller insgesamt in diesem Festlande. Denn auf jene Tat sehend wagten die Hellenen auch die nachherigen Schlachten durchzufechten für ihr Heil als Lehrlinge derer von Marathon. Der erste Preis also ist jenen zu weihen, der zweite aber denen welche bei Salamis und Arte- 241a
mision zur See gefochten und gesiegt haben. Denn auch von diesen Männern wäre viel zu sagen, was sie entgegenkommendes zu Lande und zur See bestanden und wie es abgewehrt. Was mir aber das trefflichste zu sein scheint auch an ihnen, will ich erwähnen, daß sie nämlich zu der Tat der Marathonier das nächste vollbracht haben. Denn die Marathonier hatten den Hellenen nur dieses bewiesen, daß es zu b
Lande möglich sei die Barbaren abzuwehren mit Wenigen Viele; zu Schiffe aber war es noch unklar, und die Perser standen im Ruf unüberwindlich zu sein zur See durch Zahl und Reichtum, Geschick und Stärke. Dieses also ist des Lobes wert an jenen damals zur See fechtenden Männern, daß sie die Furcht welche an den Hellenen noch haftete lösten, daß sie sich nun nicht mehr fürchteten vor der Menge der Schiffe im Meere. Von beiden also, die bei Marathon und die c
bei Salamis gefochten, sind die übrigen Hellenen unterrichtet worden von den einen zu Lande von den andern zur See, und haben gelernt und sich gewöhnt, sich nicht zu fürchten vor den Barbaren. Die dritte Tat aber der Zahl und der

Τρίτον δὲ λέγω τὸ ἐν Πλαταιαῖς ἔργον καὶ ἀριθμῷ καὶ
ἀρετῇ γενέσθαι τῆς Ἑλληνικῆς σωτηρίας, κοινὸν ἤδη τοῦτο
Λακεδαιμονίων τε καὶ Ἀθηναίων. Τὸ μὲν οὖν μέγιστον καὶ
χαλεπώτατον οὗτοι πάντες ἤμυναν, καὶ διὰ ταύτην τὴν
ἀρετὴν νῦν τε ὑφ᾽ ἡμῶν ἐγκωμιάζονται καὶ εἰς τὸν ἔπειτα
χρόνον ὑπὸ τῶν ὕστερον· μετὰ δὲ τοῦτο πολλαὶ μὲν πόλεις d
τῶν Ἑλλήνων ἔτι ἦσαν μετὰ τοῦ βαρβάρου, αὐτὸς δὲ
ἠγγέλλετο βασιλεὺς διανοεῖσθαι ὡς ἐπιχειρήσων πάλιν ἐπὶ
τοὺς Ἕλληνας. Δίκαιον δὴ καὶ τούτων ἡμᾶς ἐπιμνησθῆναι,
οἳ τοῖς τῶν προτέρων ἔργοις τέλος τῆς σωτηρίας ἐπέθεσαν
ἀνακαθηράμενοι καὶ ἐξελάσαντες πᾶν τὸ βάρβαρον ἐκ τῆς
θαλάττης. Ἦσαν δὲ οὗτοι οἵ τε ἐπ᾽ Εὐρυμέδοντι ναυμαχή-
σαντες καὶ οἱ εἰς Κύπρον στρατεύσαντες καὶ οἱ εἰς Αἴγυ- e
πτον πλεύσαντες καὶ ἄλλοσε πολλαχόσε, ὧν χρὴ μεμνῆσθαι
καὶ χάριν αὐτοῖς εἰδέναι, ὅτι βασιλέα ἐποίησαν δείσαντα
τῇ ἑαυτοῦ σωτηρίᾳ τὸν νοῦν προσέχειν, ἀλλὰ μὴ τῇ τῶν
Ἑλλήνων ἐπιβουλεύειν φθορᾷ.

Καὶ οὗτος μὲν δὴ πάσῃ τῇ πόλει διηντλήθη ὁ πόλεμος
ὑπὲρ ἑαυτῶν τε καὶ τῶν ἄλλων ὁμοφώνων πρὸς τοὺς βαρ- 242
βάρους· εἰρήνης δὲ γενομένης καὶ τῆς πόλεως τιμωμένης
ἦλθεν ἐπ᾽ αὐτήν, ὃ δὴ φιλεῖ ἐκ τῶν ἀνθρώπων τοῖς εὖ πράτ-
τουσι προσπίπτειν, πρῶτον μὲν ζῆλος, ἀπὸ ζήλου δὲ
φθόνος· ὃ καὶ τήνδε τὴν πόλιν ἄκουσαν ἐν πολέμῳ τοῖς
Ἕλλησι κατέστησεν. Μετὰ δὲ τοῦτο γενομένου πολέμου,
συνέβαλον μὲν ἐν Τανάγρᾳ ὑπὲρ τῆς Βοιωτῶν ἐλευθερίας
Λακεδαιμονίοις μαχόμενοι, ἀμφισβητησίμου δὲ τῆς μάχης b
γενομένης, διέκρινε τὸ ὕστερον ἔργον· οἱ μὲν γὰρ ᾤχοντο
ἀπιόντες, καταλιπόντες [Βοιωτοὺς] οἷς ἐβοήθουν, οἱ δ᾽
ἡμέτεροι τρίτῃ ἡμέρᾳ ἐν Οἰνοφύτοις νικήσαντες τοὺς
ἀδίκως φεύγοντας δικαίως κατήγαγον. Οὗτοι δὴ πρῶτοι
μετὰ τὸν Περσικὸν πόλεμον, Ἕλλησιν ἤδη ὑπὲρ τῆς ἐλευ-
τερίας βοηθοῦντες πρὸς Ἕλληνας, ἄνδρες ἀγαθοὶ γενό-

Trefflichkeit nach für das Heil der Hellenen ist jene schon den Lakedaimoniern und Athenern gemeinsame bei Platää. Das größte und schwerste also haben diese sämtlich abgewehrt, und werden dieser Tugend wegen jetzt von uns gepriesen und in der künftigen Zeit noch von den Nachkom- d
men. Nach diesem aber hielten es noch viele hellenische Städte mit den Barbaren, und von dem Könige selbst erfuhr man, daß er im Sinn habe aufs neue gegen die Hellenen auszuziehn. Darum ist es billig auch derer zu gedenken, welche jenen Taten der früheren zur Befreiung die Krone aufsetzten, indem sie alles was nur barbarisch war aus dem Meere aufjagten und vertrieben. Dies waren nämlich die, welche die Seeschlacht beim Eurymedon fochten, und den Feldzug e
nach Kypros unternahmen, und die nach Ägypten schifften und an viele andere Orte; derer man gedenken muß und es ihnen Dank wissen, daß sie den König dahin brachten, eingeschreckt auf sein eignes Heil Bedacht zu nehmen, und nicht auf das Verderben der Hellenen zu sinnen.

2.3.3. Kriege gegen Hellenen

Diesen ganzen Krieg nun hatte die Stadt zu bestehen für sich selbst und ihre Sprachgenossen gegen die Barbaren. 242a
Nachdem aber der Friede geschlossen und die Stadt zu solchen Ehren gekommen war, entstand gegen sie, was wohl den Glücklichen pflegt von den Menschen zu widerfahren, zuerst Eifersucht und aus der Eifersucht Haß, was auch diese Stadt wider Willen in Krieg gegen die Hellenen verwickelte. Als nun hierauf der Krieg ausbrach, trafen sie zuerst bei Tanagra für die Freiheit der Böotier mit den Lakedaimoniern fechtend zusammen; und da das Gefecht zweifelhaft blieb, so b
entschied die Folge, indem jene abzogen, die Böotier denen sie zu Hülfe gekommen waren im Stich lassend, die unsrigen aber nachdem sie den dritten Tag darauf bei den Weinbergen gesiegt diejenigen dem Recht gemäß wieder zurückführten, welche ungerechterweise waren vertrieben worden. Diese also sind die ersten nach dem persichen Kriege, welche Hellenen nun schon in Sachen der Freiheit zu Hülfe kommend gegen Hellenen, nachdem sie sich als wackre Männer erwie-

μενοι καὶ ἐλευθερώσαντες οἷς ἐβοήθουν, ἐν τῷδε τῷ μνή- c ματι τιμηθέντες ὑπὸ τῆς πόλεως πρῶτοι ἐτέθησαν.

Μετὰ δὲ ταῦτα πολλοῦ πολέμου γενομένου, καὶ πάντων τῶν Ἑλλήνων ἐπιστρατευσάντων καὶ τεμόντων τὴν χώραν καὶ ἀναξίαν χάριν ἐκτινόντων τῇ πόλει, νικήσαντες αὐτοὺς ναυμαχίᾳ οἱ ἡμέτεροι καὶ λαβόντες αὐτῶν τοὺς ἡγεμόνας Λακεδαιμονίους ἐν τῇ Σφαγίᾳ, ἐξὸν αὐτοῖς διαφθεῖραι ἐφεί- σαντο καὶ ἀπέδοσαν καὶ εἰρήνην ἐποιήσαντο, ἡγούμενοι d πρὸς μὲν τὸ ὁμόφυλον μέχρι νίκης δεῖν πολεμεῖν, καὶ μὴ δι᾽ ὀργὴν ἰδίαν πόλεως τὸ κοινὸν τῶν Ἑλλήνων διολλύναι, πρὸς δὲ τοὺς βαρβάρους μέχρι διαφθορᾶς. Τούτους δὴ ἄξιον ἐπαινέσαι τοὺς ἄνδρας, οἳ τοῦτον τὸν πόλεμον πολεμήσαντες ἐνθάδε κεῖνται, ὅτι ἐπέδειξαν, εἴ τις ἄρα ἠμφεσβήτει ὡς ἐν τῷ προτέρῳ πολέμῳ τῷ πρὸς τοὺς βαρβάρους ἄλλοι τινὲς εἶεν ἀμείνους Ἀθηναίων, ὅτι οὐκ ἀληθῆ ἀμφισβητοῖεν· οὗτοι γὰρ ἐνταῦθα ἔδειξαν, στασια- e σάσης τῆς Ἑλλάδος περιγενόμενοι τῷ πολέμῳ, τοὺς προεστῶτας τῶν ἄλλων Ἑλλήνων χειρωσάμενοι, μεθ᾽ ὧν τότε τοὺς βαρβάρους ἐνίκων κοινῇ, τούτους νικῶντες ἰδίᾳ.

Τρίτος δὲ πόλεμος μετὰ ταύτην τὴν εἰρήνην ἀνέλπι- στός τε καὶ δεινὸς ἐγένετο, ἐν ᾧ πολλοὶ καὶ ἀγαθοὶ τελευ- τήσαντες ἐνθάδε κεῖνται, πολλοὶ μὲν ἀμφὶ Σικελίαν πλεῖ- στα τρόπαια στήσαντες ὑπὲρ τῆς Λεοντίνων ἐλευθερίας, 243 a οἷς βοηθοῦντες διὰ τοὺς ὅρκους ἔπλευσαν εἰς ἐκείνους τοὺς τόπους, διὰ δὲ μῆκος τοῦ πλοῦ εἰς ἀπορίαν τῆς πόλεως καταστάσης καὶ οὐ δυναμένης αὐτοῖς ὑπηρε- τεῖν, τούτῳ ἀπειπόντες ἐδυστύχησαν· ὧν οἱ ἐχθροὶ καὶ προσπολεμήσαντες πλείω ἔπαινον ἔχουσι σωφροσύνης καὶ ἀρετῆς ἢ τῶν ἄλλων οἱ φίλοι· πολλοὶ δ᾽ ἐν ταῖς ναυμαχίαις ταῖς καθ᾽ Ἑλλήσποντον, μιᾷ μὲν ἡμέρᾳ πάσας τὰς τῶν πολεμίων ἑλόντες ναῦς, πολλὰς δὲ καὶ ἄλλας νικήσαντες· b ὃ δ᾽ εἶπον δεινὸν καὶ ἀνέλπιστον τοῦ πολέμου γενέσθαι,

sen und die denen sie zu Hülfe kamen befreit hatten, geehrt c
von der Stadt in diesem Grabmal zuerst sind beigesetzt worden. Da aber nach diesem ein gewaltiger Krieg ausbrach und alle Hellenen zu Felde zogen und das Land verwüsteten und der Stadt einen Dank erstatteten, wie sie ihn nicht verdient hatte, besiegten die unsrigen sie zur See; und nachdem sie ihre Anführer die Lakedaimonier bei Sphagia gefangen genommen, und in ihrer Gewalt stand sie zu verderben, schon-
ten sie ihrer und gaben sie zurück und schlossen Frieden, in d
der Meinung, daß man gegen Stammgenossen nur bis zum Siege Krieg führen müsse, und nicht wegen besonderen Zornes einer Stadt das gemeine Wesen der Hellenen verderben, mit den Barbaren hingegen bis zur Zerstörung. Diese Männer verdienen daß man sie preise, welche nachdem sie in jenem Kriege gefochten, hier liegen, weil sie gezeigt haben, wenn etwa einer noch zweifelte, ob nicht in dem ersten Kriege dem gegen die Barbaren irgend Andere trefflicher gewesen wären als die Athener, daß der mit Unrecht zweifele.
Denn diese, indem sie, als Hellas in sich selbst entzweit war, e
im Kriege obsiegten, haben gezeigt, daß sie die Anführer der übrigen Hellenen überwältigten, daß sie diejenigen mit denen sie vorher gemeinschaftlich gesiegt hatten nun allein besiegten. Ein dritter heftiger Krieg aber entstand unerwartet nach diesem Frieden, in welchem viele wackere Männer geblieben sind und hier liegen. Viele in Sikelien, nachdem sie
schon viele Siegeszeichen errichtet hatten in der Sache der 243a
Freiheit der Leontiner, zu deren Beistand sie dem geschworenen Bündnisse gemäß in jene Gegenden geschifft waren; da aber wegen Länge der Fahrt die Stadt in Verlegenheit geriet, und ihnen nicht mehr Hülfe leisten konnte, mußten sie es deshalb aufgeben und verunglückten, deren Feinde und Gegener mehr Lob haben der Besonnenheit und Tapferkeit, als Anderer Freunde. Viele auch in den Seetreffen am Helle-
spont wo sie an Einem Tage alle Schiffe der Feinde nahmen b
und auch an vielen andern den Sieg davon trugen. Was ich aber sagte, daß dieser Krieg so gewaltig und unerwartet gewesen, damit meine ich, daß die übrigen Hellenen in ihrer Eifersucht gegen die Stadt so weit gehen konnten, daß sie

τόδε λέγω τὸ εἰς τοσοῦτον φιλονικίας ἐλθεῖν πρὸς τὴν πόλιν τοὺς ἄλλους Ἕλληνας ὥστε τολμῆσαι τῷ ἐχθίστῳ ἐπικηρυκεύσασθαι βασιλεῖ, ὃν κοινῇ ἐξέβαλον μεθ' ἡμῶν, ἰδίᾳ τοῦτον πάλιν ἐπάγεσθαι, βάρβαρον ἐφ' Ἕλληνας, καὶ ξυναθροῖσαι ἐπὶ τὴν πόλιν πάντας Ἕλληνάς τε καὶ βαρβάρους. Οὗ δὴ καὶ ἐκφανὴς ἐγένετο ἡ τῆς πόλεως ῥώμη τε c
καὶ ἀρετή. Οἰομένων γὰρ ἤδη αὐτὴν καταπεπολεμῆσθαι καὶ ἀπειλημμένων ἐν Μυτιλήνῃ τῶν νεῶν, βοηθήσαντες ἑξήκοντα ναυσίν, αὐτοὶ ἐμβάντες εἰς τὰς ναῦς, καὶ ἄνδρες γενόμενοι ὁμολογουμένως ἄριστοι, νικήσαντες μὲν τοὺς πολεμίους, λυσάμενοι δὲ τοὺς φιλίους, ἀναξίου τύχης τυχόντες, οὐκ ἀναιρεθέντες ἐν τῆς θαλάττης κεῖνται ἐνθάδε. Ὧν χρὴ ἀεὶ μεμνῆσθαί τε καὶ ἐπαινεῖν· τῇ μὲν γὰρ ἐκείνων ἀρετῇ ἐνικήσαμεν οὐ μόνον τὴν τότε ναυμα- d
χίαν, ἀλλὰ καὶ τὸν ἄλλον πόλεμον· δόξαν γὰρ δι' αὐτοὺς ἡ πόλις ἔσχεν μή ποτ' ἂν καταπολεμηθῆναι μηδ' ὑπὸ πάντων ἀνθρώπων — καὶ ἀληθῆ ἔδοξεν — τῇ δὲ ἡμετέρᾳ αὐτῶν διαφορᾷ ἐκρατήθημεν, οὐχ ὑπὸ τῶν ἄλλων· ἀήττητοι γὰρ ἔτι καὶ νῦν ὑπό γε ἐκείνων ἐσμέν, ἡμεῖς δὲ αὐτοὶ ἡμᾶς αὐτοὺς καὶ ἐνικήσαμεν καὶ ἡττήθημεν.

Μετὰ δὲ ταῦτα ἡσυχίας γενομένης καὶ εἰρήνης πρὸς e
τοὺς ἄλλους, ὁ οἰκεῖος ἡμῖν πόλεμος οὕτως ἐπολεμήθη ὥστε, εἴπερ εἱμαρμένον εἴη ἀνθρώποις στασιάσαι, μὴ ἂν ἄλλως εὔξασθαι μηδένα πόλιν ἑαυτοῦ νοσῆσαι. Ἔκ τε γὰρ τοῦ Πειραιῶς καὶ τοῦ ἄστεως ὡς ἁσμένως καὶ οἰκείως ἀλλήλοις συνέμειξαν οἱ πολῖται καὶ παρ' ἐλπίδα τοῖς ἄλλοις Ἕλλησι, τόν τε πρὸς τοὺς Ἐλευσῖνι πόλεμον ὡς μετρίως ἔθεντο· καὶ τούτων ἁπάντων οὐδὲν ἄλλ' αἴτιον ἢ ἡ τῷ ὄντι 244 a
ξυγγένεια, φιλίαν βέβαιον καὶ ὁμόφυλον οὐ λόγῳ ἀλλ' ἔργῳ παρεχομένη. Χρὴ δὲ καὶ τῶν ἐν τούτῳ τῷ πολέμῳ τελευτησάντων ὑπ' ἀλλήλων μνείαν ἔχειν καὶ διαλλάττειν αὐτοὺς ᾧ δυνάμεθα, εὐχαῖς καὶ θυσίαις, ἐν τοῖς τοιοῖσδε, τοῖς

sich nicht scheuten den feindseligsten König durch Gesandten zu begrüßen, um den sie gemeinschaftlich mit uns vertrieben, diesen wieder herbeizuholen, den Barbaren gegen Hellenen, und so gegen die Stadt zu vereinigen alle Hellenen
und Barbaren. Woran nun eben recht deutlich wurde der c
Stadt Stärke und Tugend. Denn da jene sie schon für bezwungen hielten und die Flotte bei Mitylene abgeschnitten war: kamen zu Hülfe in sechszig Schiffen welche sie selbst bestiegen hatten die anerkannt tapfersten Männer, besiegten die Feinde, befreiten wieder die Freunde, und nachdem ein unglückliches Geschick sie betroffen und sie nicht aus dem Meere gezogen worden, liegen sie hier. Dieser muß man im-
mer gedenken und sie preisen; denn durch ihre Tapferkeit d
waren wir die Überwinder nicht nur in jenem Seegefechte, sondern in dem Kriege überhaupt; weil die Stadt durch sie den Ruf erhielt, daß sie nie könne ganz bezwungen werden auch nicht von allen Menschen. Und mit Recht erhielt sie ihn; durch unsere eigene Uneinigkeit aber wurden wir besiegt, nicht von den andern. Denn unbesiegt sind wir auch jetzt noch von jenen; wir selbst aber untereinander haben uns
besiegt und sind überwunden worden. Als aber hernach e
Ruhe war und Friede mit den Andern, wurde dieser häusliche Krieg auf eine solche Weise geführt, daß wenn einmal den Menschen bestimmt sein soll in bürgerlichen Unruhen zu leben, keiner wohl wünschen kann, daß seine Stadt die Krankheit auf eine andere Weise bestehen möge. Denn wie gelinde und brüderlich trafen nicht die Bürger aus dem Hafen und die aus der Stadt zusammen ganz gegen die Erwartung der übrigen Hellenen, und mit welcher Mäßigung ende-
ten sie nicht den Krieg gegen die in Eleusis! Und hievon ist 244a
nichts anders Ursach als die wahre und rechte Verwandtschaft, welche eine dauerhafte Stammesfreundschaft nicht nur dem Worte sondern auch der Tat nach stiftet. Und auch der in diesem Kriege von beiden Seiten Gebliebenen muß man gedenken und sie versöhnen wie wir können durch Gebete und Opfer bei solchen Feiern, zu denen welche über sie Gewalt haben betend, da ja auch wir versöhnt sind. Denn nicht aus Bosheit sind sie aneinander geraten, noch aus

κρατοῦσιν αὐτῶν εὐχομένους, ἐπειδὴ καὶ ἡμεῖς διηλλάγμεθα. Οὐ γὰρ κακίᾳ ἀλλήλων ἥψαντο οὐδ' ἔχθρᾳ, ἀλλὰ δυστυχίᾳ. Μάρτυρες δὲ ἡμεῖς αὐτοί ἐσμεν τούτων οἱ ζῶντες· οἱ b
αὐτοὶ γὰρ ὄντες ἐκείνοις γένει συγγνώμην ἀλλήλοις ἔχομεν ὧν τ' ἐποιήσαμεν ὧν τ' ἐπάθομεν.

Μετὰ δὲ τοῦτο παντελῶς εἰρήνης ἡμῖν γενομένης, ἡσυχίαν ἦγεν ἡ πόλις, τοῖς μὲν βαρβάροις συγγιγνώσκουσα, ὅτι παθόντες ὑπ' αὐτῆς κακῶς ἱκανῶς οὐκ ἐνδεῶς ἠμύναντο, τοῖς δὲ Ἕλλησιν ἀγανακτοῦσα, μεμνημένη ὡς εὖ παθόντες ὑπ' αὐτῆς οἵαν χάριν ἀπέδοσαν, κοινωσάμενοι c
τοῖς βαρβάροις, τάς τε ναῦς περιελόμενοι αἵ ποτ' ἐκείνους ἔσωσαν, καὶ τείχη καθελόντες ἀνθ' ὧν ἡμεῖς τἀκείνων ἐκωλύσαμεν πεσεῖν· διανοουμένη δὲ ἡ πόλις μὴ ἂν ἔτι ἀμῦναι μήτε Ἕλλησι πρὸς ἀλλήλων δουλουμένοις μήτε ὑπὸ βαρβάρων, οὕτως ᾤκει. Ἡμῶν οὖν ἐν τοιαύτῃ διανοίᾳ ὄντων ἡγησάμενοι Λακεδαιμόνιοι τοὺς μὲν τῆς ἐλευθερίας ἐπικούρους πεπτωκέναι ἡμᾶς, σφέτερον δὲ ἤδη ἔργον εἶναι καταδουλοῦσθαι τοὺς ἄλλους, ταῦτ' ἔπραττον. d

Καὶ μηκύνειν μὲν τί δεῖ; οὐ γὰρ πάλαι οὐδ' ἐπ' ἄλλων ἀνθρώπων γεγονότα λέγοιμ' ἂν τὰ μετὰ ταῦτα· αὐτοὶ γὰρ ἴσμεν ὡς ἐκπεπληγμένοι ἀφίκοντο εἰς χρείαν τῆς πόλεως τῶν τε Ἑλλήνων οἱ πρῶτοι, Ἀργεῖοι καὶ Βοιωτοὶ καὶ Κορίνθιοι, καὶ τό γε θειότατον πάντων, τὸ καὶ βασιλέα εἰς τοῦτο ἀπορίας ἀφικέσθαι ὥστε περιστῆναι αὐτῷ μηδαμόθεν ἄλλοθεν τὴν σωτηρίαν γενέσθαι ἀλλ' ἢ ἐκ ταύτης τῆς πόλεως, ἣν προθύμως ἀπώλλυ. Καὶ δὴ καὶ εἴ τις βούλοιτο e
τῆς πόλεως κατηγορῆσαι δικαίως, τοῦτ' ἂν μόνον λέγων ὀρθῶς ἂν κατηγοροῖ ὡς ἀεὶ λίαν φιλοικτίρμων ἐστὶ καὶ τοῦ ἥττονος θεραπίς. Καὶ δὴ καὶ ἐν τῷ τότε χρόνῳ οὐχ οἵα τε ἐγένετο καρτερῆσαι οὐδὲ διαφυλάξαι ἃ ἐδέδοκτο αὐτῇ, τὸ μηδενὶ δουλουμένῳ βοηθεῖν τῶν σφᾶς ἀδικησάντων, ἀλλὰ 245 a
ἐκάμφθη καὶ ἐβοήθησεν, καὶ τοὺς μὲν Ἕλληνας αὐτὴ

Feindschaft, sondern durch Unglück. Dessen sind wir selbst b
Zeugen die wir leben. Denn dieselbigen mit jenen dem Ge-
schlechte nach, verzeihen wir einander was wir getan und
gelitten haben. Als wir nun hierauf eines vollkommenen
Friedens genossen, verhielt sich die Stadt ruhig, den Barba-
ren verzeihend, daß sie, was ihnen übles von ihr widerfahren
war nicht schlecht vergolten hatten, gegen die Hellenen aber
erzürnt da sie bedachte, wie viel diese Gutes von ihr genos-
sen und welchen Dank nun mit den Barbaren verbündet be- c
zahlt hatten, ihrer Schiffe sie beraubend, durch welche sie
selbst waren gerettet worden, und ihre Mauern einreißend,
dafür daß wir verhindert daß nicht die ihrigen zerstört wür-
den. Die Stadt beschloß also nicht mehr zu helfen wenn Hel-
lenen in Knechtschaft gerieten weder einer in des Andern
noch in der Barbaren, und so hielt sie sich. Da nun wir so
gesinnt waren, und die Lakedaimonier uns die Verteidiger
der Freiheit für gefallen, und es nun für ihr Geschäft hielten
die übrigen zu unterjochen, taten sie dieses. Und was soll ich d
weitläuftig sein. Denn nicht wie alte Geschichten vor Men-
schengedenken her brauche ich zu erzählen was nun folgt.
Denn wir selbst wissen wie ganz zerrüttet wiederum zu der
Hülfe der Stadt ihre Zuflucht nehmen mußten die ersten
unter den Hellenen, die Argeier, Böotier und Korinthier,
und was das göttlichste ist, daß auch der König in solche
Verlegenheit geriet, daß er glaubte nirgend anders her könne
ihm Heil kommen als von dieser Stadt, welche er so begierig
gewesen war zu verderben. Ja wenn nun jemand die Stadt e
mit Recht beschuldigen wollte, so könnte er nur dieses vor-
bringen zur Beschuldigung, daß sie immer zu sehr mitleidig
ist, und des Schwächeren Dienerin. So konnte sie sich auch
damals nicht zurückhalten noch durchsetzen was sie be-
schlossen hatte, keinem Unterjochten mehr zu helfen gegen 245a
seine Unterdrücker, sondern sie ließ sich herumbringen und
kam zu Hülfe. Und den Hellenen zwar half sie selbst und
errettete sie von der Knechtschaft, so daß sie frei blieben, bis
sie sich selbst wieder unterjochen ließen; dem Könige aber
selbst zu helfen wagte sie nicht aus Scheu wegen der Sieges-
zeichen von Marathon, Salamis und Platää, sondern ließ nur

βοηθήσασα ἀπελύσατο δουλείας, ὥστ᾽ ἐλευθέρους εἶναι
μέχρι οὗ πάλιν αὐτοὶ αὑτοὺς κατεδουλώσαντο, βασιλεῖ δὲ
αὐτὴ μὲν οὐκ ἐτόλμησεν βοηθῆσαι, αἰσχυνομένη τὰ τρό-
παια τά τε Μαραθῶνι καὶ Σαλαμῖνι καὶ Πλαταιαῖς, φυγά-
δας δὲ καὶ ἐθελοντὰς ἐάσασα μόνον βοηθῆσαι ὁμολογου-
μένως ἔσωσεν. Τειχισαμένη δὲ καὶ ναυπηγησαμένη, ἐκδε-
ξαμένη τὸν πόλεμον, ἐπειδὴ ἠναγκάσθη πολεμεῖν, ὑπὲρ b
Παρίων ἐπολέμει Λακεδαιμονίοις.

Φοβηθεὶς δὲ βασιλεὺς τὴν πόλιν, ἐπειδὴ ἑώρα Λακεδαι-
μονίους τῷ κατὰ θάλατταν πολέμῳ ἀπαγορεύοντας, ἀπο-
στῆναι βουλόμενος ἐξῄτει τοὺς Ἕλληνας τοὺς ἐν τῇ
ἠπείρῳ, οὕσπερ πρότερον Λακεδαιμόνιοι αὐτῷ ἐξέδοσαν, εἰ
μέλλοι συμμαχήσειν ἡμῖν τε καὶ τοῖς ἄλλοις συμμάχοις,
ἡγούμενος οὐκ ἐθελήσειν, ἵν᾽ αὐτῷ πρόφασις εἴη τῆς ἀπο-
στάσεως. Καὶ τῶν μὲν ἄλλων συμμάχων ἐψεύσθη· ἠθέλη- c
σαν γὰρ αὐτῷ ἐκδιδόναι καὶ ξυνέθεντο καὶ ὤμοσαν Κορίν-
θιοι καὶ Ἀργεῖοι καὶ Βοιωτοὶ καὶ οἱ ἄλλοι σύμμαχοι, εἰ
μέλλοι χρήματα παρέξειν, ἐκδώσειν τοὺς ἐν τῇ ἠπείρῳ
Ἕλληνας· μόνοι δὲ ἡμεῖς οὐκ ἐτολμήσαμεν οὔτε ἐκδοῦναι
οὔτε ὀμόσαι. Οὕτω δή τοι τό γε τῆς πόλεως γενναῖον καὶ
ἐλεύθερον βέβαιόν τε καὶ ὑγιές ἐστιν καὶ φύσει μισοβάρ-
βαρον, διὰ τὸ εἰλικρινῶς εἶναι Ἕλληνες καὶ ἀμιγεῖς βαρ- d
βάρων. Οὐ γὰρ Πέλοπες οὐδὲ Κάδμοι οὐδὲ Αἴγυπτοί τε καὶ
Δαναοὶ οὐδὲ ἄλλοι πολλοὶ φύσει μὲν βάρβαροι ὄντες, νόμῳ
δὲ Ἕλληνες, συνοικοῦσιν ἡμῖν, ἀλλ᾽ αὐτοὶ Ἕλληνες, οὐ
μειξοβάρβαροι οἰκοῦμεν, ὅθεν καθαρὸν τὸ μῖσος ἐντέτηκε
τῇ πόλει τῆς ἀλλοτρίας φύσεως. Ὅμως δ᾽ οὖν ἐμονώθημεν
πάλιν διὰ τὸ μὴ ἐθέλειν αἰσχρὸν καὶ ἀνόσιον ἔργον ἐργά- e
σασθαι Ἕλληνας βαρβάροις ἐκδόντες. Ἐλθόντες οὖν εἰς
ταὐτὰ ἐξ ὧν καὶ τὸ πρότερον κατεπολεμήθημεν, σὺν θεῷ
ἄμεινον ἢ τότε ἐθέμεθα τὸν πόλεμον· καὶ γὰρ ναῦς καὶ
τείχη ἔχοντες καὶ τὰς ἡμετέρας αὐτῶν ἀποικίας ἀπηλλά-

Flüchtlinge und Freiwillige ihm helfen mit denen sie ihn
eingestandenermaßen rettete. Sie selbst aber bauete ihre
Mauern und Schiffe den Krieg erwartend, und als sie dazu b
genötiget wurde der Parier wegen führte sie Krieg gegen die
Lakedaimonier. Der König aber der sich vor der Stadt fürch-
tete, und da er sahe daß die Lakedaimonier sich im Kriege
zur See nicht mehr halten konnten, gern abfallen wollte,
forderte die Hellenen auf dem festen Lande, welche die La-
kedaimonier ihm schon vorher Preis gegeben hatten, wenn
er im Bunde sein sollte mit uns und den andern Bundes-
genossen, in der Meinung nämlich sie würden nicht wollen,
damit er einen Vorwand hätte zum Abfalle. Was nun die c
andern Bundesgenossen betrifft, so betrog er sich; denn sie
willigten ein, ihm jene herauszugeben und schlossen Vertrag,
und es schworen Korinthier, Argeier, Böotier und die übri-
gen Verbündeten, wenn er Gelder geben würde, ihm die
Hellenen auf dem festen Lande zu überliefern, nur wir allein
wagten nicht weder sie abzutreten noch zu schwören. So edel
und frei ist der Sinn dieser Stadt, und so kräftig und gesund
und von Natur die Barbaren hassend, weil wir ganz rein d
hellenisch sind und unvermischt mit Barbaren. Denn kein
Pelops und Kadmos oder Aigyptos und Danaos, oder sonst
andere die von Natur Barbaren und nur durch das Gesetz
Hellenen sind, wohnen mit uns, sondern als reine Hellenen
nicht als Mietlinge wohnen wir hier. Daher ist der Stadt ein
ganz reiner Haß eingegossen gegen fremde Natur. So blieben
wir also doch wieder allein stehn, weil wir nicht einwilligten e
ein so schändliches und unheiliges Werk zu vollbringen, Hel-
lenen an Barbaren auszuliefern. Eben dahin also wieder zu-
rückgebracht, von wo wir zuerst bekriegt wurden, endigten
wir doch mit Gott den Krieg besser als damals. Denn mit
Beibehaltung unserer Schiffe und Mauern und unserer eige-
nen Pflanzstädte wurden wir des Krieges erledigt. Und eben
so billig wurden seiner auch die Feinde erledigt. Wackere
Männer aber haben wir auch in diesem Kriege verloren, die
bei Korinth durch Nachteil des Bodens und die bei Lechaion
durch Verräterei. Wacker waren auch die, welche den König 246a
befreiten, und die Lakedaimonier aus der See vertrieben.

γημεν τοῦ πολέμου, οὕτως ἀγαπητῶς ἀπηλλάττοντο καὶ οἱ πολέμιοι. Ἀνδρῶν μέντοι ἀγαθῶν καὶ ἐν τούτῳ τῷ πολέμῳ ἐστερήθημεν, τῶν τε ἐν Κορίνθῳ χρησαμένων δυσχωρίᾳ καὶ ἐν Λεχαίῳ προδοσίᾳ· ἀγαθοὶ δὲ καὶ οἱ βασιλέα ἐλευθερώ- 246 a
σαντες καὶ ἐκβαλόντες ἐκ τῆς θαλάττης Λακεδαιμονίους· ὧν ἐγὼ μὲν ὑμᾶς ἀναμιμνῄσκω, ὑμᾶς δὲ πρέπει ξυνεπαινεῖν τε καὶ κοσμεῖν τοιούτους ἄνδρας.

Καὶ τὰ μὲν δὴ ἔργα ταῦτα τῶν ἀνδρῶν τῶν ἐνθάδε κειμένων καὶ τῶν ἄλλων ὅσοι ὑπὲρ τῆς πόλεως τετελευτήκασι, πολλὰ μὲν τὰ εἰρημένα καὶ καλά, πολὺ δ' ἔτι πλείω καὶ καλλίω τὰ ὑπολειπόμενα· πολλαὶ γὰρ ἂν ἡμέραι καὶ νύκτες b
οὐχ ἱκαναὶ γένοιντο τῷ τὰ πάντα μέλλοντι περαίνειν. Τούτων οὖν χρὴ μεμνημένους τοῖς τούτων ἐκγόνοις πάντ' ἄνδρα παρακελεύεσθαι, ὥσπερ ἐν πολέμῳ, μὴ λείπειν τὴν τάξιν τὴν τῶν προγόνων μηδ' εἰς τοὐπίσω ἀναχωρεῖν εἴκοντας κάκῃ. Ἐγὼ μὲν οὖν καὶ αὐτός, ὦ παῖδες ἀνδρῶν ἀγαθῶν, νῦν τε παρακελεύομαι καὶ ἐν τῷ λοιπῷ χρόνῳ, ὅπου ἄν τῳ ἐντυγχάνω ὑμῶν, καὶ ἀναμνήσω καὶ διακελεύσομαι προθυ- c
μεῖσθαι εἶναι ὡς ἀρίστους· ἐν δὲ τῷ παρόντι δίκαιός εἰμι εἰπεῖν ἃ οἱ πατέρες ἡμῖν ἐπέσκηπτον ἀπαγγέλλειν τοῖς λειπομένοις, εἴ τι πάσχοιεν, ἡνίκα κινδυνεύειν ἔμελλον. Φράσω δὲ ὑμῖν ἅ τε αὐτῶν ἤκουσα ἐκείνων καὶ οἷα νῦν ἡδέως ἂν εἴποιεν ὑμῖν λαβόντες δύναμιν, τεκμαιρόμενος ἐξ ὧν τότε ἔλεγον. Ἀλλὰ νομίζειν χρὴ αὐτῶν ἀκούειν ἐκείνων ἃ ἂν ἀπαγγέλλω· ἔλεγον δὲ τάδε·

Ὦ παῖδες, ὅτι μέν ἐστε πατέρων ἀγαθῶν, αὐτὸ μηνύει d
τὸ νῦν παρόν· ἡμῖν δὲ ἐξὸν ζῆν μὴ καλῶς, καλῶς αἱρούμεθα μᾶλλον τελευτᾶν, πρὶν ὑμᾶς τε καὶ τοὺς ἔπειτα εἰς ὀνείδη καταστῆσαι καὶ πρὶν τοὺς ἡμετέρους πατέρας καὶ πᾶν τὸ πρόσθεν γένος αἰσχῦναι, ἡγούμενοι τῷ τοὺς αὑτοῦ αἰσχύνοντι ἀβίωτον εἶναι, καὶ τῷ τοιούτῳ οὔτε τινὰ ἀνθρώπων οὔτε θεῶν φίλον εἶναι οὔτ' ἐπὶ γῆς οὔθ' ὑπὸ γῆς τελευτή-

Welche alle ich euch jetzt ins Andenken bringe, euch aber ziemt solche Männer mit mir zu preisen und zu ehren.

2.4. Ermahnungen an die Lebenden

2.4.1. Die Taten der Verstorbenen mahnen zur Tapferkeit

Solches nun sind die Taten der hier liegenden Männer und der übrigen, welche für den Staat gestorben sind, viele schon und schöne die angeführten, noch mehrere aber und schönere die übergangenen. Denn viele Tage und Nächte würden b dem nicht hinreichen, der alles erzählen wollte. Dieser nun gedenkend muß ihre Nachkommen jedermann ermahnen wie im Kriege, die Ordnung der Vorfahren nämlich nicht zu verlassen noch rückwärts zu weichen aus Feigheit. Also auch ich, ihr Söhne wackerer Männer, ermahne euch jetzt, und werde auch künftig, wo ich einen von euch antreffe, ihn c erinnern und antreiben, daß er strebe sich aufs beste zu halten. Jetzt aber ist noch meine Schuldigkeit zu sagen, was die Väter uns, falls ihnen selbst etwas begegnen würde, den Hinterbliebenen zu bestellen aufgetragen haben, als sie der Gefahr entgegen gingen. Ich will euch also sagen, was ich von ihnen selbst gehört, und wie sie euch gewiß jetzt gern anreden möchten, wenn es ihnen vergönnt würde, wie ich aus dem was sie damals sagten schließen kann. Ihr müßt also glauben von jenen selbst zu hören, was ich jetzt vortrage. Sie sprachen aber so.

2.4.2. Mahnende Worte der Toten selbst an ihre Söhne und Trostworte an die hinterbliebenen Eltern

O Söhne, daß ihr von wackeren Vätern seid, zeigt schon d dieser jetzige Erfolg. Denn da wir leben konnten nur nicht ehrenvoll, haben wir vorgezogen ehrenvoll zu sterben eher als euch und den Späteren Schmach zu bereiten, und eher als unsern Vätern und dem ganzen früheren Geschlechte Schande zu bringen, überzeugt daß dem der den Seinigen Schande macht nicht lohnt zu leben, und daß ihm kein Mensch Freund ist und kein Gott weder auf der Erde noch unter der Erde wenn er gestorben ist. So gebührt nun Euch, unserer Reden eingedenk, was ihr auch immer treiben möget, wacker e

σαντι. Χρὴ οὖν μεμνημένους τῶν ἡμετέρων λόγων, ἐάν τι
καὶ ἄλλο ἀσκῆτε, ἀσκεῖν μετ᾽ ἀρετῆς, εἰδότας ὅτι τούτου e
λειπόμενα πάντα καὶ κτήματα καὶ ἐπιτηδεύματα αἰσχρὰ
καὶ κακά. Οὔτε γὰρ πλοῦτος κάλλος φέρει τῷ κεκτημένῳ
μετ᾽ ἀνανδρίας — ἄλλῳ γὰρ ὁ τοιοῦτος πλουτεῖ καὶ οὐχ
ἑαυτῷ — οὔτε σώματος κάλλος καὶ ἰσχὺς δειλῷ καὶ κακῷ
ξυνοικοῦντα πρέποντα φαίνεται, ἀλλ᾽ ἀπρεπῆ, καὶ ἐπιφα-
νέστερον ποιεῖ τὸν ἔχοντα καὶ ἐκφαίνει τὴν δειλίαν· πᾶσά
τε ἐπιστήμη χωριζομένη δικαιοσύνης καὶ τῆς ἄλλης ἀρετῆς 247 a
πανουργία, οὐ σοφία φαίνεται. Ὧν ἕνεκα καὶ πρῶτον καὶ
ὕστατον καὶ διὰ παντὸς πᾶσαν πάντως προθυμίαν πειρᾶσθε
ἔχειν ὅπως μάλιστα μὲν ὑπερβαλεῖσθε καὶ ἡμᾶς καὶ τοὺς
πρόσθεν εὐκλείᾳ· εἰ δὲ μή, ἴστε ὡς ἡμῖν, ἂν μὲν νικῶμεν
ὑμᾶς ἀρετῇ, ἡ νίκη αἰσχύνην φέρει, ἡ δὲ ἧττα, ἐὰν ἡττώμεθα,
εὐδαιμονίαν. Μάλιστα δ᾽ ἂν νικῴμεθα καὶ ὑμεῖς νικῴητε,
εἰ παρασκευάσαισθε τῇ τῶν προγόνων δόξῃ μὴ καταχρησό- b
μενοι μηδ᾽ ἀναλώσοντες αὐτήν, γνόντες ὅτι ἀνδρὶ οἰομένῳ
τι εἶναι οὐκ ἔστιν αἴσχιον οὐδὲν ἢ παρέχειν ἑαυτὸν τιμώ-
μενον μὴ δι᾽ ἑαυτόν, ἀλλὰ διὰ δόξαν προγόνων. Εἶναι μὲν
γὰρ τιμὰς γονέων ἐκγόνοις καλὸς θησαυρὸς καὶ μεγαλο-
πρεπής· χρῆσθαι δὲ καὶ χρημάτων καὶ τιμῶν θησαυρῷ, καὶ
μὴ τοῖς ἐκγόνοις παραδιδόναι, αἰσχρὸν καὶ ἄνανδρον,
ἀπορίᾳ ἰδίων αὑτοῦ κτημάτων τε καὶ εὐδοξιῶν. Καὶ ἐὰν
μὲν ταῦτα ἐπιτηδεύσητε, φίλοι παρὰ φίλους ἡμᾶς ἀφίξεσθε, c
ὅταν ὑμᾶς ἡ προσήκουσα μοῖρα κομίσῃ· ἀμελήσαντας δὲ ὑμᾶς
καὶ κακισθέντας οὐδεὶς εὐμενῶς ὑποδέξεται. Τοῖς μὲν οὖν
παισὶ ταῦτ᾽ εἰρήσθω.

Πατέρας δὲ ἡμῶν, οἷς εἰσί, καὶ μητέρας ἀεὶ χρὴ παρα-
μυθεῖσθαι ὡς ῥᾷστα φέρειν τὴν συμφοράν, ἐὰν ἄρα ξυμβῇ
γενέσθαι, καὶ μὴ ξυνοδύρεσθαι — οὐ γὰρ τοῦ λυπήσοντος
προσδεήσονται· ἱκανὴ γὰρ ἔσται καὶ ἡ γενομένη τύχη τοῦτο d
πορίζειν — ἀλλ᾽ ἰωμένους καὶ πραΰνοντας ἀναμιμνῄσκειν

zu treiben, wissend daß ohne dieses alle Besitzungen und alle Bestrebungen nur schlecht sind und verächtlich. Denn auch der Reichtum gereicht dem nicht zur Zierde, der ihn als ein Feiger besitzt, denn nur für einen andern ist ein solcher reich, nicht für sich; noch auch erscheint Schönheit und Stärke des Leibes in dem Feigen und Schlechten wohnend als etwas günstiges, sondern ungünstig sind sie, weil sie den Besitzer in helleres Licht stellen und seine Feigheit offenbaren. Und jede Erkenntnis, wenn sie von Gerechtigkeit und 247a
den übrigen Tugenden getrennt ist, zeigt sich nur als Verschlagenheit nicht als Weisheit. Dieserhalb nun versucht zuerst und zuletzt überall und auf alle Weise alle Mühe anzuwenden, damit ihr ja uns und die früheren übertreffet durch euern Ruhm; wo nicht so wißt, daß uns, wenn wir euch an Tugend besiegen, der Sieg Schande bringt, der Verlust aber, wenn wir gegen euch verlieren, Glück und Heil. Am meisten aber würden wir besiegt werden und ihr siegen wenn ihr euch darauf rüsten wolltet, der Vorfahren Ruhm b
weder zu mißbrauchen noch zu verbrauchen, wohl wissend, daß es für einen Mann, der etwas zu sein glaubt, nichts unwürdigeres gibt als sich ehren zu lassen, aber nicht seiner selbst wegen, sondern wegen des Ruhmes der Vorfahren. Denn Ehre zu haben von den Vorfahren her ist für die Nachkommen ein schöner und köstlicher Schatz. Einen Schatz aber von Geld oder Ehre verbrauchen und nicht wieder den Nachkommen hinterlassen das ist unwürdig und unmännlich wegen Mangels selbsteigner Besitztümer und Preiswürdigkeiten. Und strebet ihr nun hiernach, so werdet ihr als c
Freunde zu Freunden zu uns kommen, wenn auch euch euer bestimmtes Geschick herbringt; seid ihr aber sorglos gewesen und verweichlicht, so wird euch niemand freundlich aufnehmen. Dieses nun sei den Kindern gesagt. Unsern Väter aber wer noch einen hat, und Müttern muß man immer tröstlich zusprechen, recht leicht diesen Unfall zu tragen wenn er ihnen begegnet, nicht aber mit ihnen wehklagen; denn sie können nicht noch Eines bedürfen, der die Trauer vermehre, d
weil dieses schon der ihnen zugestoßene Unfall selbst hinlänglich zu Wege bringt; sondern um sie auszuheilen und zu

αὐτοὺς ὅτι ὧν ηὔχοντο τὰ μέγιστα αὐτοῖς οἱ θεοὶ ἐπήκοοι γεγόνασιν. Οὐ γὰρ ἀθανάτους σφίσι παῖδας ηὔχοντο γενέσθαι, ἀλλ᾽ ἀγαθοὺς καὶ εὐκλεεῖς, ὧν ἔτυχον, μεγίστων ἀγαθῶν ὄντων· πάντα δὲ οὐ ῥᾴδιον θνητῷ ἀνδρὶ κατὰ νοῦν ἐν τῷ ἑαυτοῦ βίῳ ἐκβαίνειν. Καὶ φέροντες μὲν ἀνδρείως τὰς συμφορὰς δόξουσι τῷ ὄντι ἀνδρείων παίδων πατέρες εἶναι καὶ αὐτοὶ τοιοῦτοι, ὑπείκοντες δὲ ὑποψίαν παρέξουσιν ἢ μὴ e
ἡμέτεροι εἶναι ἢ ἡμῶν τοὺς ἐπαινοῦντας καταψεύδεσθαι· χρὴ δὲ οὐδέτερα τούτων, ἀλλ᾽ ἐκείνους μάλιστα ἡμῶν ἐπαινέτας εἶναι ἔργῳ, παρέχοντας αὐτοὺς φαινομένους τῷ ὄντι πατέρας ὄντας ἄνδρας ἀνδρῶν.

Πάλαι γὰρ δὴ τὸ μηδὲν ἄγαν λεγόμενον καλῶς δοκεῖ λέγεσθαι· τῷ γὰρ ὄντι εὖ λέγεται. Ὅτῳ γὰρ ἀνδρὶ εἰς ἑαυτὸν ἀνήρτηται πάντα τὰ πρὸς εὐδαιμονίαν φέροντα ἢ ἐγγὺς τούτου, καὶ μὴ ἐν ἄλλοις ἀνθρώποις αἰωρεῖται ἐξ ὧν 248 a
ἢ εὖ ἢ κακῶς πραξάντων πλανᾶσθαι ἠνάγκασται καὶ τὰ ἐκείνου, τούτῳ ἄριστα παρεσκεύασται ζῆν, οὗτός ἐστιν ὁ σώφρων καὶ οὗτος ὁ ἀνδρεῖος καὶ φρόνιμος· οὗτος γιγνομένων χρημάτων καὶ παίδων καὶ διαφθειρομένων μάλιστα πείσεται τῇ παροιμίᾳ· οὔτε γὰρ χαίρων οὔτε λυπούμενος ἄγαν φανήσεται διὰ τὸ αὑτῷ πεποιθέναι. Τοιούτους δὲ ἡμεῖς γε ἀξιοῦμεν καὶ τοὺς ἡμετέρους εἶναι καὶ βουλόμεθα b
καὶ φαμέν, και ἡμᾶς αὐτοὺς νῦν παρέχομεν τοιούτους, οὐκ ἀγανακτοῦντας οὐδὲ φοβουμένους ἄγαν εἰ δεῖ τελευτᾶν ἐν τῷ παρόντι. Δεόμεθα δὴ καὶ πατέρων καὶ μητέρων τῇ αὐτῇ ταύτῃ διανοίᾳ χρωμένους τὸν ἐπίλοιπον βίον διάγειν, καὶ εἰδέναι ὅτι οὐ θρηνοῦντες οὐδὲ ὀλοφυρόμενοι ἡμᾶς ἡμῖν μάλιστα χαριοῦνται, ἀλλ᾽ εἴ τις ἔστι τοῖς τετελευτηκόσιν αἴσθησις τῶν ζώντων, οὕτως ἀχάριστοι εἶεν ἂν μάλιστα, c
ἑαυτούς τε κακοῦντες καὶ βαρέως φέροντες τὰς συμφοράς· κούφως δὲ καὶ μετρίως μάλιστ᾽ ἂν χαρίζοιντο. Τὰ μὲν γὰρ ἡμέτερα τελευτὴν ἤδη ἕξει ἥπερ καλλίστη γίγνεται ἀνθρώ-

sänftigen muß man sie erinnern, daß von dem was sie gefleht die Götter das größte ihnen erhört haben. Denn nicht unsterbliche Kinder, baten sie, möchten ihnen geboren werden, sondern wackere und wohlberühmte, welche sie auch erlangt haben als eines der größten Güter. Denn Alles kann nicht leicht einem sterblichen Menschen nach seinem Sinne ausschlagen in seinem Leben. Tragen sie nun das Unglück tapfer, so wird man sehen, daß sie in der Tat tapferer Söhne
Väter sind und selbst solche; unterliegen sie aber, so werden e
sie den Verdacht erregen, daß sie entweder nicht die Unsrigen sind, oder daß diejenigen, die uns gelobt, nicht nach der Wahrheit geredet haben. Keines von beiden aber darf sein, sondern sie selbst müssen mehr als Alle unsere Lobredner sein durch die Tat, in dem sie selbst sich zeigen als Männer und Väter von Männern. Denn schon lange hält man das Nichtzuviel für richtig gesagt, und es ist auch wirklich gut gesagt. Denn welchem Menschen alles oder doch das meiste
von ihm selbst abhängt, was zu seiner Glückseligkeit führt, 248a
und nicht an andern Menschen haftet, so daß je nachdem diese sich wohl oder übel befinden auch seine Angelegenheiten notwendig schwanken, dieser ist aufs beste ausgestattet zum Leben, dieser ist der besonnene, dieser der tapfere und verständige; und dieser, mag er Besitzungen und Kinder haben oder verlieren, wird am meisten jenem Spruche folgen. Denn weder erfreut noch betrübt wird er zu sehr er-
scheinen, weil er sich selbst vertraut. Solche aber mögen wir, b
daß auch die Unsrigen seien, und wollen und behaupten es, als auch uns selbst zeigen wir jetzt als solche, indem wir weder unwillig sind noch uns sehr fürchten wenn wir etwa gegenwärtig sterben müssen. Daher bitten wir auch Väter und Mütter in demselben Sinn ihr übriges Leben zu verbringen, und zu wissen daß nicht durch Jammern und Wehklagen sie uns am meisten zu Gefallen leben; sondern wenn die
Gestorbenen irgend etwas wissen um die Lebenden, werden c
sie uns so am meisten zuwider sein, wenn sie sich selbst übles zufügen und schwer die Unfälle ertragen, wenn aber leicht und gemäßigt dann werden sie uns Freude machen. Denn wir werden nun ein solches Ende nehmen, welches für die

ποις, ὥστε πρέπει αὐτὰ μᾶλλον κοσμεῖν ἢ θρηνεῖν· γυναι-
κῶν δὲ τῶν ἡμετέρων καὶ παίδων ἐπιμελούμενοι καὶ τρέ-
φοντες καὶ ἐνταῦθα τὸν νοῦν τρέποντες τῆς τε τύχης
μάλιστ᾽ ἂν εἶεν ἐν λήθῃ καὶ ζῷεν κάλλιον καὶ ὀρθότερον
καὶ ἡμῖν προσφιλέστερον. d

Ταῦτα δὴ ἱκανὰ τοῖς ἡμετέροις παρ᾽ ἡμῶν ἀγγέλλειν·
τῇ δὲ πόλει παρεκελευόμεθ᾽ ἂν ὅπως ἡμῖν καὶ πατέρων καὶ
ὑέων ἐπιμελήσονται, τοὺς μὲν παιδεύοντες κοσμίως, τοὺς
δὲ γηροτροφοῦντες ἀξίως· νῦν δὲ ἴσμεν ὅτι καὶ ἐὰν μὴ
ἡμεῖς παρακελευώμεθα, ἱκανῶς ἐπιμελήσεται.

Ταῦτα οὖν, ὦ παῖδες καὶ γονῆς τῶν τελευτησάντων,
ἐκεῖνοί τε ἐπέσκηπτον ἡμῖν ἀπαγγέλλειν, καὶ ἐγὼ ὡς δυνα- e
μαι προθυμότατα ἀπαγγέλλω· καὶ αὐτὸς δέομαι ὑπὲρ ἐκεί-
νων, τῶν μὲν μιμεῖσθαι τοὺς αὐτῶν, τῶν δὲ θαρρεῖν ὑπὲρ
αὑτῶν, ὡς ἡμῶν καὶ ἰδίᾳ καὶ δημοσίᾳ γηροτροφησόντων
ὑμᾶς καὶ ἐπιμελησομένων, ὅπου ἂν ἕκαστος ἑκάστῳ ἐντυγ-
χάνῃ ὁτῳοῦν τῶν ἐκείνων. Τῆς δὲ πόλεως ἴστε που καὶ
αὐτοὶ τὴν ἐπιμέλειαν, ὅτι νόμους θεμένη περὶ τοὺς τῶν ἐν
τῷ πολέμῳ τελευτησάντων παῖδάς τε καὶ γεννήτορας ἐπι-
μελεῖται, καὶ διαφερόντως τῶν ἄλλων πολιτῶν προστέ-
τακται φυλάττειν ἀρχῇ ἥπερ μεγίστη ἐστίν, ὅπως ἂν οἱ 249 a
τούτων μὴ ἀδικῶνται πατέρες τε καὶ μητέρες· τοὺς δὲ
παῖδας συνεκτρέφει αὐτή, προθυμουμένη ὅ τι μάλιστ᾽ ἄδη-
λον αὐτοῖς τὴν ὀρφανίαν γενέσθαι, ἐν πατρὸς σχήματ-
καταστᾶσα αὐτοῖς αὐτὴ ἔτι τε παισὶν οὖσιν, καὶ ἐπειδὰν
εἰς ἀνδρὸς τέλος ἴωσιν, ἀποπέμπει ἐπὶ τὰ σφέτερ᾽ αὐτῶν
πανοπλίᾳ κοσμήσασα, ἐνδεικνυμένη καὶ ἀναμιμνῄσκουσα
τὰ τοῦ πατρὸς ἐπιτηδεύματα ὄργανα τῆς πατρῴας ἀρετῆς
διδοῦσα, καὶ ἅμα οἰωνοῦ χάριν ἄρχεσθαι ἰέναι ἐπὶ τὴν b
πατρῴαν ἑστίαν ἄρξοντα μετ᾽ ἰσχύος ὅπλοις κεκοσμημένον.
Αὐτοὺς δὲ τοὺς τελευτήσαντας τιμῶσα οὐδέποτε ἐκλείπει,
καθ᾽ ἕκαστον ἐνιαυτὸν αὐτὴ τὰ νομιζόμενα ποιοῦσα κοινῇ

Menschen das schönste ist, so daß sie uns mehr verherrlichen sollten als bejammern. Sorgen sie aber für unsere Weiber und Kinder, und erziehn die und wenden darauf ihren Sinn: so werden sie am leichtesten das Geschick vergessen und schöner und richtiger leben, und auch uns mehr zur Freude. Die- d
ses nun ist genug den unsrigen von uns zu melden. Der Stadt aber möchten wir auftragen, daß sie sowohl für unsere Väter als für unsere Kinder sorge, diese sittig erziehend, jene würdig pflegend im Alter; nun aber wissen wir, daß wenn wir es ihr auch nicht auftragen, sie doch dafür gehörig sorgen wird.

2.5. Schlußparänese der Rednerin. Hinweis auf die Sorge der Stadt für die Hinterbliebenen

Dieses also ihr Väter und Kinder der Gebliebenen haben jene uns aufgegeben euch zu vermelden, und ich so treu ich e
kann vermelde es euch, und bitte selbst noch in jener Namen, die Einen daß sie die Ihrigen nachahmen, die Andern, daß sie unbesorgt sein für sich, weil wir schon jeder für sich und von Staatswegen euer Alter pflegen und versorgen werden, wo nur jeder irgend einen antreffen möge der jenen angehört. Die Vorsorge des Staates aber kennt ihr ja selbst, wie er Gesetze gegeben hat wegen der Kinder und Erzeuger der im Kriege Gebliebenen und sich ihrer annimmt, und wie vor allen übrigen Bürgern eine Obrigkeit, welche die höchste 249a
ist den Auftrag hat zu verhüten, daß den Vätern und Müttern von diesen nichts unrechtes widerfahre, die Kinder aber selbst hilft er erziehn, und sorget daß ihnen ihr Waisentum mindest möglich fühlbar werde, indem er sich selbst an Vaters Stelle setzt, so lange sie noch Kinder sind, und er sie in ihr Eigentum entläßt, ihnen dann eine vollständige Rüstung verehrt, um sie hinzuweisen und zu erinnern an des Vaters Bestrebungen, indem er auch ihnen die Werkzeuge der väterlichen Tugend darreicht, und zugleich der guten Vorbe- b
deutung wegen sie anfangen läßt den väterlichen Herd kräftig zu beherrschen mit Waffen geschmückt. Die Gebliebenen selbst aber hört er nie auf zu ehren, indem er jegliches Jahr für sie alle gemeinsam das Gebräuchliche vollzieht, was auch jeder Einzelne besonders für sich erlangt, und überdies

πᾶσιν ἅπερ ἰδίᾳ ἑκάστῳ γίγνεται, πρὸς δὲ τούτοις ἀγῶνας γυμνικοὺς καὶ ἱππικοὺς τιθεῖσα καὶ μουσικῆς πάσης, καὶ ἀτεχνῶς τῶν μὲν τελευτησάντων ἐν κληρονόμου καὶ ὑέος μοίρᾳ καθεστηκυῖα, τῶν δὲ ὑέων ἐν πατρός, γονέων δὲ τῶν c τούτων ἐν ἐπιτρόπου, πᾶσαν πάντων παρὰ πάντα τὸν χρόνον ἐπιμέλειαν ποιουμένη. Ὧν χρὴ ἐνθυμουμένους πρᾳότερον φέρειν τὴν ξυμφοράν· τοῖς τε γὰρ τελευτήσασι καὶ τοῖς ζῶσιν οὕτως ἂν προσφιλέστατοι εἶτε καὶ ῥᾷστοι θεραπεύειν τε καὶ θεραπεύεσθαι. Νῦν δὲ ἤδη ὑμεῖς τε καὶ οἱ ἄλλοι πάντες κοινῇ κατὰ τὸν νόμον τοὺς τετελευτηκότας ἀπολοφυράμενοι ἄπιτε.

Οὗτός σοι ὁ λόγος, ὦ Μενέξενε, Ἀσπασίας τῆς Μιλησίας d ἐστίν.

ΜΕΝ. Νὴ Δία, ὦ Σώκρατες, μακαρίαν γε λέγεις τὴν Ἀσπασίαν, εἰ γυνὴ οὖσα τοιούτους λόγους οἵα τ' ἐστ. συντιθέναι.

ΣΩ. Ἀλλ' εἰ μὴ πιστεύεις, ἀκολούθει μετ' ἐμοῦ, καὶ ἀκούσει αὐτῆς λεγούσης.

ΜΕΝ. Πολλάκις, ὦ Σώκρατες, ἐγὼ ἐντετύχηκα Ἀσπασίᾳ, καὶ οἶδα οἵα ἐστίν.

ΣΩ. Τί οὖν ; οὐκ ἄγασαι αὐτὴν καὶ νῦν χάριν ἔχεις τοῦ λόγου αὐτῇ ;

ΜΕΝ. Καὶ πολλήν γε, ὦ Σώκρατες, ἐγὼ χάριν ἔχω τούτου τοῦ λόγου ἐκείνῃ ἢ ἐκείνῳ ὅστις σοι ὁ εἰπών ἐστιν αὐτόν· e καὶ πρός γε ἄλλην πολλὴν χάριν ἔχω τῷ εἰπόντι.

ΣΩ. Εὖ ἂν ἔχοι· ἀλλ' ὅπως μου μὴ κατερεῖς, ἵνα καὶ αὖθίς σοι πολλοὺς καὶ καλοὺς λόγους παρ' αὐτῆς πολιτικοὺς ἀπαγγέλλω.

ΜΕΝ. Θάρρει, οὐ κατερῶ· μόνον ἀπάγγελλε.

ΣΩ. Ἀλλὰ ταῦτ' ἔσται.

Kampfspiele einsetzt in der körperlichen Stärke und der Reitkunst und der gesamten Musik, und sich ordentlich den Gebliebenen selbst an Erben und Kindesstatt darstellt, den c Söhnen aber an Vaters Stelle und den Eltern und dergleichen als Versorger, allen allezeit alle Sorgfalt erweisend. Dieses bedenkend müßt ihr das Schicksal milder ertragen; denn den Toten und den Lebenden werdet ihr so am liebsten sein, und werdet am leichtesten pflegen sowohl als gepflegt werden. Nun aber ihr sowohl als die übrigen insgesamt, nachdem ihr gemeinsam dem Gesetz gemäß die Gebliebenen betrauert habt, tretet ab.

3. Schlußgespräch: Lob der vorgetragenen Rede

Dieses also, o Menexenos, ist die Rede der Milesierin As- d pasia.

MENEXENOS: Beim Zeus, o Sokrates, glücklich ist Aspasia, wenn sie eine Frau solche Reden im Stande ist auszuarbeiten!

SOKRATES: Wann du es nicht glaubst, so komm mit mir, so kannst du sie selbst vortragen hören.

MENEXENOS: Ich bin schon oft mit der Aspasia zusammengewesen, o Sokrates, und weiß recht gut was für eine Frau sie ist.

SOKRATES: Wie also? bewunderst du sie nicht und weißt ihr jetzt Dank für die Rede?

MENEXENOS: Gar vielen Dank, o Sokrates, weiß ich für diese Rede, ihr oder ihm wer sie dir mitgeteilt hat, und au- e ßerdem vor vielen Andern Dank dir der sie mir gesagt hat.

SOKRATES: Das wäre gut, aber daß du es mir nur nicht nachsagst, damit ich dir auch in Zukunft noch viele schöne Staatsreden von ihr mitteilen kann.

MENEXENOS: Sei ruhig, ich werde dir nichts nachsagen, bringe sie mir nur.

SOKRATES: Das soll geschehen.

HINWEISE DES HERAUSGEBERS

Die Gesichtspunkte, nach denen diese Platon-Ausgabe gestaltet ist, werden in der Einleitung zum 1. Band dargestellt. Zum vorliegenden 2. Band sind die folgenden speziellen Angaben nachzutragen: a) Der griechische Text des Dialogs *Euthyphron*, für die Ausgabe von „Les Belles Lettres" erarbeitet von M. Croiset, erschien dort in Bd. 1, S. 184-206 (Paris 1920, 12. Aufl. 1985); der Text des *Alkibiades I*, ebenfalls von M. Croiset, in Bd. 1, S. 60-114; der des *Gorgias*, von A. Croiset, in Bd. 3,2, S. 108-224 (Paris 1923, 15. Aufl. 1984); und der des *Menexenos*, von L. Méridier, in Bd. 5,1, S. 83-105 (Paris 1931, 7. Aufl. 1989). – b) Der deutsche Text aller vier Dialoge stammt von F. Schleiermacher. Bei ihm stand der *Euthyphron* in Bd. I,2, S. 55-82 (2. verbess. Aufl., Berlin 1818), der *Alkibiades I* in Bd. II,3, S. 306-370 (2. verbess. Aufl., Berlin 1826), der *Gorgias* in Bd. II,1, S. 24-168 (2. verbess. Aufl., Berlin 1818) und der *Menexenos* in Bd. II,3, S. 378-402.

Alte Welt und Mittelalter
im insel taschenbuch

Aischylos: Prometheus in Fesseln. Zweisprachige Ausgabe. Herausgegeben und übersetzt von Dieter Bremer. Mit Hinweisen zur Deutung und Wirkungsgeschichte. it 918

Jost Amman: Frauentrachtenbuch. Mit kolorierten Holzschnitten der Erstausgabe von 1586 und einem Nachwort von Manfred Lemmer. it 717

Apuleius: Der goldene Esel. Mit Illustrationen von Max Klinger zu ›Amor und Psyche‹. Aus dem Lateinischen von August Rode. Mit einem Nachwort von Wilhelm Haupt. it 146

Augustinus: Bekenntnisse. Lateinisch und Deutsch. Eingeleitet, übersetzt und erläutert von Joseph Bernhart. Mit einem Vorwort von Ernst Ludwig Grasmück. it 1002

Joseph Bédier: Der Roman von Tristan und Isolde. Mit Holzschnitten von 1484. Deutsch von Rudolf G. Binding. it 387

Boethius: Trost der Philosophie. Zweisprachige Ausgabe. Lateinisch und deutsch. Mit einem Nachwort von Ernst Ludwig Grasmück. it 1215

Otto Borst: Alltagsleben im Mittelalter. Mit zeitgenössischen Abbildungen. it 513

Giordano Bruno: Das Aschermittwochsmahl. Übersetzt von Ferdinand Fellmann. Mit einer Einleitung von Hans Blumenberg. it 548

Marcus Tullius Cicero: Von den Pflichten. Zweisprachige Ausgabe. Aus dem Lateinischen von Christian Garve. it 1273

Epikur: Philosophie der Freude. Briefe, Hauptlehrsätze, Spruchsammlung, Fragmente. Übertragen und mit einem Nachwort versehen von Paul M. Laskowsky. it 1057

Erasmus von Rotterdam: Das Lob der Torheit. Mit den Randzeichnungen von Hans Holbein dem Jüngeren. Übersetzt und herausgegeben von Uwe Schultz. it 369

Das Evangeliar Heinrichs des Löwen. Erläutert von Elisabeth Klemm. Mit farbigen Bildtafeln. it 1121

Aulus Gellius: Attische Nächte. Ein Lesebuch aus der Zeit des Kaisers Marc Aurel. Herausgegeben von Heinz Berthold. it 1079

Geschichte des Königs Apollonius von Tyrus. Ein antiker Liebesroman nach dem Text der Gesta Romanorum. Übertragen von Ilse und Johannes Schneider. Mit Illustrationen von Harry Jürgens. it 977

Geschichten aus dem Mittelalter. Herausgegeben von Hermann Hesse. Aus dem Lateinischen übersetzt von Hermann Hesse und J. G. T. Graesse und mit Nacherzählungen von Leo Greiner. Neu zu sammengestellt von Volker Michels. it 161

151/1/10.90

Alte Welt und Mittelalter
im insel taschenbuch

Gesta Romanorum. Das älteste Märchen- und Legendenbuch des christlichen Mittelalters. Übersetzt von J. G. T. Graesse. Augewählt und eingeleitet von Hermann Hesse. it 315

Griechisches Lesebuch. Herausgegeben von Hellmuth Flashar. it 995

Griechisches Theater. Aischylos: Die Perser. Die Sieben gegen Theben. Sophokles: Antigone. König Ödipus. Elektra. Aristophanes: Die Vögel. Lysistrata. Menander: Das Schiedsgericht. Deutsch von Wolfgang Schadewaldt. it 721

Johannes Hartlieb: Das Buch aller verbotenen Künste. Herausgegeben und ins Neuhochdeutsche übertragen von Frank Fürbeth. Mit einer Einleitung, einem Nachwort und zeitgenössischen Illustrationen. it 1241

Helmut Hiller: Heinrich der Löwe. Herzog und Rebell. Eine Chronik von Helmut Hiller. it 922

Homer: Ilias. Neue Übertragung von Wolfgang Schadewaldt. Mit antiken Vasenbildern. it 153

Klosterleben im deutschen Mittelalter. Nach zeitgenössischen Quellen von Johannes Bühler. Mit zahlreichen Abbildungen. Herausgegeben von Georg A. Narciß. it 1135

Das Leben der Heiligen. Eine Auswahl aus der ältesten deutschen Druckausgabe von Heiligenlegenden »Das Passional«. Mit zahlreichen farbigen Holzschnitten. it 892

Das Leben des Flavius Josephus. Aus seinen eigenen Aufzeichnungen zusammengestellt und übersetzt von Emanuel bin Gorion. it 536

Longus: Daphnis und Chloë. Ein antiker Liebesroman. Aus dem Griechischen übersetzt und mit einem Nachwort von Arno Mauersberger. Mit Illustrationen der »Edition du Régent«. it 136

Thomas Malory: Die Geschichten von König Artus und den Rittern seiner Tafelrunde. 3 Bde. Übertragen von Helmut Findeisen auf der Grundlage der Lachmannschen Übersetzung. Mit einem Nachwort von Walter Martin. Mit Illustrationen von Aubrey Beardsley. it 239

Minnesinger. In Bildern der Manessischen Liederhandschrift. Mit Erläuterungen herausgegeben von Walter Koschorreck. Vierundzwanzig Abbildungen. it 88

Die Nibelungen. In der Wiedergabe von Franz Keim. Mit Illustrationen von Carl Otto Czeschka. Mit einem Vor- und Nachwort von Helmut Brackert. Im Anhang die Nacherzählung ›Die Nibelungen‹ von Gretel und Wolfgang Hecht. it 14

151/2/10.90